束景南 著

王陽明年譜長編

三

上海古籍出版社

二十七日，户部右侍郎張津卒，柩過贛水，作文哭祭。

王陽明全集卷二十八祭張廣溪司徒：「嗚呼！留都之别，倏焉二載。詎謂迄今，遂成永訣。嗚呼傷哉！悼朋儕之零落，悲歲月之遄逝，感時事之艱難，歎老成之彫謝。傷心觸目，有淚如瀉。靈柩南還，維江之湄。聊奠一觴，以寄我悲。嗚呼傷哉！」

按：此祭文「張廣溪」當是張廣漢之誤。張廣漢即張津，明清進士録：「張津，成化二十三年三甲八十一名進士。廣東博羅人，字廣漢。官建陽知縣，累官至右副都御史，巡撫應天諸府，所部水旱，請停織造。尋加户部右侍郎，巡撫如故。」國朝獻徵録卷六十户部侍郎兼都察院左僉都御史張津傳：「張津，字廣漢，廣東博羅人。成化丁未進士，授建陽縣知縣……弘治乙酉以憂去……庚申，徵拜監察御史……壬申，遷山東左參政。尋超拜南京都察院右僉都御史，專理操江。乙亥，轉副都御史，巡撫蘇松。疏請建儲，並言江南水旱，宜停止織造，俱不報。以征湖州孝豐賊，遷户部右侍郎，兼憲職，巡撫如故。再疏乞休，未允。以正德十三年五月卒於官。」明史卷一百八十六有傳。按張津正德七年陞南京都察院右僉都御史來南都，陽明則正德九年陞南京鴻臚寺卿至南都，兩人相處甚洽。至正德十一年張津陞户部右侍郎(司徒)，仍在南都巡撫如故，陽明則别張津赴南、贛。至正德十三年，兩人相别二載，即祭文所云「留都之别，倏焉二載」也。張津卒於五月二十七日，國榷卷五十：「正德十三年五月乙丑，户部右侍郎兼左僉都御史張津卒……贈南京户部尚書。」張津靈柩自南都歸博羅經贛約已在六月，陽明此祭文應作在六月中。

六月十五日，上三省夾剿捷音疏，奏乞賞功。

王陽明全集卷十一三省夾剿捷音疏。

刊刻朱子晚年定論於雩都，袁慶麟作跋。

王陽明全集卷七朱子晚年定論序。

袁慶麟朱子晚年定論跋：「朱子晚年定論，我陽明先生在留都時所採集者也。揭陽薛君尚謙舊録一本，同志見之，至有不及抄寫，袖之而去者。衆皆憚於翻録，乃謀而壽諸梓。謂：『子以齒，當志一言。』惟朱子一生勤苦，以惠來學，凡一言一字，皆所當守，而獨表章是、尊崇乎此者，蓋以爲朱子之定見也。今學者不求諸此，而猶踵其所悔，是蹈舛也，豈善學朱子者哉？麟無似，從事於朱子之訓餘三十年，非不專且篤，而竟亦未有居安資深之地，則猶以爲知之未詳，而覽之未博也。戊寅夏，持所著論若干卷來見先生。聞其言，如日中天，睹之即見；象五穀之藝地，種之即生；不假外求，而真切簡易，恍然有悟。退求其故而不合，則又不免遲疑於其間。及讀是編，始釋然，盡投其所業，假館而受學，蓋三月而若將有聞焉。然後知嚮之所學，乃朱子中年未定之論，是故三十年而無獲。今賴天之靈，始克從事於其所謂定見者，故能三月而若將有聞也。非吾先生，幾乎已矣！敢以告夫同志，使無若麟之晚而後悔也。若夫直求本原於言語之外，真有以驗其必然而無疑者，則存乎其人之自力，是編特爲之指迷耳。正德戊寅六月望，門人雩都袁慶麟謹識。」（朱子晚年定論後附）

按：今朱子晚年定論前序署「正德乙亥冬十一月朔，後學餘姚王守仁序」，乃是其序定朱子晚年定論之日，非刊刻之日。王陽明全集卷七有朱子晚年定論序，注「戊寅」作，乃誤。錢德洪陽明先生年譜謂「七月，刻朱子晚年定論」，並謂「定論首刻於南、贛」，皆誤。今據袁慶麟跋，可確知朱子晚年定論乃六月十五日刊刻於雩都。

王陽明全集卷四與安之：「留都時偶因饒舌，遂致多口，攻之者環四面。取朱子晚年悔悟之說，集爲定論，聊藉以解紛耳。門人輩近刻之雩都，初聞甚不喜；然士夫見之，乃往往遂有開發者，無意中得此一助，亦頗省頰舌之勞。近年篁墩諸公嘗有道一等編，見者先懷黨同伐異之念，故卒不能有入，反激而怒。今但取朱子所自言者表章之，不加一辭，雖有褊心，將無所施其怒矣。尊者以爲何如耶？聊往數册，有志向者一出指示之。」

傳習録卷中答羅整庵少宰書：「其爲朱子晚年定論，蓋亦不得已而然。中間年歲早晚誠有所未考，雖不必盡出於晚年，固多出於晚年者矣。然大意在委曲調停，以明此學爲重。平生於朱子之說如神明蓍龜，一旦與之背馳，心誠有所未忍，故不得已而爲此……蓋不忍牴牾朱子者，其本心也；不得已而與之牴牾者，道固如是……」

十八日，陞都察院右副都御史，廕子錦衣衛，世襲百户，上疏辭免，並有札致兵部尚書王瓊，不允。

王陽明全集卷十一辭免陞廕乞以原職致仕疏：「臣於六月初六日准兵部咨爲捷音事，該臣題，該本部覆題，節該奉聖旨：『王守仁陞右副都御史，廕子一人做錦衣衛，世襲百户，寫敕獎勵，欽此。』欽遵。臣聞命驚惶……伏望皇上推原功之所始，無使賞有濫及，收回成命。臣苟有微勞，不加罪戮，容令仍以原職致仕，延餘喘於田野。」

同上，卷二十七與王晉溪司馬書十一：「邇者南、贛盜賊遂獲底定，實皆老先生定議授算，以克有此。生輩不過遵守奉行之而已，何功之有，而敢冒受重賞乎？伏惟老先生橐籥元和，含洪無迹，乃欲歸功於生物。物惟不自知其生之所自焉爾；苟知其生之所自，其敢自以爲功乎？是自絶其生也已。拜命之餘，不勝慚懼，輒具本辭免，非敢苟爲遜避，實其中心有不自安者。陞官則已過甚，又加之廕子，若之何其能當之！『負且乘，致寇至。』生非無貪得之心，切懼寇之將至也。伏惟老先生鑒其不敢自安之誠，特賜允可，使得仍以原職致事而去，是乃所以曲成而保全之也，感刻當何如哉！瀆冒尊威，死罪死罪！」

嘉定縣令陳克宅陞江西道監察御史，致書來告，有答書，並遣前驅迓迎。

陽明與陳以先手札：「往承書惠，隨造拜，前驅已發矣。嘉定之政佳甚，足爲鄉閭之光，尚未由一面爲快耳。葛上舍歸省，便草率布問，餘惟心亮。守仁頓首，陳明府大人以先文侍。葛蓋家君同年，故及之。餘空。」（古今尺牘墨蹟大觀第七册，陽明文集失載）

按：「陳以先」即陳克宅，字即卿，一字以先，號省齋，餘姚人。正德九年進士，知嘉定縣，政績頗著。陽明此札云「嘉定之政佳甚」，即指其爲嘉定縣令；「足爲鄉閭之光」，即指其爲餘姚人。按陳克宅正德九年來南畿任嘉定縣令，陽明亦來南都任鴻臚寺卿，張津（廣漢）亦除御史來南都巡撫蘇松（見前考），三人關係甚密。吕本省齋陳公克宅墓誌銘述其嘉定佳政云：「嘉定巨邑賦重，習奸詭其甚者，假荒壞之目移税，比里民受困，而逋負益多。公不避寒暑，遍履其地，一一而籍之，宿弊頓革。公又欲輕重歸一則，即神奸無所售，而惡其害己者，挾權要尼之，竟不行。乃更議金花官布輕齎，請一歸重則者，民賴以少濟。有富僧，其徒之父利其有，一日匿其子於外，方曳他屍誣僧殺之。公疑，不亟訊人。或有謂公受賕者，公不爲動，徐詗之，匿者出，衆方驚服。獷寇湯毛九盤據天目，巡撫張公津奉命征之，檄公從，一舉而巨魁授首，餘黨解散，悉如公筭。公治嘉定逾三年，威與愛並施，而意在安民……部使交章上薦，張巡撫（津）尤稱爲南畿卓異之首，諸所建白，輒申布令甲，澤及他郡焉。戊寅，徵拜江西道監察御史，公益感奮，知無不言。其大者，巨閹劉允取佛烏思藏，狹邪蠱亂，疏其十罪，請誅之。」（國朝獻徵録卷六十一）按陽明此札云「往承書惠，隨造拜，前驅已發矣」，即指陳克宅陞江西道監察御史，有書致陽明欲來江西，陽明乃遣前驅兵卒迓迎。陳克宅陞江西道監察御史之時間，考陳克宅疏論劉允取佛烏思藏事在七月，國榷卷五十：「正德十三年七月丙午，遣大護國保安寺番僧覺義領占劄巴等往封烏思藏前闡教主劄巴等，乞鹽船三十艘。户部執奏，上特給之。占劄巴等道恣，至吕梁，毆管洪主事李瑜瀕死。」由此可見陳克宅應在六月陞江西道監察御史，陽明此札即作在六月中。

七月九日，序定大學古本傍釋，刊刻於虔。

陽明大學古本傍釋原序：「大學之要，誠意而已矣。誠意之功，格物而已矣；誠意之極，止至善而已矣。正心，復其體也；修身，著其用也。以言乎己，謂之明德；以言乎人，謂之親民；以言乎天地之間，則備矣。是故至善也者，心之本體也，動而後有不善。意者，其動也；物者，其事也。格物以誠意，復其不善之動而已矣。不善復而體正，體正而無不善之動矣，是之謂止至善。聖人懼人之求之於外也，而反復其辭，舊本析而聖人之意亡矣。是故不本於誠意，而徒以格物者，謂之支；不事格物，而徒以誠意者，謂之虛；支與虛，其於至善者也遠矣。合之以敬而益綴，補之以傳而益離。吾懼學之日遠於至善也，去分章而復舊本，傍爲之什，以引其義，庶幾復見聖人之心，而求之者有其要。噫！罪我者，其亦以是矣夫！正德戊寅七月丙午，餘姚王守仁書。」（據羅欽順困知記三續第二十章所引）

陽明先生文録卷三大學古本傍釋後跋：「萬象森然時亦冲漠無朕，冲漠無朕即萬象森然。冲漠無朕者，一之父；萬象森然者，精之母。一中有精，精中有一。正德戊寅秋七月丙午，後學餘姚王守仁書。」

按：羅欽順困知記三續第二十章云：「庚辰春，王伯安以大學古本見惠，其序乃戊寅七月所作。」錢德洪陽明先生年譜云：「正德十三年七月，刻古本大學……至是回軍休士，始得專意於朋友，日與發明大學本旨，指示入道之方。先生在龍場時，疑朱子大學章句非聖門本旨，手録古本，伏讀精思，始信聖人之學本簡易明白。其書止爲一篇，原無經傳之分。格致本於誠意，原無缺傳可補。以誠意爲主，而爲致知格物之功，故不必增一『敬』字。以良知指示至善之本體，故不必假於見聞。至是録刻成書，傍爲之釋，而引以叙。」其説多誤：陽明是年七月序定並印刻之書爲大學古本傍釋，稱「刻古本大學」不當。又其時陽明尚未形成「致良知」思想，何來「以良知指示至善之本體」？錢德洪向以爲陽明正德十六年始揭良知之教，何以於此竟作如斯語？今觀陽明此序無一字言及「致知」、「致良知」，羅欽順也明言此序「首尾數百言，並無一言及於致知」，尤可見錢德洪之説爲誤。蓋此序中之有「致知」之語，乃後來所加也。一般認爲此序在嘉靖二年補改，依據爲王陽明全集卷二寄薛尚謙云：「『致知』二字，是千古聖學之秘，向在虔時終日論此，同志中尚多有未徹。今於古本序中改數語，頗發此意，然見者往往亦不能察。今寄一紙，幸熟味。」此書作於嘉靖二年，所謂「一紙」，應即新改定之大學古本傍釋序。今按：陽明此書所説「今」乃泛指，並非指嘉靖二年。陽明之改定大學古本傍釋序實在正德十六年。王陽明全集卷二十七與陸清伯書云：「大學古本一册寄去，時一覽。近因同志之士多於此處不甚理會，故序中特改數語，有得便中寫知之。」此書中有「季惟乾事善類所共冤，望爲委曲周旋之」，乃指處理冀元亨死後事，可以確知此書作在正德十六年，陽明改定大學古本傍釋序必是在正德十六年無疑。此大學古本傍釋序「一改」，遂成陽明思想之一大「公案」。蓋陽明此「改」，乃暗中加進「致良知」内容，從而將其提出「致良知」之時間提到正德十三年之前。羅欽順針對正德十三年之大學古本傍釋序即發疑道：「王伯安以大學古本見惠，其序乃戊寅七月所作……首尾數百言，並無一言及於致知。近見陽明文録，有大學古本序，始改用致知立説，於格物更不提起。其結語云：『乃若致知，則存乎心悟；致知焉，盡矣。』陽明學術，以良知爲大頭腦，其初序大學古本，明斥朱子傳註爲支離，何故却將大頭腦遺下？豈其擬議之未定歟？」（困知記三續）羅氏之説一語中的。正德十三年陽明實尚未提出致良知思想，至正德十六年其改定大學古本傍釋序，特意新加進如下文句：「止至善之則，致知而已矣。」「動而後有不善，而本體之知，未嘗不知也。」「致其本體之知，而動無不善，然非即其事而格之，則亦無以致其知者。故致知者，誠意之本也；格物者，致知之實也。物格則知致，意誠而後有以復其本體。」「乃若致知，則存乎心悟；致知焉，盡矣。」全講「致良知」，蓋是其正德十四年以後提出之説。故陽明正德十六年改定大學古本傍釋序，乃是陽明大揭良知之教之標志。羅欽順引此原序未録末署撰寫年月，按今有大學古本傍釋序手迹石刻存廬山白鹿洞書院（見孫家驊白鹿洞書院碑刻摩崖選集、計文淵王陽明法書集），此應即陽明與黄勉之所云「短序亦嘗三易稿，石刻其最後者」，當即刻在正德十六年陽明在江西南昌時。此爲正德十六年改定本，但仍署「正德戊寅七月丙午，餘姚王守仁書」，此顯是正德十三年作大學古本傍釋序原署如此，同其跋文所署一致；至正德十六年改定書寫此序時，仍用舊署不變。茲將此末署句補上，以成完璧。

定中庸古本，作修道說以發其意，蓋爲中庸古本所作序也。

陽明中庸古本。（手迹石刻今在白鹿洞書院碑廊，見孫家驊白鹿洞書院碑刻摩崖選集、計文淵王陽明法書集）

陽明修道說：「率性之謂道，誠者也；修道之謂教，誠之者也。故曰：『自誠明，謂之性；自明誠，謂之教。』中庸爲誠之者而作，修道之事也。道也者，性也，不可須臾離也；而過焉，不及焉，離也。是故君子有修道之功。戒慎乎其所不睹，恐懼乎其所不聞，微之顯，誠之不可掩也。修道之功若是其無間，誠之也，夫然後喜怒哀樂之未發謂之中，發而皆中節謂之和，道修而性復矣。致中和，則大本立而達道行，知天地之化育矣。非至誠盡性，其孰能與於此哉？是修道之極功也。而世之言修道者離矣，故特著其說。後學餘姚王守仁書。」（手迹石刻今在白鹿洞書院碑廊。按：王陽明全集卷七有修道說，缺末「後學餘姚王守仁書」一句）

按：今白鹿洞書院碑廊猶存陽明手書石刻大學古本、修道說、中庸古本三部，筆迹全同，可知書在同時（正德十三年），刻在同時（正德十六年）。大學古本定在正德十三年七月；修道說，錢德洪注作於「戊寅」；中庸古本石刻因缺後半段，不知其末所署年月，然據修道說與中庸古本連寫在一石，筆迹全同，一氣貫下，可以確知中庸古本亦定在正德十三年七月。由此可見陽明於正德十三年實嘗定大學古本與中庸古本二書，其爲大學古本作序以發其意，爲中庸古本則作修道說以發其意（按：修道說寫在中庸古本前，可見即爲中庸古本所作序）。然錢德洪陽明先生年譜於是年只說陽明定古本大學，遂使陽明定中庸古本一事湮沒無聞。今按：陽明實早有意爲大學、中庸皆作注，故其定大學古本、中庸古本，亦在爲其作注所用也。王陽明全集卷四與陸原靜云：「所問大學中庸注，向嘗略具草稿，自以所養未純，未免務外欲速之病，尋已焚毀。近雖覺少進，意亦未敢便以爲至，姑俟異日山中與諸賢商量共成之，故皆未有書。其意旨大略，則固平日已爲清伯言之矣。」是書作於正德十一年，可見陽明欲爲大學、中庸作新注，故至正德十三年乃定成大學古本、中庸古本。是年先給大學古本作注，即大學古本傍釋；中庸古本未及注，先作修道說以發其意。據王陽明全集卷五與黃勉之書一云：「所示格物說、修道注，誠荷不鄙之盛，切深慚悚，然非淺劣之所敢望於足下者也。且其爲說，亦與鄙見微有未盡。何時合並，當悉其義，願且勿以示人……古本之釋，不得已也。然不敢多爲辭說，正恐葛藤纏繞，則枝幹反爲蒙翳耳。短序亦嘗三易稿，石刻其最後者，今各往一本，亦足以知初年之見，未可據以爲定也。」是書作於嘉靖二年。所謂格物說似即黃勉之爲大學古本序所作解說，修道注則爲修道說所作注說。「今各往一本」，顯指石刻大學古本、中庸古本二本。今考費宏移置陽明先生石刻記云：「昔陽明王先生督兵於贛也……既以責志爲教，肄其子弟；復取大學、中庸古本，序其大端，與濂溪太極圖說聯書石於鬱孤山之上……」此所云序中庸古本大端之文，必即指修道說一文，此尤可見修道説實爲中庸古本之序也。大抵後來陽明終因無暇作成中庸古本注，中庸古本卒亦亡佚。

按是年湛甘泉亦始整理古本大學、古本中庸，並作古大學測、古中庸測（見答太常博士陳惟浚），概可見二人共定聖學，聲氣相應也。

吉安修成文丞相祠，爲作記。

王陽明全集卷七重修文山祠記：「正德戊寅，縣令邵德容始復其議於郡守伍文定，相與白諸巡撫、巡按、守巡諸司，皆以是爲風化之所繫也，争措財鳩工，圖拓而新之。協守令之力，不再踰月而工萃。圮者完，隘者闢，遺者舉，巍然焕然，不獨廟貌之改觀，而吉之人士奔走瞻歎，翕然益起其忠孝之心，則是舉之有益於名教也誠大矣。使來請記……某嘗令兹邑，睹公祠之圮陋而未能恢，既有愧於諸有司，慨其風聲習氣之或弊，而未能講去其偏，復有愧於諸人士。樂兹舉之有成也，推其愧心之言而爲之記。」

按：吉安之重修文山祠，當始於戰後五月，與陽明批嶺北道修築城垣同時，各府縣紛紛築城垣，修圮屋。據記云「不再踰月而工萃」，則文山祠修成在七月。光緒吉安府志卷八：「文丞相忠義祠，在府城東北螺山下。明弘治十五年，御史廬陵周孟中請祀文天祥……正德三年，知府任儀闢馳道。十三年，知府伍文定又修增，建二坊於馳道左右，一曰仁至，一曰義盡。南、贛巡撫都御史餘姚王守仁記。」

叔父王德聲歸餘姚，有詩送別。

王陽明全集卷二十送德聲叔父歸姚：「守仁與德聲叔父共學於家君龍山先生。叔父屢困場屋，一旦以親老辭廪歸養。交遊强之出，輒笑曰：『古人一日養，不以三公易。吾豈以一老母博一弊儒冠乎？』嗚呼！若叔父可謂真知内外輕重之分矣。今年夏，來贛視某，留三月。飄然歸，興不可挽，因謂某曰：『秋風蓴鱸，知子之興無日不切。然時事若此，恐即未能脱，吾不能俟子之歸舟。吾先歸，爲子開荒陽明之麓，如何？』嗚呼！若叔父可謂真知内外輕重之分矣。某方有詩戒，叔父曰：『吾行，子可無言？』輒爲賦此。猶記垂髫共學年，于今鬢髮兩蒼然。窮通只好浮雲看，歲月真同逝水懸。歸鳥長空隨所適，秋江落木正無邊。何時却返陽明洞，蘿月松風掃石眠。」

按：王德聲夏中來贛探訪，留三月，則在秋七月歸，時秋風初起，鱸魚堪膾，頓生歸興，故云「秋風蓴鱸，知子之興無日不切」也。王德聲，應即王德盛，李家塔譜載：行春三十，諱㦡，字德盛，號養性，易經補邑庠生。豪公長子。配方氏，合葬長龍。生一子：守緒。

諸偁歸，書卷贈别。

王陽明全集卷二十四書諸陽伯卷：「諸陽伯偁從予而問學，將别請言。予曰：『相與數月而未嘗有所論，别而後言也，不既晚乎？』曰：『數月而未敢有所問，知夫子之無隱於我，而冀或有所得也。別而後請言，已自知其無所得，而慮夫子之或隱於我也。』予曰：『吾何所隱哉？道若日星然，子惟不用目力焉耳，無弗覩者也。子又何求乎？道在邇而求諸遠，事在易而求諸難，天下之通患也。子歸而立子之志，竭子之目力，若是而有所弗覩，則吾爲隱於子矣！』」

按：諸偁來贛問學數月而歸，疑乃與王德聲同來贛，又同歸也。「諸陽伯」當作「諸揚伯」。

陸澄服喪憂居，有書致慰。

王陽明全集卷四與陸原靜書二：「尚謙至，聞原靜志堅信篤，喜慰莫踰。人在仕途，如馬行淖田中，縱復馳逸，足起足陷，其在駑下，坐見淪没耳。乃今得還故鄉，此亦譬之小歇田塍。若自此急尋平路，可以直去康莊，馳騁萬里。不知到家工夫却如何也。自曰仁没後，吾道益孤，致望原靜者亦不淺。子夏，聖門高弟，曾子數其失，則曰：『吾過矣！吾離群而索居，亦已久矣！』夫離群索居之在昔賢，已不能無過，况吾儕乎？以原靜之英敏，自應未及摧墮。山間切磋砥礪，還復幾人？深造自得，便間亦可寫寄否？尚謙至此，日有所進。自去年十二月到今，已八踰月，尚未肯歸視其室。非其志有所專，宜不能聲音笑貌及此也。區區兩疏辭乞，尚未得報。決意兩不允則三，三不允則五、則六，必得而後已。若再一舉輒須三月，二舉則又六七月矣。計吾舟東抵吳越，原靜之旆當已北指幽冀。會晤未期，如之何則可！」

按：薛尚謙正德十二年來贛受學，八踰月則在正德十三年七月。所謂「今得還故鄉」，指陸澄丁憂歸安。「原静之旆當已北指幽冀」，指至正德十四年陽明得乞休歸越時，陸澄亦服闋，復刑部員外郎北上入都。

寄朱子晚年定論與鉛山費宏，費宏有答書。

費宏集卷十五答王伯安書：「日來傾注方切，忽領手翰，無任喜幸！宏素愚戇，不善處世，自陷禍穽。猶賴諸公相念相卹，逆黨漸滅，乃有寧居。兹者復承慰藉拳拳，若以寬釋其憂思，而撫摩其疾痛者，此斯文骨肉之情誼也。自愧譾薄，何以得此？感刻感刻！備詢信使，知行臺有相，多納福慶，甚慰悲秋之感。誠如來諭，林下散人所恃以無恐者，中外諸明公必能並力一心，相與圖回翼戴，以庶幾於底定耳。如執事之才望器業，傑出一時，士論浩然歸重，何爲遽有乞身之請邪？竊意在廷諸老，必不肯苟順其求而不留自助。況天生異材必有所擬，彼昂霄聳壑之木，亦必盡其所用，然後爲無負其材。願執事且少安之，毋汲汲以求去也。所示文公定論，啓封急讀，足見自得之學，守約之功，非流俗所及。因愧平生汩没，漫無所得。望高明時有以警發之，猶庶幾所謂頓進，豈非晚年之大幸哉？使告歸甚迫，草草布此，千萬照原。不備。」

按：此書云「悲秋之感」，當在秋七月中。所謂「復承慰藉拳拳，若以寬釋其憂思，而撫摩其疾痛者，此斯文骨肉之情誼也」，乃指陽明書中慰藉其受宸濠騷擾事。李時湖東費公神道碑：「抵家，杜門謝客……濠知計不行，遂助群兇洩忿於公，室廬積聚焚掠殆盡，又侵毀其先人墓。公恐，與群從避地縣城。濠嗾群兇攻城，掠公兄若弟各一人以往，兄竟死。巡撫孫忠烈用請於朝，遣兵臨之，得其渠黨，公始有寧宇。」

八月，薛侃刊刻傳習録三卷於虔。

錢德洪陽明先生年譜：「正德十三年八月，門人薛侃刻傳習録。侃得徐愛所遺傳習録一卷，序二篇，與陸澄各録一卷，刻於虔。」

按：正德七年徐愛始編傳習録，乃祇徐愛録一卷，亦未刊刻。至是薛侃編刻傳習録乃三卷：徐愛録一卷，陸澄録一卷，薛侃録一卷，即今之傳習録卷上也。佐藤一齋傳習録欄外書云：「南元善兄弟校傳習録二册，嘉靖二十三年德安府重刊本，上册分爲四卷：第一徐曰仁録，第二陸原静録，第三薛尚謙録，第四爲答歐陽崇一書一首，答聶文蔚書三首。」此所云「第一徐曰仁録，第二陸原静録，第三薛尚謙録」，即薛侃編刻之傳習録三卷也。以今傳習録卷上考之：自「愛問在親民」至「不覺手舞足蹈」，爲徐愛録一卷；自「陸澄問主一之功」至「亦足以見心之不存」，爲陸澄録一卷；自「尚謙問孟子之不動心與告子異」至「未免畫蛇添足」，爲薛侃録一卷。

寄新刻傳習録、大學古本傍釋與赤城夏鍭，夏鍭有答書。

夏鍭夏赤城先生文集卷九答王陽明書：「久別，甚想望。稍聞安方幹略，爲慰。頃又樹此大功，益見儒生之用。區區山草中，無補於時，相去何止千萬，仰愧，仰愧！承示傳習録、大學古本，亟讀一過，具見執事用工夫大略。區區何足與此？執事自虚心，不遺疏拙。記曩日盛德若是耳，感悚，感悚！病中先往一得之愚，別當請教。相見未期，臨紙惘然。」

梁焯謁選赴京北上，爲作序贈別。

王陽明全集卷七別梁日孚序。

按：序云：「予以軍旅之役出，而遠日孚者且兩月……復留餘三月……」據此，梁焯之別陽明謁選赴京當在八月，蓋與薛侃、楊驥、歐陽德等別歸在同時（見下）。

是月，薛侃、楊驥、歐陽德、王學益皆別歸，冀元亨來爲王正憲師。多有書致薛侃與楊驥。

王陽明全集卷四寄薛尚謙書一：「沿途意思如何？得無亦有走作否？數年切磋，只得立志辯義利。若於此未有得力處，却是平日所講盡成虚語，平日所見皆非實得，不可以不猛省也！經一蹶者長一智，今日之失，未必不爲後日之得，但已落第二義。須從第一義上着力，一真一切真。若這些子既是，更無討不是處矣。此間朋友聚集漸衆，比舊頗覺興起。尚謙既去，仕德又往，歐陽崇一病歸，獨惟乾留此，精神亦不足。諸友中未有倚靠得者，苦於接濟乏人耳。乞休本至今未回，未免坐待。尚謙更靜養幾月，若進步欠力，更來火坑中乘涼如何？」

按：薛侃八月猶在贛編刻傳習録，其當是在編刻傳習録後即别陽明離贛，先歸玉山，次年歸揭陽。楊驥乃與薛侃同歸。薛侃集卷七楊毅齋傳：「先生携中離歸自贛，發明合一之旨，鋭浣舊習，直培本根，以聖人爲必可師，萬物皆吾一體，一時士友翕然興起。己卯，復往卒業。」薛侃行狀：「先生親師取友，凡六年始歸於家（揭陽）。」薛侃正德九年來受學，至正德十四年正爲六年。歐陽德乃是因病歸泰和，冀元亨則接替薛侃爲正憲師。蔣信鄉進士冀闇齋先生元亨墓表：「戊寅，再侍陽明子於贛。」（國朝獻徵録卷一百十三）陽明咨六部伸理冀元亨：「近來南、贛，延之教子。」（王陽明全集卷十七）故錢德洪陽明先生年譜云：「武陵冀元亨爲公子正憲師，忠信可託。」

同上，寄薛尚謙書二：「得書，知日孚停舟鬱孤，遲遲未發，此誠出於意望之外。日孚好學如此，豪傑之士必有聞風而起者矣。何喜如之！何喜如之！昨見太和報效人，知歐、王二生者至，不識曾與一言否？歐生有一書，可謂有志。中間述子晦語頗失真，恐亦子晦一時言之未瑩爾。大抵工夫須實落做去，始能有見，料想臆度，未有不自誤誤人者矣。此間賊巢乃與廣東山後諸賊相連，餘黨往往有從遁者，若非斬絶根株，意恐日後必相聯而起，重爲兩省之患。故須更遲遲旬日，與之剪除。兵難遥度，不可預料，大抵如此。小兒勞諸公勤勤開誨，多感多感！昔人謂教小兒有四益，驗之果何如耶？正之聞已到，何因復歸？區區久頓於外，徒勞諸友往返，念之極切懸懸。今後但有至者，須諸君爲我盡意吐露，縱彼不久留，亦無負其來可也。」

按：據此書，可見梁焯在鬱孤臺又滯留一段時日，方北上赴謁選。書中所言「歐、王二生」，「歐」指歐陽德（泰和人），「王」指王學益（安福人），二人同路北歸。

同上，寄薛尚謙書三：「日來因兵事紛擾，賤軀怯弱，以此益見得工夫有得力處。只是從前大段未曾實落用力，虚度虚説過了。自今當與諸君努力鞭策，誓死進步，庶亦收之桑榆耳。日孚停館鬱孤，恐風氣太高，數日之留則可，倘便稍久，終恐早晚寒暖欠適。區區初擬日下即回，因從前征剿，撤兵太速，致遺今日之患。故且示以久屯之形，正恐後之罪今，亦猶今之罪昔耳。但從征官屬已萌歸心，更相倡和，已有不必久屯之説。天下事不能盡如人意，大抵皆坐此輩，可歎可歎！聞仕德失調，意思何如？大抵心病愈則身病亦自易去。縱血氣衰弱，未便即除，亦自不能爲心患也。小兒勞開教，駑駘之質，無復望其千里，但得帖然於皂櫪之間，斯已矣。門户勤早晚，得無亦厭瑣屑否？不一。」

同上，卷二十七寄楊仕德：「臨别數語極奮勵，區區聞之，亦悚然有警。歸途又往西樵一過，所進當益不同矣。此時已抵家。大抵忘己逐物，虛内事外，是近來學者時行症候。仕德既已看破此病，早晚自不廢藥石。康節云：『與其病後能服藥，不若病前能自防。』此切喻，愛身者自當無所不用其極也。病疏至今未得報，此間相聚日衆，最可喜。但如仕德、謙之既遠去，而惟乾復多病，又以接濟乏人爲苦爾。尚謙度未能遽出。仕德明春之約果能不爽，不獨區區之望，尤諸同遊之切望也。」

按：所謂「又往西樵一過」，指楊驥往西樵見湛甘泉。「謙之」疑即王學益，其字虞卿，一字謙之。

王學益歸安福，爲其蒙岡書屋作銘贈别。

陽明蒙岡書屋銘爲學益作：「之子結屋，背山臨潭。山下出泉，易蒙是占。果行育德，聖功基焉。無虧爾簣，毋淆爾源。戰戰兢兢，守兹格言。」（同治安福縣志卷十八，陽明文集失載）

按：蒙岡爲王學益居住讀書之地，同治安福縣志卷二：「鳳山，一名秀峰，又名蒙岡山，在治東里許。山勢聳拔，巨石巉巖。北臨瀘江，邑泮宫坊向之。西爲秀峰庵，旁有王學益書屋，王守仁作書屋銘。」按陽明在虔，安福來受學士子最多，而以王學益爲首，形成一安福陽明弟子群體，其後即在蒙岡建惜陰之會，講學論道，與陽明往返討論。王陽明全集卷六有與安福諸同志，卷七有惜陰説，皆指安福惜陰會。

楊驥歸饒平，携陽明致甘泉書及傳習録、朱子晚年定論過西樵呈甘泉。

泉翁大全集卷九答顧惟賢僉憲：「某頓首復：某自入山來，尋常於當道處書簡，皆和而不倡以爲例，退者當如是也。然每每於吾兄恒不忘情，然且亦不敢破例而爲也。仕德來，承專使手教、新書之惠，即如面兄矣，爲慰當何如耶！某多病，學與年頹，日且省過，欲寡而未能。陽明乃見謂造詣益精，非所敢當也。吾兄質賦渾厚，當有所得，不惜時示及。陽明傳習録頗粗閲之，未及精詳。其中蓋有不必盡同，而不害其爲同者。朱子晚年定論蓋深得我心之同然，乃公論也。世儒每以初年之論求之非之，良可歎也！兄以爲何如？」

按：顧應祥正德十四年陞江西副使而去（見徐中行顧公應祥行狀），故可知湛甘泉此書必作於正德十三年，書中言「仕德來」，即指楊驥八月歸饒平經西樵來見，時已在九月，即陽明寄楊仕德所云「歸途又往西樵一過，所進當益不同矣」（見前引）。由此可見傳習録、朱子晚年定論當是楊驥所携往轉呈也。

王陽明全集卷四答甘泉書一：「旬日前，楊仕德人來，領手教及答子莘書，具悉造詣用功之詳，喜躍何可言！蓋自是而吾黨之學歸一矣。此某之幸，後學之幸也！來簡勤勤責僕以久無請益，此吾兄愛僕之厚，僕之罪也。此心同，此理同，苟知用力於此，雖百慮殊途，同歸一致。不然，雖字字而證，句句而求，其始也毫釐，其末也千里。老兄造詣之深，涵養之久，僕何敢望？至共向往直前，以求必得乎此之志，則有不約而契、不求而合者。其間所見，時或不能無小異，然吾兄既不屑屑於僕，而僕亦不以汲汲於兄者，正以志向既同，如兩人同適京都，雖所由之途間有迂直，知其異日之歸終同耳。向在龍江舟次，亦嘗進其大學舊本及格物諸説，兄時未以爲然，而僕亦遂置不復强聒者，知兄之不久自當釋然於此也。乃今果獲所願，喜躍何可言！崑崙之源，有時而伏流，終必達於海也。僕蹇人也，雖獲夜光之璧，人將不信，必且以謂其爲妄爲僞。金璧入於猗頓之室，自此至寶得以昭明於天下，僅亦免於遺璧之罪矣。雖然，是喻猶二也。夜光之璧，外求而得也；此則於吾所固有，無待於外也，偶遺忘之耳；未嘗遺忘也，偶蒙翳之耳。叔賢所進超卓，海内諸友實罕其儔。同處西樵，又資麗澤，所造可量乎？僕年未半百，而衰疾已如六七十翁。日夜思歸陽明，爲夕死之圖，疏三上而未遂。欲棄印長往，以從大夫之後，恐形迹大駭，必俟允報，則須冬盡春初乃可遂也。一二世事，如狂風驟雨中落葉，倏忽之間，寧復可定所耶？兩承楚人之誨，此非骨肉，念不及此，感刻！祖母益耄，思一見，老父亦書來促歸，於是情思愈惡。所幸吾兄道明德立，宗盟有人，用此可以自慰。其諸所欲請，仕德能有述。有所未當，便間不惜指示。」

按：此書題下注「己卯」作，乃誤。此書云「祖母益耄，思一見」，按岑太夫卒於正德十三年十月，陽明正德十四年正月方得知岑太夫人卒，即其寄希淵書四所云「正月初二得家信，祖母於去冬十月背棄」（見下），故可知陽明此書必作於正德十三年中。所謂「疏三上而未遂」，即指其正德十一年十月上辭新任乞以舊職致仕疏、正德十三年三月上乞休致疏、六月上辭免陞廕乞以原職致仕疏。可見陽明此書作在六月以後，十月以前，必即是八月楊驥歸時携此書經西樵遞呈甘泉。書云「其諸所欲請，仕德能有述」，即是謂楊驥至西樵面呈此書給甘泉，有關陽明情况楊驥尚有面叙。此前甘泉有致陽明一書，遞到楊仕德處，由楊仕德送予陽明，即此書所云「旬日前，楊仕德人來，領手教及答子莘書」。由此可以確知陽明此書作在八月，由楊仕德送往西樵。甘泉收到此書已在九月。

作示憲兒詩訓子王正憲。

王陽明全集卷二十示憲兒：「幼兒曹，聽教誨：勤讀書，要孝弟；學謙恭，循禮義；節飲食，戒遊戲；毋說謊，毋貪利；毋任情，毋鬥氣；毋責人，但自治。能下人，是有志；能容人，是大器。凡做人，在心地；心地好，是良士；心地惡，是兇類。譬樹果，心是蒂；蒂若壞，果必墜。吾教汝，全在是。汝諦聽，勿輕棄！」

按：陽明因常帶兵在外，不能親自教子正憲，先是請薛侃爲正憲師；至八月薛侃去，陽明又請冀元亨爲正憲師。陽明此詩，疑即作在薛侃歸去、冀元亨來教之際，乃作此詩親自教子正憲，故云「吾教汝」、「聽教誨」也。

九月，修濂溪書院以待學者。

錢德洪陽明先生年譜：「九月，修濂溪書院。四方學者輻輳，始寓射圃，至不能容，乃修濂溪書院居之。先生大征既上捷，一日，設酒食勞諸生，且曰：『以此相報。』諸生瞿然問故。先生曰：『始吾登堂，每有賞罰，不敢肆，常恐有愧諸君。比與諸君相對久之，尚覺前次賞罰猶未也。於是思求其過以改之。直至登堂行事，與諸君相對時無少增損，方始心安。此即諸君之助，固不必事事煩口齒爲也。』諸生聞言，愈省各畏。」

按：錢德洪忽於修濂溪書院下引此一條語録，不知何意。按陽明上捷在六月十五日，其設酒食勞諸生即在其時，與修濂溪書院了不相涉，於此引陽明此一條語録不當。

濂溪書院在鬱孤臺。余文龍、謝詔贛州府志卷五：「濂溪書院，在府治宣明樓右。舊在水東玉虛觀左，弘治庚申，知府何珖改建於鬱孤臺，祭酒羅璟記。舊有義泉、正蒙、鎮寧、澄清、夜光五書院，俱廢。」卷六：「鬱孤臺，即賀蘭山，右府宣明樓之右，隆阜鬱然孤起，平地數丈，因巔爲臺，故名……宋州守趙時逢即臺麓之東北建一洞天，中有蓮池，跨以飛橋，環池萬篠陰翳，最爲清曠，後改爲院道。正德丙子，知府邢珣始復舊基。然崇峻之勢，業已削平。」陽明實是重修濂溪書院。

書大學古本、中庸古本及濂溪太極圖説、通書「聖可學乎」章，勒石於鬱孤山，作文跋之。

陽明書周子太極説通書跋：「按濂溪自注『主静』云：『無欲，故静。』而於通書云：『無欲，則静虚動直。』是主静之説，實無動静。『定之以中正仁義』，即所謂『太極』；而『主静』者，

即所謂『無極』矣。舊注或非濂溪本意，故特表而出之。後學餘姚王守仁書。」（李詡戒庵老人漫筆卷七，陽明文集失載）

按：戒庵老人漫筆卷七云：「（陽明）在贛州，親筆寫周子太極圖及通書『聖可學乎』一段……」錢德洪於陽明此文有跋云：「右太極圖説與夫中庸修道説，先師陽明夫子嘗勒石於虔矣。今兹門人聞人公詮，以監察御史督學南畿，嗣承往志，乃謀諸郡守王公鴻漸，縣尹朱君廷臣、賀君府，摹於姑蘇學宫之六經閣，俾多士瞻誦。」（日本陽明學報第一百五十三號）陽明書寫大學古本、中庸古本及濂溪太極圖説等刻石於鬱孤山當在其重修濂溪書院時，蓋即爲濂溪書院之用也。陽明此跋所云，尤值得注意，所謂「舊注或非濂溪本意」，顯指朱熹注説（太極圖説解）。蓋朱熹以「無形而有理」注「無極而太極」，以「有理」爲「太極」，以「無形」爲「無極」。宋以來成爲權威獨家之説，無人能破。陽明乃一反朱熹之注，以「定之以中正仁義」爲「太極」，以「主静」爲「無極」，實爲其又一驚世駭俗之心學新説，與其同刻古本大學、朱子晚年定論、傳習録相呼應也。

費宏移置陽明先生石刻記：「昔陽明王先生督兵於贛也，與學士大夫切劘於聖賢之學，自搢紳至於閭閻，以及四方之過賓，皆得受業問道……既以責志爲教，肄其子弟；復取大學、中庸古本，序其大端，與濂溪太極圖説聯書石於鬱孤山之上，使登覽而遊息於此者，出埃壗之表，動高明曠遠之志……先生去贛二十餘年，石爲風雨之所摧剥者日就缺壞，而是山復爲公廨所拘，觀者出入不便。嘉靖壬寅，憲副江陰薛君應登備兵之暇，訪先生故迹，睹斯石，悲慨焉。既移置於先生祠中，復求榻本之善者，補刻其缺壞……」（王陽明全集卷三十九世德紀附録）

余文龍、謝紹贛州府志卷六：「太極亭，在府西濂溪祠之後。萬曆甲申，張都御史岳建列陽明先生所書太極圖説、大學古本序及中庸説諸石，刻於其中，太史楊起元有記。」

秋中，多有懷歸之咏。

王陽明全集卷二十懷歸二首：「深慚經濟學封侯，都付浮雲自去留。往事每因心有得，身閑方喜世無求。狼煙幸息昆陽患，蠡測空懷杞國憂。一笑海天空闊處，從知吾道在滄洲。　身經多難早知非，此事年來識者稀。老大有情成舊德，細謀無計解重圍。意常不足真夷道，情到方濃是險機。悵望衡茅無事日，漫吹松火織秋衣。」

白沙弟子陳東川歸莆陽，過贛來見，有詩贈別。

王陽明全集卷二十贈陳東川：「白沙詩裏莆陽子，盡是相逢逆旅間。開口向人談古禮，拂衣從此入雲山。」

按：陳獻章集卷五有與陳聰：「秋風兩見莆陽子，皂帽青筇去復回。眼底流年三十許，脚根行路幾千來。未知世事真能忘，初得家書不肯開。若問江門何所見，兩崖春雨長青苔。」又有贈陳聰還莆：

「緼袍不妨學道，絶穀可以學仙。相府胡爲慢士，紙田自有豐年。　青錢不滿杖頭，雪繭徒勞兔穎。相逢浪勸歸耕，實欠蘇秦二頃。」陽明所謂「白沙詩裏莆陽子」，即指陳白沙此詩所云「秋風兩見莆陽子」，由此可見陳東川名聰，莆田人，白沙弟子。

十月十一日，再上議崇義縣治疏。

王陽明全集卷十一再議崇義縣治疏。

十五日，再上議平和縣治疏。

王陽明全集卷十一再議平和縣治疏。

二十二日，再上請疏通鹽法疏，建議開復廣鹽。

王陽明全集卷十一再請疏通鹽法疏：「今呈前因，爲照袁、吉等地方，溪流湍悍，灘石峻險，淮鹽逆水而上，動經旬月之久；廣鹽順流而下，不過信宿之程。故民苦淮鹽之難，而唯以廣鹽爲便……故廣鹽行則商税集，而用資於軍餉，賦省於貧民；廣鹽止則私販興，而弊滋於奸宄，利歸於豪右……臣竊以爲宜開復廣鹽，著爲定例；籍其税課，以預備軍餉不時之急；積其羡餘，以少助内府缺乏之需。實夾公私兩便，内外兼資。」

是月，陽明祖母岑太夫人卒。

王陽明全集卷四寄希淵書四：「正月初二得家信，祖母於去冬十月背棄，痛割之極！」

按：此書題下注「己卯」作，參以書中云「不久且入閩」，知此書作於正德十四年二月中（見下）。

劉春東川劉文簡公集卷二十一祭王母岑太夫人文：「七十古稀，況登上壽。復荷榮封，寔自天祐。緊惟夫人，系出德門。嬪於茂族，婦道克敦。有夫之良，用助於内。閨門之治，恩義兼備。篤生令子，爲國名臣。賢孫接武，譽重縉紳。年既踰艾，禄養無違。薦膺封秩，光賁慈闈。優游梓里，含飴繞膝。福履之綏，孰與疇匹？壽而獲貴，世固僅有。黄髮康寧，福亦豈偶？生死晝夜，乃世之常。夫人之終，名實不忘。某忽聞訃至，執紼無因。庯致薄奠，柬芻之誠。嗚呼哀哉！」

十一月二十七日，發優禮謫官牌，檄王思、李中等參贊軍議。

王陽明全集卷三十優禮謫官牌：「照得本院奉命提督軍務，征剿四省盜賊，深慮才微責重，懼無以仰稱任使，合求賢能，以資謀略。訪得潮州府三河驛驛丞王思，志行高古，學問淵源，直道不能趨時，長才足以濟用；惠州府通衢馬驛驛丞李中，堅忍之操，篤實之學，身困而道益亨，志屈而才未展，合就延引，以匡不及。爲此牌仰該府，照牌事理，措辦羊酒禮幣，差委該縣教官齎送本官處，用見本院優禮之意，仍照例起關應付。以禮起送前赴軍門，以憑諮訪。」

鄒守益集卷二十一改齋王君墓誌銘：「改齋，姓王氏，諱思，字宜學，系出晉太傅導……正德辛未，第進士，以選入翰林……甲戌秋，上封事……言甚切，至謫三河驛驛丞。便道省母，以二童自隨。郡守闞景韓書院居之，一時俊傑咸從之游。陽明王公鎮虔，檄使贊軍議，曰：『志行高古，學問淵源，直道難於趨時，長才堪以濟用。』君感其知，與李君子庸偕至。尋寧藩變作，蹇裳宵赴軍門，功成亟歸，口不言勞。」

按：墓誌銘稱王思「講學虔州，深求致知格物之實」，「庚辰，再入潮，自遠請業益盛，隨材曲就，語疊疊不倦」，蓋亦陽明弟子也。

羅洪先都察院右副都御史李公中行狀：「先生姓李氏，諱中，字子庸，吉水谷平里人也……指所居里稱爲白石先生。丁卯，舉湖廣鄉試第一人。甲戌，賜進士出身高等……武宗皇帝縱西僧出入禁内，宦官居中用事，先生憂之，上疏切諫……武宗大怒……謫通衢驛丞，縉紳爭爲詩贈之。乙亥，奉坦翁之通衢，闢小亭讀易其中。戊寅，病移長樂學官。新建伯王公守仁鎮贛州，檄先生與王公思議軍事。己卯三月至贛，而宸濠方謀不軌，時論煽搖。王公問計，先生引古爲證，力贊其決。變作，王公邀以助己。」（國朝獻徵録卷五十九）

路迎遷襄陽郡守，有書致賀。

陽明與賓陽司馬書四：「聞有守郡之擢，甚爲襄陽之民喜。仕學一道，必於此有得力處，方是實學；不然，則平日所講盡成虛語矣。『有民人焉，有社稷焉，何必讀書，然後爲學？』子路之言，未嘗不是。賓陽質美而志高，明明德親民之功，吾見其有成也。區區乞休已三上，尚未得報也。地方盜賊雖幸稍靖，然將來之事尚未可測，及今猶可作好散場；不然，終不免於淪胥以溺，奈何奈何！偶便，附此致閑闊，不能一一。守仁頓首，賓陽郡伯道契文侍。十一月廿七日。餘空。」（玉虹鑑真續帖卷八王守仁與賓陽司馬書四通，陽明文集失載）

按：書稱「聞有守郡之擢」，指路迎由兵部郎中遷襄陽郡守，故稱「郡伯」而不再稱「司馬」。書又云「區區乞休已三上，尚未得報也」，當是指正德十三年三月初四、六月十八日及十月上乞休疏（見王陽明全集卷十一中三疏）。以此書祇言「地方盜賊雖幸稍靖」而未言及平宸濠亂事，可以確知此書作於正德十三年十一月廿七日。

十二月，宸濠禮賢求學，書來邀請講學，乃遣弟子冀元亨往南昌論學，遂覘知宸濠奸謀反狀，歸贛以告。

王陽明全集卷十七咨六部伸理冀元亨：「本職往年謫官貴州，本生曾從講學。近來南、贛，延之教子。時因寧藩宸濠潛謀不軌，虐焰日張。本職封疆連屬，欲爲曲突徙新之舉，則既無其由；將爲發奸摘伏之圖，則又無其實。偶值宸濠飾詐要名，禮賢求學，本職因使本生乘機往見宸濠，冀得因事納規，開陳大義，沮其邪謀；如其不可勸喻，亦因得以審察動靜，知其叛逆遲速之機，庶可密爲禦備。本生既與相見，議論大相矛盾。宸濠以本職所遣，一時雖亦含忍遣發，而毒怒不已，陰使惡黨四出訪緝，欲加陷害。本生素性顧恪，初不之知，而本職風聞其説，當遣密從間道潛回常德，以避其禍。」

同上，卷二十四書佛郎機遺事：「初，予嘗使門人冀元亨者因講學説濠以君臣大義，或格其奸。濠不懌，已而滋怒，遣人陰購害之。冀辭予曰：『濠必反，先生宜早計。』遂遁歸。」

蔣信蔣道林文粹卷五鄉進士冀闇齋先生元亨墓表：「戊寅，再侍陽明子於贛。時宸濠陰有異圖，承命往瞰焉。既還，遂以間道歸常。越己卯，宸濠變果作，旋覆於義師，因仇視陽明子而誣及先生在獄。」

明史卷一百九十五冀元亨傳：「冀元亨，字惟乾，武陵人。篤信守仁説。舉正德十一年鄉試。從守仁於贛，守仁屬以教子。宸濠懷不軌，而外務名高，貽書守仁問學，守仁使元亨往。宸濠語挑之，佯不喻，獨與之論學，宸濠目爲癡。他日講西銘，反覆君臣義甚悉。宸濠亦服，厚贈遺之，元亨反其贈於官。已，宸濠敗，張忠、許泰誣守仁與通。詰宸濠，言無有。忠等詰不已，曰：『獨嘗遣冀元亨論學。』忠等大喜，搒元亨，加以炮烙，終不承……」

黄佐兵部職方司主事梁公焯傳：「初，舉人武陵冀元亨與焯同師陽明。陽明使元亨往寧藩，察其逆狀。比濠爲陽明所擒，乃指元亨同謀，下詔獄死。」（國朝獻徵録卷四十一）錢德洪陽明先生年譜：「先是宸濠攬結名士助己，凡仕江右者，多隆禮際。武陵冀元亨爲公子正憲師，忠信可託，故遣往謝。佯與濠論學，濠大笑曰：『人癡乃至此耶！』立與絶。比返贛述故，先生曰：『禍在兹矣！』乃衛之間道歸（常德）。」

按：錢德洪將此事含糊叙述於正德十五年八月之下，不當。諸家之説，多閃爍其辭，語焉不詳。今綜合各家之説，其真實情况大致可知：宸濠欲攬結名士，籠絡陽明，遂故作禮賢求學之態，書來邀陽明講學，陽明不赴，乃遣弟子冀元亨往講學。冀元亨至南昌，講學之際，遂覘知宸濠叛逆奸謀，歸告陽明。陽明恐其有殺身之禍，乃密遣其間道潛歸常德。蓋陽明知宸濠有奸謀反狀，實自此始也，其遣冀元亨往南昌講學之時間，當在十二月周期雍以公事抵贛之前（見下）。

福建按察僉事周期雍因公事來贛，遂與定謀以防宸濠之變。

王陽明全集卷二十四書佛郎機遺事：「正德戊寅之冬，福建按察僉事周期雍以公事抵贛。時逆濠奸謀日稔，遠近洶洶。予思預爲之備，而濠黨伺覘左右，摇手動足，朝聞暮達；以期雍官異省，當非濠所計及，因屏左右，語之故，遂與定議。期雍歸，即陰募驍勇，具械束裝，部勒以俟。予檄晨到，而期雍夕發。故當濠之變，外援之兵惟期雍先至，適當見素公書至日，距濠始事亦僅月有十九日耳。」

雷禮刑部尚書周公期雍傳：「司寇周公者，諱期雍，字汝和，江西寧州人也……丁丑，起復，道會省，例謁宸濠，公恐被禮款，隨拂衣登舟，不爲所淄……以漳寇不解搆，遷福建僉事，飭兵汀、漳。公知盜迫饑寒，滋於激變，迺設奇間離其黨，至則整衆厚陣……單騎詣賊營，諭以禍福，酋長以下皆感泣就撫，於是數年梗蘗就夷……宸濠久蓄異志，陽明王公密與公計，公謂：『水戰精兵，惟海上諸衛，號稱驍勇可用。』遂巡沿海，蒐閱得精兵數千，整練候報。比己卯變作，即日董師，兼程而進。至豐城，濠已就擒。陽明留公視南昌，篆者三月。」（國朝獻徵録卷四十五）

按：王陽明全集卷三十有批漳南道設立軍堡呈云「據兵備僉事周期雍呈」，此批呈作於十二月初三日，知周期雍乃在十二月初來贛送呈，蓋爲漳南道設立軍堡事也。由此可見陽明與周期雍定謀防變在十二月上旬中，蓋其時冀元亨已自南昌歸，得悉宸濠奸謀反狀，故與周期雍定議也。

安福劉文敏、劉敬夫、劉陽、劉肇袞、劉邦采、劉獨秀、易寬均來贛受學。

王畿集卷二十半洲劉公墓表：「公諱敬夫，字敬道，别號半洲。始生之夕，父一洲翁夢張南軒至其家，因以命名……公性資静默，慎於交遊，自劉兩峰、石峰、易台山、劉師泉、三五君、湖山諸君子外，罕所接與。時陽明先師倡學虔臺，公與諸君子往從之，聽講餘月，始而信，中而疑，終而卒業焉。語同志曰：『吾前所信者，信人也，非自信也；中所疑者，非疑人也，自疑也；終而信者，乃自信已。信故疑，疑故信。』」

按：據王畿所言，可知劉文敏諸人早已在正德十三年來贛受學。然錢德洪陽明先生年譜、明儒學案以及王時槐所作傳等均不言及是次來贛受學，而只言及嘉靖中諸人來越受學，將兩次受學混淆爲一，遂使劉文敏諸人正德中來贛受學一事湮没無聞。茲將是次安福來贛受學諸人考證如下：

劉兩峰，即劉文敏。王時槐兩峰劉先生文敏墓誌銘：「先生諱文敏，字宜充，姓劉氏，吉之安福三舍人……壬午，先生年二十有三，則與其族弟師泉先生共學，思所以自立於天地者，或自夜分，不能即枕。一夕，語師泉先生曰：『學苟小成，猶不學也，盍亟省之？』已而讀陽明王公傳習録所論格物致知之旨，與宋儒異，展轉研思，恍若有悟，遂決信不疑，躬踐默證，久之，惟覺動静未能融貫，乃歎曰：『非親承師授不可！』則買舟趨越中見王公，就侍門墻，往復三歷寒暑。歸而與師泉先生砥切於家，其學以致知爲宗……歲己巳，先生年八十，猶陟三峰之巔……」（國朝獻徵録卷一百十四）王時槐漏叙劉文敏早年來贛受學之事，且叙事有誤，以「己巳，先生年八十」，則劉文敏生於弘治三年；以「壬午，先生年二十有三」，則劉文敏生於弘治十三年。疑王時槐此處所叙乃是劉文敏正德中來贛受學事，而非嘉靖中來越受學事。

劉三五，即劉陽。王時槐御史劉先生陽傳：「三五劉先生陽，字一舒，安福縣人……弱冠，從彭石屋、劉梅源兩先生受學，兩先生深器之。陽明王公撫虔時，先生亟慕一見其人稟學焉，而梅源先生故是王公弟子，間示之語録，則益嚮往，遂如虔。除夕，泊舟野水，風雪霏霏，齒牙上下，指麻木不得屈信，先生顧津津然喜也。旦日，見王公，稱弟子。王公視其修幹疏眉，飄飄然世外之態，顧謂諸生曰：

『此子當享清福。』已又謂先生曰：『若能甘至貧至賤者，斯可爲聖人。』先生跪受教。自是日兩謁見，退則與冀元亨等互相稽切。越月，辭還。先是督學使者與王公持論不合，則發策詆之。先生明正學以爲言，衆皆謂先生且殿，而先生竟首選。嘉靖四年舉鄉試。」（國朝獻徵録卷六十五）同治安福縣志卷十一：「劉陽，字一舒，號三五，南鄉福建人。少受業於彭簪、劉梅源，見王守仁語録，好之，遂如虔受學。守仁顧弟子曰：『此生清福人也。』」按王時槐云「除夕，泊舟野水」，則可知與劉文敏皆在十二月來贛受學矣。

劉石峰，即劉肇袞。同治安福縣志卷十一：「劉肇袞，字内重，東鄉櫟岡人……王時槐謂：『兩峰自修於己，石峰交修於人。』石峰，肇袞別號也。」王時槐二賢祠記：「石峰先生以諸生赴省試，退而語人曰：『士不自重，致所司過爲防檢，囚首棘垣，可恥也。』即請於學使，乞歸食母。已而慕吴聘君康齋先生之風，得其書，喜讀之。會陽明王公開府虔中，則往受學焉。居恒盛氣雄談，朋輩有失，則面發赤攻之。與鄒文莊公友善，然視公所爲，少不愜意，必直言無諱，以是公益重之。」（同治安福縣志卷十七）

劉師泉，即劉邦采。王時槐師泉劉先生邦采傳：「師泉劉先生邦采，字君亮，兩峰先生從弟也……初爲邑生，即厭舉子業，鋭然以希聖爲志，曰：『學在求諸心，科舉非吾事也。』偕兩峰先生及弟姪九人趨越中，謁陽明王公，稱弟子。王公與語，稱之曰：『君亮會得容易。』……自陽明王公倡道東南，學者承襲口吻，浸失其真。先生有憂之，乃極言痛斥以揣摩爲妙悟、恣縱爲樂地、情愛爲仁體、因循爲自然、混同爲歸一者之非。先生以心之體曰主宰，貴知止以造於惟一；心之用曰流行，貴見過以極於惟精。是謂博約並進、敬義不孤、性命兼修之學……初，陽明公爲南鴻臚，吉郡士未有及門者，惟先生從子曉最先受學，歸以語先生，至老共學不衰，先生常稱爲『嘉穀之種』云。」（國朝獻徵録卷八十五）按王時槐於此處亦漏叙劉邦采正德中來贛受學之事。

劉湖山，即劉獨秀。同治安福縣志卷十一：「劉獨秀，字孤松，性嗜學，淹貫群書，不求聞達。嘗受業王守仁，稱其存遏之功獨至。」

易台山，即易寬。同治安福縣志卷十：「易寬，字栗夫，南鄉圓溪人。嘉靖乙未進士。歷任儀曹，時太廟災，奉旨會議，寬斟酌古制，定爲成憲。陞四川提轄副使，教先本實，卒於官。祀鄉賢。寬雅敦行誼，屢空自如。嘗師事王守仁、鄒守益，著有釋義一編。始婚，即徒步滇南歸父櫬，痛哭幾絶，行道悲之。」鄒守益集卷八鳳説贈易子督學之蜀：「易子栗夫，才敏而志端，事賢友仁，慨然九苞千仞之興，儀於春卿，公卿薦其行誼，奉璽書以敷教宣化於蜀，玆非契與周、召重任乎？」

一五一九　正德十四年　己卯　四十八歲

正月立春，有詩咏歎新春氣象。

王陽明全集卷二十立春：「荒村亂後耕牛絶，城郭春來見土牛。家業苟存鄉井戀，風塵先幸甲兵休。未能布德慚時令，聊復題詩寫我憂。爲報胡雛須遠塞，暫時邊將駐南州。」

初二日，上陞廕謝恩疏，陳謝陞廕之恩。

王陽明全集卷十一陞廕謝恩疏。

按：國榷卷五十：「正德十三年七月壬寅，諭兵部，進威武大將軍爵國公。又諭太監谷大用、蕭敬、温祥、賴義、秦文、張欽、蔣貴、韋霦、張淮、李英、張鋭及都督朱寧、兵部尚書王瓊俱世錦衣正千户……乙酉，自去冬十月進攻横水，破巢八十餘，斬獲二千八百有奇，至是大享將士，聲言罷兵，陰誘執仲容，破巢三十八，斬獲二千有奇。詔進守仁右副都御使，鎮守江西太監許滿俱世錦衣百户，賫奏錦衣千户畢鏜進指揮僉事，畢大經廕百户。鏜即真從子，大經又鏜子也。」陽明即針對七月陞廕而上此謝恩疏。故談遷論云：「平兩劇盗，僅廕百户，視當時之峻擢厚賜者，尤不侔也。馳不教之民，剪滋蔓之寇，不及數月，遂成大功，謂其事難疵，遂以奥援譏之，妬賢嫉能，亦何所而不至耶！」

十四日，上乞放歸田里疏，以病乞休，並有札致兵部尚書王瓊與御史朱節，不允。

王陽明全集卷十一乞放歸田里疏：「且臣比年以來，百病交攻。近因驅馳賊壘，瘴毒侵陵，嘔吐潮熱，肌骨羸削，或時昏眩，偃几仆地，竟日不惺，手足麻痺，已成廢人。又以百歲祖母卧病牀褥，切思一念爲訣……伏願陛下念四省關係之大，不可委於匪人；察病廢枯朽之才，不宜付以重任……别選賢能，委以兹任。放臣暫歸田里，就醫調治……」

陽明與晉溪書十三：「畏途多沮，不敢亟上啓。感恩佩德，非言語可盡。所恨羸病日增，近復吐血潮熱，此身恐不能有圖報之地矣。伏望終始曲成，使得苟延餘喘於林下，亦仁人君子不忍一物失所之本心，當不俟其哀號控籲也。情隘勢迫，復爾冒干，伏惟憫恤。不具。」

與晉溪書十四：「屢奉啓，皆中途被沮，無由上達。幸其間乃無一私語，可以質諸鬼神。自是遂不敢復具。然此顛頓窘局，苦切屈仰之情，非筆舌可盡者，必蒙憫照，當不俟控籲而悉也。日來嘔血，飲食頓減，潮熱夜作。自計决非久於人世者，望全始終之愛，使得早還故鄉。萬一苟延餘息，生死肉骨之恩，當何如圖報耶！餘情張御史當亦能悉，伏祈垂亮。不備。」（陽明先生與晉溪書，手迹藏上海圖書館）

按：錢德洪陽明先生年譜於「正德十四年正月，疏乞致仕」下，引王陽明全集卷二十一上晉溪司馬書一中語，乃大誤。按此上晉溪司馬書一論平汀、漳寇及建縣治、設屯堡事，作在正德十二年閏十二月（見前，王陽明全集於此書題下注作於「戊寅」，乃誤）。書中所言「張御史」即張鰲山，字汝立，號石磐，安福人，陽明弟子。時丁憂服闋，起復赴京師（見羅洪先集卷二十二石磐張君墓誌銘），則陽明此書當是由張鰲山携往京師。

陽明與朱守忠書：「屢以乞休事相瀆，諒在知愛之深，必能爲我委曲致力。然久而未效，何耶？昔人謂進難而退易，豈在今日亦有所不易耶？近日復聞祖母病已危甚，方寸益亂。將隨棄印長往，恐得罪名教，姑復再請；再請不獲，亦無如之何矣！棄官與覆敗之罪孰重？潛逃與俘戮之耻孰深？守忠且爲我計之，當如何而可。齎本人去，因便告領俸資。凡百望指示，得早還爲幸。故舊之在京邸者，憂疑中不能作書，相見亦希道意。京中消息，人還悉寫知之。守仁頓首。」（壯陶閣書畫録卷十明王陽明手札册，陽明文集失載）

按：書中所言「屢以乞休事相瀆」，指正德十三年三月、六月等上疏乞休。以書中言「近日復聞祖母病已危甚」考之，可知書當作於正德十四年正月（陽明或在月以後方確知祖母已去世），必是隨其乞放歸田里疏與致王瓊札一同送往京師。「齎本人去」，即指張鰲山也。（按：正德十四年以後朱節亦來江西）

仁峰汪循辯程曈閑辟録，作閑辟辯，寄呈陽明。陽明有答書，並贈朱子晚年定論。

汪仁峰先生文集卷五復王都憲書一：「伏聞擢總憲節鎮，轄三藩之交，寇盜嘯聚日深，連株結蔓，憑恃山谷，窮兵累歲，負固不下者，一旦殲除撲滅，巢穴爲之一空，可見儒者之功，仁人之勇，而爲吾道增光多矣，其於相知鄉往者，喜慰可云喻邪？廣昌令妻弟余嵤傳此山中，爲製一律，俾録上求教，而因致所懇焉。向以仁峰精舍求記一言者，非爲炫文辭，希媚取寵而要聞譽也，誠以此學自宋儒程、朱諸子發明訓釋之後，學者類能言之，但使之舍舊説而自爲言，則未免爲捉風捕影，而所謂卓爾者，莫知所在也。若夫攻文辭，取青紫，習訓詁，資口耳以爲學者，舉世皆是，不可救矣。有能因程、朱諸子之言，以求孔子，即孔子之言以求堯、舜、禹、湯、文、武、周公，則舍誦法經訓、辨釋之外，何所致其力乎？六經，孔子所作也，不知三代以前，無經可誦，無義可釋，君臣父子之間穆穆夔夔，薰漸援引，以躋仁聖之域者，又何所學乎？昔程子講學伊洛之間，亦未聞以讀書爲事也。謝顯道舉史不遺，以爲玩物喪志；及送楊龜山，乃有『道南』之歎，其學端有所在。豫章、延平蓋得於龜山者，以授吾子朱子，信不誣也；然羅、李二公無著書之富，無辭藻之工，其所學者何學，而所事者何事乎？而吾朱子所謂潛思力行，任重詣極者，亦將何所指而言乎？説者謂讀書雖有考索之富，而擴充變化之無術，雖有辨析之精，而持守堅定之未能，則夫隱微之際，私欲之萌潛滋暗長而不自知者，卒至於波流風靡，而吾之所得於天者，由之而褻矣。然則何貴乎讀書也？某愚之所未達，而精舍卜築所以願盡心畢力以求之也。時流之學，不足以語此，求記於吾精舍者，亦難乎其人矣。曩者竊於文辭之間，有以窺見執事造詣之深，辨論之正，識見之卓，非知道者不能也。故志有所趨，遂冒未見顔色而言之，戒修辭，令族弟節夫不遠千里致敬盡禮，求記於執事，蓋亦知所重而慎所擇矣。執事答書褒予太過，寵惠有加，則拜賜矣；而記則以深懼無益之談，不足以求正，而姑徐徐爲之辭。某得此，不勝悚仄。夫學貴實行，而不事空談，真知道者之言也。但不知執事之意，真責某以力行乎？抑以爲不屑教而姑託辭以却之？責某以力行，固不敢不勉；以爲不屑教，乃所以深教之，尤不敢不勉也。然則執事以爲無益之談而姑徐徐云者，正某所以上求有益之誨而甚所汲汲者也，惟執事其卒教之。庸是再布區區，併近與學者辨論朱陸異同一編，上求印正，政令雷厲風行之暇，不惜統賜誨言，以慰渴想。不具。」

陽明又答汪進之書：「遠承教札，兼示閑辟辯，見執事信道之篤，趨道之正，喜幸何可言！自周、程後，學厖道晦且四百餘年，逃空寂者，聞人足音跫然喜矣，况其親戚平生之歡乎？朱陸異同之辯，固守仁平日之所召尤速謗者，亦嘗欲爲一書，以明陸學之非禪，見朱學亦有未定者；又恐世之學者先懷黨同伐異之心，將觀其言而不入，反激怒焉，乃取朱子晚年悔悟之説，集爲小册，名曰朱子晚年定論，使巨眼者自擇焉。將二家之學，不待辯説而自明矣。近門人輩刻之雩都，士夫見之，往往亦有啓發者。今復得執事之博學雄辭，闡揚剖析，烏獲既爲之先登，懦夫益可魚貫而前矣，喜幸何可言！辱以精舍記見委，久未奉命，此誠守仁之罪也，悚仄，悚仄！然在向時，雖已習聞執事之高名，知所景仰，而於學術趨向之間，尚有未能盡者。今既學同道合，同心之言，其容已乎？兵革紛擾中，筆札殊未暇，乞休疏已四上，期在必得。不久歸投山林，當徐爲之也。盛价立俟回書，拙筆草草，未盡扣請，伏惟爲道珍愛。寓虔病生王守仁頓首啓。」（汪仁峰先生外集卷三，陽明文集失載）

按：汪循書云「一旦殲除撲滅，巢穴爲之一空」，乃指陽明平横水、桶岡、三浰。陽明書云「乞休疏已四上，期在必得」，乃指其正德十三年三月初四上乞休致疏、六月十八日上辭免陞廕乞以原職致仕疏、正德十三年十月上乞休疏、正月十四日上乞放歸田里疏。由此可以確知汪循書作於正德十四年正月初，陽明書作於正月十四日上乞放歸田里疏以後不久。汪循書中所言「近與學者辨論朱陸異同一編」，即陽明書中所言「兼示閑辟辯」。按汪循之作閑辟辯乃針對程曈之閑辟録。程曈爲一尊朱學者，作有閑辟録、陽明傳習録考、朱子晚年定論考、朱子早年定論等，批判陸、王不遺餘力。汪循實亦一尊朱學者，其於致程曈書中云：「朱子著書立言，皆欲使人明其理，反求於心，未嘗教人弄故紙糟粕，以資一己功利。後之習其學者，徒知排比章句，而擴充變化之無功；辨析詞理，而持守涵養之不力。專訓詁者，附會穿鑿，叠牀架屋，汩心思，辭耳目；工文辭者，飾筌蹄，取青紫，龍斷罔利，中立爲姦。」蓋程曈閑辟録批評程敏政之道一編，陽明朱子晚年定論則承襲程敏政之道一編，汪循閑辟辯乃助程曈閑辟録之説，故其辨朱陸異同與陽明不合，其尊朱亦與陽明朱子晚年定論相左，故陽明回贈朱子晚年定論，旋遭其抨擊矣。

吉水周汝方來贛問學。其後多有學子來贛，聚講不散。

羅洪先集卷十五別周龍岡語：「先宜人所生幸存者，予與女兄二人。女兄許聘龍岡周君，已而以目眚遂婚於我，踰年而夭，故予視龍岡，猶女兄存也。予年十有四，未屬文，龍岡時時爲語東泉師舉業法。其後師事陽明王先生於贛，又時時爲語學問正傳，及冀闇齋（按：冀元亨）篤志處。予於是慨然有志聖賢之業。父母憐愛，不令出户庭，然每見龍岡，未嘗不自憤憤也。」

錢德洪答論年譜書四：「兄嘗別周龍岡，其序曰：『予年十四時，聞陽明先生講學於贛，慨然有志就業。父母憐恤，不令出户庭。然每見龍岡從贛回，未嘗不憤憤也。』是知有志受業，已在童時……」（王陽明全集卷三十七年譜附録一）

按：周汝方號龍岡，吉水人，羅洪先之姐夫。錢德洪陽明先生年譜引羅洪先此別周龍岡語，題作贈女兄夫周汝方序，或是此文原題如是耶？羅洪先集卷二十九有送女兄夫周龍岡北上，卷三十有送周龍岡赴嘉興經府。按羅洪先於此別周龍岡語中云周龍岡二月離贛歸吉水，可見周龍岡當是在正月來贛受學。

是年來贛問學士子甚多，大抵皆與周龍岡、鄒守益相先後，錢德洪陽明先生年譜均不言及。今可考者如下：

王思。鄒守益集卷二改齋文集序：「吾獲友於改齋，見其學凡三改，改而日進於道；故其文亦三改，改而日幾於道……既講學於虔州，深求致知格物之要。復寓書煙霞洞，以辨所謂動静兩忘者，弗明弗措。」

張鰲山。張鰲山先是服闋赴京師，後亦以御史來贛參議軍事。鄒守益勤王饗功頌云：「八月辛未，犒諸軍，大燕群僚。維時監察御史謝源、伍希儒以監督，與知府伍文定、邢珣、徐璉、戴德孺，通判談儲、胡堯元，推官王暐，知縣王冕、李楫、劉源清、張淮以克敵，與都御史王懋中，編修鄒守益，御史張鰲山，僉事劉藍，知府劉昭，進士郭持平，驛丞王思、李中，以急義贊謀……」（鄒守益集卷一）同治安福縣志卷十：「（張鰲山）督學南畿，作人稱盛。丁内艱，家居。值宸濠之變，從王守仁勤王。凡檄奏文移，多所草創。偶奏語觸權貴，遂逮獄訊治，無左驗，猶以文致罷歸……鰲山初從李宗栻，聞求放心説。復師事王守仁。平生篤孝友，尚氣節。」

劉潛。同治贛縣志卷三十四：「劉潛，字孔昭，城西坊人。少嗜學，性端方，讀經史必正衣冠。正德八年舉於鄉，令銅陵……上憲察其賢，交章薦，潛力辭。聞王文成公守仁講學於虔，乞歸就道，銅陵人士環泣遮留，不得。及歸里，會守仁督師鹿江，潛趨謁行間，聞致良知之説，而學益精。守仁曰：『劉君所學，實措諸行事，猶程子令晉城也。惜未遇吕公，不得大展所學耳。』家居十餘年，郡學者多宗之。」

王皞。同治安福縣志卷十：「王皞，字天民，南鄉圳頭人。幼通敏有聞，受學王守仁，精修益勵。嘉靖壬午鄉舉，署寧國教。立學規會約，以端士習。授儀真令，故習華靡，皞禁裁浮費厲民者。又開親民館，講學其間；或集童子，習所輯四禮，俗幾無訟。會當道有惡之者，引疾歸。尋以治行徵，授南京工部主事，卒於京。」鄒守益集卷二十一彭子闇墓銘：「昔陽明夫子倡道於虔，四方豪傑咸集，益趨而受學焉……若憲副劉印山秉監、邑尹王天民皞甫，試於政而未展……」

王暐。鄒守益集卷十九克齋箴：「自權吾吉……某與公從事軍門，預聞陽明先師之訓，至於今，交三十年矣……往歲軍門，預聞切偲，千聖過影，良知我師。」國朝獻徵録卷二十九大司農克齋王公暐傳：「公諱暐，字克明，別號克齋……授吉安府推官……時宸濠逆節大著，陽明先生倡義討之，檄公以一旅助。有愛公者曰：『得無爲太夫人憂？』公讓之曰：『吾敢以賊遺君父耶？脱人人效此，賊將誰誅？』於是親冒矢石，爲將卒先。嘗令一吏督戰艦，及期，無一艘至，以軍典立斬以狥，驟見者駴甚。陽明先生大嘉公曰：『如王君，可謂達權矣。』嗣是與參密謀。兵攻南昌城破，贛兵殺僇過當，公亟稟陽明先生止之。先生令繫之獄。數日，疫癘作，公復稟先生釋之，一軍皆譁。先生亟曰：『此我意也。』蓋一言而公之所活，不啻千萬人矣。先生念公運籌功，奏捷疏臚列公名，有『首從義師，爭赴國難，協謀併力，共收全功』語……」

王臣。鄒守益集卷二十一廣西參議瑶湖王君墓誌銘：「嘉靖癸未，南昌瑶湖王君公弼成進士，與年友水洲魏師説、南野歐陽崇一僦居一室，磨礱師旨，商訂新功……君諱臣，字公弼，別號瑶湖……宸濠反，以糧長免，吴城悉爲所掠，家計頓索。公私交謫，獨泰然安之。比拜陽明公，精思力證，訾誹譁然，不恤。時與四五同志居社稷壇，趨白鹿洞，日究所未至，遂中式，鄉人始信講學之益。」

方豪。明清進士録：「方豪，正德三年三甲二百一十八名進士。浙江開化人，字思道。以諫武宗南巡被杖。歷官湖廣副使，以平恕稱。致仕卒。有棠陵集、斷碑集、蓉溪書屋集。」方豪棠陵集前有方元啓序云：「尤爲方獻夫、楊邃庵、王陽明所器重。陽明之剿逆濠，公實左右之。」魏憲序亦云：「左右陽明先生於戎馬倥傯之際。」按明史卷二百八十七方豪傳云：「除昆山知縣，遷刑部主事。諫武宗南巡，跪闕下五日，復受杖。」方豪受杖罷官在正德十四年三月，國榷卷五十一：「正德十四年三月癸丑，兵部武選郎中黄鞏……俱下錦衣獄。兵部郎中孫鳳等百有七人，責跽午門五日……刑部郎中陸俸等五十五人，疏繼上……」此「刑部郎中陸俸等五十五人」，即包括刑部主事方豪。可見方豪在四月罷歸開化，五月來贛問學，遂得與助陽明平宸濠亂。

董希永。鄒守益集卷三贈董謀之：「予往歲受學虔州，與董子希永切磋世講之誼。後二十有八年，復尋鬱孤、通天舊遊，希永之冢子謀之趨而問學焉……陽明先師致良知之規，皆箕疇正傳也，而虔州獨薰炙之，廟貌巍然，陟降對越，凛然師保之臨焉……」

朱源。同治會昌縣志卷三十九：「朱源，宋孝子壽昌之裔也。飭躬篤行，教授閭里。督撫王守仁作興社學，以耆儒禮之。嘗命其所教童子入射圃，歌詩演禮。郡邑亦重其人，歲與賓席。常自書其門屏曰：『儒書頗讀四五卷，鄉飲會叨三十年。』卒，年九十有七。」

歐陽閔。湧幢小品卷十一兩歐陽：「歐陽閔，字崇勳，文莊公（歐陽德）之族兄也。從王文成遊。宸濠有異志，進曰：『以時事論，將有漢七國之變，計將安出？』三問文成不應，而密召之曰：『書生何容易譚天下事？可讀易洗心。』一句沉思有悟。兼長詩賦，童庶子重之，語人曰：『歐陽生，理學之由賜，詞賦之左宋也。』久資爲林邑訓，凡五歲，滁州學正。與其鄉先生胡莊肅公深相結，滁人號曰：『歐陽家又一醉翁矣。』久之，拂衣歸。子况，字曰方，博極群書……」

二月，仁峰汪循書來，再論朱陸異同，批評朱子晚年定論之説。

汪仁峰先生文集卷五復王都憲書二：「向不揣僭以朱陸之説上質高明，伏蒙許可，自信一得之愚，有以上同於大賢君子，豈勝欣慰！且喻『亦欲嘗爲一書，以明陸學之非禪，見朱説亦有未定者，又恐世之學者先懷黨同伐異之心，將觀其言而不入，反激怒焉，乃取朱子晚年悔悟之説，集爲一小册，名曰朱子晚年定論。其中略不及陸學之説，使學者不以先入之見横於胸中而自擇焉』。又以見大賢君子用意微婉，宅心忠厚，而孜孜焉善誘人也。但其序中自言其所造詣，述其先難之故，後得之由，而其微詞奧義，有非老昧淺陋之所及知者，不能無疑焉；况蒙教札，而有同道同心之喻，又豈含糊隱忍，以負執事援引之意哉？庸是謹以其所疑者，復叩質於高明，必得其同而後已。蓋道一不容有二也，惟高明其裁之。序言：『洙泗之傳，至孟氏而息，千五百餘年，濂溪、明道始復尋其緒。』按程叔子作明道先生墓表」，云『先生千四百年之後』，蓋舉成數也。今執事云『千五百餘年』，雖或考據之精，然非義理所關鍵，不若因之之不見自異於先儒，如何？此其不能無疑一也。序云：『自後辨析日詳，然亦日就支離決裂，旋復湮晦。吾嘗深求其故，大抵皆世儒之多言有以亂之。』札云：『自周、程後，學厖道晦且百餘年。』某愚以爲辨析支離決裂之弊，則羅仲素、李延平以前，竊恐無之，多言亂道，此正學朱學者之弊也。竊探執事之意，概掩朱子著述之功，此其不能無疑二也。序曰『乃知從事正學，而苦於衆説之紛撓疲𤺥，茫無可入，因求諸老釋，欣然有會於心，以爲聖人之學在此矣』云云，至『恍若有悟，證諸五經、四子，沛然若決江河，而放諸四海也』。某愚以爲古之儒先從事性命根本之學者，多出入佛老，而後有得於心，蓋非實用其力體道於幾微之妙者，不能爲此言也。然彌近理而大亂真者，毫釐之間耳，不可不慎也。執事既以陸氏之學爲時流所忌而避去之，而復不晦於此，不又駭人耳目乎？此其不能無疑者三也。序曰『雖每痛反深抑，務自搜剔斑瑕，而愈益精明的確，洞然無復可疑，獨於朱子之説有相牴牾』云云，至『世所傳集注、或問之類，乃其中年未定之論，自咎以爲定本之誤，思改正而未及』。某愚以爲朱子之説有相牴牾者，正在於與陸子攻詆辨論之時，與夫學者群居議論訓釋之習耳，初不在於傳注之間也。觀其自言曰：『初説只如此講，漸涵自能入德，不謂後來只成説話。至於人倫日用最切近處，全不得毫毛氣力。』又曰：

『某緣日前無深探力行之志，凡所論説，皆出入口耳之餘，以故全不得力。』此皆切指其弊者也。若謂朱子平日之所教人，與夫其所注釋，而其言有所牴牾者，竊恐無之。某嘗僭謂吾朱子之訓釋經子，與孔子删述六經同功，然孔子雖不删述六經，而所以上承堯、舜、禹、湯、文、武之傳者，固在也。朱子集周、程而下諸儒之説，而成一家之言，其於經書毫分縷析，昭如日星，啓蒙後人，明道之功，豈可少哉！然其所以接周、程諸子之傳，則亦不在於是也。若夫集注、或問之類，反覆考訂，至精至密，若誠意章，乃其絶筆，雖曰猶有不滿其意者，亦微矣。執事乃以此爲中途未定之説，此其不能無疑者四也。某早有志此學，無從師授，徒以程、朱之書潛心立脚。比游江湖，得接海内文學之士，亦未見有所啓發志意而砭訂頑愚者。退休林下，一味讀書，尋理省過，反求吾心，若有所得。近幸得以印正於執事，喜幸何可言也！今觀執事之言如此，則欲不能無疑者，豈勝望洋之歎？謹疏於左，惟執事其終教之。仁峰精舍尚求有所教迪發揮，蓋以執事位日轉遷，犬馬之齒已長，早得爲慰。若夫乞休之説，竊之天命人心，未可遽請。人事如此，天意可知，正欲大賢君子成此濟變反正之功，使天下蒼生被儒者之澤，孟軻之所自任者，執事不可得而辭也。」

按：此爲汪循收到陽明朱子晚年定論後所作答書。按王瓚仁峰汪君墓碣銘云：「己卯二月二十日，以疾作於正寢。」可見汪循此書約作於二月上旬中，蓋爲其絶筆也。

宸濠「國師」劉養正自南昌來贛，借求陽明作母墓銘爲名，欲暗相邀結，不合而返。

羅洪先集卷十五別周龍岡語：「憶龍岡嘗自贛病歸，附廬陵劉子吉舟。劉與陽明先生素厚善，會母死，往請墓誌，實以濠事暗相邀結，不合而返。至舟，顧龍岡呻吟昏瞀，意其熟寢也，呼其門人王儲，歎曰：『初意專倚陽明，兩日數調以言，若不喻意，更不得一肯綮，不上此船明矣。此事將遂已乎？且吾安得以一身當重擔也？』儲拱手曰：『先生氣弱，今天下大事屬先生，先生安所退託？陽明何足爲有無哉？』劉曰：『是固在我，多得幾人更好，陽明曾經用兵爾。』儲曰：『先生以陽明爲才乎？吾見其怯也。』劉曰：『誠然。贛州峒賊，髦頭耳，乃終日練兵，若對大敵，何其張皇哉！』相與大笑而罷。龍岡反舍，語予若此，己卯二月也。其年六月，濠反，子吉與儲附之。七月，陽明先生以兵討賊。八月，俘濠。是時議者紛然，曰：『是附濠而資以爲利者也。』或曰：『與劉期，而中變賣友也。』或曰：『擒濠者伍吉安，而攘爲功也。』予與龍岡竊歎，莫能辯。比見詆先生者問之，曰：『吾惡其言是而行非，蓋其僞也。』龍岡舌尚在，至京師，見四方人士，猶有爲前言者否乎？盍以予語者語之，以解其惑，且告之曰：『其及時自修賢聖之業乎，無若予之垂老而徒之惻惻爲也。』」

按：劉養正字子吉，安福人。史不載其人其事，皇明大儒王陽明先生出身靖亂録稱：「安福縣舉人劉養正，字子吉。幼舉神童，既中舉不第，不復會試。製隱士服，以詩文自高。三司撫按折節其門，以得見爲幸。濠以厚幣招致，餽問不絶，遂與濠暱。」按國榷卷五十：「正德十一年五月丁酉，江西提學僉事田汝耔薦養疾御史宋景、貢士安福劉養正。詔景復職，養正詣京。」劉養正當是赴京未用，遂被宸濠以厚幣招致，當上宸濠「國師」。此前張詡已嘗薦劉養正於宸濠，國榷卷五十一正德十四年七月下談遷云：「養正，正德初貢士，棄繻講學，不苟交接，士大夫至願見不可得。嶺南張詡以伊、呂薦於宸濠。母死，求守仁志墓，微説不應。就擒，自盡。傳首至京，妻子没爲奴。」張詡卒於正德九年，其或即是正德九年應薦赴南畿經南昌時，薦劉養正於宸濠。羅洪先稱劉養正「與陽明先生素厚善」，陽明亦自稱與劉養正有「朋友之情」，後來仍爲劉養正母作奠文以祭，蓋劉養正原爲陽明問學弟子故也。按正德五年陽明赴廬陵任經安福，劉養正必當來謁，所謂「素厚善」即從此始也。其後陽明在廬陵（按：安福屬吉安府）任上與南都任上，劉養正亦當多來問學，所謂「朋友之情」即指此也。正德十一年劉養正薦舉赴京經南都，當亦會謁見陽明。故至正德十四年其奉宸濠之命專來贛説陽明，其請陽明作母墓銘是假，邀結籠絡陽明是真。而陽明假作「不喻」，示之以「怯」，麻痺劉養正，遂使宸濠輕敵，鑄成大錯。錢德洪云：「聞老師遣冀行，爲劉養正來致濠殷勤，故冀有此行，答其禮也。」（答論年譜書八）其説爲誤。蓋陽明遣冀元亨往南昌論學在前，宸濠遣劉養正來贛籠絡陽明在後，斷無劉養正來贛勸説不合歸後陽明猶遣冀元亨往南昌講學之事。黄綰陽明先生行狀云：「一日，命安福舉人劉養正往説公，云：『寧王尊師重道，有湯、武之資，欲從公講明正學。』公笑曰：『殿下能舍去王爵否？』既而令門人冀元亨先往，與濠講學，以探其誠否。元亨與語矛盾，濠怒，遣還，密使人殺於途，不果。」其説更顛倒舛誤，叙事皆誇飾不實之詞。

發符牒與郭詡，命其避禍他遊。

陳昌積郭清狂詡傳：「宸濠益猖獗，固不可勝數。己卯，反大有端矣。詡度其必反，必劫己居……王都御史者，名守仁，餘姚人也。以學爲世儒宗工，時假節提軍汀、漳，乃敬往依之，懸書題詩見志。陽明悟其志，尋與之符牒，令避耳目他游。遂沿間道達武昌。至則通訊率乂貴俠者，乃候虚無人，雇篛船絶迹，入德安界。六月，宸濠殺孫都御史、許副使以反，其黨言：『得郭詡，勝得一敵國然，又况能慷慨借軀乎？』乃潛使人齎幣書約，給以好語入見，有如逗梗鍵殺之。其人迹至武昌，搜及細微家，不得，遂返。時論公適有天幸，故窘難得脱焉。陽明高其善解脱，對客亟稱之，曰：『鴻鵠横絶，非清狂斯人邪？』庚辰，公返鄉里。」（國朝獻徵録卷一百十五）

按：前考郭詡在正德十二年來贛入陽明幕下。是次避禍遠遁，當是因劉養正二月來贛説陽明，得知郭詡行踪，故陽明給予符牒，命其避耳目他遊，蓋與冀元亨同也。

十三日，命下勘處福建叛軍。

明武宗實録卷一百七十一：「正德十四年二月丁亥，巡按福建御史程昌奏：『比者延平、建寧、邵武、福州等處士卒强狠，相繼煽亂，乞簡命大臣一人巡撫其地。』事下兵部集議，以福建舊無巡撫，不必時設。近已勑南、贛都御史王守仁往勘，凡一應事宜，令會鎮巡等官，從長議處，奏請定奪，事畢乃還原職。會御史周鵷亦奏：『逆賊進貴等，近已就擒，其餘脇從軍士原非得已，宜撫處以安人心。』得旨俱令守仁從宜處置，鎮巡以下各分别功罪以聞；其南、贛事任，暫令兵備楊璋代理。」

國榷卷五十一：「正德十四年二月丁亥，命王守仁勘處福建叛卒，其南、贛事，兵備副使楊璋暫攝之。」

按：朝廷命下勘處福建叛卒在二月十三日，陽明至六月九日方往福建勘處叛卒，其中當有隱情。錢德洪陽明先生年譜含糊其事，謂：「六月，時福州三衛軍人進貴等脇衆謀叛，奉敕往勘。」乃誤。

蔡宗兖在莆田任教職，與上司不合，致書慰勸。

王陽明全集卷四寄希淵書四：「正月初二得家信，祖母於去冬十月背棄，痛割之極！縻於職守，無由歸遁。今復𧦬疏，若終不可得，將遂爲徑往之圖矣。近得鄭子冲書，聞與當事者頗相牴牾。希淵德性謙厚和平，其於世間榮辱炎凉之故，視之何異飄風浮靄，豈得尚有芥蔕於其中耶？即而詢之，果然出於意料之外，非賢者之所自取也。雖然，『有人於此，其待我以横逆，則君子必自反曰：「我必無禮。」自反而有禮，又自反曰：「我必不忠。」』希淵克己之功日精日切，其肯遂自以爲忠乎？往年區區謫官貴州，横逆之加，無月無有。迄今思之，最是動心忍性砥礪切磋之地……聞教下士甚有興起者，莆故文獻之區，其士人素多根器。今得希淵爲之師，真如時雨化之而已，吾道幸甚！近有責委，不得已，不久且入閩。苟求了事，或能乘便至莆一間語。不盡不盡。」

按：此書所云「今復懇疏」，指正月十四日上乞放歸田里疏；「不久且入閩」，指二月十三日命下往福建勘處叛卒。可見此書約作於二月下旬。蔡宗兖與當事者牴牾不合，見季本蔡公墓誌銘：「以母老上疏乞學職，得教授興化。戊寅，抵任。以禮率人，務更舊習，歲時私饋却絶不行，其自守有足感動人者，故不踰月而士風丕變。值巡按蒞莆視學，公以師道自尊，不肯屈膝，忤其意，乃以母病求去。方伯元山席公雅知公賢，爲具疏白巡按，而公不可留矣。莆中多氣節之士，而見素林公、山齋鄭公，其巨擘也，同聲歎賞，士大夫翕然以公爲高。」（季彭山先生文集卷三）按蒞莆巡按即周鵷。「山齋鄭公」即鄭岳，字汝華，莆田人，時爲江西布政使，與陽明相識。鄭子冲疑即鄭岳之子。蓋陽明將入閩勘處叛卒，故亟關注福建動静，與鄭子冲、蔡宗兖多有通信聯係也。

是月，發布告諭父老子弟書，推行鄉約。

王陽明全集卷十六告諭父老子弟：「頃者頑卒倡亂，震驚遠邇，父老子弟甚憂苦騷動。彼冥頑無知，逆天叛倫，自求誅戮，究言思之，實足憫悼！然亦豈獨此冥頑之罪，有司者撫養之有缺，訓迪之無方，均有責焉。雖然，父老之所以倡率飭勵於平日，無乃亦有所未至歟？今倡亂渠魁，皆就擒滅；脅從無辜，悉已寬貸。地方雖已寧復，然創今圖後，父老所以教約其子弟者，自此不可以不預。故今特爲保甲之法，以相警戒聯屬，父老其率子弟慎行之。務和爾鄰里，齊爾婣族，道義相勸，過失相規，敦禮讓之風，成淳厚之俗。本院奉命撫巡茲土，屬有哀疚，未遑匍匐來問父老疾苦，廉有司之不職，究民之利弊而興除之，故先遣諭父老子弟，使各知悉。方春，父老善相保愛，督子弟及時農作，毋惰！」（正德十四年二月）

按：此告諭父老子弟即告諭舉鄉約，故云「父老所以教約其子弟者，自此不可以不預」，「務和爾鄰里，齊爾婣族，道義相勸，過失相規，敦禮讓之風，成淳厚之俗」。按此告諭文下明標「正德十四年二月」作，以文中言「方春」，當不誤，可見陽明舉鄉約必在正德十四年二月。錢德洪陽明先生年譜引此告諭文，有意略去「方春」等句，竟作爲正德十三年十月發布之文，定陽明舉鄉約在正德十三年十月，云：「正德十三年十月，舉鄉約。先生自大征後，以爲民雖革面，未知格心，乃舉鄉約告諭父老子弟。」其説大誤。五百年來人未有知其誤者，何耶？

王陽明全集卷十七南贛鄉約：「咨爾民：昔人有言：『蓬生蔴中，不扶而直；白沙在泥，不染而黑。』民俗之善惡，豈不由於積習使然哉？往者新民蓋常棄其宗族，畔其鄉里，四出而爲暴，豈獨其性之異，其人之罪哉？亦由我有司治之無道，教之無方；爾父老子弟所以訓誨戒飭於家庭者不早，薰陶漸染於里閈者無素，誘掖獎勸之不行，連屬叶和之無具，又或憤怨相激，狡僞相殘，故遂使之靡然日流於惡，則我有司與爾父老子弟皆宜分受其責。嗚呼！往者不可及，來者猶可追。故今特爲鄉約，以協和爾民，自今凡爾同約之民，皆宜孝爾父母，敬爾兄長，教訓爾子孫，和順爾鄉里，死喪相助，患難相恤，善相勸勉，惡相告誡，息訟罷爭，講信修睦，務爲良善之民，共成仁厚之俗。嗚呼！人雖至愚，責人則明；雖有聰明，責己則昏。爾等父老子弟毋念新民之舊惡而不與其善，彼一念而善，即善人矣；毋自恃爲良民而不修其身，爾一念而惡，即惡人矣。人之善惡，由於一念之間，爾等慎思吾言，毋忽！」

按：陽明先生文録卷十二有其九立南贛鄉約，注作於正德十五年「閏八月」。此當是陽明先在正德十四年二月發布告諭推行鄉約，旋因宸濠叛亂，陽明誰贛平亂，直至正德十五年六月再返贛（見下），才正式發布南贛鄉約，在南贛全面推行。

三月四日，朝廷允准添設江西崇義縣及長龍、鉛廠二巡檢司，遷上猶縣過步巡檢司於上保。

明武宗實録卷一百七十一：「正德十四年三月丁酉，添設江西崇義縣及長龍、鉛廠二巡檢司，遷上猶縣過步巡檢司於上保。先是提督南、贛等都御使王守仁言：上猶、大庾、南康三縣，相去三百餘里，賊巢盤據其中，無慮八十所。大盜雖平，逋逃易集，其橫水大巢原屬上猶縣崇義里，適當三縣之衝。宜即其地立新縣，屬南安府。縣治既設，其東出長龍抵南康，其西出上保抵桂陽，其南出鉛廠抵大庾，路皆險要。宜添設長龍、鉛廠二巡檢司，而上猶過步巡檢路僻無用，宜改遷於上堡。庶幾控御得要，而地方可安事。下户、兵二部覆議，從之。」

十六日，構思歸軒成，作思歸軒賦以抒歸思之情。

王陽明全集卷十九思歸軒賦：「陽明子之官於虔也，廨之後喬木蔚然。退食而望，若處深麓而遊於其鄉之園也。構軒其下，而名之曰『思歸』焉。門人相謂曰：『歸乎！夫子之役役於兵革，而没没於徽纆也，而靡寒暑焉，而靡昏朝焉，而髮蕭蕭焉，而色焦焦焉。雖其心之固囂囂也，而不免於呶呶焉，嘵嘵焉，亦奚爲乎？槁中竭外，而徒以勞勞焉爲乎哉？且長谷之迢迢也，窮林之寥寥也，而耕焉，而樵焉，亦焉往而弗宜矣？夫退身以全節，大知也；斂德以亨道，大時也；怡神養性以遊於造物，大熙也，又夫子之夙期也。而今日之歸，又奚思爲乎哉？』則又相謂曰：『夫子之思歸也，其亦在陳之懷歟？吾黨之小子，其狂且簡，倀倀然若瞽之無與偕也，非吾夫子之歸，孰從而裁之乎？』則又相謂曰：『嗟呼！夫子而得其歸也，斯士之人爲失其歸矣乎？天下之大也，而皆若是焉，其誰與爲理乎？雖然，夫子而得其歸也，而後得於道。惟夫天下之不得於道也，故若是其貿貿。夫道得而志全，志全而化理，化理而人安。則夫斯人之徒，亦未始爲不得其歸也。而今日之歸又奚疑乎？而奚以思爲乎？』陽明子聞之，憮然而歎曰：『吾思乎！吾思乎！吾親老矣，而暇以他爲乎？雖然，之言也，其始也，吾私焉；其次也，吾資焉；又其次也，吾幾焉。』乃援琴而歌之。歌曰：歸兮歸兮，又奚疑兮？吾行日非兮，吾親日衰兮，胡不然兮，日思予旋兮。後悔可遷兮？歸兮歸兮，二三子之言兮！」

按：此賦題下注「庚辰」作，乃誤。按今存有日本古山源恒於一八一一年雙鈎之思歸軒賦墨迹本（現藏餘姚），賦末署「正德己卯三月既望，陽明山人王守仁書」。思歸軒在提督都察院中，余文龍贛州府志卷四：「提督都察院，正德戊寅，王都御史守仁開拓一新，中爲堂曰『肅清』……正堂後爲軒曰『正大光明』，又爲後堂曰『抑抑』，後堂之左爲思歸軒，爲宜南樓……」

二十日，朝臣諫武宗南巡下錦衣獄，陳九川、夏良勝、萬潮、舒芬、孫鳳等杖脊罰跪，謫外罷官。

國榷卷五十一：「正德十四年三月癸丑，兵部武選郎中莆田黄鞏、車駕員外郎蘭溪陸震、吏部員外郎□□夏良勝、禮部主事□□萬潮、太常博士□□陳九川、醫士嘉定徐鏊，俱下錦衣獄……乙酉，大理寺正周叙等十人下鎮撫司……復同黄鞏、陸震、夏良勝、萬潮、陳九川、徐鏊俱荷校闕前，罰跽至夕。仍繫侯，期五日。丙辰，行人司副余廷瓚等二十人，工部主事林大輅等三人，各疏諫，俱下錦衣獄。已，荷校罰跪如周叙等。戊午，杖郎中孫鳳等百有七人於午門，各三十。鳳及陸俸、張衍瑞、姜龍、舒芬謫外，罪其倡也。餘奪俸六月。刑部主事鄖城劉校、照磨劉珏，卒杖下。芬謫福建市舶司副提舉。」

三十日，爲教讀朱源所藏先世遺墨題詞。

王陽明全集卷二十八書宋孝子朱壽昌孫教讀源卷：「教讀朱源，見其先世所遺翰墨，知其爲宋孝子壽昌之裔也，既弊爛矣，使工爲裝緝之。因諭之曰：『孝，人之性也。置之而塞乎天地，溥之而横乎四海，施之後世而無朝夕。保爾先世之翰墨，則有時而弊；保爾先世之孝，無時而或弊也。人孰無是孝？豈保爾先世之孝？保爾之孝耳。保先世之翰墨，亦保其孝之一事，充是心而已矣。』源歸，其以吾言遍諭鄉鄰，苟有慕壽昌之孝者，各充其心焉，皆壽昌也已。正德己卯三月晦，書虔臺之静觀軒。」

四月，安福鄒守益來贛受學，遂執弟子禮。陽明始發「良知」之説，妙悟「良知」之秘。

宋儀望華陽館文集卷十一鄒東廓先生行狀：「己卯，謁陽明王公於虔臺，因論及格致之學。王公乃盡語以『致良知』之説，反覆辨論，先生翻然悟曰：『道在是矣！』遂執弟子禮。」

鄒德涵鄒聚所先生文集卷三文莊府君傳：「逾年，府君念易齋翁不置，亦請告歸。四方士即山房受學，府君曰：『前而黨知子思之學受於曾子乎？今朱氏解格物與慎獨異，何也？』諸生莫能解。己卯，謁陽明王先生於虔，以其疑質之。王公大喜曰：『吾求友天下有年矣，未有是疑，何子之能疑也！』因告之曰：『致知者，致吾之良知也。格物者，不離倫物，應感以致其知也，與慎獨一也。』府君翻然悟曰：『道在是矣！』遂執弟子禮。歸而與諸生言曰：『吾夢二十九年矣，而今始醒。而黨其勿復夢也夫！』」

聶豹集卷十三大司成東廓鄒公七十壽序：「已聞陽明先生講學虔南，牽舟往從之。一見相契，妙悟良知之秘，涣然自信，曰：『道在是矣！』反顧胸中所蓄數萬卷書，糟粕也。於是四拜北面，奉以終身，如蓍龜焉。先生贈之詩曰：『君今一日真千里，我亦當年苦舊迷。』蓋亦恨其相契之晚也。」

明儒學案卷十六文莊鄒東廓先生守益：「初見文成於虔臺，求表父墓，殊無意於學也。文成顧日夕談學，先生忽有省，曰：『往吾疑程、朱補大學，先格物窮理，而中庸首慎獨，兩不相蒙，今釋然格致之即慎獨也。』遂稱弟子。」

徐階世經堂集卷十九鄒公神道碑銘：「公不自謂足，退而讀書山中。數有疑於格致、戒懼、慎獨之説，以質陽明先生，先生曰：『致知者，致吾心之良知於事事物物也；致吾心之良知於事事物物，則事事物物皆得其理矣。致吾心之良知者，致知也；事事物物皆得其理者，格物也。獨，即所謂良知也；慎獨者，所以致其良知也；戒謹恐懼，所以慎其獨也。故大學、中庸之旨，一也。』公大悟，北面師事焉，轉以其説告語門人弟子。」

耿天臺先生文集卷十四東廓鄒先生傳：「一日，讀大學、中庸，訝曰：『子思受學曾子者，大學先格致，中庸首揭慎獨，何也？』積疑不釋。己卯，先生年二十九，就質王公於虔臺。王公曰：『致知者，致吾心之良知於事事物物也；致吾心之良知於事事物物，則事事物物皆得其理矣。獨，即所謂良知也；慎獨者，所以致其良知也；戒謹恐懼，所以慎其獨也。大學、中庸之旨，一也。』先生豁然悟，遂肅贄師事焉。逾月，再如虔臺。未幾，宸濠反……」

按：耿定向謂「逾月，再如虔臺」，可見鄒守益當先是四月來虔臺，五月回安福，六月再來虔臺。諸家均明確指出鄒守益是年來見陽明，陽明乃向鄒守益始發「致良知」之説，將大學「致知」解爲「致良知」，從而統一了「格物」與「慎獨」，統一了大學與中庸，「致知」即致良知，「慎獨」即致良知——此即是陽明生成自己「良知」新説之學脉理路與心學進路，所謂「良知」之悟也。諸家之説，與鄒守益本人所述相合：鄒守益集卷十復王東石時禎：「先師格致誠正之説，初聞於虔州，以舊習纏繞，未敢遽信。及質諸孔孟，漸覺有合處，然後敢信而繹之。」

同上，卷十六浙游聚講問答：「問：戒慎工夫與誠意致知格物之旨同異，何以別？曰：戒慎恐懼，便是愼；不睹不聞，莫見莫顯，便是獨。自戒懼之靈明無障，便是致知；自戒懼之流貫而無虧，便是格物。故先師云：『子思子撮一部大學作中庸首章，聖學脉絡通一無二，浄洗後世支離異同之窟。正心是未發之中；修身是發而中節之和；天地位，萬物育，是齊家治國平天下。……』」同上，卷七龍岡書院祭田記：「往者嘗疑大學、中庸一派授受，而判知行，析動静，幾若分門立。及接温聽厲，反覆詰難，始信好惡之真，戒懼之嚴，不外愼獨一脉。獨也者，獨知也。獨知之良，無聲無臭，而乾坤萬有基焉。知微之顯，其神矣乎！」

由此可以確知陽明於正德十四年在贛首揭「致良知」之教，正德十四年是陽明「良知之悟」之年。聶豹所云「妙悟良知之秘」，實亦是指陽明於是年妙悟「良知」之秘；而詩所云「我亦當年苦舊迷」，實即是陽明自謂正德十四年由「迷」入「悟」——妙悟「良知」之秘。稍後（八月）陳九川來南昌問學，陽明與其更進一步大闡「良知」之説，至有論良知心學文之作（詳下），更可確證陽明正德十四年始揭「良知」之教，正德十四年是陽明妙悟「良知」之年矣。歷來以爲陽明在龍場已大悟「良知」（龍場之悟），錢德洪以爲陽明正德十六年始揭「良知」之教，其誤自不待辨，陽明何時妙悟「良知」此一未解之謎今可揭開矣。

五月，楊驥再來贛受業。

薛侃集卷七楊毅齋傳：「己卯，復往卒業。值洪都之變，冗攘不復追侍。適先生省親懷玉，同處庠舍，砥礪日進。」

按：楊驥正德十三年八月歸潮，原與陽明約定開春再來。後實際到夏五月再來贛受學，不久因宸濠亂起，贛州冗攘，乃往懷玉依薛侃，砥礪講學。

十七日，江西巡撫孫燧、巡按御史林潮與鎮守太監畢真上宸濠孝行宜旌表。

國榷卷五十一：「正德十四年五月己酉，江西巡撫、右副都御史孫燧，巡按御史晉江林潮與鎮守太監畢真，上宸濠孝行宜旌表，禮科給事中邢寰駁其悖謬，禮部尚書毛澄覆真等諂附。上頗聞濠逆謀，怒曰：『宗藩善否，朝廷自知，何輒請也！』各詰其實。初，宸濠親喪善哭，聲動宮廷，徒步送葬，後變作，論者以林潮黨逆落職。」

按：談遷云：「宸濠孝行，請下史館，在正德二年十月辛巳，則虛語夙隆，越今一紀矣，而撫按猶沾沾焉因其僞而飾之，冀彼蓋匿或不遂爲逆，即爲逆猶爲少緩其發，徐爲之圖，亦撫按之曲計也。」按：謂上宸濠孝行旌表爲「撫按之曲計」尤非，而謂「上頗聞濠逆謀」更是虛妄掩飾之詞。蓋直到其時，上起昏君武宗，下至地方大臣，對宸濠陰謀叛逆均懵懂無知，皆不之信，無怪有人奏告宸濠陰謀叛逆，武宗竟逮下錦衣獄，而江西地方大臣亦紛紛上奏旌表宸濠孝行，可謂昏憒荒唐至極也。

二十四日，因御史蕭淮奏宸濠不軌，乃遣太監賴義等往戒諭宸濠。賴義在道，宸濠已叛。

國榷卷五十一：「正德十四年五月丙辰，遣太監賴義、駙馬都尉崔元、左副都御史顔頤壽戒諭宸濠。先是南昌謝儀善東廠太監張鋭，勸其却濠賄，鋭問故，因述其異圖。鋭悟，且與朱寧方隙，欲發其交通狀。於是御史蕭淮奏：宸濠招納亡命，西山牧馬殆萬匹，南康私船千艘。虐徧江西，毒及他省。旗校内使，接踵京師，不知其故。且羣黨如致仕右都御史李士實，儀賓顧官祥，指揮葛江、王信，引禮丁璜，内使陳賢、壽山、熊壽、涂欽、梁偉，義官倪慶、盧孔章、徐紀、趙七、謝培，省察官黄海、秦梁，舍人李顯忠，校尉查五，樂工秦營，皆晝夜密謀。又招建昌盗淩某、閔某等爲翼。不早制之，後患何極！朱寧見疏，持還家數日，屢詆淮之妄，又約張鋭同求旌濠孝行。鋭託故不往，且先言濠不軌狀，故寧譖不行，曰：『虚實久自見也。果誣，淮將焉往？』遂下淮奏於内閣。楊廷和以宣宗處趙王事，宜遣大臣宣諭。上然之。廷臣議左順門，皆如廷和言。遂敕義等齎書諭之，曰：『叔祖在宗室，屬望尊重，朝廷禮待有加。但道路流傳，不無可疑。往者典寶副閻順等奏諸不法，朕未遽信。近言官所奏亦同。廷臣謂宗社大計，宜存遠慮。朕念至親，且不深究。然隱忍不言，彼此懷疑，亦無兩全之道。昔我宣宗皇帝，因趙府煩言，特遣駙馬袁容等書諭，即幡然改悔，獻還護衛，至今永享富貴。今遺書奉告，可倣此意，以原革護衛並屯田獻還，所奪官民田土皆復故主，賊黨散遣，朕亦俯從寬典，並不深究。此朕至情，叔祖其圖之。』初，濠賂臧賢、朱寧及張鋭，陰許其世子入爲東宮。至是寧懼，執濠所遣盧孔章等二人，下錦衣獄。又歸罪臧賢，擬戍邊，盜夜殺之，孔章等亦獄死，滅其口。廷臣多受賂，終不可諱，冀璽等（按：當作「冀義等」。）寢其謀。不知濠惡已稔，非空言所制也。義等在道，變遂作。」

按：直到其時，朝廷竟仍不知宸濠叛逆已稔，猶祇遣太監賴義往諭，全不作防備平叛大計，但冀其幡然改悔，獻還原革護衛而已。而賴義遷延至六月方上道，遂給宸濠發動叛亂爭得時機。朝廷之妄遣太監往諭，適成激發宸濠叛亂之導火綫，朝廷措置之輕敵失當，由此可見。陽明在贛，不知朝廷內情，遂處被動，雖早悉宸濠反狀，一時亦不免措手不及矣。

六月九日，奉敕往福建處置叛軍。十三日，宸濠生日，地方大臣皆來賀。十四日，宸濠反。十五日，陽明行至豐城縣黃土腦，聞宸濠反，遂返吉安起集義兵。

王陽明全集卷十二飛報寧王謀反疏：「正德十四年六月初五日，節該欽奉敕：『福州三衛軍人進貴等脇衆謀反，特命爾暫去彼處地方，會同查議處置，參奏定奪。欽此。』欽遵。臣於本月初九日，自贛州啓行，至本月十五日，行至豐城縣，地名黃土腦。據該縣知縣等官顧佖等禀稱，本月十四日寧府稱亂，將孫都御史、許副使並都司等官殺死，巡按及三司、府、縣大小官員不從者俱被執縛，不知存亡。各衙門印信盡數收去，庫藏搬搶一空，見監重囚俱行釋放。舟楫蔽江而下，聲言直取南京，一面分兵北上。各官皆來沮臣不宜輕進。其時臣尚未信，然逃亂之民果已四散奔潰，人情洶洶，臣亦自顧單旅危途，勢難復進。方爾回程，隨有兵卒千餘已夾江並進，前來追臣。偶遇北風大作，臣亦張疑設計，整舟安行，兵不敢逼，幸而獲免。」

國榷卷五十一：「正德十四年六月丙子，寧王宸濠反，巡撫右副都御史餘姚孫燧、按察副使固始許逵死之。宸濠久蓄異志，信術士李自然等誑訣，於城東作陽春書院，以當天子氣。招集亡命，縱掠商富。置偵騎，伺朝廷起居，所忤官吏，輒中危法，勢張甚。及聞遺諭，大懼，謀先發。適生日，燧等入賀。例宴，至是入謝，遂閉門擐甲，大言曰：『今上非孝宗子，又失德。太后有密旨召我。』衆相顧愕眙。燧前請旨，曰：『毋多言，若能扈我入南京乎？』燧叱曰：『天無二日，民無二王。寧知他！』濠令甲士縛燧。逵抗辯，且憤罵，謂燧曰：『我欲先發，今奈何？』並縛逵，殺惠民門外。濠欲脅逵用之，刃久未下。逵罵曰：『何不速殺我？』逵不屈，立而受刃。布政使梁辰、胡濂，按察使楊璋，參政王綸、劉棐、程杲，副使唐錦、賀鋭，參議楊學禮、許效廉，僉事師夔、潘鵬、賴鳳、王疇，都指揮馬驥、許清、白昂、王玘、郟文等，皆拜稱萬歲。各羈置之。遂縱囚收帑，分奪諸郡縣印，起兵。宜春王拱樤，瑞昌王拱栟，鎮輔將軍覲鋌、宸瀩、宸瀾、宸溋、覲瀛、宸湑、拱樴、宸瀷、宸汲、宸湯、宸澅、宸漼，皆聽命。是夕，左參議上元黃宏憂憤，手械蹙頸卒。户部主事莆田馬思聰絶粒三日卒。濠迎右都御史致仕官李士實，拜國師，貢士安福劉養正爲軍師，參政王綸爲兵部尚書。養正草僞檄，中有『祖宗不血食者十有四年』，語尤狂悖。檄去『正德』，惟書『大明己卯』……」

陳洪謨繼世紀聞卷五：「初，京師知崔元等差往江西，不知止革護衛，以爲必擒濠。適王府偵卒徐華（按：後鑒録、錢德洪陽明先生年譜作「林華」）等在京，即飛報於濠。至六月十三日到南昌見濠，值濠生日，宴鎮巡三司。報曰：『駙馬等官兼程來矣，後又聞宣兵部，不知何事。』濠大驚，因憶昔日擒荆王時，差太監蕭敬、駙馬蔡震、都御史戴珊，曾過南昌，今此來爲擒我也。罷宴，夜召李士實議所處。士實曰：『事急矣，明早鎮巡三司官謝宴，可就擒之，因而舉事。』乃夜集劇賊吴十三等，各飾兵器。明旦各官入謝，左右帶甲露刃數百人侍衛。拜畢，濠呼曰：『汝等知大義否？』孫燧曰：『不知。』濠曰：『太后有密旨，令我赴京。』燧曰：『請密旨看。』按察副使許逵曰：『天無二日，此是大義。』濠怒曰：『尚敢如此無禮乎？』命左右曳二人出，斬之。仍盡拏三司諸官，鎖杻繫獄。令布政梁辰等用印信咨文，差人遍行天下布政司，告諭親王、三司舉兵之意，大概誣稱『祖宗不血食者十五年』等語。乃分給銀米募兵，修理戰具，以夜繼日。十七日，濠留中官萬鋭等守城，自以妃眷世子登舟，北出鄱陽湖。令僉事潘鵬持檄諭降安慶諸郡。命參政王綸提督軍務，爲兵部尚書，李士實爲軍師，舉人劉養正副之。督率護衛軍並閔念四、吴十三等賊黨五六萬人，盡奪官民舟船萬餘艘，蔽江而下……福建軍士作亂，乃敕守仁往福建戡處。守仁啓行，由江路過吉安，將至南昌，濠差人迎之。豐城知縣顧佖密以寧賊反狀告之，且勸勿徑下南昌。守仁即變服返舟，值風順，徑至吉安。」

錢德洪陽明先生年譜：「濠初謀欲徑襲南京，遂犯北京，故乘勝尅期東下。先生聞變，返舟，值南風急，舟弗能前，乃焚香拜泣告天曰：『天若哀憫生靈，許我匡扶社稷，願即反風。若無意斯民，守仁無生望矣。』須臾，風漸止，北帆盡起。濠遣内官喻才領兵追急，是夜乃與幕士蕭禹、雷濟等潛入魚舟得脱。」

錢德洪上海日翁書跋：「嘗聞幕士龍光云：『時師聞變，返風回舟。濠追兵將及，師欲易舟潛遯。顧夫人諸、公子正憲在舟，夫人手提劍别師曰：「公速去，毋爲妾母子憂。脱有急，吾恃此以自衛爾！」及退還吉安，將發兵，命積薪圍公署，戒守者曰：「儻前報不利，即舉火爇公署。」……』」（王陽明全集卷二十六）

黄綰陽明先生行狀：「公以六月初九日自贛往福建勘事。十五日至豐城縣界，典史鄞人報濠反狀，繼而知縣顧佖具言之。公度單旅倉猝，兵力未集，難即勤王，亟欲遡流趨吉安。南風方盛，舟人聞宸濠發千餘人來劫公，畏不敢發，乃以逆流無風爲辭。公密禱於舟中，誓死報國。無何，北風大作。舟人猶不肯行，拔劍馘其耳，遂發舟。薄暮，度勢不可前，潛覓漁舟，以微服行，留麾下一人服己冠服在舟中。濠兵果犯舟，而公不在。欲殺其代者，一人曰：『何益？』遂捨之，故追不及。是夜至臨江，知府戴德孺喜甚，留公入城調度。曰：『臨江居大江之濱，與省城相近，且當道路之衝，莫若吉安爲宜。』又以三策籌之曰：『濠若出上策，直趨京師，出其不意，則宗社危矣；若出中策，則趨南都，大江南北亦被其害；若出下策，但據江西省城，則勤王之事尚易爲也。』……」

錢德洪征宸濠反間遺事：「嘗聞雷濟云：夫子昔在豐城聞變，南風正急，拜受哭告曰：『天若憫恤百萬民命，幸假我一帆風！』須臾風稍定，頃之，舟人讙譟回風。濟、禹取香煙試之舟上，果然。久之，北風大作。宸濠追兵將及，時夫人、公子在舟，夫子呼一小漁船，自縛敕令，濟、禹持米二斗，鬻魚五寸，與人爲别。將發，問濟曰：『行備否？』濟、禹對曰：『已備。』夫子笑曰：『還少一物。』濟、禹思之不得。夫子指船頭羅蓋曰：『到地方無此，何以示信？』於是又取羅蓋以行。明日至吉安城下，城門方戒嚴，舟不得泊岸。濟、禹揭蓋以示，城中遂讙慶曰：『王爺爺還矣！』乃開門羅拜迎入。於是濟、禹心歎危迫之時，暇裕乃如此。」

謝蕡後鑒録下：「正德十四年五月内，宸濠惡逆彰聞，致被科道官將伊謀爲不軌事情劾奏。蒙欽差賴太監、崔駙馬、顔都御史前去省諭，查革護衛。本年六月内，宸濠聞知反謀敗露，即招李士實等進府商議。宸濠説稱：『差官看我府中事情，革我護衛，若不起手，斷然不好。十三日是我壽日，鎮巡三司等官必來慶賀。候其次日謝酒，就脇令各官順從起兵。彼若不從，即行斬首警衆，大事就定。』吉與李士實等各回説：『此謀最好。』至十三日，鎮守、撫按公差並三司等官進府賀慶，筵宴各散。十四日早，宸濠密令凌十一等，暗藏凶器傍立。有鎮巡三司等官前來謝酒，行禮至三拜，宸濠即出殿前臺上，詐説：『太后娘娘有密旨，著我起兵。你各官知大義否？』有都御史孫燧回説：『既有密旨，請看。』又問副使許逵如何，本官回説：『只有一點赤心。』宸濠怒，説：『殺這不知大義官，以定民志。』就令凌十一等，將孫都御史、許副使押出，在於惠民門内殺害。鎮巡三司等官王宏等，俱被綁送儀鸞司等處監禁。又召宗室及内外官員進府，説稱『今舉大事，你各人務要盡心贊助。事定之後，宗室加爵禄，各官重加陞賞』等語。當有李世英等，俱素通謀逆，倡率宜春王拱樤、瑞昌王拱栟，鎮輔將軍覲鋌、宸渢、宸瀾等十名，亦各不合隨同稱呼『萬歲，萬歲』。瑞昌王拱栟差未獲内使王萬興等，前去貴溪縣往日交通王親、已故義官江成家招兵……比將各衙門印信、倉庫、錢糧盡行搜劫，獄囚盡行釋放。宸濠隨又分散儀賓、校尉人等，前往饒州等處地方取印起兵。節被豐城縣知縣顧佖、進賢縣知縣劉源清、奉新縣知縣劉守緒、餘干縣知縣馬津、東鄉縣知縣黄堂等，各率兵遏截殺訖。宸濠又令典膳羅璜，將綸職名寫成白牌，内開爲開路取兵事，令人齎往萬年縣地方，招取洞賊爲應。又聞提督南、贛王都御史前往福建公幹，從省城經過，要行執拿脇從。先差已故内官喻才領兵暗伏地名生米觀等候。十五日，王都御史至豐城地方，聞變，徑趨吉安府，即行各該府縣地方起集義兵，會合征勦。」

陸澄辨忠讒以定國是疏：「守仁近豐城五里而聞變，即刻僞寫兩廣都御史楊旦大兵將臨火牌，於知縣顧佖接見之時，令人許爲驛夫入遞，守仁佯喜，以爲大兵既至，賊必易圖，當令顧佖傳牌入城，以疑宸濠。又令顧佖守城，許與撥兵助守。時有報稱宸濠遣賊六百追虜王都者，守仁回船而南風大逆，乃慟哭告天，而頃刻返風。守仁又恐賊兵追至，急乘漁舟脱身……次日奔至蛇河，遇臨江知府戴德孺，即議起兵。因不足恃，又奔入新淦城，欲與知縣李美集兵。度不可居，復奔至吉安。見倉庫充實，遂乃駐劄。」

按：陽明六月九日啓程赴福建處置叛軍，六月十五日至豐城，距南昌僅百餘里。其間最令人質疑者有三：一是朝廷命下陽明往福建戡處叛軍在二月，何以陽明遷延至六月九日始起程？二是陽明往福州戡處叛軍，本只要由贛州直接往東徑至福州，何以却大繞圈子，北行遠至豐城？三是陽明本是臨時受命往福建戡處叛軍（由楊璋暫代），處置畢後即回，何以陽明却携夫人諸氏、子正憲全家同行？按陳洪謨明云「守仁啓行，由江路過吉安，將至南昌，濠差人迎之。豐城知縣顧佖密以寧賊反狀告之，且勸勿徑下南昌。守仁即變服返舟」。既稱「濠差人迎之」，顧似勸「勿徑下南昌」，可見陽明是次北行確是要去南昌，而宸濠派人來迎者，當是爲接陽明入南昌賀其生日。蓋六月十三日宸濠生日本意在邀地方官員來賀，借以籠絡地方官員，初並無借慶賀生日發動叛亂之意。至六月十三日晚偵卒徐華來報，宸濠大驚，乃決定次日囚殺地方要員以反，實一時倉促生變也。錢德洪陽明先生年譜亦述之甚明：「會濠偵卒林華者，聞朝議二三，不得實，晝夜奔告。值濠生辰，宴諸司，聞言大驚，以爲詔使此來，必用昔日蔡震擒荆藩故事；且舊制凡抄解宫眷，始遣駙馬親臣，固不計趙王事也。宴罷，密召士實、劉吉等謀之。養正曰：『事急矣！明旦諸司入謝，即可行事。』是夜集兵以俟。」故地方官員被邀賀宸濠生日，皆無戒心。陽明乃是宸濠着意邀結籠絡之首選人物，自必首邀其來賀宸濠生日（疑即劉養正來贛游説時邀其參加宸濠生日賀宴），時適逢陽明奉命往福建勘處叛軍，陽明正可借此機會携家眷往南昌，其意一則可覘宸濠動静與南昌局勢；二則可將妻子家眷安頓在南昌，己往福建勘處叛軍事畢，即可自南昌携家眷歸省。陽明後在飛報寧王謀反疏中吐露真情云：「今兹扶病赴闕，實亦意圖便道歸省……入闕了事，就彼歸看父疾。」在乞便道省葬疏中亦云：「近者奉命扶疾赴闕，意圖了事，即從此地冒罪逃歸。」（王陽明全集卷十二）由此，陽明何以六月九日携家眷北赴南昌之謎可以揭開矣。陽明六月九日出發，十三日自可到達南昌，何以十五日方抵豐城？疑陽明此行實存戒心，一路探聽南昌虚實，故在道徘徊觀望，有意錯過十三日宸濠生日，竟得逃過一劫也。後來陸澄在辨忠讒以定國是疏中辯云：「毛玉疑守仁因賀宸濠生辰，而偶爾遇變。殊不知守仁奉敕將往福建，而瑞金、會昌等縣瘴氣生發，不敢經行，故道出豐城。且宸濠生日在十三，而守仁十五方抵豐城，若賀生辰，何獨後期而至乎？」按陽明平汀、漳寇，皆從瑞金、會昌出入，周期雍之起閩兵平叛，亦皆從瑞金、會昌進出，何來瑞金、會昌有瘴氣不能行之事？陸澄之説，不足據信也。

十五日，宸濠兵攻九江、南康。十六日，陷南康。十七日，陷九江。

國榷卷五十一：「正德十四年六月丁丑，宸濠僞授閔廿四、廿八、凌十一、吴十三、萬賢一、賢二、熊十四、十七、楊清、楊鳳都指揮等官，同承奉涂欽等分攻九江、南康，掠船吴城。令校尉趙智報浙江太監畢真起兵。儀賓李蕃、李世英如瑞州華林、瑪瑙等寨，貢士王春等如豐城、奉新、東鄉，妃弟婁伯如進賢、廣信，各募兵。王綸檄召姚源等峒賊，參政季斆諭王守仁，教諭、達賓等分諭廣東及吉安、南、贛等，俱質其婦孺。濠欲即大位，改元順德。李士實等以下南京行之。濠乃下令整師。戊寅，僞兵陷南康，知府陳霖、同知張禄先遁……己卯，僞兵陷九江，兵備副使曹雷、知府江穎、推官陳深、指揮許鸞皆遁，按察司僉事師夔降，尋僞授兵備副使。進賢知縣劉源清勒兵禦賊，誅濠妃弟婁伯及通謀者。又龍津驛丞孫天祐、餘干知縣馬津亦起兵，殺其募兵者數十人，餘皆潰歸。濠欲攻源清，李士實曰：『大事既定，彼將焉往？』乃止。右副都御史王守仁至豐城聞變，走吉安。」

按：據此，來豐城追捕陽明者，或即王春部隊。在陽明集兵起義之前，已有劉源清、孫天祐、馬津諸人起兵抗宸濠矣。

十八日，至吉安府，設反間計以疑沮宸濠出兵。

錢德洪征宸濠反間遺事：「龍光云：是年六月十五日，公於豐城聞宸濠之變。時參謀雷濟、蕭禹在侍，相與拜天誓死，起兵討賊。欲趨還吉安，南風正急，舟不能動。又痛告天，頃之，得北風。宸濠追兵將及，潛入小漁船，與濟等同載，得脱免。舟中計議，恐宸濠徑襲南京，遂犯北京，兩京倉卒無備，圖欲沮撓，使遲留半月，遠近聞知，自然有備無患。乃假寫兩廣都御史火牌云：『提督兩廣軍務都御史楊爲機密軍務事：准兵部咨及都察院右副都御史顔咨俱爲前事，本院帶狼達官兵四十八萬，齊往江西公幹。的於五月初三日在廣州府起馬前進，仰沿途軍衛有司等衙門，即便照數預備糧草，伺候官兵到日支應。若臨期缺乏誤事，定行照依軍法斬首。』等因。意示朝廷先差顔等勘事，已密於兩廣各處起調兵馬，潛來襲取宸濠，使之恐懼遲疑，觀望不敢輕進。使濟等密遣乖覺人役，持火牌設法打入省城。宸濠見火牌，果生疑懼。十八日，回至吉安。又令濟等假寫南雄、南安、贛州等府報帖，日逐飛報府城，打入省下，一以動摇省城人心，一以鼓勵吉安效義之士。又與濟等謀假寫迎接京軍文書云：『提督軍務都御史王爲機密軍務事：准兵部咨該本部題奉聖旨：「許泰、郤永分領邊軍四萬，從鳳陽等處陸路徑撲南昌；劉暉、桂勇分領京邊官軍四萬，從徐州、淮安等處水陸並進，分襲南昌；王守仁領兵二萬，楊旦等領兵八萬，秦金等領兵六萬，各從信地分道並進，刻期夾攻南昌。務要遵照方略，並心協謀，依期速進，毋得彼先此後，致誤時機。欽此。」等因。咨到，職除欽遵外，照得本職先因奉敕前往福建公幹，行至豐城地方，卒遇寧王之變，見已退住吉安府起兵。今准前因，遵奉敕旨，候兩廣兵齊，依期前進外，看得兵部咨到緣由，係奉朝廷機密敕旨，皆是掩其不備，先發制人之謀。其時必以寧王之兵尚未舉動，今寧王之兵已出，約亦有二三十萬，若北來官兵不知的實消息，未免有誤時機。以本職計之，若寧王堅守南昌，擁兵不出，京邊官軍遠來，天時、地利兩皆不便，一時恐亦難圖。須是接兵徐行，或分兵先守南都，候寧王已離江西，然後或遮其前，或擊其後，使之首尾不救，破之必矣。今寧王主謀李士實、劉養正等各有書密寄本職，其賊淩十一、閔廿四亦各密差心腹前來本職遞狀，皆要反戈立功報效。可見寧王已是衆叛親離之人，其敗必不久矣。今聞兩廣共起兵四十八萬，其先鋒八萬，係遵敕旨之數，今已到贛州地方。湖廣起兵二十萬，其先鋒六萬，係遵敕旨之數，今聞已到黄州府地方。本職起兵十萬，遵照敕旨，先領兵二萬，屯吉安府地方。各府知府等官兵各起兵快，約亦不下一萬之數，共計亦有十一二萬人馬，儘已穀用。但得寧王早離江西，其中必有内變，因而乘機夾攻，爲力甚易。爲此今用手本備開緣由前去，煩請查照裁處。並將一應進止機宜，計議停當，選差乖覺曉事人員，與同差去人役，星夜回報施行，須至手本者。』既已寫成手本，令濟等選差慣能走遞家人，重與盤費，以前事機陽作實情，備細密切説與，令渠潛踪隱迹，星夜前去南京及淮、揚等處迎接官兵。又令濟等尋訪素與宸濠交通之人，厚加結納，令渠密去報知寧府。宸濠聞知，大加賞賜，差人四路跟捉。既見手本，愈加疑懼，將差人備細拷問詳悉，當時殺死。因此宸濠又疑李士實、劉養正，不受其謀。又與龍光計議假寫回報李士實書，內云：『承手教密示，足見老先生精忠報國之本心，始知近日之事迫於勢不得已而然，身雖陷於羅網，乃心罔不在王室也。所喻密謀，非老先生斷不能及此。今又得子吉同心協力，當萬萬無一失矣。然幾事不密則害成，務須乘時待機而發乃可。不然，恐無益於國，而徒爲老先生與子吉之累，又區區心所不忍也。况今兵勢四路已合，只待此公一出，便可下手，但恐未肯輕出耳。昨凌、閔諸將遣人密傳消息，亦皆出於老先生與子吉開導激發而然。但恐此三四人者皆是粗漢，易有漏洩，須戒令慎密，又曲爲之防可也。目畢即付丙丁，知名不具。』與劉養正亦同。兩書既就，遣雷濟設法差遞李士實，龍光設法差遞劉養正。各差遞人皆被宸濠殺死。宸濠由是愈疑劉、李，劉、李亦各自相疑懼，不肯出身任事。以故上下人心互生疑懼，兵勢日衰。又遣素與劉養正交厚指揮高睿致書劉養正，及遣雷濟、蕭禹引誘內官萬鋭等私寫書信與內官陳賢、劉吉、喻木等，俱皆反間之謀。又多寫告示及招降旗號，開諭逆順禍福，及寫木牌等項，動以千計，分遣雷濟、蕭禹、龍光、王佐等分役經行賊壘，潛地將告示黏貼，及旗號木牌四路標插。又先張疑兵於豐城，示以欲攻之勢。又遣雷濟、龍光將劉養正家屬在吉安厚加看養，陰遣其家人密至劉養正處傳遞消息，亦皆反間之謀。初時，宸濠謀定六月十七日出兵，自己於二十二日在江西起馬，徑趨南京，謁陵即位，遂直犯北京。因聞前項反間疑沮之謀，遂不敢輕出。故十七等日，先遣兵攻南康、九江，而自留省城。賊兵等候宸濠不出，亦各疑懼退沮，久駐江湖之上，師老氣衰；又見四路所貼告示及插旗號木牌，人人解體，日漸散離，以故無心攻門。其後宸濠探知四路無兵，前項事機已失，兵勢已阻，人馬已散，多有潛來投降者。」

天啓贛州府志卷十六：「雷濟、蕭庚，皆贛縣人。濟聽選省祭，庚義官。都御史王公守仁來鎮虔也，知二人素有識略，置之幕下參謀。公平横水、桶岡、三浰諸賊，二人計畫居多，而誘浰酋池仲容至府城，二人玩弄之，卒令死彀中，計尤詭秘。寧王宸濠反，公過豐城聞變，時濟、庚在侍，相與痛哭，即圖趨還贛州，起兵討賊。而南風正急，舟不能動，又相與痛哭，焚香籲天，願反風。頃之風轉，濟、庚試香煙果北，喜。遥望宸濠追兵將及，夫人、公子時在舟，倉卒中，亟呼一小漁船，公自縛印敕與夫人別，令濟、庚持米二升，鬵魚五寸，同載小船。將發，問濟曰：『行備否？』對曰：『已備。』公指船頭黄蓋曰：『到地方，無此，何以示信？』於是又取羅蓋以行。至新淦城下，城門戒嚴，不得泊。濟、庚張黄蓋以示，乃開門羅拜，迎入舟中計議：宸濠徑襲南京，直犯北京，兩京無備，奈何？故駐吉安，詐爲兩廣總督火牌、兵部咨及各府報帖，互相傳遞，以撓其進止。作間李士實、劉養正書，以離其心腹。多寫告示並招降旗號、木牌等項，動以千萬計，以散其黨與。當是時，濟、庾等粘貼告示，標插旗號、木牌，皆乘黑夜衝風冒雨，涉險破浪，出入賊壘，萬死一生。中所差行間人役，被宸濠殺死者，皆其親信家人，蓋陰謀秘計有諸將士所不與知，而辛苦艱難亦有諸部領所未嘗歷者。事平之後，京邊官軍南來失計，百方搜羅，無所泄毒。搆陷冀元亨、龍光與濟、庾等，俱欲置之死地。元亨被執，濟、庾等四竄逃匿，在册功次俱被削去。未幾庾死，公親爲文祭之。後濟謁選，得四川龍州宣撫司經歷，蓋鑾府云。」

按：陽明在由豐城退回吉安途中，即已施反間計，黄綰陽明先生行狀云：「行至中途，恐其速出，乃爲間諜，假奉朝廷密旨先知寧府將反，行令兩廣、湖襄都御史楊旦、秦金及兩京兵部各命將出師，暗伏要害地方，以俟寧府兵至襲殺。復取優人數輩，各與數百金以全其家，令至伏兵處所飛報竊發日期，將公文各縫置袷衣絮中。將發間，又捕捉僞太師李士實家屬至舟尾，令其覘知。公即佯怒，牽之上岸處斬，已而故縱之，令其奔報。宸濠邏獲優人，果於袷衣絮中搜得公文，遂疑不發。十八日至吉安。」

在吉安，集兵勤王，督同知府伍文定等調集兵糧，號召義勇；約會前右副都御史王懋中等定謀設策；牌行贛州府集兵策應。

王陽明全集卷十二飛報寧王謀反疏：「本月十八日，回至吉安府……故遂入城撫慰軍民，督同知府等官伍文定等調集兵糧，號召義勇。又約會致仕鄉官右副都御史王懋中、養病評事羅僑等，與之定謀設策，收合渙散之心，作起忠義之氣，相機乘間，務爲躡後之圖，共成犄角之勢。」

國榷卷五十一：「正德十四年六月庚辰，提督南贛汀漳右副都御史王守仁、吉安知府伍文定起兵討宸濠。文定説守仁曰：『賊烏合，勢必敗，而一時猝變無抗者。公威望素重，宜即吉安起義，集諸路兵擣其穴，必潰。身敢任麾下之役。』守仁善之。即召募故所部來集，鄉紳都御史王懋中、副使羅循、羅欽德、郎中曾直、御史張鰲山、周魯、評事羅僑、同知郭祥鵬、進士郭持平、謫官驛丞王思、李中、編修鄒守益等皆至。」

王陽明全集卷十七牌行贛州府集兵策應：「照得本院奉敕前往福建公幹，於六月初九日自贛州啓行，由水路十五日至豐城縣地名黄土腦，節據知縣顧佖等並沿途地方總甲等稟報，江西省城突然變亂，撫巡三司等官俱遭拘執殺害，遠近軍民甚是驚惶，再三阻遏本院且勿前進。本院原未帶有官軍，勢難輕進；欲馳還贛州起兵，則地里相去益遠。已暫回吉安府就近住扎，一面調集兵糧，號召義勇；一面差人分投爪探的確另行外。爲此牌仰本府官吏，照牌事理，並行附近衛所，各行所屬，起集父子鄉兵軍餘人等，晝夜加謹固守城池，以保不測。仍仰知府邢珣查將貯庫錢糧盡數開具印信手本，先行呈報，毋得隱匿。一面行取安遠等縣原操不論上下班次官兵，各備鋒利器械，通到校場，日逐操練，重加犒餉，選委謀勇官員管領，聽候本院公文一至，即刻就便發行……」（正德十四年六月十八日）

按：錢德洪陽明先生年譜於此干支紀日多誤。明通鑑考云：「年譜言文成以『十五日丙子，至豐城』，聞變趨吉安，十九日馳疏上變。按丙子係十四日，而十九日係辛巳，非庚辰也。年譜干支錯誤，又以七月干支雜之六月中。」（卷四十八）按年譜下云「壬午，再告變」，干支紀日亦誤。

十九日，上飛報寧王謀反疏。二十一日，再報謀反疏。

王陽明全集卷十二飛報寧王謀反疏，再報謀反疏。

二十一日，上乞便道省葬疏，並有札致朝中當道，不允，旨下「待賊平之日來説」。

王陽明全集卷十二乞便道省葬疏：「近者奉命扶疾赴閩，意圖了事，即從此地冒罪逃歸……不意行至中途，遭值寧府反叛。此係國家大變，臣子之義不容舍之而去。又閩省撫巡方面等官，無一人見在者，天下事機間不容髮，故復忍死暫留於此，爲牽制攻討之圖……臣父衰老日甚，近因祖喪，哭泣過節，見亦病卧苦廬。臣今扶病，驅馳兵革，往來於廣信、南昌之間。廣信去家不數日，欲從其地不時乘間抵家一哭，略爲經營葬事，一省父病。」

按：陽明是次上疏只在乞便道省葬，其二乞便道省葬疏中載是次上疏所下聖旨云：「奉聖旨：『王守仁奉命巡視福建，行至豐城，一聞宸濠反叛，忠憤激烈，即便倡率所在官司起集義兵，合謀剿殺，氣節可嘉。已有旨著督兵討賊，兼巡撫江西地方。所奏省親事情，待賊平之日來說。該部知道。欽此。』」

王陽明全集卷二十七與當道書：「江省之變，大略具奏内。此人逆謀已非一日，久而未發，蓋其心懷兩圖，是以遲疑未決，抑亦慮生之躡其後也。近聞生將赴闔，必經其地，已視生爲几上肉矣。賴朝廷之威靈，諸老先生之德庇，竟獲脱身虎口。所恨兵力寡弱，不能有爲爾。南、贛舊嘗屯兵四千，朝有警而夕可發。近爲户部必欲奏革商税，糧餉無所取給，故遂放散，未三月，而有此變，復欲召集，非數月不能，亦且空然無資矣。世事之相撓阻，每每如此，亦何望乎？今亦一面號召忠義，取調各縣機快，且先遣疲弱之卒，張布聲勢於豐城諸處，牽躡其後。天奪其魄，彼果遲疑而未進。若再留半月，南都必已有備。彼一離窠穴，生將奮擣其虚，使之進不得前，退無所據。勤王之師，又四面漸集，必成擒矣。此生憶料若此，切望諸老先生急賜議處，速遣能將，將重兵聲罪而南，以絶其北窺之望。飛召各省，急興勤王之師。此人兇殘忌刻，世所未有，使其得志，天下無遺類矣。諒在廟堂，必有成算，區區愚誠，亦不敢不竭盡。生病疲尫，僅存餘息。近者入閩，已具本乞休，必不得已，且容歸省。不意忽遭此變，本非生之責任，但闔省無一官見在，人情渙散，洶洶震摇，使無一人牽制其間，彼得安意順流而下，萬一南都無備，將必失守；彼又分兵四掠，十三郡之民素劫於積威，必向風而靡，如此，則湖、湘、閩、浙皆不能保，及事聞朝廷，大兵南下，彼之奸計漸成，破之難矣。以是遂忍死暫留於此，徒以空言收拾散亡，感激忠義。日望命帥之來，生得以輿疾還越，死且瞑目。伏惟諸老先生鑒其血誠，必賜保全，勿遂竭其力所不能，窮其智所不及，以爲出身任事者之戒，幸甚幸甚！」

按：此書所言「大略具奏内」，即指其所上飛報寧王謀反疏。可知陽明此書當是隨其乞便道省葬疏一起送往京師。「當道」者，即指楊廷和、梁儲、蔣冕、毛紀諸人，所謂「諸老先生」也。陽明此書最可值得注意，其中云「彼一離窠穴，生將奮搗其虚，使之進不得前，退無所據」，可見陽明乘虚攻南昌之戰略一開始即已確立矣。

行福建布政司調兵勤王，行南京各衙門勤王。咨兩廣總制都御史楊旦共勤國難。有書致周鵷、周震二侍御，敦促福建出兵。

王陽明全集卷三十一行福建布政司調兵勤王，預行南京各衙門勤王咨，卷十七咨兩廣總制都御史楊共勤國難。

陽明與二位周侍御手札：「江省之變，其略已具公文。大抵此逆蓄謀已非一日，其窮凶極惡，神怒人怨，决敗無疑。但其氣焰方熾，此中兵力寡弱，又闔省無一官肯爲用。因户部奏革商税，南、贛屯聚之兵，無所仰給，已放散，復欲召集，非數月不能，此事極可痛恨。二公平日忠義自許，當兹國難，忠憤激烈，不言可知。切望急促僉事周期雍公文内示坐定名字者，未審周今安在？且欲二公坐名促之來也。區區已先將弱卒牽制其後，使不得安意前進，但遲留半月，南都有備，四方勤王之師漸集，必成擒矣。百冗中，言不能悉。守仁頓首，二位周侍御先生道契。兩司進見，幸悉以此意布之。杜太監已被擄。闆中有諸公在，當無慮。此事宗社安危所係，不得不先圖之也。」（蓬累軒編姚江雜纂，陽明文集失載）

按：陽明此札當是隨同行福建布政司調兵勤王一起遞往福建。此二侍御指周鵷、周震，按閩書卷四十五文莅志載正德年間任御史中，有巡撫監察御史周鵷，清理軍政監察御史周震。周鵷字文儀，號適齋，華亭人。孫承恩文簡集卷四十九潮州府知府適齋周君墓表：「周子初舉進士，授御史……繼按閩省，時省臣有失控御激軍衛作亂者，衆大譁，眙愕相顧，城門晝閉，變且叵測。周子聞，則疾出曉諭，開以禍福，戮其巨魁，衆皆帖服解散……殺皇帝南巡，懇疏諫止，弗報。寧藩之變，檄有司待軍餉爲緩急備，憲度肅如也……生成化壬辰正月十八日，卒嘉靖丁亥八月二十九日。」周震字世亨，號半塘，崑山人。道光崑新兩縣志卷二十二：「正德辛未進士，授鄱陽知縣……擢監察御史，疏論豫儲、廣孝、懋學、勤治、選將、練士、信賞、必罰八事。清軍福建，會黠卒煽亂，計擒首惡數人，撫定餘黨。奏裁鎮守中官歲侵鹽利數千金。庚辰還朝，會武廟南巡，詔視斬逆濠，有銀牌之賜。辛巳，巡按河南，尋遷浙江僉事，轉廣東參議。以不能逢迎，罷歸。」周期雍時任福建按察司整飭兵備僉事，前考其來贛與陽明密謀養兵練兵之計，至是遂調福建軍來助陽明平宸濠，陽明舉能撫治疏：「切照廣東右布政使王大用、湖廣按察使周期雍，皆才識過人，可以任重致遠。臣往年巡撫南、贛，二臣皆在屬司，爲兵備僉事，與之周旋兵革之間，知其皆肯實心幹事。江西未叛一年之前，臣嘗與周期雍論宸濠之惡，不可不爲之備，期雍歸去汀、漳，即爲養兵蓄鋭以待。及臣遇變豐城，傳檄各省，獨期雍與布政席書聞變即發。當是時，四方援兵皆莫敢動，迄宸濠就擒，竟無一人至者，獨席書行至中途，復受臣檄，歸調海滄打手，又行至中途，聞事平而止。其先後引領至江西省城者，惟周期雍、王大用兩人而已。」（王陽明全集卷十五）預備水戰牌：「牌仰福建布政司即行選海滄打手一萬名，動支官庫不拘何項銀兩，從厚給與衣裝行糧，各備鋒利器械，就仰左布政使席書、兵備僉事周期雍自行統領，星夜前赴軍門，相機前進，並力擒剿。」（王陽明全集卷十七）

二十二日，趙承芳、季斆送來僞檄榜文，遂將趙、季捉拿監禁。

王陽明全集卷十二奏聞宸濠僞造檄榜疏：「（宸濠）二十二日令承芳並參政季斆代齎僞檄榜文，赴豐城、吉安、贛州、南安並王都御史及廣東南雄等處，俱各不寫『正德』年號，止稱『大明己卯』歲。比承芳等不合怕死及因妻子被拘，旗校管押，只得依聽，齎至墨池地方，蒙本院防哨官兵將承芳等拿獲。隨審季斅，供係先任南安府知府，近陞廣西參政，裝帶家小由水路赴任，行至省城，適遇寧王生日，傳令慶賀。次日隨衆謝宴，變起倉卒，俱被監禁。比斅自分死國，因妻女在船，寫書令『妻要死夫，女俱死母』。後因看守愈嚴，求死不遂。至二十一日，放回本船，懵死良久方甦。二十二日，又將妻女拘執，急呼斅進府，將前僞檄榜差旗校十二人督押斅與承芳代齎。斅計欲投赴軍門，脱身報效，不期官兵執送前來。等因……」

按：錢德洪陽明先生年譜云：「至七月三日，諜知非實，乃屬宗支栱樤與萬鋭等留兵萬餘守南昌，遣潘鵬持檄説安慶，季斅説吉安，而自與宗支栱栟、士實、養正等東下。」其説顯誤。季斅六月二十二日已囚禁於吉安，如何七月三日方持檄榜來説吉安？且宸濠起兵東下在七月一日，亦非七月三日（見下）。

鄒守益再來吉安，隨陽明倡義起兵。

耿天臺先生全書卷十一東廓鄒先生傳：「未幾，宸濠反。先生聞變，率昆季群從趨吉郡，從義起兵。王公喜曰：『君臣師友，義在此舉矣！』」

鄒守益集卷二十一叔父重齋居士墓誌：「逆濠之變，陽明先師召益從軍中，衆咸蹙縮，叔父（鄒賨）慨然遣泰兄（鄒守泰）同行，曰：『吾侄盡君臣之義，吾兒亦當盡兄弟之恩。』執手别諸門曰：『子何恃而無恐？』益對曰：『亂臣賊子，天必誅之；忠臣義士，天必相之。』比歸，叔父迎諸門，交手仰指曰：『子不負天，天亦不負子！』」

王畿集卷十三讀先師再報海日翁吉安起兵書序：「師之回舟吉安，倡義起兵也，人皆以爲愚，或疑其詐。時鄒謙之在軍中，見人情洶洶，入請於師。師正色曰：『此義無所逃於天地之間，使天下盡從寧王，我一人決亦如此做。人人有個良知，豈無一人相應而起者？若夫成敗利鈍，非所計也。』」

錢德洪陽明先生年譜：「先生在吉安，守益趨見曰：『聞濠誘葉芳兵夾攻吉安。』先生曰：『芳必不叛。諸賊舊以茅爲屋，叛則焚之。我過其巢，許其伐鉅木創屋萬餘。今其黨各千餘，不肯焚矣。』益曰：『彼從濠，望封拜，可以尋常計乎？』先生默然良久曰：『天下盡反，吾輩固當如此做。』益惕然，一時胸中利害如洗。次早復見曰：『昨夜思之，濠若遣逮老父奈何？已遣報之，急避他所。』」

錢德洪征宸濠反間遺事：「又嘗聞鄒謙之曰：『昔先生與寧王交戰時，與一二同志坐中軍講學。諜者走報前軍失利，坐中皆有怖色。先生出見諜者，退而就坐，復接緒言，神色自若。頃之，諜者走報賊兵大潰，坐中皆有喜色。先生出見諜者，退而就坐，復接緒言，神色亦自若。』」

二十六日，行南安等十二府及奉新等縣募兵策應。

王陽明全集卷十七案行南安等十二府及奉新等縣募兵策應。

二十七日，宸濠兵圍安慶。

國榷卷五十一：「正德十四年六月己丑，宸濠兵圍安慶。先焚彭澤、湖口、望江，突至城下，舟五十餘。守備都指揮楊鋭、知府張文錦、同知林有禄、通判何景暘、知縣王誥、指揮崔文等禦之。已，兵漸集，遂固守，拒之甚力。」

陳沂楊公鋭墓誌銘：「十四年己卯六月十四日，寧濠變作，即告變於京師，先引軍設鈎渠於江側，禁勿泄。二十有七日，寇至，船二百餘艘抵岸，爲鈎渠所破。船繼至者以千數。公坐城上，與衆誓剿逆，當得大功。告郡守張文錦，俾發府庫金，懸以示賞。有冠衣緋者稱凌十一先登，公引弓中其首。其子繼登，貫其吭而死。於是惴者皆起，城上建大旗，書『剿逆賊』，以壯士氣……」（國朝獻徵録卷一百零八）

按：安慶保衛戰，守備楊鋭固守十八日，牢不可破，打破宸濠東下南京即位、號令天下之美夢，亦爲陽明舉兵攻南昌争得時機，蓋平宸濠亂之關鍵首功也。正如林之盛曰：「宸濠變起，非楊鋭以皖城兵難之，直走留都，天下分爲南北；否則趨兩淮，絶天津之道，則燕京困，天下事未可知。況群小以文皇視濠，素有内應之謀，自公挫其氣，群小始狼脇不振，於是陽明得伸其討賊之義。」（國榷卷五十一）

見素林俊範錫爲佛郎機銃，遣僕間道冒暑遺送。

王陽明全集卷二十四書佛郎機遺事：「見素林公聞寧濠之變，即夜使人範錫爲佛郎機銃，並抄火藥方，手書勉予竭忠討賊。時六月毒暑，人多道暍死。公遣兩僕裹糧，從間道冒暑晝夜行三千餘里以遺予。」

鵝湖費宏遣從弟費寀間道送書獻策。

汪汝璧費公宏行狀：「己卯六月，濠因朝會殺孫公燧及副使許公逵，遂擅兵反。隨遣數十騎趨信圖公，過進賢，爲令中丞劉公源清所斬。而濠方一意向北，無暇東顧，遂無他。或勸公避之者，公弗爲動，且謀與弟寀起義兵勤王。會陽明王公方以羽檄徵兵列郡，信守周朝佐、鉛令杜民表等率兵往。公爲之籌畫方略，且遣人間道致書王公，議兵事。」

費寀上王伯安公議擒寧書：「天生我公，翊造中興之運，明天道，伸皇威，以坐消無涯之患。功覆薄海，豈直一方之蒙其庇，而定萬世之大分，又不止杜僭逆於一時而已。至誠格天，明神拱護，怪鯨張吻，而不能侵者，天留公以醢鯨也。公實生吾人，微公，不可以國。自是子孫延一世之祀，則戴公一世之仁，與世相殉，以戴於終始而已。始聞變，鄉之縉紳咸爲兄弟慶，以此賊舉事必敗，寒家不共戴天之讐可雪，可爲寒家百口幸，理則固然，亦非知生者也。必瀦宮灰骨以謝朝廷，謝孫、許，謝天下，而區區一家讐何恤？且此賊得志，則忠臣正士受慘禍者無數，而奚但不肖百口之利害哉？去年承静學之教，奉以周旋弗墜，復啓中曾及難脱虎口之憂，玆賴我公以脱之矣。不然，欒内官輩之銜進賢來敝郡，意將何爲？其希承者，噬臍決裂之素心也；其狹帶者，讐家在官之囚，及蔽匿之囚，而又有餘孽以應之者也。一郡之禍固賒，而寒家固先夷戮矣。危哉！幸哉！明公屢降告諭，父老子弟聞者，莫不感憮涕泣，人人堅殉國之心，此賊已奄奄泉下人矣，復何所慮？若先定洪州以覆其巢穴，據上游以遏其歸路，守要害以慮其窮奔，則此賊雖衄於前，就死江中，決不敢逋歸，以冀延喘息之命，而成功更速矣。賊勢雖蹙，防戒當周，夬之九二是也。明公知侔造化，豈不及此？掬涓流以裨瀚海，亦區區忠憤之不能自遏者耳。幸乞宥其不知量也。靖難凱旋，尚當匍匐稽首軍門以賀。愚者一得，或有可採，伏惟尊裁。」（鉛書卷六，又費鍾石先生文集卷二十）

按：此即費寀處濠大略所言「我獻三策於陽明王公，及遣書劉汝澄固守進賢，俱有復音」（鉛書卷六）。費宏、費寀所獻策，乃謂「先定洪州以覆其巢穴，據上游以遏其歸路，守要害以慮其窮奔」。後遂有以爲陽明乘虛攻南昌之策乃出自費宏所獻，至爲費宏請首功。按陽明飛報寧王謀反疏中即云：「與之定謀設策……相機乘間，務爲躡後之圖，共成犄角之勢，牽其舉動，而使進不得前，搗其巢穴，而使退無所據。」可見陽明於變始起即定乘間搗南昌巢穴之策略，非待費宏來獻策而後定也。故謂費宏遣人來上書獻策則可，謂陽明乘間搗南昌巢穴之策略得自費宏則非。

調發梅花峒等鄉義勇兵民，調取吉水縣各户義兵，調發龍泉等縣軍兵策應豐城，調撥福建軍馬預備水戰。

王陽明全集卷三十一差官調發梅花等峒義兵牌，卷十七調取吉水縣八九等都民兵牌，策應豐城牌，預備水戰牌。

七月一日，宸濠統兵發南昌，直趨安慶。

國榷卷五十一：「正德十四年七月壬辰朔，宸濠發南昌，留宜春王栱樤等及布政胡濂、參政劉棐、參議許效廉、副使唐錦、僉事賴鳳、都指揮王玘等守城，自引兵東下，合群盜市少及護衛脅從之士，凡八九萬人，舟千餘艘蔽江而下。太監王宏、御史王金、主事金山、按察使楊璋、副使賀鋭、僉事潘鵬、王疇、參政程杲、都指揮郟文、馬驥、許清、白昂、南昌知府鄭瓛等皆從。給城中軍民户粟一石、錢五緡。方祭天，几折牲覆。封將軍宸澅九江王，使前驅。」明通鑑卷四十八：「正德十四年秋七月壬辰朔，宸濠統兵發南昌。先是濠將發，聞王守仁等在上流起兵，乃遣涂欽並賊首凌十一等，領兵爲前鋒，而自留據守。既聞守仁兵尚未集，乃與李士實、劉養正謀，留兵付宜春王栱樤，内官萬鋭等及降官胡濂、劉棐、許效廉、唐錦、賴鳳、王玘等使守城，而自引兵東下，選護衛及所鳩賊兵市井惡少及脅從之衆，合八九萬人，聯舟千艘。將行，祭天，奠牲几折，牲覆於地。又僞封宗室宸澅爲九江王，使前驅。舟始發，雷雨驟作，澧震死，觀者皆知其不祥也。」

按：錢德洪陽明先生年譜云七月三日宸濠兵發南昌，乃誤。又謂其時涂欽、凌十一圍攻安慶「已浹旬」，亦誤。

二日，調兵稍集，有家書告海日翁王華。

王陽明全集卷二十六上海日翁書：「寓吉安男王守仁百拜書上父親大人膝下：江省之變，昨遣來隆歸報，大略想已如此。時寧王尚留省城，未敢遠出，蓋慮男之搗其虛，躡其後也。男處所調兵亦稍稍聚集，忠義之風日以奮揚，觀天道人事，此賊不久斷成擒矣。昨彼遣人賫檄至，欲遂斬其使，奈賫檄人乃參政季斆，此人平日善士，又其勢亦出於不得已，姑免其死，械繫之。已發兵至豐城諸處分布，相機而動。所慮京師遥遠，一時題奏無由即達。命將出師，緩不及事，爲可憂爾。男之欲歸已非一日，急急圖此已兩年，今竟陷身於難。人臣之義至此，豈復容苟逃幸脱？惟俟命之至，然後敢申前懇。俟事勢稍定，然後敢決意馳歸爾。伏望大人陪萬保愛，諸弟必能勉盡孝養，旦暮切勿以不孝男爲念。天苟憫男一念血誠，得全首領，歸拜膝下，當必有日矣。因聞巡檢便，草此。臨書慌憒，不知所云。七月初二日。」

錢德洪上海日翁書跋：「右吾師逢寧濠之變，上父海日翁第二書也，自豐城聞變，與幕士定興兵之策，恐翁不知，爲賊所襲，即日遣家人間道趨越。至是發兵於吉安，復爲是報，慰翁心也。且自稱姓者，别疑也……及退還吉安，將發兵，命積薪圍公署，戒守者曰：『儻前報不利，即舉火爇公署。』時鄒謙之在中軍，聞之，亦取其夫人來吉城，同誓國難。人勸海日翁移家避讎，翁曰：『吾兒以孤旅急君上之難，吾爲國舊臣，顧先去以爲民望耶？』遂與有司定守城之策，而自密爲之防。」（王陽明全集卷二十六）

陸深海日先生行狀：「先生素聞寧濠之惡，疑其亂，嘗私謂所親曰：『異時天下之禍，必自茲人始矣。』令家人卜地於上虞之龍溪，使其族人之居溪傍者買田築室，潛爲棲遯之計。至是正德己卯，寧濠果發兵爲變，遠近傳聞駭愕，且謂新建公亦以遇害，盡室驚惶，請徙龍溪。先生曰：『吾往歲爲龍溪之卜，以有老母在耳。今老母已入土，使吾兒果不幸遇害，吾何所逃於天地乎？』飭家人勿輕語動。已而新建起兵之檄至，親朋皆來賀，益勸先生宜速逃龍溪。咸謂新建既與濠爲敵，其勢必陰使奸人來不利於公。先生笑曰：『吾兒能棄家殺賊，吾乃獨先去以爲民望乎？祖宗德澤在天下，必不使殘賊覆亂宗國，行見其敗也。吾爲國大臣，恨已老，不能荷戈首敵。倘不幸勝負之算不可期，猶將與鄉里子弟共死此城耳。』因使趣郡縣宜急調兵糧，且禁訛言，勿令搖動。鄉人來竊視先生，方晏然如平居，亦皆稱稍稍復定。」

王畿集卷十三讀先師再報海日翁吉安起兵書序：「伏讀吾師吉安起兵再報海日翁手書，至情溢發，大義激昂，雖倉卒遇變，而慮患周悉，料敵從容，條畫措注，始終不爽，逆數將來，歷歷若道其已然者……師之回舟吉安，倡義起兵也，人皆以爲愚，或疑其詐。時鄒謙之在軍中，見人情洶洶，入請於師。師正色曰：『此義無所逃於天地之間，使天下盡從寧王，我一人決亦如此做。人人有個良知，豈無一人相應而起者？若夫成敗利鈍，非所計也。』宸濠始事，張樂高會，詗探往來，且畏師之擣其虛，浹旬始出。人徒見其出城之遲，不知多方設疑用間，有以貳而撓之也。宸濠出攻安慶，師既破省城，以三策籌之：上策直趨北都，中策取南都，下策回兵返救。或問計將安出，師曰：『必出下策。駑馬戀蕎荳，知不能捨也。』及宸濠回兵，議者皆謂歸師勿遏，須堅守以待援。師曰：『不然。宸濠氣焰雖盛，徒恃焚劫之慘，未逢大敵，所以鼓動煽惑，其下亦全恃封爵之賞。今出未旬日輒返，衆心阻喪，譬之卵鳥破巢，其氣已墮。堅守待援，適以自困。若先出鋭卒，乘其惰歸而擊之，一挫其鋒，衆將不戰自潰矣。』已而果然。」

五日，上奏聞宸濠僞造檄榜疏。

王陽明全集卷十二奏聞宸濠僞造檄榜疏。

上留用官員疏，奏乞留用兩廣清軍御史謝源、刷卷御史伍希儒。

王陽明全集卷十二留用官員疏，卷三十一行吉安府知會紀功御史牌。

咨都御史顔頤壽調兵進討。

王陽明全集卷十七咨都察院都御史顔權宜進剿：「照得南畿係朝廷根本重地，今寧王謀逆搆亂，舉兵北行，圖據南都，必得四面合攻，庶克有濟。及照貴院奉命行勘前事，即今逆迹已露，别無可勘事情，合咨前去，煩爲隨處行令所屬，選取驍勇精兵，及民間忠義約二三萬名，選委謀勇官員分領，會約鄰近省郡，合勢刻期進討。仍煩貴院親督兼程前來，共勤國難。諒貴院平日忠義存心，剛直自許，况今奉命查勘寧藩，正可權宜行事，號召遠邇。主憂臣辱，主辱臣死。他復何言？」

按：此「都御史顔」即顔頤壽，字天和，號梅田，巴陵人。其隨太監賴義來江西戒諭宸濠，人未至而宸濠叛（見前），陽明書中云「奉命查勘寧藩」，「即今逆迹已露，别無可勘事情」，即指此事。時顔頤壽在浙中，陽明乃懇其調浙兵前來征討。朱廷立梅田顔公頤壽墓誌銘：「己卯，宸濠不軌事露，上命公同司禮太監温祥、駙馬崔元往勘。適起兵反南昌，將犯金陵。公至浙，悉馳反狀以聞。内外警備，濠遂殄焉。」（國朝獻徵録卷四十五）顔頤壽並未調浙兵來進討。大抵陽明曾廣向福建、湖廣、廣東、浙中調集兵馬，除福建周期雍調集兵力至外，其他皆未調兵前來，朝廷命師更未至，陽明主要依靠江西府兵及勤王民兵平宸濠反，其難可知矣。

八日，將發兵，行委各府縣佐貳官防守，敦請鄉士夫共守城池。

王陽明全集卷十七牌行吉安府敦請鄉士夫共守城池。

十三日，兵發吉安。十五日，各路兵馬大會於臨江樟樹鎮。

王陽明全集卷十二江西捷音疏：「臣晝夜促各郡兵期以本月十五日會臨江之樟樹，而身督知府伍文定等兵徑下。於是知府戴德孺引兵自臨江來，知府徐璉引兵自袁州來，知府邢珣引兵自贛州來，通判胡堯元、童琦引兵自瑞州來，通判譚儲、推官王暐、徐文英、新淦知縣李美，泰和知縣李楫，寧都知縣王天與、萬安知縣王冕，亦各以其兵來赴。」

國榷卷五十一：「正德十四年七月丙午，王守仁同伍文定率兵順流而下，至樟樹鎮。知府戴德孺自臨江，徐璉自袁州，邢珣自贛州，通判胡堯元、董琦自瑞州，皆引兵至，通判談儲、推官王暐、徐文英、知縣李美、李楫、王冕、王天與兵亦至。合八萬人，號三十萬。」

按：國榷卷五十一：「正德十四年七月甲辰，宸濠反聞，議親征。勅南和伯方壽祥、右副都御史王守仁、秦金、李充嗣、右都御史叢蘭各駐江西、湖廣、鎮江、瓜洲、儀真防遏，守仁仍兼巡撫江西……命安邊伯朱泰領兵先往南京，太監張忠、左都督朱暉先往江西，王守仁暫領巡撫事，侍郎王憲督餉……」（參見王瓊晉溪本兵敷奏卷十一爲緊急軍情等事）可見朝廷至七月十三日方知宸濠反（猶疑信參半），其時陽明已舉兵北向攻南昌，武宗猶姍姍下詔議御駕親征，遣太監領軍往江西，無異癡人説夢，武宗與朝廷之昏瞶無能由此可見。

十五日，宸濠攻安慶不克，引軍還救南昌。

國榷卷五十一：「正德十四年七月丙午，宸濠自攻安慶不克，引還。賊衆稱十萬，掠西郭。濠泊黄石磯督戰，令僉事潘鵬至城下，諭呼都指揮楊鋭、知府張文錦，不應，遣吏黄洲責鵬以大義，慚而退。復持僞檄來，其家人見，遥呼之，鋭斬以殉，將射鵬，走免。賊力攻，鋭殊死戰。雲梯瞰城中，鋭亦駕飛樓射之。夜縋人焚其樓，以天梯來攻，又油葦焚之。賊多傷，不敢近。鋭又募敢死士夜劫其營，賊衆大驚。比曉，稍定。濠問舟人：『地何名？』曰：『黄石磯也。』黄與王、石與失，聲相近，惡之，殺對者，圍城十八日而去。鋭襲斬三十六級，俘二十餘人。」

十八日，兵至豐城，分兵布哨。

王陽明全集卷十二江西捷音疏：「十八日，遂至豐城，分布哨道：使知府伍文定爲一哨，攻廣潤門入；知府邢珣爲二哨，攻順化門入；知府徐璉攻惠民門入；知府戴德孺攻永和門入；通判胡堯元、董琦攻章江門入；知縣李美攻德勝門入；都指揮余恩攻進賢門入；通判譚儲、推官王暐、知縣李楫、王天與、王冕等各以其兵乘七門之釁，傍夾攻擊，以佐其勢。是日，得諜報寧王伏兵千餘於新、舊墳廠，以備省城之援。臣乃遣奉新知縣劉守緒、典史徐誠領兵四百，從間道夜襲破之，以摇城中。」（按：王陽明全集卷三十一有行知縣劉守緒等襲剿墳廠牌，注「七月十三日」作，乃誤，陽明十三日尚在吉安。）

同上，卷十七牌行各哨統兵官進攻屯守：「仰一哨統兵官吉安府知府伍文定，即統部下官軍兵快四千四百二十一員名，進攻廣潤門，就留兵防守本門，直入布政司屯兵，分兵把守王府内門；仰二哨統兵官贛州府知府邢珣，即統部下官軍兵快三千一百三十餘員名，進攻順化門，就留兵防守本門，直入鎮守府屯兵；仰三哨統兵官袁州府知府徐璉，即統部下官軍兵快三千五百三十員名，進攻惠民門，就留兵防守本門，直入按察司察院屯兵；仰四哨統兵官臨江府知府戴德孺，即統部下官軍兵快新喻二縣三千六百七十五員名，進攻永和門，就留兵防守本門，直入都察院提學分司屯兵（按：「新喻二縣」句不通，似爲衍文）；仰五哨統兵官瑞州府通判胡堯元、童琦，即統部下官軍兵快四千員名，進攻章江門，就留兵防守本門，直入南昌前衛屯兵；仰六哨統兵官泰和縣知縣李楫，即統部下官軍兵快一千四百九十二員名，夾攻廣潤門，直入王府西門屯兵守把；仰七哨統兵官新淦縣知縣李美，即統部下官軍兵快二千員名，進攻德勝門，就留兵防守本門，直入王府東門屯兵守把；仰中軍營統兵官贛州衛都指揮余恩，即統部下官軍兵快四千六百七十員名，進攻進賢門，直入都司屯兵；仰八哨統兵官寧都知縣王天與，即統部下官軍兵快一千餘員名，夾攻進賢門，留兵防守本門，直入鐘樓下屯兵；仰九哨統兵官吉安府通判談儲，即統部下官軍兵快一千五百七十六員名，夾攻德勝門，直入南昌左衛屯兵；仰十哨統兵官萬安縣知縣王冕，即統部下官軍兵快一千二百五十七員名，夾攻進賢門，就守把本門，直入陽春書院屯兵；仰十一哨統兵官吉安府推官王暐，即統部下官軍兵快一千餘員名，夾攻順化門，直入南、新二縣儒學屯兵；仰十二哨統兵官撫州通判鄒琥、知縣傅南喬，即統部下官兵三千餘員名，夾攻德勝門，就留兵把守本門，隨於城外天寧寺屯兵。」

按：該文題下注「七月十七日」作，乃誤。

同上，卷十二擒獲宸濠捷音疏：「先是臣等駐兵豐城，衆議安慶被圍，宜引兵直趨安慶。臣以九江、南康皆已爲賊所據，而南昌城中數萬之衆，精悍亦且萬餘，食貨充積，我兵若抵安慶，賊必回軍死鬥，安慶之兵僅僅自守，必不能援我於湖中，南昌之兵絶我糧道，而九江、南康之賊合勢撓躡，四方之援又不可望，事難圖矣。今我師驟集，先聲所加，城中必已震懾，因而併力急攻，其勢必下。已破南昌，賊先破膽奪氣，失其根本，勢歸救。如此則安慶之圍自解，而寧王亦可以坐擒矣。至是得報，果如臣等所料。」

十九日，發市汊，誓師出兵。二十日，攻拔南昌。即日上江西捷音疏。

王陽明全集卷十二擒獲宸濠捷音疏：「十九日，發市汊。大誓各軍，申布朝廷之威，再暴寧王之惡，莫不切齒痛心，踴躍激憤。薄暮，出發。二十日黎明，各至信地。先是城中爲備甚嚴，滚木、灰瓶、火炮、機械無不畢具。臣所遣兵已破新、舊墳廠，敗潰之卒皆奔告城中，城中皆已驚懼。至是復聞我師四面驟集，益震駭奪氣。我師乘其動摇，呼譟並進，梯絙而登。城中之兵皆倒戈退奔，城遂破。擒其居首宜春王拱樤及僞太監萬鋭等千有餘人。寧王宫中眷屬聞變，縱火自焚，延及居民房屋。臣當令各官分道救火，散釋脇從，封府庫，謹關防，以撫軍民。」

國榷卷五十一：「正德十四年七月辛亥，提督南贛等軍務、右副都御史王守仁攻南昌，克之。先是守仁次豐城，議所向，衆請合安慶兵蹙之江中，守仁曰：『不然。我起南昌，與相持於江，安慶之師，僅能自保，必不能援我江中。而南昌兵絶我後，南康、九江兵犄角我，非計也。不若先攻南昌，賊解圍還救，蹙之易耳。』庚戌，薄暮發市汊，凡七軍，伍文定爲先鋒，徑趨廣順門。夜過半，砲擊門，守者駭散，遂入城。各兵繼至。擒宜春王栱樤及内官萬鋭等千餘人，宫人多自焚縊。布政胡濂等衣冠而出，御史謝源讓之，乃囚服泥首軍門謝罪。初宸濠盡選鋭以行，城守皆羸弱，居民日望義師焉。濠聞南昌破，悵然曰：『大事去矣！』還師自救。李士實請順流搗南都，即大位；否則徑出蘄、黄，趨京師，江西自服。不聽。衆議賊盛，堅壁南昌待援。王守仁曰：『賊雖强，不過事成封爵，富貴誘其下耳。今沮喪退歸，衆心已離，機可乘矣。』遂逆擊之。」

王陽明全集卷十二江西捷音疏。

按：是疏下注「七月三十日」作，乃大誤。按此「捷音」乃指七月二十日攻克南昌之捷音，而非指七月二十六日擒獲宸濠之捷音。故顯可見此疏上在七月二十日。七月三十日乃上擒獲宸濠捷音疏。

費宏集卷四楊弋陽報王中丞已尅復省城次其感歎時事韵：「履霜先已慮純坤，欲以心攻奉至尊。潛毒每防溪蜮射，老眸還苦戰塵昏。故人或亮能憂國，捷報初傳屢及門。四海兵威如此盛，井蛙端合嘯公孫。居藩最樂叛何由？戰艦空勞倚淺洲。賴有諸公憂社稷，依然萬國仰宸旒。忠臣就死真無負，逆黨偷生甚可羞。屈指隣封多茂宰，義聲煒赫動儒流。」

二十一日，兵出南昌，分道並進，擊敗宸濠先遣來犯敵兵。

王陽明全集卷十二擒獲宸濠捷音疏：「臣嘗督同領兵知府會集監軍及倡義各鄉官等官，議所以禦之之策。衆多以寧王兵勢衆盛，氣焰所及有如燎毛；今四方之援尚未有一人至者，彼憑其憤怒，悉衆並力而萃於我，勢必不支；且宜斂兵入城，堅壁自守，以待四鄰之援，然後徐圖進止。臣以寧王兵力雖强，軍鋒雖鋭，然其所過，徒恃焚掠屠戮之慘，以威劫遠近，未嘗逢大敵，與之奇正相角，所以鼓動扇惑其下者，全以進取封爵之利爲説；今出未旬月，而輒退歸，士心既已摧沮，我若先出鋭卒，乘其惰歸，要迎掩擊，一挫其鋒，衆將不戰自潰，所謂『先人有奪人之氣，攻瑕則堅者瑕』也。是日，撫州府知府陳槐兵亦至。於是遣知府伍文定、邢珣、徐璉、戴德孺合領精兵伍百，分道並進，擊其不意。又遣都指揮余恩以兵四百往來湖上，以誘致賊兵。知府陳槐，通判胡堯元、童琦、談儲，推官王暐、徐文英，知縣李美、李楫，王冕、王軾、劉守緒、劉源清等，使各領兵百餘，四面張疑設伏，候伍文定等兵交，然後四起合擊。」

黄綰陽明先生行狀：「公獨謂宜先出鋭卒，乘其惰歸，要迎掩擊……公遣伍文定、邢珣、徐璉、戴德孺共領精兵五百，分道並進，擊其不意。濠亦先使精悍千餘人，從間道欲出公不意攻取省城，偶遇於某處，遂交戰，我兵失利。報至，公怒甚，欲以軍法斬取伍文定、邢珣、戴德孺、徐璉等首，乃自帥兵親戰。或以敵鋒方交，若即斬其首，兵無統領而亂，俟各奮勵以圖後效。明日，各帥兵奮死以戰，大敗之。又遣余恩以兵四百往來湖上，誘致賊兵。陳槐、胡堯元、童琦、談儲、王暐、徐文英、李美、李楫、王冕、王軾、劉守緒、劉源清等各領百餘，四面張疑設伏，候伍文定等兵交，然後四起合擊。」

二十三日，宸濠先鋒至樵舍，乃督各路兵乘夜進擊。二十四日，戰於黄家渡，遣兵攻九江、南康。二十五日，戰於八字腦。

王陽明全集卷十二擒獲宸濠捷音疏：「二十三日，復得諜報，寧王先鋒已至樵舍，風帆蔽江，前後數十里，不能計其數。臣乃分督各兵乘夜趨進，使伍文定以正兵當其前，余恩繼其後，邢珣引兵繞出賊背，徐璉、戴德孺張兩翼以分其勢。二十四日，賊兵鼓譟乘兵而前，逼黄家渡，其氣驕甚。伍文定、余恩之兵佯北以致之。賊争進趨利，前後不相及。邢珣之兵前後横擊，直貫其中，賊敗走。文定、恩督兵乘之，璉、德孺合勢夾攻，四面伏兵亦呼譟並起，賊不知所爲，遂大潰。追奔十餘里，擒斬二千餘級，落水死者以萬數，賊氣大沮，引兵退保八字腦，賊衆稍稍遁散。寧王震懼，乃身自激勵將士，賞其當先者以千金，被傷者人百兩；使人盡發九江、南康守城之兵以益師。是日，建昌府知府曾璵引兵亦至。臣以九江不破，則湖兵終不敢越九江以援我；南康不復，則我兵亦不能踰南康以躡賊。乃遣知府陳槐領兵四百，合饒州知府林瑊之兵乘間以攻九江；知府曾璵領兵四百，合廣信知府周朝佐之兵乘間以取南康。二十五日，賊復並力盛氣挑戰。時風勢不便，我兵少却，死者數十人。臣急令人斬取先却者頭。知府伍文定等立於銃礮之間，火燎其鬚，不敢退，奮督各兵，殊死並進。礮及寧王舟，寧王退走，遂大敗。擒斬二千餘級，溺水死者不計其數。賊復退保樵舍，連舟爲方陣，盡出其金銀以賞士。臣乃夜督伍文定等爲火攻之具，邢珣擊其左，徐璉、戴德孺出其右，余恩等各官分兵四伏，期火發而合。」同上，卷十七牌行撫州府知府陳槐等收復南康九江。

按：樵舍在南昌府西北六十里贛江畔，黄家渡在南昌府東三十里，八字腦在饒州府西三十里鄱陽湖畔。讀史方輿紀要卷八十四江西二：「樵舍驛，（南昌）府西北六十里，近昌邑王城。明正德中，宸濠作亂，王守仁克南昌。宸濠攻安慶未下，聞之，遂移兵罌子口。其先鋒至樵舍，守仁遣伍文定等擊之，敗賊兵於黄家渡，賊退保八字腦。既而宸濠敗保樵舍，文定等四面合攻，遂擒之。又破餘黨於吴城，江西遂平。罌子口，在府東北鄱陽湖濱。吴城驛，在府北百二十里。黄家渡，府東三十里。」卷八十五江西三：「八字腦，在（饒州）府西三十里。明正德中，伍文定敗宸濠之兵於此。輿程志云：府十里爲竹鷄林，又二十里爲八字腦。」

國榷卷五十一：「正德十四年七月甲寅……其屬吏送宸濠抵樵舍，其衆雖潰，尚五六萬人。知府鄭瓛乘間逃入伍文定營言狀，文定乘夜先進，徐璉、胡堯元等隨之，諸軍繼進。乙卯……伍文定戰黄家渡，冒矢石，火燎鬚，幾墮水。賊乘亂來攻，勢鋭甚。新民劉文禮素驍悍，執白旗指揮。賊緋衣而騎者欲射文禮，文禮矛刺之。賊驚潰趨舟，溺數百人。賊退保樵舍，聯舟爲方陣，風甚利。文定募四十艘束油葦，遣滿總軍五百人，自下流潛渡，伏賊後。滿總時與賊對江而軍，更以他軍屯其故地。」

二十六日，攻樵舍，擒宸濠。

王陽明全集卷十二擒獲宸濠捷音疏：「二十六日，寧王方朝群臣，拘集所執三司各官，責其間以不致死力、坐觀成敗者。將引出斬之，争論未決，而我兵已奮擊，四面而集，火及寧王副舟，衆遂奔散。寧王與妃嬪泣别，妃嬪宮人皆赴水死。我兵遂執寧王，並其世子、郡王、將軍、儀賓及僞太師、國師、元帥、參贊、尚書、都督、都指揮、千百户等官李士實、劉養正、劉吉、屠欽、王綸、熊瓊、盧珩、羅璜、丁饋、王春、吴十三、凌十一、秦榮、葛江、劉勳、何鏜、王信、吴國七、火信等數百餘人；被執脅從官太監王宏，御史王金，主事金山，按察使楊璋，僉事王疇、潘鵬，參政程果，布政梁辰，都指揮郟文、馬驥、白昂等。擒斬賊黨三千餘級，落水死者約三萬餘。棄其衣甲器仗財物，與浮尸積聚，横亘若洲焉。於是餘賊數百艘四散逃潰，臣復遣各官分路追剿，毋令逸入他境爲患。」

國榷卷五十一：「正德十四年七月丁巳，官軍擊宸濠於樵舍，大破之，擒宸濠。是日，滿總昧爽發舟，乘風舉火，伍文定等兵從之，頃刻達濠營。濠舟膠淺，舳艫聯絡，倉卒不可發。又舟帆多竹茅易燃，煙焰漲天，焚溺亡算。賊登陸，伏兵邀擊之，大潰。濠方朝群臣，責其不悉力，俄火及副舟，妃婁氏赴水死。濠挾宮女四人易小舟遁，知縣王冕兵追及之，濠赴水，水淺見執。至冕所，問冕何官，曰：『萬安知縣。』濠曰：『賴汝活我，當厚爵汝。』尚不自知被擒也。濠世子及郡王、將軍及李士實、劉養正、劉吉、涂欽、王綸、熊瓊、盧珩等數百人，皆繼獻於守仁。婁妃上饒人，素賢，時苦諫，至涕泣。濠敗，歎曰：『紂用婦言亡，而我不用婦言亡，天哉！』見守仁，乞葬婁氏，餘無言。」

按：錢德洪征宸濠反間遺事云：「時官兵方破省城，忽傳令造免死木牌數十萬，莫知所用。及發兵迎擊宸濠於湖上，取木牌順流放下。時賊兵既聞省城已破，脇從之衆俱欲逃竄無路，見水浮木牌，一時争取散去，不計其數。二十五日，賊勢尚鋭，值風不便，我兵少挫。夫子急令斬取先却者頭。知府伍文定等立於銃炮之間，方奮督各兵，殊死抵戰。賊兵忽見一大牌書：『寧王已擒，我軍毋得縱殺！』一時驚擾，遂大潰。次日，賊兵既窮促，宸濠思欲潛遁，見一漁船隱在蘆葦之中，宸濠大聲叫渡。漁人移棹請渡，竟送中軍，諸將尚未知也。」其説宸濠被擒與國榷異。按朱睦㮮兵部主事贈光禄寺少卿王冕云：「王冕，字服周，洛陽人也……我軍已復南昌，濠解安慶圍還救，至鄱陽湖，兩軍相拒，濠盡出金帛犒士殊死戰，自晨至午，我兵不利，王守仁憂之。俄而風順，冕密白守仁，以小艇實葦於中，擬建昌人語，就賊艦乘風舉火。濠兵大驚，遂潰敗，焚溺死者無算。濠易舟挾宫女四人而遁。冕追及，濠投水，水淺，濠不死，遂並宫女執之，檻送京師伏誅。」（國朝獻徵録卷四十一）據此，還當以國榷所説爲是。

二十七日，破樵舍，破吴城，宸濠亂平。有詩咏戰捷。

王陽明全集卷十二擒獲宸濠捷音疏：「二十七日，及之於樵舍，大破之。又破之於吴城，擒斬復千餘級，落水死者殆盡。二十八日，得知府陳槐等報，亦各與賊於沿湖諸處，擒斬各千餘級。臣等既擒寧王而入，闔城内外軍民聚觀者以萬數，歡呼之聲震動天地，莫不舉手加額，真若解倒懸之苦而出於水火之中也。除將寧王並其世子、郡王、將軍、儀賓，僞授太師、國師、元帥、都督、都指揮等官各另監羈候解，被執脇從等官並各宗室別行議奏，及將擒斬俘獲功次一萬一千有奇，發御史謝源、伍希儒暫令審驗紀録，另行造册繳報。」

錢德洪陽明先生年譜：「先生入城，日坐都察院，開中門，令可見前後。對士友論學不輟。報至，即登堂遣之。有言伍焚鬚狀，暫如側席，遣牌斬之，還坐，衆咸色怖驚問。先生曰：『適聞對敵小却，此兵家常事，不足介意。』後聞濠已擒，問故行賞訖，還坐，咸色喜驚問。先生曰：『適聞寧王已擒，想不僞，但傷死者衆耳。』理前語如常，傍觀者服其學。濠就擒，乘馬入，望見遠近街衢行伍整肅，笑曰：『此我家事，何勞費心如此！』一見先生，輒詫曰：『婁妃，賢妃也。自始事至今，苦諫未納，適投水死，望遣葬之。』比使往，果得屍，蓋周身皆紙繩内結，極易辨。婁爲諒女，有家學，故處變能自全。」

王陽明全集卷二十鄱陽戰捷：「甲馬秋驚鼓角風，旌旗曉拂陣雲紅。勤王敢在汾淮後？戀闕真隨江漢東。群醜漫勞同吠犬，九重端合是飛龍。涓埃未遂酬滄海，病懶先須伴赤松。」

按：陽明平宸濠亂事，史載多有誤。如明史紀事本末卷四十七宸濠之叛誤説尤多，後人皆信從不疑。錢德洪陽明先生年譜於陽明平宸濠亂因好顛倒叙説，時間不明，綫索不清，亦多有舛誤。如萬安知縣王冕，年譜謂「黄冕」；十九日發市汊誓師，年譜謂「己酉(十八日)，誓師於樟樹」；二十一日與濠兵接戰，年譜謂「甲寅(二十三日)，始接戰」；二十六日攻樵舍，擒濠於湖上，年譜謂「丁巳，獲濠樵舍」；二十七日破樵舍與吴城，宸濠亂平，年譜謂「丁巳(二十六日)，江西平」；陽明自十三日起兵於吉安，至二十七日破樵舍、吴城，江西亂平，共十五日，年譜謂「自起兵至破賊，曾不旬日」等等。本譜一以陽明自述爲主，參以史載，確考事件發生具體時間地點，糾正誤説，其間真相皆可得明矣。

三十日，上擒獲宸濠捷音疏，乞論功行賞；上旱災疏，乞賑災傷。

王陽明全集卷十二擒獲宸濠捷音疏，旱災疏。

有書致御史朱節，再懇助其乞休歸省。

陽明與朱守忠手札一：「寧賊之起，震動海内，即其氣焰事勢，豈區區知謀才力所能辦此哉？旬月之間而遽就擒滅，此天意也，區區安敢叨天之功？但其拚九族之誅，强扶牀席，捐軀以狥，此情則誠有天憫者，不知廟堂諸公能哀念及此，使得苟存餘息，即賜歸全林下否？此在守忠亦當爲區區致力者，前此已嘗屢瀆，今益不俟言矣。渴望，渴望！老父因聞變驚憂成疾，妻奴坐此病留吉安，至今生死未定。始以國難，不暇顧此；事勢稍靖，念之百憂煎集，恨不能即時逃去，奈何，奈何！餘情冗極未能悉，千萬亮察。守仁頓首。」(是札真迹今

藏上海博物館，陽明文集失載）

按：宸濠被擒在七月二十六日，可知是札作於七月底，則必是七月三十日與擒宸濠捷音疏、旱災疏一起遞往京師。蓋原先旨下「賊平來説」，故宸濠亂一平，陽明即致書朱節懇其傳達乞休歸省之意，即鄱陽戰捷所云「病懶先須伴赤松」也。

八月三日，林俊遣送佛郎機銃至，爲作詩頌之，鄒守益、黄綰、唐龍、費宏皆有和韵。

王陽明全集卷二十四書佛郎機遺事：「見素林公聞寧濠之變，即夜使人範錫爲佛郎機銃，並抄火藥方，手書勉予竭忠討賊……公遣兩僕裹糧，從間道冒暑晝夜行三千餘里以遺予，至則濠已就擒七日。予發書，爲之感激涕下。蓋濠之擒以七月二十六日，距其始事六月十四僅月有十九日耳……蓋公之忠誠根於天性，故老而彌篤，身退而憂愈深，節愈勵。嗚呼！是豈可以聲音笑貌爲哉？嘗欲列其事於朝，顧非公之心也。爲作佛郎機私詠，君子之同聲者，將不能已於言耳矣。　佛郎機，誰所爲？截取比干腸，裹以鴟夷皮，萇弘之血釁不足，睢陽之怒恨有遺。老臣忠憤寄所洩，震驚百里賊膽披。徒謂上方劍，空聞魯陽揮，段公笏板不在兹。佛郎機，誰所爲？」

見素集附録上編年紀略：「十四年己卯，推南禮部尚書。六月，寧庶人叛，三書速王陽明公守仁討賊，製佛郎機銃，遣二僕間道以與，陽明公有書佛郎機遺事。借南日水軍勤王，御史葉忠、給事中孫懋、都御史劉玉薦總江南之師。」

鄒守益集卷二十六佛郎機手卷爲見素林先生賦：「狂鯨掉尾豫章城，磨牙勢欲啗神京。鱗鰩雜沓江水腥，懷襄汩汩東南傾。天遣砥柱屹陽明，鐵壁萬仞障秋冥。鄱湖一戰妖氛清，坐令四海洗甲兵。見素老翁天下英，孤臣血淚滴滄溟。佛郎機銃手所試，間關遠寄憂國誠。震霆一擊鬼魅驚，猶向纍囚振天聲。忠臣孝子氣味同，發蒙振落羞漢廷。當年還記圭峰節，易簀含憤猶崢嶸。」

唐漁石集卷四見素公會宸濠反持佛郎機遺陽明公以助軍威陽明公壯其忠義歌詠之爲和此：「佛郎機，公所爲。一聲震起壯士膽，兩聲擊碎鴟臣皮，三聲烈焰燒赤壁，四聲靈燿奔燕師，五聲颯颯湖水立，六聲七聲虢虢風霆披。博浪鐵椎響，尚父白旄麾，白首丹心今在茲。佛郎機，公所爲！」

費宏集卷一賦得佛郎機：「佛郎機，異銃之名也。王公伯安起兵討宸濠時，林見素範錫爲此銃，且手抄火藥方，遣人遺之。伯安有詩記其事，邀余同賦。誰將佛郎機，遠寄豫章城？逆濠無君謀不軌，敵愾賴有王陽明。莆田林見素，與公合忠誠。身雖家食心在國，恨不手刃除攙槍。火攻有策來贊勇，駃足百舍能兼程。洞濠之胸燬濠穴，見素之怒應懲平。

濠擒七日銃乃至，陽明發書雙淚零。二顔在昔本兄弟，二老在今猶弟兄。吁嗟乎，世衰愈降，嫉邪餘憤常填膺。武安多取漢藩賂，賀蘭不救睢陽兵。義殊蜂蟻有臣主，行類鬼蜮猶簪纓。吁嗟乎，陽明之功在社稷，見素之志如日星。臣欲死忠子死孝，詎肯蓄縮甘偷生？走於二老何敢望，樸忠自許爲同盟。濠今澌盡無餘毒，得隨二老同安寧。聞兹奇事不忍默，特寫數語抒吾情。」

石龍集卷三佛郎機次陽明韵：「佛郎機，老臣爲。赤心許國白日照，蜀嶺歸來空骨皮。東越山人舊知己，尺書千里情不遺。巨蟒思呑蹴天紀，黄霾鴻洞誰敢披？山人九族奮不顧，赤手仗劍當雲揮。佛郎機，遲爾來，神交不遠應爾爲。」

犒賞周期雍調集之福建官軍，有書與周鵷、周震致謝。

王陽明全集卷十七犒賞福建官軍。

陽明與周文儀手札：「寧賊不軌之謀，積之十年有餘，舉事之日，衆號一十八萬，而旬月之内，竟就俘擒，非天意何以及此！迂疏偶值其會，敢叨以爲功乎？遠承教言，曲中機宜，多謝多謝！所調兵快，即蒙督發，忠義激烈，乃能若此。四鄰之援，至今尚未有一人應者，人之相去，豈不遠哉？使回，極冗中草此不盡。友生守仁頓首，文儀侍御先生道契執事。泉翁、三林老先生均乞道意，冗中不及另啓。餘。」與世亨侍御書：「寧賊之變，遠近震慴，閲月餘旬，四方之援，無一人至者，獨閩兵聞難即赴，此豈惟諸君忠義之激烈，亦調度方略過人遠矣。區區有所倚賴，幸遂事，未及一致感謝，而反辱箋獎，感怍，感怍，感怍！使還，冗極未能細裁，草草，幸心照。守仁頓首啓，世亨侍御先生道契。餘空。」（上兩文皆見葉元封湖海閣藏帖卷二，陽明文集失載）

按：陽明書佛朗機遺事云：「期雍歸，即陰募驍勇，具械束裝，部勒以俟。予檄晨到，而期雍夕發。故當濠之變，外援之兵惟期雍先至，適當見素公書至之日，距濠始事亦僅月有十九日耳。」是福建兵乃與林俊佛郎機銃同在八月三日至南昌。前考六月宸濠叛，陽明作札致周鵷、周震二位侍御調福建兵；至是周期雍領福建兵至，陽明乃作此二札予周鵷、周震致謝。札中言「泉翁」指湛甘泉，「三林」指莆田林俊（莆田「三林」之一）。其時林俊以致仕御史居莆田，與二周御史及周期雍關係甚密。陽明是札，亦順便向林俊致謝意。

費宏集卷四八月初三日午後楊弋陽報前月二十六日逆藩已獲置之清軍察院且知中丞王公已差人止閩浙兵矣喜次前韵以復楊君：「中丞有力正乾坤，四海方知一統尊。已痛湖波成赤水，久疑日食似黄昏。甲戌八月辛卯朔，日食晝晦，鷄鶩皆歸。其占爲：「諸侯謀王，其國不昌，終受其殃。」諸君幸免長從戍，百郡仍看草啓門。更祝天王憂社稷，莫教愁亂向兒孫。折屐呼聲不自由，馬軍持捷過滄洲。稱兵誰敢侵天闕，拜表還應賀玉旒。天上飛龍須有象，穽中饑虎定含羞。也緣孝廟栽培久，報稱今多第一流。」

冀元亨亦於是日至南昌。

王陽明全集卷二十四書佛郎機遺事：「初，予嘗使門人冀元亨者因講學説濠以君臣大義，或格其奸。濠不懌，已而滋怒，遣人陰購害之。冀辭予曰：『濠必反，先生宜早計。』遂遁歸。至是聞變，知予必起兵，即日潛行赴難，亦適以是日至。見素公在莆陽，周官上杭，冀在常德，去南昌各三千餘里，乃皆同日而至，事若有不偶然者。」

費宏寄來賀平宸濠詩文，乃爲上獻策勤王功於朝廷。

費宏集卷一水龍吟（賀提督王公伯安克平逆賊）：「天生俊傑非凡，爲時肯袖擎天手？胸藏兵甲，賊聞破膽，知名最舊。羽扇輕麾，逆巢忽破，遂擒亂首。非丹心許國，雄才蓋世，當機會，能然否？　北望每依南斗，捷書馳，夜同清晝。力扶社稷，此功豈比，尋常奔走？造閣圖形，磨崖勒頌，臨江釃酒。賀邦家有此，忠臣孝子，加南山壽。」

同上，卷十五賀中丞王公平定逆藩啓：「茲者恭審糾集義師，削平大難，帡幪所托，慶慰尤深。竊以漢得周亞夫，遂平吳楚之亂；唐用裴中立，乃成淮蔡之勳。蓋遭變知權，斯不昧被髮纓冠之義；當機能斷，乃不失乘墉射隼之時。惟此逆藩，久蓄異志。望迷四海，但知蛙井之爲尊；夢繞九天，詎意虎關之難叩。險如鬼蜮，暴甚豺狼。寓賊兵以劫齊民，或舉室盡遭其屠戮；散舶貨以漁厚利，至傾家未厭於誅求。視人命如草菅，漸干侵乎國柄。當此承平之世，忽與反叛之謀。戕害大臣，脅拘方面。傳僞榜以動摇宗室，肆醜詆以訕侮朝廷。皆臣子所不忍言，實神人所同憤怒。揚帆東下，欲首犯於留都；返旆西歸，尚思據乎舊穴。惡難悉數，罪不容誅。若非國有忠賢，力扶社稷，飛羽檄以申明逆順，揚義旗以倡率英豪，則虐焰方張，誰撲燎原之火？狂瀾既倒，誰爲制水之防？惟人心有所恃，而不震不驚；斯賊計無所施，而浸微浸滅。士鼓登城之勇，首克逆巢；人懷敵愾之誠，争擒元惡。煙銷戰艦，江湖無噴激之波；烏避轅門，霜露積嚴凝之氣。行且陳俘執訊，奏凱班師。國法正而逆類潛消，天步安而太平永享。歡騰列郡，荷救焚拯溺之仁；喜溢四方，免居送行賫之苦。聿弭非常之變，實爲不朽之功。此蓋大提督中丞陽明王公，具文武之全材，講聖賢之正學，忠孝誓捐於遠近，精誠遠格於神明。是以動惟厥時，戰則必克。掃除氛祲，難韜繼照；整頓乾坤，永奠居尊之位。芳垂汗竹，績紀太常。信奇偉而無前，豈尋常之敢望。某身居農畝，未忘廊廟之憂；家在亂邦，恒懼牀膚之剥。頃見兵戈之起，已爲遷避之圖。幸遂厎寧，敢忘大惠？烹魚溉釜，每懷願助之私；賣劍持醪，莫致趨迎之喜。敬馳尺楮，少布寸忱。伏惟高明照察。不備，謹啓。」

同上，卷十四賀大中丞陽明王公討逆成功序：「古之君子，能爲國家弭非常之變，立非常之功。勒之鼎彝，著之竹帛，垂之百世而不朽者，豈特其才智大過於人而不可及哉？惟其天資高明，器局宏遠，而學術之正又超出乎流俗，以故嚮往圖回，卓有定見，雖當事變，匈勦衆志，惶惑之際，忠勇奮發，弗以成敗利鈍芥蔕於其中。而天之所佑，人之所助，固於是乎在。宜其所立之奇偉卓絶，非常人所能及，兹所謂傑出之材，而世不可多得也。大中丞陽明王公，學究太原，體兼衆器，早以忠直負天下之望。方逆瑾之擅也，疏陳時弊，言極剴切，甘受擯斥，處遠惡而不辭。賴天子聖明，旋復召用。惟其所在必竭誠圖報，而委任亦日益以隆。宏嘗謂其操存正大，可擬諸葛亮、范仲淹；言議剀達，可擬賈誼、陸贄。蓋古之君子，可當大事而不負其所學者。至於分閫授鉞，運籌制勝，則又趙充國、裴度之流，而吾儕咸自歎以爲弗及也。頃緣閩卒弗靖，特命公往正厥罪。公自南、贛而東，六月既望至豐城，聞逆藩之變作矣。時江右撫巡方岳諸官，或戕或執，列郡無所禀承。賊衆號數十萬，舟楫蔽江，聲言欲犯留都，且分兵北上，而萬里告急，又不可遽達於九重。公慨然歎曰：『事有急於君父之難者乎？賊順流東下，我苟不爲牽制之圖，沿江諸郡萬有一失焉，旬月之間必且動摇京輔。如此則勝負之筭未有所歸，此誠天下安危之大機，義不可捨之而去也。』遂徇太守伍君文定之請，暫住吉安，以鎮撫其軍民。且禮至鄉宦王公與時、劉公時讓、鄒公謙之、王君宜學、張君汝立、李君子庸輩，與之籌畫機宜，待釁而動。會侍御謝君士潔、伍君汝珍以使歸自兩廣，皆鋭意勤王，乃相與移檄遠近，號召義勇，期必成討賊之績。旬浹，贛守邢君珣、袁守徐君璉、臨江守戴君德孺、瑞州通守胡君堯元，率僚屬各以其兵至矣。又旬浹，則撫州守陳君槐、信州守周君朝佐、饒州守林君城、建昌守曾君璵，率僚屬又各以其兵至矣。時賊已破南康，陷九江，方圍安慶，其東侵之焰甚熾。公議先取其巢，然後引兵追躡，使之退無所據，而進不得前，庶幾其氣自沮，而殄滅爲易。七月望日，集旁郡先至之兵會於樟樹。越五日辛亥，進克省城，賊遂解安慶之圍，率兵歸援。公曰：『吾固料賊且歸，歸則成擒必矣。』衆方洶懼，公設方略，督伍守等嚴兵待之。又分遣撫、饒、信之兵往復南康、九江，以成犄角之勢。乙卯，敗之於樵舍。丙辰，與戰，復大敗之。丁巳，用火攻之策，遂擒首惡，逆黨若干，前後俘斬無算，其紀諸功載者，實一萬一千有奇。首惡纍繫入城，軍民聚觀，感泣歎聲動地，皆曰：『天賜公活吾一方萬姓之命，微公，吾其如何？』其君子則曰：『惟天純佑我國家，實生公以撥其變，兹惟宗社之慶，獨一方云乎哉？』蓋此賊之惡，百倍淮南。其睥睨神器已非一日，中外之人皆劫於積威，恐其陰中，而莫之敢發。其稱兵而起也，吾黨之庸儒，類佐吾朱驕如者，猶以爲十事九成；四方智勇，即有功名之念，欲與一決，而竊計利害，遲回觀望者，又十人而九也。公出於危途，首倡義旅，知道義之當狥，而不知功利之可圖；知亂賊之當誅，而不知身家之可慮。師以順動，豪傑響應，甫旬月而大難遂平，不啻如摧枯振落。非忠誠一念，上下孚格，其成功能如是之神速耶？傳曰：『爲人臣而不通春秋之義者，遭變事而不知權。』則以今日之所處觀之，語分地則無專責，語奉使則有成命。而忘身赴義，不恤其他，雖其資禀器局向與人殊，然非學有定力，達於權變，亦未必能如此其勇也。宏昔忝詞林，嘗從公之尊翁、太宰龍山先生後，因辱公知最深。自愧局量未弘，動與時忤，逆賊再請護衛，嘗却其賂遺而力沮之。或以爲賤兄弟之歸，及歸而屢受群凶之侮，皆出於其陰中也。勤王之舉，未及荷戈前驅，有遺恨焉。故公之英聲茂實，震耀鏗轟，雖無俟於區區之贊頌，然不世之仇賴公一旦除之，則其欣幸宜百倍於他人，烏能已於言耶？故具論公之樹立，可方駕古之君子者，以爲天下賀，而亦因以致吾私焉。」

費寀寄來賀啓賀書。

費鍾石先生文集卷二十賀王陽明平西啓：「伏審儒者知兵，相臣出將，殲渠魁以昭王度，除群醜以奏膚功。九域同歡，一家尤幸。微君子，則何能？國在丈人，乃克帥師。方叔顯允，而制荆蠻；仲尼文武，而盟夾谷。恭惟大中丞陽明老先生執事，天畀弘猷，世基碩德。行高而心獨古，才大而用不窮。爰直道以示人，肆忤奸而去位。孤忠自許，百折不回。繼前席之求，亟拜賜環之命。歷揚中外，所至皆赫赫有聲；槩視險夷，無入不怡怡自得。盛名允副，重荷攸歸。來控三陲，獨當一面。下車平賊，境内晏然。退食受徒，吾道南矣。快若鸞鳳瑞世，隱然虎豹在山。乃值寧藩，忍干天紀。其所賢者五，而智伯不仁；不足畏者三，而楚武心蕩。構言可醜，蓋穢德之彰聞；國事日非，惟奸回之崇信。無罪而殺民殺士，非辟而作福作威。何患無詞，能入端人之罪；惟知有利，輒傾厚殖之家。神人共憤者數年，道路以目者千里。魄由天奪，怒激主知，懼隱惡之彌彰，恣逆謀之大露。驅囚徒而出戰，磔命吏以張聲。罪浮於淮南之謀刺將軍，律可同吴王之招納亡叛。矯誣惑衆，僭擬稱尊。計竊鼎於南都，大揚帆而東下。雖亂臣賊子，人知不共戴天；而後顧前瞻，疇肯率先報國？況長安之日遠，兼蜀道之時難。守臣盡入網羅，疆圉誰其犄角？人心騷動，事勢幾危。幸天下廢其所興，而公可托之大事，身名兩得，智勇萬全。一馳河北之文，盡下山東之淚。群僚響應，壯士先登。况志久奮於祖鞭，而力莫勞於侃甓。悦安社稷，誠動鬼神。宜茲先發後聞，倏爾一月三捷。長江天塹，既回魏虜之戈；赤壁火攻，悉燼曹瞞之艦。室家胥慶，海宇一新。事可方之古人，功寔蓋於天下。西人膽破，魏公之勳望預隆；下蔡功成，晉國之經營先定。似茲雋舉，亦豈幸成？雖公匡國，以興六月之師；寔天賜公，以活一方之命。某依憑幸類，舊忝登龍，居處亂邦，素傷談虎。托二天而幸免，頻九死以更生。喜隕自天，恩酬無地。慚請纓之已後，忍擊壤之莫前。恐門高而言則難，幸惟俯納；然室遠而心則邇，可遽遐遺？伏惟君子龍光，茂德音於不爽；大人虎變，守謙吉以有終。未遂參承，

益深企荷！」（又何喬遠皇明文徵卷五十六）

按：所謂「恐門高而言則難，幸惟俯納」，即指陽明采納其先攻南昌之獻策。

同上，賀陽明公平西書：「露布到山城，老幼皆懽呼動地，樂於更生，而賤兄弟尤得釋數載極讐之憂，以幸保族屬，至德無恩，不知所以名之，而敢言謝乎？竊謂逆濠布設陰謀，招納叛亡，已非一朝一夕之故，誠必潰之癰，然須早決，則元氣可無耗。今兹擁衆數萬，蔽江而下，不兩旬而焚其巢，盡其黨，以械其魁，神功偉略，自古未有如是之速者，非忠誠貫日，動天感人，何以有是？雷雨作而川澤洗，一清鄱江之穢，以快天下之心。蓋自生公之初，天意已定，而大帽之賞不盡，借公兩載，爲吾人造命謀者，尤不偶也。未死之年，與斯人共享我公太平之福，子孫世仰覆幬之恩而已。軍門嚴肅，不敢趨謁，謹西向稽首再拜，獻書申賀，蓋上爲朝廷慶，下爲天下慶也。臨筆不勝云云。」

江如璧費公宏行狀：「濠平，王公欲以公功聞，公力辭焉。侍御謝君源、伍君希儒方隨陽明公紀功，乃竟奏曰：『大學士費宏、編修寀，當護衛之再請也，昌言明沮，已懷先事之憂。及逆謀之既成也，間道獻策，又急勤王之義。』既而巡按漁石唐公，給事中祝君續、齊君之鸞、易君瓚，御史章君綸、寧君欽，皆連薦公。事下吏部題覆，時武廟南巡，未及處分。逾年而上入繼大統，甫旬日，即降勅起公，而寀亦召用。」（國朝獻徵録卷十五）

東洲夏良勝寄來賀平江右序詩，並有書來論靖難用權及建儲事。

夏良勝東洲初稿卷十三平江右序詩附：「皇帝秉剛德，肅將主威，既外靖北庭，爰議舉狩，禮欲內振，汎南服，敉治幾先炳，若有童牛待梏，制而未發。良勝輩並懵機要，輒有論奏。帝曰：『吁！是呰浮蹇氏，薄第于誠。』雖然，罔使后有拒臣言，尋罷議。既而有中令搜逐諸藩使，朝議洶甚。咸測聖威，有遏亂略，告變踵至，曰：是在寧藩濠，故有潛圖，朋仇罔悛，用底于天罰。帝曰：『嗚呼！惟我祖宗，本支周厚，弗替有隆。』穆命大吏，諭以維新。未達，變已大作。撫治孫公、憲副許公義烈，處命不渝。陽明先生專閫用鉞，方取道治閩獄案，幾及難，變服詭行，左次吉，臆決倡聲。御史謝君、伍君按廣還信，附和一詞。吉守伍君相義方力，奏檄上下，徵誓屬邦君曰：『通於天地，君臣允義。勖哉！君子用懋，集於大勳。』濠逆著狀，天討必誅。咸有弗力厥均罪，亦弗于貲顧譾弱，不足視師。惟左右君子，事事若治爾私。維是曰贛、曰臨、曰袁，咸守擇屬從會兵，先期赴幕，義聲克振。中誓曰：惟辟迺威，何敢義制。亶幾有會，間在絲髮，失不復得。茲賴迪果毅，其登於辟，惟天惟地是憲，惟宗社是重，曷其有於家於身？鼓勇夜薄南昌城，城潰，步伐止齊咸律，克奔罔迓。曰建曰信兵至，曰專爲犄，其戍是□；曰撫曰饒兵至，曰茲參而角，其戍是麾。用先登追賊江湖，間諜者至，曰賊濠越謀，越交越僞，官屬敗潰，安慶且遁至。出數十里迎擊，一合擒縛之，以專爲未盡銳也；克乂南康郡，俾復而宇，以參爲未均勞也。往撫九江郡，俾正而部，江右大平。尋聞帝命六軍交至，祇用俘獻藉勞，惟備惟慎，若聚財論工，選士政教，服習遍知機數之節，遻嘬鋒蔡踣剜之利，鏺掀撇掇之狀，筴跐披撥之機，斬標踏捁之漸，摶力勾卒嬴越之法，獨比參伍烈火隊官曲部校禆之制，誅畀曹五抽推十一之數，裒益畢陳。群能著職，明堂御治。封錫待及，先生方覲文匿武，志戢色温，若不居焉。嗚呼！司馬氏以不與登封制作，爲有遺恨，深罪膚詞，明庭萬里，草野致頌，亦云幸矣！詩曰：帝右區夏，奕奕本支。武穆文昭，其永有祉。驕孽弗良，敢犯于將。天憲祖訓，其刑無上。主愛克威，臣威克愛。不返兵刃，毅爾敵愾。檄以義形，命以權制。數奏駿功，克讓允濟。凡師無善，於古則然。師善之善，于今有焉。行時聲律，爲本爲宫。味色云雜，還質攸同。西山峨峨，西江有沱。深鑱大書，隱功則多。于夷于襄，井蓋弗張。是屏是翰，載戢用光。明堂賚賜，玄袞待次。願以致之，天子之史。」

東洲初稿卷十三奉陽明先生書：「良勝少且賤，又不肖，特辱知遇，汲引進之於學，使知向往，感恩知己誠亦兼之。以坐叔向之嫌，僅能一削牘致問左右。而於汝信教紙，更見齒及。然時已在罪，修敬無階。嚴、衢聞變，取道入閩，併日及廬，期赴大舉，尋得駿功報矣。計軍門休暇，請益有地，而狂愚樗散，知無庸效尺寸，命僕旋止者數四，不承顔色，真懷古人，敢布深衷，以期曲宥，而牽連時務，幸俯聽焉。方其逆賊肆凶，偵臣塞道，非義檄交馳，則觀望進止，未可知也；君門奔奏未達，非以義制命，則坐失幾會，未可知也。故曰：凡此駿功，惟權迺成。夫道至於能權，斯用大矣。非閣下，其孰當之！然而治亂興壞，誠非偶然。朱子謂：『於亂也，必生能弭亂之人以擬其後。』天生之，君用之，故人望之。向閣下有南、贛功。道次侍楓山翁教，謂：『天其有意於斯乎！』他鎮或當一面，斯則居高御下，而連三省；他則或權璫制馭，或副屬參焉，斯則進退在握，懋功方結，□主知己，若逆謀待發，豫處在殿以殲之者。近歸復謁，又謂：『是在閣下當無過憂。』因及夏忠靖公在文皇時，仁宗在儲，同漢府諸公知有不測機，矯制召還，蓋一僅見，用權之難可知也。今去君日遠，親寵如靖公未可知，則在閣下之用權，尤所難也。今則若易爲之矣。所謂弭亂之人，天亦啓之。閣下其能以守謙而先避之與？抑唯君用是承人望是副與？蓋亂之克，治之機也，治之本是在儲貳，知閣下面有敷陳，斯載首簡，但聞先時士大夫於此段事，極欲標致題目，固大議論，然竟付虛談而已。如宋時賢君既燭先機，並育宮中，簡慧亦定，如范如司馬，相得爲深，主張國是，又何如人立論正名，其難若是，以今視昔，數者相去何如也？況夫立草禪詔，泫然下涕，遽屬太子，猶或改容，父子之間且然，固通情也。嘗與二三同志漫議及此，謂須默奪潛定，意可幸中，敢盡布之。蓋自逆瑾首亂祖制，使司香日侍親王，並遣就國，强藩謀逆，或基於此。瑾誅，此制竟未議復，識者有遺憾焉。幾既失已，知閣下當必使後日無今日再失憾也。然此亦非欲詭遇爲獲，且冀長賢與選，使彼利於昏，幼者之爲隱然自喪，無啓亂階，長治久安，庶其在此。又聞往者邃翁、東川既已成謀，而今當柄，一二委之於卜，謂得『烏焚其巢』，竟以中沮。故又曰：凡此隱功，惟斷迺成。嗚呼！草野罪人，何敢僭妄，輒及大議。亶始以楓山深望，而慶閣下以必副天下之功也；繼以邃翁、東川之未爲，而期閣下以必成萬世之功也。閣下其亦諒良勝所以圖報知己，復何事哉？不然，則真棄物之先，草木甘腐，閣下其初知而教者並負之矣！雖死何贖，大戾干冒昌盛，無任悚息。」

按：前考夏良勝字于中，號東洲，南城人，亦陽明弟子。時爲吏部員外郎，其在四月因諫武宗南巡削籍歸，道嚴、衢，聞宸濠變，欲來吉安赴難勤王，陽明再三勸止其來。書中所云「汝信」即萬潮，時爲禮部主事，亦因諫武宗南巡削籍，與夏良勝同歸。「楓山翁」即章懋，「邃翁」即楊一清，「東川」即劉春。夏是書着重勸陽明上建儲議，謂「治之本是在儲貳，知閣下面有敷陳，斯載首簡」。按陽明奏聞宸濠僞造檄榜疏云：「伏望皇上……定立國本，勵精求治。」又擒獲宸濠捷音疏云：「尤願皇上罷息巡幸，建立國本，端拱勵精，以承宗社之洪休。」此所云「建立國本」即指建儲，所謂「斯載首簡」也。祇後因江彬、張忠力阻陽明赴京見武宗，陽明終無緣得以面奏建儲之議。然則其後陽明對大禮議之立場態度亦由此發端矣。

明水陳九川來南昌問學，陽明再大闡「良知」之學，作論良知心學文以明之。

傳習録卷下：「己卯，歸自京師，再見先生於洪都。先生兵務倥傯，乘隙講授，首問：『近年用功何如？』九川曰：『近年體驗得「明明德」功夫只是「誠意」。自「明明德於天下」，步步推入根源，到「誠意」上，再去不得，如何以前又有格致工夫？後又體驗，覺得意之誠僞，必先知覺乃可，以顔子「有不善未嘗不知，知之未嘗復行」爲證，豁然若無疑，却又多了「格物」工夫。又思來吾心之靈，何有不知意之善惡，只是物欲蔽了，須格去物欲，始能如顔子「未嘗不知」耳。又自疑功夫顛倒，與誠意不成片段。後問希顔，希顔曰：「先生謂格物致知是誠意功夫，極好。」九川曰：「如何是誠意功夫？」希顔令再思體看，九川終不悟。請問。』先生曰：『惜哉！此可一言而悟。惟濬所舉顔子事便是了，只要知身心意知物是一件。』九川疑曰：『物在外，如何與身心意知是一件？』先生曰：『耳目口鼻四肢，身也，非心安能視聽言動？心欲視聽言動，無耳目口鼻四肢亦不能，故無心則無身，無身則無心。但指其充塞處言之謂之身，指其主宰處言之謂之心，指心之發動處謂之意，指意之靈明處謂之知，指意之涉着處謂之物，只是一件。意未有懸空的，必着事物，故欲誠意則隨意所在某事而格之，去其人欲而歸於天理，則良知之在此事者無蔽而得致矣。此便是誠意的工夫。』九川乃釋然，破數年之疑。又問：『甘泉近亦信用大學古本，謂格物猶言造道。又謂窮理如窮其巢穴之窮，以身至之也，故格物亦只是隨處體認天理，似與先生之説漸同。』先生曰：『甘泉用功，所以轉得來。當時與説「親民」字不須改，他亦不信，今論格物亦近，但不須换物字作理字，只還他一物字便是。』後有人問九川曰：『今何不疑「物」字？』曰：『中庸曰「不誠無物」，程子曰「物來順應」，又如「物各付物」、「胸中無物」之類，皆古人常用字也。』他日先生亦云然。九川問：『近年因厭泛濫之學，每要静坐，求屏息念慮，非惟不能，愈覺擾擾，如何？』先生曰：『念如何可息？只是要正。』曰：『當自有無念時否？』先生曰：『實無無念時。』曰：『如此却如何言静？』曰：『静未嘗不動，動未嘗不静。戒謹恐懼即是念，何分動静？』曰：『周子何以言「定之以中正仁義」而「主静」？』曰：『無欲故静，是「静亦定，動亦定」的「定」字，主其本體也。戒懼之念是活潑潑地，此是天機不息處，所謂「維天之命，於穆不已」，一息便是死。非本體之念，即是私念。』又問：『用功收心時，有聲有色在前，如常見聞，恐不是專一。』曰：『如何却不聞見？除是槁木死灰、耳聾目盲則可。只是雖聞見而不流去，便是。』曰：『昔有人静坐，其子隔壁讀書，不知其勤惰，程子稱其甚敬。何如？』曰：『伊川恐亦是譏他。』又問：『静坐用功，頗覺此心收斂，遇事又斷了。旋起個念頭，去事上省察；事過又尋舊功，還覺有内外，打不作一片。』先生曰：『此格物之説未透。心何嘗有内外？即如惟濬，今在此講論，又豈有一心在内照管？這聽講説時專敬，即是那静坐時心，功夫一貫，何須更起念頭？人須在事上磨鍊做功夫，乃有益。若只好静，遇事便亂，終無長進。那静時功夫，亦差似收斂，而實放溺也。』」

費緯祹聖宗集要卷六王守仁：「（陽明）誅宸濠後，居南昌，始揭『致良知』之學，曰：『聖人之學，心學也。宋儒以知識爲知，故須博聞强記以爲之；既知矣，乃行亦遂終身不行，亦遂終身不知。聖賢教人，即本心之明，即知；不欺本心之明，即行也。』於是舉孟子所謂『良知』者，合之大學『致知』，曰『致良知』，以真知即是行，以心悟爲格物，以天理爲良知。」

按：陳九川亦在四月因諫武宗南巡削籍歸臨川。其來南昌問學之時間，按陽明九月十一日即獻俘離南昌而去，而陳九川亦在九月上旬離南昌往南城夏良勝處（見下），故可確知陳九川當是八月來南昌問學。是次陽明與陳九川講論學問意義重大：前考陽明與鄒守益在贛講論學問已首發「致良知」之教；至是陽明與陳九川在南昌講論學問乃進一層大闡「良知」之學，蓋先是陳九川告知做「明明德」功夫，步步推到「誠意」，再往上推不得，陽明則以爲「致知」即是「致良知」，明乎「良知」，則自然可由「誠意」再上推至「格物」、「致知」，直達「良知」本原。陽明明確將大學之「致知」解釋爲「致良知」；以身、心、意、知、物爲一件，格物致知即誠意功夫；以心無内外，否定静坐功夫，强調事上磨鍊功夫。傳習録卷下開首詳細記録陳九川三次來見陽明論學，展現了陽明生平「致良知」思想之形成發展歷程：正德十年論「格物」，以「意之所在」爲物；正德十四年提出「良知」，以致知爲「致良知」；正德十五年論「良知訣竅」，大闡「致良知」心學矣（見下）。此三次論學，爲認識陽明生平「致良知」心學體系形成發展之一大關捩。費緯祹所説「居南昌」，即是指陳九川來南昌問學之時，故陽明此論良知心學文或即是寫給鄒守益、陳九川等在南昌之門人者，不啻是一篇陽明正德十四年「良知之悟」（妙悟良知之秘）之「宣言書」，宣告其「致良知」心學之誕矣。稍後至十月陽明在杭州西湖，更與諸生大倡「良知」之教矣（見下）。

進賢舒芬、萬潮，南城夏良勝，皆來南昌問學。

傳習録卷下：「（陳九川）後在洪都，復與于中、國裳論内外之説。渠皆云：『物自有内外，但要内外並着功夫，不可有間耳。』以質先生，曰：『功夫不離本體，本體原無内外。只爲後來做功夫的分了内外，失其本體了。如今正要講明功夫不要有内外，乃是本體功夫。』是日俱有省。又問：『陸子之學何如？』先生曰：『濂溪、明道之後，還是象山，只是粗些。』九川曰：『看他論學，篇篇説出骨髓，句句似鍼膏肓，却不見他粗。』先生曰：『然他心上用過功夫，與揣摹依仿，求之文義，自不同。但細看有粗處，用功久當見之。』」

按：此處「國裳」指舒芬，「于中」指夏良勝（陳榮捷傳習録詳注集評、鄧艾民傳習録注疏于「于中」均注「情況不明」），可見舒芬、夏良勝同在八月來南昌問學。錢德洪陽明先生年譜謂夏良勝、舒芬正德十五年來南昌問學，乃誤。按夏良勝、舒芬、陳九川、萬潮四人以諫武宗南巡而被奉爲「江西四君子」，同在四月削籍被貶後皆來南昌問學。孫琛翰林院修撰舒公行實：「公乃邀考功夏公良勝、儀制萬公潮、太常陳公九川至寓舍……是夕遂連疏入，時號『江西四君子』……（芬）遂謫福建市舶副提舉……六月丙子，江西宸濠果反，敗。季秋九日，偕年友……遊烏石（在福州）……」（國朝獻徵録卷二十一）舒芬七月已在福州，則其來南昌問學當在八月。東洲初稿卷十三再奉陽明先生書云：「日者不自分量，謬有所陳……既而汝信儀部使至，惟濬太常使至，教亦云然。」此「汝信」指萬潮，「惟濬」指陳九川。既云「教亦云然」，可見萬潮、陳九川乃是在南昌受教後來南城夏良勝處，則萬潮當也在八月來南昌問學。今按夏良勝東洲初稿前有舒芬序云：「吾同年夏君于中因言事，與余同還，舟中日久，示以東洲初稿，凡若干卷……因初稿謹書此，以俟其終。正德十四年六月下弦日，賜進士及第、承務郎、福建司舶提舉司副提舉、前翰林院國史修撰、進賢梓溪舒芬書於舟次。」又東洲初稿卷十二一鑑亭詩序云：「正德己卯夏六月四日，東洲夏子偕梓溪舒子、五溪萬子，辰渡淮瀆，若安流也……適陳水部，頓倉曹比節見訪舟中……」可見舒芬、萬潮、夏良勝、陳九川在六月被貶同舟出京，後又在八月同來南昌問學。又卷十三明故舒野江先生墓誌銘云：「正德十四年己卯冬十月，良勝執友舒殿撰芬使從虔整迎尊翁野江先生就養於今官福建市舶，蓋謫居也。道次盱江滸，良勝謁於舟，强致館穀……」盱江在南昌，可見舒芬在八月來南昌問學，乃於十月偕父野江翁赴福建司舶任。

錢德洪陽明先生年譜：「進賢舒芬以翰林謫官市舶，自恃博學，見先生問律吕。先生不答，且問元聲，對曰：『元聲制度頗詳，特未置密室經試耳。』先生曰：『元聲豈得之管灰黍石間哉？心得養，則氣自和，元氣所由出也。書云『詩言志』，志即是樂之本；『歌永言』，歌即是制律之本。永言和聲，俱本於歌，歌本於心。故心也者，中和之極也。』芬遂躍然拜弟子。」

按：此録應即是記正德十四年八月舒芬來問學之況，然錢氏却將之置於正德十五年之下，以爲是記舒芬正德十五年九月來南昌問學之事，乃大誤。按正德十五年舒芬丁憂家居，斷無是年來南昌問學之事（詳下），而謂「芬遂躍然拜弟子」亦非。

十六日，奉敕兼江西巡撫。

王陽明全集卷十二請止親征疏：「正德十四年八月十六日准兵部咨：『……再請敕一道，齎付都御史王守仁，不妨提督軍務原任，兼巡撫江西地方……』」

按：朝廷始議陽明兼江西巡撫在八月五日，降勑在八月十日。王瓊晉溪本兵敷奏卷十一爲地方緊急軍情事：「正德十四年八月初五日，具題『奉聖旨』，是王守仁已有旨着照舊提督軍務，兼巡撫江西地方……」又爲緊急軍情事：「查得本部會官議奏，已蒙降勑都御史王守仁巡撫江西訖。本官素曉兵法，又見在江西近便，最爲相應……正德十四年八月初十日，具題『奉聖旨』……」錢德洪陽明先生年譜謂「十月，奉敕兼巡撫江西」，乃誤。其他史載亦皆含混失誤。

馬明衡、馬明奇來南昌，扶父馬思聰柩歸莆田。陽明作文祭奠。

林俊明贈奉議大夫光禄寺卿水南馬君翠峰墓誌銘：「正德己卯六月十有三日，宸濠反，江西都御史孫公燧、按察副使許公逵死之。吾鄉南京户部主事馬君思聰以督餉至，被執，不食六日死，參議黄君宏亦死。江西士民殯之僧寺。八月十有六日，濠平六日，二子明奇自莆至，明衡自南太常至，啓殯易衣冠以殮，又得所奉敕於行部承塵秘處。事聞，有贈有祭，馬君贈奉議大夫、光禄少卿，並祀忠節祠。巡按監察御史唐龍疏於朝，又立四忠碑以紀……君字懋聞，翠峰其號，馬迺北衛州人……」（馬忠節父子合集附録）

詹仰庇明文林郎山東道監察御史師山馬公墓誌銘：「侍御公時爲南京太常博士，聞寧庶人反檄至，哭謂鄭安人曰：『嗟乎！吾父死矣！』遂棄官從間道走收忠節公屍，而會寧庶人兵出南昌，人已先舁都御史孫公、副使許公、參議黄公及公四屍，就本祠哭之，以故侍御公得知忠節公屍處，因殮櫬以歸。當是時，侍御公哀毁深切，不復戀仕進矣。」（馬忠節父子合集附録）

按：鄭泰樞馬忠節公師山二公遺詩序云：「公殁後，仲君師山（馬明衡）官太常博士，聞訃，走江右收公屍，殮櫬以歸……公嘗從陽明王公遊，得理學正宗。當忠節公殉烈時，陽明公撰文祭奠，情辭悲切，公亦賦詩寄哀。」（馬忠節父子合集前）是陽明嘗作文祭奠馬思聰，此祭文今佚。

陽明先生別録卷十牌行上元縣護送馬主事喪柩。

十七日，上請止親征疏，乞親押宸濠人犯解赴京都；上奏留朝覲官疏，乞將朝覲官留防；上奏聞淮王助軍餉疏，乞獎賞淮王饋助軍餉。

王陽明全集卷十二請止親征疏，奏留朝覲官疏，奏聞淮王助軍餉疏。

按：請止親征疏云：「臣謹於九月十一日親自量帶官軍，將宸濠並逆賊情重人犯督將赴闕。」是陽明此疏意在奏請押解宸濠人犯進京，其後未蒙允准，陽明即自行其事矣。故此疏題作「請止親征疏」未當。此疏明注「八月十七日上」，黃綰陽明先生行狀竟謂此疏是陽明九月二十六日在廣信所上，「上疏力止」，其説誤甚，蓋即從疏題上生發誤説也。

二十二日，武宗南征發京師。

國榷卷五十一：「正德十四年八月癸未，上發京師，命平虜伯朱彬提督贊畫機密軍務，仍軍門提督官校，左都督朱周協贊，錦衣衛都督朱寧隨征。」

黃綰陽明先生行狀：「公既擒濠……欲親解赴闕，因在吉安上疏乞命將出師。朝廷差安邊伯許泰爲總督軍務，充總兵官，平虜伯江彬爲提督等官，左都督劉翬爲總兵官，太監張忠爲提督軍務，張永爲提督，贊畫機密軍務，並體勘濠反逆事情，及查理庫藏宫眷等事，太監魏彬爲提督等官，兵部侍郎王憲爲督理糧餉，往江西征討。至中途，聞捷報，計欲奪功，乃密請上親征。上遂自稱爲總督軍務威武大將軍總兵官後軍都督府太師鎮國公，往江西征討。」

二十五日，上疏乞便道省葬，並有札致王瓊、朱節，不允。

王陽明全集卷十二乞便道省葬疏。

同上，卷二十一上晉溪司馬書二：「齎奏人回，每辱頒教，接引開慰，勤惓懇惻，不一而足。仁人君子愛物之誠，與人之厚，雖在木石，亦當感動激發，而况於人乎！無能報謝，銘諸心腑而已。生始懇疏乞歸，誠以祖母鞠育之恩，思一面爲訣。後竟牽滯兵戈，不及一見，卒抱終天之痛。今老父衰疾，又復日亟；而地方已幸無事，且蒙朝廷曾有『賊平來說』之旨，若再拘縛，使不獲一申其情，後雖萬死，無以贖其痛恨矣！老先生亦何惜一舉手投足之勞而不以曲全之乎？今生已移疾舟次，若復候命不至，斷爾逃歸，死無所憾！老先生亦何惜一舉手投足之勞而必欲置之有罪之地乎？情隘辭迫，瀆冒威嚴，臨紙涕泣，不知所云，死罪死罪！」

陽明與朱守忠手札二：「近因祖母之痛，哀苦狼籍，兼乞休疏久未得報，惟日閉門病卧而已。人自京來，聞車駕已還朝，甚幸，甚幸！但聞不久且將南巡，不知所指何地，亦復果然否？區區所處，剥牀以膚，莫知爲措，尚憶孫氏園中之言乎？京師人情事勢何似？便間望寫示曲折。閩事尚多隱憂，既乞休勑又久不至，進退維谷。希淵守古道，不合於時，始交惡於郡守，繼得怨於巡按，浩然遂有歸興，復爲所禁阻不得行，且將誣以法。世路險惡如此，可歎可恨！因喻宗之便，燈下草草。宗之意向方新，惜不能久與之談。然其資性篤實，後必能有所進也。荒迷中不一。守仁稽顙，守忠侍御賢弟道契。」（手札真迹藏上海博物館，陽明文集失載）

是日，又上恤重刑以實軍伍疏，處置官員署印疏，處置從逆官員疏，處置府縣從逆官員疏。

九月七日，武宗南征至臨清，不行，忽然北返。

國榷卷五十一：「正德十四年九月戊戌，上至臨清，守臣進宴……癸丑，上自臨清單舸疾趨而北，從官不知也。」

夏良勝别陽明歸南城，有書來論獻俘事。

夏良勝東洲初稿卷十二奉和陽明别詠一首：「孔孟已不作，障柱迴波翻。遺簡秘魯殿，搦筆窺文園。老虛天竺寂，訓詁紛多門。韓歐伎倆資，佔畢濂洛尊。下學莫有擇，漓俗何由敦。大哉孰嫡傳，小子無前聞。愚頑亦禀性，天地匪喪文。緣葩攀華巔，斷港窮河源。汩没二十載，刈葵傷迺根。潰惷恍有覺，易簡思避繁。陽明闡道教，心慕足已奔。馬黄歷塊影，舟葉兼朝昏。展拜皋比温，直是洙泗原。與人無棄瑕，衛道若守藩。格物開衆妙，良知翕獨存。大同異自息，魚躍鳶斯騫。度内亦廖廓，眼底忘輕軒。來遲莫自咎，去亟莫自云。得師更得友，立德斯立言。矢心循周行，躋騶無僨轅。登舟順逆風，居行如共論。」

按：陽明贈詩今佚。夏良勝詩云「格物開衆妙，良知翕獨存」，可見陽明乃是向其發「致良知」之教，蓋與陳九川同也。

東洲初稿卷十三再奉陽明先生書：「日者不自分量，謬有所陳，荷休休與善，不以爲大不可，自吾邦吾得面命也。既而汝信儀部使至，惟濬太常使至，教亦云然。顧蹇劣莫似，何修至此？山谷云：『心親而千里晤語。』大幸大幸！廣昌令介拙稿一首，信群飲於河，各止於量，欲名言而莫罄也。塊守山齋，偶聞諸帥抵省，作威駭聽，雖未必盡然，而鴟張矯虔，機械畢露，挾主威以争能，期必得而後已。隱度閣下功高天下，守之以謙，而濬渾艾之隙，必有隱然消阻，儒家作用，所謂潛乎者若此。但俘獲在道，進止維谷，必遂初志，是本敵愾獻功常典也。既云龍馭度江而西，莫有所得，尼而旋歸，迹涉拘忌。右右惟其適意，先幾定見，必有處之裕如，而癫憂過計，竊亦思以自效而未敢。蓋天下之寶，當爲天下惜之，况嘗側足先後乘而被其餘照者哉？故與邦君商略盡瘁，直達記室，不識以爲可否？初舉義時，宗社大計，專制閫外意也。今既有命帥，而閣下得撫治，固守臣也，始可矯治以興師，兹必得請而離任。大抵權之一字，固人臣之盛美，亦人臣之大忌。當變，則可不得已也；亂既靖，斯守經時矣。戒嚴屬從待於境上，以避河陽坐致之迹，理道宜然。六師左途，還而歸之。若既越境，自開化，自嚴，取道自徽州，皆可至省，形迹俱泯。獻俘紀績，俱屬軍門事體，憲節暫守信州，且以撫循爲常職，俟巡轄且至迎覲，如古方嶽之禮，使天下復見唐虞盛典，別有一段開物成務意象，古今冠絶事也。彤弓宴錫，其何之哉！是謂不矜，莫與争能，閣下雅量然也。公論昭灼，萬世炳然。但彼席威以厭谿壑之欲，荼戮之慘，或未可知。嘗聞閣下有云：『甘九族之誅，救一方之命。』不肖耿耿之懷，誠亦在此。若稽覈功次，諸統兵官獲送審單俱在，勿與成籍維實，迺是窺測不破，更復何事！東望拜楲，無任懇惻，悚懼悚懼！」

按：書所言「日者不自分量，謬有所陳，荷休休與善，不以爲大不可」，即指夏良勝八月來南昌問學。其約在九月初歸南城，繼而萬潮、陳九川亦來南城，即書所云「既而汝信儀部使至，惟濬太常使至，教亦云然」。于是夏良勝遂作此書以陳己見，蓋在九月十一日陽明獻俘發南昌前夕也。

楊驥偕薛侃歸潮，攜陽明致方獻夫書與致湛甘泉書送至西樵。湛甘泉、方獻夫皆有答書。

王陽明全集卷四答方叔賢：「近得手教及與甘泉往復兩書，快讀一過，灑然如熱者之濯清風，何子之見超卓而速也！真可謂一日千里矣。大學舊本之復，功尤不小，幸甚幸甚！其論象山處，舉孟子『放心』數條，而甘泉以爲未足，復舉『東西南北海有聖人出，此心此理同』，及『宇宙内事皆己分内事』數語。甘泉所舉，誠得其大，然吾獨愛西樵子之近而切也。見其大者，則其功不得不近而切，然非實加切近之功，則所謂大者，亦虛見而已耳。自孟子道性善，心性之原，世儒往往能言，然其學卒入於支離外索而不自覺者，正以其功之未切耳。此吾所以獨有喜於西樵之言，固今時對證之藥也。古人之學，切實爲己，不徒事於講説。書札往來，終不若面語之能盡，且易使人溺情於文辭，崇浮氣而長勝心。求其説之無病，而不知其心病之已多矣。此近世之通患，賢知者不免焉，不可以不察也。楊仕德去，草草復此，諸所欲言，仕德能悉。」

按：此書言「楊仕德去，草草復此，諸所欲言，仕德能悉」，可見此書乃由楊驥携往西樵。薛侃楊毅傳、鄉約序及薛侃行狀均謂薛侃偕楊驥在宸濠變後自贛歸，但不得具體月日。今按方獻夫西樵集卷八柬王陽明書三云：「去歲初冬，曾修書奉，不審曾達左右否？」可見方獻夫在初冬十月收到陽明此書，乃修書奉答，則楊驥必是在九月自贛歸，書十月遞到西樵。陽明此書即作在九月也。蓋陽明九月十一日離南昌獻俘，至十二月方歸南昌，可見九月以後其亦已無從再請楊驥遞書往西樵致方獻夫與湛甘泉，陽明此書必作在九月十一日之前也。

西樵集卷八柬王陽明書二：「士夫自贛來，每辱教劄，於千里之隔，雖無因對面，然心領神會先生之益多矣。江西之變，人心摇摇，先生一舉而定，人皆稱先生撥亂反正之才，而不知先生之有本也。非誠有古人成敗利鈍非所計者之心，其安能此？足以見儒者之用，而先生之實學也亦可以息平時世俗之嘵嘵矣。甚賀，甚賀！朝廷賞功大典，不日當下。然德勝者不居其功，明哲者不保其盈，先生進退之間，可以自處矣。先生正謂留侯有儒者氣象，非觀其進退之際歟？如何，如何？西樵山中近來士類漸集，亦頗知向方，但未見有實得力者。大抵此學真是數百年絶學，非卓有實見者難以言矣。甘泉大有倡率講明之意，近構學舍數十於山，以延學者，將來必有成就，此亦一盛事也。其所立言大旨，雖少與生未翕然者，然未敢懸論。生明年春莫將期會於陽明洞中，不知此時主人歸否？嘗獲觀朱子晚年定論、傳習録二書，多所啓發，朱子晚年定論固是先生納約自牖之意，非其至者，然得此書，與士子省却多少言語。其傳習録中間論中庸戒懼慎獨爲一處，真是破學者萬世之疑。及諄諄『天理』二字，又是於學者日用甚切，此等處誠不可無。惟格物博文之説，生尚有未釋然者，但難以紙筆指陳，當俟面見請益。先生之説，或是一時救偏補弊之論，但恐學者不知，而反有疑於中正歸一之極也。此等處更乞精思示教。甘泉於此處亦疑，望不惜平心博論，以致於大同也，幸甚！」

按：此書即方獻夫柬王陽明書三所云「去歲初冬，曾修書奉」之一書也。

泉翁大全集卷八答方西樵：「觀陽明書，似未深悉愚意。吾所舉象山宇宙性分之語，所謂性分者，即吾弟所舉本心之説耳，得本心，則自有以見此矣。本心宇宙恐未可二之也。承教明道『存久自明，何待窮索』，最簡切，但須知所存者何事，乃有實地。首言『識得此意，以誠敬存之』，知而存也；又言『存久自明』，存而知也。知行交進，所知所存，皆是一物。其終又云：『體之而樂，亦不患不能守。』大段要見得這頭腦親切，存之自不費力耳。近亦覺多言，正於默識處用功，偶又不能不言也。陽明書並寄，一閲便還。」

按：書所云「陽明書」，即陽明九月託楊驥所傳遞致甘泉書，今佚，或是因其中有批評甘泉之學有「支離」之病，錢德洪編陽明文集時删之耶？

同上，答陽明都憲：「楊仕德到，並領諸教，忽然若拱璧之入手，其爲慰沃可量耶？諸所論説，皆是斬新自得之語。至朱子晚年定論，似爲新見。第前一截則溺於言語，後一截又脱離於言語，似於孔子所謂『執事敬』内外一致者，兩失之耳。承獎進之意極厚，至讀與叔賢書，又不能無疑。所謂宇宙性分，與張子西銘、程子識仁同一段，皆吾本心之體，見大者謂之大，見近者謂之近，恐未可以大小遠近分也。凡兄所立言，爲人取法，不可不精也。聞英才雲集，深喜此道之復明。此間自甘楊之外，有陳生謨，謨之父宗享，年將六十而好學，霍渭先弟任，任弟傑，溟滓巖居，鄧、馮諸生皆有向進之心，但未見得力，然皆老兄振作，使聞風而起也。」

按：此書所云「楊仕德到」，即指楊驥送來陽明書，湛甘泉收到陽明書當亦在十月。據陽明答甘泉書二云「得正月書，知大事已畢」（王陽明全集卷四），陽明謂甘泉此答書作在正德十五年正月。

十日，上收復九江南康參失事官員疏。

王陽明全集卷十二收復九江南康參失事官員疏。

孫堪、孫墀、孫陞扶孫燧靈柩發南昌還鄉，陽明偕巡按御史謝源、伍希儒設奠泣祭。

王陽明全集卷三十一行南昌府禮送孫公歸櫬牌：「照得江西巡撫都御史孫燧被寧賊殺害，續該本院統兵攻復省城，賞給銀兩買棺裝殮。聞隨據伊男孫堪，帶領家人前來扶柩還鄉，所據護送人員，擬合行委。爲此牌仰府官吏，即於見在府衛官内，定委一員，送至原籍浙江紹興府餘姚縣河下交割，並行沿途經過軍衛、有司、驛遞、巡司等衙門，各撥人夫，程程護送。仍仰照例從厚僉撥長行水手，起關應付，人夫脚力，驗口給與行糧，毋得稽遲未便。」

同上，卷二十五祭孫中丞文：「嗚呼！逆藩之謀，積之十有餘年，而敗之旬日，豈守仁之智謀才力能及此乎？是固祖宗之德澤，朝廷之神武，而公之精忠憤烈，陰助默相於冥冥之中，是亦未可知也。公之子挾刃赴仇，奔走千里，至則逆賊已擒，遂得改殯正殮，扶公櫬而還。父子之間，忠孝兩無所愴矣，亦何憾哉？守仁於公，既親且友，同舉於鄉，同官於部，今又同遭是難，豈偶然哉？靈輀將發，薄奠寫哀，言有盡而意無窮。嗚呼！」

孫陞伯兄都督僉事堪行狀：「生三子：伯兄（堪）暨仲兄墀、不肖陞也……歲己卯宸濠反，先公以罵賊不屈仗節，聲傳至浙，吾兄弟叩地號天，五内崩裂。既爲位奠哭，伯兄□操刀赴難，不與賊俱生。時伯兄由金華間道徒跣以行，仲兄暨陞請偕行，伯兄曰：『母夫人哀苦甚僨，兩弟且留。』閱數日慰告母夫人，竟亦行矣。伯兄至江西，時提督南贛軍務都御史王公守仁、吉安太守伍君文定率兵勤王，逆濠已就檻車。乃詣先公殯所，首觸地悲哀慟哭。已乃更治棺殮，見先公面顔若生，又大慟絶而復甦，耳遂聵。乃與仲兄暨陞扶柩還鄉。」（國朝獻徵録卷一百零八）

程文德仲泉孫先生墀傳：「正德己卯，忠烈公爲都御史巡撫江右，罵賊死。先生聞變，仍偕伯、季，各礪雙刃，徒跣赴讎。會賊平，扶柩歸葬，結廬墓側者三年。」（國朝獻徵録卷二十二）

餘姚孫境宗譜卷四忠烈公年譜：「喪發南昌。初，省城始復，王都御史守仁偕巡按御史謝源、伍希儒即設祭泣奠，遠近士民憑棺而哭者接踵，一日凡十餘祭……解維而東。時天百日不雨。十一日舟發，聞信溪涸甚，堪欲江行，陽明王公力勸之，謂：『尊公忠誠格天，秋水時至可必也。第由信溪往，無慮艱滯。』挽至信州，備人夫。明將登陸，夜大雨……」

十一日，偕撫州知府陳槐獻俘發南昌。

王陽明全集卷十七案行浙江按察司交割逆犯暫留養病：「又因宸濠連日不食，慮恐物故，無以獻俘奏凱，彰朝廷討賊之義，兼之合省内外人情洶洶，或生他變，當具本題知，於九月十一日啓行，將宸濠及逆黨宮眷解赴軍門。」

陳槐聞見漫録卷上：「我武宗聞宸濠之變，親統六軍，命許泰、劉暉、張永、張忠分掌軍令，駕至濟寧，而濠賊就擒於陽明矣。遂獻俘偕予行。」

按：陽明獻俘發南昌在九月十一日，昭昭載於陽明文集。明武宗實録却云「丁未」（十六日）獻俘發南昌，明通鑑盲目從之，皆誤。明史紀事本末亦多有如此失誤，蓋皆不讀陽明文集之過也。

經安仁，與桂萼、桂華兄弟論格物致知之説不合。

康熙饒州府志卷二十二桂華傳：「桂華，字子樸，安仁人。正德癸酉科鄉薦。少穎敏，偕弟萼師事胡敬齋門人張正，鋭志聖學，敦行古道。慨宋儒蔡西山有衛道功，崇祀弗及，擬疏以請於督學邵公寶，寶以天下士奇之。督學李公録其試文。會姚源盜起，華謀以賑清粟，募民築城，爲捍禦計。當道爲討賊，寄居安仁者，每從華咨事宜，華亦時時爲畫攻守策。會寧藩蓄逆謀，陰使其腹心兵備王綸羅致華，使助己。華時居母喪，綸旬日三奠其母靈，華揣知其情，議論必以忠孝，綸卒不敢出一語而去。遂説邑人楊君騰檄諸藩，直達京師。都御史王守仁討逆濠過安仁，與少保萼論格致説不合。王請見華，華曰：『華雖論道先生意，然終有不可同者。』遂剖析其大意，王不能難。」(又見同治安仁縣志卷二十六之一)

按：向來以爲桂萼與陽明未嘗識面。桂華其人，正史不載，唯胡松桂公萼墓表有云「公少與其兄古山先生師事康齋吴聘君門人張先生」，古山先生者，即桂華也(號古山，桂萼號見山)。今按桂萼正德六年舉進士，而陽明是年在京爲會試同考試官，故陽明與桂萼在正德六年已相識。桂萼中進士後多居家不赴官，桂公萼傳云：「正德六年進士，授丹徒知縣，被論。調青田，不赴。後以言者薦補武康。嘉靖癸未，稍遷南京刑部主事。」(國朝獻徵録卷十六)同治安仁縣志卷三十六引直隸通志云：「安仁桂萼，嘉靖初令成安……期年，擢南京刑部主事。」可見正德十四年前後桂萼一直家居安仁，陽明赴贛，朝野注目，必引起萼、華注意，或在陽明赴贛初經安仁時已有一見，至是陽明獻俘再經安仁，乃得再見講論學問也。稍後萼、華更有書來論政事矣(見下)。陽明是次獻俘經安仁，曾發生一有趣「插曲」，可與陽明同桂萼、桂華相見論學相印證。堅瓠集卷二嫁女題石牛：「正德中，江西士夫郭某有女善詩詞。一日嫁女過湖，阻風於安仁鋪。時都憲王守仁亦阻風於此，閑中以『石牛』爲題，作一絶云：『安仁鋪内倚闌干，遥望孤牛俯在山。』下句搜求，終不快意。問其處有文人才子能續者賞之。郭女聞之，即續云：『任是牧童鞭不起，田園荒盡至今閑。』時宸濠肆虐，百姓逃亡，田園多至荒蕪者，故詩及之。守仁見詩大喜，仍命作石牛律詩。云：『怪石崔嵬號石牛，江邊獨立幾年秋？風吹遍體無毛動，雨洗渾身有汗流。嫩草平抽難下嘴，長鞭任打不回頭。至今鼻上無繩索，天地爲欄夜不收。』守仁稱賞，命備綵幣，送過湖完親。」按此「石牛」乃指牛頭山，同治安仁縣志卷四：「牛頭山，在縣北二十五里，突然聳秀，高數百仞。」

二十五日，至廣信，張忠差人來取宸濠囚犯，不與；費宏來勸説予囚，不允。二十六日，乘夜過玉山、草萍驛，上獻俘揭帖説明原委。

王陽明全集卷十七案行浙江按察司交割逆犯暫留養病：「當職力疾，沿途醫藥，親自押解。行至廣信地方，又奉欽差總督軍務鈞帖：『備仰照依制諭内事理，即便轉行所屬司、府、衛、所、州、縣、驛遞等衙門欽遵施行。』等因。遵依通行間，續准欽差提督軍務御馬太監張（張忠）照會，及准欽差總督軍務充總兵官安邊伯朱（許泰）手本，各遣官邀回本職，並將所解宸濠等逆犯回省聽候會審。本職看得既奉總督軍門鈞帖，自合解赴面受節制；若復退還省城，坐待駕臨，恐涉遲謾，且誤奏過程期。又復扶病日夜前進，行至浙江杭州府地方。」陳槐聞見漫録卷上：「遂獻俘偕予行。上遣許泰、張忠輩率師直搗江西，而陽明由浙江以達，迎駕獻俘。時上已差張永由鎮江入浙，以要衆囚。至廣信，張忠差人奉命取囚。予與陽明論：『請付囚與諸將，與之同見行朝，則功成於我者，皆朝廷威命所致，不可抗也。』不聽。時鵝湖費公家居，余往謁鵝湖相告，是余言，而往説陽明，不允。竟趨浙，而張永已到杭州相邀矣。」

費寀處濠大略：「己卯，服闋。六月，衆皆往賀生日，我復遣使去，以疾辭。比至，而叛已作。我里居時，以處逆藩者也。寧藩既叛，兵勢方張，我獻三策於陽明王公，及遣書劉汝澄固守進賢，俱有復音。代廣信所奏千兵作禡牙文，錐牛携酒，犒本邑杜太尹發兵西討。此我所以處逆藩既叛之後者也。是冬（按：當作是秋），逆濠轞過吾信，我始於公北門寓所燃燈祠室，開濠前書，乃知壬申所送禮物之數。公甚喜予同心，能峻却之。未幾，臺諫文章論薦我兄弟。」（鉛書卷六）

費鍾石文集卷二十奉所知書：「寧賊解經㪚府，愚兄弟往賀。陽明乃出癸酉所藏之書，閲之，知其物之數若干，封識兩重如故，家兄亦用大悦……」

王陽明全集卷三十一獻俘揭帖：「准欽差提督贊畫機密軍務御用監太監張揭帖開稱：『今照聖駕親率六師，奉天征討，已臨山東、南直隸境界，所據前項人犯，宜合比常加謹防守調攝，待候駕臨江西省下之日，查勘起謀根由明白，應否起解斬首梟掛等項，就彼處分定奪。若不再行移文知會，誠恐地方官員不知事理，不行奏請明旨，挪移他處，或擅自起解，致使臨難對證，有誤時機，難以惟罪。』等因……本職已將寧王並逆黨，親自量帶官兵，徑從水路，照依原擬日期（按：指陽明先自擬定九月十一日）啓行，解赴京師，已至廣信地方外，今又准前因，及該差官留本職並寧王及各黨類回省（按：指回江西南昌）。爲照前項人犯，先監按察司責委官員人等，晝夜嚴加關防，有病隨即撥醫調治，數内謀黨李士實、王春、劉養正等，已多醫治不痊，俱各身故，隨差官吏仵作人等前去相驗，責付淺殯，撥人看守。其寧王及謀黨劉吉等，俱係惡焰久張之人，設若淹禁不行解報，縱有官兵加謹防守，恐或扇誘別生他奸。今若留省城，中途疏虞，尤爲可慮。兼且人犯多生瘧痢，沿途亦即撥醫調治。又有數内鎮國將軍栱樻並世子二哥，各行身故，又經差官相明，買棺裝殮，責仰貴溪縣撥人看守。其餘尚未痊可，若更往返跋涉，未免各犯性命愈加狼狽，相繼死亡，終無解京人犯，抑恐驚摇遠近，變起不測。本職親解寧王，先已奏聞朝廷，定有起程日期，豈敢久滯因循，不即解獻，違慢疏虞，罪將焉逭？……除將寧王宸濠等，各另差官分押，宫眷婦女，行各將軍府取有内使管伴，俱照舊親自解京外，所有庫藏等項，奉有明旨，自應查盤起解，就請公同三司並各府等官，眼同徑自區處。」

按：是帖作於九月二十六日，則陽明至廣信當在二十五日。

駐草萍驛，有詩感懷。

王陽明全集卷二十書草萍驛二首：「九月獻俘北上，駐草萍，時已暮。忽傳王師已及徐淮，遂乘夜速發。次壁間韵紀之二首。一戰功成未足奇，親征消息尚堪危。邊烽西北方傳警，民力東南已盡疲。萬里秋風嘶甲馬，千山斜日度旌旗。小臣何爾驅馳急？欲請回鑾罷六師。千里風塵一劍當，萬山秋色送歸航。堂垂雙白虚頻疏，門已三過有底忙？羽檄西來秋黯黯，關河北望夜蒼蒼。自嗟力盡螳螂臂，此日回天在廟堂。」寄江西諸士夫：「甲馬驅馳已四年，秋風歸路更茫然。慚無國手醫民病，空有官銜縻俸錢。湖海風塵雖暫息，江湘水旱尚相沿。題詩忽憶幷州句，回首江西亦故園。」

過開化，徐公遷來問學，作書贈之。

王陽明全集卷四與安之：「聞安之肯向學，不勝欣願！得奮勵如此，庶不負彼此相愛之情也。留都時偶因饒舌，遂致多口，攻之者環四面。取朱子晚年悔悟之説，集爲定論，聊借以解紛耳。門人輩近刻之雩都，初聞甚不喜，然士夫見之，乃往往遂有開發者，無意中得此一助，亦頗省頰舌之勞。近年篁墩諸公嘗有道一等編，見者先懷黨同伐異之念，故卒不能有入，反激而怒。今但取朱子所自言者表章之，不加一辭，雖有褊心，將無所施其怒矣。尊意以爲何如耶？聊往數册，有志向者一出指示之。所須文字，非不欲承命，荒疏既久，無下筆處耳。」

按：「安之」即徐公遷，字安之，號可居，開化人。乾隆開化縣志卷八有傳。

十月初，抵錢塘，張永來取囚。九日，將宸濠囚犯付張永，上奏乞留杭州養病。

王陽明全集卷十七案行浙江按察司交割逆犯暫留養病：「又復扶病日夜前進，行至浙江杭州府地方，前病愈加沉重，不能支持，請醫調治間，適遇欽差提督贊畫機密軍務御用太監張（張永）奉命前來江西體勘宸濠等反逆事情，及查理庫藏、宮眷等事，當准鈞帖開稱：『宸濠等待親臨地方，覆審明白，具奉軍門定奪。』等因……今照前事，本職自度病勢日重，猝未易愈，前進既有不能，退回愈有不可，若再遲延，必成兩誤。除本職暫留當地，請醫調治，俟少稍痊可，一面仍回省城，或仍前進，沿途迎駕，一面具本乞恩養病另行外；所據原解逆犯，合就查明交割，帶回省城，聽候駕臨審處通行。爲此仰抄案回司，着落官吏備呈欽差提督軍務贊畫機密軍務御用監太監張，煩請會同監軍御史，公同當省都、布、按三司等官，將見解逆首宸濠及逆黨劉吉等各犯，並宮眷馬匹等項，逐一交查明白，仍請徑自另委相應官員兵快人等管押，帶回省城，從宜審處施行。」

陳槐聞見漫録卷上：「（陽明）不允，竟趨浙，而張永已到杭州相邀矣。陽明乃以囚委余爲去就，偕張永行，而已留於杭。從此張忠、許泰之飛語誣陽明，上達武宗。賴張永敷陳誠款，以一家保陽明，且曰：『往年寘鐇反，今年宸濠反，天下王府、將軍、中尉七千餘家，安保無今日事？王守仁一人受誣得罪，他日誰肯向前平亂？』幸上信其言，自後讒謗無從而入也。」

何喬遠名山藏列傳宦者記張永傳：「永至浙江，宣書曰：『上令仗鉞撫臣不得抗禮。』閽中門者累日。守仁一日直入館中，坐永卧榻上。永驚異之，已聆守仁言議忠慨，且稍持其陰事，壹靡然，顧尚持氣岸曰：『公何爲國苦辛如是？盍早投我懷中？』守仁曰：『豈有投人王節使耶？公投我懷中，則可共成國事耳。』永曰：『我固非負國者，公不見我安化事乎？』守仁曰：『公不負國，何爲令主上南征？』永曰：『南征何害？』守仁曰：『寧藩圖釁，江左久虚。頃繼以軍興，郊郭數千里間，亡不折骸而炊，易子而食。餘孽竄伏江湖，尚覬時候。王師果南，非值此輩乘間，即百姓不支，且揭竿起矣。』永大悟，則曰：『公所檻與俱來者，不可不歸我。』守仁曰：『我安用此？』則以俘歸永。永至南京，見上俱言守仁忠。」

江盈科集皇明十六種小傳卷三王守仁計破群奸：「先是太監張忠、安邊伯朱泰、左都督朱暉勸上親征，既聞守仁已擒濠，甚不喜，蓋不以其擒叛爲功，而以不待上親征輒擒濠爲擅。守仁發自南昌，將往金陵，至廣信遇忠等，乃欲使守仁縱宸濠鄱陽中，待上至親擒示武。守仁曰：『一日縱敵，數世之患。誰敢以叛藩戲？』忠等怒。守仁夜渡玉山，遇太監張永於杭州，守仁浮慕永，永喜，仁因語永曰：『仗祖宗之靈，逆藩就縛，忠等猶領軍至彼，恐江西民不堪重毒。足下胡不早赴，稍約束之，其猶有蘇乎？』永曰：『吾出此，正欲監制群小，使不得肆，如足下言耳。』守仁曰：『足下此時與其赴江西，何不聽守仁以濠相付，借足下詣闕獻俘？忠等聞俘已獻，久駐師無名，將遂班師，則江西之民陰受足下賜多矣。』永深喜，遂從守仁受濠。」

楊一清司禮太監張公永墓誌銘：「寧王反江西，都御史王守仁舉義師，生得之，已獻捷矣。江彬、張忠、許泰勸上以六師親征寧王。彬遣忠、泰等自南京遡大江入江西，分命永自浙江入，欲以邀守仁獻俘，令守仁復縱寧王於江西，彬等得更親搏戰而俘之，以爲功。且百計毀守仁於上前，謂：『守仁鎮江西，與王有私。』上疑之。守仁俘至浙省，會永遮要之，不得前，且謂：『已禁使御仗鉞，撫臣不得與抗禮。』闔中扉者數日。守仁一旦詣永館，直坐其卧榻，永爲奪氣。已而聆守仁言議忠慨，且稍持其陰事，永益靡，然尚持氣岸曰：『公何爲國苦辛如是？盍早投向我懷中？』守仁曰：『豈有投人王節使耶？公投我懷中，則可與共成國事耳。』永因言：『已非負國者，且公不見安化王事耶？』守仁曰：『公非負國，何爲令主上南征？』永曰：『南征亦何害？』守仁曰：『自寧藩圖亹，江右爲墟。頃又繼以軍興郊郭，數千里間，無不析骸而炊，易子而食者，而餘孽竄伏江湖，尚覬時候。設王師果南，非特此輩得以乘間，即百姓不支，必揭竿而起矣。』永大悟，始許以調劑，則指江上：『公所檻與俱來者，不可不歸我。』守仁曰：『我安用此？』於是以俘歸永。」

何良俊四友齋叢説史二：「王陽明既擒宸濠，因於浙省。時武宗南巡，住驛留都。中官誘其令陽明釋放還江西，以待聖駕親征。差二中貴至浙省諭旨。陽明責中官具狀，中官懼，其事乃寢。陽明自言：『與寧藩戰於鄱陽湖，部署已定。初亦不甚譸張，但罪人既得，而聖駕忽復巡遊。上意叵測，爲之目不交睫者數夕。』二中貴至浙省，陽明張讌於鎮海樓。酒半，撤去梯，出書二篋示之，皆此輩交通之迹也，盡數與之。二中貴感謝不已。返南都，力保陽明無他，遂免於禍。若陽明持此挾之，則禍將不測。」

錢德洪陽明先生年譜：「張永候於杭，先生見永謂曰：『江西之民，久遭濠毒，今經大亂，繼以旱災，又供京邊軍餉，困苦既極，必逃聚山谷爲亂。昔助濠尚爲脅從，今爲窮迫所激，奸黨群起，天下遂成土崩之勢。至是興兵定亂，不亦難乎？』永深然之，乃徐曰：『吾之此出，爲群小在君側，欲調護左右，以默輔聖躬，非爲掩功來也。但皇上順其意而行，猶可挽回，萬一若逆其意，徒激群小之怒，無救於天下大計矣。』於是先生信其無他，以濠付之，稱病西湖浄慈寺。武宗嘗以威武大將軍牌遣錦衣千户追取宸濠，先生不肯出迎。三司苦勸，先生曰：『人子於父母亂命，若可告語，當涕泣以從，忍從諛乎？』不得已，令參隨負敕同迎以入。有司問勞錦衣禮，先生曰：『止可五金。』錦衣怒不納。次日來辭，先生執其手曰：『我在正德間下錦衣獄甚久，未見輕財重義有如公者。昨薄物出區區意，只求備禮。聞公不納，令我惶愧。我無他長，止善作文字。他日當爲表章，令錦衣知有公也。』於是復再拜以謝，其人竟不能出他語而別。」

按：諸家之説各異，惟陳槐、張永最得其實(皆當事人)。錢德洪所叙尤混亂顛倒，疑點多多。如陽明十月在杭事，錢氏却放在九月中叙述。陽明謂張永「又供京邊軍餉，困苦既極」，按其時武宗尚遠在山東臨清，京邊軍亦未到江西，何來「又供京邊軍餉，困苦既極」之事？陽明又謂「奸黨群起，天下遂成土崩之勢」云云，陽明面對張永豈敢作如是之語？凡此顯皆錢德洪所虛造誇飾之辭。更甚者，錢氏所言錦衣千户追取宸濠事，即指九月張忠遣人來廣信追取宸濠事，錢氏竟放在十月陽明在杭州時叙述，尤誤。錢氏謂「先生不肯出迎。三司苦勸」，按陽明在廣信，唯陳槐在側，如何能有「三司苦勸」？此尤不可思議者。如此戲侮武宗所遣錦衣千户事，以陽明之性格與當時之處境，亦斷不可能發生，恐係錢氏得自誤聞也。

養病西湖浄慈寺，有詩咏懷，閉門待命。與諸生再發「良知」之教。

王陽明全集卷二十宿浄寺四首：「老屋深松覆古藤，羈棲猶記昔年曾。棋聲竹裏消閑晝，藥裹窗前對病僧。煙艇避人長曉出，高峰望遠亦時登。而今更是多牽繫，欲似當年又不能。

常苦人間不盡愁，每拚須是入山休。若爲此夜山中宿，猶自中宵煎百憂。百戰西江方底定，六飛南向尚淹留。何人真有回天力，諸老能無取日謀？　百戰歸來一病身，可看時事更愁人。道人莫問行藏計，已買桃花洞裏春。　山僧對我笑，長見說歸山。如何十年別，依舊不曾閑？」　歸興：「一絲無補聖明朝，兩鬢徒看長二毛。自識淮陰非國士，由來康節是人豪。時方多難容安枕？事已無能欲善刀。越水東頭尋舊隱，白雲茅屋數峰高。」

王畿集卷十三讀先師再報海日翁吉安起兵書序：「師既獻俘，閉門待命。一日，召諸生入講曰：『我自用兵以來，致知格物之功愈覺精透。』衆謂兵革浩穰，日給不暇，或以爲迂。師曰：『致知在於格物，正是對境應感實用力處。平時執持怠緩，無甚查考；及其軍旅酬酢，呼吸存亡，宗社安危所係，全體精神只從一念入微處自照自察，一些著不得防檢，一毫容不得放縱。勿助勿忘，觸機神應，是乃良知妙用，以順萬物之自然，而我無與焉。夫人心本神，本自變動周流，本能開物成務，所以蔽累之者，只是利害毀譽兩端。世人利害不過一家得喪爾已，毀譽不過一身榮辱爾已。今之利害毀譽兩端，乃是滅三族，助逆謀反，係天下安危。只如人疑我與寧王同謀，機少不密，若有一毫激作之心，此身已成虀粉，何待今日？動少不慎，若有一毫假借之心，萬事已成瓦裂，何有今日？此等苦心，只好自知。譬之真金之遇烈焰，愈鍛鍊愈發光輝。此處致得，方是真知；此處格得，方是真物。非見解意識所能及也。自經此大利害、大毀譽過來，一切得喪榮辱，真如飄風之過耳，奚足以動吾一念？今日雖成此事功，亦不過一時良知之應迹，過眼便爲浮雲，已忘之矣！』夫死天下事易，成天下事難；成天下事易，能不有其功難；不有其功易，能忘其功難。此千古聖學真血脈路，吾師一生任道之苦心也。」

按：此王畿所記，亦是陽明悟「良知」學之明證也。

十月中旬，發杭州，迎駕赴行在（南都）。

按：陽明自十月赴行在，至十一月回南昌，此一段重要曲折經歷向來不明。錢德洪陽明先生年譜祇云：「十一月，返江西。先生稱病，欲堅卧不出。聞武宗南巡，已至維揚，群姦在側，人情洶洶。不得已，從京口將徑趨行在。大學士楊一清固止之。會奉旨兼巡撫江西，遂從湖口還。」其叙述混亂，舛誤尤甚。如陽明十月中旬赴行在，錢氏以爲在十一月。武宗乃十二月初一方至維揚，陽明如何能十月「聞武宗南巡，已至維揚」？陽明八月十六日奉敕兼江西巡撫（見前），何來十一月「會奉旨兼巡撫江西」？今按：陽明案行浙江按察司交割逆犯暫留養病明云「俟稍痊可，一面仍回省城，或仍前進，沿途迎駕」，可見陽明留杭州本只是暫時養病，故其很快決定「仍前進，沿途迎駕」，北赴行在，面見武宗。此「行在」指金陵（南都，錢德洪謂維揚乃誤），蓋金陵（南都）爲武宗南征之最終一站，因武宗尚未到南都，故張永取宸濠等囚犯後即械送回南昌，以待武宗親自來「御擒」。陽明之急於赴行在，蓋因其時群奸在帝側，誣謗其與宸濠私通，有擁兵造反之心，一時處境凶險，唯有赴行在見武宗面陳實情，才能消弭誣謗，脱却陷害。實際武宗其時尚在臨清，但南京必至，陽明祇恐錯過相見時機，故先赴行在以待帝駕，此即陽明「迎駕」之真意也。陽明離杭赴行在之時間，按王陽明全集卷二十泊金山寺二首下注云：「十月，將趨行在。」可見陽明乃在十月赴行在，以其十月下旬已至無錫、鎮江（見下）考之，陽明當是在十月中旬赴行在。

至蘇州，訪南濠都穆。

九朝談纂：「熊元禄者，南昌之罷吏也。出入寧府，爲庶人宸濠腹心。宸濠敗，竊其第三子逃匿之山中。已而陽明王公追之急，乃捉身出。公拷問幼子所在，答曰：『王先生不必多言，程嬰、公孫杵臼事，在古已有。王子誠吾匿，然有死而已，不能吾告也。』唱乞就死。公揮手斬之，曰：『以成壯士之明。』陽明過吴，親爲外舅都公言之。」（治城客論）

至無錫，訪補庵華雲山莊，爲華雲所藏唐寅畫題字，爲唐寅山靜日長圖書玉露文，爲門人華夏祖母錢碩人作壽序。

陽明題唐子畏畫：「唐子畏爲畫中神品，其雲林、木石、峽谷、人物，無一筆非古人，而純以胸中一派天趣寫之，故寸幅片楮，皆爲當代什襲。斯卷爲子畏得意之筆，具眼者自然鑒諸。陽明山人。」（此畫題在「二〇一三年嘉德四季第三十六期拍賣會」（中國嘉德拍賣有限公

司)上出現,並在「雅昌藝術拍賣網」上公布)

按:此畫題紙本,草書,有「三槐堂圖書記」、「楊氏倩若珍藏」、「錫山華氏補庵家藏」諸藏印。今以「錫山華氏補庵家藏」考之:「華氏補庵」即華雲,陽明弟子。明清進士録:「華雲,嘉靖二十年三甲一百八十名進士。江蘇無錫人,字從龍,號補庵。少師事邵寶,又出王守仁之門。性豪爽,喜接引人才。官至刑部郎中。嚴嵩用事,遂乞休。工文辭,築真休園,藏法書名畫甚富。有錫山先哲録。」可見陽明此畫題當是從華雲真休園流出。華雲來從陽明問學,約在正德九年至十一年陽明在南都任職時。陽明正德十四年十月過無錫,爲唐寅山静日長圖題玉露文,圖亦押「錫山華氏補庵家藏」,可見陽明此畫題當作在同時。詳下考。

陽明題唐子畏山静日長圖玉露文:「唐子西云:『山静似木古,日長如小年。』余家深山之中,每春夏之交,蒼蘚盈階,落花滿徑,門無剥啄。松影參差,禽聲上下。午睡初足,旋汲山泉,拾松枝,煮苦茗啜之。隨意讀周易、國風、左氏傳、離騷、太史公及陶杜詩、韓蘇文數篇。從容步山徑,撫松竹,與麝犢共偃息於長林平草間,坐弄流泉,漱齒濯足。既歸,竹窗下,則山妻稚子作筍蕨,續供麥飯,欣然一飽。弄筆窗間,隨大小作數十字,展所藏法帖墨迹畫卷,縱觀之。興到,則吟小詩,或草玉露一兩段,再烹苦茗一杯。出步溪上,邂逅園翁溪友,問桑麻,説秔稻,量晴較雨,探節數時,相與劇談一晌。歸而倚杖柴門之下,則夕陽在山,紫緑萬狀，變幻頃刻，恍可入目。牛背笛聲，兩兩來歸，而月印前溪矣。味子西此句，可謂妙絶。人能真知此妙，則東坡所謂『無事此静坐，一日如兩日。若活七十年，便是百四十』，所得不已多乎？　正德己卯冬日，陽明山人王守仁書。」（美國芝加哥大學出版唐寅畫册）

按：此唐寅畫後有補庵華雲跋云：「中秋凉霽，偶邀唐子畏先生過劍光閣玩月，詩酒盤桓將浹旬，案上適有玉露「山静日長」一則，因請子畏約略其景，爲十二幅，寄興點染，三閲月始畢。而王伯安先生來訪山莊，一見歎賞，乃復慫恿伯安爲書其文，竟蒙慨許，即歸舟中書寄，作竟日喜。急裝潢成帙，時出把玩。夫子畏得輞川之奥妙，而伯安行書磊砢有奇氣，况二公人品才地，皆天下士也，一旦得成合璧，豈非子孫世世什襲之寶耶？是歲嘉平月十日，補庵居士識。」（墨緣彙觀録卷三）前考補庵居士即華雲，字從龍，無錫人，陽明弟子。王慎中南京刑部郎中補庵華君雲壙志：「既長，師事二泉公，又及陽明先生之門，與海内賢士大夫遊，如台一所金公賁亨、容庵應公大猷、吾閩鍾陽馬公森特爲至交。」（國朝獻徵録卷四十九）按古人所謂「三閲月」，是指連頭帶尾三月，不是指過三個月。唐寅八月中秋來劍光閣作畫，經九月至十月成，是所謂「三閲月」。可見陽明來訪劍光閣在十月中下旬間。

豐坊真賞齋賦卷上：「錢碩人備德以相其夫，則王特、吴文端、文衡山之筆有徵。特進光禄大夫、新建伯陽明王公序曰：『懿恭之行，柔嘉之德，母儀父軌，無所不具。雖紀傳所載，亦無以加。』少保尚書、白樓吴公碣銘曰：『錢出吴越忠獻王之後，累傳至章靖府君，卓犖多奇節，鄉人稱爲希翁先生。』碩人歸南坡翁，時有題畫小詩貽之，後二泉邵公題云：『吾契友希翁先生，文辭追古人，而行誼過今人遠甚。此其季女，歸華君汝平而貽之者也。於是錢年七十有一矣，而翁所寄詩片紙猶在匳几間，内德之存於是乎在。』文待詔志云：『碩人仁明娟好，慧而不煩。值華中衰，汝平方刻意振植，日出應門户内之事，咸碩人持之，卒起其家。孝事姑舅，尤嚴賓祭，不喜佞佛，而樂恤匱窮，老而勤儉不怠，陽明之稱信矣。』」

按：「希翁先生」即錢文，字章靖，號希翁、希齋、鶴叟，無錫人。見錫山歷朝名賢著述書目考略。錢碩人乃其季女，歸南坡華汝平。豐坊於「東沙子之先妣吕，亦有衡翁之華志矣」下又云：「東沙子夏，字曰中甫。中甫乃南坡之孫，而小山翁欽之長子，幼鞠於祖母錢碩人。錢卒，終身慕之。李文正爲篆題。東沙遊王陽明、喬白巖之門，而海内名公若邵二泉、吕涇野、都南濠、王南原、陳石亭、蔡林屋、文衡山、鄒東廓、高公次、林志道、黄勉之尤相善。」東沙子即華夏，字中甫，號真賞齋、東沙居士，華汝平之孫。見無錫金匱縣志。豐坊真賞齋賦即爲其作。華夏爲陽明弟子，與華雲同。疑兩人爲無錫華氏宗親，故陽明來無錫訪華雲，華夏亦得來請陽明作壽序也。

至鎮江，泊金山寺，有詩咏懷。

王陽明全集卷二十泊金山寺二首：「但過金山便一登，鳴鐘出迓每勞僧。雲濤石壁深龍窟，風雨樓臺迴佛燈。難後詩懷全欲減，酒邊孤興尚堪憑。巖梯未用妨苔滑，曾踏天峰雪棧冰。　醉入江風酒易醒，片帆西去雨冥冥。　天迴江漢留孤柱，地缺東南著此亭。　沙渚亂更新世態，峰巒不改舊時青。　舟人指點龍王廟，欲話前朝不忍聽。」　舟夜：「隨處看山一葉舟，夜深霜月亦兼愁。　翠華此際遊何地？畫角中宵起戍樓。　甲馬尚屯淮海北，旌旗初散楚江頭。　洪濤滾滾乘風勢，容易開帆不易收。」

訪楊一清待隱園，有詩唱酬。

王陽明全集卷二十楊邃庵待隱園次韻五首：「嘉園名待隱，專待主人歸。　此日真歸隱，名園竟不違。　巖花如共語，山石故相依。　朝市都忘却，無勞更掩扉。　大隱真廛市，名園陋給孤。　留侯先謝病，范老竟歸湖。　種竹非醫俗，移山不是愚。是日公方修山石　對時存燮理，經濟自成謨。　綠野春深地，山陰夜静時。　冰霜緣徑滑，雲石向人危。　平難心仍在，扶顛力未衰。　江湖兵甲滿，吟罷有餘思。　兹園聞已久，今度始來窺。　市裏煙霞静，壺中結構奇。　勝遊須繼日，虚席亦多時。　莫道東山僻，蒼生或未知。　芳園待公隱，屯世待公亨。　花竹深臺榭，風塵暗甲兵。　一身良得計，四海未忘情。　語及艱難際，停杯淚欲傾。」

楊一清石淙詩稿卷十四得王陽明詩依韻寄答：「聞變幡然作，親提一旅孤。　欃槍浮太白，氛祲暗重湖。　慷慨平原義，周旋寧武愚。　成功何易易，帷幄妙訏謨。　冰霜爲别日，轉眼又春歸。　許國身方健，除凶願不違。　寒暄今契闊，道誼昔因依。　抱膝渾無語，陰雲暝夜扉。　戎馬艱關際，風塵澒洞時。心應懸社稷，身心繫安危。功大翻招忌，愁多恐易衰。馮唐年未老，終動漢皇思。　多士從河飲，俗儒徒管窺。平生抱經濟，應變蓋權奇。風雨孤燈夜，鶯花漫興時。彩雲何處扎，聊得慰相知。　歷盡風波險，履此陽道亨。通儒自適用，大勇不須兵。急雨驚春夢，停雲繫遠情。中泠有玄酒，相見爲公傾。」

按：陽明詩稱「次韵」，楊一清原作待隱園詩今佚。此五首詩稱「寄答」，據詩中云「冰霜爲別日，轉眼又春歸」，則作於正德十四年十二月末寄答，「冰雪爲別日」即指正德十四年十一月兩人相別也。按楊一清乃在正德十一年八月致仕，歸居待隱園，國榷卷五十：「正德十四年八月甲子，少傅兼太子太傅、吏部尚書、武英殿大學士楊一清致仕。一清始善朱寧，或摘一清疏『讒言可以惑聖聽，匹夫可以摇國是』，爲寧也，寧銜之，遂引去。」待隱園在鎮江丁卯橋楊一清別墅石淙精舍内。

十一月上旬，江彬遣中貴至鎮江，阻止入行在見武宗，遂由鎮江經湖口返南昌。

歐陽德集卷二寄王龍溪書二：「江西之變，獻俘北上……爲社稷計，逆知上意必怒，諸姦黨必讒，而不暇顧也。親行以當之，又先題知以杜諸姦之口，中間遣回旗牌，不奉大將軍鈞帖，皆有曲折。得宸濠賂饋要津簿籍，立命焚之。江彬欲假此有所羅織，以大將軍牌遣中貴數十輩來詰，遇諸鎮江，氣勢洶洶。諭以禍福，曉之義理，其人羅拜而去。竟以此爲諸姦所沮，不得見上。初欲乘機遘會，撥亂反正，竟亦不得行矣。」

按：歐陽德之説，全面揭開陽明何以要赴行在見帝及何以未能入行在見帝之秘密，蓋其未能入行在而歸南昌，亦出於江彬諸奸之阻撓也。因其時武宗已至徐州，張永亦已囚宸濠送至南昌，諸奸最忌此時陽明入行在也。錢德洪陽明先生年譜謂：「從京口將趨行在，大學士楊一清固止之。會奉旨兼巡撫江西，遂從湖口還。」謂楊一清勸阻進行在或有其事，謂其奉旨巡撫江西而回南昌則非，蓋皆未指明陽明未能入行在而回南昌之真正原因也。

經彭澤，登小孤山，有詩題壁。郭弘化來問學。

王陽明全集卷二十登小孤書壁：「人言小孤殊阻絶，從來可望不可攀。上有顛崖勢欲墮，下有劍石交巉頑。峽風閃壁船難進，洪濤怒撞蛟龍關。帆檣摧縮不敢越，往往退次依前山。崖傍沙岸日東徙，忽成巨浸通西灣。帝心似憫舟楫苦，神斧夜闢無痕斑。風雷倏翕見萬怪，人謀不得容其間。我來鋭意欲一往，小舟微服沿回瀾。側身脇息仰天竇，懸空絶棧蛛絲慳。風吹卯酒眼花落，凍滑丹梯足力孱。青黿吹雨出仍没，白鳥避客來復還。峰頭四顧盡落日，宛然風景如瀛寰。煙霞未覺三山遠，塵土聊乘半日閑。奇觀江海詎爲險？世情平地猶多艱。嗚呼！世情平地猶多艱，回瞻北極雙淚潸！」

鄒守益集卷二十二明故文林郎監察御史松厓郭公墓誌銘：「君諱弘化，字子弼，松厓其別號……正德庚午，領鄉薦……比三上禮闈不售，愈沉酣經史，著易直解示同游，陶鑄不懈。若進士王良卿、僉憲歐陽瑜、縣尹歐陽燭、掌教楊宗甫，皆有立。彭澤方氏迎以迪其家，作學規勗來者。邑令聞之，率庠士聽講，自是甲科相繼……君館彭澤時，獲謁陽明先師，聞養心之學。比歸田，與四方豪傑切砥。」

按：郭弘化館於彭澤方氏之家任子弟師在正德十三年至十六年間。羅洪先集卷十九前文林郎貴州道監察御史松厓郭公墓表亦云：「安福松厓郭公子弼……舊從王陽明先生遊，聞良知之説，既以自淑淑人，且試之政。比移居邑城，數數與祭酒東廓鄒公輩往來青原、復古，相資切劘。」郭弘化在嘉靖二年中進士，明清進士録：「郭弘化，嘉靖二年三甲二百一十名進士。江西安福人，字子弼，號松厓。知江陵縣。征授御史，因見彗星，請停罷廣東採珠，忤旨，黜爲民。卒於家。」

經湖口，登石鐘山，次邵寶石鐘山詩韵。

陽明獻俘南都回還登石鐘山次深字韵：「我來扣石鐘，洞野鈞天深。荷簣山前過，譏予尚有心。」（李成謀石鐘山志卷十三，陽明文集失載）

按：同治湖口縣志卷一：「王守仁……登石鐘山，次邵文莊深字賦，詩鎸於白雲洞。」「石鐘山，上鐘即湖山西盡處，在治前南；下鐘即縣基山盡處，在治前北。兩巖相對，壁立數百仞，邑八景之一。」石鐘山志與湖口縣志於陽明詩下均録有邵寶上鐘石几：「有石平堪隱，南溟一望深。萬峰青不了，一一點湖心。」又録有林潤石鐘山次深字韵：「扣石松林静，淵然江漢深。閑情聊自適，千載有知心。」

按邵寶弘治十四年六月嘗視學往南康白鹿書院，至九江謁周濂溪墓，其上鐘石几即作在此時。石鐘山志卷五：「邵寶……弘治七年（按：當作十四年）提學江西，釋菜周元公祠，修白鹿書院學舍。宸濠索詩文，峻却之。過湖口，登上鐘山，愛其石五種，各以其形名之石几、石屏，有詩。」

經南康，過鞋山，望廬山，有詩咏。

王陽明全集卷二十過鞋山戲題：「曾駕雙虬渡海東，青蛙失脚墮天風。經過已是千年後，蹤迹依然一夢中。屈子漫勞傷世隘，楊朱空自泣途窮。正須坐我匡廬頂，濯足寒濤步曉空。」

按：鞋山在南康。郭子章豫章詩話卷六：「鞋山，在南康府北六十里。獨立湖中，其形如鞋……陽明先生過鞋山，戲題詩。」

同上，望廬山：「盡説廬山若個奇，當時圖畫亦堪疑。九江風浪非前日，五老煙雲豈定期？眼慣不妨層壁險，足跰須著短笻隨。香爐瀑布微如綫，欲决天河瀉上池。」

十一月中旬，還至南昌。張忠、許泰已領京邊軍先至，縱軍騷擾。陽明發布告諭軍民文，撫軍備至。

國榷卷五十一：「張忠、朱泰、朱暉先由大江趨南昌，蒐餘黨，民間騷然。聞守仁趨杭州，大沮，屢譖於上，幸永力爲解。忠等銜守仁不我待，縱所部凌守仁，或指詈之。守仁日撫慰，不能有所加，留數旬而還。」

按：張忠、許泰在冬至（十一月二十二日）後班師，以「數旬而返」算之，則張忠、許泰領京邊軍至南昌約在十月中旬。邵廷采明儒王子陽明先生傳謂「京邊軍萬餘駐省城五閲月」，乃誤。

明史卷三百〇七許泰傳：「宸濠反，帝以泰爲威武副將軍，偕中官張忠率禁軍先往。宸濠已爲王守仁所擒，泰欲攘其功，疾馳至南昌，窮搜逆黨，士民被誣陷者不可勝計。誅求刑戮，甚於宸濠之亂。嫉守仁功，排擠之百方。執伍文定，窘辱備至。居久之，始旋師。」

明史卷二百伍文定傳：「擢江西按察使。張忠、許泰至南昌，欲冒其功，而守仁已俘獲宸濠赴浙江。忠等失望，大恨。文定出謁，遂縛之。文定罵曰：『吾不恤九族，爲國家平大賊，何罪？汝天子腹心，屈辱忠義，爲逆賊報仇，法當斬！』忠益怒，椎文定仆地。文定求解任，不報……世宗嗣位，上忠等罪狀，且曰：『曩忠、泰與劉暉至江西，忠自稱「天子弟」，暉稱「天子兒」，泰稱「威武副將軍，與天子同僚」，折辱命史，誣害良民，需求萬端，漁獵盈百萬。致餓殍遍野，盜賊縱橫。雖寸斬三人，不足謝江西百姓……請發宸濠資産，還之江西，以資經費；矜釋忠、泰所陷無辜及寧府宗人不預謀者，以清冤獄。……』」

明史卷一百九十五王守仁傳：「聞巡撫江西命，乃還南昌。忠、泰已先至，恨失宸濠，故縱京軍犯守仁，或呼名嫚罵。守仁不爲動，撫之愈厚，病予藥，死予棺，遭喪於道，必停車慰問良久始去。京軍謂王都堂愛我，無復犯者。忠、泰言：『寧府富厚甲天下，今所蓄安在？』守仁曰：『宸濠異時盡以輸京師要人，約内應，籍可按也。』忠、泰故嘗納宸濠賄者，氣懾不敢復言。」

錢德洪陽明先生年譜：「忠等方挾宸濠搜羅百出，軍馬屯聚，靡費不堪。續（給事中祝續）、綸（御史章綸）等望風附會，肆爲飛語，時論不平。先生既還南昌，北軍肆坐慢罵，或故衝導起釁。先生一不爲動，務待以禮。豫令巡捕官諭市人移家於鄉，而以老羸應門。始欲犒賞北軍，泰等預禁之，令勿受。乃傳示内外，諭北軍離家苦楚，居民當敦主客禮。每出，遇北軍喪，必停車問故，厚與之櫬，嗟歎乃去。久之，北軍咸服。」

王陽明全集卷十七告諭軍民：「今京邊官軍，驅馳道路，萬里遠來，皆無非爲朝廷之事，抛父母，棄妻子，被風霜，冒寒暑，顛頓道路，經年不得一顧其家，其爲疾苦，殆有不忍言者，豈其心之樂居於此哉？況南方卑濕之地，尤非北人所宜，今春氣漸動，瘴疫將興，久客思歸，情懷益有不堪。爾等居民，念自己不得安寧之苦，即須念諸官軍久離鄉土、抛棄家室之苦，務敦主客之情，勿懷怨恨之意，亮事寧之後，凡遭兵困之民，朝廷必有優恤。今軍馬塞城，有司供應，日不暇給，一應争鬥等項詞訟，俱宜含忍止息，勿輒告擾，各安受爾命，寧奈爾心。」

按：此文即錢德洪所云「傳示内外」之諭告文。此文題下注「十二月十五日」作，乃誤。按張忠、許泰於十一月二十二日冬至後即率京邊軍班師而去，故此「十二月十五日」當是十一月十五日之誤。

谷平李中赴廣東按察司僉事任，有書來告。

谷平先生文集卷三奉陽明王先生：「九月初旬前聞先生遠行，中發書約王宜學同來拜送。自宜學復書云：『昨郭守衡過家，云先生行期難擬。』是月十有二日，知不可及，徒切悵望。自後，比來消息莫得其的。十一月十一日，中携子入廣，至吉安城下，會南安洪太守，適其府劉秀才自浙來，口傳時事，頗信其一二。噫！世道如此，尚忍言哉？喜聞先生養病西湖寺中，可謂善道其變，先儒云『不哭底孩兒誰抱不得善，抱哭底孩兒善之善』也。偶里媚某來，便匆遽中敬附此，以申問安之忱。惟爲道珍重，不宣。」

十一月二十二冬至，發布濟幽榜文，令全城舉奠祀亡。與張忠、許泰較射於教場中，三箭三中，張忠、許泰大懼，遂罷兵班師。

大儒學粹卷九陽明王先生：「先生既還南昌，北軍肆坐曉夜，呼名慢罵，或故衝道起釁，先生一不爲動，務待以禮，豫令巡捕官諭市人移家於鄉，而以老羸應門。冬至將近，務奠如禮。始欲犒賞北軍，泰等預禁之，令勿受。乃傳示内外，述北軍離家苦楚，居民當敦主客禮。每出，過北軍喪，必停車問故，厚與之櫬，嗟歎乃去。久之，北軍咸曰：『王都堂待我有禮，我安得犯之？』會冬至，又新經濠亂，家家上墳，哭亡酹酒，聲聞不絶，北軍無不思家，泣下求歸。先生度其無可爲，然後出見。忠軍，彬、泰、彬軍輩，設席於傍，欲令先生坐其側，先生乃佯爲不知。先生上席，令轉傍席於下，請彼自坐。彼乃出語誚先生，先生以常行交際事體諭之，左右皆爲先生解，遂無言。蓋先生非争一坐，恐一受其節制，則大事已去，皆將聽彼。先生與忠等語，不稍狥，漸已知畏。忠、泰自居所長，較射校場中，對的，莫上一矢，戲以相强，意必大屈。先生不得已，勉應之，忠、泰含笑相隨，連三發三中，每一中，北軍在傍同聲喝彩，遠近嘖嘖。忠、泰大不樂而罷，且曰：『我軍皆附於彼，奈何？』遂班師。乃訪先生所原宥如婁氏家屬之類，悉擒殺以爲功。又逮捕冀元亨，誣以同反，遂引兵至南京。」

徐開任明臣言行録卷五十王守仁：「適冬至，城中民乍罹干戈，骸骨有葬者，有存者。公令部陰諭居民曰：『此節氣各宜致齋祀亡者，興盡哀，否者以不孝論。』於是一日夜城中招魂，哭慟酸楚。北軍聞之，盡起故鄉之思。忠等見軍士不肯辱公，又思歸，遂班師。」

明史卷一百九十五王守仁傳：「已，輕守仁文士，强之射。徐起，三發三中。京軍皆歡呼，忠、泰益沮。會冬至，守仁命居民巷祭，已，上塚哭。時新喪亂，悲號震野。京軍離家久，聞之無不泣下思歸者。忠、泰不得已班師。」

錢德洪陽明先生年譜：「會冬至節近，預令城市舉奠。時新經濠亂，哭亡酹酒者聲聞不絶。北軍無不思家，泣下求歸。先生與忠等語，不稍徇，漸已知畏。忠、泰自居所長，與先生較射於教場中，意先生必大屈。先生勉應之，三發三中，每一中，北軍在傍哄然，舉手嘖嘖。忠、泰大懼曰：『我軍皆附王都耶！』遂班師。」

陽明罷兵濟幽榜文：「伏以乾坤世界，滄海桑田。一日十二百刻時，自古有生有死；百年三萬六千日，幾多胡作胡爲？論眼前誰不利己損人，於世上孰肯立綱陳紀？臣弑君，子弑父，轉眼無情者多；富欺貧，强欺弱，經官動府者衆。以身亡桎梏，而以命墮黄泉，故知君子小人，歷年有幾；蓋爲亂臣賊子，何代無之？往者難追，近者當鑊。若寧王做場説話，幸示我輩磊個根源。只圖帝王高榮，不顧王基敗壞，陷若干良善，紅樓富家女，何曾得見畫眉；白面少年兒，未必肯爲短命鬼。往往叫冤叫屈，煢煢無依無倚。三歲孩童哭斷肝腸，難尋父母；千金財主創成家業，化爲灰塵。侯門宰相也悽惶，柳巷花街渾冷落。浮生若大夢，看來何用若奔忙；世事如浮雲，得過何須儘計較？難免無鑒察，何容罪孽可逃？木有根，水有源，誰念門中之宗主；陽爲神，陰爲鬼，孰憐境上之孤魂？三年兩不收，傾溝壑豈無餓殍；十去九不回，溺江湖亦有英雄。並山川草木之精靈，及貧窮鰥寡之孤獨，愴惶悽慘，寂寞蕭條。幾個黄昏幾個夜，吊祭有誰；一番風雨一番沙，超生無路。幸齋官建壇而修水陸，爲汝等施惠而修齋，因重上君子堂，即請朝於我佛，便是神仙境，何須更問妙嚴宮。一段因緣，無邊光景。」（今存王守仁罷兵濟幽榜文等抄稿本，由「孔夫子舊書網」上網公布，陽明文集失載）

按：此文即陽明於冬至節城市舉奠祀亡發布之告諭榜文，其意非唯在「濟幽」，更在促成「罷兵」（班師）。陽明爲政，尤喜作此類世俗告諭文（集中告諭文甚多），如其告諭浰頭巢賊（王陽明全集卷十六），其風格文筆即與此罷兵濟幽榜文全同。

王陽明全集卷二十舟中至日：「歲寒猶歎滯江濱，漸喜陽回大地春。未有一絲添袞繡，謾提三尺淨風塵。丹心倍覺年來苦，白髮從教鏡裏新。若待完名始歸隱，桃花笑殺武陵人。」

是月，孫堪信至，論朱子晚年定論，蓋針對朱陸異同論戰而發也。

孫孝子文集卷十答王陽明先生書：「承惠朱子晚年定論。先生拔本塞源，蓋欲人及知朱子之所以爲朱子，則凡俗儒狃於習聞之舊，反之茫無所據，而亦附倡異議，曰吾朱子之言謂何謂何云者，將伥然不知自失所以爭，而初學得此，亦或有所能疑而思問者矣。嘉惠天下，甚盛心也！堪嘗竊聞先生答柴墟諸公朱陸同異之辯，既幸□而窺測□□，今益足徵，所聞□不我誣也。然此自是朱子目擊末流之弊，而痛事防救之言。先生於衆所共覩之中，條摘而表章之，後學之所矜式，聖道之所明晦焉者，其義不亦精，而蘊不亦深乎？一旦拈方寸之匙鑰，而啓數百年之聾瞽，勢不亦難而幾不亦重乎？ 堪熟讀詳味，亦恐秖可爲資質近美、學力將至與夫及門諸友道此耳。 若夫氣昏物蔽、鹵莽淺妄之流，或未宜以相示也。 夫以昏蔽之餘，其本體虛靈，雖有不能盡熄者，而鹵莽淺妄，用心之粗，騰説之易，實無與爲比也。 槩而味之，精深重難之旨，彼將率其暗昧粗易而承之，不過信，必過疑。 過信者仇經傳，謝師資，而徒塊然守其空空之舍； 過疑者操舊律新，□枘鑿之不能入也，則未免相詆，以爲求勝之私矣。 此何也？ 矜故知而疾異己，喜新得，則又不暇於深求常人之情耳。 彼愚不明，非可望其領悟於言意之外，但開卷觸目，而偶有所得，無所得，斯其疑信隨之，故疑信不同，同歸□過而已矣。 有孺子於此，誤掇野葛啖之，仁人驚惻不能忍，扼而手奪於其咽，孺子急號且怒，索所啖不已，而無以啖之□□而弗甘美，莫能止其號怒，雖至甘美矣，而非孺子所嘗啖也者，將以爲誑己也，號轉厲怒有加，索其故物蓋切，而弗得，則怨詈以歸，訴於父母，亦且憾之矣。 夫免人之子於毒害，德惠莫大焉，而甘美孺子所至願也，行之顧以樹怨，患在於美惡利害之情不能相通爾。 先生憫俗儒之支離役役，徒敝精神，而考其實用歸宿，未有不病焉者也。 故闡明心學，指而示之，欲其因源以通於派，培根以達其枝，庶操之易爲力，擴之易爲功，不煩馳騖外求，一舉足而入切要之門，由□□□而不已，擴充之無窮，以馴至乎反身而誠，□□不難矣。 此孔門極本窮源之論，思、孟救焚拯溺之心，固非先生今日之私訓，而何深晦頗忒可疑哉！且先生序定論之篇，則既念美惡利害之情，不可不備舉而詔之也。故始□斯文續絶之大端，繼述一身經歷之次第，終之以朱子始終所見之是非，其所以析彼此得失異同之旨，至矣盡矣，咀之嚼之，甘矣美矣。持此以啖世俗而免之於毒害，其爲德惠可勝言哉！堪之謬見，若猶以爲有所未盡焉者，吾恐此中之甘美正非俗儒之所嘗啖也；非其所嘗啖，徒有甘美，不及知也。强而詔之，不能信也。欲其跬頃中之故物，而欣然趨以相就，不亦難乎？而況於驟信以相就，匪面命之，猶將味其所以，取而啖之乎哉？彼存心致知，君子所以修德凝道之兩事，世俗所及聞知者，而先生所爲教固未嘗外此而別立新條，亦未嘗使人專於存心而致知之一義也。特因性分固有，而推類以盡其餘，視區區索之於外者，不能無少異矣。而有致二者，下手先後輕重之間，所争纔毫釐，毫釐決而千里定矣。先生曷不俯就其所及知，而惟毫釐之異者挈□言并示之，不徒攻其燕越迥絶之謬而已也。則道改闢，器不改制，發軔之地，迴南轅而北之人，皆可以想見其幾之近且易矣。幾近且易，道平且直，而又世俗所可想見，夫然後南方有志之士聞言而不駭，勇從而不憚，坦然由之，而果見其無荊棘坑塹之艱，自將欲罷不能，以求造乎其極，而中人以下亦不待及門而洞見先生之心，如青天白日，從事於定論之書，俯誦仰思，交互相發，而必不至於有所謂疑信之過者矣。狂妄輕議，僭無所逃，伏乞原其心，恕其罪，而詳賜指教焉。仰感造就之恩，何以能既積抱萬千，屈指以需侍側，未敢多及。」

按：前考孫堪八月來江西，陽明當在其時贈以朱子晚年定論。孫堪九月扶柩歸葬，其讀朱子晚年定論而寄來此信，約已在十一月中。

十二月十一日，命江西都司指揮馬驥防制省城奸惡；行文江西按察司查禁因公科索民財。

王陽明全集卷三十一防制省城奸惡牌，行江西按察司查禁因公科索民財。

十七日，發布禁省詞訟告諭。

王陽明全集卷三十一禁省詞訟告諭，再禁詞訟告諭。

二十六日，武宗至南京，江彬、張忠、許泰讒誣守仁必反，乃下詔面見，實命其獻俘。聞命即赴。

明史卷三百〇七江彬傳：「會寧王宸濠反，彬復贊帝親征……至南京，又欲導帝幸蘇州，下浙江，抵湖湘，諸臣極諫，會其黨亦勸沮，乃止。當是時，彬率邊兵數萬，跋扈甚。成國公朱輔爲長跪，魏國公徐鵬舉及公卿大臣皆側足事之。」

楊一清司禮太監張公永墓誌銘：「永至南京，見上，具言守仁忠，且有大功勞不可掩。時彬等方日夜短守仁於上前，會與上弈戲，永曰：『是賴守仁。不然，江西變不可支，主人安得樂此？』又見遣校之江西，永曰：『校何往？』上曰：『逮守仁耳。』永曰：『何故逮之？』上曰：『聞守仁嘗與寧王有私，故逮之耳。』永曰：『甚善。』上曰：『何謂也？』永曰：『逮謀反者，豈不甚善？第恐不真耳。守仁嘗以論瑾遭酷訊，而無改辭者，試問侍上左右，有能與之質對耶？』於是遍訊侍者，皆謝不敢，避去。彬等計不行，則復詭上曰：『今即不逮守仁，試使召守仁，守仁不即來，則反真矣。』上然之。永乃賞徒走者百金告守仁，以故使至召守仁，守仁不退食而與使俱行。」（國朝獻徵録卷一百十七）

錢德洪陽明先生年譜：「忠、泰在南都讒先生必反，惟張永持正保全之。武宗問忠等曰：『何以驗反？』對曰：『召必不至。』有詔面見，先生即行……始忠等屢矯僞命，先生不赴，至是永有幕士順天檢校錢秉直急遣報，故得實。」

按：是次主謀者爲江彬，錢氏不言江彬，未當。又武宗下詔當在十二月二十七日，錢氏將此事繫於正德十五年正月，亦未當。又武宗在十二月二十七日下詔，使至南昌在十二月底，中間只有五日，實難有「忠等屢矯僞命，先生不赴」之事。大致楊一清墓誌銘所叙爲是，錢氏年譜所述多誤。

除夕，歲暮感懷，與御史伍希儒有詩唱酬，楊一清亦寄來答詩。

王陽明全集卷二十除夕伍汝真用待隱園韵即席次答五首：「一年今又去，獨客尚無歸。人世傷多難，親庭歎久違。壯心都欲盡，衰病特相依。旅館聊隨俗，桃符宜早扉。向憶青年日，追歡興不孤。風塵淹歲月，漂泊向江湖。濟世渾無術，違時竟笑愚。未須悲蹇難，列聖有遺謨。正逢兵亂地，況是歲窮時。天運終無息，人心本自危。憂疑紛並集，筋力頓成衰。千載商山隱，悠然獲我思。世道從阨漏，人情只管窺。年華多涉歷，變故益新奇。莫憚顛危地，曾逢全盛時。海翁機已息，應是白鷗知。星窮回歷紀，貞極起元亨。日望天迴駕，先沾雨洗兵。雪猶殘歲戀，風已舊春情。莫更辭藍尾，人生未幾傾。」

用韵答伍汝真：「莫怪鄉思日夜深，干戈衰病兩相侵。孤腸自信終如鐵，衆口從教盡鑠金。碧水丹山曾舊約，青天白日是知心。茅茨歲晚饒風景，雲滿清溪雪滿岑。」

石淙詩稿卷十四用王陽明韵寄伍時泰廉憲：「刺史勤王義，中丞是指歸。功成人共仰，名出事多違。赤手煙霄接，丹心日月依。八鑾勤邊父，何處扣彤扉？洪都勿兵變，舉目是瘝孤。抱恨聲吞野，流星血洗湖。平生慕汲戇，避難豈柴愚？偃武從今日，敷文仰聖謨。江湖血戰日，豺虎遘兇時。祖逖先讐賊，玉尊豈避危？冰霜節操苦，風雨鬢毛衰。獨立蒼茫外，長吟有所思。相從記童稚，數載不園窺。一得湖南儁，遂爲天下奇。隴雲吟望處，江雨夢醒時。未得談衷曲，幽懷祇自知。荏苒歲云暮，馳驅路向亨。片言能折獄，鶡冠已知兵。江海十年夢，乾坤千古情。相望不相見，肝膽爲誰傾？」

按：楊一清此用王陽明韵寄伍時泰廉憲乃與其得王陽明詩依韵寄答同時寄至。其時伍文定陞江西按察使，受張忠窘辱。伍希儒亦遭誣毁，霍韜地方疏云：「宸濠謀反江西，兩司俯首從賊，惟王守仁同御史伍希儒、謝源誓心效忠。不幸奸臣張忠、許泰等欲掩王守仁之功爲己有，乃揚諸人曰：『王守仁初同賊謀。』及公論難掩，乃又曰：『宸濠金帛俱王守仁、伍希儒、謝源滿載以去。』當時大學士楊廷和、尚書喬宇，亦忌王守仁之功，遂不與辨白，而黜伍希儒、謝源，俾落仕籍。」（王陽明全集卷三十九）故陽明詩中有「孤腸自信終如鐵，衆口從教盡鑠金」之句。

一五二〇　正德十五年　庚辰　四十九歲

正月初一，使至，遂與使「獻俘」發南昌，再赴南都。

王陽明全集卷二十元日霧：「元日昏昏霧塞空，出門咫尺誤西東。人多失足投坑塹，我亦停車泣路窮。欲斬蚩尤開白日，還排閶闔拜重瞳。小臣謾有澄清志，安得扶摇萬里風！」　二日雨：「昨朝陰霧埋元日，向曉寒雲迸雨聲。莫道人爲無感召，從來天意亦分明。安危他日須周勃，痛苦當年笑賈生。坐對殘燈愁徹夜，静聽晨鼓報新晴。」　三日風：「一霧二雨三日風，田家卜歲疑凶豐。我心惟願兵甲解，天意豈必斯民窮！虎旅歸思懷舊土，鑾輿消息望還宫。春盤濁酒聊自慰，無使戚戚干吾衷。」

按：楊一清張公永墓誌銘云「使至召守仁，守仁不退食而與使俱行」，錢德洪陽明先生年譜云「有召面見，先生即行」，是使一至陽明即與俱行。其啓行時間，以其後來入九華山半月與二十六日抵南京上新河（見下）算之，則當在正月初可知。按此元日霧中云「出門咫尺誤西東」，「我亦停車泣路窮」，即指其起程出發；「欲斬蚩尤開白日，還排閶闔拜重瞳」，即指其赴南都面見武宗，則陽明即在正月初一啓行可知矣。

陽明是次北赴南都，錢德洪陽明先生年譜謂是武宗下詔面見，乃誤。按陽明是次實是奉命解逆黨囚犯至南都，所謂「獻俘」也。陽明又與克彰太叔明云：「正月廿六日得旨，令守仁與總兵各官解囚至留都。」又陽明舟過銅陵野云縣東小山有鐵船因往觀之果見其仿佛因題石上詩，稱是次赴南都是「獻俘還自南都」（見下）。鄒守益在九華山陽明書院記中亦明確說：「正德庚辰，以獻俘江上。」（鄒守益集卷八）可見陽明是次赴南都絶非是武宗召面見，而只是命其解押逆黨囚犯至南都而已。蓋自正德十四年八月以後，武宗便不斷遣張永、江彬、張忠、章綸、祝續、許孟和、齊之鸞等赴江西南昌查勘宸濠叛逆實情，追查陽明與宸濠關係，檢飭宸濠貨財，逮捕大批逆黨從犯，其時武宗哪會有召陽明面見之心？至十二月武宗抵南都後，其首重之事即是命江西將一應逆黨囚俘解押南都，付南京法司問理。如齊之鸞清理刑獄疏云：「先該宸濠反叛臣等，各奉勅隨軍紀功，照得都御史王守仁擒獲逆賊劉吉等，提督軍務御用監太監張永抄拏方倬等，御馬監太監張忠、平虜伯朱彬、安邊伯朱泰、左都督朱暉各緝獲熊僚、申宗遠、楊清、李汝淇等，各起囚犯，雖於江西等處送到臣等審問，比因隨軍回，促日促事，冗不暇詳議，止據江西按察司及各提督送來審訖，亦有未經送審，徑自起解者……」（蓉川集歷官疏草）可見陽明是次即是起解劉吉等逆犯往南都，陽明雖有面見武宗之心，而武宗却絶無召見陽明之意。陽明卒未得見武宗固不足怪矣。

七日立春，在道有詩感懷。

王陽明全集卷二十立春二首：「才見春歸春又來，春風如舊鬢毛衰。梅花未放天機泄，萱草先將地脉回。漸老光陰逢世難，經年懷抱欲誰開？孤雲渺渺親庭遠，長日斑衣羨老萊。　天涯霜雪歎春遲，春到天涯思轉悲。破屋多時空杼軸，東風無力起瘡痍。周王車駕窮南服，漢將旌旗受北陲。莫訝春盤斷生菜，人間春色正離仳。」

八日，次蕪湖。江彬、張忠拒之蕪湖，不得進，乃遁入九華山半月。

錢德洪陽明先生年譜：「正月，赴召，次蕪湖……忠等恐語相違，復拒之蕪湖半月。不得已，入九華山，每日宴坐草庵中。」

鄒守益集卷六九華山陽明書院記：「正德庚辰，以獻俘江上，復携邑之諸生江學曾、施宗道、柯喬以遊，盡蒐山川之秘，凡越月而去。嘗宴坐東巖，作詩曰：『涼氣日凋薄，鄒魯亡真承。各勉希聖志，毋爲塵所縈。』慨然欲建書屋於化城寺之西，以資諸生藏修，而未果也。」

按：陽明七日立春猶在道中，則其至蕪湖當在八日。江彬、張忠已遣人來蕪湖阻其再進，陽明不得已退入九華山。今王陽明全集卷二十中有游居九華山詩三十餘首，可見陽明在九華山遁居半月，錢德洪謂陽明在蕪湖半月乃誤，鄒守益謂陽明在九華「越月而去」亦非（越月已至二月）。

陽明何以要遁入九華山？蓋陽明至蕪湖，已處進退失據之困境：往前，有江彬、張忠阻其不得再進；往後，返回江西南昌，則坐實「召必不至」、「先生必反」之罪。更何況其時南昌城中方大肆查勘宸濠叛黨，追查陽明與宸濠暗相邀結之罪，肆爲飛語，造謗誣陷。齊之鸞在薦舉將材疏中描述陽明在南昌之處境云：「方宸濠之反報一聞也，莫不畏行而失措；及王守仁之捷書一至也，莫不趨利而兼程。許泰、張忠既嫉地方獨成其功，復憤宸濠歸之張永，日夜媒孽王守仁之過而將甘心焉者，無所不至，或搆成交通之形，或造爲指斥之語，流聞先皇（武宗），大致疑忌……許泰術給張忠、劉暉，教以安靜，乃自分遣爪牙，四緝餘黨。劉暉覺其賣己，從而效之……」（蓉川集歷官疏草）陽明其時無故回南昌，無異自投陷阱。故陽明權衡情勢，采取對策，乃不進不退，遁入九華山，一則表明自己「無反」之心，二則亦冀待武宗再召也。

在九華山，居草庵中，日日遊覽九華勝境。

王陽明全集卷二十江施二生與醫官陶野冒雨登山人多笑之戲作歌：「江生施生頗好奇，偶逢陶野奇更癡。共言山外有佳寺，勸予往遊争願隨。是時雷雨雲霧塞，多傳險滑難車騎。兩生力陳道非遠，野請登高覘路歧。三人冒雨陟岡背，既仆復起相牽携。同儕咻笑招之返，奮袂徑往凌嶔崎。歸來未暇顧沾濕，且說地近山徑夷。青林宿靄漸開霽，碧巘絳氣浮微曦。津津指譬在必往，興劇不到傍人嗤。予亦對之成大笑，不覺老興如童時。平生山水已成癖，歷深探隱忘饑疲。年來事務頗羈縛，逢場遇境心未衰。野本求仙志方外，兩生學士亦爾爲。世人驅逐但聲利，赴湯蹈火甘傾危。解脱塵囂事行樂，爾輩狂簡翻見譏。歸與歸與吾與爾，陽明之麓終爾期。」

按：「江生」即江學曾，「施生」即施宗道，均青陽縣學諸生。鄒守益九華山陽明書院記：「復携邑之諸生江學曾、施宗道、柯喬以遊。」呂柟甘泉祠記：「嘉靖乙酉，青陽生江學曾、施宗道來南都，受學於吾甘泉先生。」（民國九華山志卷七）

同上，遊九華道中，芙蓉閣，重遊無相寺次韵四首，登蓮花峰，重遊無相寺次舊韵，登雲峰望始盡九華之勝因復作歌，雙峰遺柯生喬，歸途有僧自望華亭來迎且請詩，無相寺金沙泉次韵，重遊化城寺二首，遊九華，弘治壬戌嘗遊九華值時陰霧竟無所睹至是正德庚辰復往遊之風日清朗盡得其勝喜而作歌。

往休寧弔仁峰汪循，有詩題。

王陽明全集卷二十書汪進之太極巖二首：「一竅誰將混沌開？千年樣子道州來。須知太極元無極，始信心非明鏡臺。 始信心非明鏡臺，須知明鏡亦塵埃。人人有個圓圈在，莫向蒲團坐死灰。」

陽明題仁峰精舍：「仁峰山下有仁人，怪得山中物物春。莫道山居渾獨善，問花移竹亦經綸。　山居亦自有經綸，才戀山居却世塵。肯信道人無意必，人間隨地著閑身。」（汪仁峰先生外集卷三，陽明文集失載）

按：陽明此四詩均作「書」、「題」而不作「寄題」、「寄書」，必是陽明在九華時親往休寧憑吊題詩。前考汪循正德十四年二月上旬有一書致陽明，旋在二月二十日卒。陽明未及作答書，故在九華時便道來仁峰精舍與太極巖憑吊，此四詩蓋可謂是汪循請其作仁峰精舍記遺願之完成，詩謂「須知太極元無極，始信心非明鏡臺」，「人人有個圓圈在，莫向蒲團坐死灰」云云，亦是對汪循最後一書之最好回答也。　太極巖在休寧大丘山麓，汪戳仁峰先生行實：「晚復築石巖小隱於大丘山麓，浚流得二石，類瓶鞍，舁置於門，曰『平安石』。伐崖，見紋理圓甚，刳其裏，空洞可容十餘人，命曰『太極巖』。」汪循太極巖說：「仁峰子方築小隱於大丘也，浚流得二石，肖瓶鞍。伐石得巖，類太極。室成，舁石於門，而巖適屋之東隅，乃聯句於庭曰：門前地擁平安石，屋後天開太極巖。因號石巖小隱。」

二十三日，武宗遣錦衣衛來九華山偵伺陽明，見無反狀，乃再召赴南都。

錢德洪陽明先生年譜：「入九華山，每日宴坐草庵中。適武宗遣人覘之，曰：『王守仁學道人也，召之即至，安得反乎？』乃有返江西之命……先生赴召至上新河……」

按：錢德洪於此叙述混亂舛誤，意義不明，至不堪卒讀。按其時陽明受命並非自九華山返回江西，而是自九華山再北赴南都，故此處「乃有返江西之命」應改爲「乃有返南都之命」，方與下面「先生赴召至上新河（南都）」意思銜接。以陽明八日退入九華山半月計之，則武宗遣錦衣衛來九華山偵伺陽明在二十三日。又陽明又與克彰太叔稱已正月二十六日得旨至南都，則其自九華山起程當亦在二十三日。

楊一清司禮太監張公永墓誌銘：「守仁不退食而與使俱行至南京。上欲見守仁，彬等復爲他辭沮不使見，然上疑則釋已。」

民國九華山志卷二蔣維喬九華山遊記：「東巖，原名東峰，其上有巖，深如屋。相傳金地藏始卓錫於此。明王守仁更名曰『東巖』。巖前懸崖峻絶，俗呼捨身巖。正德十四年（按：當作十五年），守仁再入九華，武宗遣錦衣使偵之，見守仁在此宴坐，故又名宴坐巖。」又：「錦衣石，在宴坐巖右。明武宗所使錦衣衛偵王陽明所坐石也。若非此公忠直，則先生危矣。周鳳岡詩：『九華一路看山行，引路偏勞念佛聲。宴坐堂前錦衣石，心香一瓣爲先生。』」

過彭澤，與陸相遊小孤山，有次陸相韻詩。

王陽明全集卷二十登小孤山次陸良弼韻：「看盡東南百二峰，小孤江上是真龍。攀龍我欲乘風去，高躡層霄絶世踪。」

按：此詩在王陽明全集卷二十置於正德十五年所作詩中，則必是是年正月赴南都過彭澤時作。

經蕪湖，與陸相遊蟂磯山，手書舊作登蟂磯次草泉心劉石門韵二首刻於石壁，陸相有和詩。

陸相次韵陽明登蟂磯詩：「氣與諸兄可並雄，誰憐香骨葬泉宫？天生母子情難斷，雲慘岷峨恨不窮。玉貌冷涵波底月，靈旗高撼島邊風。蕪江一死千秋節，難汙評題一字中。天生砥柱鎮江心，一簇樓臺洞府深。人世有情終有恨，山川成古復成今。層崖落葉兼秋雨，兩岸潮聲雜梵音。東閣何年重解珮，鐵龍呼起老龍吟。」（蟂磯山志卷下）

按：前考陽明登蟂磯次草泉心劉石門韵二首作於正德二年自武夷山歸經蕪湖時，陸相此二首和詩作在正德十五年，乃是陽明召赴南都經蕪湖時刻二詩於蟂磯石壁，陸相亦得作此二首和詩刻於石壁。

二十六日，旨再下，遂至南京上新河，江彬、張忠再阻不得見武宗，遂返江西。

王陽明全集卷二十六又與克彰太叔：「正月廿六日得旨，令守仁與總兵各官解囚至留都。行及蕪湖，復得旨回江西撫定軍民。」

錢德洪陽明先生年譜：「先生赴召至上新河，爲諸幸讒阻不得見。中夜默坐，見水波拍岸，汩汩有聲。思曰：『以一身蒙謗，死即死耳，如老親何？』謂門人曰：『此時若有一孔可以竊父而逃，吾亦終身長往不悔矣。』江彬欲不利於先生，先生私計彬有他，即計執彬武宗前，數其圖危宗社罪，以死相抵，亦稍償天下之忿。徐得永解。其後刑部判彬有曰：『虎旅夜静，已幸寢謀於牛首；宫車宴駕，那堪遺恨於豹房。』若代先生言之者。」

按：據陽明自言，是次再北赴南都，行至蕪湖時武宗又有旨命其返江西，然陽明未奉命，仍北上直入南京上新河。按上新河地處南京西南江心洲夾江東，明時官船停泊處，宸濠後即囚檻於上新河江上，一應逆黨囚俘亦械繫於此。故陽明至上新河，其「解囚至留都」之「獻俘」任務便告完成，所謂武宗召見本是騙人虛語，自然不允陽明進見，而命其即歸江西矣。可見陽明是次又未得見武宗，非唯江彬、張忠讒阻，實亦是武宗本意也。

歸經繁昌，遇風，游靈山寺，有詩咏。

王陽明全集卷二十繁昌道中阻風二首，江邊阻風散步至靈山寺。

經銅陵，往觀鐵船，有詩題石。

王陽明全集卷二十舟過銅陵野云縣東小山有鐵船因往觀之果見其仿佛因題石上：「青山滚滚如奔濤，鐵船何處來停橈？人間刳木寧有此？疑是仙人之所操。仙人一去已千載，山頭日日長風號。船頭出土尚仿佛，後岡有石云船梢。我行過此費忖度，昔人用心無乃忉？

由來風波平地惡，縱有鐵船還未牢。秦鞭驅之未能動，奡力何所施其篙？我欲乘之訪蓬島，雷師鼓舵虹爲纜。弱流萬里不勝芥，復恐駕此成徒勞。世路難行每如此，獨立斜陽首重搔。」

按：陽明此詩，今有真迹藏故宫博物院，題作銅陵觀鐵船，前有序云：「銅陵觀鐵船，録寄士潔侍御道契，見行路之難也。」後有跋云：「陽明山人書於銅陵舟次，時正德庚辰春分，獻俘還自南都。」是陽明明確將是次赴南都之行稱爲「獻俘」之行。春分爲二月二十二日，乃是陽明抄録此詩寄謝源之日。鐵船在銅陵五松山下，銅陵縣志卷十三：「鐵船，在五松山前湖田之下。舊傳晉潯陽太守張寛歿，爲神，一夕乘鐵船至，爲人所見，船遂溺，而首尾露焉。後土人立神廟，取鐵入冶鎔，乃信以爲鐵船云。王陽明有詩，屬和甚多，裝帙今貯潘宅。」

經安慶，駐練潭館，有詩咏。安慶知府胡纘宗來皖口問學。

陽明練潭館：「風塵暗惜劍光沉，拂拭星文坐擁衾。静夜空林聞鬼泣，小堂春雨作龍吟。不須盤錯三年試，自信鑪錘百鍊深。夢斷五雲懷朔雁，月明高枕聽山禽。　春山出孤月，寒潭浄於練。夜静倚闌干，窗明毫髪見。魚龍亘出没，風雨忽騰變。陰陽失調停，季冬乃雷電。依依林棲禽，驚飛傷遲戀。遠客正懷歸，感之涕欲濺。風塵暗北陬，財力侵南甸。倏忽無停機，茫然誰能辨？吾生固逆旅，天地亦郵傳。行止復何心，寂寞時彈琴。」（胡纘宗

正德安慶府志卷十六，陽明文集失載）

按：胡纘宗時方爲安慶知府，並正在撰安慶府志，親來皖口問學，故當面得到陽明此詩，著録進安慶府志，可信不僞也。練潭爲湖，在桐城之南，安慶之北，練潭館爲驛館，乃由九江往安慶、蕪湖、南京之必經通道，道光桐城續修縣志卷一：「練潭，有驛。北通縣城，南通安慶府，西通青草塥，東通樅陽，四達之衢。」

胡纘宗願學編卷下：「陽明先生昔平逆濠，恭俟乘輿，艤舟皖口者七日，予嘗請益焉。公謂：『格物爲正物。』予謂：『如正心何？』公又謂：『格物而如朱子所訓，如初學何？』予謂：『如公所論，欲求之心也，正唯初學所未能也。』公亦以爲然。予又謂：『格之致之雖在物在知，然所以格所以致却在心。』公亦以爲然。至論天理人欲之判，鑿鑿分明。予領其義，而知公聰明才辨，不獨文章事業高出於人也。却未言及良知……公謂：『四十、五十而無聞，爲問道。』予亦以爲然。公謂：『陸氏非專尊德性。』予謂：『朱子非專道問學。』然顔子不曰「博我以文，約我以禮」邪？』公亦以爲然。而涇野吕子、渭厓霍子則曰：『象山正是禪。』」

按：胡纘宗鳥鼠山人小集卷二與濯溪閻侍御書亦云：「陽明先生昔俟天兵，泊舟皖江者旬日。生得問難學、庸諸説。」皖口爲皖水流入長江之口，即練潭館所在之地。胡纘宗亦是在平宸濠亂中立功，與陽明相識。胡公纘宗墓誌銘：「公諱纘宗，初字孝思，後更世南，秦人也。號可泉，亦號鳥鼠山人……陞安慶知府，時值逆濠兵後，民皆竄去，又武皇駐驆留都，供御繁劇，朝議以公秦人，有經略雋才，特簡公以守，刻期履任。時夏旱秋澇，公修火政，舉荒政，上下乂安。」（國朝獻徵録卷六十一）

三十日，至南康，遊廬山，過開先寺，摩崖題識於廬山讀書臺。

廬山讀書臺摩崖題識：「正德己卯六月乙亥，寧藩宸濠以南昌叛，稱兵向闕，破南康、九江，攻安慶，遠近震動。七月辛亥，臣守仁以列郡之兵復南昌。宸濠還救，大戰鄱陽湖。丁巳，宸濠擒，餘黨悉定。當是時，天子聞變赫怒，親統六師臨討，遂俘宸濠以歸。於赫皇威，神武不殺。如霆之震，靡擊而折。神器有歸，孰敢窺竊。天鑒於宸濠，式昭皇靈，嘉靖我邦國。正德庚辰正月晦，提督軍務都御史王守仁書。從征官屬列於左方。」（桑喬廬山紀事卷四）

王陽明全集卷二十遊廬山開先寺：「僻性尋常慣受猜，看山又是百忙來。北風留客非無意，南寺逢僧即未回。白日高峰開雨雪，青天飛瀑瀉雲雷。緣溪踏得支茆地，修竹長松覆石臺。」又次壁間杜牧韵：「春山路僻問歸樵，爲指前峰石徑遥。僧與白雲還暝壑，月隨滄海上寒潮。世情老去渾無懶，遊興年來獨未消。回首孤航又陳迹，疏鐘隔渚夜迢迢。」

唐漁石集卷四開先寺次陽明公韵：「山靈愛客勿相猜，前歲曾遊今復來。青竹橋邊雙吏立，白雲徑裏一僧回。猿啼暝暝松巖月，龍醒殷殷玉峽雷。王子風流盡塵土，惟存石上讀書臺。」

按：時唐龍來按江西，徐階唐公龍墓誌銘：「己卯，寧庶人誅，江西新免於兵，而歲薦饑。公以選往按，賑災卹貧，疏連十餘上，西人以安。」據陽明徵收秋糧稽遲待罪疏云：「正德十五年正月初二日，蒙巡按江西監察御史唐龍案驗爲乞救兵燹窮民，以固邦本事……」（王陽明全集卷十三）可見唐龍乃在正月初來江西。然因陽明正月初一即赴南都，兩人未能見面。至是陽明歸，過廬山，唐龍或時適往九江、南康處理賑災卹貧事，得遇陽明，遂有唱酬也。

二月一日，遊白鹿洞，遂歸南昌。

錢德洪陽明先生年譜：「以晦日重過開先寺……明日，遊白鹿洞，徘徊久之，多所題識。」

按：錢氏謂「多所題識」，今查陽明集中一無是次遊白鹿洞詩與題識，錢氏之説或誤。

六日，宸濠械繫至南都，泊於江上。

國榷卷五十一：「正德十五年二月乙丑，宸濠械至，泊於江上。」

明武宗實録卷一百八十二：「正德十五年正月丙申，大學士梁儲、蔣冕言：『今早太監魏彬傳諭聖意，謂逆藩宸濠等械繫將至，何以處之？……』不納……丙午，大學士梁儲、蔣冕言：『……侯太監張永等押解宸濠等至日，即班師。……』不報。」

光緒鄞縣志卷三十五陳槐傳：「遷江西按察副使。守仁（按：當作張永）使押發宸濠詣行在，面奏目前急務，宜表死節，録遺功，寬脅從，恤民困。上嘉納之。時槐泊舟江上，太監張永夜招槐過其舟，密語曰：『上欲得内外官交通宸濠姓名，吾已得其籍，猶未上，事當若何？』槐力陳其不可，謂：『史載光武燒吏人交關王郎書，使反側子自安。近日李賢奏請内外官與曹欽通者不問。此俱聖王賢相事。上宜遠法光武，公宜近學李賢，爲萬世所頌。若此事竟行，非但禍延天下，即公亦身爲怨藪，將悔無及矣。』次日，永再招槐，執手曰：『夜來思先生言，誠大愛我。』即取篋中交通書籍焚之。槐復言：『群小導上，欲航海觀菩陀。且聞聖體違和，嘔血者三，此誠可寒心。太皇太后命公扈駕，正在今日。公宜力勸上回驆，此萬世勳也。』永乃危言脅江彬輩，上遂班師。」

按：張永何時由南昌械送宸濠至南都，獻俘武宗，以及其事與陽明獻俘南都有何關係，向來不明，今得陳槐傳所述，真相大白於天下矣（按：陳槐爲當事人，陳槐傳乃據陳槐行狀、墓銘所編，真實可信）。原來武宗及江彬、張忠之流早在正月已暗命張永押解宸濠至南都，只是礙着陽明未行，于是先在正月初一將陽明支開，命其獻俘北上；陽明一去，張永即遣陳槐押解宸濠赴行在。陽明獻俘至蕪湖時，張永、陳槐尚在後途未至，爲使陽明不察其事，張忠自必遣人來阻其入行在，而武宗亦斷不會見陽明矣。陽明是次獻俘之行何以至蕪湖受阻，何以被迫遁入九華山，以及武宗何以終不見陽明，其真因由此概可見矣。

有書致王克彰太叔，告獻俘南都之行，並懇其照管家事。

王陽明全集卷二十六又與克彰太叔：「日來德業想益進修，但當茲末俗，其於規切警勵，恐亦未免有群雌孤雄之歎，如何！印弟凡劣，極知有勞心力，聞其近來稍有轉移，亦有足喜。所貴乎師者，涵育薰陶，不言而喻，蓋不誠未有能動者也。於此亦可以驗己德。因便布此，言不盡意。正月廿六日得旨，令守仁與總兵各官解囚至留都。行及蕪湖，復得旨回江西撫定軍民。皆聖意有在，無他足慮也。家中凡百安心，不宜爲人搖惑，但當嚴緝家衆，掃除門庭，清淨儉樸以自守，謙虛卑下以待人，盡其在我而已，此外無庸慮也。正憲輩狂稚，望以此意曉諭之。近得書。聞老父稍失調，心極憂苦。老年之人，只宜以宴樂戲遊爲事，一切家務皆當屏置，亦望時時以此開勸，家門之幸也。至祝至祝！事稍定，即當先報歸期。家中凡百，全仗訓飭照管，不一。老父瘡疾，不能歸侍，日夜苦切，真所謂欲濟無梁，欲飛無翼。近來誠到，知漸平復，始得稍慰。早晚更望太叔寬解怡悅其心。聞此時尚居喪次，令人驚駭憂惶。衰年之人，妻孥子孫日夜侍奉承直，尚恐居處或有未寧，豈有復堪孤疾勞苦如此之理？就使悉遵先王禮制，則七十者亦惟衰麻在身，飲酒食肉處於內、宴飲從於遊可也。況今七十五歲之人，乃尚爾煢煢獨苦若此，妻孥子孫何以自安乎？若使祖母在冥冥之中知得如此哀毁，如此孤苦，將何如爲心？老年之人，獨不爲子孫愛念乎？况於禮制亦自過甚，使人不可以繼……惟望太叔爲我委曲開譬，要在必從而後已，千萬千萬！至懇至懇！正憲讀書，一切舉業功名等事皆非所望，但惟教之以孝弟而已。來誠還，草草不盡。」

西樵方獻夫有書來，勸其功成身退，並寄來大學原討論。有答書批評其說。

西樵遺稿卷八柬王陽明書三：「去歲初冬，曾修書奉，不審曾達左右否？自此來未領一言，殊在懷念。自江西來者，每詢先生經事變之後，形容癯瘦，鬚髮多白，此尤所切念，宜加以調養，赤松之託，此正其時。古人云：『功成身退，天之道。』幸諦視之。時情固有大不可人者，不必論也。凡所欲言者，已具前書，恐彼時道路相左，今更録去。又大學原一册，併呈請教。此書雖未敢以爲定論，然生數年學力所得如此，實於心思而身體之，非苟説也。切以爲大學一書只如此看，多少平易明白，而學亦不難矣。何如，何如？有未當處，仍乞不惜指示。尚有中庸原一册，録未及，續當奉去。陽明會期，不知何日，臨楮不勝悵然。」

王陽明全集卷五答方叔賢書一：「承示大學原，知用心於此深密矣。道一而已，論其大本大原，則六經、四書無不可推之而同者，又不特洪範之於大學而已。此意亦僕平日於朋友中所常言者。譬之草木，其同者，生意也；其花實之疏密，枝葉之高下，亦欲盡比而同之，吾恐化工不如是之雕刻也。今吾兄方自喜以爲獨見新得，鋭意主張是説，雖素蒙信愛如鄙人者，一時論説當亦未能遽入。且願吾兄以所見者實體諸身，必將有疑；果無疑，必將有得；果無得，又必有見，然後鄙説可得而進也。學之不明幾百年矣，近幸同志如甘泉、如吾兄者，相與切磋講求，頗有端緒，而吾兄忽復牽滯文義若此，吾又將誰望乎？君子論學，固惟是之從，非以必同爲貴。至於入門下手處，則有不容於不辯者，所謂毫釐之差、千里之謬矣。致知格物，甘泉之説與僕尚微有異，然不害其爲大同。若吾兄之説，似又與甘泉異矣。相去遠，恐辭不足以達意，故言語直冒，不復有所遜讓。近與甘泉書，亦道此，當不以爲罪也。」

按：陽明此書題下注「辛巳」作，乃誤。按方獻夫書所云「去歲初冬，曾修書奉」，乃指其正德十四年十月收到楊驥轉遞書後，有書答陽明（考見前），可見方獻夫此書約作在正德十五年二月間。陽明此書所云「近與甘泉書」，乃指陽明正德十五年正月收到湛甘泉書後，於四月有答書（詳下），可見陽明此與方叔賢書與其答甘泉（王陽明全集卷四）作在同時，皆在正德十五年四月也。

唐龍書來，有「撤講慎擇」之勸，陽明有答書。以後兩人多面論，唐龍守舊學，説多不合。

王陽明全集卷四復唐虞佐：「承示請二韵五章，語益工，興寄益無盡，深歎多才，但不欲以是爲有道者稱頌耳。『撤講慎擇』之喻，愛我良多，深知感怍。但區區之心，亦自有不容已者。聖賢之道，坦若大路，夫婦之愚，可以與知。而後之論者，忽近求遠，舍易圖難，遂使老師宿儒皆不敢輕議。故在今時，非獨其庸下者自分以爲不可爲，雖高者特達，皆以此學爲長物，視之爲虛談贅説，亦許時矣。當此之時，苟有一念相尋於此，真所謂空谷足音，見似人者喜矣。况其章縫而來者，寧不忻忻然以接之乎？然要其間，亦豈無濫竽假道之弊？但在我不可以此意逆之，亦將於此以求其真者耳。正如淘金於沙，非不知沙之汰而去者且十九，然亦未能即舍沙而别以淘金爲也。孔子云：『與其進也，不與其退也，唯何甚。』孟子云：『君子之設科也，來者不拒，往者不追。』苟以是心至，斯受之而已矣。蓋『不憤不啓』者，君子施教之方；『有教無類』，則其本心焉耳。多病之軀，重爲知己憂，惓惓惠喻及此，感愛何有窮已。然區區之心，亦不敢不爲知己一傾倒也。行且會面，悉所未盡。」

按：書所云「行且會面」，乃指陽明二月回南昌後，唐龍首次來訪論學，蓋陽明此書作在二月。唐龍所云「撤講慎擇」，「撤講」乃勸其毋聚徒講學，「慎擇」乃勸其謹慎交友，皆在避謗避禍也。蓋其時陽明一則以平宸濠亂遭誣陷，一則以聚徒講學遭謗毁，非議紛至，故唐龍力勸其撤講慎交，以避謗禍。按唐龍崇朱學，即所謂「舊學」，與陽明心學不合，「撤講」之意亦在此也。

錢德洪陽明先生年譜：「而巡按御史唐龍、督學僉事邵鋭，皆守舊學相疑，唐復以『撤講擇交』相勸。先生答曰：『吾真見得良知人人所同，特學者未得啓悟，故甘隨俗習非。今苟以是心至，吾又爲一身疑謗，拒不與言，於心忍乎？求真才者，譬之淘沙而得金，非不知沙之汰者十去八九，然未能舍沙以求金爲也。』當唐、邵之疑，人多畏避，見同門方巾中衣而來者，俱指爲異物。」

按：錢氏所引陽明答唐龍書，顯即是次陽明與唐龍見面講論以後所作，故書中仍論「撤講擇交」之事。尤值得注意者，陽明於此書中論及「良知」之説，亦足以破除錢德洪認爲陽明正德十六年始揭「良知」之教之説。錢德洪竟未將此書編入陽明集中，何耶？

批寧都縣建王天與祠，作文祭奠。

王陽明全集卷十七批寧都縣祠祀知縣王天與申：「據寧都縣申，看得知縣王天與舊隨本院征勦横水、桶岡諸賊，屢立戰功；後隨本院平寧藩，竟死勤事；况其平日居官，政務修舉，威愛兼行。仰該縣即從士民之請，建祠報祀，用申士夫之公論，以慰小民之遺思。」

陽明祭寧都知縣王君文：「嗚呼痛哉！公何逝之速耶？公令寧都，宸濠之役，公與我謀，謂賊必擒，事必成。到如今，果如公籌。我之視公如手足，我之實大聲宏，皆公之貺。胡天不愍，疾罹沉疴。□旅漂漂，我心如剜。嗚呼痛哉！雖然，我今嗚汝大功於朝，汝將爲不朽矣，復何憾哉，復何憾哉！」（高布王氏族譜，陽明文集失載）

按：陽明批寧都縣祠祀知縣王天與申一文，在集中置於正德十五年所作公移中，並在正德十五年二月所作曉諭安仁餘干頑民牌前，可見陽明此文作在二月中。王天與實爲陽明弟子，泉翁大全集卷十答王寧都云：「又喜寧都在陽明都憲轄下，宦業、學業實得師承，何幸如之！平寇偉績，非老於文學者莫能序之。顧以屬筆於僕，僕知陽明之深，不敢以讓他人，故不得而辭也。」明清進士録：「王天與，正德九年三甲二百零六名進士。廣東興寧人，字性之。知寧都縣，爲政廉平，民甚愛之。從王守仁征横水諸寨，屢有功。後征宸濠，歿於南昌。」按高布王氏族譜載有李國紀寧都知縣王公傳略云：「公從都御史王陽明征剿横水、桶岡、浰頭諸賊，屢有俘獲功，擢陞浙江道御史。十四年，明王室宸濠在江西反，陽明奉旨討伐，命天與爲前驅。天與身先士卒，與宸濠逆戰於湖，出奇兵而大破之，元惡就擒。後亂軍於南昌城放火燒民廬，天與冒暑入火救民，竟得疾歿於南昌。陽明哭之哀動，如失左右手，解衣爲殮，爲文以祭之。」

牌仰東鄉縣、安仁縣、餘干縣行十家牌法，調整縣都。桂萼、桂華上書抗論，都啚畫歸卒有所糾正。

王陽明全集卷十七曉諭安仁餘干頑民牌（正德十五年二月）：「照得安仁、餘干各有梗化頑民數千餘家，近住東鄉，逃避山澤……查本院新行十家牌諭，各官因各民頑梗，尚未編查，若遽行擒剿，似亦不教而殺。爲此牌仰撫州府同知陸俸，督同東鄉縣知縣黄堂，及安仁縣知縣汪濟民、餘干縣知縣馬津親詣各民村都，沿門挨編，推選父老弟子知禮法者曉諭教飭，令各革心向化，自求生路。」

同上，告諭頑民（十二月十五日）：「安仁、餘干里分，本少於東鄉，而地勢又限以山谷；顧乃割小益大，以啓爾民規避之端，其失一矣。既而兩邑之民徭賦不平，爭訟競起，其時若盡改復舊，亦有何説？顧又使其近東鄉者歸安仁，近安仁者附東鄉，以益爾民紛爭之謗，其失二矣……顧乃憚於身任其勞，一切惟事姑息，欲逃租賦，遂從而免其租賦；欲逃逋債，遂從而貸其逋債……長奸縱惡，日增月熾，以成爾民背叛之罪，而陷之必死之地，其失三矣。」

康熙饒州府志卷二十二桂華傳：「正德壬辰（按：當作庚辰），撫州盜息，立東鄉縣。當道議析安仁十五都等三都屬之（按：指十三、十五、十九三都），華與弟萼協謀知縣汪濟民，以縣小請復其地，後止析十五都一都並十三都、十九都各一啚，皆其方也。」

同治安仁縣志卷三沿革：「正德七年（按：當作正德十五年。），是年撫州盜息，立東鄉縣。當事議析安仁鄰壤十三、十五、十九等都屬之。知縣汪濟民以縣小地狹，與邑舉人桂華同弟進士桂萼議詳，請止析十三都割去第一啚、十九都割去第三啚屬東鄉，而十五都則通屬東鄉縣，去一十八里，止存八十一里。」

桂華與王陽明論地方事書：「昔者先王之制禮樂，設刑罰，豈以愚弄天下後世之民哉？誠知民欲之不可極也，故爲之禮樂，以防其君子；爲之刑罰，以防其小人。今之爲政者，猥曰人情而已。先王必不强人以所不欲，於是或師其心，而廢先王之法焉。夫太平之世，民陶於禮樂，而刑罰或是之不用也。不幸而天下多事，禮樂既廢，所恃者惟政與刑，則曰：先王之世雖設而不用，譬之以葛御冬，以裘御夏，非葛與裘之罪也，施之者失宜也。好逸而惡勞，貪取而各予，人之情也。布粟力役之征，先王之違民情，不亦甚乎？天子於諸侯也，朝貢不以時，則有讓；諸侯之於民也，貢賦不以時，則有刑。蓋四海之廣，兆民之衆，不有君長以主之，則有欲必争，而民之從亂也如水，孰得而防？惟夫土宇必歸於一統，而衆萬必主於一人，然後法立而可守，令行而可信，雖有高世之見，絶倫之才，不得議其政；而體國經野，各有封域，萬有不便，亦不得而自爲趨避也。今之郡縣，無論置守令之始，更數十代，即入國朝，亦幾二百年，有無故取邑之疆境而更張之，啓民以必争，導民以趨亂，得非天下本無事，庸人自擾之乎？至事久論定，既不可以説於民；道易禁難，又不能以解其紛。則多方曲護而爲之請，將以快其計之必行，而於其所私者之讐之也，此其人爲何如哉！民之效尤，將以起彼兆亂者，亦獨爲之防否？某生爲安仁十八都人，今四十八年矣，自幼習見長者衣冠雍容之盛，可以稱爲禮義之鄉，輸租服役未嘗後於他鄙。一旦化爲絶域之魑魅不甚遠者，此某所痛心切齒，羞與之共戴同履也。誰爲屬階，至今爲梗，天理苟存，而人心不死，雖行路無情，且共唾而詬之。安仁地土形勢，其長如帶，鉅其兩端，而纖其要。故自其兩端之大處計之，則東南去金谿境上八十里，而南去東鄉境上五十里，北去萬年境上七十里；自其要之狹處計之，則西去餘干境上五里，東去貴溪境上八里。絶長補短，不能五十里，而溝其中，信州之水實出焉，以達於鄱湖。溝之東爲一都，至七都，其鄉曰崇義；溝之西爲八都，至二十四都，其鄉曰榮禄。崇義之民猛憨强悍，易治而易爲亂，然一力於事田；榮禄之民脆柔狡猾，富室多，而貧者大半爲商焉，故其習多詐而少實。鄉民之適市，長衫而廣袖，言文而貌恭，即譏與不實，曰：『此榮禄鄉也。』樸冠而□履，貌質而言直，即識與不識，曰：『此崇義鄉也。』今云裁遠就近，則鄰東鄉者，不便於鄰萬年、金谿，而效於爲亂，則崇義之難制，不翅十倍於榮禄。某於二縣，則安仁爲親；於安仁，則十八都爲親。都内皆便往東鄉，某獨何人而不之便？譬之防水之堤，方穴一孔，已横流如此；今舉其全堤而壞焉，吾恐没溺者多矣，忍自齊於不靈之徒，以取没溺之患哉？前日之建議者，以爲示之以必殺，乃所以必全。蓋舉必信之典，以折狙詐之姦，則我處有餘，而彼頑其復何恃爲之計哉？不血一刃，而事可定，機實存乎知者，人之多言，謀用中沮。彼爲之説者曰：『寧仁勝於義也。』此爲之説者曰：『義行而仁存焉。』知言者將誰之譓？先王之綱紀以維持天下人心，若可廢焉？竊懼民欲不可極，而從亂如水也，從古以土崩瓦解爲戒者，以其兆矣。聞諸當道頗以效尤者爲不情，豈其或誤夫！中衢駭獸，一或執之，一或遺之。執者無所怨，而遺者無所德。若同樊而處，共固而居，縻其一，逸其一焉，其縻者幾何不悲鳴叫號、顛頓自絶者乎？今日觀望效尤者何以異？是人情事勢之必然，責之果有辭與？執事近於此處見之明而行之果，實當人心；然猶不自用，而取諸人，試其言而不行，然後從而斷之，足見不自賢之心矣。然願卒無所讓，使民早有定志，而禍消於未著，受賜者多矣！至若神武不殺，刑期無刑，執事必有淵然獨觀，不見聲色，固非後生所能測識也。身懼禍及，不敢不盡其意。」（同治安仁縣志卷三十之三）

按：安仁縣志謂此書爲桂華「代」作。按桂華傳云「華與弟萼協謀知縣汪濟民，以縣小請復其地」，可見此書實桂華與桂萼商議共作。

王陽明全集卷三十一批東鄉叛民投順狀詞（四月初九日）：「據東鄉縣民陳和等連名訴，看得朝廷添設縣治，本圖以便地方而順民情，但割小益大，安仁之民既稱偏損，亦宜爲之處分……小懲大戒，期在安緝撫定，非必殺爲快也……仰按察司會同都、布二司，將各情詞備加詳審，及查立縣始末緣由，其各都圖，應否歸附某縣……通行議處呈奪。」

按：所云「各情詞」，似即包含桂華此與王陽明論地方事書。

是月，如九江觀兵，因遊廬山東林、天池、講經臺、太平宫、文殊臺諸處，有詩咏。

錢德洪陽明先生年譜：「二月，如九江。先生以車駕未還京，心懷憂惶。是月，出觀兵九江，因遊東林、天池、講經臺諸處。」

王陽明全集卷二十書九江行臺壁，廬山東林寺次韵，遠公講經臺，太平宫白雲，夜宿天池月下聞雷次早知山下大雨三首，文殊臺夜觀佛燈。

同上，卷三十一行江西三司搜剿鄱陽餘賊牌，追剿入湖賊黨牌。

按：是次陽明觀兵九江，錢德洪所述含混不明。今考陽明行江西三司搜剿鄱陽湖餘賊牌云：「照得江西鄱陽湖等處盗賊……近因本院住劄省城月餘……各選驍勇機快人等，各備鋒利刀、鎗、弓箭、火銃等項，雇慣經風浪船隻，及能諳水勢水手撑駕……就便刻期剿殺，務限一月之内盡獲。」追剿入湖賊黨牌云：「爲此牌仰守巡南昌道，即行點選驍勇軍快六七百名，各執備鋒利器械，給與口糧一月，就行督捕都指揮僉事馮勳統領，星夜躡賊向往，用心緝捕。」可見所謂「觀兵九江」實指往九江觀出兵征剿鄱陽湖殘餘。以牌云「本院住劄省城月餘」算之，時正在二月。此牌題下注「五月十一日」作顯誤，疑當作「二月十一日」，即陽明觀兵九江之日也。

時武宗命張永、張忠、許泰、朱暉審問宸濠，宸濠反誣陽明。監察御史章綸、給事中祝續亦誣奏陽明與宸濠私通，陽明處境岌岌可危。十八日，紀功兵科給事中齊之鸞上疏救之。

齊之鸞蓉川集歷官疏草救王文成公疏：「爲十分緊急軍情事：正德十五年正月十五日，節該欽奉軍門鈞帖：『爾等公同太監張永、張忠，安邊伯朱泰、左都督朱暉，從公備細查勘宸濠反叛事情，要見始末、來歷、根由。及據安慶府知府張文錦本内奏稱「賊首吴十三、凌十一、涂承奉等口稱『倒被兩京一二人誤賺了我事』」等語，又據都御史王守仁等差來賫本奏事人役供稱「有宸濠在陣前説稱『我是正宗枝，有娘娘密旨來取我』，及擒獲宸濠在監，又説『被人哄了我了』」等情。爾等務要親問宸濠，追究往還結交何人，真情下落。』等因。欽遵，於正月十八日，會同欽差提督贊畫機密軍務、御用監太監張永，欽差提督軍務、御馬監太監張忠，欽差提督軍務、掛威武副將軍印、充總兵官、安邊伯朱泰，欽差提督軍務、掛平賊將軍印、充總兵官、左都督朱暉等，親擬監所公同結問。彼時宸濠驕傲之態尚存，兇狠之性猶在，指斥乘輿，出語無狀，且曰：『有恩報恩，有讐報讐。』臣等細問前項情節，俱稱無有，止説南京初逢，講起是王守仁。臣等竊惟修怨者必懷反噬之心，誣人者多爲溢惡之語，仇家之口，大抵難憑。宸濠潛蓄異謀，積有歲月，天奪其魄，遽爾舉兵，將謂大事可以倖成，天位可以力取，固已悍然無所顧忌矣。而都御史王守仁仰仗神算，戮力擒之，遂使姦雄一旦失望，則宸濠之深仇，孰有過於守仁者？所以必加誣構，始遂其心，是猶己則爲盗而指擒獲之人爲同盗也。臣等愚昧，伏計聖明固已洞燭其奸，必不聽信。但所慮者，王守仁忘身狥國，功在社稷，而一旦爲仇人所誣如此，將使英雄豪傑作戒前車，長養寇持禄之風，沮圖功立事之志，國家緩急，何以使人？此臣等所以日夜思惟，深惜國體，而冒死爲陛下言之。若必任罪以宸濠之言爲實，臣等請以數口之家，爲天下第一流贖也。再照鈞帖内别項事情俱行，參政嚴鋐、僉事謝豸查勘未報，臣等在彼多方詢訪，官軍入城之時，如貪功妄殺、圖利焚掠等事，難保必無，然皆各哨領軍官員故違節制之罪，且承委官員亦稱前事已經太監張永等先已勘明，難再别議。若復再加鍛鍊，恐於國體有傷。伏望聖明裁察，幸甚！今將會同問過宸濠情節，先以上聞，其各項功次，臣等另行造册奏繳。」（正德十五年二月十八日題）

汪天啓送蓉川齊公之崇德序：「先帝親征，駕已離京師，召瑞卿（齊之鸞）及禮科左給事中祝續、御史章綸、許孟和等還候於彭城。面請回鑾，不從，且諭令同諸將至江西剪遺孽。瑞卿戒諸將不可妄殺，巨閹勢焰太盛，轃轢守臣，瑞卿獨持詞執禮以當之，不爲屈。會鞫宸濠於府第中，宸濠誣守仁，瑞卿責以大義，卒噤不語。帝駐驛南都，瑞卿屢上疏請還宫，帝以其不便，已舍之江干，令無入城，乃作迴鑾賦以自遣。諸將奪江西守臣功，王侍郎憲拉瑞卿造册，且言：『勿違上意速禍。』瑞卿正色曰：『臣子不當陷君於不義。』由是議遂不合。憲獨迎上意造册以進。遲回一年，江彬、張忠等每有問，輒對曰：『不紀江西守臣功，而濫及諸貴，何以示天下後世？之鸞等願褫職得重罪，此册不忍造也！』……正德十六年七月既望，賜進士出身、文林郎、兵科都給事中新安汪宫錫天啓拜書。」（蓉川集歷宫疏草贈言）

齊祖名蓉川公年譜：「庚辰，公三十八歲。在兵部紀功江西，奏免江西十四年一切錢糧。時濠已爲都御史王文成公守仁所擒，會鞠於府第，濠反誣文成，公責以大義，卒噤不語。諸將忌文成功，欲中傷之。公前後論救，疏凡七上。其爲誅連者數十萬人，公止勾其同謀扇惑者數十人，其無辜被逮者，焚其籍，悉縱遣之。」（蓉川集）

按：武宗命章綸、祝續、許孟和、齊之鸞（四紀功）會同張永、張忠、朱泰、朱暉往江西查勘宸濠反叛事狀與陽明私結宸濠罪狀，諸將忌功中傷陽明，章綸、祝續誣奏陽明私通宸濠，以及齊之鸞七上疏救陽明等，後來武宗與朝廷皆諱言之，隱瞞真相，如明武宗實録不載其事，史家（如明通鑑、明史紀事本末等）均不得其詳，博采如國榷者，對此竟也不能道一詞。今賴齊之鸞之救王文成公疏，真相大白於天下矣，陽明何以兩次遁入九華山之背景與秘密亦由此揭開。

致書整庵羅欽順，並贈古本大學傍釋、朱子晚年定論。

羅欽順困知記三續：「庚辰春，王伯安以古本大學見惠，其序乃戊寅七月所作。序云：『大學之要，誠意而已矣；誠意之功，格物而已矣；誠意之極，止至善而已矣。正心，復其體也；修身，著其用也。以言乎己，謂之明德；以言乎人，謂之親民；以言乎天地之間，則備矣。是故至善也者，心之本體也，動而後有不善。意者，其動也；物者，其事也。格物以誠意，復其不善之動而已矣。不善復而體正，體正而無不善之動矣，是之謂止至善。聖人懼人之求之於外也，而反覆其辭。舊本析，而聖人之意亡矣。是故不本於誠意，而徒以格物者，謂之支；不事於格物，而徒以誠意者，謂之虛。支與虛，其於至善也遠矣。合之以敬而益綴，補之以傳而益離。吾懼學之日遠於至善也，去分章而復舊本，傍爲之什以引其義，庶幾復見聖人之心，而求之者有其要。噫！罪我者，其亦以是矣。』夫此其全文也，首尾數百言，並無一言及於致知。近見陽明文録，有大學古本序，始改用致知立說，於格物更不提起。其結語云：『乃若致知，則存乎心悟。致知焉，盡矣。』陽明學術，以良知爲大頭腦，其初序大學古本，明斥朱子傳注爲支離，何故却將大頭腦遺下？豈其擬議之未定歟？」

按：羅欽順與王陽明書云：「昨拜書，後一日始獲奉領所惠大學古本、朱子晚年定論二編。」即指是年春陽明致書羅欽順並贈大學古本傍釋、朱子晚年定論。陽明致羅欽順書今佚，羅欽順答書已在六月。

二十二日，白說、白誼來請爲其父白圻作墓銘。

陽明敬齋白公墓誌銘：「正德丁丑十二月二十二日，右副都御史白公卒。戊寅秋，其子說、誼卜葬於邑烏龍岡之原，得庚辰二月之甲申，奉其母何淑人之命，具疏狀走數千里來虔，請銘於守仁。昔公先公康敏君，京師與家君爲比鄰，及余官留都，又與公居密邇，說、誼皆嘗及門，通家之好三世矣，銘而可辭？乃爲之銘。按監察御史張鰲山狀，公諱圻，字輔之，别號敬齋。係出秦大夫乙丙，宋末繼昇者，始自洛陽來，居晉陵之三渦里，再徙城東采菱港……公生十八年，領成化癸卯應天鄉薦，甲辰舉進士。丙午授南京户部主事，司牧馬草場，留守諸倉，奏起蒭税，歲五千餘緡。癸丑陞刑部員外郎，丙辰轉郎中，以疾告。癸亥改户部，奉敕督漕運。時康敏致政家居矣，比疾卒，適便道省侍，得嘗藥視殮焉。丙寅服闋，補都水郎中。丁卯陞浙江參議，分守浙東諸郡，值旱，請免常税十之四。時逆瑾用事，議開温、處礦，公極言其患無已，請以贖金充輸，得報罷。所部豪民僞牒補吏，持官府弄法，公罷革三百餘人，還政以人。日本使掠鄞少年，歸後甥其國主。隨使入貢，鄞人嫉其賄，奏留之，日本大噪。公以待夷宜恕以情，今棄一惡少，無損於編户，留之足以召衅，請薄責其使，弗治，朝議以爲得體。金、衢、温、杭歲連歉疫，公前後極力賑恤，民獲全活，又奏折其税。長興有湖，没田萬畝，重税殃民，悉爲請免。庚午陞福建左參政，汀、漳寇起，遠近震摇，公檄兵進剿，賊散去。辛未陞右布政使，癸酉轉左山東。時流賊甫興，歲蝗，公定税爲九則，寬恤被盗州縣，檢奏婦女不受賊污者，表厥宅里，民用不病。冬遷應天府尹。康敏舊嘗爲府丞，公至，興學校，舉廢墜，招流移，奏釐時政七事，復修康敏之績，紹述有光焉。乙亥擢右副都御史，總督南京糧儲。公以根本重地，而蓄積日耗，即有水旱兵亂，何以備？乃奏裁冗食，薄浮費，停不急之役。又疏條其非便者數事，剔蠹袪奸，翼善摧暴，與權横大拂然，自是輿論益歸。丁丑正月，太夫人將没，哀毁成疾，其冬病甚，遂卒，年五十二。」（朱大韶皇明名臣墓銘，陽明文集失載）

三月，獻俘赴南都，遂再往遊九華山、齊山，多有詩咏題刻。

王陽明全集卷二十江上望九華不見：「五旬三過九華山，一度陰寒一度雨。此來天色稍清明，忽復昏霾起亭午。平生山水最多緣，獨此相逢容有數。人言此山天所秘，山下居人不常睹。蓬萊涉海或可求，瑶水崑崙俱舊遊。洞庭何止吞八九，五嶽曾向囊中收。不信開雲掃六合，手扶赤日照九州。駕風騎氣覽八極，視此瑣屑真浮漚。」

按：詩云「五旬三過九華山」，「此來天色稍清明」，蓋陽明是年四十九，自稱「五旬」（五十歲），「三過九華山」，即指弘治壬戌首遊九華一次、正月中旬入九華一次及三月上旬再往九華一次。

陽明贈周經和尚偈：「不向少林面壁，却來九華看山。錫杖打翻龍虎，隻履踢破巉巖。

這個潑皮和尚，如何容在世間？呵呵，會得時，與你一棒；會不得，且放在黑漆桶裏偷閑。

正德庚辰三月八日，陽明山人王守仁到此。」（民國九華山志卷四，陽明文集失載）

按：周經，一作周金，民國九華山志卷四：「明周金，正德間太平山僧也。游少林寺，還居九華東巖。值王陽明復游九華，金訪之，相與談心，甚契……至嘉靖戊子，金乃還太平山。一日，召寺僧説偈曰：『千聖本不善，彌陀是釋迦。問我還鄉路，日午坐牛車。』語訖，跏趺而逝。」又卷二：「東巖禪寺……故王文成公定其名曰東巖，俗又名宴坐巖，亦名舍身巖……明正德時，周金亦嘗居此，文成與之談心，復贈詩偈。」卷四：「陽明書偈……偈刻於宴坐巖懸石倒覆處。」

陽明送周經和尚：「巖頭有石人，爲我下嶙峋。足曳破履五千兩，身披舊衲三十斤。任重致遠香象力，餐霜坐雪金剛身。夜寒猛虎常温足，雨後毒龍來伴宿。手握頑磚鏡未成，舌底流泉梅漸熟。夜來拾得過寒山，翠竹黄花好共看。同來問我安心法，還解將心與汝安。

巖僧周經，自少林來，坐石竇中且三年。聞予至，與醫官陶埜來謁。經蓋有道行者，埜素精醫，有方外之緣，故詩及之。」（顧元鏡九華山志卷五）

按：王陽明全集卷二十有無題詩，即此送周經和尚詩，然却無題，亦無後題，致向不知此詩爲誰作。此恐是錢德洪有意隱去詩題，删去後題也。

王陽明全集卷二十有僧坐巖中已三年詩以勵吾黨：「莫怪巖僧木石居，吾儕真切幾人知？經營日夜身心外，剽竊粃糠齒頰餘。俗學未堪欺老衲，昔賢取善及陶漁。年來奔走成何事？此日斯人亦起予。」

按：此詩稱巖僧「坐巖中已三年」，與送周經和尚稱「坐石竇中且三年」相同；稱「巖僧木石居」，亦與送周經和尚稱「巖頭有石人」相同。可見此巖僧即周經和尚也。

陽明齊山寄隱巖石刻：「正德庚辰清明日，陽明山人王守仁獻俘自南都還，登此。時參政徐璉、知府何紹正同行，主事林豫、周昺、評事孫甫適至，因共題名。陶埜刻。」（陳蔚齊山洞巖志卷十五，陽明文集失載）

按：此刻在齊山寄隱巖，齊山洞巖志卷十五：「寄隱巖，在小九華之東北百步許，窈而深，可以寄隱，故名。轉而出，有寄隱巖亭，巖壁上有『齊山』二字，八分書。」志引齊山磨崖辨云：「九華東巖有『正德庚辰三月八日，陽明山人王守仁到』十六字。馬公郡志謂：『先生年譜，庚辰正月入九華，二月已有觀兵九江之作，則三月不應尚留九華也。』茲據寄隱巖磨崖：清明在齊山，是歲清明乃三月九日，則三月八日在東巖有足徵也。年譜所云二月觀兵九江，殆二月有觀兵之命，至三月初旬方自九華過齊山而去耳。」今按：此寄隱巖摩崖題刻與贈周經和尚偈所題「三月八日」相合，亦與江上望九華不見所言「五旬三過九華山」、「此來天色稍清明」相合，可信爲摩崖真蹟。題刻所言何紹正，時正任池州知府。明清進士録：「何紹正，弘治十五年三甲一百一十名進士。浙江淳安人，字繼宗。授行人。正德間，擢吏科給事中。忤劉瑾，謫海州判官。遷池州知府，築銅陵五十餘圩以備旱潦。宸濠叛，攻安慶，池人震恐，紹正登陴固守。遷江西參政致仕。」齊山洞巖志卷三著録有何紹正齊山次杜韵：「閑雲縹緲撲眉飛，到此令人俗慮微。煙樹亂猿啼且嘯，松巢雙鶴去還歸。詩脾心徹寒泉溜，醉眼摩挲返照輝。野趣宜人牽吏隱，頻頻抖擻看山衣。」（引自萬曆池州府志）即是次何紹正陪陽明遊齊山所作（見下）。參政徐璉，按吳宗慈廬山志藝文金石目著録陽明題青玉峽龍潭題名：「大明正德庚辰，陽明王守仁，同行御史伍希儒、謝源，參政徐璉，知府陳霖。」可證陽明確偕徐璉同行往遊九華、齊山，蓋徐璉原爲袁州知府，平宸濠立功，陞爲江西參政。「陶埜」即陽明詩中所言醫官陶野，乃自九華陪侍陽明來遊齊山。

陽明遊寄隱巖題：「每逢山水地，便有卜居心。終歲風塵裏，何年滄海潯？洞幽泉滴細，花暝石房深。青壁留名姓，他時好共尋。」（齊山洞巖志卷十五）

按：陽明此詩刻在上清巖（壽字巖）上，乃與齊山寄隱巖石刻在同時，詩云「青壁留名姓」，即指寄隱巖石刻也；「花暝石房深」，亦在暮春三月。齊山洞巖志卷六著録吳道南望齊山次陽明先生韵：「江山標勝概，俱可凈塵心。不分齊山景，偏連洋子潯。蒹葭凝露白，巖洞鎖雲深。何日登觀暇，能無姓字尋？」（引自吳道南巴山館草）吳道南乃是來遊齊山，見陽明此摩崖詩刻，遂作和韵，此尤可見陽明此詩原刻在齊山上清巖。今王陽明全集卷二十著録有陽明此遊寄隱巖題詩，却題作寄隱巖（向不知何意)，竟定爲陽明正德五年在南京作，乃大誤。

王陽明全集卷二十春日遊齊山寺用杜牧之韵二首：「即看花發又花飛，空向花前歎式微。自笑半生行脚過，何人未老乞身歸？江頭鼓角翻春浪，雲外旌旗閃落暉。羨殺山中麋鹿伴，千金難買芰荷衣。　倦鳥投枝已亂飛，林間暝色漸霏微。春山日暮成孤坐，遊子天涯正憶歸。古洞濕雲含宿雨，碧溪明月弄清暉。桃花不管人間事，只笑山人未拂衣。」

按：詩云「即看花發又花飛，空向花前歎式微」，可見作在暮春三月。陽明此詩原刻在齊山上清巖(見齊山洞巖志卷十)，前引何紹正齊山次杜韵，即與陽明此詩作在同時。

據上所考，陽明在正德十五年三月又往遊九華、齊山可成定案。大抵陽明在三月初(或二月下旬)往遊九華、齊山，至三月中旬歸南昌。以此查勘王陽明全集卷二十中全部遊九華山詩，猶可發現尚有數詩可定爲是三月往遊九華山所作：

將遊九華移舟宿寺山二首，按詩云「藤筐採藥帶花歸」、「諸生晚佩聯芳杜」、「風詠不須沂水上」，可見作在春三月。

登雲峰二三子詠歌以從欣然成謡二首，按詩云「飄飄二三子，春服來從行」，可見作在暮春三月。

山僧，按詩云「石牀花雨落寒燈」，可見作在春三月。詩云「巖下蕭然老病僧，曾求佛法禮南能」，此山僧似即周經和尚。

重遊開先寺戲題壁，按詩云「三月開花兩度來」，三月中兩度來開先寺，一次即陽明三月中旬自九華、齊山歸經開先寺，一次即三月下旬與邵寶遊東林經開先寺（見下）。陽明三月又復往遊九華、齊山，錢德洪陽明先生年譜未言，向不爲人所知，遂成一迷案。今按：陽明齊山寄隱巖石刻明云：「陽明山人王守仁獻俘自南都還，登此。」可見陽明三月赴南都乃是獻俘之行，即押解新一批逆黨從犯送往南都，其中即包括被誣陽明弟子冀元亨。明史卷一百九十五冀元亨傳：「宸濠敗，張忠、許泰誣守仁與通。詰宸濠，言無有。忠等詰不已，曰：『獨嘗遣冀元亨論學。』忠等大喜，搒元亨，加以炮烙，終不承，械繫京師詔獄。」按齊之鸞清理刑獄疏云：「亦有未經送審，徑自起解者。除將情法顯然可矜可疑季元亨等九十三名，題奉大行皇帝（武宗）聖旨『法司看了來説』……」（蓉川集歷官疏草）可見冀元亨乃在三月起解押往南都受刑，至閏八月班師再械繫送京師詔獄（見齊之鸞杜革冒濫疏）。陽明三月親解囚俘赴南都，實亦意在入南都面見武宗陳情，爲冀元亨辨誣雪冤。其後來所上咨六部伸理冀元亨云：「本職義當與之同死，幾欲爲之具奏伸理。」顯即指其三月入南都欲申奏冀元亨之冤，而其卒未能具奏伸理，必即是受到張忠阻抑，未能入南都。估計是次陽明解囚亦是至蕪湖，張忠遣人來阻，取囚俘而去。陽明返江西，途中遂往遊九華山、齊山也。（按：蕪湖屬南直隸，與南京相値，至蕪湖也可謂至南都，故稱「獻俘自南都還」）大抵陽明有三次「獻俘」之行：一次爲正德十四年九月解宸濠等獻俘錢塘，一次爲正德十五年正月解劉吉等獻俘南都，一次爲正德十五年三月解冀元亨等獻俘南都。錢德洪陽明先生年譜對此或不言及，或敘述含混，留下三大謎團。

上疏乞寬免税糧，急救民困。並有札致監察御史朱節陳懇。

王陽明全集卷十三乞寬免税糧急救民困以弭災變疏：「本年（正德十四年）自三月至於秋七月不雨，禾苗未及發生，盡行枯死，夏税秋糧，無從辦納，人民愁歎，將及流離……伏望皇上軫念地方塗炭之餘，小民困苦已極，思邦本之當固，慮禍變之可憂，乞敕該部速行將正德十四年、十五年該省錢糧悉行寬免；其南昌、南康、九江等府殘破尤甚者，重加寬貸，使得漸回喘息，修復生理。非但解江西一省之倒懸，臣等無地方變亂之禍，得免於誅戮，實天下之大幸，宗社之福也。」

陽明與朱守忠手札三：「欲投劾徑去，慮恐禍出不測，益重老父之憂；不去，即心事已亂，不復可强留。神志恍恍，終日如夢寐中。省葬之乞，去秋嘗已得旨『賊平來説』；及冬底復請，而吏部至今不爲一覆。豈必欲置人於死地然後已耶？僕之困苦危疑，當道計亦聞之，略不爲一動心，何也？望守忠與諸公相見，爲我備言此情，得早一日歸，即如早出一日火炕，即受諸公更生之賜矣，至禱，至禱！宸濠叛時，嘗以僞檄免江西各郡租税，以要人心。僕時亦從權宜蠲免，隨爲奏請，至今不得旨。今江西之民重罹兵革誅求之苦，無復生意，急賑救之，尚恐不逮，又加徵科以速之，不得已復爲申請。正如夢中人被錐，不能不知疼痛，聊復一呻吟耳，可如何，如何！守仁頓首，守忠侍御大人道契。諸相知不能奉書，均爲致千

萬意。奏稿目入。」(陽明與朱守忠手札(三札)真迹,藏上海博物館,陽明文集失載)

按:陽明是札所云「僕時亦從權宜蠲免,隨爲奏請」,指正德十四年七月三十日陽明上奏乞蠲免江西税糧。所云「不得已復爲申請」,指正德十五年三月陽明上此乞寬免税糧急救民困以弭災變疏。所云「去秋嘗已得旨『賊平來説』」,指正德十四年八月疏乞便道省葬,時奉旨云:「著督兵討賊,所奏省親事,待賊平之日來説。」所云「冬底復請」,指正德十四年十二月底又上疏乞省葬。可見陽明此札作於正德十五年三月,蓋與其乞寬免税糧急救民困以弭災變疏同齎往京師。「奏稿目入」,即指此乞寬免税糧急救民困以弭災變疏也。按王陽明全集於此疏題下注「十五年三月二十五日」,乃誤。朱節於三月二十三日已來江西,唐龍三月二十三日作開先寺次陽明韵即云「白蒲(朱節)新從湖上來」(見下),可見朱節三月二十三日已至南昌,陽明豈會在三月二十五日作此疏此札送往京師?且陽明在三月二十五日三上省葬疏,陽明此致朱節札如亦作在三月二十五日,何以札中竟不言及此三上省葬疏事?此尤可見陽明此札此疏非上在三月二十五日。疑此「三月二十五日」爲三月十五日之誤。

二十三日,與巡按江西御史唐龍、朱節往遊東林寺、開先寺,有詩唱酬。

王陽明全集卷二十重遊開先寺戲題壁:「中丞不解了公事,到處看山復尋寺。尚爲妻孥守俸錢,至今未得休官去。三月開花兩度來,寺僧倦客門未開。山靈似嫌俗士駕,溪風攔路吹人回。君不見,富貴中人如中酒,折腰解醒須五斗。未妨適意山水間,浮名於我亦何有！」

按：詩云「三月開花兩度來」，謂三月中兩度來遊開先寺，則是三月中旬陽明獻俘歸經開先寺一遊，至下旬又偕唐龍往遊開先寺。

唐漁石集卷四開先寺次陽明韻二首：「鷄鳴起了官中事，清閒騎馬看山寺。纔過石橋僧出迎，屢穿松徑鶴不去。白蒲新從湖上來，巖前對生木犀開。肺渴吸盡龍池波，共乘明月清歌回。君不見，淵明歸來日漉酒，彼豪空負印如斗。太虛之上一點雲，朝聚暮散倏無有。老僧苦修方外事，焚香誦經不出寺。巖上白雲招即至，巖下蒼鹿逐不去。青驄偶爲尋幽來，松花寂寂山門開。直上香爐瞰彭蠡，大風滿面翻吹回。彭蠡之水白於酒，落星之臺大於斗。借問老僧何所歸？直指天地無何有。」

按：詩云「白蒲」即朱節，字守忠，號白浦（山陰白浦人）。其時朱節已以巡按江西御史來南昌，故唐龍詩中言及之。據唐龍此詩，可見陽明乃是偕唐龍、朱節往遊東林寺、開先寺。

陽明遊東林次邵二泉韻：「昨遊開先殊草草，今日東林遊始好。手持青竹撥層雲，直上青天招五老。萬壑笙竽松籟哀，千峰掩映芙蕖開。坐俯西崖窺落日，風吹孤月江東來。莫向人間空白首，富貴何如一杯酒。種蓮採菊兩荒凉，慧遠陶潛骨同朽。乘風我欲還金庭，三洲弱水連沙汀。他年海上望廬嶽，煙際浮萍一點青。遊東林，次邵二泉韻。正德庚辰

三月廿三日，陽(明)山人識。」(遊東林寺詩碑，吴宗慈廬山志藝文志金石目)

按：陽明此詩真迹在廬山志中稱「遊東林寺詩碑」，云：「明王守仁作七古一章，並書。其真迹初在三笑堂壁間，後移於影堂。」今有此詩碑刻石存江西廬山東林寺。按王陽明全集卷二十有又次邵二泉韵，即此詩，但無後題，向不知作此詩具體時間。陽明所次韵詩，爲邵寶弘治中來任江西按察副使時所作詩，吴宗慈廬山志藝文歷代詩存著録有邵寶東林寺：「我行春山拾瑶草，興到磨崖何處好？東林雙澗接水雲，倚塔蒼松鐵柯老。遺迹可賞還可哀，午風徐步巖花開。遠公有道吾未識，千載曾見淵明來。匡廬佳氣迎馬首，萬風明月今宵酒。階前嘉樹多閲人，莫向尋常論不朽。清晨海日光照庭，潯陽北望横煙汀。僧釗幸爲謝山色，覽盡江湖終眼青。」陽明即次此韵。又吴宗慈廬山志藝文金石目著録青玉峽龍潭題刻：「大明正德庚辰，陽明王守仁，同行御史伍希儒、謝源，參政徐璉，知府陳霖。」又著録天池寺題刻：「正德庚辰三月，(都察院副都御)史陽明(王守仁)，同行參(政)徐璉，副使高雷令……知府(陳霖)相從。」此二刻即是次往遊東林、開先兩寺所題。

二十五日，三疏省葬，並有札致毛紀，不允。毛紀有答書。

王陽明全集卷十三四乞省葬疏：「臣旦暮惶惶，延頸以待，内積悲病之鬱，外遭窘局之苦，新患交乘，舊病彌篤，方寸既亂，神氣益昏，目眩耳聵，一切世事皆如夢寐。今雖抑情强處，不過閉門伏枕，呻吟喘息而已。豈能供職盡分，爲陛下巡撫一方乎？夫人臣竭忠委令，以赴國事；及事之定，乃故使之不得一省其親之疾，是沮義士之志，而傷孝子之心也。且陛下既以許之，又復拘之，亦何以信於後？臣素貪戀官爵，志在進取，亦非高潔獨行、甘心寂寞者。徒以疾患纏體，哀苦切心，不得已而爲此。今亦未敢便求休退，惟乞暫回田里，一省父疾，經營母葬，臣亦因得就醫調理，少延喘息。苟情事稍伸，病不至甚，即當奔走赴闕，終效犬馬，昔人所謂報劉之日短，盡忠於陛下之日長也。臣不勝哀痛號呼、懇切控籲之至。具本又於正德十五年三月二十五日差舍人王鼐齎奏去後……」

按：陽明四上乞省葬疏，唯三乞省葬疏不載今王陽明全集中，疑三乞省葬疏中多有憤激之言，故卒未收入集中。

鰲峰文集卷十八答王陽明書：「人來，時辱手書，足慰遠懷。地方大變，旋就底平，可謂一代之殊勳矣。朝廷方將丕視功載，以尋帶礪之盟，聖謨弘遠，天心久定，固有不待言者。執事雅德撝謙，乃置而不居，顧以私爲請，恐非所宜也，亦非天下之所望於執事者也。承諭寬恤民患事宜，執事之苦心蓋在於此，披閱至再，良切恫瘝，所司必有處矣。然亦不獨一方爲然也，奈何！人回，聊此奉復，餘不既。」

按：毛紀此書中所云「承諭寬恤民患事宜」，乃指陽明稍前所上乞寬免稅糧急救民困以弭災變疏；所云「顧以私爲請」，即指陽明三上乞省葬疏也。

四月，聞湛甘泉避地髮履塚下，有書致慰。湛甘泉有答書，再論爲學「支離」之病。

王陽明全集卷四答甘泉書二：「得正月書，知大事已畢，當亦稍慰純孝之思矣。近承避地髮履塚下，進德修業，善類幸甚。傳聞貴邑盜勢方張，果爾，則遠去家室，獨留曠寂之野，恐亦未可長也。某告病未遂，今且蹙告歸省，去住亦未可必。悠悠塵世，畢竟作何稅駕？當亦時時念及，幸以教之。叔賢志節遠出流俗。渭先雖未久處，一見知爲忠信之士。乃聞不時一相見，何耶？英賢之生，何幸同時共地，又可虛度光陰，容易失却此大機會，是使後人而復惜後人也？二君曾各寄一書，托宋以道轉致，相見幸問之。」

按：書所云「大事已畢」，指一應喪葬事畢。「正月書」，即指湛甘泉得楊驥轉來陽明書後於十二月所作答書（見前引答陽明都憲）。「今且蹙告歸省」，即指陽明三月二十五日三上乞省葬疏。故可確知陽明此書作於四月初。錢德洪陽明先生年譜云：「庚辰春，甘泉湛先生避地髮履塚下，與霍兀厓韜、方叔賢同時家居爲會，先生聞之，曰……」即據陽明此書。陽明致方獻夫書，即前引答方叔賢（王陽明全集卷五）；致霍韜書今佚。

泉翁大全集卷八答陽明：「西樵兩承遠慮，非骨肉之義，何以及此？然此山夐出江海之間，絕與後山不相涉，且遠二三百里。山賊不利舟楫，廣間士夫多好事者爲之耳，不勞遠念。

所示前此『支離之憾』，恐兄前此未相悉之深也。夫所謂『支離』者，二之之謂也，非徒逐外而忘内，謂之『支離』；是内而非外者，亦謂之『支離』。過猶不及耳，必體用一原，顯微無間，一以貫之，乃可免此。僕在辛、壬之前，未免有後一失；若夫前之失，自謂無之；而體用顯微，則自癸、甲以後，自謂頗見歸一。不知兄之所憾者安在也？」

按：湛甘泉因山賊作亂避地髮履塚下，故陽明爲之遠慮，以爲「遠去家室，獨留曠寂之野，恐亦未可長也」。湛甘泉此書即答陽明此「遠慮」者。湛甘泉此答書約是秋九月霍韜來南昌時携至。

南京户部郎中東漢來南昌清查江西錢糧，問學於陽明。

陽明友生贈行東漢詩卷：

「華山靈秀環西北，天産豪英半渭川。伯仲翩翩翱上國，雲仍藹藹號多賢。回看星節江湖遠，仰睇龍章日月懸。臨水張筵南浦外，落霞斜日酒杯前。——錫山陳策

「江右京儲逋負多，渭川啣命拙催科。九重新主來恩詔，四海遺黎動笑歌。曉日西山行色麗，清風南浦頌聲和。攀留無計聊杯酒，目送離舟絶逝波。——松滋伍文定

「地入西江非沃壤，可堪兵火兩三過。催科漫訝陽城拙，輸轉寧争劉宴多。碧水明沙煙外棹，和風甘雨路傍歌。天顔向喜歸朝日，稽首封章委珮珂。——湘源蔣曙次

「聖主頒新詔，疲民罷宿逋。使旌瞻魏闕，官棹發鄱湖。取道頻看月，澄心獨味書。炎熇善

自保，千里慰興居。——仁和邵鋭

「漭漭龍沙送去艎，交盟何敢付疏狂？偶看符彩傾江右，便覺名流盛漫郎。擊楫許同凌鼓角，曩同領兵討賊，故云。倚樓寧獨問行藏。重逢話舊惟天在，不盡臨岐一笑償。——江東嚴紘

「洪都寄會渭川子，冠蓋繽紛祖帳過。楚水帆開時弊少，燕山路轉月明多。督儲不用關中計，覽景惟餘郢上歌。别館遥思恩寵地，長安昆玉並鳴珂。——古恒徐璉

「輕帆挾浪西江道，此幸逢君一再過。坐到好山憐獨對，看來白髮爲誰多。閑情半落尊前月，别思高翻水面歌。明日趨朝幾章疏，蚕收民隱向鑾珂。——南江鄒輗

「猗猗淇上姿，秀色良不刪。明月從東來，褵褷翔雙鸞。中有好奇士，掃雪開柴關。一旦出彈冠，英風振臺端。經濟伯仲易，催科今古難。白下花多妍，洪都江幾灣。舊遊懷渭水，新賞窮廬山。一杖到天池，佛手六月寒。爐烽煙漠漠，柱觀雲漫漫。回首九疑望，竹枝含淚斑。虞舜叫不應，顑頷傷心顔。——一吟田龍

「十年郎署誼通家，萍梗重逢意轉賒。道脉知君真有的，君近學于陽明先生之門，故云。蓬心愧我未曾麻。皇華奕奕君恩重，彩鷁翩翩雁影斜。樽酒不堪分袂處，楚天遥望暮雲遮。——閩人陳墀

「高柳陰中簫鼓沸，樓船六月下晴川。心齋頓許超先覺，政拙寧忘繼昔賢。要路一門鸞鳳立，孤標千仞日星懸。西江咫尺睽違地，深負交遊八載前。渭川子在池也，與余相識於八載之前。比按部江右，余時在浙；余至江右，圖一言懷，而渭川子還省矣。因用蓉湖韵賦此，不覺愴然。——錢塘陸溥」（楊儒賓、馬淵昌也中日陽明學者墨迹，詩卷真迹由何創時書法藝術基金會收藏）

按：東漢字希節，號渭川，華州人。王維楨長蘆都轉運鹽使渭川東公漢狀：「公諱漢，字希節，別號渭川……正德辛未，渭川公始就選吏部，授直隸池州府同知……甲戌，改鎮江府同知……丙子，陞南京户部雲南司員外郎。庚辰，陞本部河南司郎中……寧藩之變，部議賫金募兵，諸當行者輒辭不往，獨員外請行；已又返其羨金。大司馬喬公聞之，歎曰：『毅哉！東員外不可能也。』乃疏薦之。武廟南狩，天兵百萬，員外以輸餉不乏，欽賞白金二十兩，綵幣二表裏，一時稱焉。既爲郎中，奉檄清查江西錢糧，得五百萬石，宿弊一洗。勞費心神，遂以疾乞歸……」（國朝獻徵録卷一百零四）詩卷諸家皆謂東漢是次來南昌是「按部江右」，「江右京儲逋負多，渭川啣命拙催科」，「催科今古難」，「催科漫訮陽城拙」，則必是指正德十五年東漢奉命來江西清查錢糧事。蓋先是陽明在三月上疏乞寬免江西税糧，急救民困。武宗乃有詔下寬免江西錢糧，即詩卷中所云「聖主頒新詔，疲民罷宿逋」，「九重新主來恩詔，四海遺黎動笑歌」。時武宗方駐蹕南都，故特遣南京户部郎中東漢往南昌清理江西錢糧。其當在四月來南昌，至六月事成歸朝，陽明友生紛紛賦詩送歸，即成斯詩卷也。陽明未賦詩送東漢，蓋六月陽明已往贛州故（見下）。尤值得注意者，陳堦稱東漢「道脉知君真有的」，「君近學于陽明先生之門」，按東漢正德十一年陞南京户部員外郎，陽明時亦在南都任職，東漢必當常來陽明處問學受教，故陳墀稱「君近學于陽明先生之門」。以後東漢又屢次赴江西處理事務，亦皆可向陽明問學。故東漢實爲一陽明在南都之入門弟子也。

饒瑄來南昌問學，携楊廉書至。

楊文恪公文集卷四十六與王伯安書二：「恭聞明詔特徵，帝心簡在，此天下之福也。但江西瘡痍之赤子慈仁父母，舍之而去，不知居廟堂亦念之否乎？一省之人眷戀於深恩大惠，何時而已也！寬恤税糧之條，望與巡撫先生暨諸司熟講而行，其已徵在官者，如何作下年之數，及十分如何作五分之免，諸如此類，講説既定，畫一揭示，則小民得以沾朝廷之實惠矣。講學一事，承執事開諭甚至，領教領教！然某嘗怪陸青田謂伊川蔽固已深；近年陳白沙門人尊其師，謂伊洛以下之儒蓋不足道，皆言之太過。審如是，則此學自孔孟而絶，雖程朱不得而與；程朱不得而與，青田、白沙得與乎？青田天資固高，其流弊在於簡略，學孟子而失之。若白沙，則所謂下士晚聞道，聊以拙自修者，其學在儒禪之間。不知執事以爲何如？因饒生，力疾布此。」

按：楊廉書中所云「舍之而去」，指陽明三上乞歸省疏，欲歸休而去。「寬恤税糧之條」，指陽明上乞寬免税糧疏。蓋楊廉時方任南京工部右侍郎，陽明致書告之（書今佚），楊廉乃作此答書。「饒生」即撫州饒瑄文璧，蓋携楊廉此書來南昌問學。按鄒守益王陽明先生圖譜：「先生開講於南昌，門人舒芬、魏良弼、王臣、饒得温（按：即饒瑄）、魏良政、良器等同舊游畢集。」可見饒瑄確又來南昌問學。

二十五日，與巡按御史唐龍、朱節上疏計處寧藩變産官銀，代民上納。

王陽明全集卷十三巡撫地方疏：「緣由呈詳到臣，查得先爲計處地方事，該臣會同巡按御史唐龍議奏，乞將抄没寧府及各賊黨田地房屋，令布、按二司掌印及守巡並府縣官員從實覆查，委係占奪百姓，遵照詔書内事理，各給還本主管業。及將於内官房酌量移改城樓寓鋪衙門，餘外田地山塘房屋，仍令各官公同照依時估變賣，價銀入官。先儘撥補南、新二縣兑軍淮安京庫折銀米，及王府禄米外，有餘羡收貯布政司官庫，用備緩急。」

五月五日端陽節，觀龍舟競渡，有詩寫懷。

陽明端陽日次陳時雨寫懷寄程克光金吾：「艾老蒲衰春事闌，天涯佳節得承歡。穿楊有技饒燕客，賜扇無緣愧漢官。自笑獨醒還强飲，貪看競渡遂忘餐。蒼生日夜思霏雨，一枕江湖夢未安。」（光緒淳安縣志卷十五，陽明文集失載）

按：「陳時雨」即陳霖，同治長興縣志卷二十三上：「陳霖，字時雨，號四山。弘治六年進士，初任行人。陞監察御史，獻替不忌諱，勳戚避之。及巡按東粤，貪墨望風解組。連州十三村洞蠻，積亂爲祟，霖奏請舉兵，盡平之。詔賜緋綺二、銀卮二。因劾逆瑾，左遷南康知府，治無城郭，與江省接壤。

時寧藩謀逆，屢招之，堅拒不從，間道赴巡撫王守仁軍中告警，因留帳前贊畫。隨征剿賊，斬首千餘。賊平，守仁言其功，復任南康，創議築城，民戶視之。老病乞休，林下二十餘年，賦詩弈棋，不及公事，家無餘貲。壽九十四。」陳霖與陽明乃在正德十四年平宸濠亂中始識。陳霖時爲南康知府，戴罪立功。陽明開報征藩功次贓仗咨云：「戴罪殺賊官一十七員……南康知府陳霖……」今以此詩考之：「穿楊」，指陽明教場射箭，三發皆中事；「燕客」，指燕來之北軍，張忠、許泰所率之京邊官軍。「賜扇」，應是「賜羽」之誤，「羽」即羽葆，古王公大臣立功者，帝加賜羽葆以示寵信。此句言已平宸濠亂有功，却不得獻俘見帝，賞功無望，愧爲朝廷命官。「一枕江湖夢未安」，言已欲歸居江湖而不可得。可見此詩必作於正德十五年五月端陽日。「程克光」，按陽明此詩所以收入淳安縣志中，乃是因程克光爲淳安人之故。考陽明程守夫墓碑（王陽明全集卷二十五）中言其友程文楷守夫爲淳安人，其父程愈節之與王華爲同年進士，程文楷與陽明同舉於鄉，同卒業於北雍。光緒淳安縣志卷三有林翰作程愈墓表，程愈有三孫程煒、程熗、程烓，應即程文楷三子。其中程煒字克明，以麟經名專門。程烓，任崇明、慈利等縣知縣，其嘉靖三年方爲國子生，與正德十五年已任金吾之程克光顯非一人。程熗，任南京北城兵馬指揮，則此程熗應即程克光金吾。蓋程煒字克明，則程熗字克光也。

聞人誾、聞人詮書來論立志於學，有答書。

王陽明全集卷四寄聞人邦英邦正書三：「書來，意思甚懇切，足慰遠懷。持此不懈，即吾立志之説矣。『源泉混混，不舍晝夜，盈科而後進。放乎四海，有本者如是。』立志者，其本也。有有志而無成者矣，未有無志而能有成者也。賢弟勉之！色養之暇，怡怡切切，可想而知。交修罔怠，庶吾望之不孤矣。地方稍平，退休有日，預想山間講習之樂，不覺先已欣然。」

興國守胡東皋刊刻吴幼清禮記纂言，爲作序。

王陽明全集卷七禮記纂言序：「宋儒朱仲晦氏慨禮經之蕪亂，嘗欲考正而删定之，以儀禮爲之經，禮記爲之傳，而其志竟亦弗就。其後吴幼清氏因而爲纂言，亦不數數於朱說，而於先後輕重之間，固已多所發明。二子之見，其規條指畫則既出於漢儒矣，其所謂『觀其會通，以行其典禮之原』，則尚恨吾生之晚，而未及與聞之也。雖然，後聖而有作，則無所容言矣；後聖而未有作也，則如纂言者，固學禮者之箕裘筌蹄，而可以少之乎？姻友胡汝登忠信而好禮，其爲寧國也，將以是而施之，刻纂言以敷其說，而屬序於予。予將汝登之道而推之於其本也，故爲序之若此云。」

顔鯨都察院右僉都御史胡公東皋傳：「無何，濠反。陽明王公慮濠之逕取南都也，移書倚公爲南都之援，公曰：『濠據江右，王公自能救之。若趣兵留都，吾當一面，以撓其勢，俟官兵四集，賊可擒也。』已而濠攻安慶，公將率兵扼其喉，復聞濠反兵就擒，乃止……與士子講解經義，稽飭行檢，表彰先賢，旌獎節義。刻禮記纂言、六書本義、韵補諸書，以惠學者，寧

國人士於是乎有興焉。」（國朝獻徵録卷五十六）

按：前考胡東臯與陽明爲姻家，王正憲娶胡東臯女。陽明此文已稱「姻友」，則可知王正憲在正德十五年已與胡東臯女訂婚（時十三歲），至嘉靖三年正式結婚（見下）。顔鯨胡東臯傳云：「宅無樓臺，房無媵妾，田不滿頃，九子共之。姚之仕宦而清貧如寒士者，獨公與副都御史宋公冕、府尹胡公鐸，時號爲『姚江三廉』云。」

江西大水，與僉事李素、鄒守益往近郊省災，有詩感懷。

王陽明全集卷二十又次李僉事素韵：「省災行近郊，探幽指層麓。回飈振玄岡，頽陽薄西陸。菑田收積雨，禾稼泛平菉。取徑歷村墟，停車問耕牧。清溪厲月行，瞑洞披雲宿。淅米石澗溜，斧薪澗底木。田翁來聚觀，中宵尚馳逐。將迎愧深情，瘡痍慚撫掬。幽枕静無寐，風泉朗鳴玉。雖繆真訣傳，頗苦塵緣熟。終當登名山，鍊藥洗凡骨。緘辭謝親交，流光易超忽。」

鄒守益集卷二十六和李僉憲元白大水感懷：「欃槍往貽西江害，嗷嗷赤子咸無賴。天遣德星秉威弧，一正泰階歡耆艾。餘芬猶令百草枯，稾秸不堪輸官租。淫雨何事忍相厄？滿目麥苗隨水逋。良疇蜿蜿蛇龍登，魚鱉鼓勇勢相承。東望朝暾竟何在？欲補漏天將誰憑？可憐漂骼掛山阜，更有乘船來催賦。巢木菇草寃喧豗，萬里帝車無處訴。我欲騎鯨叩旻天，江流幾時復桑田？撫扶羲和攬威采，約束屏翳勿狂顛。似聞九斿征駕息，貫束七星有喜色。行令尫孱飽倉庾，更飭官吏袪蟊賊。昔在周宣憂薦饑，末年百蠻獻貔皮。後王不省食肉糜，五胡遂令晉鼎移。稽首直臣翊仁后，藩宣上與甫申偶。高歌祈招立皇極，雨暘合得時若否？」

按：據鄒詩，知李素字元白。鄒守益王陽明先生圖譜：「正德十四年六月，復携僉事李素……游青原山。」知陽明與李素關係甚密。又王陽明全集卷十七批江西按察司故官水手呈：「看得僉事李素，處心和易，居官清謹，生既無以爲家，死復無以爲殮，寡妻弱妾，旅櫬萬里，死喪之哀，實倍恒情。」批江西布政司禮送致仕官呈：「據江西布政司呈：『查勘新建知縣李時，告送僉事李素喪歸雲南，任內無礙緣由。』」知李素爲雲南人，於正德十五年冬病卒。

十五日，以江西水災，上疏自劾。

王陽明全集卷十三水災自劾疏：「自春入夏，雨水連綿，江湖漲溢，經月不退。自贛、吉、臨、瑞、廣、撫、南昌、九江、南康沿江諸郡，無不被害，黍苗淪没，室廬漂蕩，魚鱉之民聚棲於木杪，商旅之舟經行於閭巷，潰城決限，千里爲壑，煙火斷絶，惟聞哭聲。詢諸父老，皆謂數十年來所未有也……伏惟皇上軫災恤變，别選賢能，代臣巡撫。即以臣爲顯戮，彰大法於天下，臣雖隕首，亦云幸也。即不以之爲顯戮，削其禄秩，黜還田里，以爲人臣不職之戒……」

同上，卷十七賑恤水災牌。

明武宗實録卷一百八十二：「正德十五年八月癸未，以水災免江西十三府税糧有差。」

同日再上計處地方疏，乞處置宸濠黨下田地山塘房産諸事。

王陽明全集卷十三計處地方疏。

六月上旬，赴贛州，巡撫地方，處置宸濠叛亂善後事宜。

按：錢德洪陽明先生年譜云：「六月，如贛。十四日，從章口入玉笥大秀宫。」是陽明在六月上旬啓行如贛。是次赴贛之行，錢德洪未明其行意。按陽明時任江西巡撫，其赴贛之行實即巡撫地方，至贛處置有關宸濠叛亂善後事宜，故特偕巡按江西御史唐龍同行。

經新淦，欒惠來訪，作書欒惠卷贈别。有游石屋山、石溪寺詩。

王陽明全集卷二十四書欒惠卷：「欒子仁訪予於虔，舟遇於新淦。嗟呼！子仁久别之懷，兹亦不足爲慰乎？顧兹簿領紛沓之地，雖固道無不在，然非所以從容下上其議時也，子仁歸矣。乞骸之疏已數上，行且得報，子仁其候我於梧江之滸，將與子盤桓於雲門、若耶間有日也。聞子仁之居鄉，嘗以鄉約善其族黨，固亦仁者及物之心，然非子仁所汲汲。孔子云：『言忠信，行篤敬，雖蠻貊之邦行矣。然惟立則見其參於前，在輿則見其倚於衡也，而後行。』子仁其務立參前倚衡之誠乎？至誠而不動者，未之有也；不誠，未有能動者也。聊以是爲子仁別去之贈。」

陽明石溪寺：「杖錫飛身到赤霞，石橋閑坐演三車。一聲野鶴波濤起，仙風吹送寶靈花。」（同治新淦縣志卷二，陽明文集失載）

陽明石屋山詩：「雲散天寬石徑通，清飈吹上最高峰。游仙船古蒼苔合，伏虎巖深緑草封。丈室尋幽無釋子，半崖呼酒喚奚童。憑虚極目千山外，萬井江樓一望中。」（同治臨江府志卷二，陽明文集失載）

按：石屋山、石溪寺均在新淦縣。同治臨江府志卷二：「石屋山，（新淦）縣東北七十餘里，有石巖如屋，廣三丈許，中有石山。」同治新淦縣志卷二：「石溪寺，在五都，王守仁有詩。」

十四日，從章口入玉笥山，游大秀宫、雲騰飈馭祠，有詩咏。十五日，宿雲儲。

王陽明全集卷二十大秀宫次一峰韵三首：「兹山堪遁迹，上應少微星。洞裏乾坤別，壺中日月明。道心空自警，塵夢苦難醒。方嶠由來此，虚無隔九溟。清溪曲曲轉層林，始信桃源路未深。晚樹煙霏山閣静，古松雷雨石壇陰。丹爐遺火飛殘藥，仙樂浮空寄絶音。莫道山人才一到，千年陳迹此重尋。落日下清江，悵望閣道晚。人言玉笥更奇絶，漳口停舟路非遠。肩輿取徑沿村落，心目先馳嫌足緩。山昏欲就雲儲眠，疏林月色與風泉。夢魂忽忽到真境，侵曉遁迹來洞天。洞天非人世，予亦非世人。當年曾此寄一迹，屈指忽復三千春。巖頭坐石剥落盡，手種松柏枯龍鱗。三十六峰僅如舊，澗谷漸改溪流新。空中仙樂風吹斷，化爲鼓角驚風塵。風塵慘淡半天地，何當一掃還吾真？從行諸生駭吾説，問我恐是玆山神。君不見廣成子，高卧崆峒長不死，到今一萬八千年，陽明真人亦如此。」

唐漁石集卷四次陽明先生遊玉笥山：「萬石結巖林，縈迴道院深。遠天雲漠漠，古洞雪陰陰。壁上龍蛇迹，水邊鐘磬音。山人應好道，杖履故追尋。」

陽明雲騰飈馭祠詩：「玉笥之山仙所居，下有元窟名雲儲。人言此中感異夢，我亦因之夢華胥。碧山明月夜如晝，清溪涓涓流階除。地靈自與精神冥，忽入清虚覩真境。貝闕珠宫炫凡目，鸞輿鶴軺分馳騁。金童兩兩吹紫霄，玉笥真人坐相並。笑我塵寰久污濁，胡不來遊凌倒景？覺來枕席尚煙霞，乾坤何處真吾家？醒眼相看世能幾，夢中説夢空咨嗟。」（同治峽江縣志卷二，陽明文集失載）

按：玉笥山爲道教勝地，同治峽江縣志卷一：「玉笥山，縣東三十里。山之峰巒連絡不絶，舊名群玉峰，根蟠百里，道書第十七洞天，第八福地。世傳漢武帝時，降玉笥於山，故名。漢梅福，晉郭桂倫、彭真一、袁景立、梁杜、曇永、蕭子雲，皆嘗學道於此，而九仙尤著。世傳避秦士十人，孔丘明、駱法通、吴天印、張法樞、謝志空、周仙用、鄒武君、謝幽巖、楊元中、何紫霄，修鍊於此，惟紫霄終隱何君洞，九人者皆仙去，故名『九仙』。」雲騰飈馭祠在玉笥山元陽峰下，同治峽江縣志卷二：「雲騰飈馭祠，在玉笥山元陽峰下，俗稱南祠。唐吴世雲爲吉州刺史，棄官修道於此。道成，舉家飛昇。後鄉民旱且病，禱無弗應，事聞於朝。玄宗遣閹使崔朗敕建廟，祀於峰之南。既復修，改於其下。宋真宗增名雲騰飈馭祠，今址額如故。後有夢樓，祀陳希夷，祈夢者多靈應。祠前有百花亭，相傳羅文恭祈夢此山，士民輻輳，無下榻處，乃遊於百花亭上，達旦不寐，諸祈夢者皆夢得『百花亭上狀元遊』之句，後果驗。羅文恭嘗題七言絶句於壁。」

十八日，至吉安，鄒守益來見，遊青原山，和黄山谷詩，遂書碑。唐龍、鄒守益均有次韻。

鄒守益王陽明先生圖譜：「六月，按吉安。吉安鄉士夫趨而會，乃宴於文山祠。復偕僉事李素及伍希儒、鄒守益游青原山，推官王暐具碑以請和黄山谷韻。親登於石。論抗許泰等及馭邊兵顛末，曰：『這一段勞苦，更勝起義師時。』」

王陽明全集卷二十青原山次黄山谷韻：「洛觀歷州郡，驅馳倦風埃。名山特乘暇，林壑盤縈迴。雲石緣攲徑，夏木深層隈。仰窮嵐霏際，始睹臺殿開。衣傳西竺舊，構遺唐宋材。風松溪溜急，湍響空山哀。妙香隱玄洞，僧屋懸穹崖。扳依儼龍象，陟降臨緯階。飛泉瀉靈竇，曲檻連雲榱。我來慨遺迹，勝事多湮埋。邈矣西方教，流傳遍中垓。如何皇極化，反使吾人猜？剥陽幸未絶，生意存枯荄。傷心眼底事，莫負生前杯。煙霞有本性，山水乞歸骸。崎嶇羊腸坂，車輪幾傾摧。蕭散麋鹿伴，澗谷終追陪。恬愉返真澹，闃寂辭喧豗。至樂發天籟，絲竹謝淫哇。千古自同調，豈必時代偕？珍重二三子，兹遊非偶來。且從山叟宿，勿受役夫催。東峰上煙月，夜景方徘徊。」

唐漁石集卷四次陽明先生遊青原山韵山在吉州：「大塊閫靈化，衆智淪浮埃。馳驅踵相躡，衰白頭誰回？我家曲江頭，又傍南山隈。漁石波瀨淺，樵逕雲霏開。吁嗟蒲柳質，誤收梁棟材。塵容草堂遠，倦迹窮途哀。情竇縈澗壑，心境盤丘崖。洪都媾厄運，驕王生厲階。周行靡荆棘，厦屋多危榱。修轡追遠攬，朱輪願深埋。回盻匪逸足，詎堪歷廣垓？迂愚觸忌諱，摘抉招嫌猜。偶聞勝遊地，草木皆雲荄。珠林繞蘭椽，蓮河浮木杯。玄寂皎華夢，虚曠蜕遺骸。忽令神意飛，寧辭筋力摧？白雲山上待，麋鹿山下陪。兹遊幸得遂，聊避塵世豗。彷佛山神言：爾飯忙頻哇，何如息故墟，溪山維其偕。子陵謝諫議，淵明賦歸來。紫蕨春雨香，白黍秋風催。顧之神不見，松月空徘徊。中峰挹層漢，上界澄纖埃。幽秘巖扉寂，縈紆松徑迴。佛臺置石角，僧舍盤山隈。日麗金色掩，雲聯緯象開。朱草四時葉，靈幹千年材。麋鹿不避人，玄猿清嘯哀。曲曲溪抱村，滴滴花然崖。青青竹蔭户，白白茅覆階。煙霞宿飛棟，風雨翳雕榱。法流泯形役，晦影深光埋。衆有化蒭狗，天地歸梯垓。山僧任真率，與物無忌猜。香鉢覆雪黍，茶鼎烹雷荄。空中忽飛錫，地上轟擲杯。好爵匪纓情，積毀焉銷骸？山水癖已成，登眺力弗摧。簿書偶閑暇，杖履歡追陪。惟有琴鶴隨，勿容車馬豗。倏然定内境，聊以辭多哇。豈將聖人道，而與佛氏偕？白日不肯住，明月還自來。漸憐壯顔槁，錯受浮名摧。驅車出山谷，緬焉中遲徊。」

鄒守益集卷二十五侍陽明先生遊青原山次韵：「道人愛邱壑，仙標絶氛埃。平原與文山，大字猶昭回。炯然忠義氣，相照煙霞隈。我行躡飛舄，雲關恍洞開。深林却炎威，中有開元材。板橋噴玉虹，峽束湍聲哀。掃石玩急流，捫蘿瞰崇崖。冠欹穿篁篠，步滑緣松階。散目憩層樓，劫火失雕榱。金剛有壞滅，矧復歎沉埋。稍喜年初熟，禾役擁田垓。翻思在軍中，梟狼正相猜。祝融似幸禍，淫毒枯陳荄。今日胡不樂？勝景欸清杯。冲情齊寵辱，達觀忘形骸。由來青虬駕，羊腸豈易摧？逝將精瓊靡，杖几終參陪。朝攬廬峰秀，夕泛海濤豗。胥矣東山墩，不離歌舞哇。懷哉醒心亭，幸以文詞偕。皇極平如砥，車馬誰往來？迷復亦已遠，况乃歲月催。步趨追逸響，征車敢遲徊！」

按：青原山在吉安，青原志略卷一：「青原，安隱山。青原盤亘數十里，以七祖道場而名……開元間，七祖行思禪師得法六祖，揚化青原。」陽明所次韵，即黄庭堅次周元公同曹遊青原山寺長韵，有詩碑，青原志略卷十二：「山谷碑跋。青原殿壁黄山谷碑，舊跋略云：『元豐六年，魯直爲泰和令。謁郡，遊青原山，爲其友周壽作詩。後九年，海昏王君得其字刻之，曰當送之祖山。未行，而魯直以太史得罪，詩遂留王氏。及太史謫還，或以王君石上墨本飾僧壁，郡守程侯章、監郡章侯清好焉，於是詩再勒石，視作詩蓋十有八年。壽字元翁，九江人。募刻石者，僧居月。……』」由鄒守益詩，可見陽明至吉安，鄒守益自安福來見，共遊青原山而歸。至陽明抵贛後，鄒守益於秋八月再來贛問學。錢德洪陽明先生年譜皆言之不明。

命有司葬劉養正母，作文祭之。

陽明祭劉養正母文：「嗟嗟！劉生子吉，母死不葬，爰及干戈；一念之差，遂至於此，嗚呼哀哉！今吾葬子之母，聊以慰子之魂。蓋君臣之義，雖不得私於子之身；而朋友之情，猶得以盡於子之母也。嗚呼哀哉！」（錢德洪陽明先生年譜）

錢德洪陽明先生年譜：「劉（養正）與陽明先生素厚善，會母死，往請墓誌。實濠事暗相邀結，不合而返……其後養正既死，先生過吉安，令有司葬其母，復爲文以奠……其事在是年六月。」

西園聞見録卷六師弟：「南昌舉人劉養正，舊從王陽明遊。黨宸濠，僞授太師，事敗，被擒伏誅。其母死，未葬，公爲之葬，又爲文祭之曰：『吾不敢宥汝之生，以葬汝之母。』可謂故舊不遺，情法兩盡矣。」

二十日，至泰和，羅欽順書來論學，有答書詳辨。

困知記附録論學書信與王陽明書庚辰夏：「昨拜書，後一日始獲奉領所惠大學古本、朱子晚年定論二編。珍感，珍感！某無似，往在南都，嘗蒙誨益。第苦多病，怯於話言，未克傾吐所懷，以求歸於一是，恒用爲歉。去年夏，士友有以傳習録見示者。亟讀一過，則凡向日所聞，往往具在，而他所未聞者尚多。乃今又獲並讀二書，何其幸也！顧惟不敏，再三尋繹，終未能得其旨歸，而向日有疑，嘗以面請而未決者，復叢集而不可解。深惟執事所以惠教之意，將不徒然？輒敢一二條陳，仰煩開示。率爾之罪，度弘度之能容也。切詳大學古本之復，蓋以人之爲學，但當求之於内，而程朱格物之説，不免求之於外，聖人之意，殆不其然。於是遂去朱子之分章，而削其所補之傳，直以支離目之，曾無所用。夫當仁不讓，可謂勇矣。竊惟聖門設教，文行兼資，『博學於文』，厥有明訓。顔淵稱夫子之善誘，亦曰『博我以文』。文果内耶，外耶？是固無難辨者。凡程朱之所爲説，有戾於此者乎？如必以學不資於外求，但當反觀内省以爲務，則正心誠意四字，亦何不盡之有？何必於入門之際，便困以格物一段工夫也？顧經既有此文，理當尊信，又不容不有以處之，則從而爲之訓曰：『物者，意之用也。格者，正也，正其不正，以歸於正也。』其爲訓如此，要使之内而不外，以會一處。亦嘗就以此訓推之，如曰：『意用於事親，即事親之事而格之，正其事親之事之不正者，以歸於正，而必盡夫天理。』蓋猶未及知字，已見其繳繞迂曲而難明矣。審如所訓，兹惟大學之始苟能即事物，正其不正以歸於正，而皆盡夫天理，則心亦既正矣，意亦既誠矣。繼此，誠意、正心之目，無乃重復堆疊而無用乎？『大哉乾元，萬物資始』，『至哉坤元，萬物資生』。凡吾之有此身，與夫萬物之爲萬物，孰非出於乾坤？其理固皆乾坤之理也。自我而觀，物固物也；以理觀之，我亦物也。渾然一致而已，夫何分於内外乎？所貴乎格物者，正欲即其分之殊，而有見乎理之一，無彼無此，無欠無餘，而實有所統會。夫然後謂之知至，亦即所謂知止，而大本於是乎可立，達道於是乎可行，自誠、正以至於治、平，庶乎可以一以貫之而無遺矣。然學者之資禀不齊，工夫不等，其能格與否，或淺或深，或遲或速，詎容以一言盡哉？惟是聖門大學之教，其道則無以易，此學者所當由之以入，不可誣也。外此或誇多而鬥靡，則溺於外而遺其内；或厭繁而喜徑，則局於内而遺其外。溺於外而遺其内，俗學是已；局於内而遺其外，禪學是已。凡爲禪學之至者，必自以爲明心見性，然於天人物我，未有不二之者，是可謂之有真見乎？使其見之果真，則極天下之至賾而不可惡，一毛一髮皆吾體也，又安肯叛君父，捐妻子，以自陷於禽獸之域哉？今欲援俗學之溺，而未有以深杜禪學之萌，使夫有志於學聖賢者，將或昧於所從，恐不可不過爲之慮也。又詳朱子定論之編，蓋以其中歲以前所見未真，爰及晚年，始克有悟，乃於其論學書尺三數十卷之内，摘此三十餘條，其意皆主於向裏者，以爲得於既悟之餘，而斷其爲定論，斯其所擇宜亦精矣，第不知所謂晚年者，斷以何年爲定？羸軀病暑，未暇詳考，偶考得何叔京氏卒於淳熙乙未，時朱子年方四十有六，爾後二年丁酉，而論孟集注、或問始成。今有取於答何書者四通，以爲晚年定論；至於集注、或問，則以爲中年未定之説。竊恐考之欠詳，而立論之太果也。又所取答黄直卿一書，監本止云『此是向來差誤』，别無『定本』二字。今所編刻，增此二字，當别有據。而序中又變『定』字爲『舊』字，却未詳本字同所指否？朱子有答吕東萊一書，嘗及定本之説，然非指集注、或問也。凡此，愚皆不能無疑，顧猶未作深論。竊以執事天資絶出，而日新不已，向來恍若有悟之後，自以爲證諸五經、四子，沛然若决江河而放諸海；又以爲精明的確，洞然無復可疑，某固信其非虚語也。然又以爲獨於朱子之説有相牴牾，揆之於理，容有是耶？他説固未敢請，嘗讀朱子文集，其第三十二卷皆與張南軒答問書。内第四書，亦自以爲『其於實體似益精明，因復取凡聖賢之書，以及近世諸老先生之遺語，讀而驗之，則又無一不合。蓋平日所疑而未白者，今皆不待安排，往往自見灑落處』。與執事之所以自序者，無一語不相似也。書中發其所見，不爲不明，而卷末一書，提綱振領，尤爲詳盡。竊以爲千聖相傳之心學，殆無以出此矣，不知何故，獨不爲執事所取，無亦偶然也耶？若以此二書爲然，則論孟集注、學庸章句、或問不容别有一般道理，雖或其間小有出入，自不妨隨處明辨也。如其以爲未合，則是執事精明之見，决與朱子異矣。凡此三十餘條者，不過姑取之以證成高論，而所謂『先得我心之所同然者』，安知不有毫釐之不同者，爲祟於其間，以成牴牾之大隙哉？恐不可不詳推其所以然也。又執事於朱子之後，特推草廬吴氏，以爲見之尤真，而取其一説，以附於三十餘條之後。竊以草廬晚年所見端的與否，良未易知。蓋吾儒昭昭之云，釋氏亦每言之，毫釐之差，正在於此。即草廬所見果有合於吾之所謂昭昭者，安知非其四十年間，鑽研文義之効，殆所謂『真積力久而豁然貫通』者也？蓋雖以明道先生之高明純粹，又早獲親炙於濂溪，以發其風月之趣，亦必反求諸六經而後得之。但其所禀，隣於生知，聞一以知十，與他人極力於鑽研者不同耳，又安得以前日之鑽研文義爲非，而以墮此科臼爲悔？夫得魚忘筌，得兔忘蹄可也，矜魚兔之獲，而反追咎筌蹄以爲多事，其可乎哉？然世之徒事鑽研，而不知反説約者，則不可不深有儆於斯言也。抑草廬有見夫所謂昭昭者，又以『不使有須臾之間斷』，爲庶幾乎尊之之道，其亦然矣。而下文乃云：『於此有未能，則問於人，學於己，而必欲其至。』夫其須臾之間間斷與否，豈他人之所能與？且既知所以尊之之道在此，一有間斷，則繼續之而已，又安得以爲『未能』，而别有所謂學哉？是則見道固難，而體道尤難。道誠未易明，而學誠不可不講，恐未可安於所見，而遂以爲極則也。某非知道者，然黽勉以求之，亦有年矣。駸尋衰晚，茫無所得，乃欲與一代之英論學，多見其不自量也。雖然，執事平日相與之意，良不薄矣，雖則駑鈍，心誠感慕而樂求教焉。一得之愚，用悉陳之而不敢隱。其他節目，所欲言者頗多，筆硯久疏，收拾不上。然其大要亦略可覩矣。伏惟經略之暇，試一觀焉，還賜一言，以決其可否，幸甚。」傳習録卷中答羅整庵少宰書。

按：一九九五—二〇〇二書畫拍賣集成明清書法中有陽明此答羅欽順書真迹（另見中國古代書法價值彙考），題作復羅整庵太宰書，書開首作「侍生王守仁頓首復太宰整庵羅老先生大人執事」，末署作：「泰和舟次，王守仁頓首。六月廿日。餘。」傳習録中答羅整庵少宰書，闕開首與結尾多句，致不知此書具體所作時間，題作「少宰」亦誤。今貴州省博物館藏有陽明此書石刻拓本，字迹與此真迹同，爲今人多所引用，但此拓本署作「三月四日六和舟次，侍生王守仁頓首，太宰整庵羅老先生大人執事」，今人遂皆以爲此書作於三月四日，實誤甚。錢德洪陽明先生年譜云：「正德十五年六月，如贛。十四日，從章口入玉笥大秀宫。十五日，宿雲儲。十八日，至吉安，遊青原山，和黄山谷詩，遂書碑。行至泰和，少宰羅欽順以書問學。先生答曰……」是陽明六月初由南昌赴贛，十八日至吉安，則二十日前後至泰和，與此書真迹所題「六月廿日」相合。陽明青原山次黄山谷韵中云「夏木深層隈」，顯也作在夏間，斷非春三月作。羅欽順與王陽明書亦明注作「庚辰夏」。三月陽明尚在南昌請寬租，决無往泰和之事。且六和在杭州，其時何來陽明三月往杭州舟次六和之事？許文淵論及此書石刻拓本云：「此書原蹟舊爲桂林陳氏收藏，後歸賀縣林氏。道光間，雲貴總督賀長齡請人刻石，原蹟交山僧珍藏。繼刻石毀，原蹟亦不復可見。光緒五年十二月，由貴州書畫家袁思韠按原拓請文忠彦重鐫，立於貴州陽明祠。重鐫碑刻後又毀，今僅存拓本而已。」可見陽明此書乃多經刻石，必是原刻石（或原拓本）後漫漶毀損，結尾署句殘泐不復可識，後人遂臆將「六月」之六與「泰和」之和拚湊爲「六和」；又將開首「侍生王守仁頓首復太宰整菴羅老先生大人執事」截取放到書末，湊成此不倫不類之署句。今幸陽明此書真迹復出，得以澄清此誤案也。

泰和楊茂來見，書諭泰和楊茂贈之。

王陽明全集卷二十四諭泰和楊茂其人聾瘂，自候門求見。先生以字問，茂以字答：「你口不能言是非，你耳不能聽是非，你心還能知是非否？」答曰：「知是非。」如此，你口雖不如人，你耳雖不如人，你心還與人一般。茂時首肯拱謝。大凡人只是此心。此心若能存天理，是個聖賢的心；口雖不能言，耳雖不能聽，也是個不能言不能聽的聖賢。心若是不存天理，是個禽獸的心；口雖能言，耳雖能聽，也只是個能言能聽的禽獸。茂時扣胸指天。你如今於父母，但盡你心的孝；於兄長，但盡你心的敬；於鄉黨鄰里，宗族親戚，但盡你心的謙和恭順。見人怠慢，不要嗔怪；見人財利，不要貪圖，但在裏面行你那是的心，莫行你那非的心。縱使外面人說你是，也不須聽；說你不是，也不須聽。茂時首肯拜謝。你口不能言是非，省了多少閑是非；

你耳不能聽是非，省了多少閑是非。凡説是非，便生是非，生煩惱；聽是非，便添是非，添煩惱。你口不能説，你耳不能聽，省了多少閑是非，省了多少閑煩惱，你比別人到快活自在了許多。茂時扣胸指天躃地。我如今教你但終日行你的心，不消口裏説；但終日聽你的心，不消耳裏聽。茂時頓首再拜而已。」

六月下旬至贛，操閱士卒，教練戰法。

王陽明全集卷三十一行嶺北道申明教場軍令：「照得本院調到寧都等縣官兵機快人等，見在贛州教場住扎操閱，中間恐有不守軍令，罪及無辜，應合禁約。隨據副使王度呈開合行事宜，參酌相同。爲此仰抄案回道，即行出給告示，張掛教場，曉諭官兵機快，各加遵守。如有違犯，事情重大者，拿送軍門，依軍令斬首；其事情稍輕者，該道徑自究治發落。仍呈本院查考。」

按：此行嶺北道申明教場軍令，注作於「九月十七日」，然其中所述，實反映陽明六月一至贛即操閱士卒、教練戰法之況。

錢德洪陽明先生年譜：「是月至贛。先生之贛，大閱士卒，教戰法。」

陳九川再來虔問學，與論「致良知」之學。有詩自咏「致良知」之悟。

傳習録下：「庚辰往虔州，再見先生。問：『近來功夫雖若稍知頭腦，然難尋個穩當快樂處。』先生曰：『爾却去心上尋個天理，此正所謂理障。此間有個訣竅。』曰：『請問如何？』曰：『只是致知。』曰：『如何致？』曰：『爾那一點良知，是爾自家底準則。爾意念着處，他是便知是，非便知非，更瞞他一些不得。爾只不要欺他，實實落落依着他做去，善便存，惡便去。他這裏何等穩當快樂。此便是格物的真訣，致知的實功。若不靠着這些真機，如何去格物？我亦近年體貼出來如此分明，初猶疑只依他恐有不足，精細看無些小欠闕。』在虔，與于中、謙之同侍。先生曰：『人胸中各有個聖人，只自信不及，都自埋倒了。』因顧于中曰：『爾胸中原是聖人。』于中起不敢當。先生曰：『此是爾自家有的，如何要推？』于中又曰：『不敢。』先生曰：『衆人皆有之，况在于中，却何故謙起來？謙亦不得。』于中乃笑受。又論：『良知在人，隨你如何不能泯滅，雖盜賊亦自知不當爲盜，喚他做賊，他還忸怩。』于中曰：『只是物欲遮蔽，良心在内，自不會失，如雲自蔽日，日何嘗失了！』先生曰：『于中如此聰明，他人見不及此。』先生曰：『這些子看得透徹，隨他千言萬語，是非誠僞，到前便明。合得的便是，合不得的便非。如佛家説心印相似，真是個試金石、指南針。』先生曰：『人若知這良知訣竅，隨他多少邪思枉念，這裏一覺，都自消融。真個是靈丹一粒，點鐵成金。』崇一曰：『先生致知之旨，發盡精藴，看來這裏再去不得。』先生曰：『何言之易也？再用功半年，看如何；又用功一年，看如何。功夫愈久，愈覺不同，此難口説。』先生問九川：『於「致知」之説體驗如何？』九川曰：『自覺不同。往時操持常不得個恰好處，此乃是恰好處。』先生曰：『可知是體來與聽講不同。我初與講時，知爾只是忽易，未有滋味。只這個要妙，再體到深處，日見不同，是無窮盡的。』又曰：『此「致知」二字，真是個千古聖傳之秘，見到這裏，百世以俟聖人而不惑！』九川問曰：『伊川説到「體用一源，顯微無間」處，門人已説是泄天機。先生致知之説，莫亦泄天機太盛否？』先生曰：『聖人已指以示人，只爲後人掩匿，我發明耳，何故説泄？此是人人自有的，覺來甚不打緊一般。然與不用實功人説，亦甚輕忽可惜，彼此無益無實；用功而不得其要者，提撕之甚沛然得力。』又曰：『知來本無知，覺來本無覺，然不知遂淪埋。』」

按：此傳習録中陳九川所記語録，意義重大，陽明生平於此進一步發「致良知」之説，以「良知」爲「訣竅」，如靈丹一粒，點鐵成金；將大學「致知」解説爲「致良知」，以「致良知」（致知）爲「千古聖傳之秘」。陽明自謂此「致良知」之説爲「我亦近年體貼出來如此分明」，「這裏一覺，都自消融」。故可謂若正德十四年爲陽明體貼「良知」覺悟之年，則正德十五年爲陽明體貼「致良知」覺悟之年。至此陽明已形成完整之「致良知」思想體系（所謂「體貼出來如此分明」），錢德洪謂陽明正德十六年始揭「良知」之教，其誤自不待辨矣。

聶豹集卷六陳明水先生墓碑：「復與東廓鄒君，事陽明先師於虔臺，學益精邃。先師嘗贈以詩曰：『況已妙齡先卓立，直從心底究宗元。』」

王陽明全集卷二十睡起偶成：「四十餘年睡夢中，而今醒眼始朦朧。不知日已過亭午，起向高樓撞曉鐘。起向高樓撞曉鐘，尚多昏睡正懵懵。縱令日暮醒猶得，不信人間耳盡聾。」

按：陽明此詩即自咏其「致良知」之悟，所謂昏睡覺醒，即指「致良知」之覺醒，與陳九川所記語録「這裏一覺，都自消融」，「知來本無知，覺來本無覺，然不知遂淪埋」相合，所謂「直從心底究宗元」也。

在贛州，大興社學，作訓蒙大意、教約頒行社學。

王陽明全集卷十七興舉社學牌：「看得贛州社學鄉館，教讀賢否，尚多淆雜。是以詩禮之教，久已施行，而淳厚之俗，未見興起。爲此牌仰嶺北道督同府縣官吏，即將各館教讀，通行訪擇，務學術明正，行止端方者，乃與兹選。官府仍籍記姓名，量行支給薪米，以資勤苦；優其禮待，以示崇勸。以各童生之家，亦各通行戒飭，務在隆師重道，教訓子弟，毋得因仍舊染，習爲媮薄，自取愆咎。」

頒行社學教條：「先該本院據嶺北道選送教讀劉伯頌等，頗已得人，但多係客寓，日給爲難。今欲望以開導訓誨，亦須量資勤苦，已經案仰該道通加禮貌優待，給薪米紙筆之資。各官仍要不時勸勵敦勉，令各教讀務遵本院原定教條盡心訓導，視童如己子，以啓迪爲家事，不但訓飭其子弟，亦復化喻其父兄；不但勤勞於詩禮章句之間，尤在致力於德行心術之本。務使禮讓日新，風俗日美，庶不負有司作興之意，與士民趨向之心，而凡教授於兹土者，亦永有光矣。仍行該縣備寫案驗事理，揭置各學，永遠遵照其後。今照前項教條，因本院出巡忙迫，失於頒給，合就查發，爲此牌仰本道府即將發去教條，每學教讀給與二張，揭置座右，每日務要遵照訓誨諸生。該道該府官員亦要不時親臨激勵稽考，毋得苟應文具，遂令日就廢弛。」卷三十一行雩都縣建立社學牌：「照得本院近於贛州府城設立社學鄉館，教育民間子弟，風俗頗漸移易。牌仰雩都縣掌印官，即於該縣起立社學，選取民間俊秀子弟，備用禮幣，敦請學行之士，延爲師長。查照本院原定學規，盡心教導。務使人知禮讓，户習詩書，丕變婾薄之風，以成淳厚之俗。毋得違延忽視，及虚文搪塞取咎。」

傳習録卷中訓蒙大意示教讀劉伯頌等：「古之教者，教以人倫。後世記誦詞章之習起，而先王之教亡。今教童子，惟當以孝弟忠信禮義廉耻爲專務。其栽培涵養之方，則宜誘之歌詩，以發其志意；導之習禮，以肅其威儀；諷之讀書，以開其知覺。今人往往以歌詩習禮爲不切時務，此皆末俗庸鄙之見，烏足以知古人立教之意哉？大抵童子之情，樂嬉遊而憚拘檢，如草木之始萌芽，舒暢之則條達，摧撓之則衰痿。今教童子，必使其趨向鼓舞，中心喜悦，則其進自不能已。譬之時雨春風，霑被卉木，莫不萌動發越，自然日長月化；若冰霜剥落，則生意蕭索，日就枯槁矣。故凡誘之歌詩者，非但發其志意而已，亦以洩其跳號呼嘯於詠歌，宣其幽抑結滯於音節也；導之習禮者，非但肅其威儀而已，亦所以周旋揖讓而動蕩其血脉，拜起屈伸而固束其筋骸也；諷之讀書者，非但開其知覺而已，亦所以沈潛反復而存其心，抑揚諷誦以宣其志也。凡此，皆所以順導其志意，調理其性情，潛消其鄙吝，默化其粗頑，日使之漸於禮義而不苦其難，入於中和而不知其故。是蓋先王立教之微意也。若近世之訓蒙穉者，日惟督以句讀課仿，責其檢束，而不知導之以禮；求其聰明，而不知養之以善；鞭撻繩縛，若待拘囚。彼視學舍如囹獄而不肯入，視師長如寇仇而不欲見，窺避掩覆以遂其嬉遊，設詐飾詭以肆其頑鄙，偷薄庸劣，日趨下流。是蓋驅之於惡而求其爲善也，何可得乎？凡吾所以教，其意實在於此。恐時俗不察，視以爲迂，且吾亦將去，故特叮嚀以告。爾諸教讀，其務體吾意，永以爲訓，毋輒因時俗之言，改廢其繩墨，庶成蒙以養正之功矣。念之念之！」

同上，教約：「每日清晨，諸生參揖畢，教讀以次。遍詢諸生：在家所以愛親敬長之心，得無懈忽，未能真切否？温清定省之儀，得無虧缺，未能實踐否？往來街衢，步趨禮節，得無放蕩，未能謹飾否？一應言行心術，得無欺妄非僻，未能忠信篤敬否？諸童子務要各以實對，有則改之，無則加勉。教讀復隨時就事曲加誨諭開發，然後各退就席肄業。凡歌詩，須要整容定氣，清朗其聲音，均審其節調，毋躁而急，毋蕩而囂，毋餒而懾。久則精神宣暢，心氣和平矣。每學，量童生多寡，分爲四班，每日輪一班歌詩，其餘皆就席，斂容肅聽。每五日則總四班遞歌於本學。每朔望，集各學會歌於書院。凡習禮，須要澄肅慮，審其儀節，度其容止，毋忽而惰，毋沮而怍，毋徑而野，從容而不失之迂緩，修謹而不失之拘局。久則體貌習熟，德性堅定矣。童生班次，皆如歌詩，每間一日，則輪一班習禮，其餘皆就席，斂容肅觀。習禮之日，免其課仿。每十日則總四班遞習於本學。每朔望，則集各學會習於書院。凡授書，不在徒多，但貴精熟。量其資禀，能二百字者，止可授以一百字。常使精神力量有餘，則無厭苦之患，而有自得之美。諷誦之際，務令專心一志，口誦心惟，字字句句紬繹反覆，抑揚其音節，寬虚其心意。久則義理浹洽，聰明日開矣。每日工夫，先考德，次背書誦書，次習禮，或作課仿，次復誦書講書，次歌詩。凡習禮歌詩之數，皆所以常存童子之心，使其樂習不倦，而無暇及於邪僻。教者知此，則知所施矣。雖然，此其大略也，神而明之，則存乎其人。」

按：陽明之立社學，錢德洪以爲在正德十三年四月，云：「正德十三年四月，班師，立社學。」「師自征三浰，山寇盡平。即日班師，立法定制。令贛屬縣俱立社學，以宣風教。城中立五社學：東曰義泉書院，南曰正蒙書院，西曰富安書院，又西曰鎮寧書院，北曰龍池書院。選生儒行義表俗者，立爲教讀。選子弟秀穎者，分入書院，教之歌詩習禮，申以孝悌，導之禮讓。未期月而民心丕變。」（年譜附録一）今按：謂陽明正德十三年四月班師回贛即大立社學，其説誤甚。考陽明爲興社學頒布之興舉社學牌、頒行社學教條、行雩都縣建立社學牌，在陽明集中均置於正德十五年中，而行雩都縣建立社學牌更明注作於正德十五年「十二月二十七日」，又陽明先生別録卷十二有其十三牌行嶺北道興舉社學，亦明注作於正德十五年「九月十三日」，僅此已可見陽明興社學在正德十五年而斷非在正德十三年。頒行社學教條中云「因本院出巡忙迫，失於頒給」，所謂「出巡」即指陽明正德十五年以江西巡撫自南昌出巡來贛州；正德十三年陽明尚未任江西巡撫，且其時即駐贛州，無所謂「出巡」。陽明頒行社學教條所云「教條」，即指陽明所作教約、訓蒙大意，按訓蒙大意中有云：「且吾亦將去，故特叮嚀以告。」所謂「吾亦將去」，即指陽明出巡贛州，終將回南昌而去；正德十三年四月陽明方班師回贛州，豈能作如是語？又行雩都縣建立社學牌更明云「本院近於贛州府城設立社學鄉館」，則陽明於正德十五年七月興社學斷無疑問矣。按陽明有衆多江西弟子皆自謂正德十五年來贛州問學，親覩陽明大興社學。如鄒守益，其秋七月來贛，鄒守益集卷十八題遠齋告蒙云：「往歲從陽明先生於虔，獲睹社學之訓，君童子數百人，歌詩習禮，中規中矩，雝雝威儀之盛……」卷二論俗禮要序云：「予嘗受學於陽明先生，獲見虔州之教，聚童子數百，而習以詩禮，洋洋乎雅頌威儀之隆也。」又如李呈祥，其亦在正德十五年七月來贛問學，古源山人日録卷六上云：「予嘗至贛，見陽明行社學之法，甚善。」卷四云：「陽明先生在贛，立社學法，教童子晨昏行定省之禮節，約冠禮，並祀先文廟禮，令童子朔望演習之。其定祀先位次，則高祖居中面南，曾與祖位於東西兩旁稍前，一面西，一面東。考位於曾東之下，稍却而後，面西。祖較曾稍下，考較祖又稍下。此與古者合祭昭穆之禮頗相似，比之家禮，高曾祖考同爲一列，且從右而至左者，尊卑失次，於心終不安矣。」又如袁慶麟，陽明即於其時聘其督本府社學，後其旋在七月卒，終未能來督本府社學，康熙雩都縣志卷九袁慶麟：「檄有司聘督本府社學，年六十五卒。陽明爲文誄之。」再如陳九川，其六月來贛問學，亦親覩陽明大興社學，錢德洪陽明先生年譜云：「正德十五年六月，如贛……先生至贛，大閲士卒，教戰法。江彬遣人來觀動静，相知者俱請回省，無蹈危疑。先生不從……且曰：『吾在此與童子歌詩習禮，有何可疑？』門人陳九川等亦以爲言。」所謂「吾在此與童子歌詩習禮」，即指大興社學也。由此可以確考陽明大興社學在正德十五年六月無疑矣。鄒守益王陽明先生圖譜即將陽明興社學置於正德十五年中，云：「先生乘霽入，盡歷忘歸、忘言各巖……立南贛鄉約，修舉社學，申諭十家牌法於列郡。」此蓋是鄒守益所親見也。陽明是次出巡來贛，其巡撫地方乃文武雙管齊下：武則大閲士卒，訓練戰法；文則大興社學，立鄉約。陽明後特將教約、訓蒙大意收入傳習録，可見其重視興社學如此。蓋社學之教，即「良知」之教也，故後來陽明遂有「九聲四氣歌法」推廣於社學與書院矣。

批興國縣移易風俗，以正教化事，復書院，立社學。

陽明批興國縣移易風俗申文：「欽差提督軍務都察院右副都御史王批：據申，足見知縣黄泗修舉職業，留心教化，所申事理，悉照準擬施行。但政在宜俗，事貴近民，故良吏爲治，如

醫用藥，必有斟酌調停之方，庶得潛移善變之道。申繳。」（乾隆興國縣志卷十六明文移）

按：乾隆興國縣志於陽明此批文前載有興國縣令黃泗移易風俗申文，知黃泗上此申文乃欲請爲毁淫祠，復書院，立社學，實與陽明正德十五年六月來贛州大興社學有關，同治興國縣志卷三十六有黃泗興國舉廢事記述之甚詳。黃泗其人，乾隆福州府志卷五十七列傳有黃泗傳：「黃泗，字尚孔，福清人。弘治乙卯進士。知興國縣，始至，值焚蕩之餘，民日夜相驚，恐寇且至。乃募壯丁守城，沿城置警鋪二十四以處之。建樓城上，重構文廟齋廡，而按追田塘之侵蝕者以贍學。毁諸淫祠，改建三程祠，移安湖書院於學宫。時王守仁方撫虔，唐龍視學江西，俱嘉獎之。」茲將黃泗移易風俗申文著録於下，以見陽明在贛大興社學之真況與真意。

黃泗移易風俗申文：「贛州府興國縣爲毁淫祠，復書院，立社學，以正風教事：奉欽差提督南、贛、汀、漳等處軍務都察院右副都御史王鈞牌，爲移易風俗事，蒙照『有司之政，風化爲首，習俗侈靡，亂是用生』，及奉告諭内開『違棄禮法，豈獨爾民之罪；有司者教導之不明，與有責焉』。等因，奉此，除依奉於四隅六鄉内各選鄉長一名，將告諭家給一張，粘貼在門，朝夕巡諭，互相戒勉外，切緣頑民習俗既久，從違靡定，實由有司政拙德薄，無能倡率。但因兵歉連年，徵科不輟，爲之民者，亦惟救死不贍，禮義未洽，無怪其然。今幸蒙軍門掃平蠻寇，爰妥窮民。年來幸值有秋，兼無疾疫，教民興行，機實在茲。緣本縣正德五年流賊殘毁之後，縣治陵夷，學宫頹壞。近該卑職申鳴上司准令修造，凡所弛廢，漸行整飭外，奈何窮山僻地，人少務學，富家大室，競爲淫侈，所謂教子之方，爲學之法，全無足取。間有子弟稍具敏質者，亦皆因循章句，而於理學漫不究心，科第久之，人文不興。職此故也，即今作養生儒不滿額數，無名僧道每至，群然加之，庸人俗子信從在彼，輕忽在此，欲望禮義之興，人才之盛，風俗之淳，不可得矣。卑職目擊斯弊，除將本縣淫祠齊天聖母、七姑娘、天符等廟折毁，起造原廢社學二所。及考舊志，備載宋慶曆甲申大中大夫程公珦來知興邑事，二子明道、伊川少侍父學，遣師濂溪周元公，實自興國始。惟時政教大洽，人文特盛。咸淳八年，宣教郎臨川何時來試邑，稽閲往牒，知爲大賢過化之地，且因本縣衣錦一鄉，遠僻山林，比之他鄉，其地與民尤爲險梗。乃據彼地安湖山水之勝，議建安湖書院，爲堂者一，爲齋者六，又爲祠於講堂東，中祀大中，配以元公，而二程侍焉。用以風彼士民，使知向學，以敦頑習。宋文天祥、方逢辰親製碑文二通。洪武三十年，知縣唐子儀重爲修葺。迨今彼地人民盡湮，書院基址盡廢，二碑尚屹荒丘，頑民罔知瞻向。又前任知縣章廷圭因見祠祀久廢，乃於本縣學東修建二程小祠一所，歲時奉祭，卑隘弗稱。及查唐宋及國朝相繼名臣，如鍾紹京、謝肇、蕭行可、李朴、王質、吕復輩，實與國偉。今其子姓式微，祠祀無立，與三程祠、書院久隳，並爲闕典。卑職見得縣治後有大乘寺遺址，向被流賊殘毁，今與及本寺僧衆猶欲動勸緣，重建寺宇。卑職恐滋非倡邪，已經遏阻。欲得此地，截據其半，改建安湖書院。中爲講堂，後爲退省堂，爲尊經閣，以據書院之勝；東爲先賢祠，祀三程，如前例，配以元公，侍之二子；西爲鄉賢祠，祀鍾紹京等六人；東西祠之兩旁，各建齋舍若干間，並移文天祥、方逢辰殘碑於此爲證。及於城隅中拆去淫祠基址，各立社學一所，考選能通經學、素行端謹社師各一名，並報選民間俊秀子弟，凡可進取者，悉充社學童生，冀以成學，進補邑庠；弟子員缺，仍於生儒中擇其有志向上者，令入書院，拔其望者爲之長，日事講磨，求古聖賢成法，以淑其身。卑職且將以所聞當道傳習之録，條教之方，日相勸於其間，使凡若俊秀者，舉知瞻向周程四先生之學行，鍾紹京、李朴等之德業，有所感發而興起焉。緣卑職力少才庸，深懼弗克，第思移風易俗之典，幸賴當道作則於上，而有司奉行於下。卑職近又訪得下鄉妙門寺僧房一所，巧製螺絲覆海粧，畫五采花紋，事屬違禁，況本房僧人謝弭禮近爲違法事，該本縣提問，各僧懼罪在逃。欲將此屋行令地方及查，各鄉但有淫祠，量行拆毀，木料磚瓦各運回縣，添造書屋，庶使建創有資，民財不費，成功可必。緣係毀淫祠，復書院，立社學，以正風教事理，卑職未敢擅便，合行具申。伏乞鈞照示下，以憑遵奉施行，須至申者。」

按：陽明在贛大興社學，今得黄泗此移易風俗申文，真况得以大明矣。黄泗文中所云「當道傳習之録」，即指陽明傳習録；所云「條教之方」，即指陽明教約。可見陽明修興社學，乃是以己之「心學」之教推行於社學、書院之教育中。尤值得注意者，黄泗謂程珦於慶曆四年來知興國縣，遣二子程顥、程頤師事濂溪周惇頤（時周敦頤通判虔州），有興國縣「往牒」與三程祠爲證。其説尤有重要意義。按二程與周敦頤關係向來不明，一般多以爲是周敦頤任南安軍司理時，程珦攝通守事，遣程顥、程頤往受學，其説無據，後人疑而不信。今得黄泗新説，真實有據，疑惑可解矣。陽明所以特重興國縣興社學，立書院，建三程祠，蓋在兹乎？

推行教約，親自下縣督查社學，教習禮樂歌詩。

范嵩陽明王先生命來教禮鄉社事竣過余小詩贈别：「督府匡時切，煩君此日行。絃歌教小邑，綿蕝肆諸生。俗化行看變，人才倘可成。新詩代瓊贈，鄉國爲關情。」（石倉歷代詩選卷四百六十二）

按：所謂「來教禮鄉社」、「絃歌教小邑」，指陽明下到縣學社學，按教約教習諸生禮樂歌詩。范嵩，無考，疑爲一縣學教諭。

江彬遣人來覘動静，作啾啾吟以明志。

錢德洪陽明先生年譜：「江彬遣人來觀動静。相知者俱請回省，無蹈危疑。先生不從，作啾啾吟解之……門人陳九川等亦以爲言。先生曰：『公等何不講學？吾昔在省城，處權豎，禍在目前，吾亦帖然，縱有大變，亦避不得。吾所以不輕動者，亦有深慮焉耳。』」

鄒守益王陽明先生圖譜：「時許泰譖於江彬曰：『王陽明起兵，清君側之惡。』彬驚問故，曰：『朱泰是第一名，提督亦不免。』彬遣人以覘。覘者至省泝贛，知厚咸愕怖，先生以詩代答：『東家老翁防虎患，虎入卧内啣其頭；西家小兒不識虎，持竿驅虎如驅羊。』張太監永以先生社稷功，每解之，竟不能害。」

錢德洪刻文録叙説：「陳惟濬曰：『昔武宗南巡，先生在虔，姦賊在君側，聞有疑謗危先生者，聲息日至，諸司文帖，絡繹不絶，請先生即下洪，勿處用兵之地，以堅姦人之疑。先生聞之，泰然不動。門人乘間言之，先生姑應之曰：「吾將往矣。」一日，惟濬亦以問。先生曰：「吾在省時，權豎如許勢焰疑謗，禍在目前，吾亦帖然處之。此何足憂？吾已解兵謝事乞去，只與朋友講學論道，教童生習禮歌詩，烏足爲疑？縱有禍患，亦畏避不得。雷要打，便隨他打來，何故憂懼？吾所以不輕動，亦有深慮焉爾！」又一人使一友亦告急。先生曰：「此人惜哉不知學，公輩何不與之講學乎？」是友亦釋然，謂人曰：「明翁真有赤舄几几氣象。」愚謂別録所載，不過先生政事之迹耳。其遭時危謗，禍患莫測，先生處之泰然，不動聲色，而又能出危去險，坐收成功。其致知格物之學至是，豈意見擬議所能及！』」（王陽明全集卷四十一）

按：所謂「吾已解兵謝事乞去」，指三月三疏省葬。「教童生習禮歌詩」，指陽明在贛大興社學。陳九川所言，清楚道出陽明謗危處境及其作啾啾吟之背景。

王陽明全集卷二十啾啾吟：「知者不惑仁不憂，君胡戚戚眉雙愁？信步行來皆坦道，憑天判下非人謀。用之則行舍即休，此身浩蕩浮虛舟。丈夫落落掀天地，豈顧束縛如窮囚？千金之珠彈鳥雀，掘土何煩用鐲鏤？君不見，東家老翁防虎患，虎夜入室銜其頭；西家兒童不識虎，執竿驅虎如驅牛。癡人懲噎遂廢食，愚者畏溺先自投。人生達命自灑落，憂讒避毀徒啾啾！」

七月，鄒守益、夏良勝、李呈祥、王仰、王釗、王時柯、董歐、黄直均來贛問學。

鄒守益集卷二贈王孔橋：「庚辰之秋，再見先師於虔州，與二三友坐虛堂以觀月，而悟吾性焉。喟然歎曰：『吾性之精明也，其猶諸日月乎！月之行於天也，樓臺亭榭照以樓臺亭榭，而未嘗有羨也；糞壤污渠照以糞壤污渠，而未嘗有厭也。是謂無將無迎，大公而順應。吾儕顧以作好作惡之私，憧憧起伏，相尋於無窮，是噓雲播霧以自翳其明也。』二三友讙然有省……王生孔橋見先師之歲，亦以庚辰，而卒業於山房。」

同上，卷二十三王孔橋墓誌銘：「仰字孔橋，安成汶源里人……以春秋起家邑庠，鄉之世家争延爲弟子師。仰不自足也，復與王生釗提一囊，從陽明先師以學，日誦説孔、孟、周、程以自規勉，復鄉約。卒業東廓山房。」
同上，中臺秋崖朱公自虔之浙贈言：「陽明先師之蒞虔也，益再趨受學焉，與四方同志切磋鬱孤、通天之間。」
同上，卷十八山房紀會引：「『東廓山房』，荷易齋先大夫文鳥之夢，而陽明先師大書之。始於庚辰，移於乙卯，時與四方同志暨姻隣子侄肄業其中。」
按：鄒守益自謂「庚辰之秋」來虔問學，今據鄒守益東巖題刻：「閑坐通天巖……凡浹旬而歸……正德庚辰八月八日。」（贛石録卷二，詳下）由「浹旬」上推，可見鄒守益當在七月來贛。又陽明遊通天巖示鄒陳二子亦云：「鄒陳二子皆好遊，一往通天十日留。」（王陽明全集卷二十）據此，可見鄒守益來贛約在七月中旬。
夏良勝東洲初稿卷十三至虔見陽明先生：「道教推先覺，朋簪半舊知。經營心在帝，俎豆化行兒。懸鏡分秦土，醇醪醉習池。根蟠只方寸，生意萬千枝。」
按：傳習録卷下陳九川記語録云：「在虔，與于中、謙之同侍。」「後在洪都，復與于中、國裳論内外之說。」此「于中」即夏良勝，可見夏良勝與陳九川、鄒守益同時在七月來贛問學。又鄒守益東巖題刻云：「同遊者盱江夏良勝……正德庚辰八月八日。」由此可以確知夏良勝來贛在七月。
李呈祥古源山人日録卷六下：「予曾至贛，見陽明行社學之法，甚善。」卷八：「予在贛，與陽明講論頗不合，然亦未嘗盡言相辨也。」　卷四：「陽明先生在贛，立社學法。」同上，柯相叙古源山人日録：「聞陽明、甘泉二公以道自任，即望門或走書辨難往復，不嫌異同。既而學益進，弟子從者日益衆。」

按：李呈祥字時龍，號古源，貴池源頭村人。生於成化二十年。嘉靖二年膺歲貢，赴廷試。歸築一軒，樂道不仕。嘉靖三十三年卒。儒林宗派卷十五王氏學派收貴池籍弟子二人，即李呈祥與柯喬。李呈祥當是七月來贛，故得親覩陽明行社學之法也。

明水陳先生文集卷七壽王母太孺人七十序：「同年王子敷英質美而志大，務爲殘形之學。庚辰之秋，同事陽明於虔州。值母之誕辰，别歸爲壽，陽明遺之詩。又三年，王母則當七十，王子以行人便使歸，而使予序之。」

按：王敷英即王時柯，明清進士録：「王時柯，正德十二年三甲二名進士。江西萬安人，字敷英。授行人。嘉靖初，歷御史，上疏言大禮事，忤旨切責。未幾，伏闕争大禮，再予杖，除名戍邊。穆宗繼位，復官。」明史卷一百九十三有王時柯傳。按程煇喪紀中有云：「櫬抵吉安府螺川驛……門人御史王時柯……各就位哭奠。」是王時柯確爲陽明門人。陽明遺王時柯詩今佚。傳習録卷下有記云：「敷英在座曰：『誠然。嘗讀先生大學古本序，不知所説何事。及來聽講許時，乃稍知大意。』」即記在正德十五年閏八月中。

鄒守益集卷十七九賓主人辯：「璜溪董先生之生冢子也，名之曰歐；既冠，字之曰希永。希永祇奉嚴訓，弗敢忘也。陽明先師倡道於虔，予與希永同聞萬物一體之學。别來十四五年矣，希永執訊以告曰：『歐性好逸，堂畔構小齋，置琴與書；齋前築小臺，中植松、竹、梅，左以蘭、桂，右以蓮、菊……是九物也，酬酢若賓主焉，遂沉酣而醉，醉中自號九賓主人……』」

吴悌推官黄公直行狀：「先生諱直，字以方，號卓峰。幼負奇資，善屬文。十四補邑庠生。正德丙子，中鄉試。庚辰，卒業北太學。適武廟駕幸留都，先生遂奮然具疏，請留，視勢弗及，迺作書徧謁當國諸老，如楊公廷和、毛公澄、陸公完等，見其書詞激烈，莫不歎賞稱許。既歸，聞陽明先生倡良知之學于虔州，先生徒步往從受學焉。癸未會試，場中策問極詆講學之非，先生與南野歐公獨闡聖學，力排衆議之失。編修馬公得卷，以爲奇士。廷對，賜同進士出身。」（國朝獻徵録卷九十一）

按：歐陽德集卷二十六水雲聶公墓表云：「既葬，致黄君某所狀事行，屬某表墓。某與黄君皆太守，同年，同學於陽明先生。」此「黄君」即指黄直。明清進士録：「黄直，嘉靖二年三甲一百六十三名進士。江西金溪人，字以方。除漳州推官，疏請早定儲貳，貶沔陽判官。又以抗疏救楊名，謫戍雷州衛，赦還卒。」按傳習録卷下有黄直以方所記語録甚多，蓋皆記在正德十五年中（是年十二月黄直回金溪)。

按:陽明是次返贛,來問學士子甚衆,非僅此數人。贛石録卷二鄒守益東巖題刻云:「同遊者盱江夏良勝,遊而信宿者劉寅、周仲、劉魁、黄弘綱、王可旦、王學益、歐陽德、劉瓊治、王一峰也。」此數人亦皆是來問學士子(詳下)。又康熙信豐縣志卷十文學:「張純,字懋一。天性穎敏,篤志力學。從母舅俞德洪之京師,就翰林編修景公暘學。繼受陽明王公良知之教,超然頓悟。爲文根極要領,名動郡邑。嘉靖壬午鄉薦,尋歿,人稱惜之。」又:「俞慶,字子有,一字子善。篤志問學,泛觀博取,反而約之身心。踰冠,領正德庚午鄉薦,遊太學,所交盡海内名士。詩文冲淡,自可名家。後從陽明,益有妙悟。尋卒,陽明公哭之曰:『嗚呼慶也!欲寡其過而未能,蓋駸駸焉有志,而未覩其成也。』太史舒芬爲之銘曰:『學修夫情,行循夫經。汝歿汝寧,固是丘之所成。』至今士林忻慕焉。」張純、俞慶亦皆在其時來問學。

十七日,重上江西捷音疏與功次册。並有札致御史謝源,批評按察司所造功次册。

王陽明全集卷十三重上江西捷音疏十五年七月十七日遵奉大將軍鈞帖。

錢德洪陽明先生年譜:「七月,重上江西捷音。武宗留南都既久,群黨欲自獻俘襲功。張永曰:『不可。昔未出京,宸濠已擒,獻俘北上,過玉山,渡錢塘,經人耳目,不可襲也。』於是以大將軍鈞帖，令重上捷音。先生乃節略前奏，入諸人名於疏内，再上之。始議北旋。」

憲章類編卷六：「秋七月，上駐驛南京既久，復有游蘇杭、泛江浙、泝湖湘、登武當之意。畿内郡縣供給繁難，梁儲、蔣冕自執章奏，懇請迴鑾，泣跪於行宮門外，自未至酉。上遣中官取奏入，且諭之起，對曰：『臣未奉旨，不敢起。』中官復出傳旨云：『已知道，日下便要迴鑾。』儲等乃起……群黨欲自獻俘襲功，張永曰：『昔未出京，宸濠已擒，奈何襲之？』於是以大將軍鈞帖，令王守仁重上捷音。守仁乃節略前奏，入諸人名於疏内，上之。始議北旋。」

國榷卷五十一：「正德十五年閏八月壬辰，上辭孝陵。初，上欲幸江浙湖湘，群臣伏闕請還蹕。朱彬欲重譴，其黨阻之曰：『一之爲甚，毋再也。』大學士梁儲、蔣冕伏宫門泣請，傳旨起退，以未得請，不敢起。乃傳旨許還。癸巳，受江西俘，令王守仁重奏捷，叙及親征所遣張忠、朱暉等功。」

按：國榷謂陽明閏八月癸巳重上捷音疏，乃誤；然謂重奏捷音疏補叙張忠、朱暉及朱泰、江彬等人之功，道出武宗何以命陽明重上捷音疏之真正秘密。

陽明與謝士潔書一：「承以功次見詢，此正區區所欲一論者。近見兵部王公文移，其意重在分别奇功、頭功、次功。今按察司所繳册内，既不依此開造，却又創立總理調度及倡義起兵事前事後等項名色，甚有未安。近日朝廷將各處總督官銜悉改爲提督，則此總理之名正與『總督』字樣相犯，不可不避。且我輩一時同事，孰非忠義勤王之人，今乃獨以倡義起兵歸之士潔與伍廉吏（按：伍希儒），二君正係造報功次之人，而乃自相標揭如此，掩衆美而獨有之，非惟二君心有不忍，兼且衆議不平，亦恐適來識者之誚，此亦不可不深自省艾也。凡言事前事後者，皆謂一事之外，前後别有兩事。今宸濠叛逆正是一事，作亂之始是事之始，平亂之後是事之終，不可以事前後言。今若以諸公來文之故不得已，止於功次項下開寫，庶尚可通，况獲功日月前後自見，何俟别開；今乃特於册前復創此項名目，却是畫蛇添足。其於一萬一千有奇之數，减去前後，即自相矛盾，而捷奏之言爲虚妄矣。此在高明，必有的見，既承問及，不敢不盡。又諸鄉宦協謀討賊，其義甚高，今乃一概削而不録，何以勸善？我輩心亦何安？且與捷奏亦有不合，尤不可不處。封去册式，乃在省城時與諸公面議如此，今亦未敢便以爲是，更望斟酌去取之。叨叨不罪。守仁拜手言。」（手書真迹藏温州博物館，陽明文集失載）

按：謝源字士潔，一字潔甫，閩縣人，已見前考。此書主要在批評按察司所繳功次册以倡義起兵之功歸之謝源、伍希儒，按陽明重上江西捷音疏云：「將擒斬俘獲功次一萬一千有奇發御史謝源、伍希儒暫令審驗紀録，另行造册繳報……」可見按察司所繳功次册實爲謝源、伍希儒所造，陽明欲其改正也。書中所言「封去册式，乃在省城時與諸公面議如此」，乃指陽明三月四日（時在省城南昌）所上開報征藩功次贓仗咨（王陽明全集卷三十一）。

是月，楊鸞過贛來見，知楊驥病卒，有文祭之。

陽明奠楊士德文：「嗚呼！士德之資，精一之志，篤信往勇，真足以任重致遠，亦既有聞矣。忽中道而奪之，天也，吾誰歸咎乎！士德素多病，得去冬懷玉書云：『扶病還潮。』謂亦常耳。秋初，士鳴過贛，凶變適傳，且疑且愕，謂爲不信。既而尚謙報至，而果然矣。嗚呼痛哉，其之不幸！往歲曰仁之慟，吾已不忍其烈；今復慟吾士德，其何以堪之？昔尚謙爲吾言：潮有二鳳，蓋指士德昆季也。後皆相繼爲吾得，自以爲斯文之瑞，而今失其一矣，嗚呼傷哉！士鳴歸，聊附一奠，痛哉士德，今日已矣，復何言，復何言！」（饒平縣志卷二十，陽明文集失載）

泉翁大全集卷五十七奠楊仕德文：「維正德十六年，歲次辛巳，正月甲寅朔，越十一日甲子，翰林院編修湛　以牲帛之奠，告於故國子君楊生仕德之靈曰：嗚呼！道喪千載，學失其心。失之者，豈惟逐物而遷？蓋有心心相持，束縛天君，如髡如鉗，則忘則助，二者支離而愈分，而不知本體之自然者，即事而在，不存而存，内外合一，而不容二三以人也。昔爾伯氏，遺來歸云，一見之間，遂喜得君。君年孔富，其氣孔神，許以共學，以志於仁。爾時匆遽，未罄其餘；繼以季弟，再謁墓廬。我方銜血，略示要樞，誓心卒業，無論薦書。君師陽明，謂予同道。仕鳴來樵，合一是討。逾年君來，昆季其究，君時是內，惡物之疚。君病憔悴，予曰『心病』。予憂予言，予言砭訂。君亦予然，匪則來正。孰病孰知，生也則幸。嗚呼！豈謂而終以是滅其性耶！夫學以復其性，而反以致病焉，其天耶？其人耶？夫後世風靡，知學者希；知學矣，而慮不得師；得師矣，慮傳習之猶非；真傳矣，慮用力之弗宜；宜力矣，慮其之弗彌，無以畢志願之所期。若吾仕德者，可謂知學而得師矣。而年止於斯，齎志而歿，其傳耶？力耶？非耶？嗚呼悲呼！尚饗！」

陳洸歸潮陽，題書卷贈別，勉勸其謙恭戒傲。

王陽明全集卷二十四書陳世傑卷：「堯允恭克讓；舜温恭允塞；禹不自滿假；文王徽柔懿恭，小心翼翼，望道而未之見；孔子温良恭儉讓。蓋自古聖賢，未有不篤於謙恭者。向見世傑以足恭爲可耻，故遂入於簡抗自是。簡抗自是則傲矣；傲，凶德也，不可長。足恭也者，有所爲而爲之者也。無所爲而爲之者，謂之謙；謙，德之柄，温温恭人，惟德之基。堂堂乎張也，難與並爲仁矣。仲尼贊易之謙曰：『謙，尊而光，卑而不可踰，君子之終也。』故地不謙，不足以載萬物；天不謙，不足以覆萬物；人不謙，不足以受天下之益。昔者顏子以能問於不能，有而若無，蓋得夫謙道也。慎獨、致知之説，既嘗反覆於世傑，則凡百私意之萌，自當退聽矣。復嘵嘵於是，蓋就世傑氣質之所急者言之。躬自厚而薄責於人，則遠怨；見賢思齊，見不賢而内自省，則德修。毋謂己爲已知而輒以誨人，毋謂人爲不知而輒以忽人。終日但見己過，默而識之，學而不厭，則於道也其庶矣乎！」

按：陳世傑即陳洸，掖垣人鑑卷十二：「陳洸，字世傑，號東石，廣東潮陽縣人。正德十六年進士。本年八月，除户科給事中。嘉靖二年，陞吏科右。三年，陞湖廣僉事。尋復原職，陞户科左。四年，爲事解任聽勘。」前考陳洸爲潮中士子最早來問學陽明者。正德七年鄭一初即因陳洸而來見陽明受學，陽明祭鄭朝朔文云：「君因世傑，謬予是資……君與世傑，訪予陽明。」可見陳洸與陽明初識約在正德六年（或經甘泉介紹）。湛甘泉寄陽明云：「向送陳世傑求放心之説，正欲與高論互相發。邇聞渠報兄有辯説。」（泉翁大全集卷九）可見是次别後兩人仍多有通信往還論學（書均佚）。王陽明全集於此文題下注「庚辰」作，疑陳洸即是聞楊驥卒而歸潮陽。按陳洸性格張狂乖傲，簡抗自是，故陽明以謙恭砭之。然陳洸歸潮陽後即熱衷於科舉功名，狂躁求進，遂在次年舉進士，除户科給事中，投入大禮議紛争，成爲大禮議中頭號凶人，卒至身敗名裂，蓋不思陽明勉勸之過也。

黄綰有書來，勸陽明功成全身而退。

黄綰集卷十八寄陽明先生書四：「鄙陋山居，八易寒暑，不覺髭鬢種種，豈勝愧慨！聞隆勳絶世，位寵不卜可知。乾之上九曰：『亢龍有悔。』此不獨人君之象，凡爲臣子，處功名位望之極，理亦如此。況危疑之際，事勢可憂，不但亢龍而已。昔孔明爲劉琦曰：『申生在内而危，重耳在外而安。』今奸欺盈朝，欲爲宗社深慮，而事權在人，惟在外可以終濟明哲。煌煌君子，其留意焉。」

按：書云「八易寒暑」，則在正德十五年，陽明正處在危疑謗毀、賞功不下之際。黄綰此書約作在是年秋中。

八月八日，鄒守益、陳九川遁居通天巖，遂携弟子往遊通天巖，多有唱酬。

鄒守益東巖題刻：「安成鄒守益、臨汝陳九川受學陽明先生，閑坐通天巖，陰晴變態，林霏異觀，相與歷覽往古之踪，盡窮巖之勝，發秘扁名，升高望遠，逸興不窮。客至，坐石詠觴，刻之洞口，陶然自適，不知天地之爲大，而巖谷之非家也。凡浹旬而歸。先是遊訪者憲副王度、郡守丞盛茂、夏克義、邑令宋瑢，同遊者盱江夏良勝，遊而信宿者劉寅、周仲、劉魁、黄宏綱、王可旦、王學益、歐陽德、劉瓊治、王一峰也。正德庚辰八月八日。」（贛石録卷二）

按：贛石録云：「右正德庚辰鄒守益等題記，在贛縣東巖。凡十五行，字徑寸餘，正書。」通天巖又名玉巖，中有忘歸巖，又有忘言巖。天啓贛州府志卷二：「通天巖，在城西二十里，空洞如屋，有穴透其巔，怪石環列如屏障。宋秘書陽行先隱於此，太守林顔號爲玉巖翁。留元剛建玉巖亭，行先祠在焉……忘歸巖，在通天巖半壁。王陽明偕講學門人，窮巖之勝，始得此幽雅峻絶，坐而忘歸，較之通天更奇，因名。」

鄒守益集卷二十五同陳惟濬諸友遊通天巖小飲圓明洞：「探秘闢幽竇，躋險履崇脊。歡言衆君子，共此山水癖。傳杯忘爾汝，浩歌激金石。酣歸問山英，何年見此客？」復宿玉虛宮：「待月升山椒，月明山更好。如泛大海中，乘風列絶島。勞生亦已愚，行樂苦不早。短榻藉秋雲，月色何須掃。」忘言巖遇雨：「披草坐巖石，巖石互離立。客至始知歸，忽見巖草濕。」潮頭巖：「巨靈翻滄溟，湧此潮頭雪。醉卧蓮葉舟，長風棹明月。」

同上，卷二十六同劉彦亮陳惟濬宿玉虛宮懷夏東洲于中：「高架琳宮引石梯，酒餘客散自攀躋。坐來漸恐星河冷，話久不知煙霧迷。白澗灘横帆隱見，翠微巖湧案高低。浩歌初飽清秋興，何處東洲野店鷄？」

同上，與陳惟濬歷覽通天巖將歸賦别：「香爐硉矹奔蒼龍，昂首勢欲飛長空。群巒如浪蹙溟濛，大者鯤鰐小魴鱅。旁搘鱗甲敞幽洞，相傳一竅與天通。濂溪翠微杳無蹤，畸人初見玉巖翁。中有忘歸石巃嵷，騷工文匠恣牢籠。我行與君探奇蹤，登高望遠興未窮。忘言觀心創西東，仰撥解愠來薰風。潮頭雪湧無春冬，圓明小巖相朣朧。平生清曠邱壑胸，俯躡泰華吞雲夢。願將短翮附冥鴻，陽明霞佩鏘瑽瑢，功成共證明光宮。」

同上，通天巖謝陽明先生：「小試深巖玩化機，秋風瓜芋自堪肥。仙翁猶訝飛升晚，更騁青精入翠微。習静已空交戰機，自將陶冶定癯肥。濂溪留得光風在，直待三生勒翠微。」明水陳先生文集卷七壽大司成東廓鄒公七十序：「正德庚辰，余與東廓鄒子再見陽明先生於虔，進授良知之訓，遁居通天巖中，久之，咸若有得。」同上，卷十四同鄒東廓遊通天巖題紫霄宮壁陽明先生有次韵：「昂藏嘯虎出風聲，聞伴飛鴻踏月明。擊磬幾人憂世溺？掃雲一榻卧秋清。」夏良勝東洲初稿卷十三登通天巖：「誰持天斧使，破此杳冥間。安得六丁士，移當萬里關。霞滄頻到足，雲卧懶知還。借我蒲團地，心齋見孔顔。」坐忘歸巖：「人寰亦可闃，適意每忘歸。許大開胸次，艱關入翠微。林霏風雨暝，石磧馬牛稀。爲問桃源弈，何人是解圍？」陽明忘歸巖題壁：「青山隨地佳，豈必故園好。但得此身閑，塵寰亦蓬島。西林日初暮，明月來何早。醉卧石牀凉，洞雲秋未掃。正德庚辰八月八日，訪鄒、陳諸子於玉巖，題壁。陽明山人王守仁書。」（贛石録卷二王陽明先生遺墨。）

按：王陽明全集卷二十有通天巖，即此詩，但無後題，向不知作年，王陽明全集將此詩置於正德十三年中，乃誤。

王陽明全集卷二十遊通天巖示鄒陳二子：「鄒陳二子皆好遊，一往通天十日留。候之來歸久不至，我亦乘興聊尋幽。巖扉日出雲氣浮，二子晞髮登巖頭。谷轉始聞人語響，蒼壁杳杳長林秋。嗒然坐我亦忘去，人生得休且復休。採紫共約陽明麓，白首無慚黄綺儔。」同上，遊通天巖次鄒謙之韵，又次陳惟濬韵，忘言巖次謙之韵，圓明洞次謙之韵，潮頭巖次謙之韵，坐忘言巖問二三子。

畫史蔡世新來贛問學，同游通天巖，爲陽明寫真。

鄒守益王陽明先生圖譜：「通天巖，濂溪公所游。至是夏良勝、鄒守益、陳九川宿巖中，肆所聞。劉寅亦至。先生乘霽入，盡歷忘歸，忘言各巖，和詩立就，題玉虚宫壁。命蔡世新繪爲圖。」

明畫録卷一：「蔡世新，號少壑，贛縣人。工寫照。時王文成公鎮虔，召衆史，多不當意，蓋兩顴稜峭，正面難肖。世新幼隨師進，獨從旁作一側相，得其神似，名大起。亦善勾勒竹，大幅者佳。兼畫美人。」

林大春井丹林先生文集卷十七題陽明像：「右圖載陽明先生遺事與其遺像若干紙，蓋出先生門人蔡世新親筆也。始先生倡道東南，一時從遊之士多所辨析。世新獨從容静處，每侍坐於虔臺、庾嶺之間，竟日凝睇而不能去，其精專如此。及先生殁，乃退而心惟其貌而札記之，以故其中多寫出有道者之象。至於或臞或腴，或坐或僂，舉無一不酷似先生者，蓋惡而至此，可謂能得其神，而非徒形之似者矣。」

吴慶坻蕉廊脞録卷七：「王文成燕居授書小像，幕客蔡少壑畫，文成弟子張子藎元忭藏，王龍溪爲之贊，亦文成弟子也。」

陳焯湘管齋寓賞編卷二答時政書跋：「右白鹿紙行書札，二十四行，名右用紅文『伯安』二字長方印。余涖姚江，首謁先生龍山祠堂，逢人即求觀先生遺墨，不可遽得。張太學羅山，嗜古士也，家多收藏，久之，乃出是卷。引首有先生捉麈尾小像，方巾褒衣，形貌清古，羅山自識云：『畫史載王文成公鎮虔日，以寫貌進者閲數十人，咸不稱意。公骨法稜峭，畫者皆正面寫之，顴鼻之間最難肖似。蔡世新少壑隨其師進，從旁作一側相，立得其真。公大喜，延之幕府。頃得見公謫龍場時詩卷，前附像一幅，有蔡世新小印，雖未得其所以合併之由，當即所作也。此卷既不可得，而絹損亦多不全，遂倩工摹之，裝於與胡時政先生小札之首，亦足傳其仿佛已。』」

鄒守益集卷二十六重宿通天巖寫侍游先師像謝少壑山人：「通天巖頭披雲游，亹亹英俊同冥搜。陽明仙翁提心印，揮霍八極與神謀。笑呼蔡子寫生綃，元精淋漓煙霧浮。二十八年建瓴水，鶴馭高駝不可留。尚餘丹方懸真境，金鼎石室風颼颼。恍然置我仙翁側，老筆不減顧虎頭。古來千聖皆過影，聚散生死溟海漚。靈光一脉亘宇宙，陟降上帝君信否？寫真何如識真真，脱屣緇塵娱丹邱。」

按：鄒守益此詩，乃是其二十八年後再來通天巖，回憶當年（正德十五年）侍游陽明，蔡世新生綃寫真之況。

薛侃集卷五祝壽圖序：「天下傳吾夫子之神者，有傳其有形者，南康蔡世新是也；傳其無形者，凡在門墻皆是也……而世新乃能無俟觀審而直出諸其手，何哉？豈有形者易而無形者難耶？曰：非然也……故其立生祠也……世新傳神以塑像，聚乾糧於章貢之街，望而繪者旬日，得其容而弗真。侃時寓射圃亭，從借一室，窺而繪者旬日，得其真而弗妙。侃爲白其誠，命見之。自是從於豫章、於越城、於蒼梧，則懇切精專亦可謂至矣。是故傳夫子之神，無俟審視而出諸其手矣，不用而丹青獨妙矣。」

按：陽明建射圃、射圃亭在正德十三年九月（見前考），所謂「立生祠」乃指建報功祠。薛侃正德十三年來贛受學，十四年歸潮。故其在贛觀蔡世新繪畫當在正德十三年九、十月間。若然，則蔡世新在正德十三年已來贛見陽明。其後蔡世新從陽明於南昌、紹興、梧州，問學不斷，蓋蔡世新非惟陽明幕下士，而實爲陽明門人也。按今上海博物館藏有蔡世新畫陽明先生小像，畫陽明作科頭燕服，右手持卷，盤膝端坐於席，側面描繪，顴骨高聳，應即是蔡世新在贛所作側相畫。又陽明先生年譜附録一：「嘉靖十六年丁酉，門人周汝員建新建伯祠於越……取南康蔡世新肖師像。」董燧王心齋先生年譜載嘉靖三年陽明「命蔡世新繪吕仙圖」。可見蔡世新爲陽明作畫甚多也。

咨六部伸理冀元亨冤案。

王陽明全集卷十七咨六部伸理冀元亨：「照得湖廣常德府武陵縣舉人冀元亨，忠信之行，孚於遠邇；孝友之德，化於鄉閭。本職往年謫官貴州，本生曾從講學。近來南、贛，延之教子，時因寧藩宸濠潛謀不軌，虐焰日張，本職封疆連屬，欲爲曲突徙薪之舉，則既無其由；將爲發奸摘伏之圖，則又無其實。偶值宸濠飾詐要名，禮賢求學，本職因使本生乘機往見宸濠，冀得因事納規，開陳大義，沮其邪謀；如其不可勸喻，亦因得以審察動静，知其叛逆遲速之機，庶可密爲禦備。本生既與相見，議論大相矛盾，宸濠以本職所遣，一時雖含怒遣發，而毒怒不已，陰使惡黨，四出訪緝，欲加陷害。本生素性愿恪，初不之知，而本職風聞其説，當遣密從間道潛回常德，以避其禍。後宸濠既敗，痛恨本職起兵攻剿，雖反噬之心無所不至，而天理公道所在，無因得遂其奸，乃以本生係本職素所愛厚之人，輒肆詆誣，謂與同謀，將以泄其讎憤。且本生既與同謀，則宸濠舉叛之日，本生何故不與共事，却乃反回常德，聚衆講學？宸濠素所同謀之人如李士實、劉養正、王春之流，宸濠曾不一及，而獨口稱本生與之造始，此其挾讎妄指，蓋有不待辯説，行道之人皆能知者。但當事之人，不加詳察，輒爾聽信，遂陷本生一至於此。本生篤事師之義，懷報國之忠，蹈不測之虎口，將以轉化凶惡，潛消奸宄，論心原迹，尤當顯蒙賞録。乃今身陷俘囚，妻子奴虜，家業蕩盡，宗族遭殃。信奸人之口，爲叛賊泄憤報讎，此本職之所爲痛心刻骨，日夜冤憤不能自已者也。本職義當與之同死，幾欲爲之具奏伸理，而本生雖在拘囚，傳聞不一，或以爲既釋，或以爲候旨；兼慮當事之人，或不見諒，反致激成其罪，故復隱忍到今。又恐多事紛紜之日，萬一玉石不分，竟使忠邪倒置，徒以沮義士之志，而快叛賊之心，則本職後雖繼之以死，將亦無以贖其痛恨。爲此合行具咨貴部，煩請咨詢鑒察，特賜扶持分辨施行。」

蔣信鄉進士冀闇齋先生元亨墓表：「己卯，宸濠變果作，旋覆於義師。因仇視陽明子而誣及先生，在獄，南北二十年俯仰契觀，直以平居視其患難，從容歌嘯，不怵不憂，守者卒爲驚歎。間與被罪衣冠輩談樂天知命之學，聽者亦爲忘其患難，以罪白得釋者，及今爭傳焉。初權奸江彬輩欲重禍於陽明子，鞫問之朝，箠楚備至。先生曰：『元亨方弱冠時，已願爲忠臣孝子。今不能爲義徒乎？』久之，洗滌開釋之命下，而先生疾弗起矣……陽明子初得被逮之報，語報者曰：『惟乾平日獨憂世太切耳！』吁，殆諒然也耶？」

十五日中秋節，顧應祥來見，書游九華山詩贈之。

陽明書游九華山詩贈陳惟賢：「元日霧庚辰：元日昏昏霧塞空，出門咫尺誤西東。人多失足投坑塹，我亦停車泣路窮。欲斬蚩尤開白日，還排閶闔拜重瞳。小臣漫有澄清志，安得扶搖萬里風？　二日雨：昨朝陰霧埋元日，向曉寒雲迸雨聲。莫道人爲無感召，從來天意亦分明。安危他日須周勃，痛哭當年笑賈生。坐對殘燈愁徹夜，靜聽晨鼓報新晴。　再遊九華：昔年十日九華住，雲霧終旬竟不開。有如昏夜入寶藏，兩目無睹成空回。每逢好事談奇勝，即思策蹇還一來。頻年驅逐事兵革，出入賊壘衝風埃。恐恐晝夜不遑息，豈復山水能徘徊。鄱湖一戰偶天幸，遠隨歸凱停江隈。是時軍務頗多暇，况復我馬方隤頹。舊遊諸生亦群集，遂將童冠登崔嵬。先晨霏靄尚暝晦，却疑山意猶嫌猜。肩輿一入青陽境，忽然白日開西嶺。長風擁篲掃浮陰，九十九峰如夢醒。群巒踴躍争獻奇，兒孫俯伏摩其頂。今來始識九華面，恨無詩筆爲傳影。層樓叠閣寫未工，千朵芙蓉抽玉井。怪哉造化亦安排，天下奇山此兼並。攬衣登高望八荒，雙闕下見日月光。長江如帶繞山麓，五湖七澤皆陂塘。蓬瀛海上浮拳石，舉足可到虹可梁。仙人爲我啓閶闔，鸞輧鶴駕紛翱翔。從兹脱屣謝塵世，飄然拂袂凌蒼蒼。　惟賢憲副以此卷書近作，漫録數首，一笑。正德庚辰八月望，陽明山人書於虔臺之思歸軒中。」（中日陽明學者墨迹，陽明此文真迹由何創時書法藝術文教基金會收藏）

二十八日，夢見郭璞訴呈悲憤詩，作紀夢詩以發其事，蓋寄深意焉。

王陽明全集卷二十紀夢：「正德庚辰八月廿八夕，卧小閣，忽夢晉忠臣郭景純氏以詩示予，且極言王導之奸，謂世之人徒知王敦之逆，而不知王導實陰主之。其言甚長，不能盡録。覺而書其所示詩於壁，復爲詩以紀其略。嗟乎！今距景純若千年矣，非有實惡深冤鬱結而未暴，寧有數千載之下尚懷憤不平若是者耶？　秋夜卧小閣，夢遊滄海濱。海上神仙不可到，金銀宫闕高嶙峋。中有仙人芙蓉巾，顧我宛若平生親。欣然就語下烟霧，自言姓名郭景純。携手歷歷訴衷曲，義憤感激難具陳。切齒尤深怨王導，深奸老滑長欺人。當年王敦覬神器，導實陰主相緣夤。不然三問三不答，胡忍使敦殺伯仁？寄書欲拔太真舌，不相爲謀敢爾云？敦病已篤事已去，臨哭嫁禍復賣敦。事成同享帝王貴，事敗乃爲顧命臣。幾微隱約亦可見，世史掩覆多失真。袖出長篇再三讀，覺來字字能書紳。開窗試抽晉史閲，中間事迹頗有因。因思景純有道者，世移事往千餘春。若非精誠果有激，豈得到今猶憤嗔？不成之語以箴戒，敦實氣沮竟殞身。人生生死亦不易，誰能視死如輕塵？燭微先幾炳易道，多能餘事非所論。取義成仁忠晉室，龍逢龔勝心可倫。是非顛倒古多有，吁嗟景純終見伸。御風騎氣遊八垠，彼敦之徒草木糞土臭腐同沈淪！　我昔明易道，故知未來事。時人不我識，遂傳耽一技。一思王導徒，神器良久覬。諸謝豈不力？伯仁見其底。所以敦者傭，罔顧天經與地義。不然百口未負託，何忍置之死？我於斯時知有分，日中斬柴市。我死何足悲，我生良有以！九天一人撫膺哭，晉室諸公亦可耻。舉目山河徒歎非，携手登亭空灑淚。王導真奸雄，千載人未議。偶感君子談中及，重與寫真記。固知倉卒不成文，自今當與頻謔戲。倘其爲我一表揚，萬世萬世萬萬世。右晉忠臣郭景純自述詩，蓋予夢中所得者，因表而出之。」

按：此所謂夢中郭景純所示詩，實非郭景純作，而爲陽明自作詩，其詭托爲夢中郭景純作，乃是其一貫之手法，一如當年僞造遊海詩、絶命詞也。宸濠反，張忠、許泰爲奸，陽明被誣謗，冀元亨忠而被冤死，與當年王敦起兵反，王導陰主爲奸，周顗（伯仁）義而被殺，郭景純忠而被戮，何其相似乃爾。陽明於此詩中隱以王敦比宸濠，以王導比張忠、江彬、許泰之流，以郭景純比冀元亨，其詩所寓真意昭然若揭矣。按「景純」與「惟乾」義近，陽明作此詩，正與其上洛六部伸理冀元亨同時，此詩所云與洛六部伸理冀元亨所述如出一轍，對讀可明也。

巴山王弘自廣歸六合，經贛來見，有詩送別。

陽明送王巴山學憲歸六合：「衡文豈不重，竹帛總成塵。且脱奔馳苦，歸尋故里春。人生亦何極，所重全其貞。去去勿復道，青山不誤人。」（光緒六合縣志卷七，陽明文集失載）

鄒守益集卷二十五贈巴山王憲副：「世路苦多歧，萬里汩勞塵。不知肺肝内，自有天下春。相彼負販者，競僞棄其真。卓矣珍故吾，是非姑隨人。」

同上，卷十簡歐陽南野崇一：「往歲侍先師於虔臺，王巴山自廣歸見，忍咳與談，談劇復咳，咳止復談。客退，請其故，曰：『是定山壻，有文學，後輩所歸。若轉得巴山，則六合之士皆可轉矣。』乃知仁人以萬物爲一體，惟恐一人不獲盡其性，便是自家盡性工夫。」

按：鄒守益詩乃是次陽明韵。「王巴山」即王弘，字叔毅，家於六合巴山，故號巴山。光緒六合縣志卷一：「巴山，在縣西北四十五里，高四十丈，周二里，有寺。明副使王弘家於此，因號巴山先生。」志卷五之上有王弘傳：「王弘，字叔毅，廣洋衛人。弱冠舉禮記第一，弘治癸丑進士，授行人。以名自砥礪，莊文節昶愛而妻之。正德改元，擢南京福建道監察御史，論列逆閹劉瑾罪狀，忤旨，被杖爲民。瑾乃榜奸黨於朝堂，弘與焉。庚午瑾誅，起廣東僉事，進副使，督學政。時霍宗伯韜、倫司成以訓在諸生中，弘首加獎進，衆服其明。在廣數年，適僮瑶作亂，倚竹箐自固，竹堅，用刀截之，利如刃，官軍不能進，瑶喜且躍曰：『非巴山王，豈能克我耶？』弘舉止、姓號皆合，比至其地，用火攻，大破之。計功當獲延賞，以執法論時相之子，賞不行，謝歸。嘉靖初，有欲援弘出議大禮者，堅却之。隱居巴山，卒。論者以爲無愧定山云。」按國榷卷四十六：「正德二年閏正月庚戌……御史黄昭道、王弘、蕭乾元逮未至，命即南京闕下杖之……三月辛未，敕文武群臣曰：『……主事王守仁……御史王弘……遞相交通，曲意阿附……』」王弘與陽明同貶，故兩人當早識。陽明此詩送王弘歸六合，乃是王弘在廣東副使任上因劾時相之子罷歸，途經贛來見論學，陽明作詩贈之。王弘任廣東副使在正德十一年至十五年間，德慶州志卷十四金石録有二題刻：「大明正德丙子春三月，清溪居士虞大詔，浙江義烏人，時從巴山王老先生遊，因題以識歲月云。戊寅四月四日，予因往八桂，過肇慶，同行者，巴山王憲副，虛齋鄭少參，約登三洲巖，二詩紀興……安成伍希儒書。」鄒守益在正德十五年七月來贛，按國榷卷五十一：「正德十五年八月丙辰朔，廣東蘇峒、十八山、青龍岡等盜平，斬萬一千二百五級，俘四千一百四十八人。」此即王弘鎮壓侗瑶亂者，由此可知王弘約在八月來贛見陽明。

袁慶麟病卒，有文祭之。

陽明祭袁德彰文：「嗚呼德彰！士而不知其學，其生也如醉夢，死則蜉蝣蠛蠓矣。德彰始鑽研於辭章訓詁，而疲勞於考索著述，矻矻然將終老矣。已而幡然有覺，盡棄舊習，如脱敝屣，鋭志於聖賢之學。雖其精力既衰，而心志迴然不群矣。中道而歿，蓋斯文之不吊，古所謂『朝聞道，夕死可矣』者，德彰其庶幾哉！嗚呼！此心此理，萬古一日，無分於人我，無間於幽明，無變於生死。故生而順焉，没而寧焉，昭昭於其生，乃所以昭昭於其死也。嗚呼，德彰亦何憾乎！」（天啓贛州府志卷十六，陽明文集失載）

鄒守益集卷二袁雲峰徵士輓卷：「雲峰袁德彰，贛之隱君子也。異時負其才氣，謂科第可俯取。獵經擷史，以應世之求，崛然有聞矣，而竟未有所合。乃隱居教授，蘄以著述表於後，旁搜遠勘，歷寒暑不易。比耆矣，始聞大道之要，悵然自失，取其巨帙累牘而焚之，瞿瞿從事，不知年之不足也。予之學於贛也，見童子數百，詠歌周旋，洋洋先王威儀風雅之盛，而德彰歸然師之。因探其緒論，惓惓以平日之病爲告，曰：『始吾之悔也，以爲舍己田而芸人之田也，而辛苦所拾，不過殘穗遺秉，積之囷廛，自爲富厚，曾未知所以植吾苗也。今而知植吾苗矣，吾其不以餒死乎？』予惕然伏君之勇。世之知植苗者寡矣，使人人易其百畝之荒，則菽粟如水火，奈之何以强力富年，甘腹之枵而不恤也？若德彰，可以起懦矣！君之卒也，陽明先生誄之曰：『古所謂「朝聞道，昔死可矣」者，德彰其庶幾焉！中道而没，蓋斯文之不幸也。』同門之士，咸有輓歌，以泄不幸之情，而以首簡來命。嗚呼！是情也，將有曠百世而相感者，況吾黨哉！」

按：據鄒守益此序，可知陽明祭袁德彰文當原收在袁雲峰徵士輓卷中。鄒守益謂袁慶麟在聘爲社學教讀後不久即病卒，余文龍贛州府志卷十六袁慶麟傳亦謂：「先生檄有司禮聘督本府社學，年六十五卒，王公爲文誄之。」（康熙雩都縣志同）按陽明大興社學在正德十五年六月，據此袁慶麟約在八月前後病卒。

閏八月，月夜盼武宗聖駕北還，有詩感懷。

王陽明全集卷二十月下吟三首：「露冷天清月更輝，可看遊子倍沾衣。催人歲月心空在，滿眼兵戈事漸非。方朔本無金馬意，班超惟願玉門歸。白頭應倚庭前樹，怪我還期秋又違。　江天月色自清秋，不管人間底許愁。謾擬翠華旋北極，正憐白髮倚南樓。狼烽絶塞寒初入，鶴怨空山夜未休。莫重三公輕一日，虚名真覺是浮漚。　依依窗月夜還來，渺渺鄉愁坐未回。素位也知非自得，白頭無奈是親衰。當年竹下曾裘仲，何日花前更老萊？懇疏乞骸今幾上，中宵翹首望三台。」

同上，月夜二首。

十日，聞武宗聖駕北還，致書費宏，懇其作序送張永還朝。

國榷卷五十一：「正德十五年閏八月壬辰，上辭孝陵……丁酉，上旋蹕，發龍江。」

王陽明全集卷二十七與顧惟賢書七：「近得省城及南都諸公書報云，即日初十日聖駕北還，且云船頭已發，不勝喜躍，賤恙亦遂頓減。此宗社之福，天下之幸，人臣之至願，何喜何慰如之！」

費宏集卷十四奉賀提督贊畫機密軍務大內相守庵張公獻凱還朝序：「皇上臨宇既久，益明習國家事。爰舉虞、周之典，巡侯甸，四征不廷。於是聖武昭布諸藩，臣庶莫不欣欣然遠望旄頭之塵，而以利見爲幸也。會江西宗室宸濠，哀凶肆虐，謀爲不軌，兵號四十萬，焚掠沿江郡縣，攻圍畿輔，直指留都，駸駸北犯。上聞變怒，告諭廷臣，將親統六師以討平之。御用監太監守庵張公，奉璽書，參密謀，督軍務，偕御馬監太監張公、安邊伯朱公、左都督朱公，率前鋒來擣逆巢。惟守庵公嘗仰贊廟謨，封寘鐇，誅逆瑾，平燕、齊、楚、蜀諸大盜，天下想望其威名久矣。而况天子自將師以順動，勢如破竹，先聲所震，人心翕然。一時封疆之臣幸脱於虎吻者，罔不争先敵愾，思欲執訊獲醜，以待俘獻。元惡無所逃罪，遂爾成擒。守庵公仰窺淵衷，以伐罪吊民爲急，謂逆賊雖平，而一方之民與吏，呻吟者猶不能無來蘇之望，汙染者猶不能無濫及之憂也。乃兼程來蒞洪都，敷布德意，以慰安衆志，庶幾遺毒餘烈一旦悉除，其同事諸公與公協心，罔有猜間，遠邇孚感，人用大寧。上自是脱然無南顧之憂，遂議回鑾北歸，益修内治，公亦且獻凱而還朝矣。左參政徐君璉偕其僚邢君珣、周君文光，按察使伍君文定偕其僚陳君槐、謝君豸，皆德公甚，而謀所以報之。知公志於不朽，雅好文辭，餘不足以爲贈也。乃專使責宏一言，欲以頌公之德之盛。已而巡撫王君伯安，又特貽書來致其拳拳之意焉。宏惟公之功在社稷，澤在生民。夫人能知之，能行之，又何俟於宏之縷縷耶？然其一念體國之忠，艱險糾紛之際，而嘗有從容贊畫之妙；委曲將順之内，而常有匡維旋斡之力，天下實有陰受公賜而未能盡知者。兹行也，戡定禍亂，而功不必出於己；翊戴聖躬，而不使過歸於上；節省財力，而不欲擾及於民；扶持善類，而不忍罪坐於無辜。其誠足以結主知，其公足以萃群渙，其勇足以作士氣，其嚴足以正師律，其仁足以廣上恩，其廉足以勵貪求之俗，其謙足以得士大夫之心。萃兹衆美，有古賢臣名將之風，巡撫君及藩臬諸君之所謂感激，蓋由衷而不容已，豈以聲音笑貌强相諛説者耶？矧逆賊之謀，實萌於護衛之復，公之疏瑾也首及焉。使公久掌樞務，則其再請之奸必不能遂，而今日之變可逆折而潛消矣。於是乎益見公之早辨預防，慎大易『履霜』之戒，軫前賢曲突之慮，非忠於國體，能然乎？公茲歸，人謂聖天子必復以樞務付公，延頸企踵，顒然有太平之望，而公亦豈容遜避耶？宏自明農以來，文辭荒落，何足以爲公賀？然諸君之意，實欲致閭省士民德之之私；而宏之感幸，視士民殆有深焉，不可以無言也，於是乎書。」

按：錢德洪陽明先生年譜於此叙事尤顛倒舛誤，如將武宗回鑾北歸定在七月，將費宏送張永還朝序放在七月（引文多誤），將羅洪先所云周龍岡事放在八月等，幾使人不知所云。以此費宏奉賀提督贊畫機密軍務大內相守庵張公獻凱還朝序而言，費宏於序中有意虛情誇美張永到無以復加，竟將平宸濠功全歸之張永，甚至謂「其同事諸公與公協心，罔有猜間」，而特云「逆賊之謀，實萌於護衛之復」，又隱然以「首功」自居矣。其説實全與陽明相左不合。後來武宗果「以樞務」付張永，費宏亦得以再出任輔相，溯其原始，概出於此一序之推挽與褒揚也。而陽明與費宏之矛盾不和，亦自此序始矣。

十五日中秋，有詩懷故人。

王陽明全集卷二十後中秋望月歌：「一年兩度中秋節，兩度中秋一樣月。兩度當筵望月人，幾人猶在幾人別？此後望月幾中秋？此會中人知在否？當筵莫惜殷勤望，我已衰年半白頭。」

按：正德十五年有閏八月，故有兩度中秋節。王陽明全集將此詩置於嘉靖中居越時作，乃誤。

二十日，四疏省葬，不允。有書致顧應祥告圖歸計。

王陽明全集卷十三四乞省葬疏。

錢德洪陽明先生年譜：「嘗聞海日翁病危，欲棄職逃歸，後報平復，乃止。一日，問諸友曰：『我欲逃回，何無一人贊行？』門人周仲曰：『先生思歸一念，亦似著相。』先生良久曰：『此相安能不著？』」

王陽明全集卷二十七與顧惟賢書六：「近得甘泉、叔賢書，知二君議論既合，自此吾黨之學廓然同途，無復疑異矣，喜幸不可言！承喻日來進修警省不懈，尤足以慰傾望。此間朋友亦集，亦頗有奮起者。但惟鄙人冗疾相仍，精氣日耗，兼之淹滯風塵中，未遂脱屣林下，相與專心講習，正如俳優場中奏雅，縱復音調盡協，終不免於劇戲耳。乞休疏已四上，鑾輿近聞且南幸，以瘡疾暫止。每一奏事，輒往復三四月，此番倘得遂請，亦須冬盡春初矣。後山應援之説，審度事勢，亦不必然，但奉有詔旨，不得不一行。此亦公文體面如此。聞彼中議論頗不齊，惟賢何以備見示，區區庶可善處也。」書七：「近得省城及南都諸公書報云，即日初十日聖駕北還，且云船頭已發，不勝喜躍……但區區之心猶懷隱憂，或恐須及霜降以後，冬至以前，方有的實消息。其時賤恙當亦平復，即可放舟東下，與諸君一議地方事，遂圖歸計耳。聞永豐、新淦、白沙一帶皆被流劫。該道守巡官皆宜急出督捕，非但安靖地方，亦可乘此機會整頓兵馬，以預備他變。今恐事勢昭彰，驚動遠近，且不行文，書至，即可與各守巡備道區區之意，即時一出，勿更遲疑，輕忽坐視。思抑歸興，近却如何？若必不可已，俟回鑾信的，徐圖之未晚也。」

有書致謝源，釋「芥蒂」之心。

陽明與謝士潔書二：「近見士潔與時泰書，似疑區區有芥蒂之意，不覺失笑，何士潔視予之淺也。士潔試看區區平日，與人雖深仇極恨者，亦未嘗藏怒蓄憾，每每務存忠厚，況與士潔平日道誼骨肉之愛？加以日來艱苦同分，憂患同心，縱令士潔一旦真有大怨大恚於我，我所以處之亦當與彼泛泛者有間。士潔有何憾於我，而我芥蒂於中耶？若士潔心直口快，言語之争，時或有之。此則雖在父子兄弟，旦夕久處，亦有不免。凡今朋友群居日久者，亦孰不然？若遽以此芥蒂，則盡父子兄弟，盡天下朋友，皆可怨可仇者矣！此人面獸心者之事，而士潔忍以待我耶？區區之心，士潔日後自見，本不俟言，因見士潔與時泰書，却恐士潔或有芥蒂，故輒云云。士潔見之，想亦付之大笑也。呵呵！守仁頓首。外繳呈稿奉覽。」（手書真迹，今藏温州博物館，陽明文集失載）

按：「時泰」即伍文定。所謂「疑區區有芥蒂之意」者，即是因前札中批評按察司以倡議起兵之功歸之謝源、伍希儒，而已在重上江西捷音疏中則未將倡議起兵之功歸之謝、伍，致使謝源見之生疑不滿。故此札當作在第一札其後不久，約八月前後。所云「外繳呈稿奉覽」，即指重上功次册。

廣右按察使宗璽考滿進京，經贛來訪，爲作宗澤像贊。

陽明宗忠簡公象贊：「此宗忠簡公遺象也。公在宋謚曰『忠』，可以爲忠矣。守仁讀史至公傳，未嘗不爲之扼腕而流涕也。嗚呼！自古國家之喪亡，未有不由於奸臣之嫉能而忌功也。使古無嫉能而忌功者，則國家豈有亂與亡哉？廣右廉訪使朝用先生，乃忠簡公苗裔，余同年友也，屬余贊其象。余悲其見抑於權奸，而積憤以死也，爲之贊曰：天之義氣，偉人受形。乃大雷電，以赫厥靈。宋帝蒙塵，惟公純臣。百萬義旅，一呼響臻。回鑾之疏，二十四上。積憤而逝，風雨震蕩。忠肝義膽，泰山莫撼。堂堂遺象，淚襟在覽。丹青載見，目光如電。英姿颯爽，怒髮思戰。三呼渡河，一語無他。千載憤激，轉谷盤渦。姚江王守仁謹贊。」（康熙丙戌刻本宋宗簡公全集卷十一，陽明文明失載）

按：宗嘉謨宗忠簡公年譜卷首亦載有此像贊，並有宗澤遺像。「朝用先生」即宗璽，字朝用，號竹谿，與陽明、伍文定爲同年。明清進士録：「宗璽，弘治十二年三甲一百九十五名進士。南直隸建平人，字朝用。授大理寺正，時劉瑾肆毒，多害良善，璽平反不撓。出爲江西副使，遷福建兵巡，平大帽山亂。終雲南布政。」陽明與宗璽爲同年，故兩人當早識。弘治中宗璽任大理寺正，陽明亦在朝中刑部任職，兩人當有往來。宗璽任廣西按察使在正德十一年至十五年中，嘉靖建平縣志卷六有宗璽傳云：「宗璽，字朝用，號竹谿。幼有至性，穎異過人。年十六，游鄉邑庠，工舉子業，操筆立就，恒試異等，督學者咸奇之……登弘治己未進士，選南大理評事，歷左右寺正。時逆瑾擅權，司法比者莫能爲天下平，璽獨正色平反，一無所撓。正德己巳，擢遷僉山西按察，臺官疏其才優治劇。尋改閩縣臬……平大帽山劇寇，增秩一級，遷江西副使……初，宸濠甚驕恣，凡校尉之屬，乘其熾焰毒民，不可勝數。璽曰：『此身乃天朝之白骨也，斯民乃天王之赤子也。吾何敢阿私？』藩王當罪者，一無末減。副使胡世寧疏濠不軌十事聞於上，濠輒以受金縱寇誣劾之……璽獨奮筆力白世寧之誣……丙子，遷拜廣右按察使……戊寅，僚反，璽督兵征討，蠻寇殄平，驅召岑猛等如呼小兒……己卯，監試事，獨以得士稱，試録皆其手筆也。庚辰，考課爲藩最，拜滇南左布政使，痛滌賄穴，始終清操如一，諸宣慰斂手帖服……嘉靖改元，卒於官。」按宗璽正德十五年廣右按察使任滿，其當是考滿進京（或歸建平），北上途經贛見陽明，請陽明作像贊。時方議武宗回鑾北歸，故陽明於贊中特言宗澤上二十四疏勸高宗回鑾，蓋有深意焉。陽明在江西平宸濠亂，反遭讒誣，命運與宗澤相類，其贊實以宗澤自况也。其憤慨言「自古國家之喪亡，未有不由於奸臣之嫉能而忌功也」，實亦針對現實中張忠、江彬、許泰之流而言也。

有書致陳傑，問莆中講學之况。

王陽明全集卷四與陳國英見正德十五年「致書莆田山中陳傑問好」條下引。

按：陳傑自正德九年來南都問學歸，至是已七年，故陽明曰「別久矣」。光緒莆田縣志卷二十陳傑傳：「拜南京湖廣道監察御史……既滿考，念父年高，遂乞歸養。迨父卒，哀毀廬墓，撫養二庶弟，咸有恩。服食粗淡，步行里中，辭受取予，無不揆諸道義，人亦不敢以非意干之。守仁嘗稱其『篤信好學，高潔自守』，不誣矣。年五十六卒。」陽明于此時致書陳傑，似與林學道再來江西問學有關，按林學道嘗兩次來贛問學：一在正德十三年來贛，乃入濂溪書院（見前考）；一在正德十五年七、八月來贛，受「良知」之教。此即光緒莆田縣志卷十六林學道傳所云「復之江西從王守仁，訂良知之説……守仁督撫南、贛，又請入濂溪書院」。陽明在九月初回南昌，則林學道當在閏八月底告別陽明回莆田，陽明乃作此書請其轉遞也。

陳九川歸臨川，再發「良知」之教，作「良知」詩贈別。

傳習録卷下：「九川卧病虔州，先生云：『病物亦難格，覺得如何？』對曰：『功夫甚難。』先生曰：『常快活便是功夫。』九川問：『自省念慮或涉邪妄，或預料理天下事，思到極處，井井有味，便繾綣難屏。覺得早則易，覺遲則難。用力克治，愈覺扞格。惟稍遷念他事，則隨兩忘。如此廓清，亦似無害。』先生曰：『何須如此？只要在良知上着功夫。』九川曰：『正謂那一時不知。』先生曰：『我這裏自有功夫，何緣得他來？只爲爾功夫斷了，便蔽其知。既斷了則繼續舊功便是，何必如此？』九川曰：『直是難鏖，雖知丢他不去。』先生曰：『須是勇。用功久，自有勇。故曰「是集義所生」者，勝得容易，便是大賢。』九川問：『此功夫却於心上體驗明白，只解書不通。』先生曰：『只要解心。心明白，書自然融會。若心上不通，只要書上文義通，却自生意見。』有一屬官，因久聽講先生之學，曰：『此學甚好，只是簿書訟獄繁難，不得爲學。』先生聞之曰：『我何嘗教爾離了簿書訟獄，懸空去講學？爾既有官司之事，便從官司的事上爲學，纔是真格物……須精細省察克治，惟恐此心有一毫偏倚，杜人是非，這便是格物致知。簿書訟獄之間，無非實學；若離了事物爲學，却是著空。』虔州將歸，有詩別先生云：『良知何事繫多聞，妙合當時已種根。好惡從之爲聖學，將迎無處是乾元。』先生曰：『若未來講此學，不知説好惡從之從個甚麽？』敷英在座曰：『誠然。嘗讀先生大學古本序，不知所説何事。及來聽講許時，乃稍知大意。』」

聶豹集卷六禮部郎中陳明水先生墓碑：「復與東廓鄒君事陽明先師於虔臺，學益精邃。先師嘗贈以詩曰：『况已妙齡先卓立，直從心地究宗元。』先生歸撫，倡學益力，撫士始知有聖學。」

明水陳先生文集卷十四虔州奉別陽明先生二首先生有次韻：「獨傳絶學鬼神聞，一點良知萬聖根。河水祇應充口腹，烏頭今復壯真元。春風久坐歡親炙，清廟忘言肅駿奔。但使靈心無障隔，此身終生立師門。　良知何事易多聞，妙合當時已種根。好惡從之爲聖學，將迎無處是乾元。（後闕）」贛回舟中簡王蒙岡年兄：「虔州再見陽明後，真覺吟風弄月回。月白九天梧葉飛，風清一夜桂花開。象山何處尋書院？明水安居問酒杯。道喪經亡今轉甚，吾徒休自歎秦灰。」

按：陽明九月初回南昌，故可知陳九川別歸當在閏八月中，詩云「月白九天梧葉飛，風清一夜桂花開」，亦正是秋八月景色。陽明次韻詩今佚。

九月初，自贛還南昌。

王陽明全集卷二十豐城阻風前歲遇難於此，得北風幸免：「北風休歎北船窮，此地曾經拜北風。句踐敢忘嘗膽地？齊威長憶射鈎功。橋邊黃石機先授，海上陶朱意頗同。況是倚門衰白甚，歲寒茅屋萬山中。」

按：陽明初四已在南昌上開豁軍前用過錢糧疏，則其自贛還南昌當在九月初。此詩即是陽明自贛回經豐城作，時已是暮秋天寒，故云「歲寒茅屋萬山中」。

四日，上疏乞豁免軍前用過錢糧。

王陽明全集卷十三開豁軍前用過錢糧疏：「看得所呈前項供應糧料、買辦草料，及自臣起兵以來費用過錢糧，中間多係京庫折銀及兑准糧米等項，俱係支給賞勞兵快人等，及供應北來官軍並犒賑軍民緊急支用，計出無聊，事非得已……伏望皇上憫念地方師旅饑饉之餘，民窮財盡，困苦已極，近又加以水災爲患，流離益甚，乞敕該部查照，轉行江西布、按二司，將自用兵以來支取用費過各該府縣京庫折銀及兑准糧米等項，通行查明，各計若干，照數開豁，免行追補。」

兀厓霍韜過南昌，論大學，辨「良知」，講論不合，有答書。

石頭録：「時王陽明先生守仁巡撫江西，公舟經江西，與辨論良知之學二日，竟不合。公後歸山，遂作象山學辨、程朱訓釋。然公素重陽明，嘗贈之詩曰：『憲章濂洛，步趨伊吕，守宫詹時。』」

按：石頭録由霍韜所手編，霍與瑕補編，沈應乾、霍尚守注，其説皆可信有據。

錢德洪陽明先生年譜：「庚辰春，甘泉湛先生避地髪履塚下，與霍兀厓韜、方叔賢同時家居爲會。先生聞之曰：『英賢之生，何幸同時共地，又可虚度光陰，失此機會耶？』是秋，兀厓過洪都，論大學，輒持舊見。先生曰：『若傳習書史，考正古今，以廣吾見聞則可；若欲以是求得入聖門路，譬之採摘枝葉，以綴本根，而欲通其血脉，蓋亦難矣。』」

江西士子來南昌問學者日衆，論辨學問，聚講不散。

錢德洪陽明先生年譜：「是時陳九川、夏良勝、萬潮、歐陽德、魏良弼、李遂、舒芬及裘衍日侍講席，而巡按御史唐龍、督學僉事邵鋭，皆守舊學相疑，唐復以『徹講擇交』相勸。先生答曰：『吾真見得良知人人所同，特學者未得啓悟，故甘隨俗習非。今苟以是心至，吾又爲一身疑謗，拒不與言，於心忍乎？求真才者，譬之淘沙而得金，非不知沙之汰者十去八九，然未能舍沙以求金爲也。』當唐、邵之疑，人多畏避，見同門方巾中衣而來者，俱指爲異物。獨王臣、魏良政、良器、鍾文奎、吴子金等挺然不變，相依而起者日衆。」

按：自陽明回南昌後，來問學者日衆，陽明設席授業，講論「良知」之學，遂招致謗議，即陽明所言「吾又爲一身疑謗」也。其時來問學者，除陳九川、夏良勝、萬潮、歐陽德外，今可考者如下：

王臣。鄒守益集卷二十一廣西參議瑶湖王君墓誌銘：「比拜陽明公，精思力證，訾議嘩然，不恤。時與四五同志居社稷壇，趨白鹿洞，日究所未至，遂中式，鄉人始信講學之益。」按：此所謂「趨白鹿洞」云云，皆在正德十五年中。

裘衍。裘衍字汝中，號魯江，新建人。同治新建縣志卷四十：「裘衍，字汝中。正德鄉舉。從王守仁受學，鞭辟近裏，深造自得。授岳州司理。時漂皇木於河，巴民拾之坐罪者數十，衍覈其冤，咸出焉，民刻木以祀。擢南京工部主政，轉郎中，遂乞休，家居講學，與魏良弼、聶豹、鄒守益切劘，垂老不倦。尤留心民瘼，有簡何巡撫派糧規則一書，鑿鑿可見諸施行。著有語録、寢歌亭集。」

魏良弼、魏良政、魏良器、魏良貴。同治新建縣志卷四十七魏良政傳：「魏良政，字師伊。守仁撫江西，與兄良弼、弟良器、良貴咸學焉。提學副使邵鋭、巡按御史唐龍持論與守仁異，戒諸生勿往謁。良政兄弟獨不顧，深爲守仁所許。良政功尤專，孝友敦樸，燕居無惰容。嘗曰：『不尤人，何人不可處？不累事，何事不可爲？』鄉舉試第一而卒。良弼嘗言：『吾夢見師伊，輒汗浹背。』其爲兄憚如此。」按：南昌郡乘卷三十七魏良政傳稱其「手抄姚江傳習録，讀之有得，遂北面事焉」。同卷魏良弼傳：「魏良弼，字師說。少有異質，偕弟良政、良器從王守仁學。由進士授松陽知縣，振興學校……擢刑科給事中，首論江彬、錢寧之黨，乞斬吴良以謝天下，舉朝憚之……張璁、桂萼初罷相，詔察其黨，給事中劉世楊等議及良弼，以吏部言得留。尋命巡視京營，劾罷提督五軍營保定侯梁永福……三遷至禮科都給事中。（嘉靖）十一年八月，彗星見東井，芒長丈餘。良弼引古書言彗星辰見東方，君臣争明，彗孛出井，奸臣在側。大學士張孚敬竟罷去……當是時，世廟威福莫測，良弼諫輒杖，杖已，輒還職，或遷一官，輒復驟諫，京師目爲『鐵黄門』。時孚敬復起柄政，與鋐修前隙以考察後，命科道官互糾，又奏上十一人，又不及良弼。孚敬益怒，擬旨切責，令吏部再考。鋐乃别糾二十六人，而良弼竟坐不謹，削籍歸……隆慶初，詔起廢籍，以年老，即家拜太常少卿，致仕，卒。」同卷魏良器傳：「魏良器，字師顔，號藥湖。洪都從學之後，隨陽明至越……陽明有内喪，先生、龍溪司庫，不厭煩縟。陽明曰：『二子可謂執事敬矣。』歸主白鹿洞，生徒數百人，皆知宗王門之學。疽發背，醫欲割去腐肉，不可，卒，年四十二。先生云：『理無定在，心之所安即是理；孝無定法，親之所安即是孝。』」卷四十魏良貴傳：「魏良貴，字師孟，棨幼子。嘉靖進士，由大理寺正出知寧波府，叩火反風祈霖雨，立蘇枯槁，有古循良風。備兵太倉，值倭寇猖獗，良貴畫策擣巢，寇遁。安撫流離，叙功，累官副都御史，擢操江，威愛並著，克全令名焉。」按：王陽明全集卷八有書魏師孟卷云：「南昌魏氏兄弟舊學於予，既皆有得於良知之説矣。」即指正德十五年魏氏兄弟來受學。

吴子金。同治南昌府志卷四十三：「吴子金，字維良，南昌諸生。從王守仁學。及歸越，子金與魏良政徒步往，從之三年，充然有得而歸。嘉靖乙酉，同良政登鄉舉。時嚴嵩方掌北雍，延之訓子。未幾，輒謝去，竟不仕，以講學終。著壁箴、屏銘、夜氣説諸篇。邑人陳源，受學於子金，後師安福劉邦采，而友南城羅汝芳，造詣益精。」

李遂。明清進士録：「李遂，嘉靖五年三甲一百四十三名進士。江西豐城人，字邦良，號克齋，又號羅山。歷右僉都御史，提督操江。倭寇海門，前後二十餘戰，討平之。累擢南京參贊尚書。博學多智，長於用兵，然亦善逢迎。卒謚『襄敏』。有督撫經略經。」國朝獻徵録卷四十二有南京兵部尚書李遂傳。南昌郡乘卷三十七有李遂傳，叙事更詳。按李遂子即見羅李材。

鍾文奎。同治新建縣志卷四十四：「鍾文奎，字應明。其父夢新昌尹抱古黄香授母，詰旦生文奎。爲邑諸生，事父嚴，得其歡心。逆濠嘗威劫之，無懼色。母病，露禱，願減齡以益母壽。一夕，夢神饋藥，果得愈。及母喪，廬墓。游王守仁門，學有所得。文成年譜載其力行師訓，挺然不變。而延同志問學，至忘寢食，無愧孝廉之稱云。」

舒柏。同治南昌府志卷四十三：「舒柏，字國用，靖安人。少有志聖賢之學，師事王文成。領正德丙子鄉薦，授歙縣右訓導，以四禮五倫爲教。知府鄭玉命主管紫陽書院，訓六邑生。修規約束，以身率先，所造門下士稱盛行。取赴都，陞梧州府同知，主梧山書院。都御史陶公謂柏『抱温故知新之學，有成己成物之心』。復劄主嶺表書院，兩廣人士多從之游。從王文成平田州，有贊畫功，遷南京刑部員外郎，以弟柟、子炯俱選藩府儀賓，例不當授京職，改兩浙鹽運司運同。尋知南寧府。」

唐堯臣。南昌郡乘卷三十七：「唐堯臣，字士良，少事王文成，講學有才名。登嘉靖鄉舉，授湖州府通判。自負豪氣，以敢擊行選桂林府首，設方略，擒夷酋蕭公，反赦而賚之，令稽首受約於麾下，夷衆莫敢犯。陞杭州府同知，擢浙江按察僉事。備兵台、嚴，料理軍餉不絶。倭至，堯臣以戚將軍繼光兵連大破之。增俸級一等，尋歸。著雨餘閣筆二卷。」

萬思謙。南昌郡乘卷三十七：「萬思謙，字益父，南昌人。性簡靜恬暢，内直外和。聞王伯安先生之學，恍然有悟，密探默契。歐陽文莊一見賞歎，以爲聖門心印，必屬斯人。嘉靖進士，知嘉定縣，政持大體，豁坍江坍海沉糧三千石有奇，荒田七百區有奇……陞刑部主事，改光禄寺丞……出爲四川參議，累遷福建左布政使……轉南京太常卿，致書江陵相，稱『維世以禮，容人以量。願開言路，自引咎』，語爲劉、傅二侍御事發也。江陵相故同年生，意不能無望，故陽遜謝，而言者伺其頤指，露章引懸車例，遂得致仕歸，年甫六十一耳。思謙學以知本爲宗，簡直真切，惟止諸身。著大學述古、中庸述微。比易簀，猶自力起，題曰：『堯、舜，性之也；性之，是堯、舜之學。學主知，而孟氏末篇自堯、舜至孔子，皆只説得一個「知」字。知之學豈易言哉？欲指破一語難矣！』投筆而逝。」

王庭贊。王正億王庭贊耕餘録序：「耕餘録者，王子耕餘之詩也……予辱通家，諦知之矣。王子幼負穎質，長從乃翁宦遊，受業先君於白鹿。論及伊洛源流，輒躍然有獨得志。及歸嬰疾，自分不任馳驅，遂謝舉子業，隱居梅溪山中，因號中山。嘗自歎曰：『有田一頃，可備饘粥；有書百卷，可充玩索。出而耕，入而讀，逍遥乎陌上煙霞，嘲弄乎溪邊風月，身閑心適，於吾足矣，他何慕哉！』……」

（光緒遂昌縣志卷十耕餘録下引）

謝道行。乾隆南昌府志卷六十一：「謝道行，南昌人。工詩，從王守仁遊，偕之登廬山，訪天池，皆有詩。晚客維揚，有盛太僕者，家開並蒂蓮花，邀客記之，道行即席成數千言，名益起。所著瀼東漫稿若干卷。」

劉瀾。道光贛州府志卷五十四儒林：「劉瀾，字汝觀，號一齋，會昌人。同雩都何廷仁、黄弘綱從王守仁講學，得天人性命之指。著有太極圖説、小學補義、蓮塘雜詠。」

方洋。同治廣信府志卷三儒林：「方洋，號湘源，上饒人，崙子也。爲王陽明高弟。以貢監授鎮東衛經歷，辭。有講學語録及湘源詩集。」

王貴。崇禎清江縣志卷七人物：「王貴，字道充，嘉靖壬午舉人。師事王陽明、湛甘泉。授潮州府同知，祛囂訟，擒劇賊。陞南刑部主事，以善讞稱。轉鹽運司同知，條鹽政時宜，商竈賴之。尋致仕。辛酉，流寇至永市，衆議焚城外民居，公不可，曰：『脱賊未渡江，不先爲民災乎？』賊果退。居嘗善酌論今古，訂定典禮，性剛直不阿。有□方辨祠堂議、序卦傳測、疢疾稿、金陵稿、山東鹽法志。」

十月，提學僉事邵鋭堅守朱學，與陽明論學不合，乞休而去。

王陽明全集卷十七批提學僉事邵鋭乞休疏：「據江西按察司呈，看得提學僉事邵鋭求歸誠切，堅守考槃之操；而按察使伍文定挽留懇至，曲盡緇衣之情。是亦人各有志，可謂兩盡其美。然求歸者雖亦明哲保身，使皆潔身而去，則君臣之義或幾乎息；挽留者雖以爲國惜賢，使皆靦顔在位，則高尚之風亦日以微。况本院自欲求退而未能，安可沮人之求退？仰該司備行本官，再加酌量於去就之間，務求盡合於天理之至。必欲全身遠害，則掛冠東門，亦遂聽行所志；若猶眷顧宗國，未忍割情獨往，且可見危受命，同舟共艱，稍須弘濟，却遂初心。則臨難之義，既無苟免於搶攘之日；而恬退之節，自可求伸於事定之餘。興言及此，中心愴切。」

按：陽明此文在文集中置於正德十五年中，所謂「本院自欲求退而未能」，即指其閏八月四疏省葬。又前引陽明與顧惟賢書七中云：「思抑歸興，近却如何？若必不可已，俟回鑾信的，徐圖之未晚也。」此書作於正德十五年閏八月。由此可知邵鋭乞休約在九、十月間。錢德洪陽明先生年譜云其時「巡按御史唐龍、督學僉事邵鋭，皆守舊學相疑」，「當唐、邵之疑，人多畏避」；明史卷二百八十三魏良政傳亦云：「守仁撫江西，與兄良弼、弟良器、良貴咸學焉。提學副使邵鋭、巡按御史唐龍持論與守仁異，戒諸生勿往謁，良政兄弟獨不顧，深爲守仁所許。」可見邵鋭乞休之真正原因乃在其持守舊學，論與陽明異也。蓋邵鋭崇朱學者，明清進士録：「邵鋭，正德三年二甲二名進士。仁和人，字士抑，一作思抑，號端峰。改庶吉士，授編修。耻與焦芳子黄中爲列，擬具疏辭，伯兄欽以危言阻之，乃止。尋以父喪歸。服闋，改寧國推官。累遷福建提學副使，抑浮崇實，士習大變。官至太僕卿，引疾歸。」國朝獻徵録卷七十二太僕寺卿邵鋭傳：「太僕寺卿邵鋭，嘉靖十六年六月卒，賜葬祭，贈都察院右副都御史，謚『康僖』。浙江仁和人，由正德三年進士改庶吉士，授翰林院編修，調寧國府推官，陞南京吏部主事，禮部員外郎，江西提學僉事，福建提學副使，湖廣右參政，河南按察使，廣東、山東左右布政使……」按邵鋭是次乞休後，又轉福建提學副使。

楊廉有書來，論學不合。

楊文恪公文集卷四十六與王伯安書三：「近世無講此學者，只有役志舉業、詞章而已。至執事始立吾道之赤幟，甚盛，甚盛！但精微之際，最難著語，程子所謂『如扶醉人者』是也。至於所講，尤宜平心易氣；若矯枉過正，恐又墮於一偏，將來只成一家之學；須百世以俟聖人與聖人後起不易吾言，乃是。某抱迷守愚，平生惟程朱是信。所愧工夫作輟，若存若亡，年與時馳，意與歲去，可勝歎哉！然亦尚冀面盡，不宣備。」

禮聘福建市舶副提舉舒芬來江西任軍門參謀，舒芬未赴召。

王陽明全集卷十七禮取副提舉舒芬牌：「照得當職奉命提督軍務，兼理巡撫，深慮才微責重，無以仰稱任使，合求賢能，以資贊翼。訪得福建市舶提舉司副提舉舒芬，志行高古，學問深醇，直道不能趨時，長才足以濟用，合就延引，以匡不及。爲此牌仰福建布政司官吏，即行泉州府措辦羊酒禮幣，賫送本官，用見本院優禮之意。仍照例起關應付，前赴軍門，以憑諮訪。本官職任，就委別官暫替。」

按：孫琛翰林院修撰舒公行實云：「庚辰閏八月，野江翁棄養於家，公聞訃慟絶，兼程而歸。歸則哀毁骨立，一循朱子家禮。時鄉多寇，有請避居者，曰：『寒士何憂。』堅立不動。」是陽明發牌禮取舒芬時，適逢舒芬丁憂歸居，舒芬未應召來南昌。正德十五年斷無舒芬來南昌日侍講席之事。然錢德洪陽明先生年譜竟謂：「正德十五年九月，進賢舒芬以翰林謫官市舶，自恃博學，見先生問律吕……芬遂躍然拜弟子。是時陳九川、夏良勝、萬潮、歐陽德、魏良弼、李遂、舒芬及裘衍日侍講席……」其説誤甚。今考羅洪先集卷六有與錢緒山論年譜云：「國裳，非不知其曾稱門生與谷平師同。是時先生爲提督，二公皆屬下，屬下稱門生固宜。其後國裳不稱門生，自其後來實情，與谷平師同反覆。集中有市舶時辭謝陽明公不赴召一書，代府縣學送公帳詞三首，皆未稱師。其詩中有送王陽明都憲之京次鄒會元韵，題不稱師甚明。彼不欲師，而吾强之師，何也？善山友人有曰：『以先生之學，何患無門生，何必國裳？』……」按辭謝陽明公不赴召書與送王陽明都憲之京次鄒會元韵詩皆不見今梓溪集，當已亡佚。所謂「辭謝陽明公不赴召」，即指正德十五年因丁憂未應陽明召來南昌，足見所謂正德十五年舒芬來南昌日侍講席之誤矣。錢德洪於答論年譜書中辯云：「舒國裳在師門，文録無所見，惟行福建市舶司取至軍門一牌。傳習續録則與陳惟濬、夏于中同時在坐間答語頗多。且有一段，持紙乞寫『拱把桐梓』一章，欲時讀以省。師寫至『至於身而不知所以養』之句，因與座中諸友笑曰：『國裳中過狀元來，豈尚不知所以養，時讀以自警耶？』在座者聞之，皆竦然汗背。此東廓語也……昨南昌聞之諸友，相傳因問律吕元聲，乃心服而拜，蓋其子姪輩叙其及門之端也。昨見兄疑，又檢中離續同志考，舒芬名在列，則其諸所相傳者不誣也。」（王陽明全集卷三十七）按舒芬與陳九川、夏良勝同時在坐間答語，持紙乞寫「拱把桐梓」一章，問律吕元聲等，皆是舒芬正德十四年八月來南昌問學時事，非在正德十五年也。而舒芬不得列爲陽明弟子者，蓋舒芬崇周、程、朱學，與陽明心學不合。孫琛翰林院修撰舒公行實即云：「最喜濂溪，嘗稱爲『中興之聖』。所著有太極繹義、通書繹義，又作易箋問七十餘條，書論二十篇，詩稗説三十餘篇，一時號稱天下士者，咸推讓爲遠。」「一循朱子家禮。」「謂太極圖亦則河圖，與伏羲同功，而不滿先儒本於易之説。謂濂溪得斯道之正脉，而直責程正叔之外師。至於周禮一書，嘗責漢儒多附會之罪，宋儒乏表章之功。謂周禮與儀禮、戴記，猶蜀之於吴、魏也。賈氏以儀禮爲本，周禮爲末，謬妄已甚。朱子不一是正之，何也？五經嘗疏論數萬言，闡其幽趣，大抵皆有功於聖門，而周禮尤爲有賴，非確然見道之真者，能然邪？」「六經大明於世，惟周禮未獲表章。予生平精力用在此書，近年重加校定，幸成全經。」其學問旨趣，與陽明大異其趨矣。

致書鄒守益，慨歎洪都講學，不如虔中。

陽明與鄒謙之：「自到省城，政務紛錯，不復有相講習如虔中者。雖自己舵柄不敢放手，而灘流悍急，須仗有力如吾謙之者持篙而來，庶能相助更上一灘耳。」（錢德洪陽明先生年譜引）

泰州王銀以二詩爲贄來見，與論「良知」之教，遂執弟子禮。陽明易其名爲「王艮」，字曰「汝止」。

董燧王心齋先生年譜：「正德十四年己卯，製冠服。一日，喟然歎曰：『孟軻有言：「言堯之言，行堯之行，而不服堯之服，可乎？」』於是按禮經製五常冠、深衣、絛絰、笏板，行則規圓矩方，坐則焚香默識，書其門曰：『此道貫伏羲、神農、黄帝、堯、舜、禹、湯、文、武、周公、孔子，不以老幼貴賤賢愚，有志願學者傳之。』……正德十五年庚辰，時陽明王公講良知之學於豫章，四方學者如雲集。先是塾師黄文剛，吉安人也，聽先生説論語首章，曰：『我節鎮陽明公所論類若是。』先生訝曰：『有是哉？方今大夫士汩没於舉業，沉酣於聲利，皆然也。信有斯人論學如我乎？不可不往見之。吾俯就其可否，而無以學術誤天下。』即買舟以俟，入告守庵公。公難之，長跪榻前至夜分。繼母唐孺人亦力言於公，乃許之行。得令，即起拜，登舟。舟中方就枕，遂夢於陽明公拜亭下。覺曰：『此神交也。』舟次大江，會江寇掠舟中，先生揖寇，聽取其所有。寇見先生言動，乃捨去。抵鄱陽，阻風，舟移日不得行，先生禱之，輒風起。既入豫章城，服所製冠服，觀者環繞市道。執『海濱生』刺以通門者，門者不對，因賦詩爲請。詩曰：『孤陋愚蒙住海濱，依書踐履自家新。誰知日日加新力，不覺腔中渾是春。　聞得坤方布此春，告違艮地乞斯真。歸仕不憚三千里，立志惟希一等人。去取專心循上帝，從違有命任諸君。磋磨第愧無胚樸，請教空空一鄙民。』陽明公聞之，延入。拜亭下，見公與左右人，宛如夢中狀。先生曰：『昨來時，夢拜先生於此亭。』公曰：『真人無夢。』先生曰：『孔子何由夢見周公？』公曰：『此是他真處。』先生覺心動，相與究竟疑義，應答如響，聲徹門外，遂縱言及天下事。公曰：『君子思不出其位。』先生曰：『某草莽匹夫，而堯舜君民之心未嘗一日忘。』公曰：『舜居深山，與鹿豕木石游居，終身忻然，樂而忘天下。』先生曰：『當時有堯在上。』公然其言，先生亦心服公。稍稍隅坐，講及『致良知』，先生歎曰：『簡易直截，予所不及。』乃下拜而師事之。辭出，就館舍，繹思所聞，間有不合，遂自悔曰：『吾輕易矣。』明日，復入見公，亦曰：『某昨輕易拜矣，請與再論。』先生復上坐，公喜曰：『善！有疑便疑，可信便信，不爲苟從，予所甚樂也。』乃又反覆論難，曲盡端委。先生心大服，竟下拜執弟子禮。公謂門人曰：『吾擒宸濠，一無所動，今却爲斯人動。』居七日，告歸省。公曰：『孟軻寄寡母居鄒，遊學於魯，七年而學成。今歸何亟也？』先生曰：『父命在，不敢後期。』先生既行，公語門人曰：『此真學聖人者，疑即疑，信即信，一毫不苟，諸君莫及也。』門人曰：『異服者與？』曰：『彼法服也，舍斯人，吾將誰友？』先生初名銀，公乃易之名艮，字汝止。」

王元翰心齋先生傳：「先生孝出天性，而行持益力，久之，心地豁然開朗。獨契大學『格物』宗旨，謂：『格物者，格物有本末之物也。物有本末，而身爲之本，則當以天地萬物依乎己，而不以己依乎天地萬物，所謂知之至也。』此真足訂千古之訛……是時王先生巡撫江西，極論『良知』自性，本體内足，併知行合一之旨。先生方奉親家居，皆不及聞。有黄塾師者，聞先生論，詫曰：『此極類陽明先生之談學也。』先生喜曰：『有是哉！雖然，王公論『良知』，某論『格物』。如其同也，是天以王公與天下後世也；如其異也，是天以某與王公也。』即日買舟，兼程趨造江西。至則服古冠服止於門，欲王先生親迓，乃肯前左足。王先生睹其衣冠，訝之，對曰：『此服堯之服也。』遂以所得辨難屢日，卒稱王公先覺者。退就弟子列，盡得其『致良知』之説。間出格物論質之，王先生曰：『待君他日自明之耳。』」（王心齋先生遺集卷三）

徐樾心齋先生別傳：「告翁以啓行期，翁曰：『江河險長，將安之？』固請，繼以泣告曰：『學術之誤天下，豈細故哉？兒爲學十年，求友不可得，無與言者。今幸遇其人，可無一會乎？』翁許之，夜即趨舟，懼翁意尚難焉。卧舟中，夢夫子相見於亭中，覺喜曰：『精神先交矣。』遡江越湖，七日而至。服深衣、五常冠，垂紳執笏，以求見。守門者難之，賦二詩以爲請，方坐高堂。夫子曰：『道人也來之。』師入，即守立於中門，舉笏向之，不即入。夫子趨，延之於禮賓亭，如夢焉，乃以告之，夫子曰：『真人無夢。』師曰：『孔子何以夢見周公也？』夫子曰：『此正是他真處。我十年前亦知子來。』相與究明，無不響答，聲徹於大門之外，伺者駭聽焉。遂言及天下事，夫子曰：『君子思不出其位。』師曰：『某草莽匹夫，而堯舜其君民之心未能一日而忘。』夫子曰：『舜耕歷山，忻然樂而忘天下。』師曰：『當時有堯在上。』

夫子曰：『足見所學。』出，夫子謂弟子曰：『吾擒取寧濠，一無所動，今深爲斯人動。』明日入見，論格致，執論特久，乃喜曰：『先生之論，一貫者也。』即起，拜以弟子禮。師之三日而告歸，夫子曰：『何爲爾亟也？』曰：『事親從兄，無非實學，何必遠遊乎？』曰：『孟軻氏寡母居鄒，遊學於魯，七年而學成。我力量不如子，學問路頭我見先知之。』師曰：『然有聞命也，弗敢爽，逾月且至矣。』夫子嘗語門人曰：『吾今得見真學聖人者，諸賢其知之乎？』門人曰：『服異服者與？』曰：『彼法服也，吾將安友？』（王心齋先生遺集卷四）

李春芳崇儒祠記：「聞文成王公講學洪都，不遠數千里攝笈往謁之。衣斑直入，坐上坐，縱談移晷，不屈。及出，公語門弟子曰：『此載道器也。』明日又見，復縱論，始屈。出，更野衣拜公，執弟子禮。始授以『致良知』之學。時公門下多四方知名之士，如文莊歐陽公德、大司成鄒公守益輩，咸集與之講究切劘者，歲餘始歸。」（王心齋先生遺集卷四）

錢德洪陽明先生年譜：「泰州王銀服古冠服，執木簡，以二詩爲贄，請見。先生異其人，降階迎之。既上坐，問：『何冠？』曰：『有虞氏冠。』問：『何服？』曰：『老萊子服。』曰：『學老萊子乎？』曰：『然。』曰：『將止學服其服，未學上堂詐跌掩面啼哭也？』銀色動，坐漸側。及論致知格物，悟曰：『吾人之學，飾情抗節，矯諸外；先生之學，精深極微，得之心者也。』遂反服執弟子禮。先生易其名爲艮，字以汝止。」

按：王艮是次來見，陽明主要與論「致良知」之説灼然可見矣。錢德洪或欲證成其陽明正德十六年始揭「良知」之教之説，竟不言陽明與王艮論「良知」之學，而祇云「及論致知格物」含糊帶過，尤不當。

十一月六日，門人張鰲山以通宸濠受賄下錦衣獄，奪官致仕。陽明與鄒守益、王思咸辭爵賞論救，不報。

國榷卷五十一：「正德十五年十一月庚申，太監商忠、杜裕，少監盧明、秦用、趙秀，錦衣衛都指揮薛璽，指揮陳善，御史張鰲山，河南右布政使林正茂，俱下錦衣獄，以通宸濠受賄也。裕守宣武門，縱濠使出入。鰲山微時，濠悦之，因拜餽。正茂以江西按察使善濠。裕尋死。」

羅洪先集卷二十二明故文林郎監察御史致仕石磐張君墓誌銘：「君名鰲山，字汝立，號石磐……己卯，服除，將如京師，遇宸濠反，都御史王公守仁共謀起義，凡軍中計畫檄移，秘語隱機，靡不盡力，濠平而後行。庚辰，補河南道刷卷南畿，法簡而覈，下以不擾。旋坐譖，下詔獄。始公所諫『八黨』者，瑾爲首，張永、張忠次之。二人既皆啣公，欲報之君。君在邊，又嘗發其私人謫戍，益畏且怨。會同官有不檢者被論，疑出於君，則譖之二人。二人駕誣君與濠善，中以奇禍。方濠之未反也，嘗謀遣子入侍，而江西諸盜四起，將隱援結爲變。君初爲御史，前後凡再上疏，請擇親序近而賢者納之宫中，以消奸雄覬覦。又請選將專職任平賊，冀以制濠。至是誣莫指口，比廷訊，又不識君誰何，爲有司所察。而二人中撓不置，竟奪官。後敘平濠功，僅於致仕。於是中丞及同事鄒君守益、王君思咸辭爵賞論救，不報。中外莫不冤之。」

鄒守益集卷十八題會稽師訓卷：「方張子遇誣時，某上書先師申救；及侍側，懇懇言之。公莞然曰：『寄語汝立，不做好官，且做好人。』某瞿然自失於升沉毀譽之表。（陽明）書中亦曰：『謙之必得數相見，於此學必有切磋之益。幸及時相與，大進此道，以繼往開來。』讀之毛髮竦然。」

是月，王艮復來豫章問學。

董燧王心齋先生年譜：「歸七日，先生復欲往豫章，守庵公以阻風遇盜途中已兩見之，難其行。先生曰：『爲善必吉，誠可動天。某此行自有神護。』族長亦設故以難其行，曰：『汝言誠可動天，今天日方晴，汝能禱雨以證，汝父必許，豫章可往也。』先生即齋心焚香，以情告天。出過鹽倉，見鹽使曰：『急收藏無緩，午後當大雨。』停午果雲起，雨下如注。族長老異焉，守庵公亦忻然許之，遂如豫章。過金陵，至太學前，聚諸友講論。時六館之士俱在，先生曰：『吾爲諸君發六經大旨。夫六經者，吾心之註脚也。心即道，道明，則經不必用；經明，則傳復何益？經傳印證吾心而已矣。』六館之士皆悦服。大司成汪咸齋聞先生言，延入質問，見所服古冠，疑其爲異，乃問先生曰：『古言：無所乖戾。其義何如？』先生曰：『公何以不問我無所偏倚，却問無所乖戾？有無所偏倚，方做得無所乖戾。』出，汪公心敬而憚之。」

按：王艮是次再來豫章問學之况，董燧年譜無載，其他年譜、傳亦皆如此，惟趙貞吉心齋王艮墓誌銘云：「蓋越兩月，而先生再詣豫章城，卒稱王公先覺者，退就弟子。間出格物論，王先生曰：『待君他日自明之。』」年譜云「歸七日，先生欲往豫章」非「越兩月」。王艮十一月到家，若「越兩月」再來，已在正德十六年二月，顯誤。是出格物論就教乃王艮再來豫章問學時事，兩人仍旨在討論「良知」、「格物」之説也。他如歐陽德奠文云：「憶昔豫章客館，接榻連帷。都門執别，携手搴衣。相期謂何，兄心我知。」黄直奠文云：「時偕不肖，周旋講堂。南野立齋，辯難不忘。有過面折，友誼克彰。三月而旋，兄亦南翔。」皆指王艮再來豫章問學時事。而「三月」者，王艮似至正德十六年正月方歸（李春芳亦云「歲餘始歸」）。

二十五日，朝廷始下江西奏捷，議宸濠罪。兵部侍郎王憲疏乞陞賞平宸濠立功人，不報。

國榷卷五十一：「正德十五年十一月己卯，始下江西捷奏，議宸濠罪狀。」

明武宗實録卷一百九十三：「正德十五年十一月癸未，整理兵糧、兵部侍郎兼左僉都御史王憲等奏：江西之捷音，隨駕太監魏彬等，内閣大學士梁儲等，朱彬、張永、張忠、朱泰、朱暉，及都督朱周、朱琮、白玉、宋贇，太監于經、劉祥、朱政、王鎬等，錦衣指揮張璽、張倫，都御史王守仁，知府陞按察使伍文定、邢珣等，都指揮余恩、李楫等，守備陞參將楊鋭，知府陞少卿張文錦，南京守備，太監等官黄偉、喬宇等，操江南和伯等官方壽祥、劉玉等，紀功科道等官祝續等，御史謝源等，巡撫蘇松侍郎李充嗣，漕運鎮遠侯顧仕隆，都御史臧鳳，巡撫都御史叢蘭、劉建、伍符、王翊，管河都御史龔弘，都御史秦金、許廷光，太僕寺卿等官汪舉、毛珵等，巡按御史孫漳等，功各有差，俱宜陞賞。」

按：平宸濠功之陞賞所以遲遲不下者，蓋在王憲及張忠、江彬、許泰之流嫉地方獨成其功，日夜媒蘖王守仁之過，攘奪平宸濠首功爲己有。此輩早已先行陞賞。齊之鸞急黜文武姦邪大臣疏云：「朱泰及抵江西，銜使張忠筆繫伍文定，强要三司之跪；意授江彬譏害王守仁，痛抑地方之首功……前兵部侍郎、今陞尚書王憲，始則納賄於張鋭，繼則附勢於江彬；前叨扈蹕之行，惟事逢君之惡。撒網藏閹，甚瀆尊卑之體；爺爺奴婢，是何禮法之稱？挾勢凌人，而撫臣被其氣使；黨惡忌功，而正議因之不伸。」（歷官疏草）另見齊之鸞賞功抑幸疏、杜革冒濫疏。

十二月五日，武宗駕返至通州，賜宸濠死。

國榷卷五十一：「正德十五年十二月己丑，賜宸濠死……上之北還也，每令濠舟次御舟後，意甚防之。群臣請如高煦、寘鐇例，祭告郊廟。仍敕諸藩議其罪。上不能待，即正法。或以朱彬將復邀上北幸也。」

十日，武宗還京，王華上賀詩，陽明上徵收秋糧稽遲待罪疏。

國榷卷五十一：「正德十五年十二月甲午，上還京，整旅陳俘……丁酉，上南郊。初獻，上嘔血仆地。」

增定國朝館課經世宏辭卷十二王華大駕巡狩還京士庶咸朝喜而有作：「四海懽迎御輦歸，布衣咸得覲龍姿。天香飄緲開金殿，庭燎熒煌映玉墀。星漢影微鷄唱曉，簫韶聲協鳳來儀。于今幸際文明治，欲上東封玉檢詞。」

王陽明全集卷十三徵收秋糧稽遲待罪疏。

十五日，曉諭安仁、餘干、東鄉、崇義諸縣，查行十家牌法。

王陽明全集卷十七告諭頑民，牌行崇義縣查行十家牌法。

二十二日，妻母諸太夫人張氏生辰，請郭詡畫王母蟠桃圖，題歌祝壽。

王陽明全集卷二十四題壽外母蟠桃圖：「某之妻之母諸太夫人張，今年壽八十。十二月二十有二日，其設帨辰也。某縻於官守，不能歸捧一觴於堂下。幕下之士有郭詡者，因爲作王母蟠桃之圖以獻。夫王母蟠桃之説，雖出於他經異典，未必其事之有無，然今世之人多以之祝願其所親愛，固亦古人岡陵松柏之意也。吾從衆可乎？遂用之以寄遥祝之私，而詩以歌之曰：維彼蟠桃，千歲一華；夫人之壽，兹維始葩。維彼蟠桃，千歲一實；夫人之壽，益堅孔碩。維華維實，厥根彌植。維夫人孫子，亦昌衍靡極。」

按：郭詡當是在平宸濠亂後，又來南昌爲幕下士。

寒冬大雪，有詩感懷。

王陽明全集卷二十雪望四首：「風雪樓臺夜更寒，曉來霽色滿山川。當歌莫放陽春調，幾處人家未起煙。初日湖上雪未融，野人村落閉重重。安居信是豐年兆，爲語田夫莫惰農。霽景朝來更好看，河山千里思漫漫，茅簷日色猶堪曝，應是邊關地更寒。法象冥濛失巨纖，連朝風雪費妝嚴。誰將塵世化珠玉？好與貧家聚米鹽。」

是歲，陽明大揭「良知」之教，門人黄直多有記録。以「良知」爲心之本體，立「致良知」爲「心學」訣竅，通過致良知工夫以復心之本體。

傳習録卷下：「先生曰：『聖人亦是學知，衆人亦是生知。』問曰：『何如？』曰：『這良知人人皆有，聖人只是保全，無此障蔽，兢兢業業，亹亹翼翼，自然不息，便也是學；只是生的分數多，所以謂之生知安行。衆人自孩提之童，莫不完具此知，只是障蔽多，然本體之知自難泯息，雖問學克治，也只憑他；只是學的分數多，所以謂之學知利行。』黄以方問：『先生格致之説，隨時格物以致其知，則知是一節之知，非全體之知也。何以到得溥博如天、淵泉如淵地位？』先生曰：『人心是天淵。心之本體無所不該，原是一個天，只爲私欲障礙，則天之本體失了；心之理無窮盡，原是一個淵，只爲私欲窒塞，則淵之本體失了。如今念念致良知，將此障礙窒塞一齊去盡，則本體已復，便是天淵了。』乃指天以示之曰：『比如面前見天，是昭昭之天；四外見天，也只是昭昭之天。只爲許多房子牆壁遮蔽，便不見天之全體；若撤去房子牆壁，總是一個天矣。不可道眼前天是昭昭之天，外面又不是昭昭之天也。於此便見一節之知，即全體之知；全體之知，即一節之知，總是一個本體。』……先生曰：『我輩致知，只是各隨分限所及。今日良知見在如此，只隨今日所知擴充到底；明日良知又有開悟，便從明日所知擴充到底。如此方是精一功夫。……』

按：傳習録卷下中，自「黄以方問」至「何曾著父子、君臣、夫婦的相」，皆爲黄直（以方）所記語録。前考黄直正德十五年卒業北雍後來虔問學，又據其祭王心齋奠文，其於是年年底回金溪（見前引），故可確知此十六條黄直記語録皆爲其正德十五年中所記，意義重大。大抵傳習録卷下中陳九川與黄直一前一後所記録，是陽明正德十五年向門人弟子大闡「良知」之教之鐵證，足以破除錢德洪所謂陽明正德十六年始揭「良知」之教之誤説矣。

一五二一　正德十六年　辛巳　五十歲

正月新春，五十感懷，有思歸之詠。

王陽明全集卷二十歸懷：「行年忽五十，頓覺毛髮改。四十九年非，童心獨猶在。世故漸改涉，遇坎稍無餒。每當快意事，退然思辱殆。傾否作聖功，物睹豈不快？奈何桑梓懷，衰白倚門待！」

致書在京御史謝源，懇其助成歸省，雪冀元亨冤。

陽明與謝士潔書三：「別久，益想念。京師凡百，得士潔在，今汝真又往，區區心事當能一白矣。老父衰病日深，賞功後得遂歸省，即所謂騎鶴揚州矣！諸老處，望爲一一致懇。冀生事，聞極蒙留意，甚感，甚感！今汝在，復遭此，不識諸君何以解之？此間凡百，王金略能道。適牙痛，臨楮不能一一。守仁拜手，士潔侍御道契文侍。餘空。」（與謝士潔書真迹，今藏温州博物館）

按：此書云「京師凡百，得士潔在，今汝真又往，區區心事當能一白矣」，指監察御史謝源、伍希儒已回京治宸濠獄與奏功事。據明通鑑卷四十九：「正德十五年十二月己丑，宸濠伏誅。先是有旨，召皇親、公侯駙馬伯、内閣府部大臣、科道官俱至通州，治宸濠獄，至是列其罪狀上之……」武宗十月至通州，故可知謝源先在十一月回京，在治宸濠獄後，伍希儒又入京奏功，故此書云「賞功後得遂歸省，即所謂騎鶴揚州矣」。可見此札作於正德十五年十二月至十六年一月間（二月以後武宗已疾卒）。按倪小野先生全集卷四有詩題云：「伍上虞汝珍奏功北上，上虞諸縉紳會新祠，贈以詩……」此所云「奏功北上」，即陽明此書所云「今汝真又往」。倪小野此詩云：「瓊梅日下輝九英，春風喜挹仙郎清。」可見伍希儒奏功北上在正德十六年春正月，陽明此書即作在其時。札云「冀生事」，指冀元亨繫獄事，陽明託謝源在京雪其冤。

十二日，唐龍偕朱節、汪必東來聚飲觀燈。

唐漁石集卷四正德辛巳正月十二日偕白浦南雋飲於陽明公處即暮張燈因作十二夜燈詩：「今節新晴際，方城缺月中。亂離一戰息，燈火萬家同。試聽閭閻下，争歌使相動。雲來遲數日，井絡盡爲烽。」

按：「白浦」即朱節。「南雋」即汪必東，字希會，號南雋。千頃堂書目卷二十二著録汪必東南雋集二十卷，云：「字希會，崇陽人。河南參政。」又卷一著録汪必東易問大旨，云：「字希匯，崇陽人。正德辛未進士。官雲南參政。」按正德六年辛未陽明任會試同考試官，汪必東或爲陽明所録取耶？

有書致鄒守益，論「致良知」之學。

陽明再與鄒謙之：「近來信得『致良知』三字，真聖門正法眼藏。往年尚疑未盡，今自多事以來，只此良知無不具足。譬之操舟得舵，平瀾淺瀨，無不如意，雖遇顛風逆浪，舵柄在手，可免没溺之患矣。」（錢德洪陽明先生年譜，陽明文集失載）

按：錢德洪陽明先生年譜云：「先生聞前月十日武宗駕入宫，始舒憂念。自經宸濠、忠、泰之變，益信良知真足以忘患難，出生死，所謂考三王，建天地，質鬼神，俟後聖，無弗同者。乃遺書守益曰……」可見陽明此與鄒守益書作在正德十六年正月。然錢氏以此書證陽明正德十六年始揭「致良知」之教則非。

牌行撫州府金溪縣褒崇陸象山子孫，檄崇仁縣祀吴康齋鄉祠。

王陽明全集卷十七褒崇陸氏子孫：「據撫州府金溪縣三十六都儒籍陸時慶告，看得宋儒陸象山先生兄弟，得孔孟之正傳，爲吾道之宗派，學術久晦，致使湮而未顯，廟堂尚缺配享之典，子孫未沾褒崇之澤。仰該縣官吏將陸氏嫡派子孫差役，查照各處聖賢子孫事例，俱與優免。其間有聰明俊秀堪以入學者，具名送提學官處選送學肄業，務加崇重之義，以扶正學之衰。俱依准繳。」

按：王陽明全集於此文題下注「正德十五年正月」作，乃誤。錢德洪陽明先生年譜云：「正德十六年正月，録陸象山子孫。」知「正德十五年正月」乃正德十六年正月之誤。

陽明檄祀康齋鄉祠：「吴公方其貴近之薦，固可見好德之同；及夫官爵之辭，尤足驗先幾之哲。蓋宣和之疏，於龜山無嫌；而明堂之留，在漢儒爲媿。出處不至於失己，學術何待夫立言？……」（沈佳明儒言行録卷三吴與弼，陽明文集失載）

按：康齋祠在崇仁縣，同治崇仁縣志卷一之七：「康齋書院，在縣西北二十五里小陂，正統中康齋講學處。時陳獻章、胡居仁、胡九韶俱從游。後闢以爲祠。」是檄約與褒崇陸氏子孫作在同時，蓋出於同一「以扶正學之衰」之意也。

兵部差官來示歸省批札，有書致王瓊陳謝。

陽明與晉溪書十五：「比兵部差官來，賚示批札，開諭勤惓，佐亦隨至，備傳垂念之厚。昔人有云：公之知我，勝於我之自知。若公今日之愛生，實乃勝於生之自愛也，感報當何如哉！明公一生繫宗社安危，持衡甫旬月，略示舉動，已足以大慰天下之望矣。凡百起居，尤望倍常慎密珍攝，非獨守仁之私幸也。佐且復北，當有别啓。差官回，便輒先附謝，伏望臺鑒。不具。歸省疏已蒙曲成，得蚤下一日，舉家之感也。懇切，懇切！」（陽明先生與晉溪書十五通，今藏上海圖書館）

按：此書所言「歸省疏已蒙曲成」，當非指八月允歸省，蓋王瓊因附江彬於四月已下獄。今按是書言「持衡甫旬月」，乃指王瓊陞吏部尚書，國榷卷五十一：「正德十五年十二壬子，少師兼太子太師兵部尚書王瓊改吏部尚書，以朱彬力也。」可見陽明此書作在正德十六年正月中，蓋其時王瓊已允准陽明歸省，然因其後武宗疾卒，王瓊旋亦下獄，故陽明歸省事又遷延不行也。

二月，席書寄來鳴冤録與道山書院記，爲陸象山之學鳴冤辯白，張大朱子晚年定論之説。陽明有答書稱贊之。

王陽明全集卷五與席元山：「向承教札及鳴冤録，讀之，見别後學力所到，卓然斯道之任，庶幾乎天下非之而不顧，非獨與世之附和雷同、從人非笑者相去萬萬而已。喜幸何極……」

同上，卷二十一寄席元山：「向見鳴冤録及承所寄道山書院記，蓋信道之篤，任道之勁，海内同志莫敢有望下風者矣，何幸何幸！」

席書鳴冤録序：「鳴冤録者，録陸氏之冤而鳴之也。宋室南遷，朱、陸二子，一唱道於建陽，一唱道於江右，一時名士争走門墻。於時朱氏方注六經，訓百世，謂物必有理，理必有盡窮，然後可以入道。陸氏謂其牽繞文義，倒植標末，徒使窮年卒歲，無所底麗；天與我者萬物皆備，何暇外求？朱氏因目之曰：此禪學也。一時游考亭者，方與象山門人較争勝負，一聞斯言，喜談樂誦，月記日録，迄於今日。朱氏之書盛行於世，舉業經學，非朱傳不取，繇是經生學子童而習之，長而誦之，皆曰：陸，禪學也。山林宿士，館閣名儒，亦曰：陸，禪學也。凡聞陸氏者，如斥楊、墨，如排佛、老，甚而將若浼焉。間無覺者，終身迷悟，莫知返也。

及予宦四方，得陸氏語録、文集，三讀其言，撫膺歎曰：嗚呼，冤乎！孰謂陸公爲禪乎？再取讀之，不徒非禪也，且若啓蔽提聾，而中又戚戚焉，又從而歎曰：予晚出迷途，幸矣，將持陸書遍訟諸士。顧文言頗繁，見者慵覽，覽者未終，卒難脱悟。余乃撮其書間語録之要，各類二篇，名曰嗚冤録。使人讀未終日，見其無三乘空寂之語，無六道輪迴之説，必將曰：冤乎！人言可盡信乎？兹始賤耳而貴目也。嗚呼，此道之冤也！刑獄之冤，陷一人；道術之冤，使天下人心欲飲醇酒而莫知罪，雖欲無嗚，將能已乎？自孟氏道遠，伊洛言湮，而心學先傳，一有覺者，同室起鬩，如孫、龐同師鬼谷，而自操矛盾，以角兩國之雄，亦可怪矣！及朱氏晚年悔悟，自恨盲廢之不早，惜乎易簀已至，其書已行，不可追挽。後之君子，不究晚年至論，師尊中年之書，過於六經、語、孟，仗朱氏之心，不得表白於後世，負冤者不徒陸氏，而吾考亭夫子含怨九地，亦不淺矣。所幸斯文未喪，此心不死，近世二三豪傑，嘗伸此義，以究末流，信者寡而傳疑者太半，是録所繇嗚也。君子感其嗚，一洗其冤，將知登岱山，望東海，道在此而不在彼矣。録曰『嗚冤』者，蓋有激也，亦以起問者，見是非也。」（何喬遠皇明文徵卷四十六）

楊廉楊文恪公文集卷四十七與席文同：「嗚冤録足見主張陸學處。大抵朱陸之學就其偏處爲之，猶勝於俗學，而況於大中至正者乎？然在學者，皆當去短集長，豈可安於一偏而已哉？廉亦嘗謂後人未考陸學，望風而罵。今見高明此書，則象山不負屈於地下矣。但朱子晚年自悔之語，將以自警，且以警人。自古聖賢不自聖賢，孔子之言曰：『出則事公卿，入則事父兄，喪事不敢不勉，不爲酒困，何有於我哉？』如此之類，皆謙己悔人之意。廉於朱子亦云，不知是否？廉又謂，學陸學就覺得力，但恐後來漸漸冷淡；學朱學初若茫然，久之却愈有味。善學者當自得之。不識高明以爲何如？」

按：楊一清席公書墓誌銘云：「遷福建左布政。宸濠之變，公募軍二萬赴援，道聞賊平，乃歸。又建道山書院，以祀閩中諸賢。擢右副都御史，巡撫湖廣。」是席書鳴冤録、道山書院記作在其任福建左布政時。陽明此答書作在正德十六年七月（見下），錢德洪陽明先生年譜云：「正德十六年正月，録陸象山子孫……席元山嘗聞先生論學於龍場，深病陸學不顯，作鳴冤録以寄，先生稱其『身任斯道，庶幾天下非之而不顧』。」可見席書當是見陽明發布褒崇陸氏子孫，推崇陸學，乃寄來鳴冤録，時間約在二三月中。然錢氏只云席書「聞先生論學於龍場」，却有意隱去席書因讀朱子晚年定論而作鳴冤録之事實。蓋席書之作鳴冤録乃是其讀朱子晚年定論有感而發，大旨在辯陸學非禪學而爲「心學」，進一步助成與推廣陽明朱子晚年定論之説也。序中所言「不究晚年至論」，即暗指陽明所云「朱子晚年定論」；所言「近世二三豪傑」，即暗指程敏政、陽明諸人。尤值得注意者，席書於此首以「心學」指稱陸學，正與陽明用「心學」指稱己之「聖學」（王學）同時，顯可見亦是受陽明影響也。陽明後於祭元山席尚書文中云：「世方没溺於功利辭章，不復知有身心之學，而公獨超然遠覽，知求絶學於千載之上;世方黨同伐異,狥俗苟容,以鈎聲避毁,而公獨卓然定見,惟是之從,蓋有舉世非之而不顧……」

即指席書不顧天下非之而作鳴冤録也。

楊鸞書來求墓銘,有答書論致良知之學。

王陽明全集卷五與楊仕鳴:「差人來,知令兄已於去冬安厝,墓有宿草矣。無由一哭,傷哉!所委誌銘,既病且冗,須朋友中相知深者一爲之,始能有擬耳。喻及『日用講求功夫,只是各依自家良知所及,自去其障,擴充以盡其本體,不可遷就氣息以趨時好』,幸甚幸甚!果如是,方是致知格物,方是明善誠身。果如是,德安得而不日新?業安得而不富有?謂『每日自檢,未有終日渾成片段』者,亦只是致知工夫間斷。夫仁,亦在乎熟之而已。又云:『以此磨勘先輩文字同異,工夫不合,常生疑慮。』又何爲其然哉?區區所論『致知』二字,乃是孔門正法眼藏,於此見得真的,直是建諸天地而不悖,質諸鬼神而無疑,考諸三王而不謬,百世以俟聖人而不惑!知此者,方謂之知道;得此者,方謂之有德。異此而學,即謂之異端;離此而説,即謂之邪説;迷此而行,即謂之冥行……所謂『此學如立在空中,四面皆無倚靠,萬事不容染着,色色信他本來,不容一毫增減。若涉些安排,着些意思,便不是合一功夫』,雖言句時有未瑩,亦是仕鳴見得處,足可喜矣。但須切實用力,始不落空。若只如此説,未免亦是議擬仿象,已後只做得一個弄精魄的漢,雖與近世格物者症候稍有不同，其爲病痛，一而已矣。詩文之習，儒者雖亦不廢，孔子所謂『有德者必有言』也。若着意安排組織，未有不起於勝心者，先輩號爲有志斯道，而亦復如是，亦只是習心未除耳。仕鳴既知致知之説，此等處自當一勘而破，瞞他些子不得也。」

按：前考楊鸞於正德十五月七月歸潮，冬間安葬其兄楊驥後，即書來求墓銘，陽明此書約作於二、三月間。

以巡按御史唐龍薦，蔡宗兗來任南康府教授，兼白鹿洞主。檄南康府修葺學宫，遺白金以創公署。

白鹿書院劄付石碑：「皇明白鹿洞劄付江西等處承宣布政使：爲慎擇儒官，兼管書院事，吏部準勘，合科付承，準吏部己字二千八十四號勘合驗對，清吏司案呈，準文選清吏司付奉本部，送該本部題本司案呈，奉本部送吏科抄出。巡按江西監察御史唐（龍）題：切照宋儒朱熹於淳熙中知江西南康軍，乃即唐白鹿洞遺址建葺書院，以爲講學論道之所，規制大備，教化蔚然，又括聚書籍，置給田畝，相傳至於今焉。臣近日巡歷本府，首謁書院，展拜先聖先賢。見得祠殿荒凉，門廡冷落，往來皆牛羊之迹，前後俱蔬稼之圃。及訪書籍，已多散亡，田畝亦浸遺失。詢厥所由，蓋因無官綜理，每年□是本府星子縣編僉門子二名，輪流看管，以至狼狽至此。夫必欲設官，尤恐費事。緣本府儒學，距書院僅五十里，但得一學行教授兼管即足矣，然誠難其人焉。近該本府呈報所屬官員姓名脚色，開註本學見缺教授。臣訪得福建興化教授蔡宗兗，由進士出身，學問深該，志行清古，爲貧而仕，曲全孝友之心，以禮自防，弗爲世俗之態，誠斯文之正，後學之楷範也。如蒙乞敕吏部查議，將蔡宗兗改調南康府教授，不妨原務，兼總理書院，用修遺教，仍行星子縣歲另給二力一馬，往來跟騎於書院内，月另□□三石食用，以爲常規，一應上司俱要禮待，勿令仆仆拜跪，以示優重之意。以後員缺，常□進士内慎選銓補。若能敦復風教，有光儒業，□□擢授科道及不次升提學僉事等官；苟廢學傷教，聽巡按御史奏調問黜，不廢勸懲。庶百年之舊典復舉，而一方之學者有依矣。緣係□□儒官兼管書院事理，未敢擅便。爲此舉本順差承差□□齎捧，謹題請旨。奉聖旨：『吏部知道。欽此。』欽遵，抄出送司。查得蔡宗兗，年四十七歲，浙江紹興府山陰縣人，中正德十二年三甲進士。本年十一月奏補，家貧親□，□就教職。該本部查照先年題準事例，進士願就教者，亦照原中甲第品級，已經題奏欽依，將本官除受福建興化府儒學教授，仍支正八品俸級。正德十五年八月，該巡按福建監察御史沈開奏缺官緣由，内稱興化府□□□授蔡宗兗準告致仕去訖。又查得江西南康府儒學見缺教授，今該前因通查案呈到部，看得巡按江西監察御史唐龍題稱：宋儒朱熹建葺白鹿洞書院，以爲講論之所，至今荒涼零落，蓋因無官綜理。訪得教授蔡仲兗，學問□□，□行清古，乞要將本官改調南康府儒學教授，兼經理書院一節爲照。教授蔡仲兗，平素學行委有可稱，近因告疾，遽令休致，似乎□□□□□。今該巡按江西監察御史唐論奏前因，相應起用，合無將蔡仲究除授江西南康府儒學教授，仍支正八品俸級，給憑令。其到任不□□□□□理白鹿洞書院一應事務，行令有司，以禮優待，庶幾後學得師，前規不墜。緣係慎擇儒官兼管書院，及奉欽依，吏部知道。事理未改擅便。正德十五年九月十三日，少保兼太子太保、本部尚書陸等具題。本月十五日，奉聖旨：『是。欽此。』欽遵，當將本官照闕填註，令其赴任管事，合連送該司，仰行驗封清吏司類行。江西布政司轉取本官到任日期，同憑繳報。如違原限，照例施行。等因，賫付準此擬合就行，爲此劄，仰本府當該官吏，照劄備去勘合內事理，轉取本官到任日期，同憑繳報。如違原限，照例施行，毋得違錯，不便須至劄付者。正德十六年二月十六日立石。南康府知府眉山張愈嚴立石。」（白鹿洞書院碑刻摩崖選集）

王陽明全集卷十七仰南康府勸留教授蔡仲究：「據南康府儒學申，看得教授蔡仲究，德任師儒，心存孝義，今方奉慈母而行，正可樂英才之化。況職主白鹿，當宋儒倡道之區；勝據匡廬，又昔賢棲隱之地。偶有親疾，自可將調，輒興掛冠之請，似違奉檄之心。仰布政司備行南康府掌印官，以禮勸留，仍與修葺學宮，供給薪水，稍厚養賢之禮，以見崇儒之意。繳。」

季彭山先生文集卷三奉議大夫四川按察司提學僉事蔡公墓誌銘：「既歸之明年辛巳，用巡按江西監察御史唐君虞佐薦，起爲白鹿洞主。首膺簡命，當道者處以賓禮，蓋異數也。公至，則敦復洞規，釐括田籍，一時人心莫不稱快。適先師巡撫江西，遺白金若干，爲創公署。公謝歸府藏，因白其守增置學田，而先師不知也。過者聞之，咸稱爲『真君子』，而公自稱則曰『白鹿山人』。」

按：毛德琦廬山志卷八蔡宗兗：「御史唐龍上疏起爲白鹿洞主，招授南康府教授，主白鹿洞。都御史王守仁遺五十金，創公署。」

三月十四日，武宗崩於豹房。十八日，執江彬下獄。

國榷卷五十一：「正德十六年三月丙寅，上崩於豹房……庚午，皇太后懿旨，執江彬、神周、李琮下獄。」

是月，上疏乞併南昌前、右二衛爲南昌衛。

明武宗實録卷一百九十七：「正德十六年三月乙丑，併江西南昌前、右二衛爲南昌衛。宸濠之變，軍士從逆者死亡殆盡，而左衛公署又毁於火。巡按都御史王守仁請以左衛所存軍餘併歸前衛，總爲南昌衛；掌印佐貳官俱聽撫按官，隨宜爲用。從之。」

四月二十二日，世宗即位，大赦天下。二十四日，齊之鸞遂上清理刑獄疏，冀元亨冤白得釋。

國榷卷五十二：「正德十六年四月癸卯……御奉天殿，即皇帝位，頒詔大赦。詔曰：『……

惟我皇兄大行皇帝，運撫盈成，業承熙洽；勵精雖切，化理未孚。中遭權奸，曲爲蒙蔽，潛弄政柄，大播凶威。朕昔在藩邸之時，已知非皇兄之意。茲欲興道致治，必當革故鼎新……其以明年爲嘉靖元年，大赦天下，與民更始。所有合行事宜，條列於後。』」

歷官疏草清理刑獄疏：「照得都御史王守仁擒獲逆賊劉吉等，提督軍務御用太監張永抄拏方倬等，御馬監太監張忠、平虜伯朱彬、安邊伯朱泰、左都督朱暉各緝獲熊僚、申宗遠、楊清、李汝淇等各起囚犯，雖於江西等處送到臣等審問，比因隨軍回，促日促事，冗不暇詳議……除將情法顯然可矜可疑季元亨等九十三名，題奉大行皇帝聖旨『法司看了來說』……再照大行皇帝駐驛通州之時，傳旨抄拏人犯陸完等，中間情罪輕重不同，法難槩施，亦合詳審。節該正德十六年四月二十二日詔書內，一欵法司錦衣衛見監罪囚，中間或鍛鍊成獄，或拘泥文案，多有枉抑……又一欵江西併各處地方，先因宸濠反逆事敗，及因人告報謀反妖言等項事情，一時追捕餘黨，急於撲滅，不暇審辨……又一欵見監與宸濠謀反事情，有於正德十四年就陣擒獲真正共謀逆賊，並臨時脅從及先年交通不曾與合者，各依律議擬應得罪名……陛下嗣大歷服之始，雖昆蟲草木亦望至仁涵育，而況人命之重乎？如蒙乞敕法司，毋拘成案，勿事觀望，亟將劉吉、方倬、熊僚、申宗遠、楊清、李汝淇等逐一研審，如有冤抑，罪不至死者，即與清雪明白。奏請必其情真罪當，然後從重議擬。」

蔣信鄉進士冀闇齋先生元亨墓表：「初權奸江彬輩欲重禍於陽明子，鞫問之朝，箠箠備至。先生曰：『元亨方弱冠時，已願爲忠臣孝子，今不能爲義徒乎？』」久之，洗滌開釋之，命下，而先生疾弗起矣，是爲辛巳五月四日。」

按：錢德洪陽明先生年譜云：「張、許等索釁不得，遂逮元亨，備受拷掠，無片語阿順。於是科道交疏論辯，先生備咨部院白其冤。世宗登極，詔將釋，前已得疾，後五日卒於獄。」是冀元亨冤白得釋在四月三十日。

二十五日，録王守仁贛州功，廕子王正憲錦衣副千户。

國榷卷五十二：「正德十六年四月丙午，録王守仁贛州功，廕子正憲錦衣副千户。」

蔡文廕子咨呈：「正德十六年七月十八日，奉到兵部鳳字二千八百八十號勘合内開一件捷音事，准武選司付奉本部連送該本部題送，准浙江布政司咨呈，據紹興府申據餘姚縣申蒙本府紙牌仰縣速將都御史王承廕子姪應該之人取具無礙親供，並官吏里鄰人等不扶結狀繳報。等因，依蒙行據該隅里老吕時進等，勘得右副都御史王，任江西南、贛等處剿賊成功，欽承廕子一人，世襲錦衣衛百户，行縣取具里老並本族親供。今據前因，合將繳到王冕等供狀一紙，係本縣東北隅五里民籍，有姪王守仁任江西南、贛等處右副都御史，爲剿賊成功，欽承廕子王正憲，世襲錦衣衛百户，行縣取具里老並本族親供呈繳到部。查得先該提督南、贛都御史王奉稱征勦江西南、贛等處賊寇，驅卒不過萬餘，用費不滿三萬，兩月之間，俘斬六千有奇，破巢八十有四，渠魁授首，噍類無遺。該本部查議得都御史王躬親督戰，獲有軍功，所當先録，伏望堅明俯照節年平寇陞廕有功官員事例，將王照例陞職廕子以酬其功。等因。具題。正德十三年四月十八日，節該奉聖旨：『是。各官既勦賊成功，地方有賴，陞右副都御史，廕子姪一人做錦衣衛，世襲百户。欽此。』查無本官應襲子姪姓名，已經備行原籍官司查取去後。又該提督南、贛軍務右副都御史王奏報廣東韶州府樂昌等縣平賊捷音，内開擒斬首從賊人首級共二千八百九名顆，俘獲賊屬並奪回被擄男婦五百名口。等因。該本部查議得本官分兵設策，一旦勦平，厥功非細。本部議將王量加陞級，於先廕子百户上再加陞廕，以酬其功。伏蒙欽依，王守仁已因功陞職，還賞銀四十兩，紵絲二表裏。臣等以爲王守仁累建奇功，各不相掩，今止給賞，似不足酬其功。合無王守仁量陞俸給，於先廕子百户上量加陞廕。等因。本年十二月初三日具題，本月二十六日奉聖旨：『王守仁累有成功，他男先廕職事上還加陞一級。欽此。』又經備行欽遵訖。今據前因，久查陞級事例，實授百户上加一級，該副千户，通查案呈到部。欲將都御史王應廕子王正憲查照先奉欽依，加廕子姪一人做錦衣衛，世襲百户，再加；續奉欽依，加陞一級，與做副千户，頂註錦衣衛左所支俸。緣係查録恩廕，節奉欽依，王守仁廕子姪一人做錦衣衛，世襲百户，及他男先廕職上還加陞一級事理。等因。正德十五年三月初四日，少師兼太子太師本部尚書王等具題。次年四月二十五日，奉聖旨：『是。欽此。』欽遵，擬合通行。爲此合行浙江布政司轉行紹興府餘姚縣，著落當該官吏照依本部題奉欽依内事理，即便查取王正憲作速起程，前來赴任。仍將本官起程日期，繳報施行。」（王陽明全集卷三十九）

二十六日，齊之鸞上賞功抑倖疏；二十八日，再上杜革冒濫疏，乞朝廷議處平宸濠功次陞賞事。

歷官疏草賞功抑幸疏：「顧其部下功次，見今造報者，如江西册内，有隆慶左衛報效冠帶軍人吕鎧等四十三員名，雖經駁行，該司查勘，止照前册回報，揆之輿論，終係冒濫。舍人伍壽等三十二名、隨征義兵王愚等七名，俱係領兵官員及隨征協謀鄉官家人……安慶等處册内，報效冒功者有孝陵衛舍人劉奎等三十四員名，領兵官員舍人林平等二十名，又有射箭打磚之人，查無事例……如蒙乞敕兵部查照，將王守仁部下功次亟議陞賞，以酬大勳，應給銀牌花紅，先行差官賫訖……」杜革冒濫疏：「楊清一起，止有十二名顆。其餘盡是江西緝獲之數。再查總督下閻岳等功次，係湖廣解來人犯。及平虜伯朱彬正是隨駕駐劄南京，未曾親到江西，所報功次，訪得俱是揚州府等處拏解人犯，事屬奪冒領賞……惟皇上嗣大歷服之初，一新政化之日，正宜杜革冒濫……乞敕兵部議處改正……」

五月二日，召王守仁入朝，舒芬、夏良勝、萬潮、陳九川、林大輅、張岳等並復官。

明世宗實録卷二：「正德十六年五月癸丑，先是提督南、贛、汀、漳兼巡撫江西右副都御史王守仁以父老祖喪，上疏乞暫歸省葬，未報。至是得旨：王守仁擒斬亂賊，平定地方，朕莅政之初，方將論功行賞，所請不允。其勑守仁亟來京。」

國榷卷五十二：「正德十六年五月癸丑，召王守仁入朝。故翰林修撰舒芬，郎中黄鞏、孫鳳、陸俸、張衍瑞、姜龍，員外郎夏良勝，主事萬潮、林大輅、蔣山卿，大理寺副周叙，寺正金罍，評事郭孟常、孟廷柯、郝鳳昇、張士鎬、傅尚文、蔡時、姚汝皋，太常博士陳九川，行人陶滋、巴思明、李錫、顧可久、鄧顯麒、王國用、熊榮、楊泰、王懋、李儼、潘鋭、劉黼、張岳等，並復官。」

按：陽明乞便道歸省疏云：「臣於正德十六年六月十六日欽奉敕旨：『以爾昔能剿平亂賊，安靖地方，朝廷新政之初，特兹召用。敕至，爾可馳驛來京，毋忽稽遲。欽此。』」知世宗敕旨下在五月二日，陽明奉敕已在六月十六日。

四日，冀元亨卒，牌仰湖廣布按二司優恤冀元亨家屬，並致書王邦相、陸澄、謝源，託料理冀元亨喪事。

明史卷一百九十五冀元亨傳：「世宗嗣位，言者交白其冤，出獄五日卒。元亨在獄，善待諸因若兄弟，因皆感泣。其被逮也，所司繫其妻李，李無怖色，曰：『吾夫尊師樂善，豈他慮哉？』獄中與二女治麻枲不輟。事且白，守者欲出之。曰：『未見吾夫，出安往？』按察諸僚婦聞其賢，召之，辭不赴。已就見，則囚服見，手不釋麻枲。問其夫學，曰：『吾夫之學，不出閨門衽席間。』聞者悚然。」

蔣信鄉進士冀闇齋先生元亨墓表：「命下，而先生疾弗起矣，是爲辛巳五月四日。同志梁日孚、陸元静、張文邦輩争爲會金治棺……論者曰：陽明子之學，貴心悟也；心悟者，默識也。然而先生之學，則似專於踐履。陽明子致良知之説，固嘗自謂獨得之秘，告諸先生必盡矣，而諄諄誨人之際，獨於此未嘗一發明焉，又何耶？信嘗與論格知，而及於明道程先生『學者先識仁體』之説，先生亟是之，且曰：『贛諸子頗能從事静坐，苟無見於仁體，槁坐何益也？』然則學將自有見與？論者又曰：先生執義不屈，卒免陽明子於禍，殆古豪士之儔也。然而死生之幾微於一髮者，雖天下之明哲，果誠難哉！且將誰歸耶？某獨以其平日而究觀之，先生蓋負道甚勇，而憂世甚切；憂世切，則胡暇一身之計？陽明子初得被逮之報，語報者曰：『惟乾平日獨憂世太切耳。』吁，殆諒然也耶？雖然，特立獨行而不懼，卒然震之以大難而不變，可以觀勇矣。將終依陽明子於紹興也，則輕數千里而欲移其家；以朱守忠、蔡希顔、徐曰仁可與共濟斯道也，則思以愛女遠結姻黨而不以爲難；聞蔡督學霞山論太陰之說，則亟從之；聞一友嘗及李大厓之門，則拜之；聞司馬劉東山之風望，則徒步而候之，可以觀志矣。鄉人服其義，學士服其教，族黨服其仁，配顧氏奉其遺訓，艱辛白首，而貞淑彌厲，孱僕一二輩守其道，則力田贍孤，而愈於所出，可以觀誠矣。……」

按：陽明於正德十五年大闡「良知」之教，此前冀元亨於正德十四年春即離陽明而去，旋被逮入獄，直至正德十六年卒於獄中，故未得聞陽明「良知」之說也。冀元亨之學專於「踐履」，而未嘗一發明「良知」之說，蓋以此也。

王陽明全集卷十七仰湖廣布按二司優恤冀元亨家屬：「照得湖廣常德府武陵縣舉人冀元亨，忠信之行，孚於遠邇云云，已經備咨六部院寺等衙門詳辨去後。今照冀元亨該科道等官交章申暴，各該官司辨無干礙，已先釋放，不期復染瘧痢身故。該部司屬官員及京師賢士大夫，莫不痛悼，相與資給衣棺。本院亦已具舟差人扶柩歸葬。但恐本生原籍官司，一時未知詳息，仍將家屬羈監，未免枉受淹禁。除將本生節義，另行具本奏請褒録外，擬合通行，爲此牌仰抄案回司，即行常德府速將舉人冀元亨家屬，通行釋放；財産等項，亦就查明，給還收管。仍將本生妻子，特加優恤，使奸人知事久論定之公，而善類無作德降殃之惑。其於民風士習，不爲無補矣。」

按：國榷卷五十二：「正德十六年五月壬戌（十一日），監察御史胡松言故貢士冀元亨黨逆之冤，命恤其家。」陽明即在其後移文湖廣布按二司優恤冀元亨家屬。

陽明與邦相書：「此等事如浮雲糞土，豈至今日反動其心？凡百付之公論，聽命於天而已，不必更有所希望也。至於人有德於我，而我報之者，此自是忠厚之道，但在今日便涉干求，斷不可行耳。季生事却望極力與之扶持，非獨區區師友之義有不容已，亦天理人心所在，行路之人皆知爲之不平，況在邦相亦嘗與之相識者乎！一應衣食盤纏之費，區區當一一補償，勿令缺失，承囑，承囑！餘情宗海想亦自有書。冗次不一一。陽明山人拜手邦相宗弟契家。省親本若有旨，須遣人作急回報，恐前賞奏人或在路延遲耳。餘。」（馬錦明人尺牘上册王守仁與邦相書，今有真迹藏山東省青島市博物館，陽明文集失載）

按：「邦相」即王邦相，「季生」即冀元亨（冀元亨又作季元亨）。「省親本若有旨」指陽明六月上疏乞歸省葬。可知此書作於六月底、七月初間。

王陽明全集卷二十一與陸清伯：「惟乾之事將申而遂没，痛哉冤乎！不如是無以明區區罪惡之重至於貽累朋友，不如是無以彰諸君之篤於友道。痛哉冤乎！不有諸君在，則其身没之後，將莫知所在矣。況有爲之衣衾棺殮者乎？是則猶可以見惟乾平日爲善之報，於大不幸之中而尚有可幸者存也。嗚呼痛哉！即欲爲之一洗，自度事勢未能遽脱，或必須進京，候到京日，再與諸君商議而行之。苟遂歸休，終須一舉，庶可少泄此痛耳。其歸喪一事，託王邦相爲之經理。倘有不便，須僕到京，圖之未晚也。行李倥偬中，未暇悉欲所言，千萬心照！」

按：陽明六月二十日啓程赴京，此書云「行李倥偬中」，則作在六月中旬。王陽明全集於此書題下注「甲申」作，乃大誤。

陽明與謝士潔書四：「冀惟乾事，承爲之表暴扶持，乃不意其命之薄，一至於此！又承爲之衣衾棺殮，皆仁者用心忠厚之道也。感刻感刻！其未審冤抑尚欲爲之一洗。以區區出處未定之故，猶在遲疑間，必不得已而進京。俟到京日，更與諸君商議而行之。若遂歸休之願，終須一舉，庶能少洩此心之痛耳。奈何，奈何！其喪事托王邦相與之區處，望始終爲之周還。有不便者，須僕到京日圖之亦可也。行李匆匆間，所欲言者不能一一，千萬心照。守仁頓首，士潔侍御大人道契文侍。餘素。」（與謝士潔書真迹，今藏温州博物館）

十五日，剿平安義縣楊正賢叛黨，上疏乞旌録褒賞。

王陽明全集卷十三剿平安義縣叛黨疏：「依奉會同都指揮僉事高厚、左布政使陳策等，議得賊犯楊正賢等累世窮兇，鄱湖劇患，近復從逆，幸而漏網，嘯聚劫囚，敢殺官兵……臣等議照叛黨楊正賢等肆其兇獷之習，恃其族類之繁，稔惡一方，流劫遠近。既積有世代，比復興兵助逆，脱漏誅殄，略無悔創，乃敢攻縣劫獄，聚衆稱亂。惡貫滿盈，天怒人怨，遂爾一旦掃滅。在朝廷固猶疥癬之搔爬，在江西實疽癰之潰决。巡按御史唐龍、朱節運謀監督，而按察使伍文定、布政使陳策等相與協議贊畫，都指揮馮勳及通判林寬、知縣熊价等又各趨事效命，並力於下。論各勞績，皆宜旌録。」

陳世傑攜湛甘泉古大學測、中庸測至，陽明有答書論辨格物之説。

王陽明全集卷五答甘泉：「世傑來，承示學庸測，喜幸喜幸！中間極有發明處，但於鄙見尚大同小異耳。『隨處體認天理』是真實不誑語，鄙説初亦如是；及根究老兄命意發端處，却似有毫釐未協，然亦終當殊途同歸也。修齊治平，總是格物，但欲如此節節分疏，亦覺説話太多。且語義務爲簡古，比之本文反更深晦，讀者愈難尋求，此中不無亦有心病？莫若明白淺易其詞，略指路徑，使人自思得之，更覺意味深長也。高明以爲何如？致知之説，鄙見恐不可易，亦望老兄更一致意，便間示知之。此是聖學傳心之要，於此既明，其餘皆洞然矣。意到懇切處，不得不直，幸不罪其僭妄也。叔賢大學、洪範之説，其用力已深，一時恐難轉移，此須面論，始有可辯正耳，會間先一及之。去冬有方叟者過此，傳示高文，其人習於神仙之説，謂之志於聖賢之學，恐非其本心。人便，草草不盡。」

按：錢德洪陽明先生年譜將陽明此書定於是年五月作。書中云「叔賢大學、洪範之説」，乃指方獻夫正德十五年所寄大學原（見前考），蓋陽明四月答書甚簡要，故書中云「此須面論」。陳世傑爲潮人，乃從湛甘泉處携書來南昌。按掖垣人鑑謂陳世傑（陳洸）正德十六年中進士，八月除户科給事（見前引）。由此可見必是陳世傑正月赴京會試，携湛甘泉二書過南昌呈陽明，陽明至五月乃作此答書也。

巡按御史唐龍檄南昌知府吴嘉聰修南昌府志，開館於白鹿洞中。陽明乃招夏良勝、舒芬、萬潮、陳九川、鄒守益來共成之，集門人於白鹿洞講學，多有詩咏唱酬。

王陽明全集卷五與鄒謙之書一：「別後德聞日至，雖不相面，喜慰殊深。近來此意見得益親切，國裳亦已篤信，得謙之更一來，愈當沛然矣。適吴守欲以府志奉瀆，同事者于中、國裳、汝信、惟濬，遂令開館於白鹿。醉翁之意蓋有在，不專以此煩勞也。區區歸遯有日，聖天子新政英明，如謙之亦宜束裝北上，此會宜急圖之，不當徐徐而來也。蔡希淵近已主白鹿，諸同志須僕已到山，却來相講，尤妙。此時却匆匆不能盡意也，幸以語之。」錢德洪陽明先生年譜：「五月，集門人於白鹿洞。是月，先生有歸志，欲同門久聚，共明此學。適南昌知府吴嘉聰欲成府志，時蔡仲兖爲南康府教授，主白鹿洞事，遂使開局於洞中，集夏良勝、舒芬、萬潮、陳九川同事焉。先生遺書促鄒守益……」

按：吴嘉聰正德六年進士，或在其時已與陽明相識。明清進士録：「吴嘉聰，正德六年三甲二十四名進士。湖南湘陰人，著籍山西振武衛，字惟德，號雁山。授豐城知縣，平華林民亂有功，陞曹州知州。調臨清，遷南昌知府。官至山東按察副使。」吴嘉聽乃在平宸濠亂後來任南昌知府，孫陞吴公嘉聽墓誌銘：「江西逆變初靖，朝議擇守南昌，以屬公。地瘠民殘，紀綱凌縱，庶官尚未備，公兼攝之。時覈宸濠逆狀，遲久未上，即援筆屬草，不終日而定。」（國朝獻徵録卷九十五）可見吴嘉聽與陽明關係甚密。

王陽明全集卷二十白鹿洞獨對亭：「五老隔青冥，尋常不易見。我來騎白鹿，凌空陟飛巘。長風捲浮雲，褰帷始窺面。一笑仍舊顔，愧我鬢先變。我來爾爲主，乾坤亦郵傳。海燈照孤月，静對有餘眷。彭蠡浮一觴，賓主聊酬勸。悠悠萬古心，默契可無辯。」

唐漁石集卷四再至白鹿洞次陽明公望五老峰韵：「五老隱雲間，經年再相見。乘月歷清溪，攀蘿度岑巘。頃諧丘壑心，浄洗風塵面。山神靈不死，物理溘中變。風雨剥樽彝，蟲鼠逸經傳。往迹空冥冥，永懷中眷眷。鹿去主不歸，酒熟客自勸。焉得抱鹿遊，居吁息妄辨。」又次韵：「昔人飼白鹿，形幻忽不見。五老故蒼蒼，青冥拔飛巘。彭蠡流其下，諸峰羅四面。翕合出雲雨，朝暮陰晴變。杖履偶乘暇，僅如經旅傳。雲壑繫遐思，石泉動清眷。墮緒尚可尋，流風尤足勸。何如隱峰前，圖書肆討辨。」（吴宗慈廬山志藝文歷代詩存）

朱節謁白鹿書院次陽明先生韵：「萬古匡廬峰，崔嵬夢中見。兹晨天風涼，吹我上層巘。輕雲散晴崗，露出芙蓉面。茫茫大塊間，陵谷幾遷變？慨兹蜉蝣生，百年如旅傳。卓矣諸名賢，仰止何眷眷。酌此洗心泉，青山共酬勸。妙境有真悟，可以忘餘辨。」過三峽橋玉淵：「飛虹横亘兩山通，幾道轟雷起蟄龍。一洗塵心天地間，倚雲閑坐對危峰。正德辛巳秋七月，白浦朱節識。」（白鹿洞書院碑刻摩崖選集）

舒芬過白鹿洞次陽明韵：「孤蓬出吴城，五老仿佛見。兜輿上南康，乃獲陟青巘。有開云古初，今始識顔面。屹然東南鎮，不逐滄桑變。匡生端何在？白鹿却流傳。藏修便巨儒，煙霞入情眷。黌宇既振作，誨言重箴勸。咫尺濂溪水，源流許誰辨？」（吴宗慈廬山志藝文歷代詩存）

鄒守益過白鹿洞次陽明獨對亭望五老峰韵：「名山屐履躡，匡廬久未見。褰衣泛層湖，振策凌絶巘。一笑六合亭，始識五老面。煙雲異晨昏，仙標儼不變。顧憐塵寰中，白駒走郵傳。叩首無極翁，絶學天所眷。皇皇白鹿規，逸駕競相勸。矢言二三子，無負義利辨。」（吴宗慈廬山志藝文歷代詩存）

錢德洪陽明先生年譜：「一日，先生喟然發歎。九川問曰：『先生何歎也？』曰：『此理簡易明白若此，乃一經沉埋數百年。』九川曰：『亦爲宋儒從知解上入，認識神爲性體，故聞見日益，障道日深耳。今先生拈出「良知」二字，此古今人人真面目，更復奚疑？』先生曰：『然譬之人有冒别姓墳墓爲祖墓者，何以爲辨？只得開壙將子孫滴血，真僞無可逃矣。我此「良知」二字，實千古聖聖相傳一點滴骨血也。』又曰：『某於此良知之説，從百死千難中得來，不得已與人一口説盡。只恐學者得之容易，把作一種光景玩弄，不實落用功，負此知耳。』先生自南都以來，凡示學者，皆令存天理、去人欲以爲本，有問所謂，皆令自求之，未嘗指天理爲何如也。間語友人曰：『近欲發揮此，只覺有一言發不出，津津然如含諸口，莫能相度。』久乃曰：『近覺得此學更無有他，只是這些子，了此更無餘矣。』旁有健羨不已者，則又曰：『連這些子亦無放處。』」

按：此一則陽明與陳九川論「良知」之語録，尤具重要意義，然錢氏置於正德十六年正月下，則誤。按陳九川是年五月方來南昌，六月即歸（陽明亦於六月離南昌赴京），故此則語録必記在是年五月中，或即是在白鹿洞書院講學所記也。

廣東右布政使邵蕡致仕，歸過南昌見訪，有詩送之。

王陽明全集卷二十送邵文實方伯致仕：「君不見塒下鷄，引類呼群啄且啼，稻粱已足脂漸肥，毛羽脱落充庖廚。又不見籠中鶴，斂翼垂頭困牢落，籠開一旦入層雲，萬里翺翔從廖廓。人生山水須認真，胡爲利禄纏其身？高車駟馬盡桎梏，雲臺麟閣皆埃塵。鴟夷抱恨浮江水，何似乘舟逃海濱？舜水龍山予舊宅，讓公且作煙霞伯。拂衣便擬逐公回，爲予先掃峰頭石。」

光緒餘姚縣志卷二十三：「邵蕡，字文實，號東皋。宏譽孫。治易有聲，弘治三年進士。初知通州，州爲要津，軍民錯處，號難治。蕡摘奸發慝，人呼爲『小神君』。以最聞，擢南刑部員外。尋巡按江西，劾鎮守董讓不法，讓削職。正德三年，知四川成都府。時逆瑾索賄，司府州縣悉横斂，蕡獨不應，寬逋蘇困，民尸祝之。陞四川布政司參政，以平鄢寇功陞陝西按察使。時巡按恣弄威權，蕡以抗持被劾，上素知蕡賢，不問。陞廣東右布政。嘗涖事堂上，吏報印失所在，左右驚愕，蕡神氣自若。亡何，印復前處，人服其鎮定。進階正奉大夫，加正治卿，致仕。王守仁在廣（按：當作在江西），作『籠鶴』詩餞之。歸，與從兄蕃倣唐履道坊香山社，爲一宗九老會。卒，年七十九。」

按：邵蕡餘姚人，弘治三年進士，與王華、陽明當早識。邵蕡致仕之時間，按明世宗實録卷八：「正德十六年十一月丙子，廣東布政司左參政左唐、前右布政使邵蕡盗侵公藏覺，命逮問如律。」稱「前右布政使」，則邵蕡當在十一月以前已致仕歸餘姚。時陽明亦將歸居，故詩云「拂衣便擬逐公回，爲予先掃峰頭石」。由此可知陽明此詩約作於五月中（六月以後陽明已離南昌赴京）。

莊渠魏校起任廣東提學副使，過南昌來問學，不合而去。

王畿集卷七南遊會紀：「洞山尹子舉陽明夫子語莊渠『心常動』之説，有諸？先生曰：『然。莊渠爲嶺南學憲時，過贛，先師問：「子才，如何是本心？」莊渠云：「心是常静的。」先師曰：「我道心是常動的。」莊渠遂拂衣而行。末年，予與荆川請教於莊渠，莊渠首舉前語，悔當時不及再問，因究其説。予曰：「是雖有矯而然，其實心體亦原是如此。天常運而不息，心常活而不死。動即活動之義，非以時言也。」因請問「心常静」之説，莊渠曰：「聖學全在主静。前念已往，後念未生，見念空寂，既不執持，亦不茫昧，静中光景也。」又曰：「學有天根，有天機。天根所以立本，天機所以研慮。」……』」

按：魏校乃崇信程朱學者，明史卷二百八十二魏校傳云：「校私淑胡居仁主敬之學，而貫通諸儒之説，釋執尤精。」魏校起任廣東提學副使之時間，明史、明清進士録均謂「嘉靖初」，乃誤。按國朝獻徵録卷七十太常寺卿魏公校傳云：「正德十六年辛巳，今上初服，起公首膺廣東提學副使之命，力以師道爲己任。」世宗即位，首起廢籍在五月二日，再復廢籍在五月五日，魏校起用爲廣東提學副使即在其時。其由蘇州莊渠啓程經南昌見陽明約在五月下旬中。

大竹陳鼎起任陝西布政司右參議，經南昌來問學。

王陽明全集卷二十五祭文相文：「與文相别數年矣，去歲始復一會於江滸，握手半日之談，豁然遂破百年之惑，一何快也！」

按：陳鼎字文相，號大竹，宣城人。其與夏良勝、舒芬、陳九川諸人同時起復，國榷卷五十二：「正德十六年五月丙辰，再録廢籍：右副都御史李昆……給事中陳鼎……丙寅，南京太僕寺丞潘塤、禮科給事中陳鼎爲陝西布政司右參議……五人正德間忤權貴得罪，擢用頗厭衆望。」陳鼎約在五月下旬赴陝西布政司右參議任，經南昌見訪，即陽明所云「一會於江滸」也。

是月，修定大學古本傍釋重刻。修定大學古本序，刻石於白鹿洞書院。

王陽明全集卷二十七與陸清伯書：「屢得書，見清伯所以省愆罪己之意，可謂真切懇到矣。即此便是清伯本然之良知。凡人之爲不善者，雖至於逆理亂常之極，其本心之良知，亦未有不自知者。但不能致其本然之良知，是以物有不格，意有不誠，而卒入於小人之歸。故凡致知者，致其本然之良知而已。大學謂之『致知格物』，在書謂之『精一』，在中庸謂之『慎獨』，在孟子謂之『集義』，其工夫一也。向在南都，嘗謂清伯喫緊於此。清伯亦自以爲既知之矣。近睹來書，往往似尚未悟，輒復贅此，清伯更精思之。大學古本一册寄去，時一覽。近因同志之士多於此處不甚理會，故序中特改數語。有得，便中寫知之。季惟乾事，善類所共冤，望爲委曲周旋之。」

按：陽明初作大學古本傍釋並序在正德十三年七月（見前考），正德十三年所刻本可謂初本大學古本傍釋，其時陽明尚未揭「良知」之教，故初本大學古本傍釋中尚無致良知之説，羅欽順當是得到正德十三年刻本大學古本傍釋，即謂：「王伯安以大學古本見惠，其序乃戊寅七月所作……首尾數百言，並無一言及於致知。近見陽明文録，有大學古本序，始改用致知立説，於格物更不提起。其結語云：『乃若致知，則存乎心悟；致知焉，盡矣。』陽明學術，以良知爲大頭腦，其初序大學古本，明斥朱子傳註爲支離，何故却將大頭腦遺下？豈其擬議之未定歟？」（困知記三續）蓋陽明正德十四年以後始有「良知」之悟，故正德十三年初本大學古本旁釋自然不及「良知」之「大頭腦」。其後來改定大學古本旁釋，方始加入「致良知」之説。陽明改定古本大學旁釋並重刻之時間，據此與陸清伯書云：「大學古本一册寄去，時一覽。近因同志之士多於此處不甚理會，故序中特改數語。有得，便中寫知之。」按此書中云「季惟乾事，善類所共冤，望爲委曲周旋之」，乃指託陸澄處理冀元亨死後事，可以確知此書作於正德十六年六月（見前考），陽明改定古本大學旁釋並予刊刻則在是年五月中。今猶有改定大學古本序手迹石刻，存廬山白鹿洞書院，此應即陽明與黄勉之所云「短序亦嘗三易稿，石刻其最後者」（王陽明全集卷五），顯即刻在正德十六年五月，或即在陽明集門人於白鹿洞講學時。定本大學古本旁釋之於初本大學古本旁釋，修改在三方面：一是序中加進「致良知」之説，二是將原作大學古本旁釋後跋删去，三是旁釋中加進論「致良知」一段文字：「如意用於事親，即事親之事格之，必盡夫天理，則吾事親之良知無私欲之間而得以致其極。知致，則意無所欺而可識矣；意誠，則心無所放而可正矣。」按：此據羅欽順所云初本「並無一言及於致知」，「將（良知）大頭腦遺下」，定本「始改用致知立説」，可以推定此一段文字必是後來所加。據此與陸清伯書云「大學古本一册寄去」，同時所作答時政書中亦云「古本、定論各一册」（見下），可見陽明在五月修定大學古本旁釋後，即予印刻。後來如其在與黄勉之中云「古本之釋，不得已也……石刻其最後者，今各往一本」，即指正德十六年刻本大學古本旁釋也。

林俊起用工部尚書，有書致賀。林俊有答書。

見素集卷二十三寄陽明：「適聞召命北上。天子仁聖，郡賢和會，諸老之弼亮不孤，泰平召致今日矣。惟白巖未至舊都，猶居洛也。綱紀之地，治體風化所關，略細瑕，崇大體，第一義也。言路開矣，高取難，煩取厭，則開者恐塞；幸門塞矣，短取媒，隙取伺，則塞者且開。今日可幸也，亦可慮也。然此時士風亦須一還，服用之侈，威服之過，送迎之盛，巡守不時歷，諸司不治事，官習於邪，吏肆其奸，學校廉耻道喪，雜流朋黨風興，不副人意，其不盡指也。夫有德義以正其身，禮義以正其俗，我者皆正，則群小自帖，是謂不畏之威也。世道之責，非執事諸老，誰耶？不具。」　復陽明：「辱書惠，兼承趨召之教。聖明在位，可謂千載一時矣。綴皋夔以贊唐虞之治，少知用世者身先之，某敢後乎哉？桑榆景暮，班行無更七十之老，石老一二外，無更相識之人，精力久衰，經濟素乏，何以副上知，塞人責哉？鄉懿公六十九翁，司徒公六十八，某徑速其歸，在惠安公六十四時也。盡人固盡己哉！近傳執事以左轄召，虛殊爵以須後封，高寄之績，乃今顯白。載詔書，播華夷，而傳之來世，掀揭柄人何在哉？公固天所與也。幸顯其行，副側席治道之意。某大義當決辭，三疏録似。前數日有書，想未由杭致也。不具。」

按：國榷卷五十二：「正德十六年五月甲子，南京兵部尚書喬宇（即白巖）進太子太保，滿九年考。起彭澤兵部尚書，林俊工部尚書。」林俊未赴召。其書所云「左轄」，即左布政使。林俊所聞，或出誤傳，亦或初有是議。

六月，倫以諒中進士，歸省經南昌來見，並呈其兄倫以訓書。陽明有答書論學。

王陽明全集卷五答倫彦式：「往歲仙舟過贛，承不自滿足，執禮謙而下問懇，古所謂敏而好學，於吾彦式見之。別後連冗，不及以時奉問，極爲馳想。近令弟過省，復承惠教，志道之篤，趨向之正，勤倦有加，淺薄何以當此？……諭及『學無静根，感物易動，處事多悔』，即是三言，尤是近時用工之實……大抵三言者，病亦相因。惟學而別求静根，故感物而懼其易動；感物而懼其易動，是故處事而多悔也。心，無動静者也。其静也者，以言其體也；其動也者，以言其用也。故君子之學，無間於動静。其静也，常覺而未嘗無也，故常應；其動也，常定而未嘗有也，故常寂；常應常寂，動静皆有事焉，是之謂集義。集義故能無祇悔，所謂動亦定，静亦定者也。心一而已，静，其體也，而復求静根焉，是撓其體也；動，其用也，而懼其易動焉，是廢其用也。故求静之心即動也，惡動之心非静也，是之謂動亦動，静亦動，將迎起伏，相尋於無窮矣。故循理之謂静，從欲之謂動。欲也者，非必聲色貨利外誘也，有心之私皆欲也。故循理焉，雖酬酢萬變，皆静也。濂溪所謂『主静』，無欲之謂也，是謂集義者也。從欲焉，雖心齋坐忘，亦動也。告子之强制，正助之謂也，是外義者也。」

按：倫以諒是年中進士，明清進士録：「倫以諒，正德十六年二甲九十七名進士。廣東南海人，字房周。官御史。歸養數年，仍起御史，疏舉尚書林復諸耄荒，輿論多之。累官通政司參議，謝病歸。有石溪集。」倫以諒乃在中進士後歸南海，携倫以訓書過南昌來見，國榷卷五十二：「正德十六年五月丁丑，選庶吉士廖道南……倫以諒……」可知倫以諒六月至南昌見陽明。

十六日，奉世宗馳驛來京敕詔。

王陽明全集卷十三乞便道歸省疏：「臣於正德十六年六月十六日欽奉敕旨：『以爾昔能剿平亂賊，安靖地方，朝廷新政之初，特兹召用。敕至，爾可馳驛來京，毋或稽遲。欽此。』」

有書致福建提學副使胡鐸，並贈新刻大學古本傍釋與朱子晚年定論。胡鐸有答書。

陽明答時政書：「闊别久，近想所造日益深純，無因一面扣爲快耳。教下士亦有能興起者乎？道之不明，世之教與學者，但知有科舉利禄，至於窮理盡心，自己本領，乃反視爲身外長物，有道者必嘗慨歎於斯矣，何以救之？何以救之？區區病疏既五上，近嘗得報，歸遯有期，庶幾盡力於此也。海内同志漸多，而著實能負荷得者尚少，如吾時政美質清才，篤志而不怠，亦何所不到哉！偶張解元去便，略致企念之懷。冗次草草，不盡，不盡。寓洪都守仁頓首啓，時政大提學道契兄文侍。古本、定論各一册。餘空。」（陳焯湘管齋寓賞編卷二，陽明文集失載）

胡鐸答陽明書：「足下薄宋儒以聞見之知汩德性之知，知一而已，德性之知不離聞見，聞見之知還歸德性。怵惕惻之心，良心也，必乍見孺子而後動，誰謂德性之離聞見乎？人非形、性無所泊，舍耳目聞見之知，德性亦無所自發也。大學論修身，而及於致知，則固合德性、聞見而言之矣。」（光緒餘姚縣志卷二十三胡鐸傳）

按：「時政」即胡鐸，字時政，號支湖，餘姚人。陽明此書稱其爲「大提學」，乃指其任福建提學副使，龔用卿南京太僕寺卿胡公鐸神道碑云：「擢福建僉事……三載考績，擢本省提學副使。定科條，正風俗，不輕於校士，亦不濫於選士，於諸士子均有恩義。或有蒙無妄之難者，必爲真其冤，亦不顯言之，士心翕然丕變，人皆稱之爲『胡道學』云。嘉靖壬午，陞湖廣左參政……」（國朝獻徵録卷七十二）據此，知胡鐸在正德十四年至十六年間任福建提學副使。陽明此書云「病疏既五上，近嘗得報」，則作在正德十六年六月陽明赴京前夕。按胡鐸爲餘姚人，與陽明早識。胡鐸神道碑云：「乙丑，舉進士，改翰林院庶吉士，日與汝南、甘泉、小野三公相切磋，讀中秘書，日益宏肆。大學士西涯李公、木齋謝公深器重之。」弘治十八年陽明亦在京師任兵部武選清吏司主事，與翰林庶吉士湛甘泉定交，自亦必與庶吉士胡鐸切磋唱酬。至正德二年胡鐸忤劉瑾去，陽明亦謫龍場驛。故陽明此書所云「闊別久」，必指正德二年兩人相別。胡鐸神道碑稱胡鐸「有支湖集二十卷，及典學説約、異學辨，天文、地理、律吕、醫卜諸書各有辨正」，按胡鐸學崇程朱，其異學辨實針對陽明而發。黄宗羲姚江逸詩卷八云：「支湖與文成同邑，而議論不相合，其異學辨爲文成而發。」胡鐸異學辨顯即是針對陽明所寄古本大學傍釋與朱子晚年定論而發，光緒餘姚縣志卷二十三胡鐸傳云：「正德二年授刑科給事中，出勘寧夏失事狀，持正無私。時王守仁以良知教學者，鐸與書曰……守仁不答。嘉靖初，遷湖廣參議……」傳將胡鐸答陽明書叙在「嘉靖初」之前，則必是正德十六年所作答書，即是年胡鐸收到陽明大學古本傍釋與朱子晚年定論後之答書，其後更有異學辨之作矣。

陸澄書來論長生之説，有答書。

王陽明全集卷五與陸原静：「齎奏人回，得佳稿及手札，殊慰。間以多病之故，將從事於養生，區區往年蓋嘗弊力於此矣。後乃知其不必如是，始復一意於聖賢之學。大抵養德養身，只是一事，原静所云『真我』者，果能戒謹不睹，恐懼不聞，而專志於是，則神住精住氣住，而仙家所謂長生久視之説，亦在其中矣。神仙之學與聖人異，然其造端托始，亦惟欲引人於道，悟真篇後序中所謂『黄老悲其貪着，乃以神仙之術漸次導之』者。原静試取而觀之，其微旨亦自可識。自堯、舜、禹、湯、文、武，至於周公、孔子，其仁民愛物之心，蓋無所不至，苟有可以長生不死者，亦何惜以示人？如老子、彭籛之徒，乃其禀賦有若此者，非可以學而至。後世如白玉蟾、丘長春之屬，皆是彼學中所稱述以爲祖師者，其得壽皆不過五六十，則所謂長生之説，當必有所指矣。原静氣弱多病，但遺棄聲名，清心寡欲，一意聖賢，如前所謂『真我』之説，不宜輕信異道，徒自惑亂聰明，弊精勞神，廢靡歲月。久而不返，將遂爲病狂喪心之人不難矣……區區省親本，聞部中已准覆，但得旨即當長遯山澤。不久朝廷將大賚，則原静推封亦有日。果能訪我於陽明之麓，當能爲原静决此大疑也。」

有書致夏尚樸，論心學之要。

王陽明全集卷五與夏敦夫：「不見者幾時，每念吾兄忠信篤厚之資，學得其要，斷能一日千里。惜無因亟會，親睹其所謂『歷塊過都』者以爲快耳。昔夫子謂子貢曰：『賜也，汝以予爲多學而識之者與？』對曰：『然。非與？』子曰：『非也。予一以貫之。』然則聖人之學，乃不有要乎？彼釋氏之外人倫，遺物理，而墮於空寂者，固不得謂之明其心矣。若世儒之外務講求考索，而不知本諸其心者，其亦可以謂窮理乎？此區區之心，深欲就正於有道者。因便輒及之，幸有以教我也。區區兩年來血氣亦漸衰，無復用世之志。近始奉敕北上，將遂便道歸省老親，爲終養之圖矣。冗次，不盡所懷。」

按：夏尚樸主朱學，陽明在南都與之講論不合，正德十二年赴江西任，與夏尚樸相别，即此書所云「不相見者幾時」。明儒學案卷四太僕夏東巖先生尚樸云：「先生傳主敬之學，謂『纔提起便是天理，纔放下便是人欲』，魏莊渠歎爲至言。然而皆象山之學以收斂精神爲主，『吾儒收斂精神，要照管許多道理，不是徒收斂也』，信如兹言，則總然提起，亦未必便是天理，無乃自背其説乎？蓋先生認心與理爲二，謂心所以窮理，不足以盡理。陽明點出『心即理也』一言，何怪不視爲河漢乎？」夏尚樸與陽明思想之歧異即在於此。陽明在江西時，夏尚樸居家永豐，亦有書來論學。夏東巖先生詩集卷五有寄王陽明三首：「同甫有才疑雜霸，象山論學近於禪。平生景仰朱夫子，心事真如白日懸。陸學也能分義利，一言深契晦翁心。紛紛同異今休問，請向源頭着意尋。六籍精微豈易窺？發明親切賴程朱。兵知險阻由鄉導，後學如何可廢兹？（時贛上用兵，故云）」此詩作於正德十三年，似即夏尚樸讀大學古本傍釋與朱子晚年定論後所作。陽明一直未作答，直至正德十六年六月北上入京前作此書，一則與夏尚樸告别，二則答其詩説也。

顧應祥來求「警戒」之辭，書卷贈别。

王陽明全集卷八書顧維賢卷：「維賢以予將遠去，持此卷求書警戒之辭。只此『警戒』二字，便是予所最丁寧者。今時朋友大患不能立志，是以因循懈弛，散漫度日。若立志，則警戒之意當自有不容已。故警戒者，立志之輔。能警戒，則學問思辯之功，切磋琢磨之益，將日新又日新，沛然莫之能禦矣。程先生云：『學者爲氣所勝，習所奪，只好責志。』又云：『凡爲詩文亦喪志。』又言：『且省外事，但明乎善，惟盡誠心，其文章雖不中，不遠矣。所守不約，泛濫無功。學問之道，四書中備矣。』後儒之論，未免互有得失。其得者不能出於四書之外，失者遂有毫釐千里之謬，故莫如專求之四書……爲己之志未能堅定，亦便志氣激昂奮發，但知明己之善，立己之誠，以求快足乎己，豈暇顧人非笑指摘？故學者只須責自家爲己之志未能堅定，志苟堅定，則非笑詆毁不足動摇，反皆爲砥礪切磋之地矣。」

與江西諸門人告别，有詩韵。

王陽明全集卷二十次謙之韵：「珍重江船冒暑行，一宵心話更分明。須從根本求生死，莫向支流辯濁清。久奈世儒横臆説，競搜物理外人情。良知底用安排得？此物由來自渾成。」

按：此爲陽明别鄒守益詩，王陽明全集將此詩歸爲「歸越後作」，乃誤。

鄒守益集卷二十六贈陽明先生：「短棹三年衝盛暑，迷途萬里睹重明。讖符沙井西山定，派接濂溪贛水清。傅野初關霖雨夢，東人誰慰繡裳情？瞻依多少丹邱興，慚愧經時鍊未成。」　贈舒國裳館長：「南浦扁舟共往還，百年心事細盤桓。笑看富貴真春夢，且許雕鏤是鼠肝。直道已將霜劍試，斯文欲綴匣琴彈。一峰頂上天猶遠，注目層雲千尺竿。」

展謁外舅諸養和墓，有奠文祭别。

王陽明全集卷二十五祭外舅介庵先生文：「嗚呼！自公之葬茲土，逮今二十有六年，乃始復一拜墓下。中間盛衰之感，死生之戚，險夷之變，聚散之情，可悲可愕，可扼腕而流涕者，何可勝道？嗚呼傷哉！死者日以遠，生者日以謝，而少者日以老矣……惟是公之子姓群然集於墓下，皆鸞停鵠峙，振羽翮而翱乎雲霄未已也。所以報純德而慰公於地下者，庶亦在茲已乎！某奉召北行，便道歸省，甫申展謁，輒已告辭，言有盡而意無窮。顧瞻丘壠，豈勝凄斷！尚饗！」

二十日，應内召起程北上赴京。唐龍、嚴嵩皆有詩文送之。

王陽明全集卷十三乞便道歸省疏：「臣於正德十六年六月十六日欽奉敕旨……已於本月二十日馳驛起程……」

唐漁石集卷二送陽明先生還朝序：「正德丙子，中丞陽明先生領節鉞，鎮虔州路。虔居江之上流，兵尤善鬬。先生乃蒐乘閱卒，部勒俟焉。己卯之六月十四日，濠戕殺守臣，浮江濟師，攻諸郡邑，以襲留都。會先生舟趣閩，濠遣巨筏邀之。距百里，先生聞變，亟馳吉州，告於衆曰：『人臣出境，有以安社稷者，專之可也。予茲往討賊。』遂檄布濠之罪於四境，下令督諸郡縣，征兵以從。既吉州、虔州、袁州、臨江諸路兵咸集，先生誓之曰：『日濠所荼毒，非爾父兄，即爾子弟，亟執爾讎，而後朝食。』衆曰：『惟命。』七月十九日，克豫章城，擣濠巢穴。民稽首再拜曰：『非公，濠逞不已，民胥亂矣。』越六日，執濠於江，悉俘其黨。民稽首拜曰：『非公，濠復來，民胥死矣。』夫濠輕用磔人之軀，沉人之族，積威深矣。況擁衆數萬，憑恃江湖，故反之日，遠邇震恐。先生聲義致討，首嬰其鋒，止暴戢亂，保大定功；而克鎮撫其社稷，曰社稷之臣，先生其庶幾乎！天子即位，嘉乃丕績，璽書召還，將大畀以政。龍乃次其功，俾史氏采焉。」

嚴嵩鈐山堂集卷六夜登明遠樓同王陽明中丞唐朱二察院：「遥夜肅已静，朗月照重湖。風窗倚天漢，星嶠臨蓬壺。的的徐亭樹，寥寥霜署烏。微言歡欲奉，清賞未云徂。」送王中丞赴召前在豫章有平難之績：「繡斧清霜避，樓船緑水開。風雲千曆會，麟鳳衆賢來。投老仍嚴召，當途賴上才。向來籌策地，投檄净烽埃。」

按：崔銑鈐山堂集序謂嚴嵩任編修後即告歸鈐山，讀書十餘年不出（王世貞嚴嵩傳、明史本傳亦皆叙事含混），不確。按鈐山堂集卷十七北上志云：「予卧痾鈐山八稔。正德丙子春三月，疾愈，治裝將如京師……」又西使志云：「正德十三年秋，册封諸宗藩正副使各十三員，予充副使……」是正德十三年嚴嵩嘗一出復職，旋在正德十四年又以疾歸養。鈐山堂集卷六有詩題云：「移疾慧力方丈，呈郡中諸子，時有寧藩之變。」可見嚴嵩正德十四年再歸，乃移疾居南昌，故得與陽明相識，至陽明離南昌赴京，乃有詩送之也。

七月一日，經撫州，爲重刊象山文集作序，大闡「心學」之秘。

陽明重刊象山文集序：「聖人之學，心學也。堯、舜、禹之相授受曰：『人心惟危，道心惟微。惟精惟一，允執厥中。』此心學之源也。中也者，道心之謂也；道心精一之謂仁，所謂中也。孔孟之學，惟務求仁，蓋精一之傳也。而當時之弊，固已有外求之者，故子貢致疑於多學而識，而以博施濟衆爲仁。夫子告之以一貫，而教以能近取譬，蓋使之求諸其心也。迨於孟氏之時，墨氏之言仁至於摩頂放踵，而告子之徒又有『仁内義外』之說，心學大壞。孟子闢義外之說，而曰：『仁，人心也。學問之道無他，求其放心而已矣。』又曰：『仁義禮智，非由外鑠我也，我固有之，弗思耳矣。』蓋王道息而伯術行，功利之徒外假天理之近似以濟其私，而以欺於人，曰：天理固如是。不知既無其心矣，而尚何有所謂天理者乎？自是而後，析心與理而爲二，而精一之學亡。世儒之支離，外索於刑名器數之末，以求明其所謂物理者，而不知吾心即物理，初無假於外也；佛、老之空虛，遺棄其人倫事物之常，以求明其所謂吾心者，而不知物理即吾心，不可得而遺也。至宋周、程二子，始復追尋孔、顏之宗，而有『無極而太極』、『定之以仁義中正而主静』之說，『動亦定，静亦定，無内外，無將迎』之論，庶幾精一之旨矣。自是而後，有象山陸氏，雖其純粹和平若不逮於二子，而簡易直截，真有以接孟子之傳。其議論開闔，時而有異者，乃其氣質意見之殊，而要其學之必求諸心，則一而已。故吾嘗斷之，以爲陸氏之學，孟氏之學也。而世之議者，以其嘗與晦翁之有同異，而遂詆以爲禪。夫禪之説，棄人倫，遺物理，而要其歸極，不可以爲天下國家。苟陸氏之學而果若是也，乃所以爲禪也。今禪之説與陸氏之説，其書俱存，學者苟取而觀之，其是非同異，當有不待於辯説者。而顧一倡群和，勦説雷同，如矮人之觀場，莫知悲笑之所自，豈非貴耳賤目，不得於言而勿求諸心者之過歟？夫是非同異，每起於人持勝心，便舊習而是己見，故勝心舊習之爲患，賢者不免焉。撫守李茂元氏將重刊象山之文集，而請一言爲之序，予何所容言哉？惟讀先生之文者，務求諸心而無以舊習己見先焉，則糠粃精鑿之美惡，入口而知之矣。正德辛巳七月朔，陽明山人王守仁書。」（正德十六年李茂元刻本象山先生文集卷首）

按：此序爲陽明生平闡述其「心學」之最爲簡約詳明之文，尤有重要意義。王陽明全集卷七有此序，題作象山文集序，但無最後兩句，致向不知此序所作具體年月日。王陽明全集於此序題下注「庚辰」作，乃誤。錢德洪陽明先生年譜將此序定在正德十六年正月，亦誤。

五日，至廣信，有書致唐龍。

陽明與唐虞佐侍御：「相與兩年，情日益厚，意日益真，此皆彼此所心喻，不以言謝者。别後又承雄文追送，稱許過情，末又重以傅説之事，所擬益非其倫，感怍何既！雖然，故人之賜也，敢不拜受！果如是，非獨進以有爲，將退而隱於巖穴之下，要亦不失其爲賢也已，敢不拜賜！昔人有言：『投我以木桃，報之以瓊瑤。』今投我以瓊瑤矣，我又何以報之？報之以其所賜，可乎？説之言曰：『學於古訓乃有獲。』夫謂學於古訓者，非謂其通於文辭，講説於口耳之間，義襲而取諸其外也。獲也者，得之於心之謂，非外鑠也。必如古訓，而學其所學焉，誠諸其身，所謂『默而成之』，『不言而信』，乃爲有得也。夫謂遜志務時敏者，非謂其飾情卑禮於其外，汲汲於事功聲譽之間也。其遜志也，如地之下而無所不承也，如海之虛而無所不納也；其時敏也，一於天德，戒懼於不睹不聞，如太和之運而不息也。夫然，百世以俟聖人而不惑，溥博淵泉而時出之，言而民莫不信，行而民莫不悦，施及蠻貊，而道德流於無窮，斯固説之所以爲説也。以是爲報，虞佐其能以却我乎？孟氏云：『責難之謂恭。』吾其敢以後世文章之士期虞佐乎？顔氏云：『舜，何人也？予，何人也？』虞佐其能不以説自期乎？人還，燈下草草爲謝。相去益遠，臨楮怏悒！守仁再拜侍御虞佐鄉兄大人道契執事。七月五日寓廣信具。餘。」（上海圖書館藏明清名家手稿，陽明文集失載）

按：王陽明全集卷五有與唐虞佐侍御，即是書，但却删去最末一段，致不知此書所作年月時地及有關情實。陽明此書作在七月赴京經廣信時。所謂「雄文」，即指前引唐龍送陽明先生還朝序，蓋唐龍於文中將陽明比之爲傳説，故陽明致書作答。

在廣信，聞席書有右副都御史之擢，有書致席書欲與面論象山之學，未果。

王陽明全集卷五與席元山，參正德十六年「二月，席書寄來鳴冤録與道山書院記」條下所引。

按：此書所言「内臺之擢」，乃指席書陞右副都御史，國榷卷五十二：「正德十六年五月戊午，福建、四川左布政席書、鄭岳爲右副都御史，巡撫湖廣、江西。」席書自福建經江西北上，故陽明遣人候於分水關。而席書實以巡撫徑赴湖廣，故未能與陽明相會於廣信。書中所言「用熙」即楊績，字用熙，號蘆泉，江夏人。明清進士録：「楊績，弘治三年二甲九十名進士。祖籍江西吉水，遷江夏，字用熙，號蘆泉。官至鎮江知府。有三禮園、六樂説、管子補註。」按楊績與席書爲同年，時亦起用赴京，故陽明書中云「用熙近聞已赴京，知公故舊之情極厚」。

至玉山，有書致朱節。

王陽明全集卷五與朱守忠：「乍别忽旬餘。沿途人事擾擾，每得稍暇，或遇景感觸，輒復興懷。齎詔官來，承手札，知警省不懈，幸甚幸甚！此意不忘，即是時時相見，雖别非别矣。道之不明，皆由吾輩明之於口而不明之於身，是以徒騰頰舌，未能不言而信。要在立誠而已。向日謙虚之説，其病端亦起於不誠。使能如好好色，如惡惡臭，亦安有不謙不虚時邪？虞佐相愛之情甚厚，別後益見其真切，所恨愛莫爲助。但願渠實落做個聖賢，以此爲報而已。相見時，以此意規之。謙之當已不可留，國裳亦時時相見否？學問之益，莫大於朋友切磋，聚會不厭頻數也。明日當發玉山，到家漸可計日，但與守忠相去益遠，臨紙悵然！」

按：據此書云「乍別忽旬餘」，則作在七月七八日間。「謙之」指鄒守益，「國裳」指舒芬。蓋其時夏良勝、萬潮、陳九川皆復起用赴京，惟鄒守益歸安福，舒芬歸進賢（守喪）。

經蘭溪，訪楓山章懋。

四友齋叢説卷十：「王陽明廣東用兵回，經蘭溪城下過。時章文懿尚在，陽明往見，在城外即換四人轎，屏去隊伍而行。蓋陽明在軍中用八人轎，隨行必有隊伍也。至文懿家，陽明正南坐。茶後，有一人跪在庭下，乃文懿門生，曾爲廣中通判，以贓去官，欲帶一功以贖前罪。文懿力爲之言，陽明曰：『無奈報告本已去矣。』然本實未行。人以爲文懿似多此一節。」

按：章懋乞休就家居，正德十六年五月陞南京禮部尚書，不赴，至十二月即卒。故陽明之訪章懋必在是年七月經蘭溪時。「廣東」當爲江西之誤。

七月下旬，抵錢塘。輔臣楊廷和阻其入朝。二十八日，陞南京兵部尚書。

國榷卷五十二：「正德十六年七月丁丑，提督南贛汀漳軍務、右副都御史王守仁爲南京兵部尚書。」

錢德洪陽明先生年譜：「先生即於是月二十日起程，道由錢塘。輔臣阻之，潛諷科道建言，以爲『朝廷新政，武宗國喪，資費浩繁，不宜行宴賞之事』。」

按：錢德洪陽明先生年譜云：「正德十六年六月，赴内召，尋止之，陞南京兵部尚書，參贊機務。遂疏乞便道省葬。」錢氏將陽明赴内召、輔臣阻之、陞南京兵部尚書、疏乞便道省葬均定在六月，誤甚。大抵錢氏於此類叙述多含混不明，顛倒舛誤。

按：是次沮抑陽明入朝之「輔臣」，乃楊廷和。楊一清集密論録卷五論王守仁爲人如何奏對云：「是時，朝命未卜，獨先勤王，武宗親征至保定，而捷報已至矣。論功行賞，封拜實宜。楊廷和忌其功高名高，不令入朝，乃陞南京兵部尚書。」明史本傳云：「世宗深知之，甫即位，趣召入朝受封。而大學士楊廷和與王瓊不相能。守仁前後平賊，率歸功瓊，廷和不喜。大臣亦多忌其功。會有言國哀未畢，不宜舉宴行賞者，因拜守仁南京兵部尚書。守仁不赴。」明通鑑卷四十九亦云：「初，上在興邸，深知守仁平逆功，甫即位，趣召入朝受封。而廷和以王瓊故銜之，廷臣亦多忌其功者，乃託言國喪未畢，不宜賜宴行賞。因拜守仁南京兵部尚書。」按所謂「大臣亦多忌其功」、「廷臣亦多忌其功」，乃指費宏、喬宇之輩。王世貞弇州山人續稿碑傳卷八十六王守仁傳云：「江西輔臣故銜守仁，不能特薦，猶持前論，而其鄉人之忌者，至誣之史。」此「江西輔臣」即費宏（費宏爲鉛山人）。蓋世宗即位，費宏爲入閣首選，故陽明入朝，爲其大忌，必欲阻之也。又霍韜地方疏亦云：「當時大學士楊廷和、尚書喬宇，亦忌王守仁之功，遂不與辨白，而黜伍希儒、謝源，俾落仕籍。」（王陽明全集卷三十九）按其時喬宇亦以平濠功入朝，並駸駸有入閣之冀，故亦忌陽明之功而隱沮抑之也。

是月，湛甘泉有書來，詳辨格物之說。

泉翁大全集卷九答陽明王都憲論格物：「兩承手教格物之論，足仞至愛。然僕終有疑者，疑而不辨之則不可，欲辨之亦不可。不辨之，則此學終不一，而朋友見責。王宜學則曰：『講求至當之歸，先生責也。』方叔賢則亦曰：『非先生辨之，其誰也？』辨之，則稍以兄喜同而惡異，是己而忽人；是己而忽人，則己自聖而人言遠矣，而陽明豈其然乎？乃不自外而僭辨之。蓋兄之格物之說，有不敢信者四：自古聖賢之學，皆以天理爲頭腦，以知行爲工夫。兄之訓格爲正，訓物爲念頭之發，則下文誠意之意，即念頭之發也；正心之正，即格也，於文義不亦重復矣乎？其不可一也。又於上文『知止』『能得』爲無承，於古本下節以修身説格致爲無取，其不可二也。兄之『格物』訓云：『正念頭也。』則念頭之正否，亦未可據。如釋老之虚無，則曰：『應無所住而生其心。』『無諸相，無根塵。』亦自以爲正矣。楊墨之時，皆以爲聖矣，豈自以爲不正而安之？以其無學問之功，而不知其所謂正者乃邪，而不自知也其所自謂聖，乃流於禽獸也。夷、惠、伊尹，孟子亦以爲聖矣，而流於隘與不恭而異於孔子者，以其無講學之功、無始終條理之實、無智巧之妙也。則吾兄之訓，徒正念頭，其不可二也。論學之最始者，則説命曰『學於古訓，乃有獲』，周書則曰『學古入官』，舜命禹則曰『惟精惟一』，顔子述孔子之教則曰『博文約禮』，孔子告哀公則曰『學、問、思、辨、篤行』，其歸於知行並進，同條共貫者也。若如兄之説，徒正念頭，則孔子止曰『德之不修』可矣，而又曰『學之不講』，何耶？止曰『默而識之』可矣，而又曰『學而不厭』，何耶？又曰『信而好古』『敏求』者，何耶？子思止曰『尊德性』可以，而又曰『道問學』，何耶？所講、所學、所好、所求者，何耶？其不可四也。考之本章既如此，稽之往聖又如彼，吾兄確然自信而欲人以必從，且謂聖人復起不能易者，豈兄之明有不及此？蓋必有蔽之者耳。若僕之鄙説，似有可采者五：訓『格物』者爲『至其理』，始雖自得，然稽之程子之書，爲先得同然，一也。考之章首『止至善』，即此也，上文『知止』『能得』，爲知行並進至理工夫，二也。考之古本下文，以修身申格致，爲於學者極有力，三也。大學曰『致知在格物』，程子則曰『致知在所養，養知在寡欲』，以涵養寡欲訓『格物』，正合古本以修身申格物之旨爲無疑，四也。以格物兼知行，其於自古聖訓學、問、思、辨、篤行也，精一也，博約也，學古、好古、信古也，修德、講學也，默識、學不厭也，尊德性、道問學也，始終條理也，知言養氣也，千聖千賢之教爲不謬，五也。五者可信，而吾兄一不省焉，豈兄之明有不及此？蓋必有蔽之者耳。僕之所以訓格者，至其理也；至其理云者，體認天理也；體認天理云者，兼知行、合内外言之也，天理無内外也。陳世傑書報，吾兄疑僕隨處體認天理之説爲求於外，若然，不幾於義外之説乎？求即無内外也。吾之所謂隨處云者，隨心、隨意、隨身、隨家、隨國、隨天下，蓋隨其所寂所感時耳，一耳。寂則廓然大公，感則物來順應，所寂所感不同，而皆不離於吾心中正之本體。本體，即實體也，天理也，至善也，物也，而謂求之外，可乎？致知云者，蓋知此實體也，天理也，至善也，物也，乃吾之良知良能也，不假外求也。但人爲習氣所蔽，故生而蒙，長而不學則愚。故學、問、思、辨、篤行諸訓，所以破其愚、去其蔽、警發其良知良能者耳，非有加也，故無所用其絲毫人力也。如人之夢寐，人能唤之惺耳，非有外與之惺也。故格物則無事矣，大學之事畢矣。若徒守其心，而無學、問、思、辨、篤行之功，則恐無所警發，雖似正實邪，下則爲老、佛、楊、墨，上則爲夷、惠、伊尹是也。何者？昔曾參芸瓜，誤斷其根，父建大杖擊之，死而復蘇。曾子以爲無所逃於父爲正矣，孔子乃曰：『小杖受，大杖逃。』乃天理矣。一事出入之間，天人判焉，其可不講學乎？詰之者則曰：『孔子又何所學？心焉耳矣。』殊不知孔子至聖也，天理之極致也，仁熟義精也，然必七十乃從心所欲不逾矩。人不學，則老死於愚耳矣。若兄之聰明，非人所及，固不敢測。然孔子亦嘗以學自力，以不學自憂矣。今吾兄望高位崇，其天下之士所望風而從者也，故術不可不慎，教不可不中正，兄其圖之！兄其圖之，則斯道可興，此學可明矣。若兄今日之教，僕非不知也，僕乃嘗迷方之人也。且僕獲交於兄十有七年矣，受愛於兄亦可謂深矣。嘗愧有懷而不盡吐，將爲老兄之罪人，天下後世之歸咎，乃不自揣其分，傾倒言之。若稍有可采，乞一俯察；若其謬妄，宜擯斥之，吾今可默矣。謹啓。」

按：前考陳世傑在五月攜湛甘泉大學測、中庸測來見陽明，其攜陽明致甘泉書别歸約在六月初（其後陽明亦離南昌），其歸至南海並向甘泉呈遞陽明書已在七月。時陽明尚未陞南京兵部尚書，且湛甘泉仍稱其爲「都憲」，故可知湛甘泉此答書即作在七月中。

八月上旬，陞南京兵部尚書敕至錢塘，遂疏乞便道省葬。十七日，朝廷允准歸省。

明世宗實録卷五：「正德十六年八月癸巳，巡撫江西右副都御史、陞南京兵部尚書王守仁疏乞致仕，優詔不允，促赴新任。八月丙申，先任巡撫江西右副都御史王守仁疏乞便道歸省，許之。先是朝廷以守仁剿平亂賊功，時旨召用來京。既而陞南京兵部尚書。守仁言：『臣兩年以來，四疏乞歸，皆以親老。時復權姦當事，讒嫉交興，冀得因事而退，父子苟全首領於牖下。雖以暫歸爲請，實有終焉之念。今天啓神聖，親賢任舊，向之爲讒嫉者皆已誅斥略盡，陽德方亨，公道大顯。臣欣際斯時，固已改易遠遯之心，豈宜復申前請？顧臣父既老且病，頃遭讒搆之厄，洶洶朝夕，常恐父子不及相見。今幸脱洗殃咎，接睹天日，父子之情，固思一見顔面，故敢冒罪以請。』上嘉其誠，特令便道省親，事畢之任。且命有司以羊酒存問其父。」

國榷卷五十二：「正德十六年八月丙申，許王守仁歸省。」

按：陽明陞南京兵部尚書敕旨下在七月二十八日，陽明奉敕旨則當在八月上旬，其乃隨即上乞便道歸省疏。朝廷當是先在八月十四日（癸巳）命下不允，促其赴任；旋在八月十七日（丙申）命下允准其便道歸省。錢德洪陽明先生年譜將陽明疏乞便道歸省定在六月，乃誤。

王陽明全集卷十三乞便道歸省疏：「臣於正德十六年六月十六日欽奉敕旨……已於本月二十日馳驛起程……臣取道錢塘，迂程鄉土止有一日。此在親交之厚，將不能已於情，而況父子天性之愛，重以連年苦切之思乎？……故臣敢冒罪以請。伏望皇上以孝爲治，範圍曲成……」

八月下旬，歸至紹興，有歸歟之歎。

王陽明全集卷二十歸興二首：「百戰歸來白髮新，青山從此作閑人。峰攢尚憶衝蠻陣，雲起猶疑見虜塵。島嶼微茫滄海暮，桃花爛漫武陵春。而今始信還丹訣，却笑當年識未真。　歸去休來歸去休，千貂不換一羊裘。青山待我長爲主，白髮從他自滿頭。種果移花新事業，茂林修竹舊風流。多情最愛滄洲伴，日日相呼理釣舟。」

居紹興，陸澄書來問良知之説，有答書詳論，大闡「良知」之學。

傳習録卷中答陸原静書一：「良知者，心之本體，即前所謂『恒照』者也。心之本體，無起無不起，雖妄念之發，而良知未嘗不在，但人不知存，則有時而或放耳；雖昏塞之極，而良知未嘗不明，但人不知察，則有時而或蔽耳。雖有時而或放，其體實未嘗不在也，存之而已耳；雖有時而或蔽，其體實未嘗不明也，察之而已耳。若謂良知亦有起處，則是有時而不在也，非其本體之謂矣……夫良知一也，以其妙用而言謂之神，以其流行而言謂之氣，以其凝聚而言謂之精，安可以形象方所求哉？真陰之精，即真陽之氣之母；真陽之氣，即真陰之精之父；陰根陽，陽根陰，亦非有二也。苟吾良知之説明，則凡若此類皆可以不言而喻。」

同上，答陸原静書二：「性無不善，故知無不良。良知即是未發之中，即是廓然大公，寂然不動之本體，人人之所同具者也。但不能不昏蔽於物欲，故須學以去其昏蔽，然於良知之本體，初不能有加損於毫髪也。知無不良，而中、寂、大公未能全者，是昏蔽之未盡去，而存之未純耳。體即良知之體，用即良知之用，寧復有超然於體用之外者乎？……『未發之中』即良知也，無前後内外而渾然一體者也。有事無事，可以言動静，而良知無分於有事無事也；寂然感通，可以言動静，而良知無分於寂然感通也。動静者所遇之時，心之本體固無分於動静也。理無動者也，動即爲欲。循理，則雖酬酢萬變而未嘗動也；從欲，則雖槁心一念而未嘗静也。動中有静，静中有動，又何疑乎？有事而感通，固可以言動，然而寂然者未嘗有增也；無事而寂然，固可以言静，然而感通者未嘗有減也。動而無動，静而無静，又何疑乎？無前後内外而渾然一體，則至誠有息之疑，不待解矣。未發在已發之中，而已發之中未嘗別有未發者在；已發在未發之中，而未發之中未嘗別有已發者存。是未嘗無動静，而不可以動静分者也……蓋良知雖不滯於喜怒憂懼，而喜怒憂懼亦不外於良知也……能戒慎恐懼者，是良知也……照心非動者，以其發於本體明覺之自然，而未嘗有所動也，有所動，即妄也；妄心亦照者，以其本體明覺之自然者，未嘗不在於其中，但有所動耳，無所動，即照矣。無妄無照，非以妄爲照，以照爲妄也。照心爲照，妄心爲妄，是猶有妄有照也。有妄有照則猶貳也，貳則息矣；無妄無照則不貳，不貳則不息矣……『不思善、不思惡時，認本來面目』，此佛氏爲未識本來面目者設此方便。『本來面目』即吾聖門所謂『良知』。今既認得良知明白，即已不消如此説矣。『隨物而格』，是『致知』之功，即佛氏之『常惺惺』，亦是常存他本來面目耳。體段工夫，大略相似。但佛氏有個自私自利之心，所以便有不同耳。今欲善惡不思，而心之良知清浄自在，此便有自私自利、將迎意必之心，所以有『不思善、不思惡時，用致知之功，則已涉於思善』之患……良知只是一個良知，而善惡自辨，更有何善何惡可思？良知之體本自寧静，今却又添一個求寧静；本自生生，今却又添一個欲無生。非獨聖門致知之功不如此，雖佛氏之學亦未如此將迎意必也。只是一念良知，徹頭徹尾，無始無終，即是前念不滅，後念不生。今却欲前念易滅，而後念不生，是佛氏所謂斷滅種性，入於槁木死灰之謂矣……良知本來自明。氣質不美者，渣滓多，障蔽厚，不易開明。質美者渣滓原少，無多障蔽，略加致知之功，此良知便自瑩徹，些少渣滓如湯中浮雪，如何能作障蔽？……性一而已，仁義禮智，性之性也；聰明睿知，性之質也；喜怒哀樂，性之情也；私欲客氣，性之蔽也。質有清濁，故情有過不及，而蔽有淺深也。私欲客氣，一病兩痛，非二物也……夫良知即是道，良知之在人心，不但聖賢，雖常人亦無不如此。若無有物欲牽蔽，但循著良知發用流行將去，即無不是道。但在常人多爲物欲牽蔽，不能循得良知。如數公者天姿既自清明，自少物欲爲之牽蔽，則其良知之發用流行處，自然是多，自然違道不遠。學者學循此良知而已，謂之知學，只是知得專在學循良知。數公雖未知專在良知上用功，而或泛濫於多歧，疑迷於影響，是以或離或合而未純。若知得時，便是聖人矣……所謂『生知安行』，『知行』二字亦是就用功上説；若是知行本體即是良知良能，雖在困勉之人，亦皆可謂之『生知安行』矣……聖人致知之功至誠無息，其良知之體皦如明鏡，略無纖翳。妍媸之來，隨物見形，而明鏡曾無留染，所謂情順萬事而無情也。無所住而生其心，佛氏曾有是言，未爲非也。明鏡之應物，妍者妍，媸者媸，一照而皆真，即是生其心處；妍者妍，媸者媸，一過而不留，即是無所住處……致知之功無間於有事無事，而豈論於病之已發未發邪？大抵原静所疑，前後雖若不一，然皆起於自私自利、將迎意必之爲祟。此根一去，則前後所疑自將冰消霧釋，有不待於問辨者矣。」

同上，錢德洪跋答原静書：「答原静書出，讀者皆喜。澄善問，師善答，得聞所未聞。師曰：『原静所問，只是知解上轉，不得已與之逐節分疏。若信得良知，只在良知上用工，雖千經萬典，無不脗合，異端曲學，一勘盡破矣，何必如此節節分解？佛家有撲人逐塊之喻，見塊撲人，則得人矣；見塊逐塊，於塊奚得哉？』在座諸友聞之，惕然皆有惺悟。此學貴反求，非知解可入也。」

按：陽明此答陸澄二書，皆從答陸澄養生之問入手。書一云：「後世儒者之説與養生之説各滯於一偏，是以不相爲用。前日『精一』之論，雖爲原静愛養精神而發，然而作聖之功實亦不外是矣。」所謂「前日『精一』之論」，即指王陽明全集卷五與陸原静書一之札，作於正德十六年六月（見前考）。陸澄再致書來問則在七月，而陽明再作此二書作答當已在八月歸紹興時矣。陽明此二書大闡「良知」之説，不僅是其傳習録中最重要之文字，亦是陽明生平論述其「良知」之學之重要文字，此二書標志陽明「致良知」思想體係已完全形成，錢德洪跋謂此二書所言皆「聞所未聞」，蓋非虚言也。

西亭施儒書來告訪，有答書。

陽明簡施聘之：「陽明病夫守仁頓首：别久，雖音問闊疏，然每思海内任道者之難得，千百之中而未能一二見，則如聘之者，能無時時往來於懷？忽辱書問，惠然有枉顧之興，喜幸如何可言！稽山之下，鑑水之濱，敬當掃榻以俟也。承論情欲之際，未能脱然無累，向往之志，甚爲所牽制。人苦不自知；亦或知之，而甘於自欺自棄耳，是以憒然終其身。吾兄吐露心事，明白洞達若此，真可謂任道之器，千百之中而未能一二見者也。敬陳呈。吴門山水窟，是處足清遊。深醉寧辭晚，微凉欲近秋。千年憐謝屐，百尺仰陳樓。斜日懸高樹，因君更少留。」（茅一相寶翰齋國朝書法卷八王守仁與聘之憲長書三通，陽明文集失載）

按：「聘之」即施儒，字聘之，號西亭，湖州歸安人。明清進士録：「施儒，正德六年二甲七十三名進士。浙江歸安人，字聘之，號西亭。初官御史，出按南畿。以直諫爲中官所誣，逮繫獄，落職。嘉靖初，起廣東兵備副使，疏立惠來、大浦二縣，屢平亂。有學庸臆説。」施儒出仕在正德六年中進士以後，張元廣東按察司副使施公儒墓誌銘云：「以尚書舉浙江丁卯鄉試。明年舉會試，時逆瑾方竊權柄，播弄人事，號正直者多遭斥逐編戍之禍，乃托疾歸，教授吴門……瑾誅之明年，爲正德辛未，入奉廷對，得賜進士出身，七月，授山西道監察御史。」（國朝獻徵録卷九十九）陽明適爲正德六年會試同考試官，故兩人當在正德六年相識。觀陽明此札，知其時施儒被劾歸居吳門，陽明其時亦歸居紹興，按施儒被劾歸居吳門在正德十年，施公儒墓誌銘云：「甲戌（正德九年）改巡應天……會有都城門卒故出入權貴，法當遣戍，權貴請之，不聽，反論奏公，有旨逮治，下詔獄，羅織備至，竟無他左驗，以微罪奪職，還侍太夫人……」據國榷卷四十九：「正德十年十月己卯，巡按南直隸監察御史施儒，治門卒戍外衛過當，下獄，削籍。」施儒巡按應天來南都，時陽明亦在南都任鴻臚寺卿，兩人關係當甚密。施儒在十月別陽明歸吳門，即陽明此札所云「別久」，「音問疏闊」。此後陽明亦陞都察院左僉都御史赴江西平寇亂，直至正德十六年八月方得歸越，由此可以確知陽明此札當作在正德十六年秋八月中，蓋其時施儒猶罷居歸安家中（至次年則赴廣東按察司僉事任），聞陽明歸越，即致書欲來訪；而陽明亦由江西得歸越居，故云「稽山之下，鑑水之濱，敬當掃榻以俟也」。施儒來越見訪已在九月（見下）。

九月上旬，王畿由魏良器薦引來受學。

明儒學案卷十九江右王門學案四處士魏藥湖先生良器：「良器，字師顏，號藥湖。洪都從學之後，隨陽明至越。時龍溪爲諸生，落魄不羈，每見方巾中衣往來講學者，竊罵之。居與陽明鄰，不見也。先生多方誘之。一日，先生與同門友投壺雅歌，龍溪過而見之，曰：『腐儒亦爲是耶？』先生答曰：『吾等爲學，未嘗擔板，汝自不知耳。』龍溪於是稍稍暱就，已而有味乎其言，遂北面陽明。緒山臨事多滯，則戒之曰：『心何不灑脱？』龍溪工夫懶散，則戒之曰：『心何不嚴慄？』其不爲姑息如此。嘗與龍溪同行遇雨，先生手蓋，龍溪不得已亦手蓋，而有怍容，顧先生自如，乃始惕然。陽明有内喪，先生、龍溪司庫，不厭煩縟。陽明曰：『二子可謂執事敬矣。』歸主白鹿洞，生徒數百人，皆知宗王門之學。」

王畿集卷二十刑部陝西司員外郎特詔進階朝列大夫致仕緒山錢君行狀：「追惟夫子還越，惟予與君二人最先及門。戴玉臺巾，服小中衣，睢睢相依，咸指以爲異言異服，共誹訕之。予二人毅然弗顧也。」

徐階龍溪王先生傳：「公諱畿，字汝中，别號龍溪，與文成王先生同郡宗人也。正德、嘉靖間，文成倡明理學，其説以致良知爲宗，郡之士駭而不信，至相與盟曰：『敢或黨新説，共黜之。』公若不聞也者，首往受業焉。」（王畿集附録四）

趙錦龍溪王先生墓誌銘：「陽明之學以良知爲宗，而一洗世儒支離之見，學者乍聞其説，疑不能信。而其時元老宿儒又多視爲異物，而攻之惟恐不力。當是時，求士之可與語者，蓋千百不能一二，不啻空谷之足音也。先生英邁天啓，穎悟絶倫，陽明以爲法器。故其欲得先生也，甚於先生之欲事陽明。道合志同，日夕依侍，獨先生與錢緒山德洪輩數君子而已。」（王畿集附録四）

按：王畿與陽明爲同郡宗人，居又與陽明鄰，故陽明一歸紹興，自然引起雙方傾心注目。據歐陽德集卷二十八祭魏師顔云：「昔夫子倡道於豫章，群士濟濟而來前。於時昆季俱抱卓越之器，而師顔獨少獨鋭，其志獨堅。已而事夫子於會稽，益淬益礪……」可見魏良器確是隨陽明歸越，其薦引王畿入陽明之門當屬可信也。按陽明歸至紹興在八月二十五日前後，其歸餘姚省祖塋約在九月中旬，故可知王畿來受學當在八月末、九月初之間。蓋王畿即居會稽與陽明爲鄰，舉步即可來受學，斷不可能至九月中旬陽明歸餘姚時，其趕至餘姚去受學。所謂「惟予與君最先及門」，乃是謂陽明歸紹興，王畿第一個來受學；陽明歸餘姚，錢德洪第一個來受學。如謂陽明九月下旬自餘姚歸紹興後，王畿至正德十六年末或嘉靖元年初方來受學，則不得謂「惟予與君最先及門」矣。據明儒學案所言，至次年（嘉靖元年）王華卒時，王畿乃與魏良器同任司庫，可見王畿已是陽明及門弟子。故徐階謂王畿嘉靖二年請終身受業於陽明，亦非。

按：袁宗道白蘇齋類集卷二十二雜説云：「於時王龍溪妙年任俠，日日在酒肆博場中，陽明亟欲一會，不來也。陽明却日令門人弟子六博投壺，歌呼飲酒。久之，密遣一弟子瞰龍溪所至酒家，與共賭。龍溪笑曰：『腐儒亦能博乎？』曰：『吾師門下日日如此。』龍溪乃驚，求見陽明，一睹眉宇，便稱弟子矣。」按此乃小説家夸飾虚妄之説，誇大失實，不足據信也。

雲村許相卿授兵科給事中，有書致賀，鼓動其格君心之非。

王陽明全集卷二十七與許台仲書一：「榮擢諫垣，聞之喜而不寐。非爲台仲喜得此官，爲朝廷諫垣喜得台仲也。孟子云：『人不足與適也，政不足與間也。惟大人能格君心之非。』『一正君而國定矣。』碌碌之士，未論其言之若何，苟言焉，亦足尚矣。若夫君子之志於學者，必時然後言，而後可；又不專以敢言爲貴也。去惡先其甚者，顛倒是非，固已得罪於名教；若搜羅瑣屑，亦君子之所耻矣。尊意以爲何如？向時格致之説，近來用工有得力處否？若於此見得真切，即所謂一以貫之。如前所云，亦爲瑣瑣矣。」

許聞造禮科給事中許公相卿行述：「十二年成進士，告歸。十六年給事兵科。明年嘉靖元年壬午，諫議抗疏，論政令不當者數事。其一曰：『臣竊照閹竪張鋭、張忠等罪惡，載於刑書，百死莫贖。陛下登極，首逮凶邪。而數月以來，天誅尚逋，明旨中革，元奸巨憝，許之減死贖金。是以前日人心庶幾孝皇太平之望，比來識者慮有正德紛紜之漸矣。』繼曰：『臣聞故兵部尚書于謙再造社稷，官其子冕爲錦衣千户。今兵部尚書王守仁克平汀、漳，官其子憲爲錦衣百户。頃者欽准曆授太監張欽義子李賢爲錦衣世襲指揮，一時騰物議，乖舊章，累新政，有必不可者……』章亡慮數十上，語抗直多類此。」（國朝獻徵録卷八十）

按：許相卿字台仲，號雲村、九杞，海寧人。明清進士録：「許相卿，正德十二年二甲一百一十二名進士。浙江海寧人，字伯台，一字台仲，號雲村。世宗時，授兵科給事中。」據掖垣人鑑卷十二：「許相卿，字台仲，號九杞，浙江海寧縣人。正德十二年進士。十六年八月除兵科給事中。嘉靖二年，以假請歸，遂以疾請。十八年，起除禮科。仕終副使。」許相卿八月除兵科給事中，可知陽明此書作在九月。書云「向時格致之説」者，按許相卿正德二年秋舉鄉試，時陽明亦居杭州勝果寺，許相卿或在其時來訪陽明，有「格致」之論。又陽明正德十一年冬歸省回越，途經嘉、杭，許相卿或亦嘗來問學。

九月中旬，歸餘姚省祖塋，訪瑞雲樓，日與宗族親友宴遊。

錢德洪陽明先生年譜：「九月，歸餘姚省祖塋。先生歸省祖塋，訪瑞雲樓，指藏胎衣地，收淚久之，蓋痛母生不及養，祖母死不及殮也。日與宗族親友宴遊，隨地指示良知。」

按：陽明是次歸餘姚，一在省祖母岑太夫人、母鄭氏墓，二在訪瑞雲樓出生地，三在訪餘姚宗親姻黨、親朋好友。按竹軒王倫葬於穴湖山，故岑太夫人亦當祔葬穴湖山。又陽明母鄭氏亦葬穴湖山。故陽明省祖塋乃主要往穴湖山也。陽明是次歸餘姚，當居秘圖山王氏故居，所訪「宗族」，即指居秘圖山之王氏族人。所訪「親友」乃指謝遷、胡東皐、諸用明、聞人詮及馮蘭、倪宗正、嚴時泰、邵蕡等人。瑞雲樓時已爲心漁錢希明（錢德洪父）僦居，故陽明訪瑞雲樓亦當訪錢希明、錢德洪父子也。陽明歸餘姚多有詩咏，惜皆亡佚。

訪小野倪宗正清暉樓，有清暉樓詩咏。集選倪小野詩爲突兀稿，爲作評點。

陽明題倪小野清暉樓：「經鋤世澤著南州，地接蓬萊近斗牛。意氣元龍高百尺，文章司馬

壯千秋。先機入奏功名盛，未老投簪物望優。三十年來同出處，清暉樓對瑞雲樓。」（倪小野先生全集後清暉樓詩附，陽明文集失載）

按：倪小野清暉佳氣樓與陽明出生地瑞雲樓相對，見倪小野清暉佳氣樓記（倪小野先生全集卷二）。兩人自小已相好熟識。所謂「三十年來同出處」，即指弘治五年陽明舉浙江鄉試、弘治八年倪小野舉浙江鄉試以來，兩人經歷相同之命運浮沉。所謂「經鋤世澤著南州」，指倪小野家學淵源，其先祖倪謙即號經鋤，經鋤後人。光緒餘姚縣志卷十七著録倪小野易説，引翁大立語云：「孫忠烈（燧）未第時，以易學擁皋比，先生年十七，執經門墻。忠烈云：『繼吾傳者，子也。』後與蔡虛齋、胡支湖有三先生易説傳世。」所謂「先機入奏功名盛」，指倪小野奏劾劉瑾被目爲『謝黨』，出知太倉，蓋先於陽明疏救戴銑而謫貴州龍場驛。光緒餘姚縣志卷二十三倪宗正傳：「越十年，登弘治十八年進士，選庶吉士。以逆瑾目爲謝黨，出知太倉州。時水災，條上封事，報可，所可全活者甚多。入爲武選員外郎。」

謝遷清暉樓詩：「陰翳氣塞風狂舞，屋煤吹落皆塵土。逆豎含沙射縉紳，一時正士胥解組。吁嗟天王本聖明，六章八奏心獨苦。批鱗受杖幾身危，血染羺羖毛蔽股。慷慨歸來義自高，築室清暉屏華膴。花光月色映樓臺，玉碗冰壺耀今古。琉璃屏外走明珠，老木當場何足數。多君妙手更天成，一箟新詩動九五。海内喧傳解愠功，不特忠貞堪繩武。琥珀杯清墨汁濃，爛醉揮毫驚李杜。光芒萬丈斗牛寒，清暉佳氣接天府。」（倪小野先生全集後清暉

樓詩附）

馮蘭清暉樓詩：「百尺高樓尺五天，昂頭直撞斗牛邊。帶經鋤落三更月，仗劍沖開萬里煙。千頃陂涵黄叔度，一團骨勝柳公權。南薰賜扇蒙恩渥，酷吏清風句獨傳。」（倪小野先生全集後清暉樓詩附）

倪小野先生全集卷七過松陵用陽明韵：「寶帶橋邊李郭舟，湖山詩景自天留。鱸魚上水未過午，鴻雁橫空又是秋。蘭桂酒樽驚落帽，風塵關塞一登樓。故人情話難爲别，斜日輝輝野色浮。」　卷五送王伯安：「相别十五載，相逢一把衣。形容何落落，意氣復依依。遠道琴爲伴，清時劍有輝。吾姚好山水，憶爾老同歸。」

同上，僉憲施聘之過西清有題奉和二首：「喜看庭樹引烏棲，驄馬留連日正西。山郡宦流從此重，草堂詩柄目公提。迂疏長帶林泉癖，撫字應慚道路啼。但得高軒時一過，飽聞清話可忘饑。　魚沼遊兮鳥樹棲，菜畦新翠路東西。山形環繞當盤礴，天象平分見攝提。花影簾櫳蝴蝶夢，竹枝庭院鳳凰啼。眼前未論仙茅種，柴菊丹芝可療饑。」

按：詩所云「僉憲」，指施儒任廣東按察司僉事。按國榷卷五十三：「正德十六年五月丙辰，再録廢籍……御史施儒……」施儒在五月起復，至九月命下任廣東按察司僉事。可見施儒九月先往紹興訪陽明，然後隨陽明往餘姚，亦得與倪小野有詩唱和也。

錢德洪突兀稿舊跋：「洪不敏，竊嘗受業於小野倪先生之門。迨後陽明王先生聚徒講學於龍泉山之中天閣，遂從而卒業焉。兩先生之文章、理學，洪皆嘗心契其微，而不能强分優劣，猶之乎日月二曜之經天，人縱欲高下其議論，而不可得也。至王先生謂：『先生詩文逼進陶、杜，近日何、李諸公，遠不能逮。』因是知先生平日爲王先生所推服久矣。突兀稿四卷，王先生所選録也。洪即以王先生之言附識於後。世之讀先生之詩者，其亦可以知所寶矣。受業門人錢德洪謹跋。」（倪小野先生全集前）

倪繼宗倪小野先生全集序：「先君子曰：『先太史爲有明名臣，其忠言讜論已足彪炳史册，争光日月矣。至平居著有詩文，已刻未刻不下數萬餘首。比遭兵燹，散失頗多。汝伯父創之公，懼其久而不可收拾也，彙爲小野集十六卷，以家貧不及授梓。後因有姚江逸詩之選，爲梨洲黄先生持去。汝小子誠有志於先世之文章乎，亟扣而取之可也。』繼宗時年十六，承先君子命，始知先太史之文章風節，其足爲世重若是，遂决志詣見梨洲黄先生，載拜稽首，備告所以。黄先生曰：『噫！小野集十六卷，昔年爲東海徐健庵太史携入中秘。今東海物化，其原本不可考究，無已，則有謝太傅（遷）所刻之豐富集、王新建所評之突兀稿各四卷在。』檢授繼宗。繼宗持歸，進之先君子，合從前諸刻，共得詩文若干首。越明年，又於桐江張氏得小野集四卷，蓋是集係孟河馬先生選録、高叔祖海川公舊刻也。」（倪小野先生全集前）

按：突兀稿爲陽明所選編，並爲作評點，黄宗羲蓋嘗親見其本焉。今邵國賢倪文忠公傳、孫鑛倪宗正傳、錢德洪突兀集跋等猶引有數則陽明突兀稿評點文字。蓋倪小野作詩巨富，常好取數卷成集，請名家評點。如太倉稿即請方豪評點，方豪太倉稿舊序云：「餘姚倪宗正由翰林院庶吉士出守太倉，既而開化方豪亦來牧崑。崑與太倉近，二人志趣又似，故相與甚驩也。一日同自海歸，宗正以其稿示豪。豪素狂妄，在宗正益弗顧忌，間有意合處，輒用評點。一日又同至蘇州，亦復然。然凡各有作，罔弗互正也。近宗正因臺諫有言，召入兵部。將行，豪乃取其爲於太倉者，編爲一卷，所未評者補之，命之曰太倉稿，刻之拙牧廬……衢人方豪思道甫志，時正德六年四月四日也。」（倪小野先生全集前）此突兀稿當是陽明在餘姚所選取，歸紹興後作評點。

邵國麟倪文忠公傳：「居私第，教授後學，時則聖人之徒，有若錢緒山寬；時則禮樂名家，有若諸理齋燮；時則博士業名士，有若張小越元；時則宰相才，有若吕文安本，一經文忠公品題，無不悉驗。嘉靖初，王文成公以良知覺後知，嘗折衷文忠公，謂人曰：『世傳東坡爲倪小野前身，詗其文章節槩處世，後先相當。』又曰：『東坡雖曰奇才，未免吐納内典諸書。若吾友倪小野，唯根柢六經，謂非純粹以精者乎？』又曰：『小野詩集不肯居陶杜後。近若信陽何大復、慶陽李崆峒，視爲大兒、小兒矣。』」（倪小野先生全集别集附）

按：傳所引陽明評倪小野語，當即出自突兀稿評點。

倪小野先生全集别集附：「王陽明曰：『世傳倪小野爲東坡後身。及觀其文章氣節，生平出處去就，亦略與東坡相似。』又曰：『東坡洵才美，然未免出入於内典諸書。若吾友小野，生平學問悉原本六經，詎非所謂粹然無瑕疵者耶？』　翁宗伯大立嘗言：『先生學問，得統於孫忠烈公。其後則有錢緒山、吕南渠、諸理齋、張小越、鄒原素諸及門，克廣其傳，師弟淵源，洵不可誣也。先生嘗謂：「陽明詩文，起初亦出自何李之門。不數年，乃能跳出何李窠臼，自成一家。嗚呼！當世若陽明者，真可謂豪傑之士矣。」』　黄梨洲曰：『吾姚詩集之篇，無過倪小野先生，正非特吾姚罕其匹，即有明三百年來，蓋亦難其人也。求之古人，庶幾宋之蘇、陸二公乎？』　邵得愚曰：『有明以來，吾姚能詩者不下數十家，而長於樂府者，唯倪小野、王陽明二先生而已。至就兩先生而論，其中之精微廣大，倪實較優於王，世儒正不得以耳食掩其公評也。』」

在餘姚，與朱同芳、朱同蓁兄弟講論經學，題其館曰授經堂。

光緒餘姚縣志卷十四古蹟：「授經堂，在龍泉山北。正德間，朱古巖同芳治禮，守齋同蓁治書，伯仲並魁鄉榜，學有淵源。時王文成講學授徒，剖二經之旨奥，必以兩先生爲專門，朝夕每相訂正，故題其館曰授經堂。（翁大立朱氏譜序）」

按：萬曆紹興府志卷三十二選舉志「舉人」條下著録：「正德八年，餘姚，朱同芳（同蓁兄）……正德十一年，餘姚，朱同芳、朱同蓁講論經旨。」所謂「正德間」，必指正德十六年陽明歸餘姚與朱同芳、朱同蓁（同芳弟）。以後（嘉靖中）陽明歸餘姚，亦當會與朱同芳、朱同蓁講論學問，或朱同芳、朱同蓁亦常會來紹興問學，所謂「朝夕每相訂正」也。前引陽明與諸弟書中有云「諸相厚如朱有良先生、朱國材先生輩」，似即指朱同芳、朱同蓁二人。

錢德洪率二侄錢大經、錢應揚及餘姚士子鄭寅、俞大本來受學。

錢德洪陽明先生年譜：「德洪昔聞先生講學江右，久思及門，鄉中故老猶執先生往迹爲疑，洪獨潛伺動支，深信之，乃排衆議，請親命，率二侄大經、應揚及鄭寅、俞大本，因王正心通贄請見。」

王畿集卷二十緒山錢君行狀：「君諱德洪，字洪甫。初名寬，避世諱，以字行……正德己卯，補邑庠弟子，舉業日有聲，屈其頃輩。時友人鄭思敬領批主司，屬意以爲必中，及下第，歎曰：『命之不可必也如是。』遂輕進取，專心以學問爲事。讀傳習録，與所學未契，疑之。及陽明夫子平宸濠歸越，始決意師事焉。夫子還姚，君相率諸友范引年、管州、鄭寅、徐珊、吴仁、柴鳳等數十人，闢龍泉中天閣，請夫子升座開講，君首以所學請正……」

光緒餘姚縣志卷二十三錢德洪傳：「王守仁平濠歸越，德洪與同邑范引年、管州、鄭寅、柴鳳、徐珊、吴仁數十人會於中天閣，禀學焉。姚江書院志略：『德洪率從子大經、應揚及俞大本，因王正心通贄。』分省人物考：『錢應揚，字俊民，以進士授長沙府推官。選河南道御史，巡視長蘆鹽課御史。出按廣東，建言，降全州判官。陞欒安知縣。』」

按：錢德洪自謂祇率二侄大經、應揚及鄭寅、俞大本因王正心通贄請見，王畿所述不確。王正心，陽明從侄，光緒餘姚縣志卷十六金石下著録武安王廟題名碑，王正心名列其中，蓋爲修復武安王廟捐資者。錢應揚，萬曆紹興府志卷三十二選舉志：「嘉靖十四年韓應龍榜：錢應揚，御史。」鄭寅，即王畿所云「友人鄭思敬」。俞大本，無考，萬曆紹興府志卷三十二舉人著録：「嘉靖四年，俞大本，吴仁。」

次日，餘姚士子七十四人來受學，遂講學於龍泉山之中天閣，親書三八會期於壁。

錢德洪陽明先生年譜：「明日，夏淳、范引年、吴仁、柴鳳、孫應奎、諸陽、徐珊、管州、谷鍾秀、黄文煥、周于德、楊珂等凡七十四人。」

王陽明全集卷三十六年譜附録一：「辛巳年，師歸省祖塋，門人夏淳、孫升、吴仁、管州、孫應奎、范引年、柴鳳、楊珂、周于德、錢大經、應揚、谷鍾秀、王正心、正思、俞大本、錢德周、仲實等，侍師講學於龍泉寺之中天閣。師親書三八會期於壁。吴仁聚徒於閣中，合同志講學不輟。」

王畿集卷二十緒山錢君行狀：「夫子還姚，君相率諸友范引年、管州、鄭寅、徐珊、吴仁、柴鳳等數十人，闢龍泉中天閣，請夫子升座開講，君首以所學請正。夫子曰：『知乃德性之知，是爲良知，而非知識也。良知至微而顯，故知微可以入德。唐虞受授，只是指點得一「微」字。中庸「不睹不聞」以至「無聲無臭」，只是中間發明得一「微」字。』衆聞之，躍然有悟，如大夢之得醒，蓋君實倡之也。君篤信夫子之學，心漁翁恚曰：『爾固得所師矣，恐妨試事，奈何？』對曰：『男聞教以來，心漸開朗。科第逼予則有之，入試胡慮哉？』」

明儒學案卷十一浙中王門學案：「姚江之教，自近而遠……郡邑之以學鳴者，亦僅僅緒山、龍溪，此外則椎輪積水耳……餘姚管州，字子行，號石屏。官兵部司務，每當入直，諷詠抑揚，司馬怪之。邊警至，司馬章呈，石屏曰：『古人度德量力，公自料才力有限，何不引退，以空賢路？』司馬謾爲好語，謝之。以京察歸。大洲有宿四祖山詩：『四子堂堂特地來。』謂蔡白石、沈古林、龍溪、石屏也。范引年，號半野，講學於青田，從遊者頗衆。夏淳，字惟初，號復吾，以鄉舉，卒官思明府同知。魏莊渠主天根天機之説，復吾曰：『指其静爲天根，動爲天機，則可；若以静養天根，動察天機，是歧動静而二之，非所以語性也。』柴鳳，字後愚，主教天真書院，衢、嚴之士多從之。孫應奎，字文卿，號蒙泉，歷官右副都御史，以傳習録爲規範，董天真之役。聞人銓，字邦正，號北江，與緒山定文録，刻之行世。即以寒宗而論：黄驥，字德良，尤西川紀其言陽明事。黄文焕，號吴南，開州學正，陽明使其子受業，有東閣私抄記其所聞。黄嘉愛，字懋仁，號鶴溪，正德戊辰進士，官至欽州守。黄元釜，號丁山；黄夔，字子韶，號後川，皆篤實光明，墨守師説。以此推之，當時好修，一世湮没者，可勝道哉？」

按：錢德洪所云七十四人來受學者，全爲餘姚士子，中多係餘姚縣學諸生，故多不得知也。今可考者如下：

徐珊。光緒餘姚縣志卷二十三列傳：「徐珊，字汝珮。三祠傳輯：『珊號三溪，本姓史。先世史涓，六子彌賢，宋元革命，避迹遷姚。子得齋，生三子：長承史祧；仲出繼張疇；季出繼楊原。至六世楊靖，子曰祐，弘治壬子舉人，是爲楊珂父；曰雲鳳，弘治戊午舉人，官江夏令。復出後舅氏徐銑，是爲珊父，故榜姓徐。』正德十六年九月，同夏淳等師王守仁。中嘉靖元年舉人。明年會試，策士以心學問，陰闢守仁，珊歎曰：『烏能昧我之所得，以幸時好乎！』不對而出。聞者高之，曰：『尹彦明後一人。』後官辰州同知。先是守仁還自龍場，與冀元亨等講學於州之隆興寺。是年，珊請於當道，於寺之北作祠宇，爲虎溪精舍置贍田，大集多士，以昌明其學焉。」

孫應奎。光緒餘姚縣志卷二十三列傳：「孫應奎，字文卿，號蒙泉。生十歲而父病羸，家貧，母童課之讀。王守仁自江西歸，率同縣七十餘人往師之，由是鄉閭教澤浹行。」

黄中心。餘姚竹橋黄氏族譜卷首著録錢德洪一篇黄中心像贊云：「觀濤先生，諱中心，字以静。曲水之嗣，少尹之繼，陽明之徒，方伯之婿。志向登庸，屢科不第。存養恬真，樂道忘世。涵育三子，薰陶成器。兩望以詩名，兩懷以易名，兩涵以書名，要皆賢父所致。」據「陽明之徒」一句，可知黃中心亦是陽明弟子，當亦是「七十四人」來受學者之一。

夏淳。光緒餘姚縣志卷二十三列傳：「夏淳，字惟初，號復吾。父釜，曲州知州。淳四歲失母，事後母極孝。正德十六年，師事王守仁。嘉靖七年，舉於鄉，卒業北雍。時魏莊渠主天根天機之説，淳曰：『天根天機，一物二名。指其静爲天根，動爲天機，則可；若以静養天根，動察天機，是歧動静而二之，非所以語性也。』後判肇慶府，遷思明同知，立社學，以禮教爲急。卒於官。」

范引年。光緒餘姚縣志卷二十三列傳：「范引年，字兆期，號半野。王守仁弟子。守仁卒於南安，喪過玉山，引年與柴鳳至。嘉靖九年，與孫應奎董天真事。二十一年，爲有司延主青田教事，從遊甚衆。」

柴鳳。光緒餘姚縣志卷二十三列傳：「柴鳳，字後愚，廣敬孫。師王守仁，主教天真書院，衢、嚴之士多從之。」

胡瀚。光緒餘姚縣志卷二十三列傳：「胡瀚，字川甫，號今山，榡曾孫。七歲端重如成人，問塾師學孔孟以何入門，師異之。年十八，從王守仁遊，論及致良知之學，躍然曰：『先生之教，劈破愚蒙矣。』守仁授以傳習録、博約説，歸而思之，益有省。從父鐸語以『學在心，心以不欺爲主』，瀚乃作心箴圖自課，就質守仁。守仁没，諸弟子紛紛互講良知之學，王畿、王艮、劉邦采、聶豹各有疏説。瀚曰：『先師標「致良知」三字，於支離汩没之後，指點聖真，主宰即流行之主宰，流行即主宰之流行。君亮之分别太支，心若無善，知安得良？汝中言無善，不若言至善。汝止以自然爲宗，季明德又矯之以龍惕。龍惕不恰於自然，則爲拘束；自然不本於龍惕，則爲放曠。良知本無寂感，即感即寂，即寂即感，而文蔚曰：「良知本寂，感於物而後有知。」必其自寂者求之，使寂而常定，則感無不通，似又偏向無處立脚。』論者稱其善守師傳云。以恩賞就華亭訓導，陞崇明教諭。歸家三十年，築室今山。有今山集一百卷。」

鄒大績。光緒餘姚縣志卷二十三列傳：「鄒大績，字有成，從學王守仁。侍父鵠疾盡瘁。父卒，廬墓側，風雨不蔽，虎爲遁去。紫芝生墓石，一本三秀。每號泣，烏鵲群鳴，若助其哀者。鄉里以爲孝感，奉旨旌表。後子木爲母割股，人稱世孝。從子坦譽，亦先後割股療母，府縣勒碑，名其里曰『孝子』。」

管州。光緒餘姚縣志卷二十三列傳：「管州，字子行，號石屏。嘉靖十年舉人，官兵部司務，每入直，諷詠抑揚，司馬怪之。邊警押至，司馬張皇，州曰：『古人度德量力，公自料才力有限，何不引退，以空賢路？』司馬謾爲好語，謝之。以京察歸。晚歲家貧，有黔婁之風。主教天真、水西二書院。趙貞吉宿四祖山詩：『四子堂堂特地來。』州其一也。」

黄驥。光緒餘姚縣志卷二十三列傳：「黄驥，字德良，副使肅子。七歲喪母，畫像以事。事繼母以孝聞。父没，營家躬負土石，不資人力，有雙鵲巢其内舍，野犬爲之巡警。嘉靖十七年，表爲孝子。學於王守仁，有往復書。尤時熙從驥考究守仁之學云。」

葉鳴。光緒餘姚縣志卷二十三列傳：「葉鳴，字允叙，受業王守仁。自綱目、性理及五經箋註，首尾成誦。嘗著大學古本中庸註、五經一貫臆説諸書。子遵貴，封工科給事中。」

楊珂。光緒餘姚縣志卷二十三列傳：「楊珂，字汝鳴，號秘圖。本姓史。少從王守仁學，會學使者案越，檢察舉子，無異録囚，珂曰：『是豈待士者哉？』遂隱，自放於天台、四明之間，天台、四明題詠殆徧。爲詩瀟灑不群，書法宗王右軍，而雅自負。舊邑志：『有石橋，時爲暴漲所壞，珂書「醉卧石」三字於上，遂帖然。』監司郡縣吏數式其廬，珂未嘗懷刺一詣。孫鑛書畫題跋：『胡少保宗憲，舊令餘姚，稔知珂。後爲制府，欲珂入幕，謂：「倘來謁，即隨以厚幣。」珂竟不往。胡有碑，欲得珂書之，而難於言。後禦倭海上，過邑城駐龍山，使幕客故與珂交者，誘之來山間遊，已胡燕居服猝至，不得避，因留共飲，譾談既洽，幕客諷以寫碑事，珂乃爲寫。胡贈之，卒不受。』遠近咸敬愛之。」

黄嘉愛。光緒餘姚縣志卷二十三列傳：「黄嘉愛，字懋仁。正德三年進士，官至欽州守。從王守仁講學，嘗有詩云：『文章自荷逢明主，道學還期覺後人。』其自負如此。」

徐允恭。光緒餘姚縣志卷二十三列傳：「徐允恭，字子安，守誠子。十歲父没，遺篋得父手書，言志欲立祖祠、置義田事，允恭感泣，後卒成父志。母没廬墓，郡守湯旌其堂曰『繼孝』。以從學王守仁，名益著。湯延至郡城，參究理學，商榷經世之務。知其貧，欲助之，允恭辭，湯益賢之。當道議加賦海地，允恭争之，乃止。子執策，嘉靖四十四年進士，知莆田縣，有賢聲。後至臨江同知。」

胡希周。光緒餘姚縣志卷二十三列傳：「胡希周，字文卿，號二川。少受業王守仁。嘉靖七年舉人，初授山東長山縣知縣。縣有二河，水溢旁邑，咸被災。希周築隄，以時蓄洩，民得藉以灌田，世享其利。尚書李士翔爲記，立石河口，祀名宦。丁内艱，服闋，補福建南靖縣知縣。濱海多盗，希周興學緩征，扶植善良，以循良著。」

盧義之。光緒餘姚縣志卷二十三列傳：「盧義之，嘉靖間貢士，爲廣昌丞。從學於王守仁。嘗自歎曰：『吾三十年竊書史，户外一無所問；十年服下僚，俸外一無所入。亦不負聖賢，不負朝廷矣。』聞者以爲實録。」

孫堪、孫墀、孫陞。三人均孫燧子。國朝獻徵録卷一百零八有孫陞伯兄都督僉事堪行狀，卷二十二有程文德仲泉孫先生墀傳，卷三十六有李本資善大夫南京禮部尚書季泉孫公陞行狀。明清進士録：「孫陞，嘉靖十四年一甲二名進士。浙江餘姚人，字子高，號季泉。授編修，累官吏部侍郎。嚴嵩柄國，陞爲其門生，獨不附。會南京禮部尚書缺，衆不就，陞往。卒謚『文恪』。居官不言人過，時稱篤行君子。」季泉孫公陞行狀：「南大宗伯季泉孫公者，忠烈公之季子也……忠烈公配楊夫人，生三子：伯堪，都督同知，以孝旌；仲墀，尚寶司卿；季則公也……己卯，忠烈公撫江右，死逆濠之變，兄弟聞訃，誓死赴讎……」陽明祭孫中丞文：「公之子挾刃赴仇，奔走千里，至則逆賊已擒，遂得改殯正殮，扶公櫬而還。」按陽明與王邦相書二有云：「孫氏父子素所親厚，三子又嘗從學……」（詳下）可見孫堪、孫墀、孫陞三人皆從學於陽明。蓋三人在正德十四年已來南昌見陽明受教，故正德十六年陽明歸餘姚，三人必當來問學也。

錢應揚。過庭訓明分省人物考卷五十：「錢應揚，字俊民，餘姚縣人，進士。由長沙府推官選河南道御史，巡按廣東，建言，降全州判官。陞樂安知縣。」

黄文焕。餘姚竹橋黄氏族譜卷十二：「吴南先生，諱文焕，以貢任開州學正，陽明先生高弟也。陽明先生使其子受業，有東閣私抄記其所聞。其序曰：『東閣私抄者何？私録所聞於陽明夫子者也……四方諸友游夫子之門者，北燕南越，動隔數千里，經年獲甫至，乞晨一謁，林立充庭，邏輯進退，一日間傳教僅一二刻，來門數月，又將别去，雖有所得，皆隨問隨答，如飲河者，適充其量而止，其所未及聞者多多也。豈得如某朝夕坐春風中，而得盡於謦欬，更復晨昏獨見，有諸友未及聞而某獨聞之者乎？某勿録，則夫子之微詞妙旨，將有散而勿存、湮而勿彰者矣。……』」按萬曆紹興府志卷三十一歲貢著録：「嘉靖年，餘姚：黄釜，黄驥，黄文焕。」

谷鍾秀。按明進士録中著録谷鍾秀，字毓卿，餘姚縣人，行二。鄉試第十五名，會試第三十五名。治詩。萬曆紹興府志卷三十二舉人著録：「嘉靖十年，餘姚：谷鍾秀，管州。」卷三十三進士著録：「嘉靖二十年沈坤榜，餘姚：谷鍾秀，參議。」

錢德周。按錢德周乃錢德洪弟，錢德洪陽明先生年譜：「嘉靖三年，德洪携二弟德周、仲實讀書城南。」羅洪先錢心漁翁墓記：「翁有子三人……長子德洪……仲子德周者，與薦名。」吕本緒山錢公墓誌銘：「家事悉屬於弟周甫，惟率季弟充甫專意績學。」據此，知心漁錢希明生三子：長錢德洪，字洪甫；仲錢德周，字周甫；季錢德充，字充甫。蓋三人皆同時來受學也。

諸陽。前考諸陽爲諸用明子，諸讓孫，光緒餘姚縣志卷二十三列傳：「諸用明，王守仁妻弟也……二子階、陽，日與鄉之俊彦讀書講論於其中……陽字伯復，守仁弟子，嘉靖元年舉人。」其説本自陽明爲善最樂文，然以爲諸陽字伯復則誤，蓋是誤讀陽明書諸陽伯卷中「妻侄諸陽伯复請學」一句而來，此處乃是謂諸陽伯（諸偁）復來問學，非是謂諸陽字伯復也。

黄齊賢。聶豹集卷四贈黄明山赴召序：「維茲嘉靖庚子，邑侯黄君以治行爲江南第一，例得報於廷也。天子適以第一人召之……侯嘗受學於先師陽明子，良知之教，其習聞矣乎！……侯名齊賢，字汝思，別號明山，浙之餘姚人也。中嘉靖十四年進士，於兄子爲同年云。」萬曆紹興府志卷三十二舉人著録：「嘉靖七年，餘姚：錢應揚，夏淳，黄齊賢。」卷三十三進士著録：「嘉靖十四年韓應龍榜，餘姚：黄齊賢，主事。」

吴仁。萬曆紹興府志卷三十二舉人著録：「嘉靖四年，餘姚：吴仁，孫陞，孫應奎。」陽明先生年譜附録一著録：「辛巳年，師歸省祖塋，門人吴仁……等，侍講於龍泉寺之中天閣……吴仁聚徒於閣中，合同志講會不輟。」

王正思。按吕柟涇野先生文集卷九恩榮雙壽序云：「恩榮雙壽者，刑部副郎王君仲行之志也。仲行過予曰：『正思父石谷君，今年生五十有八歲；母華氏，今年生六十歲，强健不老，此其雙壽皆得於天者也。石谷君今年封南刑部員外郎，母華氏封宜人，鄉黨歸美焉，此其恩榮皆得於君者也。石谷君受性懇直，履端迪嚴，每當祭先，如親見之。事其伯父龍山冢宰，如事父母，篤念訓教，白首不忘，奉身廉養。通古文詩，然不屬草，以爲德不如古，他美弗傳。遇事慷慨，有古人風，又面斥人過，人多畏避。宜人克慈克順，其相石谷君勤苦無間，又以柔濟剛，家務滋振。此其道德皆得於其身者也。

獨念正思爲之子，年且長矣，雖舉進士，至有今官，然無毫髮俾益於其父母，乃誕期且至，又身在千里之外，其何以爲獻邪？……』今仲行叔父陽明子之壽其父龍山冢宰也，學以良知爲本，政以戡亂爲能，江浙之士從而遊者千餘人。於是龍山先生雖以冢宰顯，實以陽明子永其壽也。然而陽明子進退於廷，陟降厥家者，仲行固已耳濡目染，心醉親炙，非單臨邑之邯鄲女矣。況石谷君又嘗指之以爲教者乎？仲行如思陽明子之言以爲言，即言可中理矣；思陽明子之行以爲行，即行可式臧矣；思陽明子之或有不及者而及之，或過者而節之，率由周程上遡顔孟，即道可庶幾矣夫！然則石谷君得於其身與其得於天、於君者，皆有限，可百年計；其得於仲行者，可千萬年計，壽無窮也。且仲行嘗言：『先世王逸少，爲會稽内史矣。』然逸少止善行草字，自晉至今，壽數百載不没，而況仲行克修家學，敦明先聖賢之道者乎？足知其使石谷君之壽如海屋添壽無筭也。」又掖垣人鑑卷十三：「王準，字子推，號石谷，陝西儀衛司籍，浙江青田縣人。嘉靖二年進士。七年正月，由山西高平知縣選禮科給事中。尋以言事廷杖，降典史。十二年罷歸。」據此，知王準字子推，號石谷，嘉靖二年進士；王正思字仲行，號龍川（見胡宗憲陽明先生批武經序），嘉靖八年進士（見萬曆紹興府志卷三十三）。王正思乃王準子。諸王氏族譜中皆謂王正思爲王守禮子（王衮—王守禮—王正思），似誤。陽明自餘姚歸紹興後有寄餘姚諸弟手札，提及王正心、王正思、王正恕、王正愈、王正惠諸姪及王守禮、王守智、王守温、王守泰諸弟（見下），可知此十數人蓋亦皆來受學之「七十四人」中人也。

鄭寅。錢德洪於年譜中未言鄭寅爲何人，按王畿緒山錢君行狀云：「二女：長適同知史鶚孫舉人銓，次適御史鄭寅子庠生安元。」可知鄭寅與錢德洪爲姻家，嘗任御史。萬曆紹興府志卷三十三選舉志：「嘉靖十四年韓應龍榜：鄭寅，御史。」

九月下旬，自餘姚歸紹興。二十九日，祝父王華壽。

陸深海日先生行狀：「適先生誕辰，親朋咸集。新建捧觴爲壽，先生蹙然曰：『吾父子不相見者幾年矣。始汝平寇南贛，日夜勞瘁，吾雖憂汝之疾，然臣職宜爾，不敢爲汝憂也。寧濠之變，皆以汝爲死矣，而不死；皆以事爲難平矣，而卒平。吾雖幸汝之成，然此實天意，非人力可及，吾不敢爲汝幸也。讒構朋興，禍機四發，前後二年，岌乎知不免矣！人皆爲汝危，吾能無危乎？然於此時惟有致命遂志，動心忍性，不爲無益，雖爲汝危，又復爲汝喜也。天開日月，顯忠遂良，穹官高爵，濫冒封賞，父子復相見於一堂，人皆以爲榮，吾謂非榮乎？然盛者衰之始，福者禍之基，雖以爲榮，復以爲懼也。夫知足不辱，知止不殆，吾老矣，得父子相保於牖下，孰與犯盈滿之戒，覆成功而毀令名者邪？』新建跪而跽曰：『大人之教，兒所日夜切心者也。』聞者皆歎息感動。於是會其鄉黨親友，置酒燕樂者月餘。」

按：王華生日爲九月二十九日。錢德洪陽明先生年譜將陽明祝王華壽叙在十二月十九日之下，乃誤。

楊文恪公文集卷二十五太宰龍山王先生慶壽序：「科名而取大魁，仕宦而至大拜，與夫請老而歸，鬖鬖乎耄耋之境，而康强矍鑠焉，此皆希闊不恒有之事；以至子焉而復登臺省，有位於朝，而於壽筵初度，猶得以拜家慶，而遂稱觴膝下之願，不皆希闊不恒有之事乎？兹於龍山先生見之矣。先生辛丑狀元，官至太宰，自其懸車以至於今，年幾八十矣，耳目聰明，視強壯人無少異。歲之九月某甲子，寔維誕辰，嗣子陽明都憲公方被召命，乃具疏懇陳，以展赴闕之期，以躬綵衣之戲。由今觀之，所謂希闊不恒有之事非歟？然以先生爲之父，都憲公爲之子，殆不止至是焉。先生甘盤舊學，啓沃於廣厦細族，固有人不及知，而史氏必書之者。至於狀元之名著於天下，而傳於後世，一時同年之士，皆謂中某人榜焉。兼是數者，則名之壽於兩間，奚止於年之壽而已哉？若都憲公承過庭之訓，爲曾氏專用心於内之學，而蚤歲亦嘗留意於横渠尉繚子注，以故年時出其緒餘，見之武世，功蓋天下。異日史氏有不勝其書，在先生既足以自壽其名，而又有子以相與爲壽焉，則固超乎年壽之外矣。江右三司若方伯陳公、憲長伍公、都閫余公輩，咸以此意授簡於廉，屬綴文以爲慶。廉於先生何能爲役，特以喜爲天下道也，於是乎言。」

十月九日，顧應祥寄來賀儀，有書答謝。

陽明寄顧惟賢手札：「洪都相與幾兩年，中間疏缺多矣。而諸公相愛之情不一而足，别後益隆無替，感怍豈有盡也。荏苒歲月，忽復半百，四十九年之非，不可追復。方切悔歎，思有以自新，而使者遠辱，重之以文辭，教之以儀物，是慶之者，適所以愧之也。又且惠及老父，悚汗愈不可言。使還，值冗結，未暇細裁，尚須後便，更悉鄙懷耳。十月九日，守仁頓首，惟賢憲長道契大人文侍。」（手札真迹藏中國國家博物館，陽明文集失載）

按：陽明與顧應祥相別在是年六月，即此札所云「别後」。陽明與王華誕辰俱在九月，顧應祥其時寄來賀儀，即是賀陽明五十壽辰與王華誕辰，故陽明此云「又且惠及老父，悚汗愈不可言」。疑札中所云「重之以文辭」，即指楊廉太宰龍山王先生慶壽序。

有書致餘姚諸弟，請來紹興處理家事。

陽明寄餘姚諸弟手札：「此間家事，尚未停留，專俟弟輩來此分處，何乃一去許時，不見上來？先人遺教在耳，其忍恝然若是耶？田莊農務雖在正忙時節，亦須暫拋旬日，切不可再遲遲矣。正心、正思候提學一過，即宜上來。正恕、正愈、正惠先可携之同來。近日正思輩在此，始覺稍有分毫之益，決不可縱，今在家放蕩過了也。此間良友比在家稍多，古人所謂『蓬生麻中，不扶而直』，是真實不誑語。長兄伯安字白。三弟、四弟、六弟、八弟同看。伯叔母二位老孺人同稟此意。」（手札真迹藏中國國家博物館，陽明文集失載）

按：書中所言三弟、四弟、六弟、八弟爲王守禮、王守智、王守温、王守恭，均係陽明從弟；所言王正心、王正思、王正恕、王正愈、王正惠，均爲陽明諸從弟之子。或以爲書中所云「先人遺教」指陽明父王華，乃非。若此「先人」指王華，王華卒乃陽明家事，不存在分家事，豈須將所有從弟、從姪請來商議分家事？故此「先人」應指其祖母岑太夫人，蓋唯祖母岑太夫人卒，方有分家之事，須請諸從弟、從姪來商議。按岑太夫人卒於正德十三年，然時陽明在江西，疏乞省葬不允。唯至正德十六年八月陽明歸越，方可處理岑太夫人家事。故陽明九月歸餘姚，一則爲省岑太夫人墓，二則亦爲與在姚伯叔母及諸從弟、諸從姪商議岑太夫人分家事。陽明在九月下旬離餘姚回紹興，即此書所云「何乃一去許時」。可見此書當作在十月中。

浄峰張岳復爲行人，赴任途經紹興來訪，講論三日，不合。

張岳小山類稿卷六與郭淺齋憲副：「明德親民之説，往歲謁陽明先生於紹興，如『知行』、『博約』、『精一』等語，俱蒙開示，反之愚心，尚未釋然。最後先生忽語曰：『古人只是一個學問，至如「明明德」之功，只在「親民」。後人分爲兩事，亦失之。』某僕然，請問。先生曰：『「民」字通乎上下而言，欲明「孝」之德，必親吾之父；欲明「忠」之德，必親吾之君；欲明「弟」之德，必親吾之長。親民工夫做得透徹，則己之德自明，非「親民」之外，别有一段「明德」工夫也。』某又起請曰：『如此，則學者固有身不與物接時節，如「戒慎乎其所不睹，恐懼乎其所不聞」，「相在爾室，尚不愧於屋漏」。又如禮記「九容」之類，皆在吾身不可須臾離者，不待親民，而此功已先用矣。先生謂「明德工夫只在親民」，不能無疑。』先生曰：『是數節，雖不待親民時已有此，然其實所以爲親民之本者在是。』某又請曰：『不知學者當其不睹不聞之必戒慎恐懼，屋漏之必不愧於天，手容之必恭，足容之必重，頭容之必直等事，是著實見得自己分上道理合是如此，工夫合當如此，則所以反求諸身者，極於幽顯微細，而不敢有毫髮之曠闕焉；是皆自明己德之事，非爲欲親民而先此以爲之本也？如其欲親民而先此以爲之本，則是一心兩用，所以反身者必不誠切矣。故事父而孝，事君而忠，事長而弟，此皆自明己德之事也。必至己孝矣、忠矣、弟矣，而推以之教家國天下之爲人子、爲人臣、爲人弟者，莫不然矣，然後爲親民之事。己德有一毫未明，固不可推以親民，苟親民工夫有毫髮未盡，是亦自己分上自有欠闕，故必皆止於至善，而後謂之「大學之道」，非謂明德工夫只在親民。必如老先生之言，則遺却未與民親時節一段工夫，又須言所以爲親民之本以補之，但見崎嶇費力，聖賢平易教人之意，恐不如是也。』先生再三鐫誨曰：『此處切要尋思。公只爲舊説纏繞耳，非全放下，終難湊泊。』」

張襄惠公輯略：「學宗程朱，而尊信傳注，出入以度……行人時，謁陽明，論學三日，不合，退輯聖學正傳及載道集。」（小山類稿附録）

都察院右都御史張公岳傳：「以程朱爲宗，嘗謁陽明，與論持敬、知行、明德、新民之旨，往還三日，陽明終不能絀，第曰：『子亦閩中一豪傑也。』……」（國朝獻徵録卷五十八）

按：張岳字維喬，號浄峰，惠安人。其復任行人之時間，徐階浄峰張公墓誌銘：「今皇帝即位，盡還武廟時諫者官，復以公爲行人。」（世經堂集卷十七）小山類稿卷一再任行人司稿下注云：「正德十六年辛巳，自謫所召還原職，陞俸一級。」按國榷卷五十二：「正德十六年五月癸丑……張岳等，並復官。」張岳北上赴行人任經紹興約在十月中。是次講論三日，亦嘗論及良知之説，故黄宗羲云：「先生曾謁陽明於紹興，與語多不契。陽明謂公只爲舊説纏繞，非全放下，終難湊泊。先生終執先入之言，往往攻擊良知。其言：『學者只是一味篤實向裏用功，此心之外更無他事是矣。』而又曰：『若只守個虚靈之識，而理不明，義不精，必有誤氣質做天性、人欲做天理矣。』」（明儒學案卷五十二襄惠張净峰先生岳）

薛侃赴銓，經紹興來問學，數月而去。

薛侃行狀：「冬，過越，聚同門於會稽書院，講學數月。」

按：黄佐行人司司正薛侃傳云：「師事陽明於贛，四年而歸……辛巳赴銓，授行人。」明清進士録：「師王守仁於贛州。世宗立，授行人。」薛侃當是冬十月赴銓選經紹興來問學，講論數月，約在十二月赴京，授行人司行人，已在次年二三月。

薛侃赴京過錢塘，有書至，薦乾山陳應麟來問學。

薛侃集卷九奉尊師陽明先生書一：「侃愚，承教久，妄意有聞，至降伏不得去處，尋一義倚靠，自謂能守。比聞良知之説，百完皆碎，即因離索，倍加憤發，夜牖忽開，星月皎潔，眼前景物，莫非此意。日前每見得是，即爲見縛，縱説得當，亦落言詮。以此顧見三生全無影響，孤負洪恩，罪積奚贖？抵今只依點明，足隨炬進，世間得失，置却弗問，而用力得力去處，亦不敢執以爲定。平時大病，只消意見不得，故有意便執，有執便礙。學不進長，皆坐此故。昨會陳校文，家兄舊徒也，集群議來相質。侃云：『此不須辨，知者可一言而解。』渠問言，侃謂：『今人小小自豎，皆知所避，以完其名，豈謂負天下之望，欲明斯學，而不能避斯世之疑乎？必有謂矣。』渠唯唯。與處虎跑一夕，大相傾向。年來相接，沉篤向裏，言易就緒，未有若斯人者。不日渡江來見。」

按：所謂「與處虎跑一夕」，即指薛侃北上赴京經杭，居虎跑寺。「陳校文」即陳應麟。薛侃集卷七陳乾山傳：「乾山姓陳，諱應麟，字經成，海陽人也。莊有乾山，因以爲號。温雅美豐儀，望之知爲君子。居家，内外肅然。嘗罹内難，處之雅有德意，蓋聞白沙之風而興者。攻詩墨，體清淳近古。蚤遊庠校，相禮文廟，矩度雍容可觀。初聞陽明先生之説，未省。晚歲風疾，坐斗室垂二十年。静中以西川所傳之意體之，始信及，甚悔其晚也。嗣是少作詩，時或寫意，自有真味。乃知其道有本，欲學焉必有其本，而或徒字敲句鍊，依倣摩擬，以求追古人，寧可得哉？」

浙中士子來紹興受學漸衆。

按：陽明雖於八月下旬歸紹興，然其隨即往餘姚，至十月自餘姚歸紹興後，士子方始多來紹興問學，至次年二月，四方來學士子日衆，以至陽明作壁帖婉拒之。自正德十六年十月至嘉靖元年二月，錢德洪謂「遠方同志日至」，今可考者如下：

金克厚。金克厚字弘載，仙居人。明清進士録：「嘉靖二年三甲一百六十四名進士。浙江仙居人。知六合縣。温雅忠厚，有長者風。歷工部郎中。」應大猷送金弘載令六合序：「余友金弘載氏尚志砥行，維裕以孚，而困於科舉之學有年矣。既聞陽明先生之爲聖賢之學也，而往事之，篤信力行，若賈之攢貨，水之趨壑也。越明年而舉於鄉，又明年而舉進士。」（光緒仙居縣志卷九）金克厚嘉靖元年中鄉試，嘉靖二年中進士，可見其來紹興受學在正德十六年。按嘉靖元年二月金克厚已以陽明弟子任司厨，故其來紹興受學必在正德十六年十月也。泉翁大全集卷二十三封都水郎中抑庵金君配宜人汪氏同壽序：「昔者内翰南州應子（良）道其友人金子弘載克厚之賢於甘泉子，繼而金子從遊陽明，遂爲陽明之學以見，子曰：『是子賢乎哉！柔而不見其柔，剛而不見其剛，是故柔而有剛，剛藏於柔，是謂牝馬之貞，應子之言猶信夫！』甘泉子曰：『嗟乎弘載，吾以詢子，子之賢也，必有外教矣乎？』曰：『吾父封君抑庵公，事吾祖洪賢府君以孝，府君安之……抑庵公育諸弟友愛，歿則周其諸遺孤。嚴教乎厚也，使遊學，館穀其賓友，而周旋其食飲，遣之從陽明而學焉，曰：「毋務爾名，爾習爾誠。可以無家，不可以無學。」斯之謂外教矣乎！』」

張元冲。明儒學案卷十四浙中王門學案四：「張元冲，字叔謙，號浮峰，越之山陰人。嘉靖戊戌進士，授中書舍人，改吏科給事中……先生登文成之門，以戒懼爲入門，而一意求諸踐履。文成嘗曰：

『吾門不乏慧辨之士，至於真切純篤，無如叔謙。』……前後官江西，闢正學書院，與東廓、念庵、洛村、楓潭聯講會，以定文成之學。又建懷玉書院於廣信，迎龍溪、緒山主講席，遂留緒山爲文成年譜。」按張元冲即居家紹興，錢德洪陽明先生年譜記嘉靖二年張元冲已是陽明弟子，在舟中問學，可見張元冲當亦在正德十六年來問學。鄒守益明故張母唐太恭人墓誌銘云：「曁冲舉於鄉，勉以親正人，就遠業，比與王子汝中受學陽明夫子。」（鄒守益集卷二十三）由此可見張元冲與王畿約在同時來受學。

石簡。明清進士録：「石簡，嘉靖二年三甲五十六名進士。浙江寧海人，字廉伯，號玉溪。知高州府，居官廉静嚴毅，人莫敢干以私。調安慶，累官巡撫雲南，卒官。」涇野先生文集卷八贈石高州序：「玉溪子嘗師事陽明王公，陽明以致良知爲教，學者類能言之，然或當行而知知向背，臨言而不知從違者亦有之，玉溪子真可謂不倍師説者矣……故玉溪子之致良知者，正有見於今日也。玉溪子，台之寧海人，起家嘉靖癸未進士，歷官兵、刑二部，皆以清白端謹名。」卷六贈玉溪石氏序：「居一年，得見其徒玉溪石氏廉伯，則喜曰……其善爲陽明子之學者乎！……今石氏爲陽明子之學而取予，予未能爲陽明子之道，而心敬石氏，至形諸寢食，則石氏非善爲陽明子之學者乎？……是時吴楚之學者蔣實卿輩數十人，皆信石氏之學，而樂與之遊，因其考武選三年績也，請予書别語。」國朝獻徵録卷六十二有章詔都察院右副都御史石公簡行狀。

胡純。兩浙名賢録卷二：「胡純，字惟一，會稽人。少從陽明先生學。天性孝友，家貧無書，每假抄以誦，晝夜不輟，遂以明經稱。執贄稱弟子者，常數十人……師弟之間，庶見復見古道，以故出其門者，多知名士。所著有雙溪稿、詩禮抄、泗州志、崇安志。」

孫景時。兩浙名賢録卷二：「孫景時，字成叔，杭之右衛人也。性耿介，於世寡諧，與越人汪應軫、仁和邵鋭、江暉、錢塘吴鼎爲友。慕章文懿、胡端敏之爲人，師事陽明、甘泉二先生。學成，正德丙子舉於鄉，筮仕長洲教諭，遷攸縣令……無何，解官歸，乃蒐輯故典，證以長老舊聞，質諸鄉評，作武林文獻録、杭州府志，欲勒成郡乘，副在名山，惜有志未就而卒。」

何倫。同治江山縣志卷九儒林：「何倫，分省人物考字宗道，江山人。天性至孝，居父憂，哀毁逾禮。事母尤曲意承顔，家雖貧，甘旨不缺，衣服必備；或營辦不足，輒貸於人，曰：『不若是，何以慰吾母心？』及母亡，殯殮遵古禮，疏食三年如一日。喪畢，猶不釋服，不内入，鄉飲亦不赴，曰：『吾親在淺土，吾其忍乎？』郡守李公、縣尹劉、黄二公咸貽之葬賻，對使者拜受於家，終不造謝，曰：『吾罪人，不敢至公庭也。』貧失學，二十七始發憤讀書。初從陽明先生講學於越，既而從王龍溪、王心齋、薛中離諸公遊。晚年復拜甘泉先生於南都，及歸，充然有得也。日與西山、東溪諸公切劘，以終其身。」兩浙名賢録卷六：「幼失學，年二十七，始發憤讀書。聞陽明先生講學於越，徒步千里，受業其門。及有得，則徧游江湖，求友於四方，以證所學。抱璞掩瑜，日臻於道。臨殁之日，不二不亂。」

沈鍊。王世貞錦衣衛經歷贈光禄寺少卿沈公鍊墓誌銘：「沈公少而讀書，有異質。從故王伯安先生游。先生一再與語，即奇之曰：『生千里才也。』辛卯，舉鄉試。又七年，成進士……公於詩文，援筆立就，奇麗甚，而不能盡削其牢騷憤激之氣，往往多楚聲，竟以是獲禍……沈公諱鍊，字純甫，別號青霞山人。其死以丁巳之十月十七日，距其生丁卯得年五十有一。」（國朝獻徵録卷八十一）按沈鍊字純甫，一字子剛，會稽人。明分省人物考卷五十一有沈鍊傳。

十一月九日，叙平宸濠功，封王守仁新建伯、奉天翊衛推誠宣力守正文臣、特進光禄大夫、柱國，兼南京兵部尚書。

國榷卷五十二：「正德十六年十一月丁巳，叙平宸濠功，封王守仁新建伯，歲禄千石，誥券世襲。」

明世宗實録卷八：「正德十六年十一月丁巳，詔追論江西平宸濠功，兵部集廷臣會議，備列諸臣功次及死事先後，請甄别等第、封拜陞賞、贈廕卹録及以功贖罪有差。上是其議。命封王守仁新建伯、奉天翊衛推誠宣力守正文臣、特進光禄大夫、柱國，兼南京兵部尚書，參贊機務。歲支禄一千石，給三代誥券，子孫世襲。遣行人齎敕慰諭，仍賞銀一百兩，紵絲四表裏。賜宴南京光禄寺。

太監黄偉廕弟姪一人，世襲錦衣衛百户。

進尚書喬宇少保，李充嗣太子少保。

陞僉都御史劉玉左副都御史，參將楊鋭都督僉事，江西按察使、原吉安府知府伍文定左副都御史，太僕少卿、原安慶府知府張文錦本寺卿。鋭、文定各廕子一人，世襲正千户。安慶衛指揮使崔文陞三級，仍廕一子，世襲百。大理寺丞張縉本寺右少卿，御史劉源清大理寺丞，蕭淮、胡潔光禄寺少卿，知府戴德孺陞三級。邢珣、徐璉通判，胡堯元都指揮，僉事余恩，各二級。御史伍希儒同知，林有禄通判，章琦、談儲、何景陽推官，王偉、徐文英知縣，李楫、王誥各一級。都御史叢蘭、秦金、何天衢，御史葉忠、成英、毛伯温、楊材、李美，主事劉守緒，各俸一級。致仕閑住，及知府陳槐等，指揮麻璽等，制敕房官劉棨等，與南京内外守備、各府部院寺堂上官、分布防守内外官，各賞銀幣有差。御史張鰲山復原職，致仕。謝源及祝續等考察調外官，吏部量加擢用。知縣顧佖、馬津、王冕及郎中丁貴等，俾查官資以聞。陣亡指揮劉輔贈都指揮，僉事張璽贈指揮同知，子孫各世襲，仍命有司致祭死事。參議黄宏贈太常寺少卿，主事馬思聰贈光禄少卿，俱配食。孫燧、許逵精忠祠。已故郎中宋魯、應恩，知縣王天與，各賜銀三十兩，卹其家。天與尋贈光禄寺少卿，賜諭祭。既而守仁屢疏懇辭，上俱温旨褒諭，使勉永恩。宇、金、玉、縉、源清、伯温、淮各辭陞賞，不允。」

皇明功臣封爵考卷五新建伯：「王守仁，浙江餘姚縣人。原任提督南、贛、汀、漳等處軍務右副都御史，因宸濠圖危宗社，興兵作亂，首先召諸郡之兵，相與戮力同心，倡義勤王，克平大難。正德十六年十月二十四日，該兵部等衙門、太子太保尚書等官彭澤等具題奉聖旨：

『是。江西反賊剿平，地方安定，各該官員功績顯著。你部裏既會官集議，分別等第明白。王守仁封伯爵，給與誥券，子孫世世承襲，照舊參贊機務。欽此。』欽遵。本年十一月二十八日，又該本部查議，覆題奉聖旨：『是王守仁封新建伯、奉天翊衛推誠宣力守正文臣、特進光禄大夫、柱國，還兼南京兵部尚書，照舊參贊機務。若犯雜犯死罪，本身免二次，子免一次。歲支禄米一千石，本色六百石，折色四百石。並妻一體追封。欽此。』」

一世	王守仁 弘治己未科，賜進士出身。歷任南京兵部尚書，功封奉天翊衛推誠宣力守正文臣、特進光禄大夫、柱國、新建伯，兼南京兵部尚書、都察院左都御史。贈新建侯，謚文成。一子。		
二世	正億 守仁嫡男，襲新建伯。三子。		
三世	承勳 正億長男，襲新建伯。	承學 正億次男，官生。一子。	承恩 正億三男，借職錦衣衛。見任副千户。
四世		先達 承學長男。應襲錦衣衛，副千户。	
五世			
六世			
七世			

按：錢德洪陽明先生年譜云：「十月二日，封新建伯。」誤甚。按錢氏於此叙事舛誤顛倒，幾不堪卒讀。如錢氏於「十月二日封新建伯」下竟引十二月十九日制，不知所云。按錢氏所引敕旨乃陽明於十二月十九日所奉，非謂敕旨作在十二月十九日，陽明辭封爵普恩賞以彰國典疏述之甚明（見下），可見「正德十六年十二月十九日」一句乃錢氏臆加。又錢氏於十二月十九日封新建伯下忽云：「至日，適海日翁誕辰，親朋咸集，先生捧觴爲壽。」其説大誤。王華誕辰在九月二十九日，陽明奉聖旨在十二月十九日，二者無關，何來「適海日翁誕辰」？其誤自不待辨。

十四日冬至，往瑞白堂賀宜庵韓邦問。

國朝獻徵録卷九新建伯王文成公傳：「嘉靖初，紹興有三尚書：韓公邦問、王公鑑之及先生也。韓公與先生父海日翁同輩，先生事之甚謹。一日冬至節，皆赴公所稱賀。先生自謂勳臣，貂蟬朝服，乘馬而趨。俄從人報韓尚書在後，先生亟下馬，執笏立道左。韓公至，不下輿，第拱手曰：『伯安行矣，予先往。』遂行。先生俟其過，乃上馬。當是時，韓公偃然以前輩自居，先生欿然不以伯爵自重，古道兩足徵云。張廷撰陽和言，見紹興志。以上見耿恭簡集」

按：其時韓邦問致仕家居，已八十歲。謝丕韓公邦問墓誌銘：「初，衡軒公將家於裹。公既貴，丘隴恒在念，而衡軒公歸志亦决，遂别築爲迎養地。至是復取先世雪應佳話，建瑞白堂，日與耆舊觴詠取娛……致仕二十餘年，非公事未嘗一入官府；鄰居數十萬户，雖燕見未嘗不着衣冠。出言俱有成章，舉步不失尺寸。杜門課耕，深山守静，誠鄉邦之典刑，明時之元老也。」（國朝獻徵録卷四十四）

謝源除泰州通判，書來懇陽明致書當道斡旋辨白，陽明有答書勸慰。

陽明與謝士潔書五：「吾子守道，屈志未伸，表揚宣白，此自公論所不容已。僕於凡今之人皆然，况在吾子之素愛且厚乎！若致書當道，則恐不能有益於吾子，而適足以自點矣。如何如何？凡居官行己，若皆隨順從志，則亦何難？惟當困心衡慮，而能獨立不變，然後見君子之所守。孟子謂：『動心忍性，增益其所不能。』君子素有志於學，當此之時，顧非吾子用力之地耶？幸勉圖之，以卒永業。世俗之榮辱，决非君子之所爲欣戚也。伍太守書一紙至，望一送縣，巡撫便間當道及，今亦未敢特致。亮之亮之！守仁再拜，士潔謝明府大人道契。」（手札真迹，今藏温州博物館）

按：此札稱「士潔謝明府大人」，萬姓統譜與明清進士録均言謝源從右副都御史王守仁討平寧藩亂，正德十六年以直言得罪，「謫判秦州」。按「秦州」當是泰州之誤，道光泰州志卷二十：「謝源，字士潔，閩縣人。進士。任御史，以直聞。正德十六年，謫爲泰州判官。毁淫祠，立賢祠，復學田，修志乘，建貞潔坊，諸事皆與知州全廷瑞行之。未幾，轉官去。」故此「明府」當指其通判泰州。此事黄綰明軍功以勵忠勤疏中叙及：「彼時領兵知府，惟伍文定得陞副都御史，得廕一子千户。邢珣、徐璉但陞布政，即令閑住……副使陳槐因勸宰臣進賢，致怒讎人，希意誣之，獨黜爲民。御史伍希儒、謝源輒以考察去官……伏惟陛下……將陳槐、邢珣、徐璉等起用，伍希儒、謝源等查酌軍功事例議録，戴德孺量與廕襲。」霍韜地方疏亦云：「先是正德十四年，宸濠謀反江西，兩司俯首從賊，惟王守仁同御史伍希儒、謝源誓心效忠。不幸姦臣張忠、許泰等欲掩王守仁之功以爲己有，乃揚諸人曰：『王守仁初同賊謀。』及公論難掩，乃又曰：『宸濠金帛俱王守仁、伍希儒、謝源滿載以去。』當時大學士楊廷和、尚書喬宇，亦忌王守仁之功，遂不與辨白，而黜伍希儒、謝源，俾落仕籍。」今據前引明世宗實録卷八追論江西平宸濠功有云：「知府戴德孺陞三級……御史伍希儒同知……御史張鰲山復原職，致仕。謝源及祝續等考察調外官，吏部量加擢用。」由此可知，伍希儒、謝源在正德十六年六月以後先被黜落仕籍，至十一月追論平宸濠功，伍希儒除同知，故陽明此書稱「伍太守」；謝源由吏部量加擢用，遂除泰州通判，故陽明此書稱「謝明府」。謝源當是對是除任心猶不滿，託陽明致書當道斡旋辨白，陽明乃作此札覆告，勉其赴任。

十二月十一日，岳母張氏卒，與介庵諸讓合葬，有文祭奠。

王陽明全集卷三十二祭張淑人文：「維正德十六年，歲次辛巳，十二月己卯朔，越十日己丑，女婿南京兵部尚書王守仁，僅以剛鬣柔毛之奠，敢告於岳母諸太夫人張氏曰：嗚呼！而生死常道，有生之所不免也。況如夫人壽考康寧，而子孫之衆多且賢耶？亦又何憾矣！而兒女之悲，尚猶有甚割者，非情也哉！死者以入土爲安，彌月而葬，禮也；而群子姓之議，殊有所未忍。守仁竊以爲宜，勉從禮制；且岳父介庵公之藏，亦以是月壬寅卜遷於兆左，因而合焉。生死之禮無違，幽明之情兩得，不亦可乎？群子姓以爲然。遂以是月庚寅舉大事。日月不居，靈輀於邁，一奠告訣，痛割心膂。言有盡而意無窮。嗚呼，尚饗！」（原文載姚江諸氏宗譜卷六）

按：文云「彌月而葬」，則張氏當卒在十一月。張氏嫁諸讓，生子紘、絃、緝、經，長女適陽明，幼女許吏部侍郎謝丕，即此文所云「群子姓」也。又陽明題壽外母蟠桃圖云：「某之妻之母諸太夫人張，今年壽八十。」此文作於正德十五年，可知張氏卒爲八十一歲。

十九日，奉封新建伯聖旨，行人齎白金文綺來慰勞，賜以羊酒。

王陽明全集卷十三辭封爵普恩賞以彰國典疏：「臣於正德十六年十二月十九等日，節准兵部、吏部咨，俱爲捷音事，節該題奉聖旨：『江西反賊剿平，地方安定，各該官員功績顯著。你部裏既會官集議，分別等第明白。王守仁封伯爵，給與誥券，子孫世世承襲，照舊參贊機務。欽此。』『王守仁封新建伯，奉天翊衛推誠宣力守正文臣，特進光禄大夫、柱國，還兼南京兵部尚書，照舊參贊機務，歲支禄米一千石，三代並妻一體追封。欽此。』前後備咨到臣，俱欽遵外，臣聞命驚惶，莫知攸措。」

按：陽明所引二道聖旨，一下在十月二十四日，一下在十一月二十八日，見前引皇明功臣封爵考。錢德洪將此二聖旨混合爲一，定下在十二月十九日，其誤更可見矣。

黄綰陽明先生行狀：「本年十二月内，該部題爲捷音事，議封公伯爵，給與誥券，子孫世世承襲，賜敕遣官奬勞慰諭，錫以銀幣，犒以羊酒。」

陸深海日先生行狀：「尋進南京兵部尚書，封新建伯。遣行人齎白金文綺慰勞新建，遂下温旨存問先生（王華）於家，兼有羊酒之賜。」

莆田方良永書來致賀。

方簡肅文集卷九寄都憲王陽明公書二：「生生六十一年矣；出而仕，仕而休，且三十二年矣。即諸史册所稽，耳目所見聞者，未有聖明中興如今日之盛者也。入正大統甫旬日耳，登庸耆舊，屏斥群邪，取數十年弊政人所不敢言言之，而不能行者而釐革之，以盡復祖宗之舊，纖悉不遺。大詔一頒，滌瘡痍，雪寃抑，苗蘖乎枯槁，臣民鼓舞，濤翻雷動，漢文不足誇也。然而皇天悔禍，大憝克平，祖宗百五十年之土宇，全歸於今上皇帝，無破裂分争之患，則執事之功謙而不自居者也。詔旨丁寧，重念功宗，大司馬之命，未足以盡償，然執事亦豈少此哉？展布腹心，弼成聖治，以不負所學，以大慰斯世斯民之望，固報稱初心而不變焉者也。生於執事有舊寅之雅，故不爲諛詞以獻，伏惟監在。」

按：方良永生於天順五年，下推六十一年，則爲正德十六年。國榷卷五十二：「正德十六年七月甲寅，浙江右布政方良永爲右副都御史，提督撫治鄖陽。」「嘉靖元年二月庚辰，起方良永右副都御史，撫治鄖陽，以母老乞養，不起。」是方良永是次卒未出任，故書云「出而仕，仕而休」。「大司馬之命」，指陽明任南京兵部尚書。「有舊寅之雅」，按弘治十二年、十三年方良永任刑部廣東司員外郎，陽明任刑部雲南清吏司主事，是所謂「舊寅之雅」也。

湛甘泉書來致賀，並論求放心之說。

泉翁大全集卷九寄陽明：「恭諗執事以大功顯受休賚，儒者之效，斯文共慶，甚幸，甚幸！謹拜粗幣，用申賀忱，幸惟鑒念而存焉。僕遁迹荒野，索居離群，日夜以魂夢相尋於千里之外。如欲會晤漕溪之間，以究所未聞，而不知其勢不可或得也。前附潮人數通，必徹左右，未蒙示下，以爲怏怏。向送陳世傑求放心之説，正欲與高論互相發。邇聞渠報兄有辯説，恨不得一見以講去我偏也。且兄又何嫌而不即示我耶？夫學救偏者也，如其不偏，何俟講學？故學者，大公之道也。每見程氏兄弟説又不同，而張、朱訂論不容少貸。昔者夫子憂學之不講，夫講必有同不同，所以求其同也，然後義理生焉。如彼二磨，其齒不齊，然後粟米出焉，故天地之所以能化生萬物者，以陰陽變合之不齊也。兄無嫌於小不齊之間，不直以教我，而或論説於人，無益，惟兄其擇焉。不宣。」

按：書云「大功顯受休賚」，「謹拜粗幣」，即指賀陽明封新建伯，陞南京兵部尚書。「前附潮人數通」，即指請陳洸、楊鸞等遞書。「向送陳世傑求放心之説」，乃指湛甘泉十二月作放心説送陳洸赴京。陳洸經南昌時亦將此放心説呈陽明，故陽明對此文作有辯説，即此書所云「兄有辯説」。惜陽明此辯説文亡佚。

鐘石江潮寄贈曆日，並有書來致賀。

江潮柬司馬王陽明：「曩惟江西禍變，全省軍民俱獲更生之賜，家饒、信者則又晏然，無少驚怖。此先生萬世之功者，吾鄉民萬世之感也。國家褒典雖重簪疊組，猶不足以酬之，而顧止此耶？顒誒顒誒！某以菲才，偃蹇外僚，不過紛擾度日而已。然猶迷戀，不知解去，慚負慚負！兹專人賫奉曆日，敢併此用塵清覽，乞垂照察，不勝幸甚！」（江八耳輯湖陵江集卷四）

按：江潮字天信，號鐘石，弋陽人（一作貴溪人），弘治十二年進士。明清進士録：「江潮，弘治十二年二甲十九名進士。江西貴溪人，字天信，號鐘石。提督廣東，有知人鑒。官至副都御史，巡撫山西，坐事革職歸。」陽明與江潮爲同年，故二人早識，今湖陵江集卷四著録江潮答給舍牧時庸一書，牧時庸即牧相，陽明姑父。江潮書中所言「國家褒典雖重簪疊組」，即指封陽明新建伯、南京兵部尚書，可見江潮年終寄來曆日，遂併寄此書來賀。吴國倫江公潮墓誌銘：「庚辰，遷山東按察使……嘉靖壬午，遷廣東布政使。」（國朝獻徵録卷六十一）可見江潮時任山東按察使，故稱「偃蹇外僚」。

一五二二　嘉靖元年　壬午　五十一歲

正月初十，疏辭封爵，乞普恩賞，並有札致宰輔，不報。

王陽明全集卷十三辭封爵普恩賞以彰國典疏：「寧藩不軌之謀，積之十數年矣，持滿應機而發，不旬月而敗，此非人力所及也。上天之意，厭亂思治，將啓陛下之神聖，以中興太平之業，故蹶其謀而奪之魄。斯固上天之爲之也，而臣欲冒之，是叨天之功矣，其不敢受者一也。先寧藩之未變，朝廷固已陰覺其謀，故改臣以提督之任，假臣以便宜之權，使據上游以制其勢……當時帷幄謀議之臣，則有若大學士楊廷和等，該部調度之臣，則有若尚書王瓊等，是皆有先事禦備之謀，所謂發縱指示之功也。今諸臣未蒙顯褒，而臣獨冒膺重賞，是掩人之善矣，其不敢受者二也……當時首從義師，自伍文定、邢珣、徐璉、戴德孺諸人之外，又有知府陳槐、曾璵、胡堯元等，知縣劉源清、馬津、傅南喬、李美、李楫及楊材、王冕、顧佖、劉守緒、王軾等，鄉官都御史王懋中，編修鄒守益，御史張鰲山、伍希儒、謝源等，諸人臣今不能悉數……今賞當其功者固已有之，然施不酬勞之人尚多也。其帳下之士，若聽選官雷濟，已故義官蕭禹，致仕縣丞龍光，指揮高睿，千户王佐等……今聞紀功文册，復爲改造者多所删削。其餘或力戰而死於鋒鏑，或犯難而委於溝渠，陳力效能者尤不可以枚舉……復有舉人冀元亨者，爲臣勸説寧濠，反爲奸黨搆陷，竟死獄中……乃今諸將士之賞尚多未稱，而臣獨蒙冒重爵，是襲下之能矣，其不敢受者三也……且臣近年以來，憂病相仍，神昏志散，目眩耳聾，無復可用於世；兼之親族顛危，命在朝夕。又不度德量力，自知止足，乃冒昧貪進，據非其有，是忘己之耻矣，其不敢受者四也。」

陽明與宰輔書：「册中所載，可見之功耳。若夫帳下之士，或詐爲兵檄，以撓其進止；或僞書反間，以離其腹心；或犯難走役，而填於溝壑；或以忠抱寃，而構死獄中：有將士所不與知，部領所未嘗歷，幽魂所未及泄者，非册中所能盡載。今與其可見之功，而又裁削之，何以勵效忠赴義之士耶？」（錢德洪陽明先生年譜嘉靖元年下）

按：陽明所以疏辭封爵者，蓋亦因朝中宰輔忌其功，將紀功册改造，删削立功人員，故又憤而致書宰輔抗辯。其辭封爵普恩賞以彰國典疏即云：「今聞紀功文册，復爲改造者，多所删削。其餘或力戰而死於鋒鏑，或犯難而委於溝渠，陳力效能者尤不可以枚舉……戮力成功，必賴於衆，則非臣一人之所能獨濟也。乃今諸將士之賞尚多未稱，而臣獨冒重爵，是襲下之能矣。」意與此上宰輔書同。按陽明嘗兩次上紀功册，一上在正德十五年三月，見開報征藩功次贓仗咨；重上紀功册在正德十五年七月，見重上江西捷音疏。宰輔就此紀功册改造删削，陽明一直受欺蒙不知，直至正德十六年十一月朝廷下詔獎賞立功人員無多，陽明方知實情。大致陽明此與宰輔書與辭封爵疏上在同時，一則投書宰輔抗辯，一則辭爵以示抗議。此「宰輔」，據霍韜地方疏，乃楊廷和之流也。

錢德洪陽明先生年譜：「先是先生平賊擒濠，俱瓊先事爲謀，假以便宜行事，每疏捷，必先歸功本兵，宰輔憾焉。至是欲阻先生之進，乃抑同事諸人，將紀功册改造，務爲删削……乃上疏乞辭封爵……疏上，不報。」

鄭曉吾學餘編奸佞：「嘉靖改元，逐去王瓊、陸完諸奸佞，收召故老公卿，號稱得人。内閣楊廷和、蔣冕、毛紀、費宏，吏部喬宇、户孫交、禮毛澄、兵彭澤、刑林俊、工趙璜、都察院金獻民，數公中唯宏最下，雖有才，心行險側。趙亦有才，而志欠端。金好利，然能守法。林先幾首乞去。毛薨於位。彭、孫皆乞去。楊、喬以大禮議起相繼去。蔣、毛亦去。於是宏爲首相矣。喬去，用羅欽順太宰，又用楊旦太宰，皆爲陳洸所阻，乃用廖、紀。紀用，盡逐楊、喬薦拔之人，引張、桂之黨。廖去，用李成勛。成勛自南都來，道改法司，遂用桂爲太宰，張入内閣。於是公卿大臣旬月三更，有志節者相率引去，在位者皆骯髒嗜利之徒，中間唯有胡世寧、李成勛、伍文定，皆在朝不久。王守仁竟不容其入朝，至死猶誣以劇罪。」

按：所謂阻陽明入朝之「宰輔」，主要指楊廷和、費宏之流。國榷卷五十二：「正德十六年九月甲子，召前太子太保、户部尚書、武英殿大學士費宏……十月丙午，費宏入朝，仍直閣，進少保。」可見外放陽明爲南京兵部尚書，阻其入朝乃出楊廷和、費宏之謀。

二月十二日，父海日翁王華卒。金克厚爲監厨，魏良器、王畿爲司庫，接待吊唁者。進封王華及竹軒公、槐里公爲新建伯，趙氏封夫人。

錢德洪陽明先生年譜：「二月十二日己丑，海日翁年七十（按：當作「七十七」。），疾且革，時朝廷推論征藩之功，進封翁及竹軒、槐里公，俱爲新建伯。是日，部咨適至，翁聞使者已在門，促先生及諸弟出迎，曰：『雖倉遽，烏可以廢禮？』門已成禮，然後瞑目而逝。先生戒家人勿哭，加新冕服拖紳，飭内外含襚諸具，始舉哀，一哭頓絶，病不能勝。門人子弟紀喪，因才任使。以仙居金克厚謹恪，使監厨。克厚出納品物惟謹，有不慎者追還之，内外井井。稍室中齋食，百日後，令弟姪輩稍進乾肉，曰：『諸子豢養習久，强其不能，是恣其作僞也。稍寬之，使之各求自盡可也。』越俗宴吊，客必列餅糖，設文綺，烹鮮割肥，以競豐侈，先生盡革之。惟遇高年遠客，素食中間肉二器，曰：『齋素行於幕内，若使吊客同孝子食，非所以安高年而酬賓旅也。』後甘泉先生來吊，見肉食不喜，遺書致責，先生引罪不辯。是年克厚與洪同貢於鄉，連舉進士，謂洪曰：『吾學得司厨而大益，且私之以取科第。先生常謂學必操事而後實，誠至教也。』」

陸深海日先生行狀：「壬午正月，勢轉劇。二月十二日己丑，終於正寢，享年七十有七。臨絶，神識精明，略無昏憒。時朝廷推論新建之功，進奉先生及竹軒、槐里，皆爲新建伯。是日部咨適至，屬疾且革。先生聞使者已在門，促新建及諸弟曰：『雖倉遽，烏可以廢禮？爾輩必皆出迎。』聞已成禮，然後偃然瞑目而逝。」

明儒學案卷十九江右王門學案四處士魏藥湖先生良器：「陽明有内喪，先生（魏良器）、龍溪（王畿）司庫，不厭煩縟。陽明曰：『二子可謂執事敬矣。』」

見素林俊遣使來祭，並有書來致歉。

見素續集卷十一祭上宰王海日公：「嘉靖紀元春仲，見素林某道杭，方修問於我上宰新建伯海日公，或告曰：『厭世矣。』於邑不自勝者累日，病不能赴也。走介以奠曰：嗚呼！物理忌完，世界恒闕。王自晉與謝相後先，福履之盛，古今一時矣。孰不有母？公母太夫人，彌百其壽。公裦然舉首，歷上宰，長謝十餘年，時望八矣。令子都憲公陽明擒王功，世其伯爵，玉帶麟袍，丹書鐵券，書生之極也。當時右軍，殆未識此，委盡以留餘造化；身有餘榮，朝有餘眷，而有餘思，所謂無憾者，非公誰邪？某忝通家，道義薰炙，悵舊德以永違，拜遺容其無日。嗚呼哀哉，尚饗！」

見素集卷二十三寄陽明：「執事道足濟美，學足開來，文足追古人，忠足以落奸賊、擒叛王；又得聖明新天子爲之伸雪，以大取封拜，試思之古今有是耶？下風謹低拜矣。區區老以病，道建溪痰嗽二十餘日，形體爲之瘦盡，過江尚有辭疏，道此不一會，不拜尊翁老先生牀下，何心？幸諒，幸諒！蔡我齋又過家，故性猶在也，一笑！」

按：林俊乃正月赴召，二月過杭，因病未能赴紹興訪王華、陽明。見素集附録編年紀略：「嘉靖元年壬午，公年七十一。正月四日，公始赴召。舟次鎮江。」卷五請親大臣疏：「累辭未遂，强力登途……不謂至建寧而痰嗽大作，至臨清而風寒又作……」林俊此書約在舟次鎮江時所發。

木齋謝遷遣子來祭王華。

歸田稿卷三祭王龍山文：「惟公篤志力學，省魁殿元。列職詞苑，執經講筵。旋司邦禮，峻陟天官。勇退急流，優游故園。乃有賢子，繼志非凡。奇勳驟建，懋賞世延。貂蟬赫奕，寵賜駢蕃。天胡不憖，公逝溘先。某鄉曲宦途，與公周旋。迄於歸老，復締姻聯。悼傷之懷，其何可言！執紼莫從，心旌徒懸。遣男致奠，涕淚潸然。尚饗！」

矯亭方鵬來祭王華。

矯亭存稿卷九祭座主太宰王公：「公以簡命，校士南畿。懸鑑持衡，鬼神臨之。不斐之文，誤蒙甄拔。公曰爾來，傳我衣鉢。及歸於朝，延譽縉紳。藉手見上，自謂得人。叨忝釋褐，公聞而喜。緘書教誡，有進毋止。兹蒞越城，公已上仙。未報恩私，我心缺然。何以報告？確持晚節。仰高門墻，無敢自絶。公形歸土，公神在天。聿來顧歆，慰我勤惓。」

尚饗！」

按：據方鵬自撰方公鵬生壙志，方鵬嘉靖元年來任浙江布政司左參議，即祭文所云「兹莅越城」也。

席書遣使來吊祭，有謝書。

王陽明全集卷二十一寄席元山：「某不孝，延禍先子，罪逆之深，自分無復比數於人。仁人君子尚未之知，憫念其舊，遠使存録，重以多儀，號慟拜辱，豈勝哀戚！豈勝哀戚！伏惟執事長才偉志，上追古人，進德勇義，罕與儔匹。向見鳴寃録及承所寄道山書院記，蓋信道之篤，任道之勤，海内同志莫敢有望下風者矣，何幸何幸！不肖方在苦毒中，意所欲請者千萬，荒迷割裂，莫得其端緒。使還遽，臨疏昏塞，不盡所云。」

按：王陽明全集於此書題下注「癸未」作，乃誤。

許相卿有書至，並遣使來祭。

許相卿雲村集卷四上王陽明先生書三：「某承乏諫省，深懼弗任。伏蒙不遺，賜之嘉貺，督以誨言，欣戴祇服，圖惟策厲，以無忝門人。不意先太宰奄爾薨逝，伏惟純孝至哀，何以堪處？竊冀强饘從制，以任斯道，以幸末學，以慰天下，切禱！某使事方羈，弗得奔慰，曷任憂戀！謹具香帛馳上，伏惟鑒納。不宣。」

按：書所云「賜之嘉貺，督以誨言」，即指陽明正德十六年九月所寄一書（見前）。

丁憂中，遠方同志日至，來問學者日衆，乃揭帖於壁。

王陽明全集卷八壁帖：「守仁鄙劣，無所知識，且在憂病奄奄中，故凡四方同志之辱臨者，皆不敢相見。或不得已而相見，亦不敢有所論說，各請歸而求諸孔孟之訓可矣。夫孔孟之訓，昭如日月。凡支離决裂，似是而非者，皆異說也。有志於聖人之學者，外孔孟之訓而他求，是舍日月之明而希光於螢爝之微也，不亦繆乎？有負遠來之情，聊此以謝。荒迷不次。」

時大禮議起，霍韜上大禮議，席書上大禮疏，皆以大禮議疏來呈請示。陽明是其大禮議說。

王陽明全集卷二十一與霍兀崖宮端：「往歲曾辱大禮議見示，時方在哀疚，心善其說，而不敢奉覆。既而元山亦有示，使者必求覆書，草草作答，意以所論良是。而典禮已成，當事者未必能改，言之徒益紛爭，不若姑相與講明於下，俟信從者衆，然後圖之。」

按：關於大禮議，陽明立場一開始便與張璁、桂萼、霍韜、席書、方獻夫同，今由此書灼然可見矣。錢德洪陽明先生年譜乃謂：「嘉靖三年八月，是時大禮議起……霍兀厓、席元山、黃宗賢、黃宗明先後皆以大禮問，竟不答。」乃非。如陽明此書云「草草作答，意以所論良是」，是分明作答也。茲以此書考之：按書云「時方在哀疚」，乃指嘉靖元年二月丁父憂。霍韜上大禮議在正德十六年十月，明通鑑卷四十九：「正德十六年冬十月，毛澄等之考孝宗也，時兵部主事霍韜私爲大禮議駁之。澄貽書相質難，韜上書力辨其非。已知澄意不可回，是月，韜上疏，其略言：廷議謂陛下以孝宗爲父，興獻王爲叔。考之古禮，則不合；質之聖賢之道，則不通；揆之今日之事體，則不順。儀禮喪服章云：「斬衰爲所後者。」又云：「爲人後者，爲其父母報。」是于所後者無稱爲父母文，而于本生父母又無改稱伯叔父母之云也。漢儒言：「爲人後者，爲之子。」果如其言，則漢宣帝當爲昭帝後矣。然昭爲從祖，宣爲從孫，孫將謂祖爲父，可乎？唐宣宗當爲武宗後矣，然武宗姪而宣宗叔，叔反謂姪爲父，可乎？是考之古禮則不合也。天下者，天下之天下，非一人所得私也。孟子言舜爲天子，瞽瞍殺人，皋陶執之，舜則竊負而逃。是父母重而天下輕也。若宋儒之説，則天下重而父母輕矣。是求之聖賢之道則不通也。武宗嗣位，十有六年，孝宗非無嗣也，今欲强陛下重爲孝宗之嗣，是孝宗有兩嗣子，而武宗無嗣子，可乎？若曰武宗以兄固得享弟之祀，則孝宗獨不可以伯享姪之祀乎？既可越武宗而繼孝宗，獨不可並越孝宗直繼憲宗乎？武宗無嗣，無可如何矣。孝宗有嗣，復强繼其嗣，而絶興獻之嗣，是於孝宗無所益，而於興獻不大有損乎？是揆之今日之事體則不順也。」（詳見明史卷一百九十七霍韜傳）席書上大禮疏則在嘉靖元年二月，明通鑑卷五十：「嘉靖元年二月壬寅，以巡撫湖廣副都御史席書爲兵部右侍郎……方書在湖廣，見中朝議大禮未定，揣上向張璁、霍韜，因獻議言：昔宋英宗以濮王第十三子出爲人後，今上以興獻王長子入承大統。英宗入嗣，在衮衣臨御之時；今上入繼，在宫車晏駕之後。議者以陛下繼統武宗，仍爲興獻帝之子，别立廟祀，張璁、霍韜之議，未爲非也。今日議宜定號曰『皇考興獻帝』，别立廟大内，歲時祀太廟畢，仍祭以天子之禮，似或一道也。蓋别以廟祀，則大統正而昭穆不紊；隆以殊稱，則至愛篤而本支不淪。尊尊親親，並行不悖。至慈聖宜稱皇母某后，不可以『興獻』加之。獻，謚也，豈宜加於今日？議既具，會中朝競詆張璁爲邪説，書懼不敢上，而密以示桂萼，萼然其議。」由此可見霍韜、席書之將其大禮議、大禮疏遣使來呈陽明請示，當在嘉靖元年二月。按前考席書正在二月遣使來越吊祭，故席書大禮疏必即由此吊祭使帶來，陽明書中所云「使者必求覆書，草草作答，意以所論良是」，即指此吊祭使也。蓋陽明乃作兩書付吊祭使帶去，一即寄席元山（見前引），一即就大禮疏草草作答之書，今寄席元山一書猶存，而就大禮疏草草作答之書則亡佚矣。然寄席元山中分明云：「臨疏昏塞，不盡所云。」此「疏」即席書大禮疏也。

三月，湛甘泉偕西樵方獻夫、改齋王思過江來吊王華喪。

泉翁大全集卷七十二新泉問辯續録：「吾元年同方西樵、王改齋過江吊喪，陽明曾親説：『我此學，途中小兒亦行得，不須讀書。』想是一時之言乎？未可知也。亦是吾後來見其學者説此，吾云：『吾與爾説好了，只加學、問、思、辨、篤行，如此致知便是了。』」

同上，卷五十七奠王陽明先生文：「壬午暮春，予吊兄戚。云致良知，奚必古籍？如我之言，可行斷役。」

錢德洪陽明先生年譜：「二月，龍山公卒……後甘泉先生來吊，見肉食不喜，遺書致責。先生引罪不辯。」

按：改齋王思與甘泉湛若水皆在其時起復翰林編修，同赴京經紹興來吊喪。國榷卷五十二：「正德十六年五月丙辰，再録廢籍，翰林編修謝丕、王思……」「嘉靖元年五月己未，（潮州）合水驛丞王思還翰林編修。」鄒守益集卷二十一改齋王君墓誌銘：「新天子改元，召諸以直諫謫罷者，咸復其位，乃改齋自三河入翰林。」湛甘泉、方西樵、王改齋至紹興之時間，據泉翁大全集卷四十一與韶守：「嘉靖元年春王正月十日，予以部檄北上過韶。」卷十八奠故大宗伯楓山章先生文：「維嘉靖改年，歲次壬午，三月戊申朔，越初四日辛亥……」湛甘泉三月四日到蘭溪，則其到紹興約在三月中旬。

黃綰、應良起用赴京師，途經紹興來吊喪。黃綰正式執贄爲門人。

錢德洪陽明先生年譜：「宗賢至嘉靖壬午春復執贄稱門人。」

錢德洪答論年譜書四：「黃久庵宗賢見師於京師，友也；再聞師學於越，師也，非友也，遂退執弟子禮。」

泉翁大全集卷十七贈石龍黃宗賢赴南臺序：「石龍黃子蚤志聖賢之學，前爲後軍都事，與陽明子、甘泉子友。三人者解官遷轉，各别十年矣。嘉靖繼統，與甘泉子並起廢至京師。石龍子遷南臺經歷，後軍俞君請曰：『宗賢與子有同志之雅，宜爲我有贈言；否則無以酬置亭待二子之意也。』甘泉子辭曰：『吾與宗賢期默成於道矣，惡乎言？』再至而再辭焉。

既而應君元忠、黃君才伯請曰：『黃子與子有同志之雅，宜爲吾同志有贈言。』甘泉子辭之，如辭俞君。既而王君公弼、歐君崇一、蕭君子鳴、錢君如沖、鄭君室甫，聯王君、虞君、金君克厚、太常李君、廷評陸君、職方梁君焯、秋官陸君澄、太史鄒君守益、春官陳君、韋君、黃君、魏君良弼、陳君、二薛君薛侃、薛宗鎧、傅君、應君典、吳君之名，申應、黃之請。辭不可，乃言之曰：『夫學，覺而已矣。伊尹，天民之先覺也。』」

黃綰集卷二十八祭實翁先生文：「於乎！我公以宏才厚德，自布衣魁天下，爲時元老，亨有壽考。而又篤生令子，以聖人之學繼往躅，開來裔，以濟時艱，功存社稷，福及生民。頌仰天地，能幾如之？綰從游令子，感淑恩私。於公之逝，傷痛如何！一卮薄酬，物菲情悲。於乎，尚饗！」

按：錢德洪云黃綰嘉靖元年春來越見陽明，並執贄爲門人，本自分明，蓋爲錢德洪所親見也。今有人無端否定錢德洪之説，而推定黃綰乃正德十六年九月至越訪陽明，其説誤甚。湛甘泉序分明云嘉靖元年黃綰「與甘泉子並起廢至京師」，湛甘泉嘉靖元年三月至越來吊喪，則黃綰亦於嘉靖元年三月至越來吊喪明矣。觀黃綰祭文云「一卮薄酬，物菲情悲」，可見其乃是親來越吊祭；云「綰從游令子，感淑恩私」，亦確自認爲是陽明門人矣。蓋黃綰、應良亦皆在嘉靖元年初起用（與湛甘泉同時），兩人同時赴京師，先途經紹興來吊喪，然後再北上入京。李一清黃公綰行狀云：「家居幾十年。恭遇先帝龍飛，詔徵遺逸。時朱公節特疏薦公：『志專正道，素行愜於輿情；心存王佐，學術明於澤物。』起陞南京都察院經歷。」（國朝獻徵録卷三十四）光緒仙居縣志卷十三應良傳：「世宗嗣統，御史朱節、吴華、陳察交薦之，起良田間，授編修。」均是謂黄綰、應良於嘉靖元年起用。湛甘泉此序作於嘉靖二年，從中猶可見黄綰、應良來越吊喪後即赴京師。今考陽明寄尚謙云：「原中（即應良）、宗賢（即黄綰）、誠甫（即黄宗明）前後去……聞已授職大行……」此書作在嘉靖元年四月（見下），時薛侃在京任行人，所謂「原中、宗賢、誠甫前後去」，即指黄綰、應良在三月來越吊喪後，即皆北上入京。又陽明與陸原静書二亦云「今原中、宗賢二君復往，諸君更相與細心體究一番」（王陽明全集卷五），此書作於嘉靖元年九月（見下，王陽明全集於此書題下明著「壬午」作），陸澄時在京任職，可見黄綰、應良在三月來越吊喪後確赴京師。總之，黄綰、應良在嘉靖元年三月來越見陽明確鑿無疑，錢德洪所述不誤也。

黄宗明亦來越問學。

按：前引陽明寄尚謙云「原中、宗賢、誠甫前後去」，可見黄宗明與黄綰、應良同在三月來越問學，後又前後赴京師。蓋黄宗明亦在其時起用，霍韜致齋黄公宗明神道碑云：「黄致齋，諱宗明，字誠甫……告病歸寶巖山中。辛巳，陞工部屯田郎中，不起。癸未，補南京刑部四川司郎中。」（國朝獻徵録卷三十五）其説含混不明，實則黄宗明在嘉靖元年春嘗起用一出赴京，神道碑有意隱去其事。黄宗明爲鄞人，其赴京必經紹興也。

王艮來越問學，助構書院以接待四方學者。旋作鰍鱔賦別陽明，自製蒲輪北上入京。

董燧王心齋先生年譜：「嘉靖元年壬午，先生四十歲。時陽明公以外艱家居，四方學者日聚其門，道院僧房至不能容。於是先生爲搆書院調度，館穀以居，而鼓舞開導，多委曲其間，然猶以未能徧及天下。一日，入告陽明公曰：『千載絶學，天啓吾師倡之，可使天下有不及聞此學者乎？』因問孔子當時周流天下，車制何如，陽明公笑而不答。既辭歸，製一蒲輪，標其上曰：『天下一個，萬物一體。入山林求會隱逸，過市井啓發愚蒙。遵聖道天地弗違，致良知鬼神莫測。欲同天下人爲善，無此招摇做不通。知我者，其惟此行乎？罪我者，其惟此行乎？』於是作鰍鱔賦。沿途聚講，直抵京師。」

王心齋先生遺集王艮雜著鰍鱔賦：「道人閑行於市，偶見肆前育鱔一缸，覆壓纏繞，奄奄然若死之狀。忽見一鰍從中而出，或上或下，或左或右，忽前忽後，周流不息，變動不居，若神龍然。其鱔因鰍得以轉身通氣，而有生意。是轉鱔之身，通鱔之氣，存鱔之生者，皆鰍之功也。雖然，亦鰍之樂也，非專爲憫此鱔而然，亦非爲望此鱔之報而然，自率其性而已耳。於是道人有感，喟然歎曰：『吾與同類並育於天地之間，得非若鰍鱔之同育於此缸乎？吾聞大丈夫以天地萬物爲一體，爲天地立心，爲生民立命，幾不在兹乎？』遂思整車束裝，慨然有周流四方之志。少頃，忽見風雲雷雨交作，其鰍乘勢躍入天河，投於大海，悠然而逝，縱横自在，快樂無邊。回視樊籠之鱔，思將有以救之，奮身化龍，復作雷雨，傾滿鱔缸。於是纏繞覆壓者，皆欣欣然有生意。俟其昔醒，精神同歸於長江大海矣。道人欣然就車而行。或謂道人曰：『將入樊籠乎？』曰：『否。吾豈匏瓜也哉，焉能繫而不食？』『將高飛遠舉乎？』曰：『否。吾非斯人之徒而誰與？』『然則如之何？』曰：『雖不離於物，亦不囿於物也。』因詩以示之曰：『一旦春來不自由，遍行天下壯皇州。有朝物化天人和，麟鳳歸來堯舜秋。』」

按：心齋此賦乃爲其北上入京、遍行天下而作，是以「鰍」（神龍）隱喻陽明，以「道人」自況，欲效法當年孔子周遊列國行道，遍行天下播灑陽明「良知」雨露。祇因其行事怪異，過於乖張招摇，卒不爲陽明首肯也。詩云「一旦春來不自由，遍行天下壯皇州」，可見心齋辭别陽明北上入都在春三月末。

周衝遣門人米子榮遞書來問良知之學，有答書詳論。

傳習録卷中啓問道通書：「吴、曾兩生至，備道道通懇切爲道之意，殊慰，相念。若道通，真可謂篤信好學者矣。憂病中會，不能與兩生細論，然兩生亦自有志向肯用功者，每見輒覺有進，在區區誠不能無負於兩生之遠來，在兩生則亦庶幾無負其遠來之意矣。臨别以此册（按：指傳習録）致道通意，請書數語，荒憒無可言者，輒以道通來書中所問數節，略下轉語奉酬。草草殊不詳細，兩生當亦自能口悉也……來書云：『凡學者纔曉得做工夫，便要識認得聖人氣象。蓋認得聖人氣象，把做準的，乃就實地做工夫去，纔不會差，纔是作聖工夫。未知是否？』『先認聖人氣象』，昔人嘗有是言矣，然亦欠有頭腦。聖人氣象自是聖人的，我從何處識認？若不就自己良知上真切體認，如以無星之稱而權輕重，未開之鏡而照妍媸，真所謂以小人之腹而度君子之心矣。聖人氣象何由認得？自己良知原與聖人一般，若體認得自己良知明白，即聖人氣象不在聖人而在我矣。……來書云：『事上磨鍊，一日之内不管有事無事，只是一意培養本原。若遇事來感，或自己有感，心上既有覺，安可謂無事？但因事凝心一會，大段覺得事理當如此，只如無事處之，盡吾心而已。然乃有處得善與未善，何也？又或事來得多，須要次第與處，每因才力不足，輒爲所困，雖極力扶起，而精神已覺衰弱。遇此未免要十分退省，寧不了事，不可不加培養。如何？』所説工夫，就道通分上也只是如此用，然未免有出入。在凡人爲學，終身只爲這一事，自少至老，自朝至暮，不論有事無事，只是做得這一件，所謂『必有事焉』者也。若説寧不了事，不可不加培養，却是尚爲兩事也。必有事焉而勿忘勿助，事物之來，但盡吾心之良知以應之，所謂『忠恕違道不遠』矣。凡處得有善有未善，及有困頓失次之患者，皆是牽於毁譽得喪，不能實致其良知耳。若能實致其良知，然後見得平日所謂善者未必是善，所謂未善者却恐正是牽於毁譽得喪，自賊其良知者也。來書云：『致知之説，春間再承誨益，已頗知用力，覺得比舊尤爲簡易。但鄙心則謂與初學言之，還須帶格物意思，使之知下手處。本來致知格物一併下，但在初學，未知下手用功，還説與格物，方曉得致知。』云云。格物是致知工夫，知得致知，便已知得格物。若是未知格物，則是致知工夫亦未嘗知也。近有一書與友人論此頗悉，今往一通，細觀之當自見矣。來書云：『今之爲朱、陸之辨者尚未已，每對朋友言正學不明已久，且不須枉費心力爲朱、陸爭是非，只依先生「立志」二字點化人；若其人果能辨得此志來，決意要知此學，已是大段明白了，朱、陸雖不辨，彼自能覺得。又嘗見朋友中見有人議先生之言者，輒爲動氣。昔在朱、陸二先生所以遺後世紛紛之議者，亦見二先生工夫有未純熟，分明亦有動氣之病。若明道則無此矣，觀其與吴涉禮論介甫之學，云：「爲我盡達諸介甫，不有益於他，必有益於我也。」氣象何等從容！嘗見先生與人書中亦引此言，願朋友皆如此。如何？』此節議論得極是極是，願道通遍以告於同志，各自且論自己是非，莫論朱、陸是非也。以言語謗人，其謗淺；若自己不能身體實踐，而徒入耳出口，呶呶度日，是以身謗也，其謗深矣。凡今天下之論議我者，苟能取以爲善，皆是砥礪切磋我也，則在我無非警惕修省進德之地矣。昔人謂『攻吾之短者是吾師』，師又可惡乎？」泉翁大全集卷六十明唐府紀

按：書中所云「憂病中」、「荒憒」，乃指丁憂，在嘉靖元年二月以後也。

善進長史俸靜庵周君墓碑銘云：「庚辰（正德十五年），用御史徐讚薦，銓授湖廣應城縣令……嘉靖壬午，當道疏君耳疾，銓司改邵武教授。其教如萬安加密焉……在萬安，聞陽明王先生講道於虔，亟往受業，聞求心致良知之説……自應城之京，復受學於甘泉湛先生，聞隨處體認天理之要。之邵武，授諸生以二先生之學，信從者衆。嘗遣門人米子榮輩質疑陽明，問答具傳習録中。」據此，知陽明此書所云「吴、曾兩生」及「米子榮」皆爲應城縣學諸生。書中云「春間再承誨益」，則是先是初春二人嘗有書札往返，後周衝遣米子榮遞書來問學，陽明未即作答。至周衝再遣吴、曾二生至，陽明乃作此答書也。書中所云「近有一書與友人論此頗悉」，即指傳習録中答陸原靜書二。蓋此答陸澄書與答周衝書皆在詳論致良知之學，意義重大，故一併收入傳習録中，蓋有深意焉。

唐龍乞休歸蘭溪，建春暉堂奉母。作春暉堂詩賀之。

陽明春暉堂：「春日出東海，照見堂上萱。遊子萬里歸，斑衣戲堂前。春日熙熙萱更好，萱花長春春不老。森森蘭玉氣正芬，翳翳桑榆景猶早。忘憂願母長若萱，報德兒心苦於草。君不見，柏臺白晝飛清霜，到處草木皆生光。若非堂上春暉好，安能肅殺迴春陽？」（萬曆蘭溪縣志卷十七下）

倪小野先生全集卷四春暉堂爲唐侍御虞佐題：「春暉堂，晝錦日，蒼顔阿母眼如漆。鳳冠峨峨德在躬，豸繡煌煌歡繞膝。憶昔春暉涕淚前，呱呱兒女啼相牽。冰霜不廢孟母織，風雨時頌共姜篇。念兹冰霜與風雨，一朝消盡春暉吐。芳菲景留三月花，翱翔輝動五雲羽。春暉之草植瓊園，拂天枝葉華且繁。報答春心應不盡，長養至德難具論。春暉堂下南山好，玉燭長調春不老。一年一回驄馬道，年年感此春暉草。」

按：春暉堂在蘭溪城中唐龍宅内。嘉慶蘭溪縣志卷十六：「春暉堂，城中，唐龍建。紹興太史董玘有記。」萬曆蘭溪縣志卷六載有董玘春暉堂記云：「予友侍御蘭溪唐君，嘗作堂爲奉母之所，名之曰『春暉』之堂，而求記於予。且曰：『吾母之歸，値吾家貧甚。事吾大父母，拮据爲養，簪珥貿鬻且盡，無怨言。先君治家嗃嗃，常曲爲婉順。教吾兄弟，劬勞尤甚；聞有善行則喜，小有過則怒。蓋吾里中稱父賢者，必曰先君；稱母賢者，必及吾母。今春秋六十，康强無恙。』君清修好學，抱用世之志。初爲郯令，守城捍患，民尸祝之。按鎮及江右察舉撫安，知無不言，言無不盡。其名迹所起，固將有天下之任者，予故舉仁孝之説以爲之記。」董玘記稱唐龍爲「侍御」，並云其在「江右察舉撫安」後歸蘭溪作春暉堂養母。陽明此詩云「柏臺白晝飛清霜」，柏臺即御史臺，亦是稱唐龍以御史歸養老母。按唐龍於正德十五年以御史來巡按江西（見前），國榷中自正德十五年起筆筆記述巡按江西御史唐龍巡按事，記述至正德十六年十一月突然中止：「正德十六年十一月戊午，故翰林院修撰羅倫，贈左春坊左諭德，謚文毅。御史唐龍之請。」此後再無敘述御史唐龍事，此顯然是唐龍在十二月後已乞休養母歸蘭溪。唐龍忽於此時乞歸自有原因，先是陽明在正德十六年五月所上剿平安義叛黨疏中云：「巡撫御史唐龍……論各勞績，皆宜旌録。」然至正德十六年十一月丁巳下詔奬陞平宸濠立功人員，中無唐龍其人，此顯是唐龍在巡按江西時因「知無不言，言無不盡」，多有奏劾，得罪朝中宰輔貴幸，遂遭遇與謝源、伍希儒同樣命運，不得賞功陞職，被迫乞休歸養。徐階唐龍墓誌銘叙述唐龍巡按江西語焉不詳，忽然打住，一下子跳到叙述嘉靖五年事，中間留下大段空白（明史本傳同），顯是有意隱却此一段事實真相。大致可以肯定唐龍確在正德十六年十二月乞養老母歸休，於次年嘉靖元年春建成春暉堂奉母，陽明遂在其時寫去此詩，蓋亦有賀唐龍母六十壽辰之意也。以倪小野詩云「芳菲景留三月花」，則在三月也。

四月，應良、黄綰、黄宗明皆北上赴京師，携陽明書傳致行人薛侃。

陽明先生文録卷二寄薛尚謙：「原中、宗賢、誠甫前後去，所欲言者，想已皆能口悉。士鳴、崇一諸友咸集京師，一時同志聚會之盛，可想而知。但時方多諱，伊川所謂『小利貞』者，其斯之謂歟？道不同不相爲謀，而仁者愛物之誠，又自有不容已者，要在默而成之，不言而信耳。困心衡慮，以堅淬其志節；動心忍性，以增益其不能。自古聖賢，未有不如此而能有立於天下者也。聞已授職大行，南差得便，後會或可有期。因便草草，言無倫次。」

按：前考薛侃在正德十六年十二月北上赴京，其授職行人則在嘉靖元年二三月間。黄綰、應良、黄宗明在三月中旬來越問學，北上赴京已在四月。由此可知陽明此書當作在四月中。書中所言「士鳴」即楊鸞，「崇一」即歐陽德。按陽明與陸原静書二有云：「近日楊仕鳴來過，亦嘗一及（致知之說)，頗爲詳悉。」是書作於嘉靖元年九月(見下)，可見楊鸞亦在三月來越問學，後隨湛甘泉赴京師。陽明弟子及湛甘泉弟子其時多往聚京師，其聚會之盛猶可從湛甘泉贈石龍黄宗賢赴南臺序中見。蓋世宗即位，一時有新君更化氣象，陽明與甘泉弟子多誤以爲「大利貞」時到來，可以有所作爲，皆往京師。陽明此札意在警告弟子「時方多諱」，亦不過是「小利貞」之時，還須動心忍性，淬礪其志，可謂卓識。

五月，周衝改授邵武教授，赴任途經紹興來問學，討論易學。别後陽明有答書。

陽明與周道通書一：「古易近時已有刻者，雖與道通所留微有不同，□□無大不相遠。中間盡有合商量處，憂病中情思未能及，且請勿遽刊刻，俟二三年後，道益加進，乃徐議之，如何？易者，吾心之陰陽動静也；動静不失其時，易在我矣。自强不息，所以致其功也。孔子云：『五十以學易，可以無大過矣。』今以道通之年計之，非在學易之時，恐未宜汲汲於是也。道通在諸友最爲温雅近實，乃亦馳騖於此等不急之事，疑未之思歟？盛价去，昏憒草草，莫既所懷，千萬心亮！守仁拜手，道通郡博道契文侍。」(日本天理圖書館藏王陽明先生小像附尺牘)

按：陽明書稱「道通郡博」，指周衝任邵武教授。湛甘泉周道通墓碑銘云：「嘉靖壬午，當道疏君耳疾，銓司改邵武教授……乙酉，進唐府紀善。」按周衝正德十六年已以耳疾遭劾，湛甘泉奠唐府紀善周道通文云：「辛、壬之歲，因兄道明，見予京師，矢言適道。有疾其軀，繼而教授邵武。」湛甘泉三月入京師，周衝約在四月亦赴京師，改授邵武教授。其赴邵武任經紹興見陽明則約在五月中。其特携古易來越，留古易以就教於陽明，即此書中所云「與道通所留微有不同……中間盡有合商量處。」

（按：此古易本疑即湛甘泉所定）

六月四日，上疏乞恩表揚先德，請爲父王華卹典賜謚。禮部尚書毛澄摘王華科場陰事不允。

王陽明全集卷二十八乞恩表揚先德疏：「竊照臣父致仕南京吏部尚書王華，以今年二月十二日病故。臣時初喪荼苦，氣息奄奄，不省人事。有司以臣父忝在大臣之列，特爲奏聞，兼乞葬祭贈謚。事下，該部以臣父爲禮部侍郎時，嘗爲言官所論，謂臣父於暮夜受金而自首，清議難明；承朝廷遣告而乞歸，誠意安在？又爲南京吏部尚書時，因禮部尚書李傑乞恩認罪回話事，奉欽依李傑、王華彼時共同商議，如何獨言張昇？顯是飾詞。本當重治，姑從輕，都著致仕。伏遇聖慈，覆載寬容，不輕絶物。然猶賜之葬祭，感激浩蕩之恩，闔門粉骨，無以爲報。竊念臣父始得暗投之金，若使其時秘而不宣，人誰知者？而必以自首，其於心迹，可謂清矣。乞便道省母，於既行祭告之後，其於遺祀之誠，自無妨矣。當時論者不察其詳，而輒以爲言。臣父蓋嘗具本六乞退休，請究其事。當時朝廷特爲暴白，屢賜温言，慰諭勉留，其事固已明白久矣。乃不意身没之後，而尚以此爲罪也，臣切痛之。正德初年，逆瑾肇亂，威行中外。其時臣爲兵部主事，因瑾綁拿科道官員，臣不勝義憤，斥瑾罪惡。瑾怒臣，因而怒及臣父。既而使人諷臣父，令出其門。臣父不往，瑾益怒。然臣父乃無可加之罪，後遂推尋禮部舊事，與臣父無干者，因傳旨並令臣父致仕，以泄其怒。此則臣父以守正不阿，觸忤權奸，而爲所擯抑，人皆知之，人皆寃之。乃不知身没之後，而反以此爲咎也，臣尤痛之。臣父以一甲進士，授官翰林院修撰，歷陞春坊諭德，翰林院學士，詹事府少詹事，禮部侍郎，南京吏部尚書。其間充經筵官、經筵講官、日講官，又選充東宫輔導官、東宫講讀官，與修憲廟實録及大明會典、通鑑纂要等書，積勞久而被遇深矣。故事，侍從日講輔導等官，身没之後，類得優以殊恩，榮以美謚。而臣父獨以無實之謗，不附權奸之義，生被誣抑，而没有餘耻，此臣之所以割心痛骨，不得不從陛下而求一表暴者也。夫人子之孝，莫大於顯親；其不孝，亦莫大於辱親。臣以犬馬微勞，躐至卿位。故事，在卿佐之列者，親没之後，皆得爲之乞請恩典。臣今未敢有所陳乞以求顯其親，而反以無實之詬辱其親於身没之後，不孝之罪，復何以自立於天地間乎！此臣之所尤割心痛骨，不得不從陛下而求一表暴者也。臣自去歲乞恩便道歸省，陛下垂憫烏鳥，且念臣父係侍從舊臣，特推非常之恩，賜之存問。臣父先於正德九年嘗蒙朝廷推恩進階，臣伏睹制詞有云：『直道見沮於權奸，晚節遂安於靜退。』則當時先帝固已洞知臣父之枉矣。臣又伏睹陛下即位詔書，内開：『自弘治十八年五月十八日以後，大小官員有因忠直諫諍，及守正被害去任等項，各該衙門備查奏請，大臣量進階級，並與應得恩廕。』臣父以守正觸怒逆瑾，無故被害去任，此固恩詔之所憫録，正在量進階級之列。臣父既耻於自陳，而有司又未爲奏請，乃今身没之後，而反猶以爲詬，臣竊自傷痛其無以自明也。臣父中遭屈抑，晚遇聖明，庶幾沐浴恩澤，以一雪其拂鬱。而忽復逝矣，豈不痛哉！今又反以爲辱，豈不寃哉！臣又查得先年吏部尚書馬文升、屠滽等，皆嘗屢被論劾，其後朝廷推原其事，卒賜之以贈謚。臣父才猷雖或不逮於二臣，而無故被誣，實有深於二臣者。惟陛下矜而察之。臣以功微賞重，深憂覆敗，方爾冒死辭免封爵，前後恩典，已懼不克勝荷。故於臣父之没，斷已不敢更有乞請。乃不意蒙此誣辱，臣又安能含羞飲泣，不爲臣父一致其辯乎？夫人臣之於國也，主辱則臣死；子至於父也，亦然。今臣父辱矣，臣何以生爲哉？夫朝廷恩典，所以報有功而彰有德，豈下臣所敢倖乞？顧臣父被無實之耻於身後，陛下不爲一明其事，自此播之天下，傳之後代，孝子慈孫，將有所不能改，而臣父之目不瞑於地下矣，豈不寃哉！夫飾非以欺上者，不忠；矯辭以誣於世者，無耻。不忠無耻，亦所以爲不孝。若使臣父果有纖毫可愧於心，而臣乃爲之文飾矯誣以欺陛下，以罔天下後世，縱幸逃於國憲，天地鬼神實臨殛之。臣雖庸劣之甚，不忠無耻之事，義不忍爲也，惟陛下哀而察之。臣不勝含哀抱痛，戰慄惶懼，激切控籲之至，謹具本令舍人王宗海代齎奏聞，伏候敕旨。」

國榷卷五十二：「嘉靖元年六月己卯，前南京吏部尚書王華卒……有司請卹。子守仁平逆濠功，封新建伯，贈如子爵。華才職宏達，操持堅定。逆瑾用事時，諷使就見，不往。其大節如此。又柬禮部毛澄。澄摘其科場陰事，竟不許。」

黄景昉國史唯疑卷六：「毛文簡澄位宗伯，會南冢卿王華卒，請卹典賜名。毛摘其科場陰事，堅不予。陽明先生大慚恨，貽書曰：『主辱臣死，親猶君也，執事辱先君至此，守仁可以死矣！』王視毛同鼎元尚書，且其子勳名方盛，生徒滿天下，何靳一謚？毛曰：『我所知，惟禮與法，他勿問。』時怵其峻。」

按：吏部（毛澄）所劾王華任禮部侍郎時暮夜受金事與任南京吏部尚書時與李傑同罷事，一在弘治十八年，一在正德二年。國榷卷四十五：「弘治十八年六月庚辰，科道交劾禮部右侍郎王華典文招議，太常寺卿兼翰林學士張元禎奸貪附勢……應天府丞李堂奔競轉官，丁憂太僕少卿陳大章貪聲素著，俱宜罷斥。上不問。……七月乙酉，科道再劾王華、張元禎等，皆公論之不與，不宜曲賜優容，自損治體。下所司。」又卷四十六：「正德二年九月辛酉，初，晉莊王世子奇源，世孫表榮，俱早薨，先帝追封奇源靖王，表榮懷王，靖王餘子表槺、表棡、表柣、表楷皆封鎮國將軍，至是求進郡王。禮部尚書李傑等難之。廷議，先年周悼王庶子睦楝等乞加封，先帝未許，然父既追封，其子加封亦宜。遂封表楝等王爵，而詰所寢睦楝之封，出前禮部尚書張昇，詔奪散官廪役，並前侍郎、今南京吏部尚書王華與傑俱罷，司官降謫有差。」按王華被劾二事確如陽明所云在當時朝廷已與暴白，明辨其誣。然因楊廷和（忌陽明功者）、毛澄（崇朱學者）在當初均嘗參與劾王華，故後來當地方有司上吏部乞爲王華葬祭贈謚，奏疏落入楊廷和、毛澄之手，其必然要借故沮抑也。據明世宗實録卷十五云：「嘉靖元年六月己卯，南京吏部尚書王華……浙江餘姚人，成化辛丑進士及第，授翰林院修撰，預修憲廟實録，進春坊諭德，充經筵日講官。選侍東宫講讀，陞翰林院學士，主考兩京鄉試。陞詹事府少詹事，教習庶吉士，預修資治通鑑纂要。陞禮部侍郎，南京吏部尚書，忤逆瑾，傳奉致仕。家居十餘年，卒。子守仁平逆有功，封新建伯，贈華如子爵。至是浙江布政司官爲華奏乞卹典，命給祭葬如例。」可知此事卒因毛澄再上奏摭拾王華科場隱事，朝廷終只賜王華祭葬，而不與贈謚也。

毛澄所摘王華科場隱事，向來不明。今按施顯卿奇聞類記卷三得柬掇魁：「國朝成化辛丑科，山東劉珝在内閣，其西席乃餘姚黄珣也。一日，劉使其子送柬於黄曰：『漢七制，唐三宗，宋遠過漢唐者八事，亦可出乎？』黄答曰：『但刻本常有之。』蓋劉之意，欲西席詳考，答策掇魁，而黄則未盡領會也。他日，黄之鄉里王華來訪，見案間此柬，意或謂廷試策問也，歸即操筆成篇。至日果問此策，王遂大魁天下，而黄居第二。黄固不當洩漏此柬，而劉亦不意爲他人所得也。此與東坡送柬與李方叔而爲二章所得事頗相類。」又黄景昉國史唯疑卷四：「王華將廷試，偶書宋朝家法過漢八事於扇，或送朱希周、朱鑑，曰：『司馬公五規不可不讀也。』制策各以爲問，兩公擢第一。大科名人遭遇非偶，先輩屢精詳於度數之學，故實詣多。」顧鼎臣明狀元圖考：「狀元王華……華家素貧，嘗訪親於杭，同舟有五庠生講論，華哂之。庠生怪問，華破其講非是。衆初甚忽之，及聞其言，遂加敬，延於家教授，四方爭延講禮經。偶書宋朝家法過漢唐八事於扇，及殿試，命是題，敷衍詳悉，擢第一。」黃宗羲姚江逸詩卷五：「黃珣……太宰未遇時，授館於大學士劉珝。一日，珝書三宗七制事問之。同邑王華來訪，案上見此，遂默記而回。及殿試所問，即此事也。兩人條對詳明，連名及第。」據此，王華、黃珣之中狀元、榜眼被疑有「作弊」之嫌。海日先生行狀云：「有以同年友事誣毀先生於朝者，人咸勸先生一白。先生曰：『某吾同年友，若白之，是我訐其友矣。是焉能浼我哉？』竟不辨。後新建復官京師，聞士夫之論，具本奏辨。先生聞之，即馳書止之曰：『是以爲吾平生之大耻乎？吾本無可耻，今乃無故而攻發其友之陰私，是反爲吾求一大耻矣。人謂汝智於吾，吾不信也。』乃不復辨。」按此「同年友」應即黃珣，可見早在毛澄之前，已有人摘科場隱事以攻王華、黃珣矣。

有札致兵部尚書彭澤，懇爲父王華表白辨誣。

王陽明全集卷二十一上彭幸庵：「不孝延禍先子，自惟罪逆深重，久擯絶於大賢君子之門矣。然猶强息忍死，未即殞滅，又復有所控籲者。痛惟先子平生孝友剛直，言行一出其心之誠然，而無所飾於其外。與人不爲邊幅，而至於當大義，臨大節，則毅然奮卓而不可回奪。忝從大夫之後，逮事先朝，亦既薦被知遇，中遭逆瑾之變，退伏田野。忠貞之志，抑而不申。近幸中興之會，聖君賢相方與振廢起舊，以發舒幽枉，而先子則長已矣。德藴壅閼而未宣，終將泯溷於俗，豈不痛哉！伏惟執事才德勳烈動一世，忠貞之節，剛大之氣，屹然獨峙，百撼不摇，真足以廉頑而立懦。天子求舊圖新，復起以相，海内仰望其風采，凡天下之韜伏堙滯，窒而求通，曲而求直者，莫不延頸跂足，望下風而奔訴。况先子素辱知與，不肖孤亦嘗受教於門下，近者又蒙爲之刷垢雪穢，謬承推引之恩，蓋不一而足者。反自疏外，不一以其情爲請，是委先子於溝壑，而重棄於大賢君子也，不孝之罪，不滋爲甚歟？先子之没，有司以贈謚乞，非執事之憫之也，而爲之一表白焉，其敢覬覦於萬一乎？荒迷懇迫，不自知其僭罔瀆冒，死罪死罪！」

按：世宗即位，彭澤徵拜爲太子太保、兵部尚書，參與清理平宸濠功陞賞人員事，即此書所云「近者又蒙爲之刷垢雪穢，謬承推引之恩」。所謂「又復有所控籲者」，即指陽明上此乞恩表揚先德疏，蓋此疏與此書同時由舍人王宗海齎往京師也。

陳鼎卒，作文祭之。

王陽明全集卷二十五祭文相文：「嗚呼！文相邁往直前之氣，足以振頹靡而起退懦；通敏果絶之才，足以應煩劇而解紛拏；激昂奮迅之談，足以破支辭而折多口。此文相之所以超然特出乎等夷，而世之人亦方以是而稱文相者也。然吾之所望於文相，則又寧止於是而已乎？與文相别數年矣，去歲始復於江滸。握手半日之談，豁然遂破百年之惑，一何快也！吾方日望文相反其邁往直前之氣，以内充其寬裕温厚之仁；斂其通敏果决之才，以自昭其文理密察之智；收其奮迅激昂之辯，以自全其發强剛毅之德。固將日趨於和平而大會於中正，斯乃聖賢之德之歸矣，豈徒文章氣節之士而已乎？惜乎，吾見其進而未見其止也！一疾奄逝，豈不痛哉！聞訃實欲渡江一慟，以舒永訣之哀。暑病且冗，欲往不能。臨風長號，有淚如雨。嗚呼文相，予復何言！」

按：陳鼎於正德十六年起復爲陝西右參議，掖垣人鑑卷十二：「陳鼎……十六年奉詔起原職，尋陞陝西右參議。仕終應天府尹，卒於官。」據國榷卷五十二：「嘉靖元年二月甲辰，盧氏淅川盗起，流劫商南。右參議陳鼎平之。」陳鼎當是在二三月平定盧氏亂後陞應天府，未赴任病卒。陽明此祭文云「暑病且冗」，則在夏五六月中。

七月三日，餘姚嚴時泰遣人送來賀儀，有書致謝。

陽明致嚴應階書：「孤不孝，延禍先子，遠承吊慰，豈勝哀感。逆惡之人，未即殞滅，微功重賞，適多其罪，詎足以言賀耶？禮意敬復，誠不敢當。使者堅不可拒，登拜悚仄，荒迷中莫知所以爲謝。伏塊拉淚，草草不次。孤守仁稽顙疏，應階嚴大人道契文侍。七月三日。餘

空。」（王望霖天香樓藏帖卷一王守仁與嚴應階書，今有手迹刻石存上虞市曹娥廟）

按：嚴應階即嚴時泰，號傑山，餘姚人，與陽明早識。其正德六年舉進士，或亦陽明所録取。國朝獻徵録卷五十三有應大猷嚴時泰行狀云：「公諱時泰，字應階，漢子陵裔，世爲餘姚人。登正德辛未進士，筮仕溧陽……授南京江西道御史，以戚畹例改鎮江府同知，轉福建鹺司……」嚴時泰任南京江西道御史與鎮江府同知時，陽明亦在南京任職，兩人當有密切往來。至嘉靖元年王華卒，嚴時泰在百日後來吊，歸即遣人送來賀儀，乃賀陽明封爵陞官，故陽明此書云「微功重賞，適多其罪，詎足以言賀耶」。

致書京口楊一清，懇爲父王華作墓銘。

王陽明全集卷二十一寄楊邃庵閣老：「孤聞之，昔古之君子之葬其親也，必求名世大賢君子之言，以圖其不朽。然而大賢君子之生，不數數於世，固有世有其人而不獲同其時者矣；又有同其時而限於勢分，無由自通於門墻之下者矣。則夫圖不朽於斯人者，不亦難乎？痛惟先君宅心制行，庶亦無愧於古人，雖已忝在公卿之後，而遭時未久，志未大行，道未大明，取嫉權奸，斂德而歸，今則復長已矣。不孝孤將以是歲之冬舉葬事，圖所以爲不朽者，惟墓石之誌爲重。伏惟明公道德文章，師表一世；言論政烈，儀刑百辟。求之昔人，蓋歐陽文忠、范文正、韓魏公其人也，所謂名世之大賢君子，非明公其誰歟？不幸而生不同時也，則亦已矣；幸而猶及，在後進之末，雖明公固所不屑，揮之門墻之外，猶將冒昧强顔而入焉。況先君素辱知與，不肖孤又嘗在屬吏之末，受教受恩，懷知己之感，有道誼骨肉之愛；邇者又嘗辱使臨吊，寵之以文詞，惻然憫念其遺孤，而不忍遽棄遺之者。是以忘其不孝之罪，犯僭踰之戮，而輒敢以誌爲請。伏惟明公休休容物，篤厚舊故，甄陶一世之士，而各欲成其名；收録小大之才，而惟恐没其善。則如先君之素受知愛者，其忍靳一言之惠而使之泯然無聞於世耶？不腆先人之幣，敢以陸司業（深）之狀先於將命者。惟明公特垂哀矜，生死受賜，世世子孫捐軀殞命，未足以爲報也，未足以爲報也！不勝惶悚顛越之至！」

同上，卷二十七與楊邃庵：「某之繆辱知愛，蓋非一朝一夕矣。自先君之始託交於門下，至於今，且四十餘年。父子之間，受惠於不知，蒙施於無迹者，何可得而勝舉。就其顯然可述，不一而足者，則如：先君之爲祖母乞葬祭也，則因而施及其祖考。某之承乏於南、贛，而行事之難也，則因而改授以提督。其在廣會征，偶獲微功，而見詘於當事也，則竟違衆議而申之。其在西江，幸夷大憝，而見構於權奸也，則委曲調護，既允全其身家，又因維新之詔，而特爲之表揚暴白於天下，力主非常之典，加之以顯爵。其因便道而告乞歸省也，則既嘉允其奏，而復優之以存問。其頒封爵之典也，出非望之恩，而遂推及其三代。此不待人之請，不由有司之議，傍無一人可致纖毫之力，而獨出於執事之心者，恩德之深且厚也如是，受之者宜何如爲報乎！夫人有德於己，而不知以報者，草木鳥獸也。櫟之樹，隨之蛇，尚有靈焉，人也而顧草木鳥獸之弗若耶？顧無所可效其報者，惟中心藏之而已。中心藏之，而輒復言之，懼執事之謂其藐然若罔聞知，而遂以草木視之也。邇者先君不幸大故，有司以不肖孤方煢然在疚，謂其且無更生之望，遂以葬祭贈謚爲之代請，頗爲該部所抑，而朝廷竟與之以葬祭。是執事之心，何所不容其厚哉！乃今而復有無厭之乞（按：指乞墓銘），雖亦其情之所不得已，實恃知愛之篤，遂徑其情，而不復有所諱忌嫌沮，是誠有類於藐然若罔聞知者矣。事之顛末，别具附啓。惟執事始終其德而不以之爲戮也，然後敢舉而行之。」

楊一清海日先生墓誌銘：「訃聞，上賜諭祭，命有司治喪事。伯安偕諸弟卜以卒之明年秋八月某日，葬公郡東天柱峰之南之原，具書戒使者詣鎮江請予銘公墓。予曩官外制官太常，接公班行不鄙，謂予以知言見待。予遷南京太常，辱贈以文。公校文南畿，道舊故甚洽。正德丁卯，取嫉權奸，歸致仕，予亦避讒構，謝病歸，杜門不接賓客，公直造内室，慰語久之。伯安又予掌銓時首引置曹屬，號知己。公銘當予屬。」（王陽明全集卷三十八世德紀）

錢德洪赴杭參加鄉試，來辭别請益。

錢德洪陽明先生年譜：「是月（七月），德洪赴省城，辭先生請益。先生曰：『胸中須常有舜、禹有天下不與氣象。』德洪請問，先生曰：『舜、禹有天下而身不與，又何得喪介於其中？』」

按：所謂「赴省城」，乃指錢德洪赴杭城參加秋試。吕本錢德洪墓誌銘：「壬午，果領鄉薦。」

八月，王艮駕小蒲車北上，沿途聚講，直抵京師，講論一月，聳動都下。陽明移書遣人命其速歸紹興。

董燧王心齋先生年譜：「製一蒲輪……沿途聚講，直抵京師。會山東盜起，德州集兵守關，不得渡。先生託以善兵法見州守，守曰：『兵貴勇，某儒生，奈怯何？』先生曰：『某有譬語，請爲公陳之：家嘗畜雞母，其所畏者，鳶也。一日，引其雛至野，鳶忽至，輒奮翼相鬥，蓋不復知鳶之可畏，其故何也？憂雛之心切耳。公民之父母，州之民皆赤子也。倘不忍赤子之迫於盜，何患無勇，將見奮翼相鬬者愈於雞母也。』州守聽其言悟，益嚴於爲備。遣人護先生渡河，復先於其所往。比至都下，先夕有老叟夢黃龍無首，行雨至崇文門，變爲人立，晨起，先生適至。時陽明公論學與朱文公異，誦習文公者頗牴牾之，而先生復講論勤懇，冠服車輪悉古制度，人情大異。會南野諸公在都下，勸先生歸。陽明公亦移書守庵公，遣人速先生。先生還會稽，見陽明公。公以先生意氣太高，行事太奇，欲稍抑之，乃及門三日不得見。一日，陽明公送客出，先生長跪曰：『某知過矣。』陽明公不顧。先生隨入，至廳事，復厲聲曰：『仲尼不爲已甚！』於是陽明公揖先生起。時同志先在側，亦莫不歎先生勇於改過。」

趙貞吉心齋王艮墓銘：「從王陽明先生居越，歎曰：『風之未遠也，是某之罪也。』辭還家，駕一小蒲車，二僕自隨北行，所至化導人，聳人聽觀，無慮百千，皆飽義感動。未至都下，先一夕，有老叟夢黃龍無首，行雨至崇文門，變爲人立，晨起往候，而先生適應之。先生留一月，竟諧衆心而返，然先生意終遠矣。」（王心齋先生年譜附）

耿定向心齋王艮傳：「久之，歎曰：『風之未遠，道何由明？』製輕車，詣京師，所至講說，人士聚聽，多感動。先是都下有老叟，夢黃龍無首，行雨至崇文門，化爲人立，晨起往候，而先生適至應之。著書千餘言，諄諄申孝弟，擬伏闕上。然先生風格既高古，所爲又卓犖如是，朝士多相顧愕眙，勸止之。先生留一月，竟諧衆心而返。還見文成，文成思裁之，不見。先生跪伏庭下，痛自省悔，久之，乃見。」（王心齋先生年譜附）

徐躍王艮傳：「先生益自任，乃辭陽明先生去。製招搖車，將遍遊天下，遂至京師，都人士聚觀如堵。顧以先生言多出獨解，與傳註異，且冠服車輪悉古制，咸目攝之。會陽明先生亦以書促還會稽，乃復遊吳越間，依陽明講業。自是亦斂圭角，就夷坦，因百姓日用以發明良知之旨，而究極於身修而天下平。」（王心齋先生年譜附）

按：前考王艮於三月末離紹興北上，其沿途聚講，至京師在五六月間，在都下留一月，則其歸紹興當在八月中。按王艮是次突發奇想，冠古服，駕蒲輪，招搖入都，以「神龍」自居，行事怪異，以至都人聚觀如堵，朝士相顧愕眙，震驚都下，實犯朝廷大忌。其後遂有程啓充、毛玉、向信、章僑等紛起攻陽明學爲「異學」、「邪說」，實因王艮是次入都意氣太狂、行事太怪有以啓之；陽明之不勝危懼，促其速歸，蓋亦以此也。自是而後，斥陽明學爲「異學」、「邪説」而欲禁之之説起矣。王艮此行，乃「學禁」之導火綫也。

江西副使顧應祥寄來江西策問，有答書論「致知」之説。

王陽明全集卷二十七與顧惟賢書八：「近得江西策問，深用警惕。然自反而縮，固有舉世非之而不顧者矣，其敢因是遂靡然自弛耶？易曰：『知至至之。』『知至』者，知也；『至之』者，致知也。此知行之所以合一也。若後世致知之説，止説得一『知』字，不曾説得『致』字，此知行所以二也。病發荼苦之人，已絶口人間事，念相知之篤，輒復一及。」

按：所謂「江西策問」，乃指是年江西鄉試策問卷。鄉試在八月上中旬舉行，陽明得到江西策問而作是書則在八月下旬可知。此當是江西鄉試策問有針對「致良知」發題，陰指陽明，故陽明於書中憤然謂「深用警惕。然自反而縮，固有舉世非之而不顧者矣，其敢因是遂靡然自弛耶」。按時監察御史程啓充巡按江西，方承宰輔意欲劾陽明，江西策問出題陰闢陽明，或與程啓充有關耶？

九月二日，監察御史程啓充、吏科給事中毛玉承宰輔意，論劾王守仁黨惡，學術不正。户科給事中汪應軫、刑部主事陸澄皆上疏奏辨。御史向信再劾汪應軫、陸澄黨比欺罔，科道交章請奪王守仁爵官，上皆不問。

國榷卷五十二：「嘉靖元年九月乙巳，巡按江西監察御史程啓充上逆濠私書，劾王守仁黨惡，宜奪爵。户科給事中汪應軫、主事陸澄皆奏辨。御史向信以應軫守仁同鄉，陸澄守仁門生，黨比欺罔。上皆不問。」

明世宗實録卷十八：「九月丙午，巡按江西御史程啓充得逆濠通蕭敬、陸完等私書，内欲急去巡撫孫燧，云：『代者湯沐、梁辰俱可，王守仁亦好。』啓充因極論蕭敬、張鋭等罪惡，併劾守仁陰謀黨惡，素與交通，乃貪天之功，謬獲封爵，宜追奪提究。户科給事中汪應軫上書，明守仁之功，言逆濠私書已有旨燒毁，啓充不諳事體，沮抑忠義，輕信被黜知縣章玄梅揑摭之辭，復有此奏，非所以勸有功，存大體也。主事陸澄亦爲守仁奏辨。於是御史向信劾應軫與守仁同府，澄係守仁門生，黨比欺罔，請正其罪。上俱命所司知之，獨戒澄，令勿妄言。既而科道交章請黜守仁爵，罷沐官，併追論完，下敬法司治罪。上曰：『守仁一聞宸濠之變，仗義興兵，戡定大難，特加封爵，以酬大功，不必更議。沐令自陳，其餘宜遵前旨。』」

季本季彭山先生文集卷三奉政大夫江西按察司提學僉事汪公墓誌銘：「公諱應軫，字子宿，青湖其别號也……先是陽明公以南贛都御史倡大義，平宸濠之亂於南昌，執政者忌其功。久之，御史程啓充巡按江西獄，有被問湖口縣知縣章元梅希風旨，出逆濠奏本私書抱首，云其所獲，若將陰中陽明公者。御史得之，因奏其擒宸濠爲貪天功，以摇視聽。公謂言官妄行舉劾，沮抑忠義，害治體不小，上疏言……議者猶喧然黨同，君子實深韙之……平生學問，一以朱子爲宗……故陽明公講道東南，天下皆尊信之，公獨以其言戾於朱子，不能相下。然觀其立朝論救之言，夫豈不相知者哉？蓋公質美善文，下筆千餘言可立就，不待起稿，頗與陽明公相似，而鄉邦之譽反或過之，謂能自立於世，以成一家，與古人相頡頏，而與陽明公之學信有不及，不欲屈隨耳。」

汪應軫青湖文集卷一言官不諳事體不分功罪妄行舉劾沮抑忠義疏：「竊見巡按江西監察御史程啓充一本内，開據湖口縣被問知縣章玄梅將原獲逆濠奏本私書僞旨抱首，合行具本封進。内除已問决發遣錢寧、張鋭、臧賢、陸完外，其有干太監蕭敬、都御史湯沐，臣不知是非如何，獨謂新建伯王守仁貪天之功，宜追奪提究，則臣所未喻也。夫王守仁巡撫南、贛，與南昌相去亦遠。當逆濠作叛之時，乃能不俟詔旨，首倡大義，興集民兵，卒滅反賊。使其有一毫回顧之心，則必逗遛不進，中立待變，决不舉動。如是之光明號召，如是之勇敢倡率，如是之激烈殄滅，如是之迅速也，而謂之『貪天之功』可乎？且逆濠書内，止謂『王守仁亦好』，初無心腹交結之實迹。蓋欲成大事，首當渾淪持重，圭角不露，不使小人得以窺測淺深。彼逆濠者，墜其術中而不自覺，此王守仁之所以能成功也。縱使果有交通之情，比之黨與自相擒獲而出首者，亦其在所優容，而不當復論其既往也。夫勇略震主者身危，功蓋天下者不賞，自古以來蓋多有之，一王守仁何足惜？但恐王守仁由此得罪，異日天下有事，誰肯出死力以爲國家耶？漢光武誅王郎，收文書，得吏人與郎交關謗毁者數千章，會諸將燒之，曰：『令反側子自安。』楚莊王宴群臣，燭滅，美人有以絶纓告者，楚莊王令群臣皆絶纓，而後出火。此皆帝王務存大體，以安人心，其氣象與天地同其大，其度量與河海同其深，豈忍根連株繫，毛吹垢洗，使毁譽由此而失其真，功罪由此而顛倒哉！所以然者，非帝王故爲是寬大也，蓋其知天下之人心不可以威刦，而可以德化；不可以詐取，而可以誠感。修德以治人，推誠以待物，則寇戎爲父子；憑威以馭世，飾詐以惑衆，則赤子爲仇讐，此理之不可易者也。由此觀之，則今日渠魁既云受殲，脅從自宜罔治，又不特王守仁所當推原之也。况逆濠所藏私書，前次已有旨燒毁之矣，今御史程啓充乃信聽被問官挾讐之言，復有此奏，尚可謂之順德意而存大體者哉？如蕭敬等果有梗新政，不懷令圖，自宜據令指摘，從實論列，不當爲見淵之察竭澤之漁，以傷至公至明之治也。伏望陛下將王守仁益加慰諭，以勸忠義，仍俯從辭伯之請，以崇廉退。蕭敬憫念老，莫若許其乞閑，以保全近侍。仍令以後科道有舉奏不當者，聽其互相糾劾，必使言官取信於天下；而各衙門玩視不覆者，嚴加飭罰，以廣忠益，以贊至治，不勝幸甚！王守仁，臣同府人也，臣若有回護鄉里之嫌，則不當有此請矣；但欲爲國家論大事，則不得避小嫌。伏惟陛下察之。」

按：錢德洪陽明先生年譜云：「七月……時御史程啓充、給事毛玉倡議論劾，以遏正學，承宰輔意也。」其以程、毛劾陽明在七月乃誤。所謂「承宰輔意」，宰輔者，乃指楊廷和、費宏之流。蓋是次奏劾陽明聲勢之大，竟鬧到「科道交章請黜守仁爵，罷沐官」之地步，實皆出宰輔楊、費背後指使，而科道之官皆承望宰輔楊、費風旨也。

陸澄上疏六辯，以駁程啓充、毛玉。陽明有書致陸澄，勸其「無辯止謗」，再論知行合一之學。

陸澄辨忠讒以定國是疏：「臣切見巡按江西監察御史程啓充、户科給事中毛玉（按：當作吏科給事中，見國朝獻徵録卷八十董玘吏科左給事中毛君玉墓誌銘），各論劾丁憂新建伯王守仁，似若心迹未明，功罪未當者。此論一倡，一二嫉賢妒功之徒固有和者，而在朝在市，冤憤不平。臣係守仁門生，知之最詳，冤憤特甚，敢昧死一言。謹按守仁學本誠明，才兼文武，抗言時事，致忤逆瑾，杖之幾死。謫居龍場，居夷處困，動心忍性，獨悟道真。荷先帝收用，屢遷至於巡撫。其在南、贛四征，而福建、湖廣、廣東、江西數十年之巨寇爲之蕩平。因奉敕勘事福建，道由江西至於豐城。適遇賊變，拜天轉風，舟返吉安，倡義督兵，不旬月而賊滅。人但見其處變之從容，而不知其忠誠之激切；人但見其成功之迅速，而不知其謀略之淵微；人但見其遭非常之構陷而禍莫能中，而不知其守身無毫髮之可疵。當時張鋭、錢寧輩以不遂賣國之計而恨之，張忠、江彬輩以不遂冒功之私而恨之，宸濠、劉吉輩以不遂篡逆之謀而恨之，凡可殺其身而赤其族者，誅求搜剔，何所不至。使守仁而初有交好之情，中有猶豫之意，後有貪冒之爲，諸人豈肯隱忍而不發乎？迨皇上龍飛，而褒慰殊恩，形於詔旨。天下方快朝廷之清明，不意功罪既白，賞罰既定，乃復有此怪僻顛倒之論，欲以曖昧不明之事，而掩其顯著不世之功，天理人心安在哉！論者之意，大略有六：一謂宸濠私書，有『王守仁亦好』一語；二謂守仁曾遣冀元亨往見宸濠；三謂守仁亦因賀宸濠生辰而來；四謂守仁起兵，由於致仕都御史王懋中、知府伍文定攀激；五謂守仁破城之時，縱兵焚掠，而殺人太多；六謂宸濠本無能爲，一知縣之力可擒，守仁之功不足多，而其捷本所陳，妝點過實。然究其本心，不過忌其功名而已。宸濠私書『王守仁亦好』之説，乃啓充得於湖口知縣章玄梅者。切惟刑部節奉欽依：『原搜簿籍，既未送官封記收掌，又事發日久，別生事端，委的真僞難辨，無憑查究。着原搜獲之人盡行燒毁。欽此。』今玄梅之書從何而來？使有之，何足憑據？且出於宸濠之口，尤其不足取信者。夫豪傑用意，類非尋常可測。守仁雖有防宸濠而圖之之意，使幾事不密，則亦不過如孫燧、許逵之一死以報國而已，其何以成功以貽皇上今日之安哉？設使守仁略有交通宸濠之迹，而卒以滅之，其心事亦可以自白，況可以不足憑信之迹，遂疑其心而舍其討賊之大功哉？其遣冀元亨往見者，是守仁知宸濠素蓄逆謀，而元亨素懷忠孝，欲使啓其良心，而因以探其密計爾。元亨一見，不合而歸。使言合志投，當留信宿，何反逆之日，反在千里之外乎？今元亨之寃魂既伸，而守仁之心事不白，天理人心何在乎？毛玉疑守仁因賀宸濠生辰，而偶爾遇變。殊不知守仁奉敕將往福建，而瑞金、會昌等縣瘴氣生發，不敢經行，故道出豐城。且宸濠生日在十三，而守仁十五方抵豐城，若賀生辰，何獨後期而至乎？其謂守仁由王懋中等攀激起兵，尤爲乖謬。守仁近豐城五里而聞變，即刻僞寫兩廣都御史楊旦大兵將臨火牌，於知縣顧佖接見之時，令人詐爲驛夫入遞，守仁佯喜，以爲大兵既至，賊必易圖，當令顧佖傳牌入城，以疑宸濠。又令顧佖守城，許與撥兵助守。時有報稱宸濠遣賊六百追虜王都者，守仁回船而南風大逆，乃慟哭告天，而頃刻反風。守仁又恐賊兵追至，急乘漁舟脱身。此時王懋中安在？次日奔至蛇河，遇臨江知府戴德孺，即議起兵。因不足恃，又奔入新淦城，欲與知縣李美集兵。度不可居，復奔至吉安。見倉庫充實，遂乃駐劄，傳檄各處，起調軍民。一面榜募忠義之士，方令伍文定以書請各鄉官王懋中等盟誓勤王。而懋中又遲疑二日，乃始同盟。夫各府及萬之兵，若非提督軍門以便宜起調，其肯聽致仕鄉官而集乎？今乃顛倒其説，至謂守仁掩懋中之功，天理人心安在乎！至於破城之時，焚者，宫中自焚，故内室毁而外宇存，官兵但救而無焚也。掠者，伍文定之兵乘勝奪賊衣資，衆兵不然也。殺人者，知縣劉守緒所領奉新之兵，以守仁號令『閉門者生，迎敵者死』，故殺迎敵者百餘人。及守仁至，斬官兵殺掠者四十六人，遂無犯者矣。且省城之人，各受宸濠銀二兩，米一石，與之拒守，是賊也，殺之何罪？又宮爲賊巢，財皆賊贓，焚之掠之，亦何罪哉？今舍其大功，而摘其小過，幾何而不爲逆賊報仇乎？且宸濠勢焰熏天，觸者萬死，人皆望風奔靡而已。及守仁調兵四集，搗其巢穴，散其黨與，數敗之餘，羽翼俱盡，妻妾赴水，乃窮寇爾，夫然後知縣王冕得以近之。今乃以爲一知縣可擒，甚無據也。果若所言，則孫燧、許逵何爲被殺，而三司衆官何爲被縛耶？楊鋭、張文錦何爲守之一月不敢出戰，必待省城破而賊自解圍耶？伍文定何以一敗而被殺者八百人，其餘諸將，又何戰之三日而後擒滅耶？至若捷本所陳，若作僞牌以疑賊心，行反間以解賊黨之類，所不載者尤多，而謂以無爲有，可乎？夫宸濠積謀有年，一旦大發，震撼兩京，而守仁以一書生，談笑平之於數日之内，功亦奇矣！使不即滅，而貽先帝親征之勞，臣不知賣國之徒計安出也？使不即滅，先帝崩，臣又不知聖駕之來，能高枕無憂否也？今建不世之功，而遭不明之謗，天理人心安在哉！臣知守仁之心，决非榮辱死生所能動者，但恐公論不昭，而忠臣義士解體爾。此萬世忠義之寃，而國是之大不定者，宜乎天變之疊見也。臣與守仁分係師生，義均生死。前之所辨，天下公言。伏願聖明詳察，乞降綸音，慰安守仁。仍然戒飭言官，勿爲異論。庶幾國是以定，而亦消天變之一端也。臣干冒天威，不勝戰慄待罪之至。」（王陽明全集卷三十九）

王陽明全集卷五與陸原静書二：「某不孝不忠，延禍先人，酷罰未數，致兹多口，亦其宜然。乃勞賢者觸冒忌諱，爲之辯雪，雅承道誼之愛，深切懇至，甚非不肖孤之所敢忘也。『無辯止謗』，嘗聞昔人之教矣，况今何止於是！四方英傑以講學異同之故，議論方興，吾儕可勝辯乎？惟當反求諸己，苟其言而是歟，吾斯尚有所未信歟，則當務求其是，不得輒是己而非人也；使其言而非歟，吾斯既已自信歟，則當益致其踐履之實，以務求於自謙，所謂『默而成之』，『不言而信』者也。然則今日之多口，孰非吾儕動心忍性，砥礪切磋之地乎？且彼議論之興，非必有所私怨於我，彼其爲說，亦將自以爲衛夫道也。况其説本自出於先儒之緒論，固各有所憑據，而吾儕之言驟異於昔，反若鑿空杜撰者。乃不知聖人之學本來如是，而流傳失真，先儒之論所以日益支離，則亦由後學沿習乖謬積漸所致。彼既先横不信之念，莫肯虚心講究，加以吾儕議論之間或爲勝心浮氣所乘，未免過爲矯激，則固宜其非笑而駭惑矣。此吾儕之責，未可專以罪彼爲也。嗟呼！吾儕今日之講學，將求異其説於人邪？亦求同其學於人邪？將求以善而勝人邪？亦求以善而養人邪？知行合一之學，吾儕但口説耳，何嘗知行合一邪？推尋所自，則如不肖者爲罪尤重。蓋在平時徒以口舌講解，而未嘗體諸其身，名浮於實，行不掩言，己未嘗實致其知，而謂昔人致知之説未有盡。如貧子之説金，乃未免從人乞食。諸君病於相信相愛之過，好而不知其惡，遂乃共成今日紛紛之議，皆不肖之罪也。雖然，昔之君子，蓋有舉世非之而不顧，千百世非之而不顧者，亦求其是而已矣，豈以一時毁譽而動其心邪！惟其在我者有未盡，則亦安可遂以人言爲盡非？伊川、晦庵之在當時，尚不免於詆毁斥逐，況在吾輩行有所未至，則夫人之詆毁斥逐，正其宜耳。凡今争辯學術之士，亦必有志於學者也，未可以其異己而遂有所疏外。是非之心，人皆有之，彼其但蔽於積習，故於吾説卒未易解。就如諸君初聞鄙説時，其間寧無非笑詆毁之者？久而釋然以悟，甚至反有激爲過當之論者矣。又安知今日相詆之力，不爲異時相信之深者乎？衰絰哀苦之中，非論學時，而道之興廢，乃有不容於泯默者，不覺叨叨至此。言無倫次，幸亮其心也。致知之説，向與惟濬及崇一諸友極論於江西，近日楊仕鳴來過，亦嘗一及，頗爲詳悉。今原忠、宗賢二君復往，諸君更相與細心體究一番，當無餘藴矣。孟子云：『是非之心，知也。』『是非之心，人皆有之。』即所謂良知也。孰無是良知乎？但不能致之耳。易謂：『知至至之。』『知至』者，知也；『至之』者，致知也。此知行之所以一也。近世格物致知之説，只一『知』字尚未有下落，若『致』字工夫，全不曾道著矣。此知行之所以二也。」

十月十日，御史張鉞劾前刑部尚書張子麟交通宸濠，陽明上辨誅遺奸正大法以清朝列疏以辨之，張子麟遂閑住。

王陽明全集卷二十八辨誅遺奸正大法以清朝列疏:「丁憂南京兵部尚書臣王某謹奏,爲誅遺奸,正大法,以請朝列事:嘉靖元年十月初十等日,准南京兵部咨,准都察院咨,該巡按廣西監察御史張鉞奏,爲前事,題奉聖旨:『是。這所劾張子麟事情,還著王守仁、伍希儒、伍文定看了,上緊開具明白,奏來定奪。欽此。』又准該部咨,准都察院咨,該丁憂刑部尚書張子麟奏,爲辨污枉,清名節,以雪大寃事,題奉聖旨:『是。張子麟所奏事情,著王守仁等一並看了來説。欽此。』俱欽遵外,方在衰絰之中,憂病哀苦,神思荒憒,一切世務,悉已昏迷恍惚,奉命震悚。旋復追惟,臣先正德十四年六月初六日,奉敕前往福建查處聚衆謀反等事。本月十五日,行至豐城地方,適遇寧藩之變,倉卒脱身,誓死討賊。十八日回至吉安,督同知府伍文定等起兵。七月二十日,引兵收復南昌。二十三日，宸濠還救。二十六日,宸濠就擒。其時餘黨尚有未盡,百務叢集。臣因先令各官分兵守視王府各門。至月初五六間,始克率同御史伍希儒、知府伍文定等入府,按視宫殿庫藏諸處。其間未經燒毁者,重加封識,以俟朝命。已被殘壞者,分令各官逐一整檢。有刑部尚書張子麟啓本一封,衆共開視,云是胡世寧招詞。臣當與各官商説,此等公文書啓之類,皆在宸濠未反數年前事,雖私與交往,不爲無罪,而反逆之舉,未必曾與通謀。況此交通之人,今或多居禁近,分布聯絡,若存此等形迹,恐彼心懷疑懼,將生意外不測之變。且慮憸人因而點綴掇拾,異時根究牽引，奸黨未必能懲，而忠良或反被害。昔人有焚吏民交關文書數千章，以安反側之心者，今亦宜從其處，以息禍端。遂議與各官公同燒毀。後奉刑部題奉欽依：『原搜簿籍，既未送官封記收掌，又事發日久，别生事端，委的真僞難辨，無憑查考。著原搜獲之人盡行燒毀。欽此。』欽遵外，臣等莫不仰歎聖主包含覆幬之量，範圍曲成之仁，可謂思深而慮遠也已。以是臣等不復爲言，且謂朝廷於此等事既已一概宥略，與天下洗滌更始矣。今御史張鉞風聞其事，復有論列，是亦防閑爲臣之大義，效忠於陛下之心也。尚書張子麟力辯其事，而都察院覆奏，以爲世寧之獄，悉由該院，與張子麟無干，則誠亦曖昧難明之迹。今臣等亦不過據事直言其實耳，豈能别有所查訪。然以臣愚度之，嘗聞昔年宸濠奸黨，爲之經營布置於外，往往亦有詐爲他人書啓，歸以欺濠而罔利者，則此子麟之啓，無乃亦是類歟？不然，子麟身爲執法大臣，非一日矣，縱使與濠交通，豈略不知有畏忌，而數年之前，輒以肆然稱臣於濠耶？夫人臣而懷二心，此豈可以輕貸？然亦加人以不忠之罪，則亦非細故矣。此在朝廷必有明斷，臣偶有所見，亦不敢不一言之。緣奉欽『依這所劾張子麟事情，還著王守仁、伍希儒、伍文定看了，上緊開具明白，奏來定奪』，及『張子麟所奏事情，著王守仁等一併看了來説』事理，爲此具本差舍人李昇親賫奏聞，伏候敕旨。」

按：張鉞劾張子麟案始於嘉靖元年七月，結案於嘉靖二年正月。國榷卷五十二：「嘉靖元年七月己巳，廣西巡按監察御史張鉞，劾前刑部尚書張子麟私通宸濠，命案其事。後王守仁謂子麟啓宸濠，臣誠見之，當即焚毁。且奸黨爲濠地，或詐爲貴人書罔利，未可盡信。子麟遂閑住。」明世宗實録卷二十二：「嘉靖二年正月壬戌，御史張鉞論尚書張子麟交通逆濠，下丁憂南京兵部尚書王守仁看覈。守仁言：子麟啓本，誠於濠所見之，當即燒毁。但當時奸黨爲濠經營布置於外，容有詐爲貴人書啓，以欺濠而罔利者，或亦未可盡信耳。詔下都察院知之。」張子麟事得白，陽明上疏奏辨起了關鍵作用。按張鉞奏劾張子麟與程啓充、毛玉奏劾陽明在同時，皆以私結逆濠同一罪名論劾，可見張鉞之劾張子麟隱然有側擊陽明之意，蓋亦「科道交章」之一也。陽明上此辨疏，亦是據實反擊自衛也。

二十三日，禮科給事中章僑、御史梁世驃上書攻「異學」，乞禁「叛道不經之書」，蓋針對陽明、王艮，「學禁」自是興矣。

明世宗實録卷十九：「嘉靖元年十月乙未，禮科給事中章僑言：『三代以下論正學，莫如朱熹。近有聰名才智足以號召天下者，倡異學之説，而士之好高務名者靡然宗之。大率取陸九淵之簡便，憚朱熹爲支離，及爲文辭，務宗艱險。乞行天下，痛爲禁革。』時河南道御史梁世驃亦以爲言。禮部覆議，以二臣之言深切時弊，有補風教。上曰：『然。祖宗表章六經，頒降敕諭，正欲崇正學，迪正道，端士習，育真才，以成正大光明之業。百餘年間，人才渾厚，文體純雅。近年士習多詭異，文辭務艱險，所傷治化不淺。自今教人取士，一依程朱之言，不許妄爲叛道不經之書，私自傳刻，以誤正學。』」

明史卷二〇八章僑傳：「章僑，字處仁，蘭溪人。正德十二年進士，授行人。嘉靖元年，擢禮科給事中。疏劾中官蕭敬、芮景賢等。又言：『三代以下正學，莫如朱熹。近有聰名才智，倡異學以號召，天下好高務名者靡然宗之。取陸九淵之簡便，詆朱熹爲支離。乞行天下，痛爲禁革。』御史梁世驃亦言之。帝爲下詔申禁。」

按：時宰輔楊廷和、費宏在學術上尊朱學，政治上忌陽明功，由此遂引發爲學禁。章僑、梁世驃實皆承楊、費風旨上書攻陸、王「異學」，亦「科道交章」論劾陽明之一耳。惟因王艮其時招搖入都，宣揚陽明學，驚動朝廷，尤爲楊、費所嫉，故王艮張揚入都實可謂是「壬午學禁」之導火綫也。世宗謂「自今教人取士，一依程朱之言」，至明年會試，南宮策士果然闢「心學」、攻陽明矣。

三十日，再疏辭封爵。

王陽明全集卷十三再辭封爵普恩賞以彰國典疏：「隨於嘉靖元年七月十九日准吏部咨，該臣奏前事，節奉聖旨：『論功行賞，古今令典，詩書所載，具可考見。卿倡義督兵，剿除大患，盡忠報國，勞績可嘉，特加封爵，以昭公義。宜勉承恩命，所辭不允。該部知道。欽此。』……今臣受殊賞而衆有未逮，是臣以虛言罔誘其下，竭衆人之死而共成之，掩衆人之美而獨取之，見利忘信，始之以忠信，終之以貪鄙，外以欺其下，而内失其初心，亦何顔面以視其人乎？故臣之不敢獨當殊賞者，非不知封爵之爲榮也，所謂有重於封爵者，故不爲苟得耳。」

國榷卷五十二：「嘉靖元年十月壬寅，王守仁辭爵，且言同事諸臣斥謫之枉。不允辭。」

明世宗實録卷十九：「嘉靖元年十月壬寅，南京兵部尚書王守仁疏辭封爵，因言同事諸臣未蒙均賞，反遭謫斥，乞行申理。上曰：『卿剿平禍亂，功在社稷。朝廷特加封爵，義不容辭。餘下所司議行之。』」

按：錢德洪陽明先生年譜云：「七月，再疏辭封爵。」乃誤。七月十九日乃是陽明奉吏部咨之日，非是陽明上辭封爵疏之日。

十一月七日，有書寄給事中汪應軫致謝，表明辭伯廉退之心。

陽明與子宿司諫：「守仁罪逆未死之人，天罰不令，加以人非，固其所也。乃以重累知己，爲之匡扶洗滌，觸冒忌諱而不顧，此昔之君子所難能也，愧負愧負！自去歲到家，即已買田築室，爲終老之計矣。遭喪以來，此意益堅，自是而後，惟山谷之不深，林壑之不邃是憂，一切人世事，當已不復與矣。然則今日之事，雖若覆其傾者，殆天將全其首領於牖下，而玉成之也已，敢不自勉，以求無負於相知之愛？衰絰荼苦中，未敢多控，齎奏人去，伏塊草草，言無倫次。十一月初七日，孤子守仁稽顙，子宿司諫道契兄文侍。餘空。」（手迹見古愚生讀

陽明先生真迹(王學雜誌第一卷第十一號),陽明文集失載)

按:書所云「爲之匡扶洗滌,觸冒忌諱而不顧」,即指汪應軫上奏爲陽明抗辨。所云「齎奏人去」,即指陽明上再辭封爵普恩賞以彰國典疏,蓋陽明此書此疏由同一人一起齎往京師也。因汪應軫在疏中云「伏望陛下將王守仁益加慰諭,以勸忠義,仍俯從辭伯之請,以崇廉退」,故陽明再上辭疏,並致書汪應軫以明辭伯廉退之心。今觀此札作在十月初七,而云「齎奏人去,伏塊草草」,亦可見其再上奏辭封爵在十月,年譜謂再疏辭封爵在七月顯誤矣。

十二月,郭慶書來問學,有答書。

王陽明全集卷二十七與郭善甫:「朱生至,得手書,備悉善甫相念之懇切。苟心同志協,工夫不懈,雖隔千里,不異几席,又何必朝夕相與一堂之上而爲後快耶? 來書所問數節,楊仁夫去,適禪事方畢,親友紛至,未暇細答。然致知格物之説,善甫已得其端緒。但於此涵泳深厚,諸如數説,將沛然融釋,有不俟於他人之言者矣。荒歲道路多阻,且不必遠涉,須稍稔,然後乘興一來。不縷縷。」

按:前考郭慶正德九年、十年自黄州來南京問學。是次又書來問學,據書中言「荒歲道路多阻」,則在嘉靖元年暮冬。蓋郭慶書來主要道想念之切與先告欲來問學之意,至明年春果挈其徒吴良吉來越問學矣(見下)。「楊仁夫」即楊麒,字仁甫,號四泉,上饒人,正德十六年進士。明清進士録:「楊麒，正德十六年三甲五十六名進士。江西上饒人，字仁甫，號四泉。官長樂知縣，遷應天府丞，累至南京户部尚書。」楊麒正德十五年秋赴南昌鄉試，或在其時來問學，蓋亦一陽明弟子也。按歐陽必進太司空楊公麒墓誌銘云：「今上登極，始舉進士，授知長樂縣。丁徐淑人憂。復除濬縣。」（國朝獻徵録卷五十二）是嘉靖元年楊麒丁憂居上饒，故得來越問學也。

餘姚徐珊北上赴南宮春試，經紹興來見，與論良知之學。

王陽明全集卷二十四書徐汝佩卷：「壬午之冬，汝佩别予北上，赴南宮試……汝佩曰：『……始吾未見夫子也，則聞夫子之學而亦嘗非笑之矣，詆毁之矣。及見夫子，親聞良知之誨，恍然而大寤醒，油然而生意融，始自痛悔切責。吾不及夫子之門，則幾死矣。……』」

寧海石簡北上赴南宮春試，經紹興來見，亦與論良知之學。

涇野先生文集卷九贈石高州序、卷六贈玉溪石氏序。參正德十六年「浙中士子來紹興受學漸衆」條下石簡相關考辨。

按：石簡字廉伯，號玉溪，寧海人。都察院右副都御史石公簡行狀：「公石姓，簡名，廉伯字，台之寧海人。登嘉靖癸未科進士，授江西餘干縣知縣。」（國朝獻徵録卷六十二）石簡中嘉靖二年進士，其當是同徐珊一樣先在嘉靖元年十二月北上經紹興來問學，然後入京赴考，遂中進士。按陽明弟子參加嘉靖二年會試者尤多，僅中進士者即有石簡、朱廷立、歐陽德、金克厚、郭弘化、黄直、薛宗鎧、薛僑、王臣、魏良弼等人，諸弟子大多在入京赴考途中先經紹興來問學（特别是餘姚弟子）。未中進士者亦然，除徐珊外，如王畿，徐階《龍溪王先生傳》：「嘉靖癸未，公試禮部，不第。」，如錢德洪，《緒山錢公墓誌銘》：「明年壬午，果領鄉薦。癸未，下第歸。」其由餘姚北上赴南宫春試，必皆先經紹興來見陽明也。

歲暮寒夜，書唐人七律以自抒憂憤。

陽明《書唐人七律二首》：「裁冰疊雪不同流，妃子宫中釵上頭。一縷紅絲歸趙璧，滿階明月戲吴鈎。春情難斷銀爲剪，舊壘猶存玉作樓。莫向尋常問行迹，杏花深處語悠悠。流澌臘月下河陽，草色新年發建章。秦地立春傳太史，漢宫題柱憶仙郎。歸鴻欲度千門雪，仕女新添五夜香。蚤晚薦雄文似者，故人今已賦長楊。寒夜獨坐，篝燈握管，爲書唐律二首。新建伯王守仁。」（《壯陶閣書畫録》卷十）

按：嘉靖元年以來，朝中「學禁」聲起，程啓充、毛玉、向信接連奏劾陽明，章僑、梁世驃攻王學爲「異學」，科道交章，陽明在「學禁」籠罩下，謗議日熾；世宗即位以來，新貴楊廷和、費宏、毛澄、喬宇（陽明「故人」）紛紛入閣入朝，盤踞要津，自邀其功，阻抑陽明入朝，陽明實已處於被擯用之境，不勝憂憤。其抄寫唐律二首，實欲借以自抒其憂憤也。如第二首（乃李頎《寄司勳盧員外》）云「蚤晚薦雄文似者，故人今已賦長楊」，即暗諷新貴楊廷和、費宏之流乘時攀緣高位，頌揚世宗新政更化，諷使科道作彈擊之章與諷勸世宗下「學禁」之詔。第一首「莫向尋常問行迹，杏花深處語悠悠」，即暗諷朝廷推行「學禁」，科道交章，謗議四起，陽明無從辯，唯有噤不敢言，避迹自保。

一五二三　嘉靖二年　癸未　五十二歲

正月，王艮來紹興受教。陽明論「狂者胸次」，王艮旋又駕車北上入都，隨處講學，驚動朝廷，觸「學禁」大忌。

董燧王心齋先生年譜：「嘉靖二年癸未，春初，往會稽侍陽明公朝夕。」

王臣祭王心齋文：「癸未之春，予試春官。君時乘興，亦北其轅。琅琅高論，起懦廉頑。偕寓連牀，忘寐以歡。君既南歸，予官貴土。師曰樂哉，義聚仁輔。」（王心齋先生年譜附録）

黄直祭王心齋文：「癸未之春，會試舉場。兄忽北來，駕車彷徨。隨處講學，男女奔忙。至於都下，見者倉皇。事迹顯著，驚動廟廊。同志曰吁，北豈可長？再三勸諭，下車解裝。共寓京師，浩歌如常。我輩登科，兄樂未央。别去數月，受職於漳……」（王心齋先生年譜附録）

按：是年王臣中進士，授知泰州；黄直中進士，授漳州推官。祭文所述皆兩人在都下所親見。王艮約在嘉靖元年冬歸泰州，至嘉靖二年正月初再來紹興，旋即又二次冠服駕車北上入都，實不合時宜，觸犯「學禁」，錢德洪、董燧年譜皆諱言之，幾湮没無聞矣。按王艮是次又以「狂者」面目冠服駕車入都，實亦受陽明激發（見下），故陽明對此亦不置可否。

傳習録卷下：「薛尚謙、鄒謙之、馬子莘、王汝止侍坐，因歎先生自征寧藩已來，天下謗議益衆，請各言其故。有言先生功業勢位日隆，天下忌之者日衆；有言先生之學日明，故爲宋儒爭是非者亦日博；有言先生自南都以後，同志信從者日衆，而四方排阻者日益力。先生曰：『諸君之言，信皆有之，但吾一段自知處，諸君俱未道及耳。』諸友請問。先生曰：『我在南都已前，尚有些子鄉愿的意思在。我今信得這良知真是真非，信手行去，更不着些覆藏。我今纔做得個狂者的胸次，使天下之人都説我行不揜言也罷。』尚謙出，曰：『信得此過，方是聖人的真血脉。』」（黄省曾録）

傳習録欄外書：「薛尚謙、鄒謙之、馬子莘、王汝止侍坐，請問鄉愿、狂者之辨。曰：『鄉愿以忠信廉潔見取於君子，以同流合污無忤於小人，故非之無舉，刺之無刺。然究其心，乃知忠信廉潔所以媚君子也，同流合污所以媚小人也，其心已破壞矣，故不可入堯、舜之道。狂者志存古人，一切紛囂俗染，不足以累其心，真有鳳凰千仞之意，一克念，即聖人矣。惟不克念，故洞略事情，而行常不掩。惟行不掩，故心尚未壞而庶可與裁。』曰：『鄉愿何以斷其媚也？』曰：『自其譏狂狷知之。曰：「何爲踽踽涼涼？生斯世也，爲斯世也，善斯可矣。」故其所爲，皆色取不疑，所以謂之「似」。然三代以下，士之取盛名于時者，不過得鄉愿之似而已。究其忠信廉潔，或未免致疑於妻子也。雖欲純乎鄉愿，亦未易得，而況聖人之道乎？』曰：『狂狷爲孔子所思，然至乎傳道，不及琴張輩，而傳習曾子，豈曾子乃狂狷乎？』曰：『不然。琴張輩，狂者之禀也，雖有所得，終止於狂。曾子，中行之禀也，故能悟入聖人之道。』

錢德洪陽明先生年譜：「二月，鄒守益、薛侃、黄宗明、馬明衡、王艮等侍，因言謗議日熾。先生曰：『諸君且言其故。』有言先生勢位隆盛，是以忌嫉謗；有言先生學日明，爲宋儒争異同，則以學術謗；有言天下從遊者衆，與其進不保其往，又以身謗。先生曰：『三言者誠皆有之，特吾自知諸君論未及耳。』請問。曰：『吾自南京以前，尚有鄉愿意思。在今只信良知真是真非處，更無揜藏迴護，纔做得狂者，使天下盡説我行不揜言，吾亦只依良知行。』請問狂者、鄉愿之辨。曰：『鄉愿以忠信廉潔見取於君子，以同流合污無忤於小人，故非之無舉，刺之無刺。然究其心，乃知忠信廉潔所以媚君子也，同流合污所以媚小人也，其心已破壞矣，故不可與入堯、舜之道。狂者志存古人，一切紛囂俗染，舉不足以累其心，真有鳳凰翔於千仞之意，一克念，即聖人矣。惟不克念，故闊略事情，而行常不揜。惟其不揜，故心尚未壞而庶可與裁。』曰：『鄉愿何以斷其媚世？』曰：『自其議狂狷而知之。狂狷不與俗諧；而謂生斯世也，爲斯世也，善斯可矣，此鄉愿志也。故其所爲，皆色取不疑，所以謂之「似」。三代以下，士之取盛名於時者，不過得鄉愿之似而已。然究其忠信廉潔，或未免致疑於妻子也。雖欲純乎鄉愿，亦未易得，而況聖人之道乎？』曰：『狂狷爲孔子所思，然至於傳道，終不及琴張輩而傳曾子，豈曾子亦狷者之流乎？』先生曰：『不然。琴張輩，狂者之稟也，雖有所得，終止於狂。曾子，中行之稟也，故能悟入聖人之道。』」

按：陽明與王艮等弟子談謗議日熾與狂狷、鄉愿之説，至關重要，錢德洪定在二月，乃誤。按二月王艮已北上入都（見前），馬明衡、鄒守益也均於二月入京復職（見下），故可知此談話必在正月，蓋在是次談話後，鄒、王、馬纔皆北上赴京。如王艮顯即聞陽明「我今纔做得個狂者的胸次，使天下之人都説我行不揜言」以後，遂以「狂者」面目又冠服駕車入都，隨處講學。

鄒守益、黄宗明、馬明衡皆復職北上入京，經紹興來問學。

宋儀望鄒東廓先生行狀：「明年癸未，復謁王公於越中，參訂月餘。既别，王公悵望不已。門人問曰：『夫子何念謙之之深也？』公曰：『曾子所謂以能問於不能云云，若謙之，可謂近之矣。』入京，復收館職，與經筵，修國史，進階文林郎。」（華陽館文集卷十一）

耿定向東廓先生傳：「嘉靖壬午，世宗登極，録舊臣。逾年，先生始出。如越，謁王公，參訂月餘。既別，王公悵望不已。門人問曰：『夫子何念謙之之深也？』王公曰：『曾子云：「以能問不能，以多問寡，若無若虛，犯而不校。」謙之近之矣。』入京復職，與經筵，加文林郎。」（耿天臺先生文集卷十一）

按：據前引黄省曾記語録「薛尚謙、鄒謙之、馬子莘、王汝止侍坐」，可見鄒守益與王艮同在正月來紹興見陽明。其參訂月餘而北上赴京，則在二月，觀其别郭善夫、魏師顔、蔡希淵、王世瑞詩皆作在春二月（見下），亦足證鄒守益確是正月來見陽明。

霍韜致齋黄公宗明神道碑：「黄致齋，諱宗明，字誠甫……辛巳，陞工部屯田郎中，不起。癸未，補南京刑部四川司郎中。」（國朝獻徵録卷三十五）

按：據前引黄省曾記語録「薛尚謙、鄒謙之、馬子莘、王汝止侍坐」及錢德洪記語録「鄒守益、薛侃、黄宗明、馬明翰、王艮等侍」，可知黄宗明乃與鄒守益、王艮同在正月來紹興問學。後陽明在與黄宗賢中云：「近與尚謙、子莘、誠甫講孟子『鄉愿狂狷』一章。」即指正月間講論也。

詹仰庇明文林郎山東道監察御史師山馬公墓誌銘：「鄭安人呼侍御公謂：『而父死有令名，而致身事君，而父當益顯。』侍御公乃起復如京師，既復職太常。……二十三舉薦書，越年第進士，官太常。時王文成倡學東南，侍御公往從講業。及丁忠節公憂，服除，如京，復取道卒業文成，所酬往問質語，具載文成集中。……侍御公諱明衡，字子莘，別號

師山……居莆爲莆田人。」（馬忠節父子合集附録）

按：據前引黃省曾記語録「薛尚謙、鄒謙之、馬子莘、王汝止侍坐」及錢德洪記語録「鄒守益、薛侃、黃宗明、馬明衡、王艮等侍」，可知馬明衡亦是與鄒守益、黃宗明同在正月來問學，又同赴京師復職。陽明謂「近與尚謙、子莘、誠甫講孟子『鄉愿狂狷』一章」（王陽明全集卷五與黃宗賢），即在正月也。

薛侃歸養，經紹興來問學，居會稽山中，與陽明多有通信往還論學。

陽明與薛尚謙手札一：「所留文字，憂病中不能細看，略閱一二篇，亦甚有筆力，氣格亦蒼老，只是未免知在過之耳。且宜俯就時格，一第不令先也。如須題目，今寫一二去，閑中試一作，春半過此帶來一看，兄弟中肯同作尤好。『修身以道，修道以仁，人生而靜，天之性也。』『學要鞭辟近裏。』『論賀今上册立中宮表。』『問聖人之心未嘗一日忘天下。』及：『夫子席不暇暖，而於沮溺、荷簣丈人之賢皆有所未足，是可以知其本心矣。至其論太伯，則以爲至德；論夷齊，則以爲求仁得仁。』『四子言志，三子在皆欲得國而治，夫子蓋未嘗有所許也。及曾點有風浴咏歸之談，幾於□……』」（手札真迹爲美國私人收藏，計文淵王陽明法書集著録）

按：據前引黃省曾記語録「薛尚謙、鄒謙之、馬子莘、王汝止侍坐」及錢德洪記語録「鄒守益、薛侃、黃宗明、馬明衡、王艮等侍」，可知薛侃亦是在正月歸養來紹興問學（薛侃行狀謂薛侃在嘉靖三年歸養，乃誤)。以陽明此書考之，書云「春半過此帶來一看」，顯可見陽明此書作在正月。蓋薛侃居會稽山中受學，陽明在憂居中，薛侃時時來過一問受教，並多有通信往來論學。陽明此書中所言策問題目「論賀今上册立中宮表」，按世宗立皇后在嘉靖元年九月，國榷卷五十二：「嘉靖元年九月辛未，立皇后陳氏，陳萬言女，遣成國公朱輔充正使，大學士楊廷和、毛紀充副使，持節奉册寶，行奉迎禮。」陽明此類策問題目，或爲會試用也。大致薛侃正月出京來紹興問學，至六月方離紹興赴貴溪，至九月歸揭陽。

五岳山人黄省曾來紹興問學，執贄爲弟子。以後有會稽問道録之記。

明儒學案卷二十五南中王門學案一孝廉黄五岳先生省曾：「黄省曾，字勉之，號五岳，蘇州人也。少好古文辭，通爾雅，爲王濟之、楊君謙所知。喬白巖參贊南都，聘纂遊山記。李空同就醫京口，先生問疾，空同以全集授之。嘉靖辛卯，以春秋魁鄉榜。母老，遂罷南宫。陽明講道於越，先生執贄爲弟子。時四方從學者衆，每晨班坐，次第請疑，問至即答，無不圓中。先生一日撤領，汗洽重襟，謂門人咸隆頌陟聖，而不知公方廑理過，恒視坎途；門人擬滯度迹，而不知公隨新酬應，了無定景。作會稽問道録十卷。東廓、南野、心齋、龍溪，皆相視而莫逆也。陽明以先生筆雄見朗，欲以王氏論語屬之，出山不果。未幾母死，先生亦卒……傳習後録有先生所記數十條，當是採自問道録中，往往失陽明之意。然無如儀、秦一條云：『蘇秦、張儀之智也，是聖人之資。後世事業文章，許多豪傑名家，只是學得儀、秦故智。儀、秦學術，善揣摸人情，無一些不中人肯綮，故其説不能窮。儀、秦亦是窺見得良知妙用處，但用之於不善爾。』夫良知爲未發之中，本體澄然，而無人僞之雜，其妙用亦是感應之自然，皆天機也。儀、秦打入情識窠臼，一往不返，純以人僞爲事，無論用之於不善，即用之於善，亦是襲取於外，生機槁滅，非良知也，安得謂其末異而本同哉？以情識爲良知，其失陽明之旨甚矣。」

玉光劍氣集卷十九藝苑：「黄孝廉省曾與獻吉同時，好爲文章。中年自悔，曰：『以此求當於世，亦役我以老，而非真我。』乃謁文成於陽明洞天，了然悟天則之妙。歸而著會稽問道録，自謂得玄珠。嘗於世路有所不可，輒歎曰：『此爲置千里骨者耶？吾束吾腹歸耳。』」

按：黄省曾何時來紹興執弟子禮問學，向來不明。今按傳習録卷下中有黄省曾記語録六十八條，始於嘉靖二年，終於嘉靖六年。如一條語録記云：「薛尚謙、鄒謙之、馬子莘、王汝止侍坐，因歎先生自征寧藩已來，天下謗議益衆……」又一條語録記云：「癸未春，鄒謙之來越問學，居數日，先生送別於浮峰……」薛侃、鄒守益、馬明翰、王艮同時來越問學在嘉靖二年正月（見前考），鄒守益别陽明北上入都在二月（見下），由此可以確知黄省曾始來越執弟子禮問學在嘉靖二年正月。黄省曾在越問學五年，陽明與之無所不談，故黄省曾所記會稽問道録竟有十卷之多。按黄省曾向李夢陽學詩，三教九流之書無所不讀，百氏六藝之學無所不窺，著述尤豐，五岳山人詩集之外，有西洋朝貢典録、吴風録、稻品、蠶經、種魚經、藝菊譜、芋經、獸經、擬詩外傳、騷苑等。今李夢陽空同集卷六十一附録一篇黄省曾答李空同書，猶可見其超逸卓異之筆力學識，無怪陽明以王氏論語相託也。會稽問道録作爲實録，全面展現陽明晚年複雜思想之各個方面，錢德洪乃祇取其若干論良知之語入於傳習録，可謂大失誤，卒致會稽問道録亡佚，失掉衆多了解陽明晚年思想之寶貴資料。黄宗羲謂黄省曾所記語録「往往失陽明之意」，「失陽明之旨甚矣」，恐非是，蓋黄省曾所記均出於其親口所問，親耳所聞，親眼所見，據實直記，如何會「失陽明之意」？蓋是黄宗羲自己之理解「失陽明之旨甚矣」，非是黄省曾記録「失陽明之意」也。

黄岡郭慶、吴良吉來紹興問學。

傳習録欄外書：「先生自南都以來，凡示學者，皆令存天理、去人欲以爲本。有問所謂，則令自求之，未嘗指天理爲何如也。黄岡郭善甫挈其徒良吉，走越受學，途中相與辨論未合。既至，質之先生。先生方寓樓饘，不答所問，第目攝良吉者再，指所饘盂，語曰：『此盂中下乃能盛此饘，此案下乃能載此盂，此樓下乃能載此案，地又下乃能載此樓。惟下乃大也。』」

耿定向先進遺風卷上：「余里中郭孝廉慶，字善甫者，敦樸篤行人也，從先生遊最久。既歸，則以其聞諸先生者接引里中後生。里有茂才吴良吉，字仲修，性資，視孝廉頗高明，因發志，鬻產爲資，附孝廉舟，往越中謁先生。」

耿天臺先生文集卷十三新建侯文成王先生世家：「黄岡郭善甫挈其徒吴良吉走越受學，途中相與辨論未合。既至，郭屬吴質之先生。先生方寓樓饘，不答所問，第目攝良吉者再，指所饘盂語曰：『此盂中下乃能盛此饘，此案下乃能載此盂，此樓下乃能載此案，地又下乃能載此樓。惟下乃大也。』良吉退就舍，善甫問：『先生何語？』良吉涕泗横下，嗚咽不能對。良吉歸，而安貧樂道，至老不負師門云。」

按：前考郭慶在嘉靖元年冬有書致陽明，示欲來紹興問學之意，故遂在嘉靖二年正月偕弟子吴良吉來訪。今考鄒守益集卷二十六有同郭善甫魏師顔宿陽明洞詩，作在春二月，實爲鄒守益别陽明詩（見下），故由此詩亦可見郭慶正月來越問學之况。

二月，鄒守益北上入都，陽明送别蕭山浮峰，登鎮海樓；又移舟宿延壽寺，有詩韻唱酬。

傳習録卷下：「癸未春，鄒謙之來越問學。居數日，先生送别於浮峰。是夕，與希淵諸友移舟宿延壽寺，秉燭夜坐。先生慨悵不已，曰：『江濤煙柳，故人倏在百里外矣！』一友問曰：『先生何念謙之之深也？』先生曰：『曾子所謂「以能問於不能，以多問於寡，有若無，實若虛，犯而不較」，若謙之者，良近之矣！』」

陽明鎮海樓：「越嶠西來此閣横，隔波煙樹見吴城。春江巨浪兼山湧，斜日孤雲傍雨晴。塵海茫茫真斷梗，故人落落已殘星。年來出處嗟無累，相見休教白髮生。」（萬曆蕭山縣志卷二，陽明文集失載）

按：鎮海樓在蕭山江畔，萬曆蕭山縣志卷二宫室：「曰樓則有鎮海樓，迫西興渡。隆慶中圮。萬曆十五年，令劉會因石塘功畢，力請重建，葺舊臺，增高四尺，改方洞門，架樓三楹，其上回廊皆石柱，繚以雕欄。顔其面曰『浙東第一臺』，門曰『望京』，背曰『鎮海樓』……先是有玩江樓，久廢。弘治十年，令鄒魯重建，改今名。嘉靖十八年，通判周表修葺，太守湯紹恩扁曰『全越都會』。」陽明乃是從水路送鄒守益至蕭山，故當首登鎮海樓也。

鄒守益集卷二十六侍陽明先生及蔡希淵王世瑞登浮峰書别：「遠隨謝屐出東皋，直訪梅巖子真常隱於此未憚勞。杯酒百年幾勝踐，初晴千里見秋毫。沙光映日開平野，石勢連雲湧海濤。醉下長林生别思，煙汀回首越山高。」同郭善夫魏師顔宿陽明洞：「躡足青霄石萬尋，謝墩何處更投簪？雲穿草樹春亭静，水點桃花洞口深。屋漏拂塵參秘訣，匡牀剪燭動幽吟。千年射的山名，在陽明洞中誰能中？莫遣桑蓬負壯心。」

王陽明全集卷二十夜宿浮峰次謙之韵：「日日春山不厭尋，野情原自懶朝簪。幾家茅屋山村静，夾岸桃花溪水深。石路草香隨鹿去，洞門蘿月聽猿吟。禪堂坐久發清磬，却笑山僧亦有心。」　再遊浮峰次韻：「廿載風塵始一回，登高心在力全衰。偶懷勝事乘春到，況有良朋自遠來。還指松蘿尋舊隱，撥開雲石翦蒿萊。後期此別知何地？莫厭花前勸酒杯。」　再遊延壽寺次舊韻：「歷歷溪山記舊蹤，寺僧遥住翠微重。扁舟曾泛桃花入，歧路心多草樹封。谷口鳥聲兼伐木，石門煙火出深松。年來百好俱衰薄，獨有幽探興尚濃。」

按：宋儀望鄒東廓先生行狀謂鄒守益來越「參訂月餘」而別，可知其北上入都在二月中。陽明送至蕭山浮峰，按陽明於弘治十六年嘗來遊浮峰，至是恰二十年，故詩云「廿載風塵始一回」。其所次延壽寺舊韻，即次弘治十六年遊牛峰寺詩韻。明世宗實録卷二十七：「嘉靖二年五月甲申，復除翰林院編修鄒守益原職。」蓋鄒守益至都下在三月，復職在五月。

託鄒守益遞書都下黃綰，論講學觸犯時忌事。

陽明文録卷二與黃宗賢書一：「別去，得杭城寄回書，知人心之不可測，良用慨歎。然山鬼伎倆有窮，老僧一空無際，以是自處而已。講學一事，方犯時諱，老婆心切，遂能緘口結舌乎？然須默而成之，不言而信。不量淺深而呶呶多口，真亦無益也。議論欠簡切，不能虚心平氣，此是吾儕通患。吾兄行時，此病蓋已十去八九，未審近來消釋已盡否？謙之行便，草草莫既，衷私幸亮。」

按：書所謂「謙之行便」，即指鄒守益二月北上入都，可見此書乃託鄒守益携往都下與黄綰。所謂「方犯時諱」，即指犯「學禁」，蓋陽明已預感到科舉會試將欲陰闢其學矣。按王襞新鐫東厓王先生遺集卷上答秋漕漳州陳文溪書中引陽明此書，作：「講學一事，雖犯時諱，老婆心切，遂能緘口結舌乎？仁者愛物之誠，又有不容已者，要在默而識之，不言而信耳。」黄綰將此書收入陽明文録或有删節。

方獻夫薦授吏部考功司員外郎入都，陽明致書論學，批評方獻夫、湛甘泉「牽制於文義」。

王陽明全集卷五答方叔賢書二：「此學蓁蕪，今幸吾儕復知講求於此，固宜急急遑遑，並心同志，務求其實，以身明道學。雖所入之途稍異，要其所志而同，斯可矣。不肖之謬劣，已無足論。若叔賢之於甘泉，亦乃牽制於文義，紛争於辯説，益重世人之惑，以啓呶呶者之口，斯誠不能無憾焉。憂病中，不能數奉問，偶有所聞，因謙之去，輒附此。言無倫次。渭先相見，望併出此。」

按：前考方獻夫於嘉靖元年冬有書致陽明，即西樵遺稿卷八柬王陽明書四。陽明收到方獻夫此書約在嘉靖元年歲暮，陽明此書即答方獻夫此柬王陽明書四，因説不能合，故聲色俱厲。此前方獻夫已薦起入都矣。吕本方公獻夫神道碑銘：「正德壬申，養病乞歸，杜門十載。聖天子中興，以薦起嘉靖癸未春，復除吏部考功司員外郎，調文選司。」（國朝獻徵録卷十六）可見方獻夫必是在嘉靖二年春正月入京赴職。至二月鄒守益入都復職，陽明乃作此書，託鄒守益轉遞方獻夫，即此書所云「因謙之去，輒附此」。蓋與前引與黄宗賢書作在同時也。「渭先」即霍韜，時亦在京任兵部主事。

三月，會試策士以心學爲問，陰闢陽明，陽明衆多弟子舉進士。

國榷卷五十二：「嘉靖二年三月乙卯，策貢士於奉天殿，賜姚淶、王教、徐階等進士及第出身有差。」

按：是歲南宫策士以心學爲問，陰闢陽明。張朝瑞皇明貢舉考卷六載嘉靖二年癸未會試策五道，一曰「宋儒大有功於吾道，朱子集大成於諸儒」，一曰「漢唐宋致朋黨之原，諸君子論朋黨之别」，即所謂以心學爲問、陰闢陽明之策論，蓋「壬午學禁」大力推行之於科舉取士也。然陽明門人直接發師旨不諱，反中進士者特多，今可考者有：

王臣。皇明貢舉考卷六：「癸未嘉靖二年會試：王臣，江西南昌縣。」錢德洪陽明先生年譜：「同門歐陽德、王臣、魏良弼等直接發師旨不諱，亦在取列，識者以爲進退有命。」

石簡。參正德十六年「浙中士子來紹興受學漸衆」條所引。

朱廷立。明清進士録：「朱廷立，嘉靖二年三甲九十一名進士。」皇明貢舉考卷六：「湖廣通山人，字子禮，號兩崖。受學王守仁。巡順天，督修河道。平四川土裔亂，捷聞，賜金幣。旋督北畿學政，倡正學，精藻鑒，人稱『朱夫子』。以禮部右侍郎致仕。有鹽志、馬政志、家禮節要、兩崖集等。」

歐陽德。明清進士録：「歐陽德，嘉靖二年二甲十一名進士。」明史卷二百八十三歐陽德傳：「嘉靖二年，策問陰詆守仁，德與魏良弼等直發師訓無所阿，竟登第。」

金克厚。參正德十六年「浙中士子來紹興受學漸衆」條所引。

郭弘化。明清進士録：「郭弘化，嘉靖二年三甲二百一十名進士。江西安福人，字子弼，號松崖。知江陵縣。徵授御史，因見彗星，請停罷廣東採珠，忤旨，黜爲民。卒於家。」

黄直。明清進士録：「黄直，嘉靖二年三甲一百六十三名進士。江西金溪人，字以方，號卓峰。除漳州推官，疏請早定儲貳，貶沔陽判官。又以抗疏救楊名，戍雷州衛，赦還卒。」吴悌推官黄公直行狀：「癸未會試，場中策問極詆講學之非。先生與南野歐公獨闡聖學，力排衆議之失。編修馬公（汝驥）得卷，以爲奇士。廷對，賜同進士出身。觀政吏部。」（國朝獻徵録卷九十一）

薛宗鎧。明清進士録：「薛宗鎧，嘉靖二年三甲五十八名進士。廣東揭陽人，字子修。官建陽令，求朱熹之後復之，以主祀事。徵爲給事中，時汪鋐擅權，宗鎧抗疏劾之，奪職，被杖死。」

魏良弼。明清進士録：「魏良弼，嘉靖二年三甲一百六十七名進士。江西新建人，字師説，號水洲。」

蕭璆。皇明貢舉考卷六：「癸未嘉靖二年會試：蕭璆，湖廣辰州衛。」

王激。光緒永嘉縣志卷十五：「王激，字子揚，號鶴山。鉦次子。天姿英邁，豐儀秀偉，書過目成誦。正德丁卯，以春秋舉省試第二人。初嗜仙釋語，後與陽明高弟徐曰仁、金汝白諸君子相友善切磋，而張純、項喬又從激受業。嘉靖癸未，以詩經成進士，授吉水知縣……」

薛僑。皇明貢舉考卷六：「癸未嘉靖二年會試：薛僑，廣東揭陽縣。」按薛僑爲薛侃弟，潮州府志、海陽縣志皆謂薛僑與侄薛宗鎧聯登是科姚淶榜進士，薛僑授國子監助校。

徐珊因南宮策問陰詆陽明學，不對而出，歸越來見，陽明爲作書徐汝佩卷贊之。徐珊乃編校陽明居夷集行世。

錢德洪陽明先生年譜：「南宮策士以心學爲問，陰以闢先生。門人徐珊讀策問，歎曰：『吾惡能昧吾知以倖時好耶！』不答而出。聞者難之，曰：『尹彦明後一人也。』」明語林卷十一排調：「癸未會試，主司出策，語詆陽明學。陽明弟子徐珊拂衣而出，時論高之。後爲辰州同知，侵餉事發，自縊死。時人語曰：『君子學道則愛人，小人學道則縊死。』」（又見皇明世説新語卷七）

王陽明全集卷二十四書徐汝佩卷：「壬午之冬，汝佩别予北上，赴南宮試。已而門下士有自京來者，告予以汝佩因南宮策問若陰詆夫子之學者，不對而出，遂浩然東歸，行且至矣。予聞之，黯然不樂者久之。士曰：『汝佩斯舉，有志之士莫不欽仰歆服，以爲自尹彦明之後，至今而始再見者也。夫人離去其骨肉之愛，齎糧束裝，走數千里，以赴三日之試，將竭精弊力，惟有司之好是投，以蘄一日之得，希終身之榮，斯人之同情也。而汝佩於此獨能不爲其所不爲，不欲其所不欲，斯非其有見得思義，見危授命之勇，其孰能聲音笑貌而爲此乎？是心也，固「富貴不能淫，貧賤不能移，威武不能屈」者矣。將夫子聞之，躍然而喜，顯然而嘉與之也；而顧黯然而不樂也，何居乎？』予曰：『非是之謂也。』士曰：『然則汝佩之爲是舉也，尚亦有未至歟？豈以汝佩骨肉之養且旦暮所不給，無亦隨時順應以少蘇其貧困也乎？若是，則汝佩之志荒矣。』予曰：『非是之謂也。』士曰：『然則何居乎？』予默然不應，士不得問而退。他日，汝佩既歸，士往問於汝佩曰：『向吾以子之事問於夫子矣，夫子黯然而不樂，予云云，而夫子云云也，子以爲奚居？』汝佩曰：『始吾見發策者之陰詆吾夫子之學也，蓋怫然而怒，憤然而不平。以爲吾夫子之學，則若是其簡易廣大也；吾夫子之言，則若是其真切著明也；吾夫子之心，則若是其仁恕公普也。夫子憫人心之陷溺，若己之墮於淵壑也，冒天下之非笑詆詈而日惇惇焉，亦豈何求於世乎？而世之人曾不覺其爲心，而相嫉媢詆毁之若是，若是而吾尚可與之並立乎？已矣！吾將從夫子而長往於深山窮谷，耳不與之相聞，而目不與之相見，斯已矣。故遂浩然而歸。歸途無所事事，始復專心致志，沈潛於吾夫子致知之訓，心平氣和，而良知自發。然後黯然而不樂曰：嘻吁乎！吾過矣。』士曰：『然則子之爲是也，果尚有所不可歟？』汝佩曰：『非是之謂也。吾之爲是也，亦未不可；而所以爲是者，則有所不可也。吾語子：始吾未見夫子也，則聞夫子之學而亦嘗非笑之矣，詆毁之矣；及見夫子，親聞良知之誨，恍然而大寤醒，油然而生意融，始自痛悔切責。吾不及夫子之門，則幾死矣。今雖知之甚深，而未能實諸己也；信之甚篤，而未能乎諸人也。則猶未免於身謗者也，而遽爾責人若是之峻。且彼蓋未嘗親承吾夫子之訓也，使得親承焉，又焉知今之非笑詆毁者，異日不如我之痛悔切責乎？不如我之深知而篤信乎？何忘己之困而責人之速也！夫子冒天下之非笑詆毁，而日諄諄然惟恐人之不入於善，而我則反之，其間不能以寸矣。夫子之黯然而不樂也，蓋所以愛珊之至而憂珊之深也。雖然，夫子之心，則又廣矣大矣，微矣幾矣。不睹不聞之中，吾豈能盡以語子也？』汝佩見，備以其所以告於士者爲問，予頷之而弗答，默然者久之。汝佩悚然若有省也。明日，以此卷入請曰：『昨承夫子不言之教，珊傾耳而聽，若震驚百里，粗心浮氣，一時俱喪矣。請遂書之。』」

錢德洪答論年譜書八：「徐珊嘗爲師刻居夷集，蓋在癸未年。」（王陽明全集卷三十七）

按：羅洪先集卷五修道堂記云：「徐君（珊）事先生最久，自居夷所得片言，皆録而傳之。」卷四辰州虎溪精舍記云：「君（徐珊）事先生最久，自謫所有片言，皆謹録而傳之。」據此，可見居夷集乃是徐珊編校。按世宗「學禁」詔中謂「自今教人取士，一依程朱之言，不許妄爲叛道不經之書，私自傳刻」，徐珊私自傳刻陽明居夷集，乃公然與世宗唱反調；而陽明精心撰書徐汝佩卷，亦隱然是對世宗「學禁」之不屈回應也。按居夷集實由丘養浩刊刻於嘉靖三年（見下），錢德洪謂居夷集由徐珊刻於嘉靖二年，乃誤。

錢德洪、王畿南宫春試下第歸，皆來紹興受學。

吕本緒山錢公墓誌銘：「癸未，下第歸，晨夕在師側。四方來從遊，如薛中離、鄒東廓、王心齋、歐陽南野、黄洛村、何善山、魏水洲、藥湖諸君，咸集館下，及聞風而來者，無慮數百人。必令引導，以端從入之途，皆稱公『山中教授』。」（期齋吕先生文集卷十二）

錢德洪陽明先生年譜：「德洪下第歸，深恨時事之乖。見先生，先生喜而相接，曰：『聖學從兹大明矣。』德洪曰：『時事如此，何見大明？』先生曰：『吾學惡得遍語天下士？今會試録，雖窮鄉深谷無不到矣。吾學既非，天下必有起而求真是者。』」

徐階龍溪王先生傳：「嘉靖癸未，公試禮部，不第，歎曰：『學貴自得，吾向者猶種種生得失之心，然則僅解悟耳。』立取京兆所給路券焚之，而請終身受業於文成。文成爲治静室，居之逾年，遂悟虚靈寂感、通一無二之旨。」（龍溪集附録四）

周汝登王畿傳：「嘉靖癸未，試禮部不第，歎曰：『學貴自得，吾向僅解悟耳。』立取京兆所給路券焚而歸，卒業於師門。師爲治静室，居之逾年，大悟，盡契師旨。故其言曰：『我是師門一唯參。』又曰：『致良知三字，及門者誰不聞？惟我信得及。』」（聖學宗傳卷十四）

俞純夫南宫春試下第，南歸來紹興受學。

夏尚樸夏東巖先生詩集卷六：「俞純夫落第南歸，得見陽明先生，遂焚引歸，即巖居，其志可謂決矣。因次所誦陽明詩韻寄之，幸勿謂老生常談見外也。道理平鋪本自明，直須收斂見精英。獨慚拙學違初志，更覺殘齡畏後生。義利兩途須早判，知行偏廢豈能成？孔顔樂處平平地，不出虞廷敬畏情。」

按：俞純夫即俞文德，廣豐人。同治廣信府志卷九之三：「俞文德，字純夫，廣豐人。性警悟，好鑽研名理。壬午領鄉薦，落第南歸。得見陽明先生，證良知之旨，遂決志巖居，學士宗之。」（又見同治廣豐縣志卷八之四）夏尚樸夏東巖先生詩集卷二有自嘲寄雨石俞純夫：「久已廢書策，悠悠度歲年。不知何處去，染得一身禪。」知俞純夫號雨石。按王心齋先生遺集卷二有與俞純夫云：「只心有所向便是欲，有所見便是妄；既無所向，又無所見，便是無極而太極。良知一點，分分明明，亭亭當當，不用安排思索，聖神之所以經綸變化，而位育參贊者，皆本諸此也。此至簡至易之道，然必明師良友指點，功夫方得不錯。故曰：道義由師友有之。不然，恐所爲雖是，將不免行不著，習不察。深坐山中，得無喜靜厭動之僻乎？肯出一會商榷，千載不偶。」王艮之言，幾如説禪，夏尚樸云「不知何處去，染得一身禪」，疑即指王艮。蓋俞純夫嘉靖二年後常來越問學，故與王艮尤相知熟識也。

按：夏尚樸所次陽明詩韻，即陽明月夜二首之二（王陽明全集卷二十），末二句作「鏗然舍瑟春風裏，點也雖狂得我情」。陽明此詩作於嘉靖三年中秋（見下），可見俞純夫嘉靖三年又來受學。明儒學案卷四太僕夏東巖先生尚樸：「夏尚樸……逆瑾擅政，遂歸。王文成贈詩，有『舍瑟春風』之句，先生答曰：『孔門沂水春風景，不出虞廷敬畏情。』」按陽明「舍瑟春風」詩作於嘉靖三年，非逆瑾擅權時作；

夏尚樸「不出虞廷敬畏情」詩乃爲俞純夫作，非爲答陽明詩。明儒學案説誤。

朱廷立南宫舉進士，授諸暨宰，經紹興來問學。

鄒守益集卷六炯然亭記：「炯然亭者，吾友武昌朱子禮之所作也。子禮爲諸暨宰，受學於陽明先生，聞炯然良知之教，以省其身，以修其職。政成，入朝爲監察御史，益思爲德爲民以充所學，猶懼其弗習也，作亭於所居，以識不忘。」

胡直禮部右侍郎朱公廷立傳：「登癸未進士，授諸暨縣令……先是厥考嘗從陳獻章游，因以聖賢之學期立。立後又得王、湛、鄒子輩相師友，學益邃。觀其知行合一之論，心性即仁之説，事心事天之旨，正學正道之辯，率皆根本之學，有實見也。」（國朝獻徵録卷三十五）

謗議日熾，蕭鳴鳳書來相告，有答書。

王陽明全集卷二十七與蕭子雍：「繆妄迂疏，多招物議，乃其宜然。每勞知己爲之憂念不平，徒增悚赧耳。荼毒未死之人，此身已非己有，況其外之毁譽得喪，又敢與之乎？哀痛稍蘇時，與希淵一二友喘息於荒榛叢草間，惴惴焉惟免於戮辱是幸，他更無復願矣。近惟教化大行，已不負平時之祝望。知者不慮其不明，而慮其過察；果者不慮其無斷，而慮其過嚴。若夫尊德樂義，激濁揚清，以丕變陋習，吾與昔人，可無間然矣。盛价還，草草無次。」

按：所謂「多招物議」，「外之毁譽得喪」，「惴惴焉惟免於戮辱是幸」，即指壬午以來「學禁」大興，直至嘉靖二年三月南宫策士陰詆陽明，謗議四起，陽明慄慄危懼。「荼毒未死」，指丁憂。「近惟教化大行」，指蕭鳴鳳時任南畿提學，大力振興教化。薛應旂蕭公鳴鳳墓表：「踰年，南畿缺提學，御史乃膺簡命……至則振起科條，以身範物……故南士有『陳泰山，蕭北斗』之謡，『陳』謂先提學陳恭愍公選也。」（國朝獻徵録卷九十九）可見陽明此書約作在三四月間。

四月，洪鐘卒，爲作墓誌銘。

王陽明全集卷二十五謚襄惠兩峰洪公墓誌銘：「特進光禄大夫、柱國、太子太保、刑部尚書兼都察院左都御史致仕洪公，以嘉靖二年四月十九日薨，時年八十有一矣。訃聞，天子遣官九諭祭，錫謚襄惠，賜葬錢塘東穆塢之原。其嗣子澄將以明年乙酉月日舉葬事，以幣以狀來請銘。」

按：陽明後又作祭洪襄惠公文云：「先君子素與於公，守仁雖晚，亦辱公之知愛。」按洪鐘弘治十一年後陞都察院右副都御史，巡撫順天等府，整飭薊州諸邊備，自山海關至居庸關繕復城堡三百七十座。時陽明亦觀政工部，疏陳邊務，所謂「辱公之知愛」，即在其時也。又洪鐘晚歸居錢塘，築兩峰書院於西湖之上，講學十一年，陽明屢次往返經杭州，亦必當往訪也。

霍韜因上大禮疏受沮謝病歸，經武城極論陽明學術，有書致陽明辨學術異同。

明史卷一百九十七霍韜傳：「及大禮議起……其年十月上疏……帝得疏喜甚，迫群議不遽行。而朝士咸指目韜爲邪説。韜意不自得，尋謝病歸。」

石頭録石頭録原編：「嘉靖二年癸未四月七日午，經武城。會王純甫，極論王伯安學術，駐渡口。公集中有與王伯安書曰：『讀傳習録，多有未領，蓋賢知之過也。』又與黄致齋、張甬川論曰『知行合一，矯學者口耳蔽敝也。要之，知行亦自有辨』云云。今自書云：『極論王伯安學術。』或如此。」

按：所謂「經武城」，即指霍韜因上大禮疏受沮，謝病歸南海，途經武城。「王純甫」即王道，「黄致齋」即黄宗明，「張甬川」即張邦奇。按霍韜、王道皆是尊朱學者，故所謂武城「極論王伯安學術」，實即批評王學也。時黄宗明任南京刑部四川司郎中，故霍韜當是經南京時再與黄、張極論陽明學術。前考霍韜上大禮疏時，嘗將大禮疏寄陽明請示，得陽明首肯。故是次霍韜自京師歸，疑當途經紹興與陽明一見論學論政，至歸南海後方有書致陽明論學也。

時淮揚大饑，王艮自京師歸泰州，貸粟賑濟。

董燧王心齋先生年譜：「夏四月，貸粟賑濟。淮揚大饑，先生故所遊真州王商人居積富，雅敬重先生。於是先生從真州貸其米二千石歸，請官家出丁册給賑。時有饑甚不能移者，則作粥糜食之。既謁巡撫□公請賑，因以其所賑饑民狀對，撫公疑其言，先生曰：『賑册在場，官所可稽。』乃羈先生於空廨中，令人偵先生出入所並與往來言者。時廨中有就羈有司三二人，先生坐其中，惟與三二人講究理學，暇則彈琴自娱，絶無一言及外事，亦無一人往來。偵者以實告撫公。會所取賑册至，撫公覽之大悔，曰：『幾失君矣。』已乃大喜曰：『君布衣乃爾，何言有司？』明日，就先生問：『讀何書？』曰：『讀大學。』『更讀何書？』曰：『中庸。』又曰：『外此復何書？』曰：『尚多一部中庸耳。』曰：『何謂也？』曰：『誠意、正心、修身、齊家、治國、平天下，道理已備於大學。』撫公悟，大發賑行，將樹牌坊表揚先生，先生固謝之。」

五月，薛侃山居病暑，陽明致書慰問。

陽明與薛尚謙手札二：『聞貴恙，即欲往候，顧几筵不得少離，馳念何可言！山間幽寂閑散，於學力不爲無助，論者以雨後毒熱，草木濕暑之氣，大能中人，暫且移卧城中，近山小庵院，俟暑退復往，如何？爲學工夫最難處，惟疾病、患難。患難中意氣感發，尚自振勵。小疴薄痿猶可支持；若病勢稍重，精神昏憊，又處羈旅，即意思惝恍無聊，鮮不弛然就縻者。此皆區區嘗所經歷，不識賢者却如何耳。何鵲去不克偕，悵悵怏怏，珍攝自愛。守仁拜手，尚謙察院道契文侍。」（手札真迹爲美國私人收藏，計文淵王陽明法書集著録）

按：此札所云「几筵」，指靈座，陽明乃在憂居中。「雨後毒熱」，「濕暑之氣」，則在夏五月。既云「聞貴恙，即欲往候」，可見薛侃即居在會稽受學，若其歸揭陽，豈能「往候」？陽明謂夏暑太熱，勸其「暫且移卧城中」，可見薛侃時居山中受學，即錢德洪所云「癸巳已後，環先生而居者比屋……南鎮、禹穴、陽明洞諸山遠近寺刹，徙足所到，無非同志遊寓所在」。薛侃當亦住諸山遠近寺刹中，因病陽明令其進紹興城居住。札中所言「何鵲去」，乃指何廷仁，原名何春，字性之，號善山。其當是在春間來越問學，至五月歸雩都。

薛宗鎧授貴溪知縣，經紹興來問學。别後陽明有書論良知之學。

陽明先生文録卷二與薛子修書：「承遠顧，憂病中别去，殊不盡情。此時計已蒞任，人民社稷必能實用格致之力，當不虚度日月也。心之良知是謂聖，聖人之學，致此良知而已矣。謂良知之外尚有可致之者，侮聖言者也，致知爲盡矣。令叔不審何時往湖湘？歸途經貴溪，想得細論一番。廷仁回省，便輒附此致間闊。心所欲言，廷仁當能面悉。不縷。」

按：薛子修即薛宗鎧，號東泓，揭陽人，薛俊子，薛侃姪。黄綰薛助教俊墓誌銘：「君諱俊，字尚節，號静軒，世爲揭陽龍溪之薛壟人。……弟五人：曰傑、曰侃、曰僎、曰偉、曰僑。……子三人：曰宗鎧、曰宗銓、曰宗鏜。宗鎧與僑同科進士，貴溪知縣。」（國朝獻徵録卷七十三）陽明此札所云「此時計已蒞任」，即指薛仲鎧中進士授貴溪知縣。所謂「承遠顧，憂病中别去」，必是指薛宗鎧中進士南下赴貴溪知縣任，途經紹興來見陽明問學，然後相别赴貴溪而去。時陽明仍丁父憂，故云「憂病中别去」。

所謂「令叔不審何時往湖湘」，乃指薛侃，蓋其時薛俊在湖湘任職，黃綰薛助教俊墓誌銘：「乙亥，陞玉山教諭……丙子，陽明先生過玉山，君遂執弟子禮……是歲，聘典湖南文衡。」薛侃隨後即在六月離紹興回京，七月往赴湖湘薛俊處（見下），至次年則因母卒而歸揭陽。薛侃由紹興赴湖湘必經貴溪，而薛宗鎧方爲貴溪知縣，故札云「歸途經貴溪，想得細論一番」。所謂「廷仁回省」，即指何廷仁歸雩都，與前引與薛尚謙手札所云「何鵲去不克偕」相合，可見兩札同作在五月中。何廷仁約在春間來問學，至是歸雩都亦必經貴溪，故此札云「心所欲言，廷仁當能面悉」。

六月，薛侃回京，有書來論學。陽明有答書，並寄贈新改定古本大學序。

王陽明全集卷五寄薛尚謙：「承喻『自咎罪疾，只緣「輕傲」二字累倒』，足知用力懇切。但知得輕傲處，便是良知；致此良知，除却輕傲，便是格物。『致知』二字，是千古聖學之秘，向在虔時終日論此，同志中尚多有未徹。近於古本序中改數語，頗發此意，然見者往往亦不能察。今寄一紙，幸熟味！此是孔門正法眼藏，從前儒者多不曾悟到，故其說卒入於支離。仕鳴過虔，嘗與細說，不審閑中曾論及否？諭及甘泉論仕德處，殆一時意有所向而云，益亦未見其止之歎耳。仕德之學，未敢便以爲至，即其信道之篤，臨死不貳，眼前曾有幾人？所云『心心相持，如髡如鉗』，正恐同輩中亦未見有能如此者也。書來，謂仕鳴、海崖大進此學，近得數友皆有根力，處久當能發揮。幸甚！聞之喜而不寐也。海崖爲誰氏？便中寄知之。」

按：陽明與黃宗賢云：「近與尚謙、子莘、誠甫講孟子『鄉愿狂狷』一章，頗覺有所省發，相見時試更一論如何？」（王陽明全集卷五）此書作於七月（見下），可見薛侃乃在六月離紹興回京師。泉翁大全集卷八贈龍遊子祝憲僉序云：「司寇林公所禮其曹有三人焉，一曰龍遊祝子公叙，一曰仙居應子邦升，一曰歸安陸子元靜。三子者日與大行薛子（按：即薛侃）諸子論辯於長安……惟歲癸未之夏，祝子拜僉廣東之憲，而訪於政。甘泉子曰：『莫學非政矣。』薛子請以學告……」可見夏六月薛侃已在京師。陽明書中所言「仕鳴」即楊鸞，「仕德」即楊驥，「海崖」即陳明德，後亦爲陽明弟子。薛侃集卷七陳海涯傳：「先生姓陳氏，諱明德，字思準，海陽闢望人也……戊子，見陽明先生於羊城。」陽明於此書中云「近於古本序中改數語，頗發此意」，尤可注意。按陽明於與黃勉之中云：「古本之釋，不得已也……短序亦嘗三易稿，石刻其最後者。」（王陽明全集卷五）此書作於嘉靖三年，可見陽明嘉靖二年修改大學古本序乃最後一次改易稿，所謂「頗發此意」，即加進「致良知」之説，將大學之「致知」解釋爲「致良知」也。

再致書薛侃、黃宗明諸在京門人，勉諸人在朝謹慎珍重。

陽明與尚謙誠甫世寧書：「前日賤恙，深不欲諸君出，顧正恐神骨亦非久耐寒暑者。乃今果有所冒辛，而不至於甚，亦足以警也。自此千萬珍重珍重！賤軀悉如舊，但積弱之餘，兼此毒暑，人事紛沓，因是更須將息旬月，然後敢出應酬耳。味養之喻，已領盛意。守身爲大，豈敢過爲毀瘠，若疾平之後，則不肖者亦不敢不及也。所云私抄，且付之公論，未須深講。『山静若太古，日長如小年。』前日已當面語，今更爲諸君誦之。守仁白，尚謙、誠甫、世寧三位道契文侍。」（壯陶閣書畫録卷十明王陽明手札册，陽明文集失載）

按：陽明是書云「守身爲大，豈敢過爲毀瘠，若疾平之後，則不肖者亦不敢不及也」，乃指其守喪哀毀事。陽明父王華於嘉靖元年二月卒，陽明守喪至嘉靖三年四月服闋，以書中云「毒暑」，指夏六月，「前日已當面語」，指六月薛侃别陽明赴京，則陽明此書必作於嘉靖二年六月，與前引陽明寄薛尚謙相先後也。書中所云「所云私抄，且付之公論」，似指薛侃在紹興所記語録及陽明之文。「尚謙」指薛侃，「誠甫」指黃宗明。「世寧」無考，疑即馬明衡（一字世寧），蓋三人其時皆在京也（見前）。

惠州王一爲負笈來越，受學半載而歸，陽明書卷贈别。

王陽明全集卷八書王一爲卷：「王生一爲自惠負笈來學，居數月，皆隨衆參謁，默然未嘗有所請。視其色，津津若有所喜然。一日，衆皆退，乃獨復入堂下而請曰：『致知之訓，千聖不傳之秘也，一爲既領之矣。敢請益。』予曰：『千丈之木，起於膚寸之萌芽。子謂膚寸之外無所益歟，則何以至於千丈？子謂膚寸之外有所益歟，則膚寸之外，子將何以益之？』一爲躍然起拜曰：『聞教矣。』又三月，思其母老於家，告歸省視，因書以與之。」

按：文云王一爲「居數月」，「又三月」，則其在越受學有半載之久。大致其在夏間來問學，至冬間歸。

七月，黄綰授南京都察院經歷，致書來告，陽明有答書。

泉翁大全集卷十七贈石龍黄宗賢赴南臺序：「石龍黄子蚤志聖賢之學，前爲後軍都督，與陽明子、甘泉子友，三人者解官遷轉，各别十年矣。嘉靖繼統，與甘泉子並起廢至京師。石龍子遷南臺經歷，後軍俞君請曰：『宗賢與子有同志之雅，宜爲我有贈言，否則無以酬置亭待二子之意也。』甘泉子辭曰：『吾與宗賢期默成於道矣，惡乎言？』再至而再辭焉。既而應君元忠、黄君才伯請曰：『黄子與子有同志之雅，宜爲吾同志有贈言。』甘泉子辭之，如辭俞君。既而王君公弼、歐君崇一、蕭君子鳴、錢君汝沖、鄭君窒甫，聯王君、虞君、金君、太常李君、廷評陸君、職方梁君、秋官陸君、太史鄒君、春官陳君、韋君、黄君、魏君、陳君、二薛君，傅君、應君、吴君之名，申應、黄之請。辭不可，乃言之曰：『夫學，覺而已矣。伊尹，天民之先覺也。覺也者，知也；知覺也者，心之本體也。天地之常明也，以普萬物而不遺；聖人之常知也，以照萬事而無外。故知圓如天，行方如地。天包乎地，知通乎行。通乎行而知者，聖學之始終也。易曰：「知至至之，知終終之。」記曰：「聰明睿知達天德，其知也。」夫知之用大矣哉！是故知天而天，知地而地，知萬物而萬物，知天地萬物而不遺者，其惟聖人乎！』問有疑者曰：『吾未聞知之該乎行也，請問其説。』甘泉子曰：『夫吾期與黄子默識之矣，惡乎言，惡乎言！昔有寐而寱語者，呼之寤，則不語；復寐，復寱語。於是矯令不寐而常惺，乃不復寐語。故在知覺而已。』曰：『請問其故。』曰：『今夫人之知語之爲顯，而不知默之有顯也。豈徒語默爲然？知益之爲益，而不知損之有益也；知亢乎其舉者之能勝，而不知全放下者之有得也：皆寐之類也。是故學常知而已矣。知亡而後遷於物，物遷而流，流而不知止，天理滅矣。』曰：『然則知而已，何擇乎禪？』曰：『空知，禪也。知語、知默，知進、知退，知損、知益，通乎語默、進退、損益，而知不失其道，可以如聖矣。是故物至而知，知故知止，知止則不流，不流而後澄定，澄定而後能察見天理，察見天理而後能存存。學至存存焉，至矣！』或疑之曰：『奚爲其然也？然則奚擇於禪矣？』『學、問、思、辨，開其知也；篤行，恒其知也。知也者，天理也。故學至常，知天理焉，盡矣！』二十五子，其爲我告於黃子。』黃子曰：『然焉，則可以別矣。且以寓諸陽明子，何如也？』癸未七月二十一日。」

王陽明全集卷五與黃宗賢：「南行想亦從心所欲，職守閑靜，益得專心於學，聞之殊慰！賤軀入夏來，山中感暑痢，歸卧兩月餘，變成痰咳。今雖稍平，然咳尚未已也。四方朋友來去無定，中間不無切磋砥礪之益，但真有力量能担荷得，亦自少見。大抵近世學者，只是無有必爲聖人之志。近與尚謙、子莘、誠甫講孟子『鄉愿狂狷』一章，頗覺有所省發，相見時試更一論如何？聞接引同志孜孜不倦，甚善，甚善！但論議之際，必須謙虛簡明爲佳。若自處過任而詞意重複，却恐無益有損。在高明斷無此，因見舊時友朋往往不免斯病，謾一言之。」

按：陽明書所云「南行」，即指黄綰由京南下赴南京都察院經歷任。以「入夏以來」、「歸卧兩月餘」考之，時間亦正在七八月中。湛甘泉精心撰寫贈石龍黄宗賢赴南臺序，大談心知心覺，蓋有望陽明一讀之意，故黄綰云「且以寓諸陽明子」。稍後其歸黄巖經紹興，必當將此序呈陽明一覽也。

顧應祥考滿進京，攜大禮論過紹興。陽明有答書是其大禮説。

顧應祥静虚齋惜陰録卷首大禮論：「禮也者，本乎天理，而合乎人情者也。是禮也，以其得於天而言，則謂之理；以其存諸心而言，則謂之性；以其發於外而應事接物，則謂之情；情之發而各當乎理，則謂之禮。謂之禮者，以其有儀文節序而言也。是故情也者，禮之本也；三千三百，禮之文也。聖人緣情以制禮，本乎天理而合乎人情者也。今上以孝宗皇帝之姪興獻王之子，武宗皇帝晏駕無嗣，遺詔遵祖訓兄終弟及之文，入繼大統。禮官援引漢哀帝、宋英宗故事，擬上考孝宗，稱興獻爲叔父，聖母爲叔母，而以益府次子崇仁王爲興獻後。揆之天理，竊恐有未安也。夫漢哀帝，定陶共王之子也，成帝立以爲子。定陶王薨，成帝乃立楚孝王孫景爲定陶王後，非成帝崩而臣下立之也。宋英宗乃濮安懿王第十三子，宋仁宗自幼育於宫中，正所謂『爲人後者』。而歐陽修猶謂爲人後者，爲其父母服可降，而父母之名不可泯。又謂漢之宣帝不考史皇孫而上考昭帝，此又不考之故。宣帝於元康元年追尊悼考，爲皇考立寢廟。夫昭帝，宣帝之叔祖也，若考昭帝，則史皇孫當爲兄矣；既考史皇孫，則不考昭帝可知矣。又謂光武崛起民間，不考南頓君，而上考元帝。夫光武建武二年立宗廟郊社，祀高祖、世宗；建武三年立四親廟於洛陽，祀父南頓君以上至舂陵節侯；建武十九年，因五官中郎張純、太僕朱浮言，徙四親於章陵，而立元成哀平四廟，自以爲昭穆，當爲元帝後，始祠昭帝、元帝於太廟。夫始立四親廟於洛陽者，發於天性之真也；既而遷於章陵者，迂儒執禮以誤之，然亦未嘗不考南頓君也。今上生於孝廟賓天之後，寔未嘗立爲嗣，亦未嘗育於宮中也，安得比爲人後之禮乎？上在藩邸，稱興獻曰父也，聖母曰母也；一旦貴爲天子，則曰非吾父也，叔也；非吾母也，叔母也，於人心安乎？天理順乎？孝子之於親，事死如事生，事亡如事存也。興獻王生前有一子，今復以崇仁王爲後，興獻有靈，必曰吾子已爲帝，安得復有此子乎？必不享其祭也。且既以崇仁王爲後，則聖母乃一國之母，不宜迎入宮中矣。身爲天子，而不得以天下養其母，豈得爲孝乎？議禮諸臣何其不思之深也！然則追尊之禮何如？曰：追尊非古也。古者父爲士，子爲天子、諸侯，則祭以天子、諸侯，其尸服以士服，可見其無追尊之禮也。武王追王太王、王季，以其肇基王迹，非泛焉而尊之也。追尊之典起於後世。今品官，一品封及曾祖，三品以上封及祖，七品以上封及父母，豈有天子而不得尊其父母乎？尊之以天子之號可也。既尊以天子之號，則主藏於何所乎？曰：別立一廟，如奉先殿故事，則既得盡其誠孝之心，而於正統無干矣。如是則人心安，而天理得矣。故曰：禮也者，本乎天理，而合乎人情者也。此論乃嘉靖二年考滿赴京途中所作，因畏避人譏干進，不曾敢出，止被江西士子抄録，傳至王陽明先生處，故陽明先生有書云：『近見禮論，足知日來德業之進。秦漢以來，禮家之説往往如仇，皆爲不聞致良知之學耳。』今歲久論定，故附録於此。」

按：顧應祥除江西副使在正德十四年七月，故其考滿赴京當在嘉靖二年七月中。以其爲陽明虔誠弟子，其由南昌赴京自必經紹興來見陽明，將大禮論呈陽明審閲，所謂「被江西士子抄録，傳至王陽明先生處」云云，恐係掩飾之詞也。陽明對大禮議之態度於此昭然若揭矣。

瑞泉南大吉來知紹興府，偕弟南逢吉、侄南軒來受學。

馮從吾關學編三：「瑞泉南先生……嘉靖癸未知紹興。時王文成公倡道東南，講致良知之學，王公乃先生辛未座主也。先生既從王公學，得實踐致力肯綮處，乃大悟曰：『人心果自有聖賢也，奚必他求？』於是時時就王公請益焉。」

李維楨大泌山房集卷六十五南郡守家傳：「紹興守南公，名大吉，字元善，陝西渭南田市里人也……擢知紹興……當是時，王新建方倡良知之學，公故出其門，間以政請益。新建曰：『人言不如自知之明，自悔之篤。君乃問我，中得無有不足乎？此即良知，顧力行何如耳。』公大悟，於是霽威嚴，務以和得民。乃葺稽山書院，創尊經閣，簡八邑才儁弟子肄業其中。」卷六十七南少參家傳：「參藩南公者，名軒，字叔後，渭南田市里人，人所稱『暘谷先生』者也……始金生二子，伯大吉，仲逢吉，俱舉進士。大吉致浙江紹興府，逢吉山西按察副使，關西有『二南』之目焉。憲副公生三子，元配李恭人，實生公。公少警敏，日誦書數百千言，通其大義。紹興公携憲副公入官，同學於王文成公。公方七歲，文成識其不凡，授四詩諷之，憬然若有悟者。紹興公免官，公從學。」

按：南大吉在嘉靖二年六七月間來守紹興（考見下）。

八月，亹庵王藎陞右副都御史，北上經紹興來訪。

王陽明全集卷二十一答王亹庵中丞：「往歲旌節臨越，猥蒙枉顧。其時憂病懵懵，不及少申款曲。自後林居，懶僻成性，平生故舊不敢通音問。企慕之懷雖日以積，竟未能一奉起居，其爲傾渴，如何可言！」

按：陽明是書作於嘉靖三年，所謂「往歲」即指嘉靖二年。書所致「王亹庵」向來不知何人，今考唐龍漁石集卷三有亹庵説云：「亹庵者，乃亹庵先生即其所居而號之也。」又卷一有贈王公亹庵遷秩序云：「用廷臣議，採木於湖蜀之間……僉曰：陝撫臣亹庵王公惟良哉！……申簡任之典，進秩於工部侍郎……公先爲户部郎，以剛直忤逆豎瑾，至奪職罰米數百石。尋用薦者歷試諸藩司，治行推爲天下第一，璽書褒異。及今巡撫，篤風訓，修國經，甄吏治，豐軍實，消民沴，抑權倖，剔政蠹。」據其任户部郎中、陝西巡撫、工部侍郎等仕歷，則此「王亹庵」應即王藎無疑。乾隆濰縣志卷四：「王藎，字惟忠，以戎籍生長京師。舉進士，任户部主事，以忤劉瑾坐監收不明除名，發回原籍。茅屋蔬食，談道自樂。瑾敗，用御史薦，復職。累官河南巡撫，惠愛及民。終工部侍郎。」卷三科目下有：「弘治丙辰（九年）朱希周榜：王藎。」按明史卷一百八十六張鼐傳：「會瑾遣給事中王翊等核遼東軍餉，還奏芻粟多浥爛，遂以爲守臣罪，逮鼐及繼任巡撫馬中錫、鄧章，前參政冒政，參議方矩，郎中王藎、劉繹下詔獄，令其家人輸米遼東。鼐坐輸二千石。」此即唐龍所云「以剛直忤逆豎瑾，至奪職罰米數百石」，事在正德二年十月，國榷卷四十六：「正德二年十月甲申，兵科給事中王翊等覈遼東各倉糧芻，多虧腐。先後巡撫張鼐、馬中錫、鄧璋，分守參政冒英，右參議方矩，管糧郎中王藎、劉繹，知州章英等俱有罪，徵下鎮撫司。」陝西通志卷二十二著録：「巡撫陝西都御史：王藎嘉靖中。」按王藎除巡撫陝西都御史在嘉靖三年八月，國榷卷五十三：「嘉靖三年八月壬寅，巡撫河南右副都御史王藎改陝西。」陽明書所云「中丞」，即指王藎任巡撫陝西都御史。此前王藎在嘉靖二年八月陞右副都御史，國榷卷五十二：「嘉靖二年八月丁卯，江西、陝西左布政王藎、畢昭爲右副都御史。」王藎當是在八月由江西南昌入都赴右副都御史任，途經紹興來見陽明。王藎爲弘治九年進士，陽明亦參加弘治九年會試，兩人或即在其時相識。正德元年王藎任户部郎中，陽明任兵部武選清吏司主事，兩人關係當甚密。故陽明書中稱「生平故舊」也。

楊鸞書來論學，陽明有答書。

王陽明全集卷五與楊仕鳴書二：「别後極想念，向得尚謙書，知仕鳴功夫日有所進，殊慰所期。大抵吾黨既知學問頭腦，已不慮無下手處，只恐客氣爲患，不肯實致其良知耳。後進中如柯生輩，亦頗有力量可進，只是客氣爲害亦不小。行時嘗與痛説一番，不知近來果能克去否？書至，來相見，出此共勉之。前輩之於後進，無不欲其入於善，則其規切砥礪之間，亦容有直情過當者，却恐後學未易承當得起，既不我德，反以我爲仇者，有矣，往往無益而有損。故莫若且就其力量之所可及者誘掖獎勵之。往時亦嘗與仕鳴論及此，想能不忘也。」書三：「前者是備録區區之語，或未盡區區之心；此册乃直述仕鳴所得，反不失區區之見，可見學貴乎自得也。古人謂『得意忘言』，學苟自得，何以言爲乎？若欲有所記札以爲日後印證之資，則直以己意之所得者書之而已，不必一一拘其言辭，反有所不達也。中間詞語，時有未瑩，病中不暇細爲點檢。」

按：據書中云「别後極想念，向得尚謙書，知仕鳴功夫日有所進」，可知楊鸞乃是隨同薛侃一起往京師，「别後」乃指六月相别。「向得尚謙書」，即指薛侃到京後來書，陽明寄薛尚謙（見前引）即爲答書，中云：「仕鳴過虔，嘗與細説，不審閑中曾論及否？……書來，謂仕鳴、海崖大進此學……」可見楊鸞其時確與薛侃同在京師，陽明此二書作在七八月中。大致楊鸞或是與薛侃同在正月來越問學，又同在六月赴京師，故其所記語録當甚多，陽明書云「前者是備録區區之語」，即指楊鸞所記語録。「柯生」疑指柯喬，書云「行時嘗與痛説一番，不知近來果能克去否」，可見其亦是在六月隨同薛侃、楊鸞赴京師。

九月，改葬父龍山公於天柱峰，母鄭太夫人於徐山。

陸深海日先生行狀：「始鄭夫人殯郡南之石泉山，已而有水患，乃卜地於天柱峰之陽，而葬先生焉。」

楊一清海日先生墓誌銘：「初，鄭夫人祔葬穴湖，已而改殯郡南石泉山。石泉近有水患，乃卜今地葬公云。」

錢德洪陽明先生年譜：「九月，改葬龍山公於天柱峰、鄭太夫人於徐山。鄭太夫人嘗附葬餘姚穴湖，既改殯郡南石泉山。及合葬公，開壙有水患，先生夢寐不寧，遂改葬。」

道光會稽縣志稿卷十五：「南京吏部尚書墓，乾隆府志：在天柱峰下。夫人鄭氏墓，在山陰之徐山。碣鐫：『皇明成化辛丑狀元、南京吏部尚書、晉封新建伯龍山府君暨德配累贈一品夫人鄭太君之墓。孝男王守仁同弟守儉、守文、守章奉祀。』」

致書既白朱拱榣，並寫疏狀證明寄奉，朱宸渠、朱拱樛皆得寃白釋歸，約在其時。

陽明答既白先生書：「侍生王守仁頓首拜既白賢先生宗望：向者有事西江，久知賢橋梓親

賢樂善有年。茲承手札，所須拙筆，冗冗未暇爲也，幸恕，幸恕！尚容奉寄。不備。守仁再頓首。」（麗澤録卷十七，陽明文集失載）

按：麗澤録一書，題作「明朱□□輯」，向不知爲何人。今按麗澤録前有吴世良刻麗澤集叙云：「豫章貞湖賢藩集海内薦紳寄椿庭既白翁老先生翰札及詩若文成卷，刻置玄暢新館，題爲麗澤集云。」此「貞湖」即朱多熿，字宗良，號貞湖，即麗澤録之編輯者；而「椿庭」則爲其父朱拱楅，即「既白先生」也。陽明書中所云「橋梓」，即指朱拱楅、朱多熿父子。李維楨大泌山房集卷八十一有瑞昌王府輔國中尉貞湖公墓誌銘云：「諱多熿，宗良其字，别號貞湖……輔國將軍宸渠孫，奉國將軍拱楅子也。」國朝獻徵録卷一有奉國將軍拱楅云：「奉國將軍拱楅，字茂材，瑞昌拱枘弟也。博辯儒雅，有智數。嘉靖九年冬，上書請建宗學，並詔宗室設壇壝，行耕桑，禮謹祀典，加意恤刑。後以議禮稱旨，賜敕褒諭。又嘗捐田白鹿洞，贍來學者。與兄枘並以聲譽致諸貴遊。子鎮國中尉多熿，字忠良，博雅好修，辭賦典麗。始與多烓齊名，晚益折節虚己，奬掖後隽。草書茂美，有晉法。」蓋朱拱楅爲江西宗藩，故麗澤録中多稱其爲「殿下」、「既白宗室」、「大宗藩」。陽明在江西平宸濠亂，與朱拱楅、朱多熿多有交往，吴世良刻麗澤集叙即云：「用是倡學西江，若陽明王公屢相候問不厭，往還手筆，瑶華爛存記室……陽明公得匪親見公天分誠樸，可授良知聖訣耶？」陽明此書所云「向者有事西江」，即指正德十二年至十六年在江西平亂時，居南昌與朱拱楅、朱多熿相識往還。按明史卷一百十七諸王二云：「奉國將軍拱楅，瑞昌王奠壏四世孫也。父宸渠爲宸濠累，逮繫中都。兄拱枘請以身代，拱楅佐之，卒得白……多熖父拱欏以宸濠事被逮，多熖甫十餘齡，哭走軍門，乞以身代，王守仁見而異之。嘉靖二年疏訟父寃，得釋歸，復爵。」國朝獻徵録卷一奉國將軍拱枘亦云：「奉國將軍拱枘，瑞昌恭僖王後也。性樸茂好學，善草書。始枘父渠爲濠累，逮繫中都，枘請以身代。」陽明此書所云「所須拙筆，冗冗未暇爲也」，似即指朱拱榣、朱多熖爲訟父寃，乞陽明寫一疏狀證詞辨其事。觀陽明此書，可知陽明後即寫疏狀證詞寄奉，故宸渠、拱欏皆得寃白釋歸。朱拱榣號「既白」，或即暗指其事「卒得白」也。按國榷卷五十二：「嘉靖二年九月甲申，封厚煙玉田王，勤烶湯溪王，畦杲海陽王，睦桧曲江王，彥橨南渭王，厚燉東平王，厚櫛歷城王，厚輝光山王，彌鋠承休王。」明世宗實録卷三十一：「嘉靖二年九月甲午，命補支寧府弋陽王拱樻及鎮國等將軍拱梴等禄米三分之二，以正德十六年奉詔减革日爲始。因拱梴等奏辯，與宸濠事無相干，從該部勘覆也。」朱宸渠、朱拱欏或即與其同時獲釋封爵。

巡按山東監察御史朱節病卒，旅櫬回山陰，陽明作祭文親往哭奠。

明一統志卷二十二：「（朱節）巡按山東時，兵旱相仍，礦賊竊發，節自部封軍，身親督戰，一鼓擒賊，山東盪平，竟以勞感疾卒。民痛如喪父母，贈大理少卿。」

王陽明全集卷二十五祭朱守忠文：「嗚呼！聖學之不明也久矣。予不自量，犯天下之詆笑，而冒非其任。恃以無恐者，謂海内之同志若守忠者，爲之胥附先後，終將必有所濟也。而自十餘年來，若吾姚之徐曰仁，潮陽之鄭朝朔、楊仕德，武陵之冀惟乾者，乃皆相繼物故。

其餘諸同志之尚存足可倚賴者，又皆離群索居，不能朝夕相與以資切磋砥礪之益。今守忠又復棄我而逝，天其或者既無意於斯文已乎？何其善類之難合而易揆，善人之難成而易喪也，嗚呼痛哉！守忠之於斯道，既已識其大者，又能樂善不倦，旁招博采，引接同志而趨之同歸於善，若饑渴之於飲食，視天下之務不啻其家事，每欲以身殉之。今茲之没也，實以驅賊山東，晝夜勞瘁，至殞其身而不顧，嗚呼痛哉！始守忠之赴山東也，過予而告别，云：『節於先生之學，誠有終身几席之願，顧事功之心猶有未能脱然者，先生將何以裁之？』予曰：『君子之事，敬德修業而已。雖位天地，育萬物，皆已進德之事，故德業之外無他事功矣。乃若不由天德，而求騁於功名事業之場，則亦希高慕外。後世高明之士，雖知向學，而未能不爲才力所使者，猶不免焉。守忠既已心覺其非，固當不爲所累矣。』嗚呼，豈知竟以是而忘其身乎！守忠之死，蓋禦災捍患而死勤事，能爲忠臣志士之所難能矣。而吾猶以是爲憾者，痛吾道之失助，爲海内同志之不幸焉耳。嗚呼痛哉！靈輀云邁，一奠永訣。豈無良朋，孰知我心之悲？嗚呼痛哉！」

按：明世宗實録卷二十九：「嘉靖二年七月戊子，録剿平山東强賊功，賞巡按都御史陳鳳梧、巡按御史朱節、河道侍郎李瓚、守巡官吕經等，各銀幣有差，贈陣亡副千户張應文爲指揮僉事，世襲正千户，仍令有司致祭。」國榷卷五十二：「嘉靖二年十月癸巳，河南、山東盗平……十月辛酉，故巡按山東監察御史朱節，贈光祿寺少卿。」據此，朱節當卒於九月中。旅櫬歸山陰已在十月。

黃綰集卷五哭朱白浦侍御：「淮浦孤舟旅櫬回，豈禁清淚客心灰。坐惟濟世今何在？死不忘君正可哀。三徑雲中應有待，六峰湖上可誰來？當年與語無窮事，一度追思心一摧。」卷二十七奠朱白浦侍御文：「嗚呼！白浦生不負其親，用不負其君，行不負其友，食不負其民。蓋不當求之今世，而當求之古人之中，今則已矣。天也何爲？遂使慈母失其孝子，吾君失其社稷之臣，吾人失其篤志之友，吾民失其乳哺之母，斯世遂無斯人。於乎痛哉！」

鄭善夫哭朱白浦侍御：「哭友魂初返，兄今復訃音。杞憂元不寐，顏樂祇須尋。江海投膏意，乾坤攬轡心。成言俱寂寞，勝事竟消沉。邦國賢豪盡，關河涕淚深。瓣香與絮酒，咫尺吊山陰。」（黃綰集卷二十二讀鄭少谷詩）

十月，歐陽德授知六安州，有書札往返論學。

徐階歐陽公神道碑銘：「知六安時，爲二籍，稽公使錢及其俸錢之出納，曰：『非以爲名，吾屬所自檢防，固當如是。』歲侵，捐俸之半以倡，吏民得粟若干石，隨所在作粥食，饑者活數萬人。已乃興修水利，汰冗役，定經費，省訟獄之追呼，罷諸苛法。作龍津書院，進諸生，教之問學，民士咸附。」

聶豹南野歐陽公墓誌銘：「癸未，舉進士……授知六安州，至則興教化，省追呼，絶宴享之供，遵原泉之利。憲臣行部至，過境不入，曰：『有賢守在。』歲大饑疫，捐俸倡賑，設糜責藥，全活數萬人……予惟先師倡道東南，一時豪傑雲集景從，人人自以爲莫公若也。先師語來學，必曰：『先與崇一論之。』而公自視欿然。」

錢德洪陽明先生年譜：「嘉靖癸未第進士，出守六安州。數月，奉書以爲：『初政倥偬，後稍次第，始得與諸生講學。』先生曰：『吾所講學，正在政務倥偬中，豈必聚徒而後爲講學耶？』」

按：湛甘泉七月二十一日所作贈石龍黄宗賢赴南臺序中猶言及「歐君崇一」在京（見前引），則歐陽德之授知六安州應在八月。以「數月」計之，則陽明與歐陽德書札往返論學約始於十月。按歐陽德在六安任知州四年，今由傳習録中答歐陽崇一觀之，可見陽明與歐陽德書札往返當甚多，蓋皆亡佚矣。

陽明答歐陽崇一問致良知書：「○良知非離見聞，惟以致良知爲主，則多聞多見皆致知之功；○良知非斷思慮，良知發用之思，自是明白簡易，無憧憧紛擾之患；○致知非絶事，應實致良知，則行止、生死惟求自慊，而不爲困；○致知非爲逆億，致良知則知險知阻，自然明覺，而人不能罔。」（國朝獻徵録卷九新建伯王文成公傳）

按：新建伯王文成公傳云：「歐陽崇一守六安，奏記問學，凡四條，答之……」可知陽明此書作在嘉靖二年冬間。

致書黄綰，論「著察」工夫，黄綰有答書。

黄綰集卷十九寄陽明先生書一：「承示『著察』之教，警勵何如！但能精切此志，不爲他物所雜，則行必自著，習必自察。此意亦時見得，然亦無别事可見，只覺心中有分曉不放過，才雜毫髮便昏昧。蓋著乃天理昭著，察乃文理密察，所以昭著密察，只常見自己過僭而已。不知是如此否？近於人情紛雜中驗之，頗覺間斷時少，莫非啓迪之功，但不知向後又知何耳。黄提學意思頗好議論，皆近裏相向之意，亦與他人不同。其它欲俯就與之一處者，亦因時事人情，略覺數端，故敢云云，亦非止爲一事而言。幸察之。」

按：此書云「黄提學意思頗好議論，皆近裏相向之意」，可見此書乃黄綰在南京都察院經歷任上所作（非在都下）。按黄綰七月由京赴南京都察院經歷任，但在十月即離南京歸黄巖，携家再返南京，過越訪陽明（見下），故陽明與黄綰書札往返討論「著察」之説當在九、十月中。陽明論「著察」之札今佚。

二十日，黄綰携家過越訪陽明，在紹興受教一月有餘。

黄綰集卷二十三少谷子傳：「既而聞朱御史白浦之卒（按：朱節卒於嘉靖二年九月），則爲詩哭之……予出，陞南京都察院經歷（按：黄綰陞都察院經歷赴任在嘉靖二年七月二十一日），携家過越，聞少谷子陞南京刑部郎中，未幾改南京吏部郎中，有書期將至越訪陽明先生。先生聞之喜，留予候之，月餘不至。予至金陵，而少谷子訃至。訃者曰：『少谷子出，經武夷，陟絶巘，闖陰洞，不知其疲且襲寒，醫誤用藥，遂病革。速輿歸，至家二日而卒，年三十有九，乃歲癸未臘月晦前二日也。』」

按：黄綰七月授南京都察院經歷，即南下赴南京，旋又歸黄巖，取家眷再歸南京，途經越來訪陽明受教。據黄綰集卷十二送黄誠甫序云：「歲癸未之冬，予復同官金陵。」又卷二十八應召告祖考文云：「兹以當道論薦，朝命臨門，義不可辭，乃卜今月十二日戒行。」可見黄綰乃於十月十二日後由黄巖携家歸南京，途至紹興約在十月下旬，受教一月有餘，别陽明約在十二月中旬，歸南京而聞鄭善夫卒已在嘉靖三年正月。今有以爲黄綰來越受教一月有餘在嘉靖元年，乃誤。

黄綰集卷十九與鄭繼之書三：「近至越，會陽明，其學大進。所論格致之説，明白的實，於道方有下手，真聖學秘傳也！坐間，每論執事資禀難得，陽明喜動於色，甚有衣鉢相托之意，執事可一來否？天地間此擔甚重，非執事無足當之者，誠不宜自棄。近有一書，欲執事一出，非爲明時可仕，實欲因此相聚，究所未究，以卒此生耳。」

十一月，刑部尚書林俊致仕歸，道錢塘來訪，陽明偕弟子張元沖趨迎於蕭山，宿浮峰寺。

泉翁大全集卷十八送司寇林見素先生致仕序嘉靖癸未秋八月八日：「先生得天地剛大以直之氣，能遂其志，是以於憲廟時，則以郎官獨劾梁方以引繼曉，下獄不屈，懷恩壯之，斯非所謂其剛者耶?然而落職判官,尋感星隕,復官南都。於武廟時,則巡撫川江,卒遇麻賊,單輿入諭,羅跪請降,斯非所謂其大者耶?然而中沮於總制,乞休而歸。今上龍飛時,則首起司寇,因事納忠,據法執奏,抗奪獄之旨,以沮權幸之氣,斯非所謂其直者耶?然而初則上爲薄譴,中則求去勉留,終優詔隆禮,廩夫是畀,宮保是嘉。夫公之正氣能感上天星隕之變,而不能感憲廟於初以不譴;能致懷恩之壯,而不免梁方之害;能諭麻賊之悍,而不能消總制之妒以全功;能感上之隆禮,而不能開權幸之惑,使其言之見從,而身安於朝廷之上,豈非所謂氣機之通塞乎?……昔之嘉靖初詔,堯、舜天開。公以累召而來,峨峨其冠,裔裔其衣,躚躚其趍,拜舞班行,如鳳鳥具五彩,聞九韶,以來儀於兩階。及其待命而去也,颯乎山巾,飄乎野服,意氣江湖,邀昂雲霄,如野鶴插六翮,乘長風,將翱翔乎千仞,雖欲留之而不可得。蓋公之進也以時,而退也以時。時也者,道也,大臣之道,不可則止也。易曰:『同聲相應,同氣相求。水流濕,火就燥。雲從龍,風從虎,聖人作而萬物睹。』嗚呼時乎!公其歸矣。」

按:國榷卷五十二:「嘉靖二年七月庚寅,刑部尚書林俊致仕,進太子太保,有司月給粟三石,輿役四人,時加存問。」是林俊七月致仕,八月離京歸,十一月至錢塘,陽明至蕭山迎見。

錢德洪陽明先生年譜:「嘉靖二年十有一月,至蕭山。見素林公自都御史致政歸,道錢塘,渡江來訪,先生趨迎於蕭山,宿浮峰寺。公相對感慨時事,慰從行諸友,及時勉學,無負初志。」

按：錢德洪謂林俊「自都御史致政」，乃誤。

在舟中，與張元沖論儒、佛、老三家異同。

錢德洪陽明先生年譜：「張元沖在舟中問：『二氏與聖人之學所差毫釐，謂其皆有得於性命也。但二氏於性命中著些私利，便謬千里矣。今觀二氏作用，亦有功於吾身者，不知亦須兼取否？』先生曰：『説兼取，便不是。聖人盡性至命，何物不具，何待兼取？二氏之用，皆我之用，即吾盡性至命中完養此身謂之仙，即吾盡性至命中不染世累謂之佛。但後世儒者不見聖學之全，故與二氏成二見耳。譬之廳堂三間共爲一廳，儒者不知皆吾所用，見佛氏，則割左邊一間與之；見老氏，則割右邊一間與之；而己則自處中間，皆舉一而廢百也。聖人與天地民物同體，儒、佛、老、莊皆吾之用，是之謂大道；二氏自私其身，是之謂小道。』」

按：前考張元沖字叔謙，號浮峰，正德十六年來受學爲弟子。陽明與論儒佛老異同，以儒學爲「全」，佛老爲「偏」，儒學包含佛老之學；以儒爲大道，佛老爲小道，儒道包含佛老之道。蓋不以佛老之學爲異學，不以佛老之道爲異道，其説與諫迎佛疏所説全同而更加直白簡明矣。按錢德洪云「慰從行諸友，及時勉學，無負初志」，可見陽明携弟子往蕭山迎林俊當甚多，非張元沖一人。如是條爲錢德洪所記，爲其所親見，則錢德洪亦是陽明往蕭山所携弟子也。

編修黄佐奉命册封，南下道杭，來紹興問學。

泉翁大全集卷十八贈别黄太史序：「太史黄子才伯曰：『佐也于役於渭，誓將睽違，惟子教之。于親于學，惟子教是蘄！』甘泉子曰：『欲事親者，其惟學乎！欲顯親者，其惟立身行道乎！』曰：『學何學矣？』曰：『心。故善學者如貫珠矣，不善學者如觀珠矣。』曰：『觀珠與貫珠之形何以異？』曰：『觀珠者，觀他珠也，多學而記之類也；貫珠者，我貫我珠也，自我得之也，一以貫之之類也，知識前言往行以蓄德也。』黄子曰：『唯唯！』昔者甘泉子謂黄子曰：『子之博學，如聚萬珠矣，其惟貫之已乎！』黄子曰：『唯唯！』黄子則既志乎心學矣，駸駸乎其進而不已矣，是以申告黄子之别。黄子曰：『聖學其思乎！故曰：思不出其位。』甘泉子曰：『是之謂心學矣。思曰睿，睿作聖。』請問焉，曰：『其中思矣乎！中思故不出其位；不出其位，故思無邪。出位而思，邪，邪也；正，亦邪也。其惟中思乎！』曰：『曷爲中思？』曰：『毋前爾思，毋後爾思，毋左爾思，毋右爾思，故曰中。中思也者，中心也。故曰：「中心無爲，以守至正。」至正，無邪思也。若夫左右前後而思焉，出位耳矣，惡能勿邪？故中則正矣，中正一以貫之，而聖學備矣。此舜聞見善言行，沛然若决江河，莫之能禦也。其博約之教乎！』或曰：『子曰：「子中思而已矣。」將不遺於四遠乎？』甘泉子曰：

『非然也。日月之照四方也，明在中也；堯德之明，思在中也，而光被四表，何遠之遺？』或以告黄子，黄子曰：『唯唯！』甘泉子曰：『可以别矣。思知事親矣。』」嘉靖癸未季秋九月

黄佐庸言卷九：「癸未冬，予册封道杭，會同窗梁日孚，謂：『陽明仰子。』予即往紹興見之。公方宅憂，拓舊倉地，築樓房五十間，而居其中。留予七日，食息與俱。始談知行合一，予曰：『知以知此，行以成此，中庸兩言一也，信矣。』因指茶中果曰：『食了乃是味，猶行了乃是知，多少緊切。』予曰：『知，目也；行，足也。洵知公居足以步，目一時俱到，其實知先行後。』公曰：『尊兄多讀宋儒書。』予曰：『「知之非艱，行之唯艱。」豈宋儒耶？』曰：『書意在「王忱不艱」，可見行了乃是知。』予曰：『知之未嘗復行也。使知不在先，恐行或有不善矣。』公默然，俄謂曰：『南元善昨送賦用「兮」，「兮」，噫歎辭也，豈可誦德？』予曰：『淇澳誦德亦用「兮」，似不妨。』公復默然。自是論征浰頭諸賊，待以不殺，併及逆濠事甚悉。予曰：『濠離豫章，猶曹操離許，使英雄如公擣虚，漢不三國矣。』公歎曰：『直諒多聞，吾益友也。』最後出大學古本，予曰：『明明德於天下，仁也；慎獨，則止於至善矣。意誠志仁，無惡也；無惡，猶有過。廓然大公，無心過，心正矣；物來順應，無身過，身修矣。家國天下，舉而措之。』公喜，即書夾註中。瀕行，詣予舟，謂：『主一在此，不學無益，托日孚攜之歸廣。』復論御狄治河縷縷，乃别，始知公未嘗不道問學也。」

按：黄佐所云「予册封道杭」，即其所云「佐也于役於渭」，指同一事，似是赴渭册封金天華嶽神。可見黄佐乃在九月離京赴渭，待册封事畢，歸途經杭，遂來紹興見陽明，時已在冬十一月，故云「癸未冬，予册封道杭」。時梁焯與黄佐同在京任職，據黄佐兵部職方司主事梁公焯傳：「嘉靖初，改司職方，聞弟訃而病，遂予告歸養，宜興醫士周衛送之，及别，謂曰：『益莫善於養心，損莫甚於多欲。』焯佩服其言。卒於家，年四十有六。」（國朝獻徵録卷四十一）可見梁焯約在十月因弟訃告歸南海，途中寓居於杭，疑當亦來紹興見陽明，故得知「陽明仰子」也。「主一」疑即梁焯之子，時在陽明處受學，梁焯在杭，陽明托黄佐帶至杭，由梁焯携歸廣。

時四方學子來紹興受學者日衆，乃起造樓房五十間，以待莘莘學子，是爲伯府新邸也。學子環陽明宅第而居，環坐而聽，歌聲徹昏旦。

錢德洪傳習録跋：「先生初歸越時，朋友蹤迹尚寥落。既後四方來遊者日進。癸未年已後，環先生而居者比屋，如天妃、光相諸刹，每當一室，常合食者數十人；夜無卧處，更相就席，歌聲徹昏旦。南鎮、禹穴、陽明洞諸山遠近寺刹，徒足所到，無非同志遊寓所在。先生每臨講座，前後左右環坐而聽者常不下數百人，送往迎來，月無虚日，至有在侍更歲，不能遍記其姓名者。每臨别，先生常歎曰：『君等雖别，不出在天地間，苟同此志，吾亦可以忘形似矣！』諸生每聽講出門，未嘗不跳躍稱快。嘗聞之同門先輩曰：『南都以前，朋友從遊者雖衆，未有如在越之盛者。此雖講學日久，孚信漸博，要亦先生之學日進，感召之機中變無方，亦自有不同也。』」

黄佐庸言卷九：「癸未冬……予即往紹興見之。公方宅憂，拓舊倉地，築樓房五十間，而居其中。留予七日，食息與俱。」

按：黄佐所見「拓舊倉地，築樓房五十間」者，即造新建伯府邸（伯府）也。大致可見陽明約於嘉靖二年春始造新府邸，至冬間黄佐來時已初建成。伯府拓地而建，東起今王衙弄，西至西小河（船舫弄），南至大有倉，北至上大路。中建天泉樓，開碧霞山房，鑿碧霞池（後稱王衙池），池上有天泉橋。伯府大廳尤規模鉅麗，梁架皆用楠木，故民間有「呂府十三廳，不及伯府一個廳」之謡。後來陽明作從吾道人記，末題「陽明山人王守仁書於第十一洞天之碧霞池上」，可見伯府中有十餘處洞天景觀。嘉慶山陰縣志卷十九：「王文成祠，在府北二里東光坊……今之東光坊，即公舊第，發祥有自。」乾隆紹興府志卷六：「碧霞池，在承恩坊王守仁宅内。」萬曆紹興府志卷一坊里：「西北隅領坊十四：曰西光相……曰東光相……曰承恩……」是陽明伯府乃在原東光相坊舊宅上建，擴展到承恩坊一帶。按明史卷七十六職官五云：「公、侯、伯，凡三等，以封功臣及外戚，皆有流有世。功臣則給鐵券，封號四等：佐太祖定天下者，曰『開國輔運推誠』；從成祖起兵，曰『奉天靖難推誠』；餘曰『奉天翊運推誠』，『奉天翊衛推誠』。武臣曰『宣力武臣』，文臣曰『守正文臣』。歲禄以功爲差。」陽明以平宸濠功封新建伯、奉天翊衛推誠宣力守正文臣、特進光禄大夫、柱國，宜其如「推誠宣力、名載丹書者，奕葉貂蟬，保守禄位……寄隆方岳，階晉公孤，家分典瑞之榮，朝無酬金之罰，較諸西京世胄，殆將過之」（明史卷一百〇五功臣世表一），自可造高門廣宅之伯府邸矣。

按：陽明其時有答路賓陽亦云：「自來山間，朋友遠近至者百餘人。」（王陽明全集卷五）可見錢德洪所言絶非虛語，而陽明之拓舊倉地，構樓屋五十間，蓋亦爲四方來學士子居住講學也。陽明謂嘉靖二年後來學士子常有百餘人，除前所考述諸人外，今可考者尚多：

朱應鍾。光緒遂昌縣志卷八：「朱應鍾，字陽仲，號青城山人。天資警敏，篤學勵行，恬静寡欲。嘗結青山白雲樓，讀書其中。善古文詞，尤工唐人詩。家故饒，一委之兄弟，侈用廢業，不問也。聞王陽明先生倡道東南，趨而就學。先生器重之，語曰：『以子沈重簡默，庶幾近道。予方以聖賢之徒期女，文人之雄，非所望也。』一時名公若開化方豪、青田陳中州輩，皆與之遊，著聲吴越間。年三十二卒，士林甚惜之。侍御黄中爲梓陽仲詩五卷。」卷十黄中陽仲詩選序：「吾遂朱陽仲氏，七歲知屬辭，鄉之人稱奇童子。比長，刻意騷雅，至廢寢食……予昔同爲諸生，間問作詩之法，曰：『詩豈有法哉？』余不能解，請益，曰：『俟他日細論之。』甲午，陽仲以試解，客死武林，僅三十歲。詩大半散落。」宜園筆記：「陽仲先生天才卓犖，所爲詩清峻雅潔，根柢騷雅，而取法於漢魏……邑乘稱陽仲嘗至姚江，從王陽明遊，陽明謂其天資近道不僞，詞章之雄。天不假年，德器未就。」

周晟。同治嵊縣志卷十四：「周晟，字伯融，宋汝士之後。天資穎敏，博極書史，爲詩文有奇思。嘗從王文成遊，以所學授生徒。性嚴毅難犯，士大夫接其言論豐采，率傾心焉。貢授山東齊河令，有治聲。未期，丁外艱歸，遂不復仕。」

胡樂。同治嵊縣志卷十七：「胡樂，字濟英，居東隅。受業王文成門。文成卒，衰服哭之極哀。以貢授連江訓導。遷海豐教諭，致仕歸。」

林應麒、張奇。仙居集卷十六林應麒上鄒東廓先生：「伏念某自壬午童歲，獲侍陽明先師，又引南州妻伯引謁門下，迄今四十餘年……」卷十一林孫枝林介山先生傳：「公諱應麒，字必仁，號介山……年二十，領嘉靖乙酉鄉薦。比試禮部不利，遂遊王陽明先生之門，講明絕學，而所造益精。尋以省親旋里。無何，贈君即世，哀毀盡禮。至十四年乙未，始成進士。」卷十六張奇林介山先生文集後序：「第髫齡與公同學，長共遊於陽明夫子之門，受教益深。且重金子之請也，遂忘其陋，序諸簡末云。」卷二十四：「張奇，字文瑞，號涇橋，西門人。主事棣子。邑諸生，與表兄並有才名。所著有鳴珠集二十四卷。」

胡東。民國湯溪縣志卷十：「胡東，字時震，號古愚。正德癸酉舉人，授醴陵縣知縣，鋭意造士……東博極群書，爲章楓山先生高弟。先生嘗與書，勖以舉業文字上一層工夫……時餘姚王守仁倡道東南，往質之，聞良知之説，若有得也，因爲述所傳於師者，守仁默然良久，曰：『甚有功於吾道。』東居官六年，當還，解印歸，蓋廣其師説。」

來弘振。乾隆蕭山縣志卷二十四：「來弘振，字汝剛。輕財喜客，嘗遇醉者於途，持弘振手大詈，索長跪請謝，欣然從之。陽明講學東南，升其堂，爲高弟子。陽明歿，主教天真書院，以實修爲真悟，頓教爲色取，人以爲善學王氏者也。著有一無長集。孫清之，砥志學問，能紹半山業焉。」

姜子羔。黃宗羲姚江逸詩卷十二：「姜子羔，字宗孝。嘉靖癸丑進士，授成都府推官，以卓異召。嚴世蕃求賂，不應。用常調轉禮部主事，累遷陝西副使，終行太僕寺卿。太僕幼侍文成講席，輒有所契。易簀時，賦詩：『精一爲何物？良知亦是閑。』是豈僅與詩人争一聯半句之工者？然後爽之氣涌出於行墨之間，亦復不可掩也。」

汪銓。嘉靖徽州府志卷十九：「汪銓，字元衡，婺源旃坑人。生有異質，甫八歲，讀書了大義。十五能詩。既長，厭科舉之習，潛心學，聞會稽王守仁倡道，遂往見之，上下其論。家故貧，惟教授生徒，與同志論學。邑令曾忭聞而延之，相與參定諭俗禮要，大有俾益。所著有原學、大學論正、性學辨微、桂山摭稿等書。」

程鐸。嘉靖徽州府志卷十七：「程鐸，字子木，歙城人。少穎敏，有奇氣，通經諸家，尤精於禮。聞王陽明名，負笈師之。領鄉薦，試銓部第一，除廣州府同知。時征安南兵興，搶攘轉輸，未嘗乏絶。嘗承檄鈎校韶州計簿，韶守故遺藏無名錢萬餘，攝事者以啗鐸，鐸不應，爲疏始末，立法以防侵牟。新會令不善事上官，被斥，鐸上其賢，復乃已，竟以是忤時罷歸。」

尹一仁。同治安福縣志卷十一：「尹一仁，字任之，南鄉厚村人。年十五時，以大學致知格物驗諸心，多不合，每夜半起坐苦思。後赴越受業王守仁，乃稍稍洞然。嘉靖戊子舉於鄉，爲諸暨教諭，以薦擢虞衡主事。歷都水郎中，忤中貴，出守歸德。多惠政，被誣劾罷歸里居。立保甲，置義倉，敦習俗，平忿争，鄉人德之。卒之前數日，遺書其友劉陽曰：『某不敢不死於君子之手。』陽趨往視，相對屢日而卒。」

林聞。薛侃集卷七林希齋傳：「希齋，姓林氏，諱聞，字載道，揭陽人也……時王陽明先生居越，往來侍講，學問益明。」

程梓。光緒永康縣志卷七：「程梓，字養之。生而明慧。及長，聞何、王、金、許，欣然慕之。讀正學編，躍然曰：『學在是矣！』弱冠爲諸生，徒步往姚江，求文成之學。歸里，即壽山洞中倡明正學……稱方峰先生。」

盧可久。光緒永康縣志卷七：「盧可久，字一松，邑諸生。潛心理學，與程方峰同受業陽明先生。可久刻苦精思，盡得其旨，陽明器之。比歸，送之曰：『吾道東矣。』即五峰書院授徒講學，杜惟熙、金萬選咸北面焉。程松溪嘗稱之曰：『一夔足矣。』東陽許少微亦謂其『直接何、王、金、許之傳』，蓋實録也。所著有光餘或問、望洋日録。」

應兼。光緒永康縣志卷七：「應兼，字抑之，有至行……叔父典，學務致道，友應良、黄綰，而師王守仁，所至兼必偕，備聞要旨。遂繼典主盟於五峰精舍，與同門盧可久、程梓麗澤講學，四方來會者，翕然趨之餘三十年，學者稱古麓先生。」

應典。光緒永康縣志卷七：「應典，字天彝，性沈篤，操尚不群……正德甲戌登進士，授兵部職方司主事……以母病告歸。過蘭溪，謁楓山先生。受教歸，偕仙居應良、黄巖黄綰過從講切。又師餘姚王守仁，授良知之旨，建麗澤祠於壽山龍湫下。」

李珙。光緒永康縣志卷七：「李珙，字侯璧，以歲貢授東鄉訓導。陞溆浦教諭，躬行教誨，士咸宗之。嘉靖乙丑，詔拔異才，以風群吏，當道薦珙，擢大理評事。珙早有志理學，徒步至姚江見陽明先生，授以致良知之訣。珙悟，獨居精思，盡得其旨，同輩咸推重之。」

周桐。光緒永康縣志卷七：「周桐，字鳳鳴。幼嗜學，年十七，從舅氏應鶴、邱恩遊學南邕。歸，又負笈姚江，從王文成遊。以明經授南京武學訓導。擢江西撫州教授，古貌古心，日以講道爲諸生倡。聞母病，即日棄官歸。五峰書院自應石門典後，桐繼主繼席者多年，學者稱峴峰先生。」

王璣。嘉慶西安縣志卷三十三：「王璣，字在叔，號在庵。嘉靖進士。方青衿時，應督學召，肄業萬松書院。渡江從陽明先生，與王龍溪友善，隱士欒惠、黄彦綱、王修易、鄭禮輩同倡良知之學。居鄉以實行爲化導，捐基十畝造衢麓講舍。郡守李公遂推爲盟主，四方多士雲集。至其尊祖睦族，振貧周乏，與范文正公相類，蓋非止口談理學，而確有躬行實誼者也。儒林録在庵少時聞陳白沙之學，心亟仰之，渡江受業陽明之門，陽明稱其篤實。補山東按察僉事，輒進諸生論學，齊魯士彬彬向風。家居以禮爲訓，每身先之，接後學温然若家人。年七十餘卒。嘗言：『平生無過人處，惟出處分明，未嘗屈身降志云。』崇禎府志」

諸大倫。謝廷傑諸侯生祠記：「姚江諸君，諱大倫，别號白川……余嘗督學南畿，與君周旋，而知君學得於陽明先生者有素，乃今睹東鄉政績，益驗君之不負所學也……慮無不周，事無不備，精神命脉，無不流貫。茲去欣□愛戴，日長歲久，所謂『盛德至善，民不能忘』者非歟？……以此驗政，斯爲實政；以此驗學，斯爲實學，即受業陽明先生之門如君不多見也。」（康熙東鄉縣志卷七）按康熙東鄉縣志卷四有諸大倫傳，稱其爲「浙江餘姚人。由進士初授淮郡節推，擢兵科諫議，左遷知東鄉」。

胡堯時。同治泰和縣志卷十七：「胡堯時，字子中。嘉靖五年進士，歷官貴州按察使。嘗師事王守仁，謂職在刑名，宜先教化，以躬行爲士人倡。修陽明書院，凡守仁著作在貴陽者，悉刊行之。」

王貞善。同治泰和縣志卷十七：「王貞善，字如性。性格嚴正，少聞王守仁良知之旨，有會於心，遂師事之。既而習湛若水『隨地體認天理』之説，學益進。由嘉靖戊子舉人授海陽縣，以守正忤上官，不滿歲而歸。杜門著書，如静談、讀史法戒及内外篇，皆本王、湛之學。」

陳瑛。揭陽縣正續志卷六賢達：「陳瑛，龍溪人。嘉靖中歲貢，師事餘姚王守仁，得致良知之學。歸授徒里中，從遊日衆。選思恩訓導，擢永定教諭。教人有則，士皆宗之。既歸，益勵志節，卒祀鄉賢。」

范瓘。萬曆紹興府志卷四十三：「范瓘，字廷潤，會稽人。少從新建學，卓然以古聖賢自期，晚歲所造益深。家貧，無旦夕儲，嘯咏自若，人莫能測。嘗謂人曰：『天下有至寶，得而玩之，可以忘貧。』作古詩二十章，歷叙道統及太極之説以自見。幼孤，事母盡孝，教授於鄉以給。甘、毳二兄早喪，極力歛之，撫其侄如己子。已爲婚娶，而侄又早喪，而婦將他適，所得聘金悉以畀之，曰：『吾恨貧不能止汝更嫁也，而忍利其人乎？』平居無戲言，步趨不越尺寸，里中人無老幼，皆以『范聖人』呼之。與人熙熙無倨容，士大夫咸樂從之遊，然或以粟帛周之，堅却弗受也。年八十有六，將屬纊，猶戒其子曰：『我死，寧薄斂，毋妄受人賻以污我。』其生平廉潔如此。有司表其閭，立石里中，曰『范處士里』。」孫應奎。明清進士録：「孫應奎，嘉靖八年三甲四名進士。浙江餘姚人，字文卿，號蒙泉。嘗從王守仁講學。授章丘知縣，歷禮科給事中，劾汪鋐，忤旨廷杖，謫華亭丞。累官右副都御史，總理河道。坐事，遷山東布政。有燕詒集。」按孫應奎刻陽明先生傳習録序云：「應奎不敏，弱冠始知有所謂聖賢之學。時先生倡道東南，因獲師事焉。憶是時先生獨引之天泉樓口，授大學首章，至『致知格物』，曰：『知者，良知也，天然自有即至善也。物者，良知所知之事也。格者，格其不正以歸於正也。格之，斯實致之矣。』」天泉樓建於嘉靖二年冬，孫應奎約是在嘉靖二年冬後來問學。

十二月三日，堇山李堂書來請爲其文集作序，陽明有答書婉謝之。

李堂堇山集卷八與王陽明書：「自辛未得告，歲週紀矣。邇惟執事讀禮逾祥，勑徵指日，每瞻牙纛，冀滌渴塵，而老病杜門，動止維棘。小兒維孝回，叙道厚私，感刻，感刻！不揣輒陳所懇，伏念平生仕隱無裨，老死將及矣，一息懸懸，耻爲乾没。因輯叙感寓應酬各體詩文，擇存一十五卷，占名堇山文集，非借重袞詞冠弁集首，何以光賁家藏？謹繕寫粧帙上呈，倘辱慨賜雄文一首，以慰鵠俟，何感如之！夫士先省己，物在鑒形，堂雖寡昧，敢忘内訟邪？堂聞之：培塿拱嶽，涓澮朝宗，知所向也。仰止皇明文獻，何獨感於鄉邦哉！潛溪博洽，遜志精忠，惟誠意伯兼之。執事以冠世之文，成經世之業，恭毅明紀、肅愍建勳遠過焉，天相神符，昌時翊運，豈偶然哉！堂又常竊侍近世鄉賢，如鏡川明睿，方石精嚴，楓山忠信，皆見而知之矣，孰如執事親炙之深哉！一得之愚，因莫遏於求源而赴壑也。德云寡矣，功云隳矣，言將益愆矣，末著自述一篇，尤希矜之鑒之。昔柳子棄僇，幸後死昌黎斯文不朽。堂何人，敢語此歟？夫陳白建明，勸規獻納，與夫感今懷古，確政紀時，痛懲誣佞，庶幾未必無補名教之萬一也。倘留神終閲，自見腑肝，採菲録蕘，亦備瞽矇贅御之箴爾。狂繆逾涯，恃愛覼縷，伏惟容諒。不宣。」

陽明回堇山先生札：「孤子王守仁稽顙疏復司空堇山先生大人鄉丈執事：守仁罪逆深至，去歲已卜葬先考矣。不意乃有水患，今冬復改卜。方茲舉事，忽承手教，與獎過矣。寵然委使叙所著述，感怍惶悚，莫知所措。懵懵未死之人，且不知天地日月，又足以辨此乎？雖然，雅頌之音，韶英之奏，固其平生所傾渴者。喪復之後，耳目苟不廢，尚得請與樂章而共習之，其時固不敢當首序之僭，或綴數語於簡末，以自附於吴季子之末論，萬一其可也。婁人之室，虞有闕落，不可以居重寶。佳集且附使者奉納，冀卜日更請，千萬鑒恕。荒迷無次。嘉靖二年十二月初三日，孤子守仁稽顙上。厚幣决不敢當，敬返璧，幸恕不恭。倘不蒙見亮，復有所賜，雖簡末數語，亦且不敢呈醜矣。方擬作答，忽頭眩嘔仆，不能手書，輒口占，令門人代筆，尤祈鑒恕。」（堇山文集前附録，陽明文集失載）

按：李堂字時升，號堇山，鄞縣人。明清進士録：「李堂，成化二十三年二甲九十名進士。鄞縣人，字時升，號堇山。官至工部右侍郎，總理河道。能詩文。有堇山集、正學類稿、四明文獻志。」國朝獻徵録卷五十一有雷禮工部侍郎李堂傳。札云「今冬復改卜」，指改葬陽明父龍山公事。「忽承手教」，指李堂書來請陽明爲其文集作序。李堂書中云「自辛未得告，歲週紀矣」，指李堂與陽明正德六年十一月相别，十二年未見面。「小兒維孝回」，指李堂子李維孝先來會稽見陽明，似是李堂遣子來受陽明學，至其時歸見李堂，遂有此札來請陽明作序。按國榷卷四十八：「正德六年十一月戊申，南京科道復劾逆黨南京户部尚書李瀚，江西總制左都御史陳金，刑部侍郎張子麟，工部侍郎李堂……有旨：瀚等令自陳，陳金仍討盜，堂、麟等俱致仕。」陽明或以李堂有瑾黨之嫌而不願爲之作序。

舒柏寄詐説來求教，有「敬畏灑落」之問，陽明有答書。

王陽明全集卷五答舒國用：「來書，足見爲學篤切之志……國用既知其要，又能立志篤切如此，其進也孰禦？中間所疑一二節，皆工夫未熟，而欲速助長之爲病耳。以國用之所志向而去其欲速助長之心，循循日進，自當有至。前所疑一二節，自將焕然冰釋矣，何俟於予言？譬之飲食，其味之美惡，食者自當知之，非人之能以其美惡告之也。雖然，國用所疑一二節者，近時同志中往往皆有之，然吾未嘗以告也，今且姑爲國用一言之：夫謂『敬畏之增，不能不爲灑落之累』，又謂：『敬畏爲有心，如何可以無心而出於自然，不疑其所行？』

凡此，皆吾所謂欲速助長之爲病也。夫君子之所謂敬畏者，非有所恐懼憂患之謂也，乃戒慎不睹、恐懼不聞之謂耳；君子之所謂灑落者，非曠蕩放逸、縱情肆意之謂也，乃其心體不累於欲、無入而不自得之謂耳。夫心之本體，即天理也；天理之昭明靈覺，所謂良知也。君子之戒慎恐懼，惟恐其昭明靈覺者或有所昏昧放逸，流於非僻邪妄而失其本體之正耳。戒慎恐懼之功無時或間，則天理常存，而其昭明靈覺之本體，無所虧蔽，無所牽擾，無所恐懼憂患，無所好樂忿懥，無所意必固我，無所歉餒愧怍。和融瑩徹，充塞流行，動容周旋而中禮，從心所欲而不踰，斯乃所謂真灑落矣。是灑落生於天理之常存，天理常存生於戒慎恐懼之無間，孰謂『敬畏之增，乃反爲灑落之累』耶？惟夫不知灑落爲吾心之體，敬畏爲灑落之功，歧爲二物而分用其心，是以互相牴牾，動多拂戾，而流於欲速助長。是國用之所謂『敬畏』者，乃大學之『恐懼』『憂患』，非中庸之『戒慎』『恐懼』之謂矣。程子常言：『人言無心，只可言無私心，不可言無心。』戒慎不睹，恐懼不聞，是心不可無也。有所恐懼，有所憂患，是私心不可有也。堯舜之兢兢業業，文王之小心翼翼，皆敬畏之謂也，皆出乎其心體之自然也。出乎心體，非有所爲而爲之者，自然之謂也。敬畏之功無間於動靜，是所謂『敬以直内，義以方外』也。敬義立而天道達，則不疑其所行矣。所寄詐説，大意亦好。以此自勵可矣，不必以責人也。君子不蘄人之信也，自信而已；不蘄人之知也，自知而已。因先塋未畢功，人事紛沓，來使立候，凍筆潦草無次。」

按：錢德洪陽明先生年譜云：「嘉靖三年八月，是月，舒柏有『敬畏累灑落』之問，劉侯有『入山養靜』之問。」下遂引陽明此書證之，其説大誤。按陽明此書題下明標「癸未」作，以書中所述考之：「先塋未畢功」，指嘉靖二年九月以後改葬王華於天柱峰、母鄭氏於徐山。「凍筆」，則在冬臘月。由此可以確知陽明此書作於嘉靖二年十二月中，斷非作在嘉靖三年中秋八月。「舒國用」即舒柏，同治南昌府志卷四十三：「舒柏，字國用，靖安人。少有志聖賢之學，師事王文成。領正德丙子鄉薦，授歙縣右訓導，以四禮五倫爲教。知府鄭玉命主管紫陽書院，訓六邑生，修規約束，以身率先，所造門下士稱盛。行取赴都，陞梧州府同知，主梧山書院。都御史陶公謂柏『抱温故知新之學，有成己成物之心』。復劄主嶺表書院，兩廣人士多從之遊。從王文成平田州，有贊畫功。遷南京刑部員外郎，以弟柟、子烱俱選藩府儀賓，例不當授京職，改兩浙鹽運司運同。尋知南寧府。」志稱舒柏「少有志聖賢之學，師事王文成」，按正德三年陽明赴謫過南昌，時舒柏爲諸生，或即在其時來向陽明問學。其後舒柏任歙縣訓導，主掌紫陽書院，陽明在江西南昌、贛州，兩人當多有講學往來。

劉侯書來，有「入山養静」之問，陽明有答書。

王陽明全集卷五與劉元道：「來喻：『欲入坐窮山，絶世故，屏思慮，養吾靈明。必自驗至於通晝夜而不息，然後以無情應世故。』且云：『於静求之，似爲徑直，但勿流於空寂而已。』

觀此，足見任道之剛毅，立志之不凡。且前後所論，皆不爲無見者矣，可喜可喜！夫良醫之治病，隨其疾之虚實、强弱、寒熱、内外，而斟酌加減。調理補泄之要，在去病而已。初無一定之方，不問證候之如何，而必使人人服之也。君子養心之學，亦何以異於是？元道自量其受病之深淺，氣血之强弱，自可如其所云者而斟酌爲之，亦自無傷。且專欲絶世故，屏思慮，偏於虚静，則恐既已養成空寂之性，雖欲勿流於空寂，不可得矣。大抵治病雖無一定之方，而以去病爲主，則是一定之法。若但知隨病用藥，而不知因藥發病，其失一而已矣。閑中且將明道定性書熟味，意况當又不同。憂病不能一一，信筆草草無次。」

按：錢德洪陽明先生年譜云：「嘉靖三年八月，是月，舒柏有『敬畏累灑落』之問，劉侯有『入山養静』之問。」下乃引陽明此書以證之，其説亦誤甚。按陽明此書題下明標「癸未」作，顯可見與其答舒國用作在同時（見前考）。且陽明此書云「憂病不能一一」，憂病者，即丁憂也，陽明至嘉靖三年四月服闋，僅此亦可見陽明此書斷非作在嘉靖三年中秋八月也。「劉元道」即劉侯，光緒嚴州縣志卷十九：「劉侯，字元道，壽昌人。父早亡，叔應龍教之甚嚴。年十九，以詩經領正德庚午鄉薦。受業於王陽明先生。嘉靖間，提學林雲同聘主天真書院。」萬曆壽昌縣志卷八：「劉侯，字原道，一字伯元，號沖庵（按：又號北川），六都勞村人。父早故，叔應龍教之甚嚴。年十九，以詩經領正德庚午鄉薦。受業於王陽明先生之門，學有源委。嘉靖十三年，提學林公雲同聘主天真書院教，一時豪傑皆萃焉。後卒於其地。」按劉侯正德五年舉鄉試，次年入都參加會試，陽明適爲會試同考試官，劉侯可在其時來見陽明受學。以後劉侯居家壽昌不仕，陽明屢次經嚴州，劉侯皆可來見問學也。

二十八日，少谷鄭善夫卒，陽明致書路迎痛悼之，並勉勸路迎益奮發砥礪。

王陽明全集卷五答路賓陽：「憂病中，遠使惠問，哀感何已！守忠之訃，方爾痛心，而復□□不起，慘割如何可言！死者已矣，生者益孑立寡助。不及今奮發砥礪，坐待澌盡燈滅，固將抱恨無窮。自來山間，朋友遠近至者百餘人，因此頗有警發，見得此學益的確簡易，真是考諸三王而不謬，百世以俟聖人而不惑者。惜無因復與賓陽一面語耳。郡務雖繁，然民人社稷，莫非實學。以賓陽才質之美，行之以忠信，堅其必爲聖人之志，勿爲時議所搖，近名所動，吾見其德日近而業日廣矣。荒憒不能多及，心亮。」

按：是年先是陽明弟子朱節卒於九月，繼之而卒者爲少谷鄭善夫，故陽明此書所云「而復□□不起」，當指鄭善夫無疑。疑此「□□」二字原手稿當作「繼之」（鄭善夫字），後來編文集者不識其爲善夫之字，誤以爲錯句不詞，遂刪去作空白。蓋鄭善夫尤爲陽明所賞識，自十月以來即與黃綰共盼鄭善夫來紹興講論學問，等待一月有餘而不至。黃綰讀鄭少谷詩：「閩中新刻鄭少谷繼之詩，末卷有哭朱白浦侍御詩，云：『哭友魂初返，兄今復訃音。杞憂元不寐，顔樂祗須尋。江海投膏意，乾坤攬轡心。成言俱寂寞，勝事竟消沉。邦國賢豪盡，關河涕淚深。瓣香與絮酒，咫尺吊山陰。』即繼以

『憂』字爲題詩，云：『擬將新句咏銷憂，咏罷重增雙淚流。柱下朱郎成永别，江東黄尉竟何求？青袍事業悲三試，畫省風煙感四休。摇落江山客途裏，石門修竹夢林丘。』少谷，予知己友也。其謂『黄尉』者，蓋指予也。」（黄綰集卷二十二）又同卷少谷子傳：「予出，陞南京都察院經歷，携家過越，聞少谷子陞南京刑部郎中，未幾，改南京吏部郎中，有書期將至越，訪陽明先生。先生聞之喜，留予候之，月餘不至。予至金陵，而少谷子訃至，訃者曰：『少谷子出，經武夷，陟絶巘，闖陰洞，不知其疲且襲寒，醫誤用藥，遂病革。速輿歸，至家二日而卒，年三十有九，乃歲癸未臘月晦前二日也。』」陽明得知鄭善夫訃並作此與路賓陽已在嘉靖三年正月。書稱路迎「郡務」者，按國朝獻徵録卷三十九兵部尚書路公迎傳略云：「歷知襄陽、松江、淮安三府，豈弟廉平，務先惠養。」是其時路迎任淮安知府，與朱節關係甚密也（按：路迎爲山東汶上人）。

一五二四　嘉靖三年　甲申　五十三歲

春正月，心齋王艮來會稽問學，請築書院，以居四方學者。於是乃就至大寺左建樓居齋舍，是爲陽明書院（前有新建伯祠）。

張峰王艮年譜：「嘉靖三年春正月，子補生。往會稽，請築書院，以居四方學者。文成每令先生傳諭焉。」

董燧王心齋先生年譜：「嘉靖三年甲申，在會稽。是年春，四方學者聚會稽日衆，請陽明公築書院城中，以居同志。多指百姓日用以發明良知之學，大意謂：『百姓日用條理處，即是聖人條理處。聖人知，便不失；百姓不知，便會失。』同志惕然有省。未幾，陽明公謝諸生不見，獨先生侍左右。或有論諸生，則令先生傳授。」

錢德洪陽明先生年譜附録一：「嘉靖十六年丁酉十月，門人周汝員建新建伯祠於越……先是師在越，四方同門來遊日衆，能仁、光相、至大、天妃各寺院，居不能容。同門王艮、何秦等乃謀建樓居齋舍於至大寺左，以居來學。師没後，同門相繼來居，依依不忍去。是年汝員與知府湯紹恩拓地建祠於樓前，取南康蔡世新肖師像，每年春秋二仲月，郡守率有司主行時祀。」（王陽明全集卷三十六）

錢德洪刻文録叙説：「癸巳已後，環先生之室而居，如天妃、光相、能仁諸僧舍，每一室常合食者數十人，夜無卧所，更番就席，歌聲徹昏旦。南鎮、禹穴、陽明洞諸山遠近古刹，徙足所到，無非同志遊寓之地。先生每臨席，諸生前後左右環坐而聽，常不下數百人。送往迎來，月無虚日，至有在侍更歲，不能遍記其姓字者。諸生每聽講，出門未嘗不踴躍稱快，以昧入者以明出，以疑入者以悟出，以憂憤愊憶入者以融釋脱落出。嗚呼休哉，不圖講學之至於

斯也！」（王陽明全集卷四十一）

按：關於紹興陽明書院建於何時，構於何地，向來不明。今由王艮、錢德洪所述，真况大明矣。蓋陽明書院乃面環光相、能仁、至大、天妃而建，以便四方學子來居受學。萬曆紹興府志卷二十一：「光相寺，在府西北三里許，後漢太守沈勳公宅。晉義熙二年，宅有瑞光，遂捨爲寺，安帝賜『光相』額。……明嘉靖初，寺尚存。十一年，改爲越王祠。」「至大寺，在府北二里。元至大四年，僧本立購石氏故宅建。殿壁刻宋高宗御書詩尚存。」「小能仁寺，在府西北二里。宋開寶六年，觀察使錢儀建。太平興國二年，吴越給『地藏院』額。後改今額……城中諸寺，獨小能仁習禪持戒，旦夕爲飯接衆……小能仁接衆之名，遂聞於四方叢林矣。」卷二十二：「天妃宫，紹興一衛五所，每一所領伍者十，每一伍置官者一，臨山衛、觀海衛、三江所、瀝海所、三山所、龍山所各置宫一，祀其神以護海運。」卷十九：「新建伯祠，在府北二里許。嘉靖十六年，御史周汝員建，祀新建伯王守仁。」「越王祠，祀越王句踐。宋時在府西北二里，久而廢。明嘉靖十一年，知府洪珠即光相寺基改建，蓋去舊址又西北一里許。」按嘉慶山陰縣志卷二十一：「王文成祠，在府北二里東光坊，馬如龍有碑記……碑記又云：『其里居舊有專祠，太守李君修之。是今之東光坊，即公舊第，發祥有自，俎豆允宜。』」可見陽明書院即建在陽明居里東光相坊中，去陽明宅第（伯府）不遠。蓋陽明於嘉靖二年起造伯府新邸，至是大抵建成，遂乃又於伯府之外再建陽明書院也。

錢德洪陽明先生年譜云：「嘉靖四年十月，立陽明書院於越城。門人爲之也。書院在越城西郭門内光相橋之東。後十二年丁酉，巡按御史門人周汝員建祠於樓前，匾曰『陽明先生祠』。」錢氏以爲陽明書院建於嘉靖四年十月，乃誤。按嘉靖四年王艮春間來紹興，但六月即往廣德、孝豐（見下），如何能云嘉靖四年十月「同門王艮、何秦等乃謀建樓居齋舍於至大寺左」？此實是陽明書院始建於嘉靖三年正月，建成於十月，錢氏記憶失誤，乃誤闌入嘉靖四年十月中也。至於謂陽明書院建於西郭門内光相橋之東，則大致是，蓋即至大寺左也。西郭門即迎恩門，萬曆紹興府志卷二：「府城……又西轉而北約五里面西曰迎恩門……迎恩曰西郭……」光相橋即在東光相坊，乾隆紹興府志卷八：「光相橋，在城西北。山陰縣志：『在縣北三里許。』」

有書致泰州知府王臣，懇其爲王艮救荒事解紛。

陽明先生文録卷二與王公弼書一：「王汝止來，得備聞政化之善，殊慰傾想。昔人謂：『做官奪人志。』若致知之功能無間斷，寧有奪志之患耶？歐陽崇一久不聞問，不審近來消息如何。若無朋友規覺，恐亦未免摧墮，便中望爲寄聲。此間朋友相聚，頗覺比前有益，欲共結廬山中，須汝止爲之料理。而汝止以往歲救荒事，心必欲辭去。今乃强留於此，望公弼一爲解紛，事若必不可爲，然後放令汝止歸也。」

按：前考王臣字公弼，號瑶湖，南昌人。嘉靖二年舉進士，授泰州知府。陽明書所云「汝止以往歲救荒事」，乃指嘉靖二年夏淮揚大饑，王艮貸糧賑饑，事有糾紛，嘗爲巡撫所羈押。董燧王心齋先生年譜述之甚詳：「淮揚大饑，先生故所游真州王商人居積富，雅敬重先生。於是先生從真州貸其米二千石歸，請官家出丁册給賑。時有饑甚不能移者，則作粥糜食之。既謁巡撫□公請賑，因以其所賑饑民狀對，巡公疑其言，先生曰：『賑册在場，官所可稽。』乃羈先生於空廨中，令人偵先生出入所並與往來言者。時廨中有就羈有司三二人，先生坐其中，惟與三二人講究理學，暇則彈琴自娛，絶無一言及外事，亦無一人往來。偵者以實告撫公。會所取賑册至，撫公覽之大悔，曰：『幾失君矣。』」故陽明特致書王臣，欲爲一解糾紛也。又書中云「欲共結廬山中，須汝止爲之料理」，即指構建陽明書院，由王艮負責料理，與董燧王心齋先生年譜所述相合，可知陽明此書作於嘉靖三年春間也。

二十一日，南京刑部主事桂萼上正大禮疏，大禮議洶洶再起。

國榷卷五十二：「嘉靖三年正月丙戌，南京刑部主事桂萼上言大禮：『自張璁、霍韜上議，時指爲干進，遂因循至今。然是失也，綱常所繫，誠非細故，慨興獻帝勿祀二年矣，而臣子肆然自以爲是，豈君臣一體之義哉？願陛下速發明詔，循名考實，稱孝宗曰皇伯考，武宗曰皇兄，興獻帝曰皇考，立廟大內，興國太后曰聖母，則天下之爲父子君臣者定矣。』並録南京兵部右侍郎席書、吏部員外郎方獻夫二疏上。命下廷議。萼，正德六年進士，有文名，楊一清一見喜甚，選丹徒令。後巡按論萼，改青田，棄歸。」

按：時張璁、桂萼俱在南京，而黄綰在嘉靖三年正月別陽明歸至南京，旋繼桂萼連上大禮議疏，顯是受陽明及張璁、桂萼之影響。

二月，紹興郡守南大吉以座主稱門生，執贄來學，闢稽山書院，聘陽明主講，八邑彦士紛紛來學，門人日進。

王陽明全集卷七稽山書院尊經閣記：「越城舊有稽山書院，在卧龍西岡，荒廢久矣。郡守渭南南君大吉既敷政於民，則慨然悼末學之支離，將進之以聖賢之道。於是使山陰令吴君瀛拓書院而一新之。」

萬曆紹興府志卷十八：「府城内稽山書院，在卧龍山西岡，山陰地。宋朱晦庵氏嘗司本郡常平事，講學倡多士，三衢馬天驥建祠祀之。其後九江吴革因請爲稽山書院，歲久湮廢。明正德間，知縣張焕改建於故址之西。嘉靖三年，知府南大吉增建明德堂、尊經閣。後爲瑞泉精舍，齋、廬、庖、湢咸備。時試八邑諸生，選其優者，升於書院，月給廪餼。」

錢德洪陽明先生年譜：「嘉靖三年正月，門人日進。郡守南大吉以座主稱門生，然性豪曠不拘小節，先生與論學，有悟，乃告先生曰：『大吉臨政多過，先生何無一言？』先生曰：『何過？』大吉歷數其事。先生曰：『吾言之矣。』大吉曰：『何？』曰：『吾不言，何以知之？』曰：『良知。』先生曰：『良知非我常言而何？』大吉笑謝而去。居數日，復自數過加密，且曰：『與其過後悔改，曷若預言不犯爲佳也。』先生曰：『人言不如自悔之真。』大吉笑謝而去。居數日，復自數過益密，且曰：『身過可勉，心過奈何？』先生曰：『昔鏡未開，可得藏垢；今鏡明矣，一塵之落，自難住脚。此正入聖之機也，勉之！』於是闢稽山書院，聚八邑彥士，身率講習以督之。於是蕭璆、楊汝榮、楊紹芳等來自湖南，楊士鳴、薛宗鎧、黃夢星等來自廣東，王艮、孟源、周衝等來自直隸，何秦、黃弘綱等來自南贛，劉邦采、劉文敏等來自安福，魏良政、魏良器等來自新建，曾忭來自泰和。宮刹卑隘，至不能容。蓋環坐而聽者三百餘人。先生臨之，只發大學萬物同體之旨，使人各求本性，致極良知以至於至善，功夫有得，則因方設教。故人人悅其易從。」

大旨總論：「大吉南先生，字元善，號南泉，渭南人。年十五，嘗賦詩言懷，有『誰謂予嬰小，忽焉十五齡。獨念前賢訓，堯舜皆可並』之語。後時時請益於王陽明先生，其示弟及諸門人詩云：『昔我在英齡，駕車辭賦場。朝夕工步驟，追踪班與揚。中歲遇達人，授我大道方。歸來三秦地，墜緒何茫茫。前訪周公迹，後竊横渠芳。願言諧數子，教學此相將。』」

按：南大吉爲正德六年進士，陽明爲會試同考試官，故南大吉稱陽明爲「座主」。萬曆紹興府志卷三十八：「南大吉，字元善，渭南人。性豪宕，雄於文，與康海、胡纘宗諸人齊名。嘉靖初，以部郎出守郡。同知靳塘多智譎，在任久諳諸利弊，大吉下車，每事諮詢。塘以書生易而謾之，大吉陰察其情，而陽爲不知者。既三月，一日坐堂上，召諸吏抱案集庭下，數之曰：『若等善欺予。某事善，若以爲不善；某事不善，若以不然。何欺予如是？亟持案來。』案至，立剖數十事，悉中情理，人人懾伏，塘駭汗齰舌，不敢出一氣。由是飭條教頒下邑，懲奸戢暴，不撓貴勢巨豪。石天禄、戴顯八者，窩盜致饒，官府素不能治，悉逮捕，斃獄中。每臨重囚，必朱衣象簡，秉燭焚香，大開重門，令衆見之，望見者以爲神人，不可犯，然頗傷苛急矣。當是時，王文成公講明聖學，大吉初以會試舉主稱門生，猶未能信，久之，乃深悟痛悔，執贄請益。文成曰：『人言不如自知之明，自悔之篤。』於是稍就平和，乃葺稽山書院，創尊經閣，簡八邑才俊弟子，講習其中。刻傳習録風示遠近。文成振絶學於一時，四方雲集，庖廩相繼，皆大吉左右之也。」按萬曆紹興府志卷二十六郡守下著録：「南大吉，渭南人，嘉靖二年。」又卷三：「今府署，仍唐宋之舊址……嘉靖元年二月火……嘉靖二年十月，知府南大吉乃修復之。」是南大吉乃在嘉靖二年六七月間來任紹興郡守，其執贄來問學及命山陰令吴瀛拓新稽山書院約在其時。至嘉靖三年二月，其拓建稽山書院當已初成，故其後八邑彦士遂紛紛來學也。錢德洪謂是年來學士子三百餘人，實包括稽山書院與陽明書院兩處學子。除錢德洪所言學子外，今兹可考者如下：

王洪、王玹。光緒海鹽縣志卷十七：「王洪，字宗範，居通園，爲塾師。董蘿石携之遊王陽明門，陽明奇之。後令子正億執經於洪。」卷十五：「王玹，字體山……弘治癸未歲貢，選南京鎮南衛經歷。擢福建泉州府同知，刑罰不施，人民向化。陞刑部山西司員外郎。解祖歸，與從弟洪字宗範研心理學，甘泉、姚江往復甚殷。太常錢薇嘗詣齋講學，有『吾鄉人豪』之稱，其見重如此。」

潘日昇、潘日章。民國新昌縣志卷十二：「潘日昇，字益遜。性端敏，博學多識，師事俞振强，盡得其經學宗旨，慕古，力於進修。爲諸生，即器重當道，郡守南大吉掄入稽山書院。與兄日章同遊王陽明門，深究性理之學。應選貢，任邵武教諭，至敦禮讓，督課程，給俸賙貧，改創黌序，以陽明之學訓迪諸士人。著父子、兄弟、夫婦、朋友四箴，俾諷詠之，一時士風丕變，關閩之學復振。以子晟貴，乞休家居。杜門謝事，日與朋友優游山水間，講道自樂。好讀易，扁所居曰『玩易窩』。昇持己方嚴，處家孝友，遇族黨恩禮藹如，邑人咸敬仰之。邵武士爲立碑，請祀名宦。著有貞静集四卷。（萬曆志原儒林傳）」

程文德。姜寶松溪程先生年譜：「先生諱文德，字舜敷。其先新安之槐堂人……楷始居永康……初號益齋，後號質庵，後又改號松溪。嘉靖三年甲申，先生二十八歲，造陽明先生之門，受學焉。先生聞陽明先生教人以學爲聖賢，於是往受業，以所聞於胡公璉、李公滄、朱公方及所受於楓山先生者，互相印證。陽明大悦之，相與講明致良知之説，逾數月而後歸。其後先生跋陽明文録，略曰：『先生之可傳者存乎言，其不可傳者存於意。聖學久湮，良知不泯，支離蔽撤，易簡功成，是先生之意也。明德親民，無外無内，皇皇乎與人爲善，而忘其毁譽者，是先生之意也。世未平治，以爲己辜，將以此學上沃聖明，而登之熙皞焉，是先生之意也。故曰：讀斯録者，在通其意而已矣。』」明史卷二百八十三程文德傳：「程文德，字舜敷，永康人。初受業章懋，後從王守仁遊。登洪先榜進士第二。」

劉晃、劉軫。乾隆廬陵縣志卷三十：「劉晃，字文中，澧田人……服膺王守仁致良知之學，與兄軫齋産並往餘姚受業。守仁深器之，易其名爲勉。與同志往復問難無虚日。守仁卒，冡心喪三年。」劉汝翱。同治萬安縣志卷十二：「劉汝翱，石洲人，嘉靖乙卯舉人。從王守仁悉心理學，任福建大浦知縣，校河南鄉試，陞温郡同知。時與同官衛承芳、潘士潔冰蘖自持，有『一堂四清』之謡。」

劉文敏、劉文快、劉文協、劉文愷、劉文悌、劉子和、劉曛、劉祐、劉繼權、劉爆、劉熄。王時槐兩峰劉先生文敏墓誌銘：「先生諱文敏，字宜充，姓劉氏，吉之安福三舍人。三舍之劉在邑爲鉅姓……歲壬午，先生年二十有三，則與其族弟獅泉共學……已而讀陽明王公傳習録所論格物致知之旨，與宋儒異，展轉研思，恍若有悟，遂决信不疑，躬踐默證。久之，惟覺動静未能融貫，乃歎曰：『非親承師授不可。』則買舟趨越中見王公，執侍門墻，往復三歷寒暑。歸而與獅泉先生砥切於家。」（國朝獻徵録卷一百十四）三舍劉氏七續族譜卷三十四家傳第八劉文敏傳：「既與獅泉（劉邦采）共學，思所以自立於天地者，每至夜分，不能就寢，謂獅泉曰：『學苟小成，猶不學也。』已得傳習録而好之，反躬實踐，唯覺動静未融，曰：『此非師承不可。』遂率其弟文快、從弟文協、文愷、文悌、族弟子和、繼權、族子曛、祐入越而稟學焉。時吾宗北面姚江者，始於梅源，而獅泉、印山繼之，兩峰又同偕九人者往，一門九劉，雅爲文成推許。」按之三舍劉氏七續族譜，劉文敏所偕九劉爲：劉文快，字宜慎，號竹岡，文敏弟；劉文愷，字宜修，號密齋，文敏從弟；劉文悌，字宜慎，號西塢，文愷弟；劉文協，字宜中，號勉齋，文敏從弟；劉子和，字以節，號覺齋，生員；劉繼權，字霖卿，陽明親書致知説授之；劉祐，字孟吉，號亦省，生員，後隱於北山下，號北山；劉爆，字應成，號退齋；劉熄。

劉邦采、劉曉。同治安福縣志卷十一：「劉邦采，字君亮。族子曉受業守仁，爲語邦采，遂與從兄文敏及弟姪九人謁守仁於里第，師事焉。」按傳習録卷下有黄省曾記語録：「劉君亮要在山中静坐。先生曰：『汝若以厭外物之心去求之静，是反養成一個驕惰之氣了。汝若不厭外物，復於静處涵養，却好。』」即記在其時。

劉敬夫。王畿集卷二十半洲劉公墓表：「公諱敬夫，字敬道，別號半洲……先師家居，四方從者雲集。公往浙二三年，聽講之暇，日夜坐小樓，證悟所聞。予相與居處，有交修之助焉。公歎曰：『「良知即是獨知時」，此師門宗旨。』予曰：『獨知無有不良。良知者，善知也。「可欲之謂善」，有諸己，方謂之信。信者，信良知也。』公頷之曰：『良知，知是知非。』予激之曰：『良知，無是無非。』未達，予曰：『是非者，善惡之幾，分別之端，知是知非，所謂規矩也。忘規矩而得其巧，雖有分別而不起分別之想，所謂悟也。其機原於一念之微，此性命之根，無爲之靈體，師門密旨也。』公將信而復疑……」

曾忭。同治泰和縣志卷十七：「曾忭，字汝誠。嘉靖五年進士，授光澤知縣。時王守仁講學越中，忭往受業。在閩多善政，調婺源，闢紫陽書院，修韋齋祠。報最，擢吏科，陞兵科都給事，上疏忤貴溪相，下錦衣獄。已而得免，放還。家居三十餘年。」鄒守益集卷十八書曾前川子家藏潁濱帖：「前川子忭，以司諫直言褫職……前川子受學陽明先師，而交於四方之豪傑，戰戰兢兢，臨深履薄，更有家傳在。」歐陽德集卷二十八龍門曾先生像讚：「給舍君汝誠……比年，從給舍君事陽明公，有聞於良知之學……」

方紹魁。鄒守益集卷四贈南海方子之商河序：「南海方子受學於陽明先師，復遊甘泉先生之門。其署教吾邑也，協於寮友……嘉靖癸巳冬，拜商河之命……方子矍然避席曰：『以紹魁之辱愛於子，子獨無以規之？』曰：『益也聞諸父師曰：「良知也者，天然自有之規矩也；致良知也者，執規矩以出方圓也。」子務致其良知，常精常明，不爲自私用智之所障，則執規以爲圓，執矩以爲方……』」按方紹魁字三遲，廣東番禺人，嘗任沙縣令，嘉靖十五年修沙縣志。

梁廉、徐珊。乾隆辰州府志卷三十四：「梁廉，字定齋，江西廬陵人。早以道自任，主講會稽時，日與餘姚徐珊侍陽明於鑑湖，益有所得，珊後竟折節稱弟子。嘉靖二十一年，由舉人歷工部主事，出爲辰州府通判。時珊以同知先一年至，方建修道堂於虎谿。廉下車，即謁祠下。復創見江軒其側，益會士人，相與講論。由是陽明之學大昌於辰州徐汝佩記。」

楊紹芳、楊汝榮。錢德洪稱「楊汝榮、楊紹芳等來自湖廣」，按楊紹芳爲湖北應城人，故稱楊紹芳來自湖廣。楊紹芳爲嘉靖二年三甲一百二十七名進士。讀史方輿紀要卷九十二：「(上虞)通明江，縣東十里，即姚江上流……邑令楊紹芳復堤塘，浚壅塞，往來者便之……新河，在縣東北十里……嘉靖三年，楊紹芳復導流經城中……」新建伯王文成公傳：「(許璋)殁後，先生題其墓曰『處士許璋之墓』，屬知縣楊紹芳立石焉。」(國朝獻徵録卷九)可見楊紹芳中進士後，授上虞縣令，遂來見陽明問學。萬曆紹興府志卷三十八：「楊紹芳，字伯傳，應城人。嘉靖初，知上虞。好興剔利蠹，改運河，拓學地，修築海塘，治績甚著。擢御史去。」楊汝榮，程煇喪紀叙陽明櫬窆於越城高村，來會葬者有「舉人諸大綱、楊汝榮」。

鄧周。鄒守益集卷十九松壽鄧翁崇玉遺像讚：「鄧生周趨會稽，學於陽明先師，繼而卒業於山房。嘗延予升堂，兩接松壽翁。翁温厚簡默，居然老成也。命其長子國以家務，次子圛以商，季氏（按：「氏」當作「子」。）周以庠。」按「山房」指東廓山房，可知鄧周亦安福人。

劉週。羅洪先集卷二十二明故處士劉良溪墓誌銘：「劉良溪者，萬安西門鉅姓也……當是時，陽明王先生倡道於虔，吉之縉紳多往從之，而出入者亦復不少。良溪早有篤行之名，至是從諸縉紳聞其議論……間走吳越，訪諸先生長者，冀以自益，或納弟子禮，野服侍側，不知年齒長少也……良溪名週，字繼卿，生弘治辛亥正月十八日午，卒嘉靖丁未十月二十八日戌。」

張鰲山。鄒守益集卷十八題會稽師訓卷：「張子鰲山繪先師陽明遺像，及彙書翰爲一卷，夙夜用以自範。某敬題曰會稽師訓，而申於後曰：師道之功大矣哉！方先師之存也，四方之士若抱病而求華、扁，充然各得其所可願；及於亡也，倀倀靡所賴矣。然遺方猶存，即而服食之，咸可以却疾而延年。書中有曰：『君子之心如青天明月，雖風雨晦冥，千變萬狀，要在不失其清明皎潔。古之人顧諟明命，臨深履薄，故升沉毁譽，外境遞異，而本體恒一，由此道也。』又曰：『延平云：「中年無朋友，幾乎放倒。」所與不必盡求勝己，但得人時相切礪難，工夫便自不同。古之人耕稼陶漁中，安能得禹、契？然何莫非取善之境？故自成成物，原無塗轍。』方張子遇誣時，某上書先師申救，及侍側，懇懇言之，公莞然曰：『寄語汝立，不做好官，且做好人。』某瞿然自失於升沉毁譽之表。書中亦曰：『謙之必得數相見，於此學必有切磋砥礪之益。幸及時相與，大進此道，以繼往開來。』讀之毛髮竦然。先師棄諸生二十年矣，諸同門相繼淪逝，而吾二人亦齒髮種種矣。仁以爲己任，死而後已，請從事於當仁之訓，庶無負於茲卷。」按張鰲山會稽師訓乃彙録嘉靖元年至嘉靖六年陽明與張鰲山之書，蓋此數年中，張鰲山不僅與陽明多有通信往來，亦常來會稽問學也。

金榜。吴鵬飛鴻亭集卷十九金雨洲墓誌銘：「嘉靖丙寅二月二十有八，雨洲先生遘疾，卒於正寢……公諱榜，别號雨洲，文華其字也……嘉靖壬午領浙江鄉薦，明年上春官弗第，卒業南雍。大司成甘泉先生器重焉，遣就陽明先生學，賦詩贈之行。既見陽明，得聞良知之説。遨遊二先生之門，詣極根抵……公生於弘治甲寅九月十六日，距卒之日，享年七十有三。」

徐霈、王修易。天啓衢州府志卷十一：「(江山)徐霈，字孔霖，號東溪。嘉靖丁酉鄉薦，辛丑進士，河南督學，廣東布政。幼習章句，覺與性地靈臺不甚浹洽，師事陽明，悟良知之諦，一掃誦習塵詮，其鎔鑄篇章，操縱作用，具從良知中流出。抗救夏言，甘受廷杖，直節凛然。督學天中，提撕士類，多成鉅儒。轉轄嶺南，厭薄刀員，每入庫倉，輒覺眩，曰：『腥羶逼人。』解綬歸家，築講會舍館，著書談道，老而不倦。壽九十有五，時人比之衛武公。」同治江山縣志卷九儒林：「王西山，(宋成綬志)名未詳，江山人。與徐霈同學，宅心制行卓越流俗。早遊陽明先生之門，日講良知格物之學，耽於道腴，淡棄榮利。」「王修易，西山下人。嘉靖時貢生，官學正。爲人耿直清介，不附權勢，平日以學問氣節自勵。督撫聞其名，招之講學，不輕赴，人服其有節操，或云即王西山，存以俟考。」按王畿在庵王公墓表云：「丁亥，先師赴兩廣，道衢，君與欒君惠、王君修易、林君文瓊、鄧君禮輩，候於江滸，復求印可。」（王畿集卷二十）可見王修易確爲陽明弟子。乾隆南昌府志卷四十六名宦：「王修易，江山人。嘉靖間，由歲貢任新建訓導，終日對諸生講學，貧者輒周恤之。故與巡撫山陰張元沖爲同門友，一日，遣人召見修易，曰：『爲公事乎？爲講學乎？講學，當以折柬；相命，即公事。』明日，趨謁韙之，始禮延請，乃赴。」豫章書稱王修易與張元沖爲同門友，更可見其爲陽明弟子。程煇喪紀中稱「門人欒惠……王修……」此「王修」當是王修易之誤。又傳習録卷下多有「門人黄修易録」，録在嘉靖四年前後。查史志無黄修易其人，疑「黄修易」亦王修易之誤。

尚班爵。馮從吾關學編三：「時所有同州（渭南）尚公班爵，字宗周，弘治甲子經魁。父衡，爲浙江參議。公隨父任，亦從王文成公學。後任安居知縣。谿田先生撰通誌，稱公作縣剛果勤勵，政舉民安。著有小淨稿、雲林集。」

來汝賢。乾隆南昌府志卷四十七名宦：「來汝賢，字子禹，蕭山人。進士，任奉新知縣。嘗從學於王守仁之門，其措施悉有條理。蒞邑僅八月，卒，士民咸悼惜之。」

駱驥。光緒諸暨縣志卷二十二人物志：「駱驥，字汝良，號櫧山，驗弟。嘉靖壬辰進士，官刑部主事。幼讀書止四五行，從祖瓏，自潮州歸，一見器之，謂其父鳳岐曰：『諸子英立，然邁種亢宗者，驥也。』駱問禮傳及長，受業王文成之門。毛奇齡西河全集以仔統待後自期。及廷對，侃侃萬言，人以董江都比之。辦事刑部，應詔言事，大略謂：致中和，則天地位，萬物育；中和未致，災異所以頻仍也。疏中語涉大學士張孚敬。孚敬向不識驥，入朝私問：『孰爲駱？』某人指示之，爲之悚然，且曰：『吾目中素空無人，及覩駱名心動，今果爲所中。』一時風采節概，震動朝右。卒未究其用而歿。」

成子學。光緒潮州府志卷二十八人物：「成子學，字懷遠，號井居，海陽人。性孝友，少事王陽明，得良知之旨。嘉靖丁酉舉於鄉，甲辰成進士，授峽江令。邑故多郵傳雜派，子學裁革過半，使客鞅鞅，卒不復有無主荒糧。里胥相緣爲奸弊，延累無已，爲請於上官，均攤闔縣無偏枯。縣民鄭文生母死於虎，訟之。官焚牒告山神，設檻以待。翌日虎斃。行取擢兩淮監察御史，累官苑馬寺卿。生平與吉水羅洪先往復寓書，闡明理學。」

葉慎。民國台州府志卷一百零五：「葉慎，字允修，號恒陽，太平人。……父靈鳳，弘治十五年成進士。嘗詣謝鐸，覩案上書籍，曰：『了此庶無負矣。』尋陞南部主事，以憂歸……慎生十餘歲而父歿，乘喪變群侮蝟集，慎處之裕然。長補諸生，厭舉業，從王守仁遊於會稽，得聞良知之旨，躍然曰：『是矣，是矣！聖人決可學而至也。』時有以『隨處體認天理』爲教者，又有以『洗滌心垢』爲教者，慎曰：『理非外鑠，心本無垢。』其超悟自信，類如此。」

施悌。民國台州府志卷一百零八：「施槃，字彦器，號新齋，黄巖人。成化二十年進士，授刑部主事，歷員外、郎中。讞獄南畿江西，多所平反……從子悌，字宜之，性倜儻，接人有禮。嘗從王守仁遊。由例貢官鴻臚序班。著有鶴洞稿、先覺教言。」

徐禾。乾隆海寧州志卷十：「徐禾，字仲年。爲人質行，工詩古文辭。齠齔時聞姚江王氏講良知之學，躡屩從之，多創獲其所未發者。嘉靖丁酉舉鄉薦，謁選荼陵知州。時有巨寇嘯聚攻剽，禾設方畧逮捕，論死。戊午秋，校楚士，拔艾穆。以諫顯，遷南比部郎。未幾，罷歸。盤礡山水間二十餘年以終。」

陳荆獻、陳善。萬曆錢塘縣志紀獻名宦：「陳善，字思敬。父荆獻，博洽端方，從王文成先生游，以貢司訓崑山。善幼穎異，從父遊文成門，文成以任道器許之。弱冠舉進士。三令巖邑，擢官伯郎，督學滇、粤。梓經史，密課程，崇行誼，士蒸蒸向風，所至俎豆之。仕至左布政使。」許孚遠雲南布政使陳公善神道碑：「先生諱善，字思敬，別號敬亭，世居錢塘太平里……先生生而端凝，弱不好弄。年十一能屬文，嘗從贈公讀書於觀察王公署中，一見，目爲遠器。十四及王文成先生之門，十七試有司，督學汪公置異等。甫弱冠，當督學林公選爲五經師，所造士若太保高文端公而下，多賢達。甲午，舉浙江鄉試第二人。辛丑，成進士。」（國朝獻徵録卷一百零二）

孫景時。民國杭州府志卷一百三十八儒林：「孫景時，字成叔，杭州右衛人。性耿介，於世寡諧。師事王守仁、湛若水，與山陰汪應軫、仁和邵鋭、江暉、錢塘吴鼎爲友。正德十一年舉於鄉，授長洲教諭，遷攸縣令，却餽例，雪平民枉狀，逮豪右易滔，發其奸贓，論如法，人多稱之。無何，解官歸。乃蒐輯故典，證以長老舊聞，質諸鄉評，作武林文獻録。」

王潼。民國杭州府志卷一百三十八儒林：「王潼，字本澄，錢塘人。幼讀朱子語録，遂絶意舉業。聞餘姚王守仁講學，負笈往從。守仁嘉其篤志，命其子與之共學。潼勤於著述，於程子、張子遺書皆有補注。」

毛鳳起。光緒黄州府志卷十九儒林："(麻城縣)毛鳳起,字瑞東,諸生。少習舉子業,後厭棄之。從王守仁講學,歸而授徒,作心學圖、致知説,以明其旨。嘉靖壬辰,詔舉賢良敦行遺逸之士,有司以鳳起應,辭不就。知縣陳子文爲建道峰書院居之,就教者益衆。鳳起德性和易,志行高潔,孝友敦睦,老而彌篤。卒後,邑人於五腦山建明德堂,與劉承烈並祀。"

蔡月涇。光緒黄州府志卷十九儒林："(蘄水縣)蔡月涇,字沙江。性純孝,博學好古。年十四,割股愈母疾。正德丙子舉於鄉。嘗擔囊受業於王守仁,入南雍,與湛若水游,終身不仕。教授生徒,歲至數百人。生平言動無戲渝,郡邑有司罕見其面,學者稱爲大隱先生。著易經膚説三卷。"

王世俊。同治安福縣志卷十名宦："王世文,字質夫,號南漚,東鄉蒙岡人……弟世俊,師事王守仁,所著有知止録。"

鍾圓。同治興國縣志卷二十四："鍾圓,字稚方,藍田東高鄉人。年十七,餼於黌,郡守愛其才,爲行冠禮於堂上。嘉靖中貢授江華令,致仕。從王文成公講求性命之學。壽八十九。"

曾才漢。按今存陽明先生遺言録上題作"門人金溪黄直纂輯,門人泰和曾才漢校輯",下題作"門人餘姚錢德洪纂輯,門人泰和曾才漢校輯",知曾才漢爲陽明門人。嘉靖太平縣志卷四："知縣,曾才漢,字明卿,泰和人。由舉人授將樂縣知縣,未仕,丁外艱。起復,改除,以嘉靖十六年六月至。"志前有王度太平縣志序云："吾友海峰葉君獨居山中,構思以俟。于是雙溪曾侯來會,與語大悦,遂挈而授之……雙溪名才漢,字明卿,前令袁之里人。"疑曾才漢乃是嘉靖三年與曾忭一同來受學。

禮部員外郎陳九川奉命册封弋陽王，歸經紹興再來問學。

羅洪先集卷二十明水陳公墓誌銘：「癸未，進禮部儀制員外郎，册封弋陽王。甲申，侍陽明公於越。」

按：國朝獻徵録卷一弋陽端惠王拱㰘：「弋陽端惠王拱㰘，莊僖王子也……初封將軍，同藩諸將軍已屬目其賢。會宸濠作逆伏誅，諸郡王勢相頡頏，莫能一。上以王守正不阿，詔令統攝府事。嘉靖初，上書請復獻、惠二王廟祀，得備禮樂，稍增設審理奉祠典儀，諸官屬自藩臬諸司以下，歲時皆入謁如大藩禮。」陳九川當是嘉靖二年冬奉命往册封弋陽王，至次年春事畢回京，遂經紹興再來見陽明問學。

辰州楊月山千里來紹興問學。

季彭山先生文集卷一贈都閫楊君擢清浪參將序：「月山楊先生少有遠志，雖起自辰州衛百户侯，而好學求師，力行古道，故能薦立武功，累陞正千户。然以安身立命之地不在是也。聞吾師陽明公講道東越，即不遠數千里負笈過從。又以甘泉公講道南都，復不遠千里自越過從，盡究其異同，而歸宿於吾師致良知之説，於是學有定向矣。」

按：湛甘泉在嘉靖三年八月陞南京國子監祭酒，可見楊月山當是先在嘉靖三年上半年來紹興問學於陽明，至下半年則由越往南都問學於甘泉。

南湖張綖來紹興問學，陽明書卷贈别。

王陽明全集卷二十七寄張世文：「執謙枉問之意甚盛。相與數月，無能爲一字之益，乃今又將遠别矣，愧負，愧負！今時友朋，美質不無，而有志者絶少。謂聖賢不復可冀，所視以爲準的者，不過建功名，炫耀一時，以駭愚夫俗子之觀聽。嗚呼！此身可以爲堯、舜，參天地，而自期若此，不亦可哀也乎？故區區於友朋中，每以立志爲説。亦知往往有厭其煩者，然卒不能舍是而别有所先。誠以學不立志，如植木無根，生意將無從發端矣。自古及今，有志而無成者則有之，未有無志而能有成者也。遠别無以爲贈，復申其立志之説。賢者不以爲迂，庶勤勤執謙枉問之盛心爲不虚矣。」

按：前考張綖字世文，號南湖居士，高郵人。陽明此文乃書卷贈别之文，題作「寄張世文」未當。

張綖張南湖先生詩集卷一感述呈王陽明：「芃芃原上草，歷歷壤中英。春風一披拂，燁燁生光榮。我生百無能，承志窮一經。云胡不自勵，蹉跎日沉淪。俛懷疴瘻子，賤技何足云。凝神以禦垸，亦得□其名。造物實匪私，所志貴專精。冉冉向日晚，踽踽空江濱。盛年忽已壯，歎息將何成！」

按：張綖此詩在詩集中列爲「弘治十四年至十八年」作，乃誤。此詩云「盛年忽已壯」，按張綖生於成化二十三年，弘治中其尚未成年，其壯年已在嘉靖中，可見張綖約是在陽明闢陽明書院、稽山書院後來受學，乃有「相與數月」之久。蓋其時張綖八上春官不第，遂多來紹興問學也。

汪尚和屢來紹興問學，約在其時，陽明有贈言。

王陽明全集卷二十七與汪節夫書：「足下數及吾門，求一言之益，足知好學勤勤之意。人有言：『古之學者爲己，今之學者爲人。』今之學者須先有篤實爲己之心，然後可以論學。不然，則紛紜口耳講説，徒足以爲爲人之資而已。僕之不欲多言者，非有所靳，實無可言耳。以足下之勤勤下問，使誠益勵其篤實爲己之志，歸而求之，有餘師矣。有能一日用其力於仁義乎？我未見力不足者，足下勉之！『道南』之説，明道實因龜山南歸，蓋亦一時之言，道豈有南北乎？凡論古人得失，莫非爲己之學。誦其詩，讀其書，不知其人，可乎？是以論其世也，是尚友也。果能有所得於尚友之實，又何以斯録爲哉？節夫姑務爲己之實，無復往年務外近名之病，所得必已多矣，此事尚在所緩也。凡作文，惟務道其心中之實，達意而止，不必過求雕刻，所謂修辭立誠者也。」

按：前考汪尚和字節夫，號紫峰，休寧人。陽明書所云「往年務外近名之病」，乃指正德九年汪尚和來南京問學之時。是次「數及吾門」，則當在陽明歸紹興以後，即在嘉靖中數來紹興問學也。

十一日，楊廷和以大禮議忤旨致仕。謝源、伍希儒欲北上入京辯謗，陽明有書勸止行。

國榷卷五十三：「嘉靖三年二月丙午，少師兼太子太師、吏部尚書、華蓋殿大學士楊廷和致仕，以大禮織造積忤，乞歸。禮部尚書汪俊曰：『公去，誰可主者？』言官交章請留，不聽。……戊申，禮部尚書汪俊等集議大禮，云：『前後章疏，惟張璁、霍韜、熊浹與桂萼議同。其兩京諸臣凡八十餘疏，二百五十餘人，皆如部議。桂萼等肆言無忌，宜罪。』上召張璁、桂萼於南京，下部再議。」

陽明文録卷三答伍汝真僉憲：「書來，見相念之厚，感愧，感愧！彼此情事，何俟於今日之言乎？士潔之怨，蓋有不度於事理矣。數年憂居，身在井中，下石者紛然不已，己身者且不敢一昂首視，況能爲人辯是非乎？昔人有言：『何以止謗？曰：無辯。』人之是非毁譽，如水之濕，如火之熱，久之必見，豈能終掩其實者？故有其事，不可辯也；無其事，不必辯也。無其事而辯之，是自謗也；有其事而辯之，是增益己之惡而甚人之怒也，皆非所以自修而平物也。今主上聖明無比，洞察隱微，在位諸公皆兢兢守正奉法，京師事體與往時大有不同。故二君今日之事，惟宜安静自處，以聽其來順受之而已耳。天下事往往多有求榮而反辱、求得而反失者，在傍人視之甚明，及身當其事，則冥行而罔覺。何也？榮辱得失之患交戰於其中，是以迷惑而不能自定耳。區區非徒爲此迂闊之言，而苟以寬二君之心者。二君但看數年來，區區所以自處者如何。當時若不自修自耐，但一開口與人辯，則其擠排戮辱之禍，將必四面而立至，寧獨數倍於今日而已乎？當時諸君從傍静觀其事勢，豈不洞見諸君之事自與區區休戚相關？故今日之言，非獨以致惻怛之愛於二君，實亦所以自愛也，幸以此意致之。士潔北行，且勿往爲是，往必有悔矣。迫切之言，不罪不罪。」

按：此書云「二君」者，即謝源、伍希儒。謝、伍黜落仕籍，多有怨言，嘗託陽明致書大臣，陽明不願辯之，已見前考。是次謝源又書來託陽明辯之，當是伍希儒除同知後不久，又陞僉憲；謝源則通判鎮寧州後不服，乃又上京辯謗，即此書所云「士潔北行」。謝、伍之被謗誣，蓋由楊廷和一手遮天處之，霍韜地方疏云：「姦臣張忠、許泰等欲掩王守仁之功爲己有，乃揚諸人曰：『王守仁初同賊謀。』及公論難掩，乃又曰：『宸濠金帛俱王守仁、伍希儒、謝源滿載以去。』當時大學士楊廷和、尚書喬宇，亦忌王守仁之功，遂不與辨白，而黜伍希儒、謝源，俾落仕籍。王守仁不辯之謗，至今未雪，可謂黯啞之冤矣。」鄒守益南溪伍希儒墓誌銘亦云：「一時媢者，争功者，讒謗四騰，曰濫殺，曰搶掠，曰侵工府金帛。於是伍君與謝君例陟僉憲，曰賞功也；尋例謫邑令，曰罰罪也。未幾，遂從而褫其職……西樵方公、渭厓霍公、久庵黄公，先後訟其冤於朝，宜定江西功次，而霍公尤剴切，曰：『方變起倉猝，鄙夫斂避，謝源、伍希儒非守土之任，越職分以奬忠勤。變亂既平，腐儒俗吏騰口舌以繩其短。就使二臣果有黷載金寶之實，猶斷以大義，勿恤小瑕，爲後日任事之勸。況張忠、許泰鼓揚流言，而妬者附之，適以褫天下忠義之魄，而可信之乎？』其後王巡按鎬覈實以覆，事竟不白。」（鄒守益集卷二十二）伍希儒黜歸後，多書來託陽明辨白，然其時陽明亦自深陷於謗毁之中，故亦無從出面爲伍、謝辨白其冤，而采取「無辯止謗」態度。陽明此書言「數年憂居」，按陽明父嘉靖元年二月卒，陽明憂居，至嘉靖三年四月服闋，是所謂「數年憂居」，故陽明此書當作在嘉靖三年四月前不久，疑即因楊廷和在二月罷歸，伍、謝以爲辯謗雪冤時機已到，遂北上入京，並有書致陽明，懇其幫助辯冤，陽明乃作此答書也。

三十日，昭聖太后壽辰，詔免朝賀，御史馬明衡、朱淛疏諫，下鎮撫司。御史季本因疏救貶揭陽主簿，户部員外郎林應聰因論救貶徐聞縣丞。季本歸山陰來見陽明，陽明大贊林應聰氣節。

國榷卷五十三：「嘉靖三年二月乙丑，昭聖慈壽皇太后壽節，免命婦朝賀。御史馬明衡、朱淛言：『興國太后致賀未逾月，昭聖輟而不行，非體。萬一因禮文末節，稍成嫌隙，此非細故。』上怒，下鎮撫司。修撰舒芬又言之，奪禄三月。御史蕭一中、季本、陳逅、户部員外郎林應聰申救，皆下獄。謫應聰徐聞縣丞，本、逅揭陽、合浦主簿。」

光緒莆田縣志卷二十：「林堪，字舜卿……成化辛丑進士……（子）應聰字汝桓，正德丁丑進士，授户部主事。監臨清鈔關稅，減稅價，去横徵額外，復進羨金上用，營公署，植柏柳，以憩商人。陞員外郎，值昭聖太后壽辰，傳免朝賀，同邑御史朱淛、馬明衡疏諫，逮訊。應聰抗疏論救，言：『陛下以宫闈之故，罪及言官。本生正統之義，又不能無所軒輊，忠臣義士將杜口結舌，不敢復議天下事。』上怒，並詔獄。謫徐聞縣丞，航海謁陽明王守仁，講學句餘。」

按：陽明後來作題夢槎奇遊詩卷云：「林君汝桓之名，吾聞之蓋久……今年夏，聞君以直言被謫，果信其爲文章氣節者矣。」可見陽明又首肯林應聰之禮説矣。

三月十一日，震澤王鏊卒，陽明爲作太傅王文恪公傳，特録其性善對。

王陽明全集卷二十五太傅王文恪公傳：「公諱鏊，字濟之……平生嗜欲澹然，吴中士夫所好尚珍賞觀遊之具，一無所入。惟喜文辭翰墨之事，至是亦皆脱落雕繪，出之自然。中年嘗作明理、克己二箴，以進德砥行。及充養既久，晚益純明，凡有著述，必有所發。其論性善云：『欲知性之善乎？盍反而内觀乎？寂然不動之中，而有至虚至靈者存焉。湛兮其非有也，窅兮其非無也；不墮於中邊，不雜於聲臭。當是時也，善且未形，而惡有所謂惡者哉？惡有所謂善惡混者哉？惡有所謂三品者哉？性，其猶鑑乎！鑑者，善應而不留。物來則應，物去則空，鑑何有焉！性，惟虚也，惟靈也，惡安從生？其生於蔽乎！氣質者，性之所寓也，亦性之所由蔽也。氣質異而性隨之，譬之珠焉，墜於澄淵則明，墜於濁水則昏，墜於污穢則穢。澄淵，上智也；濁水，凡庶也；污穢，下愚也。天地間膈塞充滿，皆氣也；氣之靈，皆性也。人得氣以生而靈隨之，譬之月在天，物各隨其分而受之。江湖淮海，此月也；池沼，此月也；溝渠，此月也；坑塹，亦此月也，豈必物物而授之！心者，月之魄也；性者，月之光也；情者，光之發於物者也。』其所論造，後儒多未之及。閑居十餘年，海内士夫交章論薦不輟。及今上即位，始遣官優禮，歲時存問。將復起公，而公已没，時嘉靖三年三月十一日，壽七十五矣。贈太傅，謚文恪，祭葬有加禮……史臣曰：世所謂完人，若震澤先生王公者，非邪？内裕倫常，無俯仰之憾；外際明良，極禄位聲光之顯。自爲童子至於耆耋，自廟朝下逮閭巷至於偏隅，或師其文學，或慕其節行，或仰其德業，隨所見異其稱，莫或有瑕疵者……無錫邵尚書國賢與公婿徐學士子容，皆文名冠一時，其稱公之文規模昌黎，以及秦、漢，純而不流於弱，奇而不涉於怪，雄偉俊潔，體裁截然，振起一代之衰，得法於孟子，論辯多古人未發；詩蕭散清逸，有王、岑風格；書法清勁自成，得晉、唐筆意。天下皆以爲知言。陽明子曰：『王公所深造，世或未之能盡也，然而言之亦難矣。著其性善之説，以微見其概，使後世之求公者以是觀之。』」

按：陽明所特録論性善文，即性善對，見震澤集卷三十四。蓋王鏊論性善與陽明論良知相合，故特爲陽明所重也。

二十一日，禮部尚書汪俊罷。黄綰有書來告朝中大禮議之況，不答。

國榷卷五十三：「嘉靖三年三月丙戌，喬宇等再請止内殿另祀，不聽。南京刑部主事張璁、桂萼道奏：『本生對所後而言，實陽與而陰奪之也。世無兩考之禮，禮官正借此爲辭，明皇上爲孝宗之子云爾。不亟去本生，雖稱皇考，實與皇叔無異。謹條七事。』上心動，仍促璁、萼入京。禮部尚書汪俊罷。」

黄綰集卷十九寄陽明先生書二：「近日石齋（按：楊廷和）與石潭（按：汪俊）之去，其詳可悉聞否？原其事情所處，惡可謂朝廷之過？此事全賴聖明。若天地包荒，只依諸公所處，國事當如何耶？雖諸公如此悖理，如此黨比，欺忤至矣！然猶從容斟酌，略無纖毫憤懥之情，此分明堯舜之資，但惜無人輔翼，擴充此心，以爲蒼生之福。今不惟不能擴充，反爲摧挫抑遏，以使消沮疑阻，豈古大臣引君當道之理如是也？世道之衰，天理不明，至此極矣！爲恨何如，亦無怪乎！桂子實所謂『强臣抗君』者也。御史毛玉江西勘事，專迎當路之意，敢公然醜正如此，其又可慨何如也！」

按：所謂「大禮議」，本質上不過是關於君權帝位如何名正言順合「禮」合法繼承之無謂争論，從中亦不過强烈反映了世宗君主專權獨斷之心態。黄綰竟乃謂世宗有「堯舜之資」，欲「擴充」其心，以爲「蒼生之福」，而給反大禮議派加以「强臣抗君」之罪名，可謂言之太過。陽明不答，蓋有難言苦衷也。按大禮議派（主張尊世宗本生父爲皇考一派）多是不信王學者：世宗尊朱學而反王學，乃至有「學禁」之舉；張璁、桂萼皆不信王學；霍韜崇信朱學，詆王學尤力（今人謂霍韜爲陽明弟子誤甚）；方獻夫與陽明論學不合；陳洸（國傑）初從陽明問學，講論不合，乃轉投官場，經營仕途，惟圖飛黄騰達。故今人謂大禮議反映王學與朱學之矛盾斗争，亦純主觀臆説也。從政治上言，「大禮議」不過是適應登位新君專制獨裁之需要，亦是確立世宗新君專制獨裁統治之象征與標志。張璁、桂萼之輩不過善於乘時而動，見機而作，迎合了世宗急於專權獨斷之帝王心理，借大禮議博取高官而已。世宗之昏憒專制較武宗有過之而無不及，實由大禮議啓之，張、桂輩助之也。明乎此，陽明何以對大禮議兩派采取模棱兩可之態度，何以對弟子參加兩派禮議紛争不置可否，個中原因不辨自明矣。

海寧董澐來遊會稽，以杖肩瓢笠詩卷來訪，執贄爲弟子。

王陽明全集卷七從吾道人記：「海寧董蘿石者，年六十有八矣。以能詩聞江湖間，與其鄉之業詩者十數輩爲詩社，旦夕操紙吟鳴，相與求字之工，至廢寢食，遺生業。時俗共非笑之，不顧，以爲是天下之至樂矣。嘉靖甲申春，蘿石來遊會稽，聞陽明子方與其徒講學山中，以杖肩其瓢笠詩卷來訪。入門，長揖上坐。陽明子異其氣貌，且年老矣，禮敬之。又詢知其爲董蘿石也，與之語連日夜。蘿石辭彌謙，禮彌下，不覺其席之彌側也。退，謂陽明子之徒何生秦曰：『吾見世之儒者支離瑣屑，修飾邊幅，爲偶人之狀，其下者貪饕争奪於富貴利欲之場，而嘗不屑其所爲，以爲世豈真有所謂聖賢之學乎？直假道於是以求濟其私耳！故遂篤志於詩，而放浪於山水。今吾聞夫子良知之説，而忽若大寐之得醒，然後知吾向之所爲，日夜弊精勞力者，其與世之營營利禄之徒，特清濁之分，而其間不能以寸也。幸哉！

吾非至於夫子之門，則幾於虛此生矣。吾將北面夫子而終身焉，得無既老而有所不可乎？」秦起拜賀曰：『先生之年則老矣，先生之志何壯哉！』入以請於陽明子。陽明子喟然歎曰：『有是哉？吾未或見此翁也！雖然，齒長於我矣。師友一也，苟吾言之見信，奚必北面而後爲禮乎？』蘿石聞之，曰：『夫子殆以予誠之未積歟？』辭歸兩月，棄其瓢笠，持一縑而來。謂秦曰：『此吾老妻之所織也。吾之誠積，若此縷矣。夫子其許我乎？』秦入以請。陽明子曰：『有是哉？吾或未見此翁也！今之後生晚進，苟知執筆爲文辭，稍記習訓詁，則已侈然自大，不復知有從師學問之事。見有或從師問學者，則鬨然共非笑，指斥若怪物。翁以能詩訓後進，從之遊者遍於江湖，蓋居然先輩矣。一旦聞予言，而棄去其數十年之成業如敝屣，遂求北面而屈禮焉，豈獨今之時而未見若人，將古之記傳所載，亦未多數也。夫君子之學，求以變化其氣質焉爾。氣質之難變者，以客氣之爲患，而不能以屈下於人，遂至自是自欺，飾非長敖，卒歸於兇頑鄙倍。故凡世之爲子而不能孝，爲弟而不能敬，爲臣而不能忠者，其始皆起於不能屈下，而客氣之爲患耳。苟惟理是從，而不難於屈下，則客氣消而天理行。非天下之大勇，不足以與於此。則如蘿石，固吾之師也，而吾豈足以師蘿石乎？』蘿石曰：『甚哉，夫子之拒我也！吾不能以俟請矣。』入而强納拜焉。」

黃綰集卷二十三蘿石翁傳：「董石翁者，不知何爲人也。姓董氏，諱澐，字復宗，蘿石其別號也。其先汴人，始祖曰健，爲宋武功大夫，扈從南渡，家於澉浦。其後曰仲真者，遷海寧之錢山。澉浦世肆戎籍，其兄源長當往戍，蘿石請代之，遂復家澉浦。初學爲詩，不解隨俗營生業，獨好吟詠，遇時序之更、風物之變、古迹奇踪、幽岑遠壑及夫人情世態之可歡可哀、可駭可愕、可慨可慶，一於詩以寓之。家徒四壁，一毫不入於心。時名能詩者，吴下沈周、關西孫一元、閩中鄭善夫，皆與遊，往來賡倡。遇佳晨，輒携親知，蕩舟江湖，拖屐雲山，凌危履險，吟嘯忘返，放浪於形骸之外。凡所欲之，或衝風雪，或冒零雨，或乘夜月，雖虎豹交前，鬼魅伺途，衆不能從，亦獨行孤往不顧。吴越好事家，每懸榻俟之，乃紀爲五館記。平居樂義好施，不計囊橐有無。兄貧，則捐己産，鬻以給之。海寧衛指揮某人，因貧不能赴京襲職，竭所有與之，以速其行。所知鄒魯者，以田易值，易畢，魯疾革，出券毁焉；卒，復經濟其葬。每聞當世之賢人君子所在，不計寒暑遠近，輒投贄納交。見後生工一辭，勵一行，亟稱屢歎不能已。晚聞陽明夫子講良知之説，趨聽數日，乃悔曰：『不爾，可稱人乎？』遂幡然就弟子列，時年六十七矣。舊所與遊，皆聞笑之，但曰：『吾從吾所好而已。』遂更號從吾道人。且讀内典，遂究心釋老，忽若有悟，乃喟然曰：『今日客得歸矣。』於是援廬山故事，與海門僧法聚者，集諸緇俗，結社寺之丈室，又號白塔山人。澉浦廢寺，有鍾卧地，俗傳其靈異，乃募貲樹樓以登之。甫訖工而疾，不起，屬纊之日，視日早晚，曰：『吾其歸與！』

又口占一詩曰：『我非污世中者儔，偶來七十七春秋。自知此去無污染，一道天泉月自流。』遂瞑目。」

康熙雩都縣志卷九何廷仁：「守仁在南浦，則左右於南浦；在越，則左右於越。時海寧董蘿石年六十八，以杖肩其瓢笠詩卷訪陽明子於會稽山中，與之語，如寐得醒，退謂廷仁曰：『吾非至王夫子之門，幾虛過此生。吾將北面夫子，得無老而有所不可乎？』廷仁起拜賀曰：『先生之年則老矣，先生之志何壯哉！』入以語於陽明子，而納拜焉。蘿石之能勇，廷仁之善誘，越中一時競誦云。嘗語同志曰：『學問之道，須從起端發念處察識，於此有得，思過半矣。』又曰：『知過，即是良知；改過，即是本體。』又曰：『學務無情，斷滅天性；學務有情，緣情起釁，不識本心。二者皆病。』又曰：『執有無而論，莫若兩忘，只聽良知。是非善惡，莫能自欺；有情無情，自無不知。知至至之，更無可知。』聞者咸以爲確論也。」

諸暨宰朱廷立三月而政成，期年而民化，屢來會稽問學問政，書卷贈之。

王陽明全集卷八書朱子禮卷：「子禮爲諸暨宰，問政。陽明子與之言學，而不及政。子禮退而省其身，懲己之忿，而因以得民之所惡也；窒己之慾，而因以得民之所好也；舍己之利，而因以得民之所趨也；惕己之易，而因以得民之所忽也；去己之蠹，而因以得民之所患也；明己之性，而因以得民之所同也。三月而政舉，歎曰：『吾乃今知學之可以爲政也已！』他日又見，而問學。陽明子與之言政，而不及學。子禮退而修其職，平民之所惡，而因以懲己之忿也；從民之所好，而因以窒己之慾也；從民之所好，而因以舍己之利也；順民之所趨，而因以舍己之利也；警民之所忽，而因以惕己之易也；拯民之所患，而因以去己之蠹也；復民之所同，而因以明己之性也。期年而化行，歎曰：『吾乃今知政之可以爲學也已！』他日又見，而問政與學之要。陽明子曰：『明德、親民，一也。古之人明明德以親其民，親民所以明其明德也。是故明明德，體也；親民，用也。而止至善，其要矣。』子禮退而求至善之説，炯然見其良知焉，曰：『吾乃今知學所以爲政，而政所以爲學，皆不外乎良知焉。信乎，止至善其要也矣！』」

按：前考朱廷立嘉靖二年中進士，授諸暨宰，「三月政舉」則在嘉靖二年下半年，「期年而化」則在嘉靖三年春間。

國子生程烓來請爲作程文楷墓碑。

王陽明全集卷二十五程守夫墓碑：「吾友程守夫以弘治丁巳之春卒於京，去今嘉靖甲申二十有八年矣。嗚呼！朋友之墓有宿草則勿哭，而吾於君，尚不能無潸然也。君之父味道公與家君爲同年進士，相知甚厚，故吾與君有通家之誼。弘治壬子，又同舉於鄉，已而又同卒業於北雍，密邇居者四年有餘。凡風雪之晨，花月之夕，山水郊園之遊，無不與共。蓋爲時甚久而爲迹甚密也，而未嘗見君有憤詞忤色，情日益篤，禮日以恭。其在家庭，雍雍于于，内外無間。交海内之士，無貴賤少長，咸敬而愛之。雖粗鄙暴悍，遇君未有不薰然而心醉者。當是時，予方馳騖於舉業詞章，以相矜高爲事，雖知愛重君，而未嘗知其天資之難得也。其後君既殁，予亦入仕，往往以粗浮之氣得罪於人。稍知創艾，始思君爲不可及。尋謫貴陽，獨居幽寂窮苦之鄉，困心衡慮，乃從事於性情之學。方自苦其勝心之難克，而客氣之易動；又見夫世之學者，率多媢嫉險隘，不能去其有我之私，以共明天下之學，成天下之務，皆起於勝心客氣之爲患也。於是愈益思君之美質，蓋天然近道者，惜乎當時莫有以聖賢之學啓之；有啓之者，其油然順道，將如决水之赴壑矣。嗚呼惜哉！乃今稍見端緒，有足以啓君者，而君已不可作也已。君之子國子生烓致君臨没之言，欲予與林君利瞻爲之表誌。林君既爲之表，而君之葬已久，誌已無所及，則爲書其墓之碑，聊以識吾之哀思。夫君者，不徒嬉遊征逐之好而已。君諱文楷，世居嚴之淳安，其詳已具於墓表。」

按：程文楷卒於春間，可知陽明此程守夫墓碑約作於嘉靖三年春間。

周衝有書來論爲學工夫，陽明有答書。

陽明與周道通書二：「得書，知養病之圖，闔門母子兄弟之真誠，有足樂也。所論爲學工夫，大略皆是，亦是道通平日用工得力處。但於良知二字，見得尚未透澈。今且只如所論工夫著實做去，時時於良知上理會，久之自當豁然有見，又與今日所論不同也。承令兄遠寄藥，人危處草冗中，不亟別作書，並致此意。陽明山人守仁拜手，道通郡博道契文侍。」（王陽明先生小像附尺牘，真迹藏日本天理圖書館）

按：書稱「道通郡博」，指周衝任邵武教授。「人危處草冗中」，指陽明仍在丁憂中。書又云「知養病之圖，闔門母子兄弟之真誠，有足樂也」，指周衝有歸居養病之打算。按周衝嘉靖元年任邵武教授，至嘉靖三年任將滿，遂有歸居之念，而嘉靖四年又改進唐府紀善。陽明在嘉靖三年四月服闋，故可知陽明此書作在是年三月猶在丁憂時。書中所云「承令兄遠寄藥」，即第三書所云「欲慰吾生」者（見下）。「令兄」即仲兄周衡（醫生），字道明。其遣人送來慰生之藥，實即來慰憂居。

四月，服闋。十六日，都御史吴廷舉引薦陽明上大禮議，不報。

錢德洪陽明先生年譜：「四月，服闋，朝中屢疏引薦。」

明世宗實録卷三十八：「嘉靖三年四月庚戌，總理粮儲都御史吴廷舉上言：『遵崇典禮，議之三年，而群臣各持一説，迄今未定。洪武中議之三年，而群臣各集衆稽古，著成孝慈録，諭以爲世法。今宜徧勑天下親王，各具一疏；勑兩京五府、六部、都察院、通政司、大理寺，諭屬建白各類奏；勑十三省撫臣，各諭屬類奏亦如之。兩京科道聽自爲奏，而致仕在告家居大學士謝遷、梁儲、楊一清，尚書韓文、邵寶、王守仁、鄧庠、吴洪、林廷選、蔣昇，都御史陳金、王璟、李承勳、方良永，卿孫緒，少卿潘府、都穆，參政朱應登，副使李夢陽、洪範、魏校，僉事姜麟、盛端明，知府劉績、劉武臣，皆累朝舊臣，一時士望。當專使齎勑至其家，令各具奏，量地遠近，尅期上之。陛下留中覽觀，並下禮部、翰林院、國子監詳訂。是亦兼總條貫，既具以聞，因召二三大臣，日坐便殿，采擇施行，類編成書，上告天地、宗廟、社稷，下詔中外華夷臣民，成我明一經，正前代之謬。』時大禮已定，上報聞。既而給事中張原劾廷舉首鼠兩端，陰附邪說；而給事中劉琪入劾廷舉欺罔九罪，不報。」

王陽明全集卷二十五祭吳東湖文：「某與公未獲傾蓋，而向慕滋切；未獲識公之面，而久已知公之心。公於某，其教愛勤惓，不特篇章之稠疊；而過情推引，亦復薦剡之頻煩。」

按：吳廷舉字獻臣，號東湖，梧州人。湛甘泉工部尚書吳公神道碑云：「登成化丁未進士第，來宰順德，公事暇即見白沙陳先生，往返數載，得聞理學梗概，爲治根本。」（泉翁大全集卷六十五）可見吳廷舉亦爲白沙弟子。陽明與吳廷舉關係極密，自謂「其教愛勤惓，不特篇章之稠疊」，兩人往返之篇章今皆佚。陽明又謂「過情推引，亦復薦剡之頻煩」，可見吳廷舉疏薦陽明多次，蓋此爲首次也。按：在大禮議紛争不决之際，吳廷舉提出此廣泛征詢「民意」之法，傾聽多方意見，不失爲防止君主獨斷偏信、臣下投機鑽營之善法，却被朝廷斥爲邪説，「首鼠兩端」，竟遭論劾，大禮議之無是非可言，由此可見矣。

二十四日，南京兵部尚書李充嗣疏舉陽明自代，不允。

明世宗實録卷三十八：「嘉靖三年四月戊午，南京兵部尚書李充嗣疏舉前尚書王守仁自代，引疾乞休。詔以充嗣練達老成，留鑰重務，方切委任，不允。」

按：李充嗣被朝廷認爲是平宸濠亂中立功最大者，遂被楊廷和之流引作爲沮抑陽明入朝、褫奪其南京兵部尚書職之「擋箭牌」，一俟陽明丁憂歸居，即提拔李充嗣爲南京兵部尚書。李松李公充嗣行狀：「嘉靖改元，以宸濠功加太子少保……癸未，陞南京兵部尚書，參贊機務……丁亥，以二品六載考績進階資德大夫……遂累乞骸骨。」（國朝獻徵録卷四十二）可見自嘉靖二年至嘉靖六年任南京兵部尚書者爲李充嗣，陽明早已被借「丁憂」之名剥奪了南京兵部尚書之職，賦閑家居達六年之久，其名義上虚任南京兵部尚書不到三月。陽明賦閑家居，自然失却參預大禮議之資格，此即陽明何以對大禮議采取模棱兩可之態度，及吴廷舉引薦陽明上大禮議之原因也。

御史石金疏薦陽明，不報。

錢德洪陽明先生年譜：「先生服闋，例應起復，御史石金等交章論薦，皆不報。」

按：錢德洪將石金薦陽明含混叙在嘉靖四年六月下，不當。今按陽明服闋在嘉靖三年四月，既云「服闋，例應起復」，則石金疏薦陽明當在嘉靖三年四月，蓋與吴廷舉、李充嗣同時也。所謂「起復」，指起復爲南京兵部尚書，疑先是李充嗣疏舉陽明自代，後遂有石金薦舉陽明起復爲南京兵部尚書。

石金，明清進士録：「石金，正德六年三甲一百三十二名進士。湖廣黄梅人，字南仲。授侍御史，爲人剛正不阿。嘉靖中，以論皇嗣得罪，下錦衣衛獄，謫戍宣府。後屢起用，不起。」按石金爲正德六年進士，時陽明任會試同考試官，故兩人當早識。史不載石金是年薦陽明事，然却載石金嘉靖十年再奏乞録陽明功事。明史卷二百零七薛侃傳：「御史喻希禮、石金皆以言皇嗣得罪……金亦言『……王守仁首平逆藩，繼靖巨寇，乃因疑謗，泯其前勞。大禮大獄諸臣，久膺流竄，因鬱既久，物故已多。望録守仁功，寬諸臣罪，則太和之氣塞宇宙矣。』……下二人詔獄……石金，黄梅人。巡按廣西，與姚謨不協。後與守仁共撫盧蘇、王受。還臺，值張、桂用事，御史儲良才輩争附之，金獨侃侃不阿，以是有名。」

黄綰三上大禮疏，後將禮疏寄呈陽明，爲陽明所首肯。

國榷卷五十三：「嘉靖三年四月戊戌，南京刑部主事黄宗明、都察院經歷黄綰同張璁、桂萼上言大禮，大率如前指，報聞。」

按：黄綰自離陽明歸南京，即踴躍投入大禮議，先後三上大禮疏，一在二月十二日，二在二月二十八日，三在三月二十九日（見知罪録卷一一上大禮疏、二上大禮疏、三上大禮疏），與席書、方獻夫、張璁、桂萼、霍韜、黄宗明在大禮議上聲息相通，被鄒守益斥爲「一二奸人」。

王陽明全集卷二十一與黄誠甫書一：「近得宗賢寄示禮疏，明甚。誠甫之議，當無不同矣。

古之君子，恭敬撙節退讓以明禮，僕之所望於二兄者，則在此而不彼也。果若是，以爲斯道之計，進於議禮矣。」

二十六日，鄒守益上疏請罷興獻帝稱考入廟，下詔獄，謫廣德州判官。南歸來紹興見陽明，受教一月。陽明有「如保赤子」之教，並書孟子「居天下之廣居」以爲座右銘贈之。

國榷卷五十三：「嘉靖三年四月庚申，翰林編修鄒守益議大禮云：『望陛下屈己從善，不吝改過。』上怒，下鎮撫司，謫廣德州判官。」

明史卷二百八十三鄒守益傳：「嘉靖三年二月，帝欲去興獻帝『本生』之稱。守益疏諫，忤旨，被責。逾月，復上疏曰：『陛下欲隆本生之恩，屢下群臣會議，群臣據禮正言，致蒙詰讓，道路相傳，有「孝長子」之稱。昔曾元以父寢疾，憚於易簀，蓋愛之至也，而曾子責之曰「姑息」。魯公受天子禮樂，以祀周公，蓋尊之至也，而孔子傷之曰「周公其衰矣」。臣願陛下勿以姑息事獻帝，而使後世有「其衰」之歎。且群臣援今證古，欲陛下專意正統，此皆爲陛下忠謀，乃不察而督過之，謂忤且慢。臣歷觀前史，如冷褒、段猶之徒，當時所謂忠愛，後世所斥以爲邪媚也；師丹、司馬光之徒，當時所謂欺慢，後世所仰以爲正直也。後之視今，猶今之視古。望陛下不吝改過，察群臣之忠愛，信而用復召其去國者，無使奸人動搖國是，離間宮闈。昔先帝南巡，群臣交章諫阻，先帝赫然震怒，豈不謂欺慢可罪哉？陛下在藩邸聞之，必以是爲盡忠於先帝。今入繼大統，獨不容群臣盡忠於陛下乎？』帝大怒，下詔獄拷掠，謫廣德州判官。」

鄒守益集卷一大禮疏：「伏蒙皇上欲隆本生之恩，屢下群臣會議，以求天下之公，而公卿至於臺諫百執事交章論奏，推大宗小宗之議，辯正統私親之等，惟恐誤蹈前代覆轍，此皇上舍己從人，務以禮尊親，而群臣獻可替否，思以義事君，甚盛節也！繼而一二奸人妄以强説欺君，上激聖怒，陛下不察而誤信之。尊號之上，斷自宸衷，大小臣工，莫敢匡救。近日建室之議，復勞聖諭詰責，以爲『欺朕沖年，甚失綱常，敗父子之情，傷君臣之義』，而公卿至於臺諫百執事，畏懼天威，不敢復陳一言以解陛下之疑，而所司以漸奉行，道路相傳，且謂有『孝長子』之稱。是陛下狥情以爲孝，群臣順令以爲忠，若長此而不已，則陛下獨斷於上，而不顧天下萬世之公論；群臣依阿於下，以苟一時之富貴，而忽宗社長久之計，棄禮害義，非國家之福也……」奉聖旨：「鄒守益這廝出位妄言，不修本業，既知忌憚，又來瀆慢，好生輕易！着錦衣衛拿送鎮撫司，打着問了來説。」

按：鄒守益疏云「陛下獨斷於上」，「一二奸人妄以强説欺君」，「以苟一時富貴」，正點出大禮議根本症結，無怪世宗大怒，欲置之死地也。錢德洪陽明先生年譜云：「嘉靖五年三月，與鄒守益書。守益謫判廣德州……」其説尤誤。蓋鄒守益乃在嘉靖三年四月謫判廣德，其在六月南歸經紹興來受教，至是年冬赴廣德任（均見下）。其廣德州志序云：「嘉靖丙戌，某判廣德二年矣。」（鄒守益集卷三），則鄒守益確在嘉靖三年來判廣德明矣。

羅洪先東廓鄒公墓誌銘：「未幾，謫廣德判官。復入越，久而復行。」（羅洪先集卷二十）耿定向東廓鄒先生傳：「甲申，復疏，上怒，下詔獄，謫廣德州判官。取道於越，省王公而後履任。先生未歷吏事，而蒞官臨民，務以誠心相感，發奸擿伏，人稱神明，而猶嘗自訟曰：『如保赤子，未能也。』」（耿天臺先生全書卷十一）明儒學案卷十六文莊鄒東廓先生守益：「又自廣德至越，文成歎其不以遷謫爲意，先生曰：『一官應迹優人，隨遇爲故事耳。』文成默然良久，曰：『書稱「允恭克讓」，謙之信恭讓矣，自省允克何如？』先生欿然，始悟平日之恭讓，不免於玩世也。」

鄒守益集卷十一簡廬陵宋尹登：「往歲謫判廣德，請教於先師。先師誨之曰：『如保赤子，心誠求之。』退而思曰：赤子之無知，至難養也，而女子之不學猶能之。民之能言其情，視赤子易矣，而士大夫之學或不能焉，誠不誠之殊耳。故夙夜自檢，兢兢不敢放過，酌民同好同惡而施之，擇其俊髦從事於正學，三載陟主客，庶士庶民眷然不能釋，乃信三代直道，真無古今。彼秦漢之少恩，五伯之假名，宜其治之不逮古也。英資宏才，自上國而來，擴其素蘊，游刃有餘地。以通家之誼，敬誦所習師門者，致切磋之助。」

按：鄒守益所言，即宋儀望鄒東廓先生行狀所云「尋謫廣德州判官，復入會稽省王公，聞『如保赤子』之教」。

同上，卷十五九邑講話「居天下之廣居」一條：「這是孟子教人做大丈夫的方法。以人視禽獸，則人爲貴；以丈夫視婦女，則丈夫爲貴。丈夫而曰大，則出乎其類，拔乎其萃，人孰不順之？然欲做大丈夫，不在勢位，只在德性。良知良能，不假外求，這德性慈愛惻怛，渾然與天地萬物爲一體，便是仁，命曰『廣居』；這惻怛中粲然條理，便是禮，命曰『正位』；這惻怛中毅然裁制，便是義，命曰『大道』。這廣居、正位、大道，聖人與凡人共之，只在居與弗居、立與弗立、行與弗行耳。善學者能以天地萬物爲一體，視八荒爲庭闥，視萬古爲朝夕，惻怛慈愛，貫通融液。始於親長，達於州閭族黨，以施於四海九州，舉天下皆在覆幬持載中，更無隔礙，更無堵當，方是居天下之廣居。正位是廣居中正位，大道是廣居中大道。能居廣居，則能由是路出入是門，非有二項塗轍。其在唐虞，克明峻德，以親九族，平章百姓，協和萬邦；其在洙泗，老者安之，朋友信之，少者懷之，老老長長，恤孤以絜上下前後左右之矩，這方是明明德於天下。學術正脉，得志者，樂則行之也，與民由之，是教人人居廣居，行大道，立正位；不得志者，憂則違之也，獨行其道，依舊是居廣居，立正位，行大道。富貴不能淫，淫是淫個甚？貧賤不能移，移是移個甚？威武不能屈，屈是屈個甚？所謂素富貴，學行乎富貴；素貧賤，學行乎貧賤；素夷狄患難，學行乎夷狄患難。學術至此，方是頂天立地，不愧不怍的大丈夫。戰國之時，聖學不講，方騖於權謀術數，祿位聲勢，而以仁義爲迂遠不合事宜。彼見公孫衍、張儀欺弄列國，張皇威福，慨然羨慕，遂有『誠大丈夫』之歎，不知奸術巧慮，諛詞佞容，在聖門直比諸妾婦。『廣居』數語，若揭日月以照迷途，其息邪距詖，當與闢楊、墨同功。今去孟子幾三千年，其間棄仁蔑義，以淪禽獸、變妾婦，曾何足算？而從事於丈夫之業者，復不知尊德性而道問學，訓詁者尚其專，辭章者尚其華，著述者尚其博，其於廣居、正位、大道，得其門而入者，屈指亦寡矣！某受學於先師，先師大書此章，揭之座右，書院鼎建，嘉與諸師諸士共切磋之。」

按：鄒守益文中所言「書院」，乃指其在廣德所建復初書院，即其書廣德復初諸友會約所云「廣德，予謫宦試政地也；復初，予締搆造士所也」。故此處所云「某受學於先師」，即指其嘉靖三年赴廣德任前來紹興受學也。文論做大丈夫，實針對大禮議而發，以張儀、公孫衍隱指張璁、桂萼之流也。

同上，卷二十五贈董蘿石用韻：「昔登天泉樓，獲讀從吾篇。千里想高標，神氣已翛然。矧此薰風舟，一月款幽言。再拜沆瀣惠，炎歊滌新愆。海濱出片雲，飄飄無染着。老至家益貧，浩歌有餘樂。太虛皆吾廬，何處不可泊？世態如群蠅，腥羶争前却。願溥從吾方，爲世贈大藥。」

董澐從吾道人詩稿卷上留别鄒東廓先生：「西水從東廓，江干更若邪。春風雖一月，到處是吾家。却病黄蓮酒，降魔紫笋茶。别離真不易，奈此夕陽斜。」

按：董澐三月來紹興問學（見前），約三月底歸，至六月又再來紹興問學（見下）。由此可見鄒守益即在六月來紹興受學，「炎歊」亦正是夏六月天氣。鄒守益云「一月款幽言」，董澐亦云「春風雖一月」，蓋指在紹興受教一月也。

是月，餘姚知縣丘養浩刊刻徐珊編校之居夷集。

丘養浩叙居夷集：「居夷集者，陽明先生被逮責貴陽時所著也。温陵後學丘養浩刻以傳諸同志……養浩生也後，學不知本，政不足以□化。先生□合而教之，歲月如□，典型在望，愧無能爲新□簿之可教，而又無能爲元城之録也。引以言同校集者，韓子柱廷佐，徐子珊汝佩，皆先生門人。嘉靖甲申夏孟朔丘養浩以義書。」（居夷集首）

韓柱居夷集跋：「夫文以載道也。陽明夫子之文，由道心而達也……門人韓柱百拜識。」（居夷集末）

徐珊居夷集跋：「集凡二卷，附集一卷，則夫子逮獄時及諸在途之作併刻之，亦以見無入不自得焉耳。門人徐珊頓首拜書。」（居夷集末）

按：丘養浩正德十六年進士，時任餘姚知縣。王慎中中丞丘公養浩傳：「中丞丘集齋公名養浩，字以義，由易經起家爲進士……賜第未久，即授牒知浙之餘姚縣。餘姚於浙東、西爲最劇，公爲之績業奮起……」（國朝獻徵録卷六十二）韓柱（廷佐）、丘養浩（以義）、徐珊（汝佩），皆陽明門人也。

五月，徐愛祭日，作文往奠。

王陽明全集卷二十五又祭徐曰仁文。

席書上大禮考議，黄綰上大禮私議。

國榷卷五十三：「嘉靖三年五月癸未，席書上大禮考議。」

知罪録卷二大禮私議。

黄省曾屢有書來，寄呈格物説、修道註。陽明有答書，討論舊作古本大學序與修道説，並寄贈新定古本大學序。

王陽明全集卷五與黄勉之書一：「屢承書惠，兼示述作，足知才識之邁，向道懇切之難得也，何幸何幸！然未由一面，鄙心之所欲效者，尚爾鬱而未申，有負盛情多矣！君子學以爲己。成己成物，雖本一事，而先後之序有不容紊。孟子云：『學問之道無他，求其放心而已矣。』誦習經史，本亦學問之事，不可廢者；而忘本逐末，明道尚有『玩物喪志』之戒；若立言垂訓，尤非學者所宜汲汲矣。所示格物説、修道註，誠荷不鄙之盛，切深慚悚，然非淺劣之所敢望於足下者也。且其爲說，亦於鄙見微有未盡。何時合並，當悉其義，願且勿以示人。孔子云：『五十以學易，可以無大過矣。』充足下之才志，當一日千里，何所不可到，而不勝駿逸之氣，急於馳驟奔放，抵突若此，將恐自蹶其足，非任重致遠之道也。古本之釋，不得已也。然不敢多爲辭說，正恐葛藤纏繞，則枝幹反爲蒙翳耳。短序亦嘗三易稿，石刻其最後者，今各往一本，亦足以知初年之見，未可據以爲定也。」

按：據陽明自得齋說（王陽明全集卷七）及與黃勉之書二（王陽明全集卷五），可知黃省曾在嘉靖三年五月來紹興問學（詳下），此前黃省曾與陽明多有通信論學，即陽明此書所云「屢承書惠，兼示述作」，可知時間在四五月中，陽明此答書當作在五月中。陽明此答書敘事隱微不明，却意義重大，蓋是自論其作大學註與中庸註也。前考陽明於正德十三年定大學古本，爲作序與傍釋；又定中庸古本，作修道說以發其意，此修道說實爲定中庸古本所作序也。黃省曾所作格物說、修道註，格物說即發揮陽明正德十三年所作大學古本序中之格物說；修道註即爲陽明修道說（實即中庸古本序）所作註說。陽明此答書所云「鄙見」、「初年之見」，即指其正德十三年所作之古本大學序與修道說（中庸古本序）。但因正德十三年所作大學古本序與修道說均未論及「良知」與「致良知」，故陽明以爲「初年之見，未可據以爲定」，而認爲黃省曾所作註說「於鄙見微有未盡」。所謂「何時合並，當悉此意」，乃是指將大學古本與中庸古本合並爲一書，要在深悉「致良知」思想後方可行。陽明特將新定大學古本序（按：加入「致良知」內容）寄贈黃省曾，蓋以此也。

六月一日，黄省曾來紹興問學，陽明爲作自得齋説贈之。

王陽明全集卷七自得齋説：「孟子云：『君子深造之以道，欲其自得之也。自得之，則居之安；居之安，則資之深；資之深，則取之左右逢其原。故君子欲其自得之也。』夫率性之謂道，道，吾性也；性，吾生也，而何事於外求？世之學者，業辭章，習訓詁，工技藝，探賾而索隱，弊精極力，勤苦終身，非無所謂深造之者，然亦辭章而已耳，訓詁而已耳，技藝而已耳。非所以深造於道也，則亦外物而已耳，寧有所謂自得逢原者哉？古之君子，戒慎不睹，恐懼不聞，致其良知而不敢須臾或離者，斯所以深造乎是矣。是以大本立而達道行，天地以位，萬物以育，於左右逢原乎何有！黄勉之省曾氏，以『自得』名齋，蓋有志於道者。請學於予，而蘄爲之説。予不能有出於孟氏之言也，爲之書孟氏之言。嘉靖甲申六月朔。」

按：陽明此文作於六月一日，可見黄省曾約在五月下旬來紹興問學。蓋因陽明在與黄勉之中云「未由一面，鄙心之所欲效者，尚爾鬱而未申」，故黄省曾遂在五月下旬來面見受教。今傳習録卷下有黄省曾記語録六十八條，中即多有嘉靖三年來紹興所記語録。兹著録二條，以見其時陽明講學之況與弟子來學之況：

傳習録卷下：「王汝中、省曾侍坐。先生握扇命曰：『你們用扇。』省曾起對曰：『不敢。』先生曰：『聖人之學，不是這等綑縛苦楚的，不是妝做道學的模樣。』汝中曰：『觀「仲尼與曾點言志」一章略見。』先生曰：『然。以此章觀之，聖人何等寬洪包含氣象。且爲師者問志於群弟子，三子皆整頓以對，至於曾點，飄飄然不看那三子在眼，自去鼓起瑟來，何等狂態！及至言志，又不對師之問目，都是狂言。設在伊川，或斥罵起來了。聖人乃復稱許他，何等氣象！聖人教人，不是個束縛他通做一般，只如狂者便從狂處成就他，狷者便從狷處成就他。人之才氣如何同得？』」按：所謂「用扇」，正在五六月中也。

同上：「何廷仁、黄正之、李侯璧、汝中、德洪侍坐。先生顧而言曰：『汝輩學問不得長進，只是未立志。』侯璧起而對曰：『珙亦願立志。』先生曰：『難説不立，未是必爲聖人之志耳。』對曰：『願立必爲聖人之志。』先生曰：『你真有聖人之志，良知上更無不盡。良知上留得些子別念掛帶，便非必爲聖人之志矣。』洪初聞時，心若未服，聽説到此，不覺悚汗。」按：前考何秦、黄弘綱、李珙等正是在嘉靖三年來紹興受學。

周衝寄來鄉賢游酢先生祭田記，陽明有答書，並贈新續刻傳習録。

陽明與周道通書三：「所示祭田記，意思甚好，只是太著急，要説許多道理，便覺有補綴支蔓處。此是近來吾黨作文之弊，亦不可不察也。欲慰吾生者，即日亦已告歸。渠以尊堂壽圖，索區區寫數語，甚堅。因腹疾大作，遂疏其意，幸亮之！記稿改除數字，奉還。新録一册，寄覽。六月朔日。」（王陽明先生小像附尺牘，真迹藏日本天理圖書館）

按：書云「所示祭田記」，乃指周衝所作鄉賢游酢先生祭田記（游酢爲邵武人）。湛甘泉周道通墓碑銘云：「改邵武教授，其教如萬安加密焉。創聯屬會友約，以資進修。復鄉賢游先生祭，蒐集遺書，付厥裔孫景壽……」周衝創聯屬會友約在嘉靖三年，見湛甘泉會友約序（泉翁大全集卷二十），故其作祭田記亦在嘉靖三年可知。又書云「新録一册，寄覽」，乃指陽明手定新録（八篇）。錢德洪陽明先生年譜：「嘉靖三年十月，門人南大吉續刻傳習録。」是次續刻即特收録啓問道通書，錢德洪云：「昔南元善刻傳習録於越，凡二册。下册摘録先師手書，凡八篇……」故陽明不俟續刻全就，先將下册新録寄周衝觀覽（詳下）。

四日，孫安人卒，有文祭奠。

陽明祭孫安人文：「嘉靖年月日，新建伯兼兵部尚書忝眷王守仁，謹以牲醴之奠致祭於封安人胡親母孫氏之前曰：于維安人，孝慈貞良。克相夫子，閫儀孔章。蠢我豚兒，實忝子婿。昏媾伊始，安人捐逝。雖遺兒曹，歸奔從役。自以病阻，未由往哭。言念姻眷，意赫心惻。及茲永藏，必期執紼。事與願違，徒增慚跼。悵望鄉山，娥江一綫。欲濟靡因，遥將一奠。淑靈洋洋，鑒茲蘋焉。」（餘姚柏山胡氏重修宗譜卷首）

按：譜稱孫安人爲胡東皋元配，湖州掾孫勃之女，孫燧從女弟，嘉靖三年六月初四日卒。此祭文云「蠢我豚兒，實忝子婿。昏媾伊始，安人捐逝」，豚兒指王正憲。王正憲何時結婚向不知，今據此祭文，知王正憲結婚在嘉靖三年五月（陽明服闋以後）。其娶孫安人之女，故陽明稱「胡親母」。所謂「悵望鄉山，娥江一綫」，是云孫安人葬在餘姚，陽明在越遥奠。前考胡東皋字汝登，號方岡，與宋冕、胡鐸號「姚江三廉」。陽明與胡東皋關係極密，蓋以兩人皆餘姚人，而王正憲娶胡東皋之女故也。陽明禮記纂言序稱「姻友胡汝登忠信而好禮」。胡東皋傳云：「孫忠烈公（燧）得公文而閲之，爲之擊節，因請見公，以其族女弟妻之。」（國朝獻徵録卷五十六）光緒餘姚縣志卷二十五列女傳：「胡東皋妻孫氏，燧從女弟也。東皋家寒，素業儒，苦不給。孫躬紡績，脱簪珥佐之。及東皋守寧國，孫不忘寠時業，至自調青藍爲染，手常龜。東皋或勞苦之，孫曰：『勤劬吾性也。』東皋繼妻陳氏，定海人。性淑慎，不以貴顯忘厥素。卒年八十二，賢與孫氏埒，並贈恭人。」

張璁、桂萼受詔入京，進翰林院學士，大禮議激化。

國榷卷五十三：「嘉靖三年六月壬寅，張璁、桂萼再陳大禮，時入京，廷臣欲捽之，絶勿與通。數日始朝，亟出東華門，走武定侯郭勛。勛甚喜，約爲内助。給事中張翀等，御史鄭本公等，交章沮之……丙午，進張璁、桂萼翰林院學士，方獻夫侍讀學士。於是學士豐熙、修撰楊維聰、舒芬、編修王思羞與爲伍，各乞罷……乙卯，翰林修撰楊慎、張衍慶等三十六人奏：『臣等所執，程頤、朱熹之説也；璁等所言，冷褒、段猷之餘也。不能與之同列，乞罷。』奪慎俸兩月，餘皆一月。」

蘿石董澐再來會稽，正式拜爲弟子。

王陽明全集卷七從吾道人記：「辭歸兩月，棄其瓢笠，持一縑而來……入而强納拜焉。陽明子固辭不獲，則許之以師友之間。與之探禹穴，登鑪峰，陟秦望，尋蘭亭之遺迹，徜徉於雲門、若耶、鑑湖、剡曲。蘿石日有所聞，益充然有得，欣然樂而忘歸也。其鄉黨之子弟親友與其平日之爲社者，或笑而非，或爲詩而招之返，且曰：『翁老矣，何乃自苦若是耶？』蘿石笑曰：『吾方幸逃於苦海，方知憫若之自苦也，顧以吾爲苦耶？吾方揚鬐於渤澥，而振羽於雲霄之上，安能復投網罟而入樊籠乎？去矣，吾將從吾之所好！』遂自號曰『從吾道人』。陽明子聞之，歎曰：『卓哉蘿石！「血氣既衰，戒之在得」矣，孰能挺特奮發，而復若少年英鋭者之爲乎？真可謂之能「從吾所好」矣。世之人從其名之好也，而競以相高；從其利之好也，而貪以相取；從其心意耳目之好也，而詐以相欺。亦皆自以爲從吾所好矣，而豈知吾之所謂真吾者乎？夫吾之所謂真吾者，良知之謂也。父而慈焉，子而孝焉，吾良知所好也；不慈不孝焉，斯惡之矣。言而忠信焉，行而篤敬焉，吾良知所好也；不忠信焉，不篤敬焉，斯惡之矣。故夫名利物欲之好，私吾之好也，天下之所惡也；良知之好，真吾之好也，天下之所同好也。是故從私吾之好，則天下之人皆惡之矣，將心勞日拙而憂苦終身，是之謂物之役；從真吾之好，則天下之人皆好之矣，將家、國、天下，無所處而不當，富貴、貧賤、患難，夷狄，無入而不自得，斯之謂能從吾之所好也矣。夫子嘗曰「吾十有五而志於學」，是從吾之始也；「七十而從心所欲，不踰矩」，則從吾而化矣。蘿石踰耳順而始知從吾之學，毋自以爲既晚也。充蘿石之勇，其進於化也何有哉！嗚呼！世之營營於物欲者，聞蘿石之風，亦可以知所適從也乎！』」

按：董澐三月歸海寧，「兩月」又來，則在六月。

董澐從吾道人語録日省録：「從吾道人曰：吾昔侍先師陽明夫子於天泉樓，因觀白沙先生詩云：『夜半汲山井，山泉日日新。不將泉照面，白日多飛塵。飛塵亦何害，莫弄桔槔頻。』遂稍有悟千聖相傳之機，不外於末後一句，因又號『天泉綆翁』云。余嘗以反求諸己爲問。先師曰：『反求諸己者，先須掃去舊時許多謬妄、勞攘、圭角，守以謙虚，復其天之所以與我者。持此正念久之，自然定静，遇事物之來，件件與他理會，無非是養心之功，蓋事外無心也。所以古人云：「若人識得心，大地無寸土。」此正是合内外之學。』」

在紹興，董澐每日受教反省，寫自省録，陽明一一批示。董澐集爲日省録。

從吾道人語録日省録：「余日自省，懼其忘也，每録之以請，先師一一批示。蓋余素性樂交平直守分之人，但遇盛氣者，不覺委靡退讓，不能自壯；又遇多能巧言者，自覺遲鈍，雖明知彼之非仁，而不能無自慚之意。此病何也？先師批曰：『此皆未免有外重内輕之患。若平日能集義，則浩然之氣至大至剛，充塞天地，自然富貴不能淫，貧賤不能移，威武不能屈；自然能知人之言，而凡詖淫邪遯之詞，皆無所施於前矣，况肯自以爲慚乎？集義只是致其良知，心得其宜之謂義，致良知則心得其宜矣。』 ○余因家弟糧役，手足至情，未免與之委曲揑成，後竟謀露家敗，蓋緣不老實之所致也。先師批曰：『謂之老實，須是實致其良知始得，不然，却恐所謂老實者，正是老實不好也。昔人亦有爲手足之情受汚辱者，然不至如此等事。此等事於良知亦自有不安。』 ○余嘗訪友，座中有一老生衛姓者，性質實，無機警。同輩每戲之，以爲笑噱。余亦一時隨衆誑之，以取娛焉，心不能收，負數多矣。况此老嘗路拾遺金還人，亦可爲余師者。謹識之。先師於下增註六字云：『以暴余之罪過。』 ○余素慕廉潔之士，聞海寧縣丞盧珂清貧之甚，在任三年，至無以禦寒也。適友人惠余襪，遂作詩，持以贈之。既歸，貼貼然自以爲得。只此自以爲得，恐亦不宜，如何？先師批曰：『知得自以爲得爲非宜，只此便是良知矣。民之秉彝也，故好是懿德。然多著一分意思不得。多著一分意思，便是私矣。』 ○余於鄉曲交游中，有一善可稱者，必謹識之。以爲請。先師批曰：『録善人以自勉，此亦多聞多見而識，乃是致良知之功。此等人只是欠學問，恐不能到頭如此。若能到頭如此，吾輩中亦未易得也。』 ○余嘗疑於先儒論性，無從質問。一日與男穀論之，遂有率意之對，嘗令繕寫以示月泉法聚，往復數四，意皆相反，並録以呈先師。先師批曰：『二子異同之論，皆是説性，非見性也；見性者，無異同之可言矣。他日聚子不非董子，董子不非聚子，則於見性也，其庶已乎！』噫，知性者鮮矣，不賴先師，則夢中説夢，何時而覺乎！」

按：王陽明全集卷五有答董澐蘿石一書，即據此日省録所編，但不全。題下注「乙酉」作亦不當。

七月十五日，百餘名廷臣跪哭左順門，逮繫錦衣衛獄拷訊。

國榷卷五十三：「嘉靖三年七月戊寅，群臣朝罷，以前疏未下，相率詣左順門伏候，或呼『太祖高皇帝』，或呼『孝宗皇帝』，聲淚内徹。上齋居文華殿，再論退，不從。上怒，命録諸臣名氏。其首事豐熙、張翀、余翺、余寬、黄待顯、陶滋、相世芳、毋德純下獄，修撰楊慎、檢討王元正撼門大哭，群臣皆哭。上怒，逮五品以下員外郎馬理等百三十四人於獄，四品以上及司務等皆待罪……癸未，錦衣衛以繫獄及待罪凡二百二十人，令再拷。學士豐熙、修撰楊慎、檢討王元正、給事中張翀、劉濟、御史余翺、郎中余寬、黄待顯、陶滋、相世芳、寺正毋德純皆謫戍，四品以上奪俸，五品以下各杖。編修王相、王思、給事中毛玉、裴紹中、張原、御史胡瓊、張曰韜、郎中胡璉、楊淮、户部員外郎高平、申良、主事俞禎、仵瑜、臧應奎、張瀠、殷承叙、安璽、司務李可登卒杖下……己丑再杖，翰林修撰楊慎、檢討王元正、給事中劉濟永戍，給事中安磐、張漢卿、御史王時柯削籍。時有言朝罷群臣復上章者，故加杖。」

按：此即所謂「安順門事件」，明史紀事本末卷五十大禮議有更具體詳敘。按之此「反大禮議」派之二百二十人，中多是陽明門人如王時柯、夏良勝、應良、王思、舒芬、應大猷、黨以平、郭持平等；亦多有與陽明交好相知、其行事被陽明所稱頌者如何孟春、秦金、王瓚、劉玉、潘希曾、陳克宅等；亦有批陽明王學者如毛玉等。從學術上説，此「反大禮議」派並非尊朱學派，而不過是尊王學派、尊朱學派與尊孔孟儒學派之混合體，僅在「大禮議」上觀點相同而結合到一起，正如「大禮議」派並非尊王學派，而亦不過是尊王學派、尊朱學派與尊孔孟儒學派之混合體而已。陽明居越對參加兩派各弟子采取不置可否、默許、兩可之態度，其因蓋出於此也。

林應聰赴謫徐聞，道經錢塘，致書來告，並託南大吉轉呈夢槎奇遊詩卷，陽明爲詩卷題詞以贊之。

王陽明全集卷二十四題夢槎奇遊詩卷：「君子之學，求盡吾心焉爾。故其事親也，求盡吾心之孝，而非以爲孝也；事君也，求盡吾心之忠，而非以爲忠也。是故夙興夜寐，非以爲勤也；剸繁理劇，非以爲能也；嫉邪祛蠹，非以爲剛也；規切諫諍，非以爲直也；臨難死義，非以爲節也。吾心有不盡焉，是謂自欺其心；心盡，而後吾之心始自以爲快也。惟夫求以自快吾心，故凡富貴貧賤、憂戚患難之來，莫非吾所以致知求快之地。苟富貴貧賤、憂戚患難而莫非吾致知求快之地，則亦寧有所謂富貴貧賤、憂戚患難者足以動其中哉？世之人徒知君子之於富貴貧賤、憂戚患難無入而不自得也，而皆以爲獨能人之所不可及，不知君子之求以自快其心而已矣。林君汝桓之名，吾聞之蓋久，然皆以爲聰明特達者也，文章氣節者也。今年夏，聞君以直言被謫，果信其爲文章氣節者矣。又踰月，君取道錢塘，則以書來道其相愛念之厚，病不能一往爲恨，且惓惓以聞道爲急，問學爲事。嗚呼！君蓋知學者也，志於道德者也，寧可專以文章氣節稱之？已而郡守南君元善示予以夢槎奇遊卷，蓋京師士友贈之南行者。予讀之終篇，歎曰：君知學者也，志於道德者也，則將以求自快其心者也；則其奔走於郡縣之末也，猶其從容於部署之間也；則將地官郎之議國事，未嘗以爲抗，而徐聞丞之親民務，未嘗以爲瑣也；則夢槎未嘗以爲異，而南遊未嘗以爲奇也。君子樂道人之善，則張大而從諛之，是固贈行者之心乎！予亦以病不及與君一面，感君好學之篤，因論君子之所以爲學者以爲君贈。」

按：林應聰在二月因議大禮被謫徐聞縣丞，所謂「今年夏，聞君以直言被謫」，指同時被謫之季本於夏中回山陰告知林應聰被謫之況。「踰月」，則在秋七月中。王陽明全集於此文題下注「乙酉」作，顯誤。

劉玉執齋先生文集卷三夢查仙遊歌爲林汝桓賦：「滄溟大海如銀山，蛟鼉出没於其間。自非龍驤萬斛輕，一羽誰能飛度扶桑灣？林君夜夢金門吏，泛泛仙槎無所繫。飄然直欲訪河源，笑指蒙衝等兒戲。覺來占夢心自疑，茫茫宦海將安之？古云直道必三黜，徐聞已有東坡詩。擊楫□材乘桴意，天下同舟誰共濟？不須風雨看潮生，雲帆穩掛安流地。」

鄭岳山齋文集卷四題林汝桓戶曹夢槎奇遊卷：「地盡南溟杳，雲橫北闕深。敢爲浮海歎，共識濟川心。渴飲萊公井，閑聽單父琴。扶桑看曉日，直上閬風岑。」

林應聰再寄來二首別詩，陽明次韻贈答。

王陽明全集卷二十林汝桓以二詩寄次韻爲別：「斷雲微日半晴陰，何處高梧有鳳鳴？星漢浮槎先入夢，海天波浪不須驚。 魯郊已知非常典，膰肉寧爲脱冕行？試向滄浪歌一曲，未云不是九韶聲。 堯舜人人學可齊，昔賢斯語豈無稽？君今一日真千里，我亦當年苦舊迷。萬里由來吾具足，六經原只是階梯。山中儘有閑風月，何日扁舟更越溪？」

按：時林應聰寓居錢塘，其當是在收到陽明題夢槎奇遊詩卷後，再寄來二首別詩；至得陽明此二首次韻詩後，即南下歸莆田。

林俊見素續集卷四贈次峰次陽明韻：「假寐官齋作晚晴，雷陽何意動先鳴？眼間世事祇如夢，海上風濤故未驚。沃壤不殊忘在客，好山無數重茲行。聖皇孝理崇堯舜，驛使傳來是吉聲。 如面人心豈盡齊？危微精一屬參稽。四儒歿後留遺響，七聖途窮待指迷。海邑言游今禮樂，越裳職貢舊航梯。桃源此去無多路，老愛相從是建溪。」

按：「次峰」即林應聰。時見素林俊居家莆田，林應聰自錢塘歸莆田後，即以陽明二詩呈林俊。林俊此二首次韵詩作在冬間林應驄赴徐聞時，故詩有「雷陽何意動先鳴」、「好山無數重兹行」之句，蓋送別詩也。

二十二日，國子助教薛俊卒，作文祭奠，由季本帶往揭陽，並有書同送薛侃、薛僑、薛宗鎧致哀。

王陽明全集卷二十五祭國子助教薛尚哲文：「嗚呼！良知之學不明於天下，幾百年矣。世之學者，蔽於見聞習染，莫知天理之在吾心，而無假於外也。皆舍近求遠，舍易求難，紛紜交騖，以私智相高，客氣相競，日陷於禽獸夷狄而不知。間有獨覺其非而略知反求其本源者，則又群相詬笑，斥爲異學。嗚呼，可哀也已！蓋自十餘年來，而海内同志之士稍知講求於此，則亦如晨星之落落，乍明乍滅，未見其能光大也。潮陽在南海之濱，聞其間亦有特然知向之士，而未及與見。間有來相見者，則又去來無常。自君之弟尚謙始從予於留都，朝夕相與者三年。歸以所聞於予者語君，君欣然樂聽不厭，至忘寢食，脱然棄其舊業如敝屣。君素篤學高行，爲鄉邦子弟所宗依，尚謙自幼受業焉。至是聞尚謙之言，遂不知己之爲兄，尚謙之爲弟；己之嘗爲尚謙師，而尚謙之嘗師於己也。盡使其群子弟姪來學於予，而君亦躬枉辱焉。非天下之大勇，能自勝其有我之私而果於徙義者，孰能與於此哉？自是其邑之士，若楊氏兄弟與諸後進之來者，源源以十數。海内同志之盛，莫有先於潮陽者，則實君之昆弟之爲倡也。其有功於斯道，豈小小哉？方將因藉昆賴，以共明此學，而君忽逝矣，其爲同志之痛，何可言哉！雖然，君於斯道亦既有聞，則夕死無憾矣，其又奚悲乎？吾之所爲長號涕洟而不能自已者，爲吾道之失助焉耳。天也，可如何哉！」

黄綰集卷二十五薛助教墓誌銘：「君諱俊，字尚節，號静軒，世爲揭陽龍溪之薛壟人。高祖艮，曾祖田，父驥，號讓齋，俱有隱德。母曾氏。弟五人：曰傑、曰侃、曰僎、曰偉、曰僑。侃即尚謙，行人司行人。僑，進士。子三人：曰宗鎧、曰宗銓、曰宗鏜。宗鎧與僑同科進士。……弘治甲子，領鄉薦，報至，讓齋卒……正德戊辰，領乙榜，授連江訓導，奉母以養，携二弟一姪，延師教之，禄薄不給，不以爲歉……提學楊公子器知之，以閩清、古田二邑僻陋鮮才，委君選其秀充學員，皆得人……己亥，陞玉山教諭，去之日，囊橐蕭然。玉山士習尤弊，君至，人猶弗信，久而漸變。諸生有萁豆相燃者，恐君知而改之。學宇災廢，君白當道修治，凡工役皆聽君自處。於是祀宫、經閣、業舍、門廡，焕然一新而無甚費。丙子，陽明先生過玉山，君遂執弟子禮，問行己之要。先生曰：『自尚謙與予游，知子篤行久矣，試自言之。』君曰：『俊未知學，但凡事依理而行，不敢出範圍耳。』先生曰：『依理而行，是理與心猶二也。當求無私行之，則一矣。』君乃有省，自是所學遂進。是歲，聘典湖南文衡。未幾，陞國子助教。時已病，聞母喪，葷漿不入口，奔至貴溪宗鎧官邸而卒。病且革，猶與宗鎧講學。實嘉靖甲申七月二十二日也，以明年二月二十六日葬於府治東厢九龍山之原……侃、僑、宗鎧，皆陽明先生門人，世家其學云。」（參國朝獻徵録卷七十三薛助教俊墓誌銘）

陽明先生文録卷二與尚謙尚遷子修書：「别去，即企望還朝之期，當有從容餘月之留也。不意遂聞尊堂之訃，又繼而遂聞令兄助教之訃，皆事變之出於意料之外者。且令兄助教之逝，乃海内善類之大不幸，又非特上宅一門之痛而已。不能走哭，傷割奈何！况在賢昆叔姪，當父子兄弟之痛，其爲毒苦，又當奈何！季明德往，聊寄一慟。既病且冗，又兼妻疾，諸餘衷曲略未能悉。」

按：是札所與之人，「尚謙」即薛侃，「尚遷」即薛僑，「子修」即薛宗鎧。札中所云「尊堂之訃」，指薛侃母曾氏之卒。「令兄助教之訃」，指薛俊之卒。「季明德」即季本，前考季本因議大禮謫揭陽縣主簿，其在二月下獄，出獄後歸山陰來見陽明，已在夏中，陽明題夢槎奇遊詩卷中云「今年夏，聞君（林應聰）以直言被謫」，即指季本夏間回山陰告知林應聰被謫事。季本赴揭陽任已在七八月間，可見陽明此祭文當由季本帶往揭陽「一慟」哭祭，而陽明此札亦當由季本携往揭陽交薛侃。

棠陵方豪乞休歸開化，致書來告，陽明有答書。

陽明先生文録卷二答方思道僉憲：「祝生來，辱書惠，勤勤愛念之厚，何可當也。又推並過情，以爲能倡明正學，則僕豈其人哉？顧自忘其愚不肖，而欲推人於賢聖之域，不顧己之未免於俗，而樂人之進於道，則此心耿耿，雖屢被詆笑非斥，終有所不能已。海内同志苟知趨向者，未嘗不往來於懷，況如思道之高明俊偉，可一日而千里也，其能已於情乎？子美、太白有造道之資，而不能入於賢聖者，詞章綺麗之尚有以羈縻之也。如吾思道之高明俊偉，而詞章綺麗之尚終能羈縻之乎？終能羈縻之乎？」

按：「方思道」即方豪，號棠陵，開化人。明史卷二百八十六有傳。明清進士録：「方豪，明正德三年三甲二百一十八名進士。浙江開化人，字思道。知昆山縣，奏請免除積欠田賦，有異政。遷刑部主事，以諫武宗南巡被杖。歷官湖廣副使，以平恕稱。致仕卒。有棠陵集、斷碑集、蓉溪書屋集。」札所稱「僉憲」，指其任刑部湖廣按察司僉事，按棠陵文集卷一有乞休疏云：「湖廣等處提刑按察司僉事方豪……臣年四十三歲……由正德三年進士，刑部四川，辦事二年有奇。正德五年，除授直隸昆山縣知縣。正德七年，丁憂。正德十二年，復除直隸沙河縣知縣，連前任三年，考滿稱職。正德十三年七月，陞刑部湖廣司主事，奉欽依差往江南直隸審録罪囚，事完回京復命。正德十六年五月，爲公賞罰以厲庶官事，陞俸一級。本年八月，三年考滿稱職，陞本部廣西司署員外郎，奉勅往山東審録，事完回京復命，往至濟寧地方。嘉靖二年二月十一日，實歷俸四年六個月有奇。陞授前職，於本年七月十六日到任。官事外，乞念臣父綺年已六十有三……特勅吏部容臣休致……」方豪生於成化十八年十一月，以四十三歲計，方豪上此乞休疏在嘉靖三年，知其任僉憲在嘉靖二年二月至嘉靖三年七月之間。大致方豪在嘉靖三年七月乞休自京師歸開化，致書陽明，陽明乃作此札回覆。方豪爲當時著名文士（明史列入文苑傳），究心詞章綺麗之學，故陽明在此札中有所微諷。

八月一日，給事中陳洸復秩，上禮疏攻費宏、金獻民、喬宇、夏良勝、吳一鵬等人，目爲「邪黨」。

國榷卷五十三：「嘉靖三年八月癸巳朔，外轉給事中于桂、陳洸、史道、閻閎、御史曹嘉各復秩。洸嘗訐潮陽知縣宋元翰，元翰爲録以辨冤，而潮陽男子林鈺、嫠婦賴氏，蜂起詣闕。吏部例轉湖廣僉事，不即赴，上疏用舊銜，力稱張璁等，攻費宏、金獻民等；又吏部尚書喬宇、文選郎中夏良勝用舍任意，擠于桂、閻閎、史道、曹嘉。上是之。降宇南京太僕少卿，良勝茶陵知州。洸因擊大學士費宏、尚書金獻民、趙鑑、侍郎吳一鵬、朱希周、郎中劉天民、薛蕙、余才、給事中鄭一鵬，皆目爲邪黨。」

按：陳洸（字國傑）爲陽明門人，其復秩給事中後，即追隨張璁、桂萼遍攻反「大禮議」派，最爲凶横，自是「大禮議」形勢急轉矣。

四日，黄綰彙輯其大禮議奏疏爲知罪録三卷刊刻，後寄呈陽明。

知罪録知罪録引：「當今繼統之義不合於當路者，遂指目爲邪説，爲希寵。予故知而猶犯之，此予之罪也，豈予得已哉？故録之以著其罪，以俟天下後世之知予罪者。嘉靖三年中秋四日，石龍山人黄綰識。」

按：知罪録三卷，卷一收三上大禮疏，卷二收大禮私議，卷三收止遷獻帝山陵疏、諫止獻帝入太廟疏、論上下情隔之由及論私廟不可近太廟疏、論聖學求良輔疏。黄綰於知罪録似陸續刊刻，蓋與陳洸遍劾反「大禮議」派相呼應也。

王陽明全集卷二十一與黄誠甫書一：「近得宗賢寄示禮疏，明甚……古之君子，恭敬撙節退讓以明禮，僕之所望於二兄者，則在此而不彼也。果若是，以爲斯道之計，進於議禮矣。」

按：陽明是書作於嘉靖四年正月（題下注「甲申」作乃誤），書中所云「近得宗賢寄示禮疏」，似即指黄綰始刻三上大禮疏，黄綰寄呈陽明當在嘉靖三年十二月中。

中秋，宴門人於天泉橋，設席於碧霞池上，有詩韵，再論狂者氣象。

王陽明全集卷二十月夜二首與諸生歌於天泉橋：「萬里中秋月正晴，四山雲靄忽然生。須臾濁霧隨風散，依舊青天此月明。肯信良知原不昧，從他萬物豈能攖？老夫今夜狂歌發，化作鈞天滿太清。　處處中秋此月明，不知何處亦群英？須憐絶學經千載，莫負男兒過一生。影響尚疑朱仲晦，支離休作鄭康成。鏗然舍瑟春風裏，點也雖狂得我情。」

錢德洪陽明先生年譜：「八月，宴門人於天泉橋。中秋月白如晝，先生命侍者設席於碧霞池上，門人在侍者百餘人。酒半酣，歌聲漸動。久之，或投壺聚算，或擊鼓，或泛舟。先生見諸生興劇，退而作詩，有『鏗然舍瑟春風裏，點也雖狂得我情』之句。明日，諸生入謝。先生曰：『昔者孔子在陳，思魯之狂士。世之學者，沒溺於富貴聲利之場，如拘如囚，而莫之省脱。及聞孔子之教，始知一切俗緣，皆非性體，乃豁然脱落。但得此意，不加實踐以入於精微，則漸有輕滅世故、闊略倫物之病。雖比世之庸庸瑣瑣者不同，其爲未得於道一也。故孔子在陳思歸以裁之，使入於道耳。諸君講學，但患未得此意。今幸見此，正好精詣力造，以求至於道，無以一見自足而終止於狂也。』」

錢德洪刻文録叙説：「甲申年，先生居越。中秋月白如洗，乃燕集群弟子於天泉橋上，時在侍者百十人。酒半行，先生命歌詩。諸弟子比音而作，翕然如協金石。少間，能琴者理絲，善簫者吹竹，或投壺聚算，或鼓棹而歌，遠近相答。先生顧而樂之，遂即席賦詩，有曰『鏗然舍瑟春風裏，點也雖狂得我情』之句。既而曰：『昔孔門求中行之士不可得，苟求其次，其惟狂者乎！狂者志存古人，一切聲利紛華之染，無所累其衷，真有鳳凰翔於千仞氣象。得是人而裁之，使之克念，日就平易切實，則去道不遠矣。予自鴻臚以前，學者用功尚多拘局；自吾揭示良知頭腦，漸覺見得此意者多，可與裁矣。』」

空同李夢陽寄來中秋懷故人詩。

空同集卷十甲申中秋寄陽明子：「風林秋色靜，獨坐上清月。眷兹千里共，眇焉望吴越。

窈窕陽明洞，律兀芙蓉闕。可望不可即，江濤滾山雪。」

錢德洪携二弟錢德周、錢仲實讀書城南，其父心漁翁錢蒙亦來問學，陽明爲作心漁歌贈之。

王陽明全集卷二十心漁歌爲錢翁希明別號題（錢翁，德洪父。三歲雙瞽，好古博學，能詩文）：「有漁者歌曰：『漁不以目惟以心，心不在魚漁更深。北溟之鯨殊小小，一舉六鼇未足歆。』『敢問何如其爲漁耶？』曰：『吾將以斯道爲網，良知爲綱，太和爲餌，天地爲舫。絜之無意，散之無方。是謂得無所得，而忘無可忘者矣。』」

錢德洪陽明先生年譜：「（八月），德洪携二弟德周、仲實讀書城南。洪父心漁翁往視之。魏良政、魏良器輩與遊禹穴諸勝，十日忘返。問曰：『承諸君相携日久，得無妨課業乎？』答曰：『吾舉子業無時不習。』家君曰：『固知心學可以觸類而通，然朱説亦須理會否？』二子曰：『以吾良知求晦翁之説，譬之打蛇得七寸矣，又何憂不得耶？』家君疑未釋，進問先生。先生曰：『豈特無妨，乃大益耳！學聖賢者，譬之治家，其産業、第宅、服食、器物皆所自置，欲請客，出其所有以享之；客去，其物具在，還以自享，終身用之無窮也。今之爲舉業者，譬之治家不務居積，專以假貸爲功，欲請客，自廳事以至供具，百物莫不遍借，客幸而來，則諸貸之物一時豐裕可觀；客去，則盡以還人，一物非所有也。若請客不至，則時過氣衰，借貸亦不備，終身奔勞，作一窶人而已。是求無益於得，求在外也。』明年乙酉大比，稽山書院錢楩與魏良政並發解江浙。家君聞之，笑曰：『打蛇得七寸矣。』」

按：心漁翁生三子，吕本緒山錢公墓誌銘云：「家事悉屬於弟周甫，惟率季弟充甫專意績學，嘗曰：『使得顯親食禄，何憂於外侮之侵、貧乏之不賙乎？』心漁翁聞之而喜。」是錢德洪二弟一爲錢德周（字周甫），一爲錢仲實（字充甫），非謂錢德周字仲實也。

羅洪先集卷五錢心漁翁墓記：「錢心漁翁希明蒙者，越之餘姚人也。故吴越王二十六世孫。其幼也，三年而病喪其明。五年，聞呻吟，通章句。十年，喪父母，困窮矣，乃自力以進於博服。又幾年，而兼命數卜筮之理。長而旁通於聲律，善製簫，且以詩聞。既老，雅好遊賞，嘗欲肆意於洪波曠野之間以自適，遂號『心漁』。心漁者，言其有目眚而無心睫也。於是，翁有子三人，而三人者，學進士且有成。長子德洪，聞陽明先生明良知之學，將從之遊，翁怒曰：『吾恃以養，而棄吾耶？』德洪曰：『固所以爲養也。』翁不釋，從而入先生之庭，聽其言，躍然出曰：『幾誤矣！』放歌而歸。先生之喪，德洪輟廷試，往爲服，翁且固許之。其後德洪第進士，官刑部，而仲子德周者與薦名，翁之意不侈也。已而刑部坐逮下獄，再歲奪職以歸，而薦名者亦以飛語削籍，翁之意不沮也。」

鄒守益集卷十九四然翁贊：「四然翁，錢姓，蒙名，希明字，浙之餘姚人。教其子寬，舉進士，未試於廷，歸，從陽明先師以學。三載，將上京師，聞先師南安之訃，遂趨廣信。所親謂翁曰：『家貧親老，不爲禄仕，將無隆師而薄親乎？盍躬往紹興促之？』寛自途上書，寛譬翁，翁意少解。諸友復交勸，翁遂移舟以歸。歸語所親曰：『兒所行者，義也，奈何欲以利沮之？』寛既返，趨翁請命，語及和静母事，翁慨然曰：『舉世皆婦人，尹母獨爲男子。吾訃決矣。』促往紹興，敦葬事。或問其故，翁答曰：『吾始而慍然，繼而强然，繼而釋然，終而樂然。』衆因稱之曰『四然翁』云。三歲失明，繼連失怙恃，寄食於星卜間。已而讀易龍岡，遂神於蓍。好鼓瑟，按九徽爲準，縱横上下，曲中音節。嘗自製杖簫，杖長七尺，納簫於竅，興至輒取而吹之，聲振林谷。閑居自評詩文，或放古調爲歌辭，號曰雪雲吟。晚慕嚴陵之操，别號心漁。馬子明衡爲之傳，其事皆奇偉可誦。」

朱箎來問學，書卷贈之。

王陽明全集卷八書朱守諧卷：「守諧問爲學，予曰：『立志而已。』問立志，予曰：『爲學而已。』守諧未達。予曰：『人之學爲聖人也，非有必爲聖人之志，雖欲爲學，誰爲學？有其志矣，而不日用其力以爲之，雖欲立志，亦烏在其爲志乎？故立志者，爲學之心也；爲學者，立志之事也。譬之弈焉，弈者，其事也；「專心致志」者，其心一也；「以爲鴻鵠將至」者，其心二也；「惟弈秋之爲聽」，其事專也；「思援弓繳而射之」，其事分也。』守諧曰：

『人之言曰：「知之未至，行之不力。」予未有知也，何以能行乎？』予曰：『是非之心，知也，人皆有之。子無患其無知，惟患不肯知耳；無患其知之未至，惟患不致其知耳。故曰：「知之非艱，行之惟艱。」今執途之人而告之以凡爲仁義之事，彼皆能知其爲善也；告之以凡爲不仁不義之事，彼皆能知其爲不善也。途之人皆能知之，而子有弗知乎？如知其爲善也，致其知爲善之知而必爲之，則知至矣；如知其爲不善也，致其知爲不善之知而必不爲之，則知至矣。知猶水也，人心之無不知，猶水之無不就下也；決而行之，無有不就下者。決而行之者，致知之謂也。此吾所謂知行合一者也。吾子疑吾言乎？夫道一而已矣。』」

按：朱箎字守諧，號思齋，山陰人。父朱導，兄朱簠。朱箎正德八年舉鄉試，朱簠正德十一年舉鄉試。嘉靖五年，朱箎、朱簠雙中進士，欽賜「雙鳳齊飛」扁。朱箎歷官泰興縣知縣，江西道監察御史，巡按湖廣。萬曆紹興府志卷四十五：「朱導，字顯文，山陰人。弘治己酉領鄉薦，仕終通江令。力敦孝友，以義方訓其子弟。二子簠、箎及猶子節、簦並取科第，爲顯官。而雍雍和睦長幼，內外無間言。居鄉儉樸，非公事不入城府。山陰稱孝義之族者，必曰『白洋朱氏』云。」朱箎與白洋朱節爲堂兄弟，故與陽明當早識。嘉靖三年朱箎居家山陰未仕，故可常來陽明處問學。錢德洪稱中秋陽明設席於碧霞池，門人在侍者百十餘人，中當有朱箎、朱簠也。

九月五日，朝廷定大禮，頒詔天下。陽明秋夜感懷國事，有「無端禮樂紛紛議」、「人間瓦缶正雷鳴」之歎。

國榷卷五十三：「嘉靖三年八月庚戌，先是禮部右侍郎吴一鵬駁陳洸疏非是，久不下。已，得旨，以席書大禮考議、方獻夫大禮論，璁、萼前後三疏並南寧伯毛寬等疏下部集議。時書適至京，與璁、萼、獻夫等集議闕左門。書等上言：『伯父子姪，分不可易。世無二道，人無二本。孝宗皇帝本伯也，宜曰「皇伯考」；昭聖皇太后本伯母也，宜曰「伯母」。獻皇帝本父也，已去「本生」，宜曰「皇考」；章聖太后本母也，已去「本生」，宜曰「聖母」。武宗仍曰「皇兄」，莊肅皇后曰「皇嫂」。名義如此，大倫大統，兩有歸矣。奉神主而别爲禰室，於至親不廢；隆尊號而不入太廟，於正統無嫌。』上善之……甲寅，給事中陳洸徧劾争大禮費宏、毛紀、吴一鵬、汪俊、金獻民、朱希周、汪偉、趙鑑、余才、劉天民、薛蕙、鄭一鵬。於是宏等乞歸，不許……九月丙寅，定大禮，稱孝宗敬皇帝曰『皇伯考』，昭聖康惠慈壽皇太后曰『皇伯母』，恭穆獻皇帝曰『皇考』，章聖皇太后曰『聖母』。擇日祭告，頒詔天下……丙子，詔曰：『朕本憲純皇帝之孫，恭穆獻皇帝之子。逮皇兄武宗毅皇帝上賓，仰尊祖訓，兄終弟及，遺詔命朕嗣皇帝位，昭聖康惠慈壽皇太后遣官迎朕入繼，受天明命，位於臣民之上三年矣。尊稱大禮，屢命廷議，輒引漢定陶共王、宋濮安懿王二事爲據，再三未決，朕心靡定。蓋伯姪父子，乃天經地義，豈人所能爲乎？……朕祇敬九廟，尊養二宮，正統大義，未嘗有間，惕然此心，夙夜不忘……已告天地、宗廟、社稷，稱孝宗敬皇帝曰「皇伯考」，昭聖皇太后曰「皇伯母」，恭穆獻皇帝曰「皇考」，章聖皇太后曰「聖母」。各正厥名，天倫無悖。朕方同心以和典禮之衷，敬事以建臣民之極，期以得萬國之歡心，致天人之祐助。布告中外，咸使聞知。』」

王陽明全集卷二十碧霞池夜坐：「一雨秋涼入夜新，池邊孤月倍精神。潛魚水底傳心訣，棲鳥枝頭説道真。莫謂天機非嗜欲，須知萬物是吾身。無端禮樂紛紛議，誰與青天掃宿塵？」秋聲：「秋來萬木發天聲，點瑟回琴日夜清。絶調迴隨流水遠，餘音細入晚雲輕。洗心真已空千古，傾耳誰能辯九成？徒使清風傳律吕，人間瓦缶正雷鳴。」秋夜：「春園花木始菲菲，又是高秋落葉稀。天迴樓臺含氣象，月明星斗避光輝。閑來心地如空水，静後天機見隱微。深院寂寥群動息，獨憐烏鵲繞枝飛。」夜坐：「獨坐秋庭月色新，乾坤何處更閒人？高歌度與清風去，幽意自隨流水春。千聖本無心外訣，六經須拂鏡中塵。却憐擾擾周公夢，未及惺惺陋巷貧。」

按：三年大禮議紛争，至是由世宗皇帝一手「欽定」。陽明此四詩，由其言「又是高秋落葉稀」，「一雨秋涼入夜新」，可見作在秋九月中，陽明慨歎「無端禮樂紛紛議」，「人間瓦缶正雷鳴」，顯即針對世宗獨斷一手「欽定」大禮議而發也。錢德洪引陽明諸詩，以爲「蓋有感時事，二詩已示其微矣」，「時事」者，實指世宗新君獨裁大禮議也。蓋陽明其時已看穿大禮議不過是一場「無端」、無謂、無是非之紛爭，而其幕後掌控黑手即獨裁皇帝世宗而已。故陽明對大禮議雙方均有微辭，認爲上起世宗，下至大禮議各派朝臣，其共同弊病就在均未能從「良知」之學上議禮，其在與顧惟賢書中明確指出：「秦漢以來，禮家之説往往如仇，皆爲不聞致良知之學耳。」可謂一語中的。世宗禁王學，不信「良知」之學，其不過以一己「私天下」之心欽定大禮議，適足暴露其專斷獨裁君主之真面目，故陽明將大禮議無端紛争與世宗以家天下之心欽定大禮斥之爲「人間瓦缶正雷鳴」，而對其時霍韜、席書、黄綰、黄宗明有書來問來告定大禮均「不答」矣。

二十日，御史王木疏薦陽明。約同時御史潘壯亦疏薦陽明。均不報。

明世宗實録卷三十八：「嘉靖三年九月辛巳，御史王木以大臣相繼罷去，乃疏薦大學士楊一清、尚書王守仁。言：『今欲興道致治，非二臣不可。』章下所司。」

按：王木字子昇，號晴溪，貴州清平衛人。正德八年舉鄉薦，授隨州學正，召爲御史，陞雲南僉事。有東巡集、晴溪詩集、奏稿等。按王木正德三年、四年中爲貴陽諸生，疑其時已與陽明相識，或亦陽明貴州弟子。

嘉慶山陰縣志卷十四鄉賢：「潘壯，號梅峰。嘉靖癸未進士，授南京河南道監察御史，上章建白，耿耿不阿。薦楊邃庵、王陽明、蕭子雝於朝，皆一時大賢。武臣王邦奇誣織侍講葉桂章，上疏救之，詞甚剴切。丙戌秋，奉命按治江右……丁亥春，權貴有憚壯者，追論李福達大獄事，繫獄，朝論不平，交章赴救，罷職歸。」

按：潘壯字直卿，泉翁大全集卷十九有贈南京河南道監察御史潘直卿先生奉命之江右序。潘壯爲山陰人，嘉靖二年舉進士，疑亦陽明弟子。

王艮父守庵王玒八十壽辰，命蔡世新繪吕仙圖，遣金克厚持圖往祝壽，並作歌以招之。王玒遂來會稽見陽明。

董燧王心齋先生年譜：「嘉靖三年甲申……陽明公謝諸生不見，獨先生侍左右，或有諭諸生，則令先生傳授。會守庵公壽日，先生告歸上壽，陽明公不聽，命蔡世新繪吕仙圖，王琥譔文，具上，因金克厚持往壽守庵公，並作歌以招之。於是守庵公至會稽，與陽明公相會。冬十二月方歸。」

按：守庵王玒生於正統九年，卒於嘉靖十五年，嘉靖三年爲其八十壽辰。以其十二月自會稽歸泰州算，王玒生日約在八九月中。陽明所作招歌今佚。

張體仁赴京任，過紹興來訪，有詩唱酬。

王陽明全集卷二十九次張體仁聯句韵：「眼底湖山自一方，晚林雲石坐高涼。閑心最覺身多繫，遊興還堪鬢未蒼。樹梢風泉長滴翠，霜前巖菊尚餘芳。秋江畫舫休輕發，忍負良宵鐙燭光。　山寺幽尋亦惜忙，長松落落水浪浪。深冬平野風煙淡，斜日滄江鷗鷺翔。海内交游唯酒伴，年來踪迹半僧房。相過未盡青雲話，無奈官程促去航。　青林人静一燈歸，回首諸天隔翠微。千里月明京信遠，百年行樂故人稀。已知造物終難定，唯有煙霞或可依。總爲迂疏多牴牾，此生何忍便脂韋？」

又次張體仁聯句韵：「問俗觀山兩劇匆，雨中高興諒誰同？輕雲薄靄千峰曉，老木蒼波萬里風。客散野鳧從小艇，詩成巖桂發新叢。清詞寄我真消渴，絶勝金莖吸露筒。」（何福安寶晉齋碑帖集釋，陽明此詩書碑帖真迹由無爲寶晉齋收藏）

按：寶晉齋收藏此陽明詩書碑帖真迹（三詩二書）原題作「蘇臺唐寅」作，乃大誤。按其中手書次張體仁聯句韵詩，昭昭載於王陽明全集卷二十九中，其爲陽明詩而非唐寅詩一目瞭然（詳考見下答宋孔瞻書考）。陽明答宋孔瞻書一中云：「略書近作一二首，見千萬鄙懷。」是此次張體仁聯句韵四首乃是其「近作」。按陽明答宋孔瞻書作在嘉靖四年九月（見下考），則陽明此四首次張體仁聯句韵必作在嘉靖三年九月至十一月間。大抵詩一、詩四作在張體仁秋九月來紹興見訪時，詩二作在冬十月送張體仁赴京時，詩三則作在張體仁赴京去後，約已在冬十一月。

張體仁，無考，疑即張文淵。按張文淵字公本，號躍川，與陽明爲同年，兩人多有交往，講論學問。疑張文淵一字體仁。弘治十二年進士登科録：「張文淵，貫浙江紹興府上虞縣民籍。國子生。治易經。字公本，行七，年四十一，二月初三生。曾祖輝，祖鉞，父璁。母黄氏，繼母胡氏。具慶下。兄文源，弟文澐。娶李氏，浙江鄉試第八名，會試第三名。」明清進士録：「張文淵，弘治十二年二甲七名進士。浙江上虞人。由編修累官至南京禮部郎中。書法宗朱熹。」張文淵與陽明當在弘治十二年已相識。萬曆上虞縣志卷十八文苑：「張文淵，弘治乙未進士。初任工部都水司主事，常引導東川以疏河流，有功漕運勒載碑志。遷兵部武選司，遭逆瑾用事，乞恩致仕。正德辛未起用，不就。甲戌，陞南京禮部郎中。未幾，丁內艱，遂不起。談經授徒，豪傑景附。所著有衛道録、諸圖便覽、八音東泉百詠，奏聞世廟。內衛道一編，與王文成傳習録不無參駁，然主於翼朱，亦自有見。又善真草，筆力遒勁，得朱文公書法。」按張文淵弘治十二年任工部都水司主事，陽明則觀政工部；正德九年張文淵任南京禮部郎中，陽明則任南京鴻臚寺卿，兩人必當多有交游講論。疑嘉靖三年張文淵或又起復赴京，遂自上虞經紹興來訪。

十月，門人南大吉續刻傳習録於紹興。

南大吉傳習録序：「天地之間，道而已矣。道也者，人物之所由以生者也。是故人之生也，得其秀而最靈，以言乎性則中矣，以言乎情則和矣，以言乎萬物則備矣，由聖人至於途人，一也。故曰：『人者，天地之德，陰陽之交，鬼神之會，五行之秀氣也。』又曰：『致中和，天地位焉，萬物育焉。』是故古者大道之於天下也，天下之人相忘於道化之中，而無復所謂邪慝者焉。率性以由之，修道以誠之，皞皞乎而不知爲之者，是故大順之所積也，以天則不愛其道也，以地則不愛其寶也，以人則不愛其情也，以物則不愛其靈也。聖人於此，夫何言哉？恭己無爲而已矣。至其後也，道不明於天下，天下之人相交於物化之中，而邪慝興焉。失其性而不知求，舍其道而不知修。斯人也，日入於禽獸之歸而莫之知也。是故萬物弗序而天地弗官矣。聖人，生而知道者也；賢人，學而知道者也。其視天地萬物，無一而非我。而斯人之不知道也，若已推而入之鳥獸之群也。理有所不可隱，心有所不容忍，惡能已於言哉？故孟子曰：『予豈好辯哉？予不得已也。』故夫聖賢之言，將以明斯道，示諸人，使天下之人曉然知道之在是，庶民興焉。庶民興，則邪慝息；邪慝息，則萬物序而天地官矣。夫然後聖賢之心始安，而其言始已也。是故其言也，求其是則已矣，非以爲聞見之高也；求其明則已矣，非以爲門户之高也。而後之爲聖賢之學者，其初也，執聞見以自是，而不知聖人之所以是者，天下之公是也；立門户以自明，而不知聖人之所明者，天下之同明也。故其後也，言愈多而愈支，支則不可行矣；門愈高而愈小，小則不可通矣。皆意也，己也，勝心之爲也。而世之號爲豪傑者，方皆溺於其中而莫之知也，其亦可哀也矣！夫天之命於我而我之具於心者，自有真是真非……自不能遁吾心之真知也。唯夫聞見已執於未觀之先，而門户又高於既玩之際，則其言雖是也，蔽於聞見之私，而不知其是；指雖明也，隔於門户之異，而不通其明。道之不明於天下，治之所以不能追復前古者，其所由來遠矣。是録也，門弟子録陽明先生問答之辭、討論之書，而刻以示諸天下者也。吉也從遊宫牆之下，其於是録也，朝觀而夕玩，口誦而心求，蓋亦自信之篤，而竊見夫所謂道者，置之而塞乎天地，溥之而横乎四海，施諸後世，無朝夕人心之所同然者也。故命逢吉弟校續而重刻之，以傳諸天下。天下之於是録也，但勿以聞見梏之，而平心以觀其意；勿以門户隔之，而易氣以玩其辭。勿以録求録也，而以我求録也，則吾心之本體自見，而凡斯之言，皆其心之所固有，而無復可疑者矣。則夫大道之明於天下，而天下之所以平者，將亦可竢也矣。嘉靖三年冬十月十有八日，賜進士出身、中順大夫、紹興府知府、門人渭北南大吉謹序。」（傳習録欄外書）

錢德洪傳習録卷中序：「德洪曰：昔南元善刻傳習録於越，凡二册。下册摘録先師手書，凡八篇。其答徐成之二書，吾師自謂：『天下是朱非陸，論定既久，一旦反之爲難。二書姑爲調停兩可之説，使人自思得之。』故元善録爲下册之首者，意亦以是歟？今朱、陸之辨明於天下久矣。洪刻先師文録，置二書於外集者，示未全也，故今不復録。其餘指『知行之本體』，莫詳於答人論學與答周道通、陸清伯、歐陽崇一四書；而謂『格物爲學者用力日可見之地』，莫詳於答羅整庵一書。平生冒天下之非詆摧陷，萬死一生，遑遑然不忘講學，惟恐吾人不聞斯道，流於功利機智，以日墮於夷狄禽獸而不覺，其一體同物之心，譊譊終身，至於斃而後已。此孔、孟以來賢聖苦心，雖門人子弟未足以慰其情也。是情也，莫詳於答聶文蔚之第一書。此皆仍元善所録之舊。而揭『必有事焉，即致良知功夫，明白簡切，使人言下即得入手』，此又莫詳於答文蔚之第二書，故增録之。元善當時洶洶，乃能以身明斯道，卒至遭奸被斥，油油然惟以此生得聞斯學爲慶，而絶無有纖芥憤鬱不平之氣。斯録之刻，人見其有功於同志甚大，而不知其處時之甚艱也。今所去取，裁之時義則然，非忍有所加損於其間也。」（傳習録卷中）

按：錢德洪陽明先生年譜云：「十月，門人南大吉續刻傳習録。傳習録薛侃首刻於虔，凡三卷。至是年，大吉取先生論學書，復增五卷，續刻於越。」其説皆誤。按錢德洪傳習録卷中序明言南大吉所刻傳習録爲二册，上册一仍其舊不變（徐愛、陸澄、薛侃三家所記）；下册著録陽明手書八篇，此八篇如下：

答徐成之二書（作於正德六年）

答周道通一書（作於嘉靖元年）

答陸原静二書（作於正德十六年）

答羅整庵一書（作於正德十五年）

訓蒙大意一篇（作於正德十五年）

教約一篇（作於正德十五年）

蓋此八篇皆作於嘉靖三年以前，故得收入是刻而爲一册。可見南大吉只是增刻陽明八篇文章爲續録，斷無「復增五卷」之事。後至嘉靖三十六年，錢德洪乃删去答徐成之二書（入陽明文録），另加入答顧東橋一書（作於嘉靖四年）、答歐陽崇一一書（作於嘉靖五年）、答聶文蔚二書（一作於嘉靖五年，一作於嘉靖七年），爲第二卷（下卷）；另再採陳九川諸人所録（二卷），附爲續録，遂爲今傳傳習録三卷也。尤值得注意者，此新録（續録）八篇一册實爲陽明所手定，並非南大吉所摘録。南大吉傳習録序分明云：「吉也從遊宮墻之下，其於是録也，朝觀而夕玩，口誦而心求……故命逢吉弟校續而重刻之，以傳諸天下。」可見南大吉在續刻此新録以前，就已得到陽明此手定新録（八篇）朝觀夕玩，口誦心求，此新録八篇非南大吉所定甚明。又前考陽明與周道通書三亦分明云：「新録一册，寄覽。六月朔日。」此新録一册即指陽明所手定之八篇文章，可見陽明至遲在嘉靖三年六月以前已手定此八篇新録（陽明又稱後録），並寄贈周道通、南大吉等門人。至十月乃由南大吉、南逢吉與舊録（徐愛、陸澄、薛侃録）一併刊刻爲二册也。由此傳習録之編集、刊刻與流變可考明如下：

正德七年，徐愛始編集傳習録一卷，是録皆徐愛所記，未刊刻。

正德十三年，薛侃集徐愛、陸澄、薛侃三家所記録爲傳習録三卷，刊刻於虔，後稱爲舊録（前録）。

嘉靖三年，南大吉、南逢吉續刻新録八篇（下卷），與舊録（上卷）一併刊於紹興（二册）。

嘉靖三十年，孫應奎、蔡汝楠刊刻傳習録於衡州石鼓書院，此本即南大吉、南逢吉刻本。孫應奎刻陽明先生傳習録序：「及再見，又手授二書，其一傳習録……同志蔡子子木守衡……應奎因樂與成之，乃出先生舊所手授傳習録，俾刻置石鼓書院……嘉靖三十年夏五月壬寅，同邑門人孫應奎謹序。」蔡汝楠敍傳習録後：「先生曾以是録手授今文宗蒙泉孫公，公按部至衡，令汝楠刻置石鼓書院。」

嘉靖三十三年，錢德洪、劉起宗、丘時庸刊刻傳習録於水西精舍。是本乃是在南大吉、南逢吉刻本舊録、新録之外，又採陳九川、黄直、黄省曾諸門人所記語録爲續録二卷。錢德洪續刻傳習録序云：「洪在吴時，爲先師哀刻文録。傳習録所載下卷，皆先師書也。既以次入文録書類矣，乃摘録中問答語，仍書南大吉所録以補下卷。復採陳惟濬諸同志所録，得二卷焉，附爲續録，以合成書……去年秋，會同志於南畿，吉陽何子遷、初泉劉子起宗，相與商訂舊學，謂師門之教，使學者趨專歸一，莫善於傳習録。於是劉子歸寧國，謀諸涇尹丘時庸，相與捐俸，刻諸水西精舍……時嘉靖甲寅夏六月，門人錢德洪序。」蓋是本由舊録（前録）、新録（後録）、續録三部組成，即上、中、下三卷也。

嘉靖三十六年，錢德洪、王畿、胡宗憲、唐堯臣刊刻陽明先生文録（中有傳習録）於天真精舍。胡宗憲重刊陽明先生文録序：「天真書院爲先生崇祀之所……錢子偕龍溪王子謀於予曰：『古人有倚馬論道者，兵事雖倥偬，亦不可無此意。願以姑蘇本再加校正，梓藏於天真，以惠後學，如何？』予曰：『諾。』遂捐俸金若干兩，命同知唐堯臣董其事，以九月某日刻成……嘉靖丁巳仲冬吉旦，後學新安梅林胡宗憲頓首拜撰。」按：此陽明先生文録中之傳習録由錢德洪改定，即將中卷（新録）中八篇文章作了改選，删除答徐成之二書，而加入答顧東橋一書、答歐陽崇一一書、答聶文蔚二書。即錢德洪傳習録卷中序所云：「其答徐成之二書……故今不復録。其餘指『知行之本體』，莫詳於答人論學與答周道通、陸清伯、歐陽崇一四書……是情也，莫詳於答聶文蔚之第一書……而揭『必有事焉，即致良知功夫，明白簡切，使人言下即得入手』，此又莫詳於答文蔚之第二書，故增録之。」錢德洪此序即爲是次刊刻陽明先生文録中之傳習録所作，故特置於傳習録卷中之首也。自是刻之後，傳習録三卷（上卷、中卷、下卷，即前録、後録、續録）遂定型矣。

二十一日，與門人游秦望山，宿雲門寺，有詩韵。

王陽明全集卷二十嘉靖甲申冬二十一日再登秦望自弘治戊午登後二十七年矣將下適董蘿石與二三子來復坐久之暮歸同宿雲門僧舍：「初冬風日佳，杖策登崔嵬。自予羈宦迹，久與山谷違。屈指廿七載，今兹復一來。沿溪尋往路，歷歷皆所懷。躋險還屢息，興在知吾衰。薄午際峰頂，曠望未能回。良朋亦偶至，歸路相徘徊。夕陽飛鳥静，群壑風泉哀。悠悠觀化意，點也可與偕。」

董澐從吾道人詩稿卷下游會稽次韵時同游者王心齋何善山黄洛村徐三溪王明谷：「朱簾畫舫出城來，尊俎冠裳曉日開。禹穴騰光南斗下，爐峰倒影大江隈。身邊禮樂東南盛，日極風雲西北回。笑把青藜臨絶頂，賀家湖面小如杯。」

按：董澐詩所云「游會稽次韵」，似即次陽明此詩韵；所云「同游者王心齋、何善山、黄洛村、徐三溪、王明谷」，即陽明詩所云「董蘿石與二三子來」。「王心齋」即王艮，「何善山」即何廷仁，「黄洛村」即黄弘綱，「徐三溪」即徐珊。「王明谷」，無考，董澐從吾道人詩稿中有宿韜光次王明谷等，可見董澐與王明谷關係甚密。按從吾道人詩稿中多有與王惟中之詩，如懷王惟中：「一春假榻陽明洞，無數黄精與紫芝。夜來夢見樂陽子，借我青城一鶴騎。」疑「王明谷」即此王惟中。

十一月，巡撫河南右副都御史王藎改巡撫陝西，書來問學。陽明後有答書，並寄贈新刻傳習録二册。

王陽明全集卷二十一答王亹庵中丞：「使來，遠辱問惠，登拜感怍。舍親宋孔瞻亦以書來，備道執事勤勤下問之盛，不肖奚以得此！近世士夫之相與，類多虚文彌誑而實意衰薄，外和中妬，狥私敗公，是以風俗日惡而世道愈降。執事忠信高明，克勤小物，長才偉識，翹然海内之望。而自視欿然，遠念不遺，若古之君子，有而若無，以能問於不能者也。僕誠喜聞而樂道，自顧何德以承之？僕已無所可用於世，顧其心痛聖學之不明，是以人心陷溺至此，思守先聖之遺訓，與海内之同志者講求切劘之，庶亦少資於後學，不徒生於聖明之朝。然蔽惑既久，人是其非，其能虚心以相聽者鮮矣。若執事之德盛禮恭而與人爲善，此誠僕所願效其愚者；然又邑里隔絶，無因握手一叙，其爲傾渴又如何可言耶？雖然，目擊而道存，僕見執事之書，既已知執事之心，雖在千萬里外，當有不言而信者。謹以新刻小書二册奉求教正。蓋鄙心之所欲效者，亦略具於其中矣。便間幸示。」

空同集卷五十三送都御史王公移鎮陝西序：「都御史王公巡撫河南之明年，是爲嘉靖甲申，詔乃移公於陝西……於是冬十月初吉，諸邦侯餞公大梁之郊，觴三行，各稱詩諭志焉。藩使杭公歌曰：『有客宿宿，有客信信。』言公之莫留也。臬使張公歌曰：『周邦咸喜，戎有良翰。』言西之人歡也。諸寮佐則賡之曰：『文武吉甫，萬邦爲憲。』言河與陝均也。」

按：前考亹庵即王藎。明世宗實録卷三十八：「嘉靖三年八月乙巳……改巡撫河南右副都御史王藎巡撫陝西。」是王藎在八月改巡撫陝西，其在十月赴陝西任，致書陽明已在十一月。陽明此書所謂「在千萬里外」，即指其遠在陝西。「新刻小書二册」，蓋其時陽明新刻傳習録二册（舊録、新録）已成，故隨寄贈也。「舍親宋孔瞻」即宋冕，不久亦赴陝西左布政使任（詳下）。

黄省曾歸吴，書來問良知之學，陽明有答書詳論。

王陽明全集卷五與黄勉之書二：「勉之別去後，家人病益狼狽，賤軀亦咳逆泄瀉相仍，曾無間日，人事紛沓未論也。用是大學古本曾無下筆處，有辜勤勤之意。然此亦自可徐徐圖之，但古本白文之在吾心者，未能時時發明，却有可憂耳。來問數條，實亦無暇作答，締觀簡末懇懇之誠，又自不容已於言也。來書云：『以良知之教涵泳之，覺其徹動徹静，徹晝徹夜，徹古徹今，徹生徹死，無非此物。不假纖毫思索，不得纖毫助長，亭亭當當，靈靈明明，觸而應，感而通，無所不照，無所不覺，無所不達，千聖同途，萬賢合轍。無他如神，此即爲神；無他希天，此即爲天；無他順帝，此即爲帝。本無不中，本無不公。終日酬酢，不見其有動；終日閑居，不見其有静。真乾坤之靈體，吾人之妙用也。竊又以爲中庸誠者之明，即此良知之明；誠之者之戒慎恐懼，即此良知爲戒慎恐懼。當與惻隱羞惡一般，俱是良知條件。知戒慎恐懼，知惻隱，知羞惡，通是良知，亦即是明。』云云。此節論得已甚分曉。知此，則知致知之外無餘功矣；知此，則知所謂建諸天地而不悖，質諸鬼神而無疑，百世以俟聖人而不惑者，非虚語矣。誠明戒懼，效驗功夫，本非兩義。既知徹動徹静，徹死徹生，無非此物，則誠明戒懼與惻隱羞惡，又安得別有一物爲之歟？來書云：『陰陽之氣，訢合和暢而生萬物。物之有生，皆得此和暢之氣。故人之生理，本自和暢，本無不樂。觀之鳶飛魚躍，鳥鳴獸舞，草木欣欣向榮，皆同此樂；但爲客氣物欲攪此和暢之氣，始有間斷不樂。孔子曰「學而時習之」，便立個無間斷功夫，悦則樂之萌矣。朋來則學成，而吾性本體之樂復矣，故曰「不亦樂乎」。在人雖不我知，吾無一毫愠怒以間斷吾性之樂，聖人恐學者樂之有息也，故又言此。所謂「不怨」、「不尤」，與夫「樂在其中」、「不改其樂」，皆是樂無間斷否？」云云。樂是心之本體。仁人之心，以天地萬物爲一體，訢合和暢，原無間隔。來書謂『人之生理，本自和暢，本無不樂，但爲客氣物欲攪此和暢之氣，始有間斷不樂』是也。『時習』者，求復此心之本體也，悦則本體漸復矣。朋來則本體之訢合和暢，充周無間。本體之訢合和暢，本來如是，初未嘗有所增也。就使無朋來而天下莫我知焉，亦未嘗有所減也。來書云『無間斷』，意思亦是。聖人亦只是至誠無息而已，其工夫只是時習。時習之要，只是謹獨。謹獨即是知良知。良知即是樂之本體。此節論得大意亦皆是，但不宜便有所執著。來書云：『韓昌黎「博愛之謂仁」一句，看來大段不錯，不知宋儒何故非之。以爲愛自是情，仁自是性，豈可以愛爲仁？愚意則曰：性即未發之情，情即已發之性，仁即未發之愛，愛即已發之仁。如何唤愛作仁不得？言愛，則仁在其中矣。孟子曰：「惻隱之心，仁也。」周子曰：「愛曰仁。」昌黎此言，與孟、周之旨無甚差别。不可以其文人而忽之也。』云云。博愛之説，本與周子之旨無大相遠。樊遲問仁，子曰：『愛人。』愛字何嘗不可謂之仁歟？昔儒看古人言語，亦多有因人重輕之病，正是此等處耳。然愛之本體固可謂之仁，但亦有愛得是與不是者，須愛得是，方是愛之本體，方可謂之仁。若只知博愛而不論是與不是，亦便有差處。吾嘗謂博字不若公字爲盡。大抵訓釋字義，亦只是得其大概，若其精微奥蘊，在人思而自得，非言語所能喻。後人多有泥文著相，專在字眼上穿求，却是心從法華轉也。」

按：是年黄省曾上半年來問學，下半年歸吴。陽明此書云「勉之别去後，家人病益狼狽」，乃指夫人諸氏病重，至次年正月即卒。故可知陽明此書作在冬十一月前後。又書中云「用是大學古本曾無下筆處」，似指陽明欲作大學問。蓋大學問在嘉靖六年請録成書，然此前早已寫成，並以此説授門人，故錢德洪大學問跋云：「大學問者，師門之教典也。學者初及門，必先以此意授，使人聞言之下，即得此心之知，無出於民彝物則之中；致知之功，不外乎修齊治平之内。」

諸偁來紹興問學，陽明書卷贈之。

王陽明全集卷八書諸陽伯卷：「妻姪諸陽伯復請學，既告之以格物致知之説矣。他日，復請曰：『致知者，致吾心之良知也，是既聞教矣。然天下事物之理無窮，果惟致吾之良知而可盡乎？抑尚有所求於其外也乎？』復告之曰：『心之體，性也，性即理也。天下寧有心外之性？寧有性外之理乎？寧有理外之心乎？外心以求理，此告子「義外」之説也。理也者，心之條理也。是理也，發之於親則爲孝，發之於君則爲忠，發之於朋友則爲信。千變萬化，至不可窮竭，而莫非發於吾之一心。故以端莊静一爲養心，而以學問思辯爲窮理者，析心與理爲二矣。若吾之説，則端莊静一亦所以窮理，而學問思辯亦所以養心，非謂養心之時無有所謂理，而窮理之時無有所謂心也。此古人之學所以知行並進而收合一之功，後世之學所以分知行爲先後，而不免於支離之病者也。』曰：『然則朱子所謂如何而爲「温清之節」，如何而爲「奉養之宜」者，非致知之功乎？』曰：『是所謂知矣，而未可以爲致知也。知其如何而爲温清之節，則必實致其温清之功，而後吾之知始至；知其如何而爲奉養之宜，則必實致其奉養之力，而後吾之知始至。如是乃可以爲致知耳。若但空然知之爲如何温清奉養，而遂謂之致知，則孰非致知者耶？易曰：「知至，至之，知。」至者，知也；至之者，致知也。此孔門不易之教，百世以俟聖人而不惑者也。』」

按：諸偁爲陽明妻姪。陽明夫人諸氏自入冬以來日漸病重，陽明與黄勉之書云「家人病益狼狽」。疑諸偁即是於其時來紹興探望諸氏病情，遂得以問學受教。

致書宗弟王邦相，處置宗内弟侄嫁娶事宜。

陽明與王邦相書一：「南來事，向因在服制中，恐致遲悮伊家歲月，已令宗海回報，令伊改圖矣，不謂其事尚在也。只今道里遠隔，事勢亦甚不便。况者妻病卧在牀，日甚一日，危不可測，有何心情而能爲此？只好一意回報，不可更遲悮伊家也。况其生年、日、時遠不可知，無由推算相應與否。近日又在杭城門得庚子一人，日、時頗可，今若又爲此舉，則事端愈多。平生心性只要安閑，不耐如此勞擾也。有負此人遠來之意，可多爲我謝之。冬至後四日，陽明字拜邦相揮使宗契。欲做皂靴一雙，寄去銀九錢。又錢五分，買上好琴絃。望

因便早寄。」(王世傑、那志良、張萬里編藝苑遺珍法書第二輯第十三册)

按:書云「向因在服制中」,乃指憂服,至嘉靖三年四月服闋。書云「老妻病卧在牀,日甚一日,危不可測」,陽明妻諸氏卒於嘉靖四年正月。由此可知此書作在嘉靖三年冬至後四日。書中所叙,乃是爲弟侄婚娶事。時王邦相在杭州任指揮,故陽明稱其爲「揮使」,託其在杭買上好琴絃等。

十二月九日,洪鐘賜祭葬,陽明作文祭奠。

王陽明全集卷二十五祭洪襄惠公文:「天子錫之祭葬,褒以美謚……先君子素與於公,守仁雖晚,亦辱公之知愛。公之子嘗以公之墓銘見屬,曾不能發揚盛美。兹公之葬,又不能奔走執紼,馳奠一觴,聊以寓其不盡之衷焉爾。」

按:國榷卷五十三:「嘉靖三年十二月己亥……故太子太保、刑部尚書兼左都御史洪鐘,賜祭葬,謚襄惠。」陽明此祭文乃爲祭葬而作。

十五日,楊一清書來請爲同門科舉題名録作序,陽明作後跋贈之。

楊一清集督府稿柬札類與王陽明司馬:「家僮回,蒙教翰,詞意諄懇,讀之藹然如見顔色。所奉大作,雄偉明暢,大家數文字也。顧非淺薄所敢當,悚愧,悚愧!但原求録序,今作題跋。卷中題跋已多,皆出門下,而序文必歸大手筆。然此序議論曲折,正得序體,僭易爲序,而冠諸首簡,不及請命,負罪,負罪!令先公墓文,極知不稱,乃蒙獎與過當,益媿益媿!」

王陽明全集卷二十八書同門科舉題名録後：「嘗讀文中子，見唐初諸名臣若房、杜、王、魏之流，大抵皆出其門，而論者猶以文中子之書乃其徒僞爲之而託焉者，未必其實然也。今以邃庵先生之徒觀之，則文中子之門又奚足異乎？予嘗論文中子蓋後世之大儒也，自孔、孟既没，而周、程未興，董、韓諸子未或有先焉者。先生自爲童子，即以神奇薦入翰林，未弱冠而已爲人師。其穎悟之蚤，文學之懿，比之文中，實無所愧。而政事之敏卓，才識之超偉，文中未有見焉。文中之在當時，嘗以策干隋文，不及一試，而又蚤死。先生少發科第，入中書，督學政，典禮太常，經略邊陲，弭奸戢亂，陟司徒，登冢宰，晉位師相，威名振於夷狄，聲光被於海宇，功成身退，優游未老之年，以身繫天下安危，聖天子且將復起之，以恢中興之烈，而海内之士日翹首跂足焉。則天之厚於先生者，殆文中子所不能有也。文中之徒，雖顯於唐，然皆異代隔世。若先生之門，具體而微者，亦且幾人，其餘或得其文學，或得其政事，或得其器識，亦各彬彬成章，足爲名士，布列中外，不下數十，又皆同朝共事，並耀於時。其間喬、靳諸公，遂與先生同升相位，相繼爲冢宰。若此者，文中子之門，益有所不敢望矣。且文中子之門，其親經指受，若董常、程元之流，多不及顯而章明於世，往往或請益於片言，邂逅於一接，非若今之題名所載，皆出於先生之陶冶，其出於陶冶而不顯於世，若常、元之徒，殆未暇悉數也。先生之在吏部，守仁常爲之屬，受知受教，蓋不止於片言一接者。然以未嘗親出陶冶，不敢憾於茲録之不與。若其出於陶冶而有若常、元者焉，或亦未可以其不顯於世而遂使之不與也。續茲録者，且以爲何如？嘉靖甲申季冬望。」

吏部薦王守仁提督三邊軍務，世宗不用。

明世宗實録卷四十六：「嘉靖三年十二月戊午……上命陝西三邊設提督軍務大臣一員，該部議推才優望重者往。於是吏部言致仕少傅、大學士楊一清，兵部尚書彭澤，南京兵部尚書王守仁俱任。上命一清以原官改兵部尚書、兼都察院左都御史，提督陝西三邊軍務。」

國榷卷五十三：「嘉靖三年十二月丁巳……復陝西總督，起楊一清兵部尚書、兼左都御史，總督三邊軍務。」

楊一清集督府稿柬札類與王陽明司馬：「近日忽兵部咨，知有提督陝西戎務之命，且與公名同上。在公實稱，如僕囊官京師，因病不能供職，辭章數十上，乃得俞旨休致。今年日老，病日多，精力日憊，豈能復供任使？已具疏懇辭，聖明必能憐察，而此任未免屬之公矣。」

同上，與内閣諸先生：「新正二十四日，忽兵部差千户陳璽齎咨文見示，知有提督陝西軍務之命。方患痰嗽，伏枕聞之，驚懼不知所出。伏念某囊官京師，因目疾、痰疾、足疾爲患，瀝誠懇請，章數十上，乃奉俞休致。今年七十二歲，精力日憊，耳目四肢，無非受病之地，豈能復供任使？不然則聖天子登簡眷注之恩，賢宰相汲引扶持之德，至深至厚，人非木石，豈不知感知報，安敢崇飾虛讓，甘爲名教之棄物哉？情具奏疏中。仰冀垂念斯文夙昔之愛，力爲維持，使得苟安林下，以全餘年，則感荷之私，所謂生死而肉骨也。」

按：楊一清云「賢宰相汲引扶持之德」，此「賢宰相」主要指費宏。可見是次提督陝西軍務選楊一清而不用陽明，概出於費宏一班宰執之意，而非世宗所選定。如明史本傳所云：「費宏故銜守仁，復沮之。屢推兵部尚書、三邊總督、提督團營，皆弗果用。」按「三邊提督」之職不過一無味之「鷄肋」而已，費宏之汲引楊一清爲陝西提督，既沮抑陽明起復入朝，又屏阻楊一清起復入閣，可謂一箭雙雕矣。

一五二五　嘉靖四年　乙酉　五十四歲

春正月，心齋王艮奉父守庵王玒來會稽，王襞諸子姪皆侍從來受學。

董燧王心齋先生年譜：「嘉靖四年乙酉……春正月，往會稽。先生奉守庵公如會稽，並諸子姪以從。」

焦竑王東崖先生襞墓誌銘：「先生諱襞，字宗順，學者稱東崖先生……生九齡，隨父至陽明公所。士夫會者千人，公命童子歌，多囁嚅不能應，先生意氣恬如，歌聲若金石。公召視之，知爲心齋子，詫曰：『吾固知越中無此兒也。』輒奇而授之學。是時龍溪、緒山、玉芝皆在公左右，先生以公命悉師事之。踰十年，歸娶，已，之越，復留者八年。師友相陶汰，氣竦神涌，耳新目明，標樹山嶽之上，越軼風霆之外，繇枝葉而達其根，派流而遡其源，沛如也。」（國朝獻徵録卷一百十四）

東厓先生行狀：「九歲時，隨先公讀書於文成公家。一日，大會縉紳士夫，不啻千人。公命童子歌，衆皆歉，獨先生高歌自如，文成公呼視之，知爲先公子也，乃訝之曰：『吾説吾浙中無此子也。』甚奇之。又一日，入公府，值數十犬叢吠之，先生拱立不動，神色自如。公見益奇之，告於衆曰：『此子氣宇不凡，吾道當有寄矣。』居十年方歸娶耳。」（王襞新鐫東厓王先生遺集卷下）

按：王襞生於正德六年，九歲則在正德十四年，其時王艮亦尚未來南昌見陽明，王襞豈能來紹興受學？九齡之説顯誤。今據董燧王心齋先生年譜（董燧爲王艮門人），可以確知王襞乃在嘉靖四年來紹興受學，蓋十五歲時也。

有書致餘姚侄鄭官賢，商議鄭氏財産家事。

陽明與鄭邦瑞書一：「修理聖軀山廟時，我因外祖及二舅父分上，特捨梁木，聽社享將我名字寫在梁上。此廟既係社享香火所關，何不及早赴縣陳告？直待項家承買了，然後來説，此是享人自失了事機。我自來不曾替人作書入府縣，此是人人所知，可多多上覆。二舅母切莫見怪，此廟既不係廢毀之數，社享自可據情告理，若享人肯備些價錢取贖，縣中想亦未必不聽也。汝大母病勢如舊，服藥全不效。承二舅母掛念，遣人來看，多謝多謝！陽明字寄寶一侄收看，社中享人亦可上覆也。」（中國書法全集第五十二册，手札真迹今藏美國普林斯頓大學美術館）

按：與鄭邦相書共三首，此爲其一。鄭邦瑞名官賢，號邦瑞，寶一或是其小名，當爲陽明生母鄭氏兄（即書所云「二舅父」）之孫。陽明是三書真迹卷後有黄弘綱跋云：「先師字畫精妙，苟得幅紙，無不知寶。然則邦瑞之寶此也，其亦猶夫人也與？曰：不然。字之所得者與人同，義之所感者與人異；字之寶也輕，義之寶也重。金玉爲寶，可以易之；以義爲寶，可以托六尺之孤，可以寄百里之命，臨大節而不可奪也。然則邦瑞之寶之也，其異諸平人之寶也與！嘉靖壬辰孟夏，門人黄弘綱敬跋。」三書均議餘姚鄭氏方面財産家事，時間先後相及。書一所言「聖龜山」，即勝歸山，在餘姚城北三里。「汝大母」，指陽明正妻諸氏。按諸氏因病卒於嘉靖四年正月，此前在嘉靖三年冬已病重（見前考）。此書云「汝大母病勢如舊，服藥全不效」，已在諸氏疾革前夕，二舅母（即鄭邦瑞祖母）亦已遣人來視，故可知此書作於嘉靖四年正月初。

陽明此書所云「修理聖龜山廟時，我因外祖及二舅父分上，特捨梁木」，乃指其時欲修復勝歸山廟，然在陽明生前未能行，直到嘉靖二十六年方始修成。聞人詮有光復勝歸山形勝記云：「勝歸山者，在治西北三里許，晉劉牢之擊孫恩取勝歸屯，因以立名……嘉靖丁未夏六月，梅林胡侯補任吾邑，輿節初弭，禋祀孔修，衆喜山川能得所主，勝歸之毁，將必完焉……已而邑人郡守王子正思（按：陽明侄）

以近北山宕六畝具書契以歸，而辭其值……數百年睨勢規利之場，一旦復爲聖世無疆之業，重建勝歸山廟於山崥，而靈神得妥……」（光緒餘姚縣志卷十六金石下）王正思之捐地六畝，或亦出陽明生前之囑耶？

夫人諸氏卒。四月，祔葬於徐山。

錢德洪陽明先生年譜：「正月，夫人諸氏卒。四月，祔葬於徐山。」

按：萬曆紹興府志卷四山川志：「徐山，在府城西南十五里鏡湖中，財如岡阜，多桑竹。」徐山爲鄭太夫人葬地，諸氏乃祔葬於鄭太夫人。

黄綰寄來大禮疏後，馬明衡亦自南京來見。陽明有書致黄宗明，勉勸南京諸公議禮講學。

王陽明全集卷二十一與黄誠甫書一：「近得宗賢寄示禮疏，明甚。誠甫之議，當無不同矣。古之君子，恭敬撙節退讓以明禮，僕之所望於二兄者，則在此而不彼也。果若是，以爲斯道之計，進於議禮矣。先妻不幸於前日奄逝，方在悲悼中。適陳子文往，草草存問闊。」書二：「別久，極渴一語，子莘來，備道諸公進修，亦殊慰。大抵吾人習染已久，須得朋友相挾持。離群索居，即未免隳惰。諸公既同在留都，當時時講習爲佳也。」

按：陽明此二書，王陽明全集題下注「甲申」作，乃誤。按：書云「先妻不幸於前日奄逝」，則作在嘉靖四年正月。陽明所云「宗賢寄示禮疏」，即指黃綰所刊刻知罪録中始三上大禮疏。陳子文爲麻城縣知縣。留都「諸公」，指黃綰（南京都察院經歷司經歷）、黃宗明（南京刑部郎中）、吴廷舉（應天巡撫都御史）、湛甘泉（南京國子監祭酒）以及吕調陽（南京刑部郎中）、鄭文川（南京大理寺副評事）之輩，蓋多大禮議中之中堅人物，稍後吴廷舉薦陽明掌南京都督府事，蓋出此輩之意也。

鄒守益遣使吊賻，並有書來論學。陽明有答書。

王陽明全集卷五與鄒謙之書二：「鄉人自廣德來，時常得聞動履，兼悉政教之善，殊慰傾想。遠使吊賻，尤感憂念之深。所喻『猝臨盤錯，蓋非獨以別利器，正以精吾格致之功耳』，又能以怠荒自懼，其進可知矣。近時四方來遊之士頗衆，其間雖甚魯鈍，但以『良知』之説略加點掇，無不即有開悟，以是益信得此二字真吾聖門正法眼藏。謙之近來所見，不審又如何矣。南元善益信此學，日覺有進，其見諸施設，亦大非其舊。便間更相奬掖之，固朋友切磋之心也。方治葬事，使還，草草疏謝不盡。」

按：前考鄒守益嘉靖三年六月來紹興問學一月，七月歸安福。其赴廣德任之時間，據鄒守益集卷二十五宿廣德公館：「齋沐臨新任，虛堂獨掩門。深慚疏吏事，何以報君恩。歉歲民情苦，殘編古道存。擁懷終夕坐，明月上前軒。」所謂「臨新任」，是説其到廣德任；所謂「歉歲民情苦」，是説年終歲歉。可見鄒守益乃在嘉靖三年冬十月間赴廣德任，故在嘉靖四年正月乃自廣德寄來賻儀也。

南大吉來訪，問政有得，名其蒞政之堂爲親民堂，陽明爲作堂記。

王陽明全集卷七親民堂記：「南子元善之治越也，過陽明子而問政焉。陽明子曰：『政在親民。』曰：『親民何以乎？』曰：『在明明德。』曰：『明明德何以乎？』曰：『在親民。』曰：『明德、親民，一乎？』曰：『一也。明德者，天命之性，靈昭不昧，而萬理之所從出也。人之於其父也，而莫不知孝焉；於其兄也，而莫不知弟焉；於凡事物之感，莫不有事物之明焉。是其靈昭之在人心，亘萬古而無不同，無或昧者也，是故謂之明德。其或蔽焉，物欲也。明之者，去其物欲之蔽，以全其本體之明焉耳，非能有以增益之也。』曰：『何以在親民乎？』曰：『德不可以徒明也。人之欲明其孝之德也，則必親於其父，而後孝之德明矣；欲明其弟之德也，則必親於其兄，而後弟之德明矣。君臣也，夫婦也，朋友也，皆然也。故明明德必在於親民，而親民乃所以明其明德也，故曰一也。』曰：『親民以明其德，修身焉可矣，而何家、國、天下之有乎？』曰：『人者，天地之心也；民者，對己之稱也；曰民焉，則三才之道舉矣。是故親吾之父以及人之父，而天下之父子莫不親矣；親吾之兄以及人之兄，而天下之兄弟莫不親矣。君臣也，夫婦也，朋友也，推而至於鳥獸草木也，而皆有以親之，無非求盡吾心焉，以自明其明德也。是之謂明明德於天下，是之謂家齊國治而天下平。』曰：『然則烏在其爲止至善者乎？』『昔之人固有欲明其明德矣，然或失之虛罔空寂，而無有乎家國天下之施者，是不知明明德之在於親民，而二氏之流是矣；固有欲親其民者矣，然或失之知謀權術，而無有乎仁愛惻怛之誠者，是不知親民之所以明其明德，而五伯功利之徒是矣。是皆不知止於至善之過也。是故至善也者，明德親民之極則也。天命之性，粹然至善。其昭靈不昧者，皆其至善之發見，是皆明德之本體，而所謂良知者也。至善之發見，是而是焉，非而非焉，固吾心天然自有之則，而不容有所擬議加損於其間也。有所擬議加損於其間，則是私意小智，而非至善之謂矣。人惟不知至善之在吾心，而用其私智以求之於外，是以昧其是非之則，至於橫騖決裂，人欲肆而天理亡，明德親民之學大亂於天下。故止至善之於明德親民也，猶之規矩之於方圓也，尺度之於長短也，權衡之於輕重也。方圓而不止於規矩，爽其度矣；長短而不止於尺度，乖其制矣；輕重而不止於權衡，失其準矣；明德親民而不止於至善，亡其則矣。夫是之謂大人之學。大人者，以天地萬物爲一體也，夫然後能以天地萬物爲一體。』元善喟然而歎曰：『甚哉！大人之學若是其簡易也。吾乃今知天地萬物之一體矣！吾乃今知天下之爲一家、中國之爲一人矣！「一夫不被其澤，若己推而內諸溝中」，伊尹其先得我心之同乎！』於是名其莅政之堂曰『親民』，而曰：『吾以親民爲職者也，吾務親吾之民以求明吾之明德也夫！』爰書其言於壁而爲之記。」

萬曆紹興府志卷三署廨志：「今府署仍唐宋之舊址，然廳事久且蠹敗矣。弘治十一年，知府游興新之。嘉靖元年二月，火，東廊黄册庫、儀仗庫俱毁。十月，又火，西廊毁。二年十月，知府南大吉乃修復之。已又易其廳室樓堂楹棟之朽腐者，修葺其瓴甍墻垣之頹壞者，艧飾其梁宇榱桷之剥落者，大新矣。堂舊額曰公正堂，於是改題爲親民堂，是爲府堂。王新建守仁有記。……由前廳東出爲書室，又北出而東折，面南上十數級，復折而東，爲龍首書院，前曰大觀堂，後曰吏隱軒，周牆繚焉，知府南大吉因舊基建。南大吉龍首書院記……鎮東閣，在府治左，即舊子城鎮東門。宋元以來名鎮東閣，明嘉靖元年，毁於火。四年，知府南大吉復創，高七丈，輪奂甚偉麗。」

按：前引陽明與鄒謙之書二云：「南元善益信此學，日覺有進，其見諸施設，亦大非其舊。」即指南大吉一新府署，建親民堂、龍首書院等。故可知陽明此親民堂記作在嘉靖四年正月中。

魏良政、魏良器、黄弘綱、何秦皆來受學，王臣亦有書來論學，陽明有答書。

王陽明全集卷五與王公弼：「前王汝止家人去，因在妻喪中，草草未能作書。人來，遠承問惠，得聞動履，殊慰殊慰！書中所云：『斯道廣大，無處欠缺，動靜窮達，無往非學。自到任以來，錢穀獄訟，事上接下，皆不敢放過。但反觀於獨，猶未是夭壽不二根基，毁譽得喪之間未能脱然。』足知用功之密。只此自知之明，便是良知。致此良知以求自慊，便是致知矣。殊慰殊慰！師伊、師顔兄弟，久居於此。黄正之來此亦已兩月餘。何廷仁到亦數日。朋友聚此，頗覺有益。惟齊不得力而歸，此友性氣殊別，變化甚難，殊爲可愛爾。間及之。」

南逢吉來問博文約禮之説，陽明作博約説贈之。

王陽明全集卷七博約説：「南元真之學於陽明子也，聞致知之説而恍若有見矣。既而疑於博約先後之訓，復來請曰：『致良知以格物，格物以致其良知也，則既聞教矣。敢問先博我以文，而後約我以禮也，則先儒之説，得無亦有所不同歟？』陽明子曰：『理，一而已矣；心，一而已矣。故聖人無二教，而學者無二學。博文以約禮，格物以致其良知，一也。故先後之説，後儒支繆之見也。夫禮也者，天理也。天命之性具於吾心，其渾然全體之中，而條理節目森然畢具，是故謂之天理。天理之條理謂之禮。是禮也，其發見於外，則有五常百行、酬酢變化、語默動静、升降周旋、隆殺厚薄之屬。宣之於言而成章，措之於爲而成行，書之於册而成訓，炳然蔚然，其條理節目之繁，至於不可窮詰，是皆所謂文也。是文也者，禮之見於外者也；禮也者，文之存於中者也。文，顯而可見之禮也；禮，微而難見之文也。是所謂體用一源，而顯微無間者也。是故君子之學也，於酬酢變化、語默動静之間而求盡其條理節目焉，非他也，求盡吾心之天理焉耳矣；於升降周旋、隆殺厚薄之間而求盡其條理節目焉，非他也，求盡吾心之天理焉耳矣。求盡其條理節目焉者，博文也；求盡吾心之天理焉者，約禮也。文散於事而萬殊者也，故曰博；禮根於心而一本者也，故曰約。博文而非約之以禮，則其文爲虚文，而後世功利辭章之學矣；約禮而非博學於文，則其禮爲虚禮，而佛老空寂之學矣。是故約禮必在於博文，而博文乃所以約禮。二之而分先後焉者，是聖學之不明，而功利異端之説亂之也。昔者顔子之始學於夫子也，蓋亦未知道之無方體形像也，而以爲有方體形像也；未知道之無窮盡止極也，而以爲有窮盡止極也。是猶後儒之見事事物物皆有定理者也，是以求之仰鑽瞻忽之間，而莫得其所謂。及聞夫子博約之訓，既竭吾才以求之，然後知天下之事雖千變萬化，而皆不出於此心之一理；然後知殊途而同歸，百慮而一致；然後知斯道之本無方體形像，而不可由方體形像求之也；本無窮盡止極，而不可以窮盡止極求之也。故曰：「雖欲從之，末由也已。」蓋顔子至是而始有真實之見矣。博文以約禮，格物以致其良知也，亦寧有二學乎哉？』」

傳習録欄外書：「南逢吉曰：『吉嘗以答徐成之書請問。先生曰：「此書於格致誠正及尊德性而道問學處，説得尚支離。蓋當時亦就二君所見者，將就調停説過。細詳文義，然猶未免分爲兩事也。」嘗見一友問云：「朱子以存心致知爲二事。今以道問學爲尊德性之功，作一事如何？」先生曰：「天命於我謂之性，我得此性謂之德。今要尊我之德性，須是道問學。如要尊孝之德性，便須學問個孝；尊弟之德性，便須學問個弟。學問個孝，便是尊孝之德性；學問個弟，便是尊弟之德性。不是尊德性之外，別有道問學之功；道問學之外，別有尊德性之事也。心之明覺處謂之知，知之存主處謂之心，原非有二物。存心便是致知，致知便是存心，亦非有二事。」曰：「存心恐是靜養意，與道問學不同。」曰：「就是靜中存養，還謂之學否？若亦謂之學，亦即是道問學矣。觀者宜以此意求之。』」

馬自强山西按察司副使南公逢吉志銘：「姜泉南公，渭南人也。諱逢吉，字元真，一字元命，別號以豐原之泉名，故學者稱姜泉先生……渭陽公孝友篤信，其施用以文學，官不大究。配焦太宜人，生二子，即瑞泉公與公云……公以總角同瑞泉公受常公學，而友其子，並有逸群之譽焉。後公舉於鄉第三人。時大復何公試公文，歎曰：『奇才也！』計當魁禮，已果然。先瑞泉公先公八年成進士，爲户部郎，至是出知紹興府。公會試不第，同奉焦太宜人之紹興，並師事陽明王公。瑞泉公以直黜，陽明致書曰：『關中自横渠後，有所振發興起而進於道德聖賢者，將必自吾元善昆季始。』故二公所化誨，至今渭南彬彬多文學有用之士焉。」（國朝獻徵録卷九十七）

按：南逢吉嘉靖二年在紹興爲王十朋會稽三賦作注，由南大吉作序刊刻。嘉靖三年南大吉又命南逢吉續刻傳習録於越。可見南逢吉確在嘉靖二年隨其兄南大吉出知紹興府來越，同奉母焦太宜人，師事陽明。是次「復來」請問，則當是隨南大吉同來問學，陽明爲南大吉作親民堂記，而爲南逢吉作博約説也。

連城老儒童世堅千里來紹興問學，携八策見示，講論三月。陽明勸其焚棄八策，作「良知」詩贈歸，别後再致書論八策之非。

王陽明全集卷二十一復童克剛：「春初枉顧，時承以八策見示，鄙意甚不爲然。既而思之，皆學術不明之故，姑且與克剛講學，未暇細論策之是非。旬日之後，學術漸明，克剛知見豁然，如白日之開雲霧，遂翻然悔其初志，即欲焚棄八策，以爲自此以後誓不復萌此等好高務外之念矣。當時同志諸友，無不歎服克剛，以爲不憚改過而勇於從善若此，人人皆自以爲莫及也。盛价遠來，忽尋長箋巨册，諄諄懇懇，意求删改前策，將復上，與臨别丁寧意大相矛盾。豈間闊之久，切磋無力，遂爾迷誤至此耶？易曰：『君子思不出其位。』若克剛斯舉，乃所謂『思出其位』矣。又曰：『不易乎世，不成乎名，遯世無悶，憂則違之。』若克剛斯舉，是易乎世而成乎名，非『遯世無悶，憂則違之』之謂矣。克剛向處山林，未嘗知有朝廷事體。今日群司之中，縉紳士夫之列，其間高明剴切之論，經略康濟之謨，何所不有？如八策中所陳，蓋已不知幾十百人、幾十百上矣，寧復有俟於克剛耶？克剛此舉，雖亦仁人志士之心，然夜光之璧無因而投，人亦且按劍而怒，况此八策者，特克剛之敝箒耳，亦何保嗇之深而必以投人爲哉？若此策遂上，亦非獨不見施行，且將有指摘非訾之者，其爲克剛之累不小小也。克剛亦何苦而汲汲於爲是哉？八策之中，類皆老生常談，惟第五策於地方利害頗有相關，然亦不過訴狀之詞，一有司聽之足矣。而克剛乃以爲致治垂統之一策，得無以身家之故，遂爲利害所蔽，而未暇深思之耶？明者一覽，如見肺肝，但克剛不自知耳。昔者顏子在陋巷簞瓢，孔子賢之。夫陋巷簞瓢，豈遂至於人不堪憂？其間蓋亦必有患害屈抑，常情所不能當，如克剛今日之所遭際者矣。若其時遂以控之於時君世主，譊譊屑屑，求白於人，豈得復謂之賢乎？禹、稷昌言於朝，過門不入，以有大臣之責也。今克剛居顏子陋巷之地，而乃冒認禹、稷之憂，是宗祝而代庖人之割，希不傷手矣。册末『授受』之説，似未端的，此則姑留於此，俟後日再講。至於八策，斷斷不宜復留，遂會同志諸友共付丙丁，爲克剛焚此魔障。克剛自此但宜收斂精神，日以忠信進德爲務，默而成之，不言而信，不見是而無悶，可也。」

傳習録欄外書：「童克剛問：『傳習録中以精金喻聖，極爲明切。惟謂孔子分兩不同萬鎰之疑，雖有軀殼起念之説，終是不能釋然。』師不言。克剛請之不已。師曰：『看易經便知道了。』克剛必請明言。師乃歎曰：『早知如此起辨生疑，當時便多説這一千也得。今不自煆鍊金之程色，只是問他人金之輕重。奈何！』克剛曰：『堅若早得聞教，必求自見。今老而幸遊夫子之門，有疑不決。懷疑而死，終是一憾。』師乃曰：『伏羲作易，神農、黄帝、堯、舜用易，至於文王演卦於羑里，周公又演爻於居東。二聖人比之用易者似有間矣。孔子則又不同。其壯年之志，只是東周，故夢亦周公，嘗曰：「文王既没，文不在玆乎？」自許自志，亦只二聖人而已。況孔子玩易，韋編乃至三絶，然後歎易道之精，曰：「假我數年，五十以學易，可以無大過。」比之演卦演爻者更何如？更欲比之用易如堯、舜，則恐孔子亦不自安也。其曰：「我非生而知之者，好古以求之者。」又曰：「若聖與仁，則吾豈敢？抑爲之不厭。」乃其所至之位。』」

王陽明全集卷二十詠良知四首示諸生：「個個人心有仲尼，自將聞見苦遮迷。而今指與真頭面，只是良知更莫疑。　問君何事日憧憧？煩惱場中錯用功。莫道聖門無口訣，良知兩字是參同。　人人自有定盤針，萬化根源總在心。却笑從前顛倒見，枝枝葉葉外頭尋。　無聲無臭獨知時，此是乾坤萬有基。拋却自家無盡藏，沿門持鉢效貧兒。」

童世堅和陽明先生示教：「年華六十苦憧憧，祇爲支離枉用功。自聽陽明山上鼓，千槌萬擂此聲同。　子午元來有一針，周公定在指南心。越裳迷失如無此，沃日呑夫何處尋？」（嘉靖汀州府志卷十七辭翰）

王畿集卷十八和良知四韵：「謾於感處問憧憧，虛寂從教證聖功。但得無心如尺蠖，羲文一派古今同。　古來學易有宣尼，讀罷韋編更不迷。兩畫乾坤無一字，紛紛著象轉增疑。　鴛鴦傳譜不傳針，萬古經綸只此心。聞道具茨迷聖解，空中鳥迹若爲尋！　浮生役役了何時，坤復之間好立基。莫道仙家能抱一，儒門亦自有嬰兒。」

劉侯送尋樂先生歸連城序：「閩之連城有克剛童先生，稽古好學，老而不倦，志在尋乎孔顏之樂，因以『尋樂』自號，而卒亦未有以見其真也。不遠數千里請學於陽明夫子之門，獲聞夫子致良知之教，欣然若有悟焉。既三月，以老而不能久旅也，告別歸，同門之士咸繹其尋樂之説以爲贈。侯學也晚，未能有得於道，烏乎言？雖然，亦概聞之矣：孔顏之樂，吾心之真樂也；吾心之真樂，吾心之本體也。運元化而不勞，流太虚而不息者，吾心之本體也。以其無纍然，真樂之所由名也。孔顏非有以樂，有以全其心之本體而靡有加損焉已也。然則樂其可尋乎？曰：可。心之本體，一天人，合物我，貫古今，而無有或異者也。人之失之者，動於己私，而本體未嘗亡也。尋之者，去其己私之動，以復其本，吾夫子致良知之教是也。知也者，本體之明也。己私之動，而本體之明未嘗不知也，莫之察而莫之致焉耳。恐懼乎其不聞，戒慎乎其不睹，知之精而去之決焉，本體於是乎可幾也。是故致知者，真樂之門也。精焉，明焉，久不息焉，肱枕瓢巷之天，斯不專於孔顏矣。昧是而外尋焉，僞也。」（連城童氏族譜卷五名公貽贈）

嘉靖汀州府志卷十四文學：「童世堅，字克剛，連城人。東皋季子。遊邑庠，天性穎敏，以文知名。正德癸酉應貢，不肯就道，乃謀於仲兄，營葬祖宗父母墳墓。事既畢，因歎世與道違，權奸柄用，時可隱矣。乃卜於晝錦橋東，結數椽之廬，蔣松竹，泓鑑池，扁曰『尋樂』。絶迹仕進，昕夕藏修於是者，十年矣。陽明先生倡道東南，遂不遠三千里，拜謁門墻，講求古人之學。歸而沉潛體認，充然有得，而問學大異人矣。方又出餘資買田，爲學中生徒給，其好義又如此。提學邵公鋭以其賢，刻『賢行』二字表其門。若乎世堅，不直文學，庶幾於道者矣。」

按：童世堅父童昱，爲吴與弼弟子。康熙連城縣志卷七：「童公昱，字道彰，號東皋……嘗念爲學在明道，人惟道之不明，故無以善身善世，遂遠從江右吴聘君與弼學，悟道在動静語默間而歸……公著有東皋集……季子世堅，爲陽明高弟。」前考劉侯字原道，號沖庵。嘉靖二年有書來問學，至嘉靖四年則來紹興受學，得作此序送童世堅歸也。

二月二日，禮部尚書席書奏薦王守仁入閣，世宗不許。

明世宗實録卷四十八：「嘉靖四年二月辛卯，禮部尚書席書奏薦致仕大學士楊一清、南京兵部尚書王守仁文武兼資，堪任將相。今一清已督三邊，守仁當處之内閣，秉樞機，無爲忌者所抑。且云：『今諸大臣多中材，無足與計天下事者。定亂濟時，非守仁不可。』上不許，曰：『近日邊防多事，已命廷臣集議。席書身爲大臣，果有謀略，宜即悉心敷奏，共濟時艱，何必自委中材者，負委任。』」

明史卷一百九十七席書傳：「時執政者費宏、石珤、賈咏，書心弗善也，乃力薦楊一清、王守仁入閣，且曰：『今諸大臣皆中材，無足與計天下事。定亂濟時，非守仁不可。』帝曰：『書爲大臣，當抒猷略，共濟時艱，何以中材自諉。』守仁迄不獲柄用。」

山中桃花盛開，有詩感懷。

王陽明全集卷二十山中漫興：「清晨急雨度林扉，餘滴煙梢尚濕衣。雨水霞明桃亂吐，沿溪風暖藥初肥。物情到底能容懶，世事從前頓覺非。自擬春光還自領，好誰歌詠月中歸。」

鄒守益在廣德興建儒學尊經閣，書來請爲范文正祠題扁，陽明有答書，批評甘泉「隨處體認天理」之説。

王陽明全集卷六寄鄒謙之書一：「比遭家多難，工夫極費力，因見得良知兩字比舊愈加親切。真所謂大本達道，舍此更無學問可講矣。『隨處體認天理』之説，大約未嘗不是，只要根究下落，即未免捕風捉影，縱令鞭辟向裏，亦與聖門致良知之功尚隔一塵。若復失之毫釐，便有千里之謬矣。四方同志之至此者，但以此意提掇之，無不即有省發，只是著實能透徹者，甚亦不易得也。世間無志之人，既已見驅於聲利詞章之習，間有知得自己性分當求者，又被一種似是而非之學兜絆羈縻，終身不得出頭。緣人未有真爲聖人之志，未免挾有見小欲速之私，則此種學問，極足支吾眼前得過。是以雖在豪傑之士，而任重道遠，志稍不力，即且安頓其中者多矣。謙之之學，既以得其大原，近想涉歷彌久，則功夫當益精明矣。

無因接席一論，以資切劘，傾企如何！范祠之建，實亦有裨風教。僕於大字，本非所長，況已久不作，所須祠扁，必大筆自揮之，乃佳也。使還，值冗，不欲盡言。」

按：王陽明全集卷六中有寄鄒謙之書五通，均注作「丙戌」作，乃大誤，此蓋是將鄒守益建廣德州儒學尊經閣與建復初書院二事誤混爲一所致。按鄒守益建儒學尊經閣約在嘉靖四年正月（至六月完工），建復初書院則在嘉靖四年十月（至嘉靖五年七月完工）。陽明此寄鄒謙之書一與書五乃叙建尊經閣事，作在嘉靖四年；書二、三、四乃叙建復初書院事，作在嘉靖五年（均見下考）。以此寄鄒謙之書一考之，按前已確考鄒守益嘉靖三年四月貶廣德，六月來越問學，冬十月間赴廣德任，嘉靖四年正月已自廣德寄來賻儀，尚未言及興建儒學尊經閣事。據湛甘泉廣德州儒學新建尊經閣記：「廣德州儒學尊經閣，前大成殿，後范文正祠……東郭子鄒子……以抗疏出翰林，來判廣德……鄒子乃構材鳩工，凡六月而閣成。」（泉翁大全集卷二十七）可見鄒守益約在嘉靖四年正月後即興建尊經閣（包括范文正祠），六月而閣成，則在五六月間。陽明此寄鄒謙之書一言及建范文正祠及題扁事，則約作在二三月間可知。書言「比遭家多難，工夫極費力」，即指正月夫人諸氏卒及祔葬徐山也。

三月，董蘿石携子董穀來紹興受學。

明儒學案卷十四浙中王門學案四：「董穀，字石甫。嘉靖辛丑進士。歷知安義、漢陽二縣，與大吏不合而歸。少游陽明之門，陽明謂之曰：『汝習於舊説，故於吾言不無牴牾，不妨多問，爲汝解惑。』先生因筆其所聞者爲疑存，然多失陽明之意。其言：『性無善惡。』陽明『無善無惡心之體』以之言心，不以之言性也。又言：『性之體，虛而已，萬有出焉。故氣質之不美，性實爲之。全體皆是性，無性則並無氣質矣。』夫性既無善無惡，賦於人則有善有惡，將善惡皆無根柢歟？抑人生而静以上是一性，静以後又是一性乎？又言：『復性之功，只要體會其影響俱無之意思而已。』信如斯言，則莫不墮於恍惚想象，所謂求見本體之失也。學者讀先生之書，以爲盡出於陽明，亦何怪疑陽明之爲禪學乎？」

董穀董漢陽碧里後集達存下跋許杞翁所藏陽明手墨卷：「穀少日，先子從吾翁命游雲村先生之門，時聞教言，似舉業之外，别有當講者，穀已莫逆於心。日見先生言動異於他師，雖未有知識，然覺如是者之爲是也。既長，隨侍先子南游陽明夫子之門，得其書讀之，益知俗學了無交涉，而孔、顔授受，雖儒先亦或未詳。然後知先生與徐曰仁、朱白浦諸公，皆具豪傑之見，相與振起而羽翼之，無惑乎其踐履之雅重云。」

按：董穀生於弘治五年，嘉靖四年已三十四歲，故黄宗羲稱其少游陽明之門乃誤。又陽明對董穀云「不妨多問」，故董穀所記語録甚多，對瞭解陽明晚年思想有重要意義，黄宗羲以爲「多失陽明之意」，恐未必然。兹將董穀所記若干條重要語録著録於下，以見董穀在紹興問學之况：

疑存博學於文：「此所謂文，躬行實踐中無過不及，『有天理之節文』，與『博我以文』相同；非『則以學文』之文與『文莫吾猶』之文也。於五常百行，每事必求其無私心而合天理，謂之博文。禮者，理也。文而可觀，總謂之禮。文雖不同，禮無二致，萬殊而一本也。故事親可觀，事親中乎禮矣；從兄可觀，從兄中乎禮矣。以至凡事皆然。雖詩書六藝，博學詳說，亦皆以資益身心爲主，而無誇多鬭靡、爲名爲利之心，使之盡歸宿於此禮，謂之約禮。如此，庶乎不背於理。故曰『亦可以弗畔矣夫』。若夫記誦文詞之間，其亦異乎顏子之學矣。愚聞於先師陽明者如此。」按：陽明此說，可與其同年所作之博約說相印證。

疑存默而識之：「陽明先生曰：『識當音失，謂心通也。心之精微，口不能言。下學上達之妙，在當人自知。不言者，非不言也，難言也；存諸心者，不待存也，乃自得也。此之謂默識。』」

疑存温故而知新：「竊嘗聞於陽明：『身體力行，謂之學。口耳聞見，非學也。如思昨日事親如此，今日事親更覺妥貼；昨日從兄如此，今日從兄更覺周詳。或交朋友，或傳於師，或施於事，覺得向來私意猶有未盡，今者方快於心，義理無窮，愈精愈密，只此是學。』」

疑存吾有知乎哉：「嘗聞之陽明先生曰：『無知，是聖人之本體，未接物時，寂然不動。兩端，乃是非可否之兩端。叩者，審問也。設有鄙夫來問，此時吾心空空如也，鄙夫所問，雖尋常之事，必有兩端不定之疑，我則審問其詳，是則曰是，非則曰非，可則曰可，否則曰否，一如吾心之良知以告之，此心復歸於空，無復餘蘊，故謂之竭。』先師面授者如此。」

疑存豢龍子：「余嘗與聚子（按：法聚）論性，以呈於陽明先生。先生批曰：『二子異同之論，皆是說性，非見性也。見性者，無異同之可言矣。他日聚子不非董子，董子不非聚子，則於見性也，其庶幾乎！』」

達存下性論：「愚嘗親聞於陽明云：『要知前世因，今生受者是；要知來世果，今生作者是。盡之矣。』二十三言，歷歷在耳，陽明豈欺我哉！」

達存下君子辯：「始，余嘗疑晦翁註『欲居九夷』，以爲『君子所居則化，何陋之有』。夫聖人道不行於中國，而欲居夷，乃能遽化其陋，恐非聖人所能自必也。竊詳聖人之言，乃素夷狄，行乎夷狄，何陋云者，蓋安土樂天，不知其陋也。嘗以質於先師陽明，亦以爲然。」

四月三日，再致書餘姚鄭官賢，商議鄭氏家事。

陽明與鄭邦瑞書二：「陽明字與鄭寶一官賢侄：汝祖母所投帳目，可將文書逐一查出，與同去人照數討完，封送祖母收貯，不得輕易使用。此汝祖母再三叮囑之言，斷不可違。汝祖母因此帳目必欲回家，是我苦苦强留在此，汝可體悉此意，勿使我有誤汝祖母之罪，乃可。家中凡事謹愼小心，女孫不久還，差人來取，到此同住也，先説與知之。四月初三日，陽明字與列位賢弟侄同看。」（中國書法全集第五十二册，手札真迹今藏美國普林斯頓大學美術館）

按：此書二所云「汝祖母」，即前書一所云陽明「二舅母」，時已由餘姚來住會稽陽明處，似是因諸氏病卒，並在四月祔葬徐山，故來會稽。

南大吉建尊經閣成，陽明爲作尊經閣記，論經學即心學，並寄呈湛甘泉。

王陽明全集卷七稽山書院尊經閣記：「經，常道也。其在於天謂之命，其賦於人謂之性，其主於身謂之心。心也，性也，命也，一也。通人物，達四海，塞天地，亘古今，無有乎弗具，無有乎弗同，無有乎或變者也。是常道也，其應乎感也，則爲惻隱，爲羞惡，爲辭讓，爲是非；其見於事也，則爲父子之親，爲君臣之義，爲夫婦之別，爲長幼之序，爲朋友之信。是惻隱也，羞惡也，辭讓也，是非也；是親也，義也，序也，別也，信也；一也，皆所謂心也，性也，命也。通人物，達四海，塞天地，亘古今，無有乎弗具，無有乎弗同，無有乎或變者也，是常道也。是常道也，以言其陰陽消息之行焉，則謂之易；以言其紀綱政事之施焉，則謂之書；以言其歌詠性情之發焉，則謂之詩；以言其條理節文之著焉，則謂之禮；以言其欣喜和平之生焉，則謂之樂；以言其誠僞邪正之辯焉，則謂之春秋。是陰陽消息之行也，以至於誠僞邪正之辯也，一也，皆所謂心也，性也，命也。通人物，達四海，塞天地，亘古今，無有乎弗具，無有乎弗同，無有乎或變者也，夫是之謂六經。六經者非他，吾心之常道也。故易也者，志吾心之陰陽消息者也；書也者，志吾心之紀綱政事者也；詩也者，志吾心之歌詠性情者也；禮也者，志吾心之條理節文者也；樂也者，志吾心之欣喜和平者也；春秋也者，志吾心之誠僞邪正者也。君子之於六經也，求之吾心之陰陽消息而時行焉，所以尊易也；求之吾心之紀綱政事而時施焉，所以尊書也；求之吾心之歌詠性情而時發焉，所以尊詩也；求之吾心之條理節文而時著焉，所以尊禮也；求之吾心之欣喜和平而時生焉，所以尊樂也；求之吾心之誠僞邪正而時辯焉，所以尊春秋也。蓋昔者聖人之扶人極，憂後世，而述六經也，猶之富家者父祖慮其産業庫藏之積，其子孫者或至於遺忘散失，卒困窮而無以自全也，而記籍其家之所有以貽之，使之世守其産業庫藏之積而享用焉，以免於困窮之患。故六經者，吾心之記籍也，而六經之實則居於吾心；猶之産業庫藏之實積，種種色色，具存於其家，其記籍者，特名狀數目而已。而世之學者，不知求六經之實於吾心，而徒考索於影響之間，牽制於文義之末，硜硜然以爲是六經矣。是猶富家之子孫不務守視享用其産業庫藏之實積，日遺忘散失，至於窶人匄夫，而猶囂囂然指其記籍曰：『斯吾産業庫藏之積也。』何以異於是！嗚呼！六經之學，其不明於世，非一朝一夕之故矣……越城舊有稽山書院，在卧龍西岡，荒廢久矣。郡守渭南南君大吉既敷政於民，則慨然悼末學之支離，將進之以聖賢之道。於是使山陰令吴君瀛拓書院而一新之。又爲尊經之閣於其後，曰：『經正，則庶民興；庶民興，斯無邪慝矣。』閣成，請予一言以諗多士。予既不獲辭，則爲記之若是。嗚呼！世之學者既得吾説而求諸其心焉，其亦庶乎知所以爲尊經也矣。」

按：錢德洪陽明先生年譜定陽明此記作在嘉靖四年四月。

王陽明全集卷六寄鄒謙之書五：「寄示甘泉尊經閣記……其間大意亦與區區稽山書院之作相同。稽山之作，向嘗以寄甘泉，自謂於此學頗有分毫發明。」

山陰知縣吴瀛重修縣學成，陽明爲作記，論聖學即心學。

王陽明全集卷七重修山陰縣學記：「山陰之學，歲久彌敝。教諭汪君瀚輩以謀於縣尹顧君鐸而一新之，請所以詔士之言於予。時予方在疚，辭，未有以告也。已而顧君入爲秋官郎，洛陽吴君瀛來代，復增其所未備而申前之請……夫聖人之學，心學也。學以求盡其心而已。堯、舜、禹之相授受曰：『人心惟危，道心惟微。惟精惟一，允執厥中。』道心者，率性之謂，而未雜於人，無聲無臭，至微而顯，誠之源也。人心，則雜於人而危矣，僞之端也。見孺子之入井而惻隱，率性之道也；從而内交於其父母焉，要譽於鄉黨焉，則人心矣。饑而食，渴而飲，率性之道也；從而極滋味之美焉，恣口腹之饕焉，則人心矣。惟一者，一於道心也。惟精者，慮道心之不一，而或二之以人心也。道無不中，一於道心而不息，是謂『允執厥中』矣。一於道心，則存之無不中，而發之無不和。是故率是道心而發之於父子也無不親；發之於君臣也無不義；發之於夫婦、長幼、朋友也無不别、無不序、無不信。是謂中節之和，天下之達道也。放四海而皆準，亘古今而不窮，天下之人同此心，同此性，同此達道也。舜使契爲司徒而教以人倫，教之以此達道也。當是之時，人皆君子而比屋可封，蓋教者惟以是爲教，而學者惟以是爲學也。聖人既没，心學晦而人僞行，功利、訓詁、記誦、辭章之徒紛沓而起，支離決裂，歲盛月新，相沿相襲，各是其非，人心日熾而不復知有道心之微。間有覺其紕繆而略知反本求源者，則又鬨然指爲禪學而群訾之。嗚呼！心學何由而復明乎！夫禪之學與人之學，皆求盡其心也，亦相去毫釐耳。聖人之求盡其心也，以天地萬物爲一體也。吾之父子親矣，而天下有未親者焉，吾心未盡也；吾之君臣義矣，而天下有未義者焉，吾心未盡也；吾之夫婦别矣，長幼序矣，朋友信矣，而天下有未别、未序、未信者焉，吾心未盡也；吾之一家飽暖逸樂矣，而天下有未飽暖逸樂者焉，其能以親乎？義乎？别、序、信乎？吾心未盡也。故於是有紀綱政事之設焉，有禮樂教化之施焉，凡以裁成輔相，成己成物，而求盡吾心焉耳。心盡而家以齊，國以治，天下以平。故聖人之學不出乎盡心。禪之學非不以心爲説，然其意以爲是達道也者，固吾之心也，吾惟不昧吾心於其中，則亦已矣，而亦豈必屑屑於其外；其外有未當也，則亦豈必屑屑於其中，斯亦其所謂盡心者矣，而不知已陷於自私自利之偏。是以外人倫，遺事物，以之獨善或能之，而要之不可以治家國天下。蓋聖人之學無人己，無内外，一天地萬物以爲心；而禪之學起於自私自利，而未免於内外之分，斯其所以爲異也。今之爲心性之學者，而果外人倫，遺事物，則誠所謂禪矣；使其未嘗外人倫，遺事物，而專以存心養性爲事，則固聖門精一之學也，而可謂之禪乎哉？世之學者，承沿其舉業詞章之習以荒穢戕伐其心，既與聖人盡心之學相背而馳，日騖日遠，莫知其所抵極矣。有以心性之説而招之來歸者，則顧駭以爲禪，而反仇讎視之，不亦大可哀乎！」

按：吴瀛在嘉靖四年初來任山陰知縣，以陽明此記與稽山書院尊經閣記相比照，可知南大吉建尊經閣與吴瀛重修山陰縣學在同時，陽明此二記皆作在四月也。

五月，王正思來紹興問學。陽明爲王正憲扇題辭，勉勸子侄輩謙恭毋傲。

王陽明全集卷八書正憲扇：「今人病痛，大段直是傲。千罪百惡，皆從傲上來。傲則自高自是，不肯屈下人。故爲子而傲，必不能孝；爲弟而傲，必不能弟；爲臣而傲，必不能忠。象之不仁，丹朱之不肖，皆只是一『傲』字，便結果了一生，做個極惡大罪的人，更無解救得處。汝曹爲學，先要除此病根，方纔有地步可進。『傲』之反爲『謙』。『謙』字便是對症之藥，非但是外貌卑遜，須是中心恭敬，撙節退讓，常見自己不是，真能虚己受人。故爲子而謙，斯能孝；爲弟而謙，斯能弟；爲臣而謙，斯能忠。堯舜之聖，只是謙到至誠處，便是允恭克讓，温恭允塞也。汝曹勉之敬之，其毋若伯魯之簡哉！」

按：陽明是年六月十三日所作寄伯敬弟手札云「前正思輩回，此間事情想能口悉」（見下），可見王正思侄輩當是五月來紹興(或爲諸氏喪葬事)。扇爲夏五月所用之物,陽明題扇稱「汝曹爲學」、「汝曹勉之敬之」,當是指在越受學之子侄輩,非獨指王正憲也。

六月十三日,致書餘姚堂弟王守禮,告秋中歸餘姚省墓。

陽明寄伯敬弟手札:「前正思輩回,此間事情想能口悉。我自月初到今腹瀉不止,昨晚始得稍息。然精神更是困頓,更須旬日,或可平復也。此間雨水太多,田禾多半損壞,不知餘姚却如何耳。穴湖及竹山諸墳,雨晴後可往一視。竹山攔土,此時必已完,俟楚知縣回日,當去説知。多差夫役拽置河下,俟秋間我自親回安放也。石山翁家事,不審近日已定帖否?子全所處未必盡是,子良所處未必盡非,然而遠近士夫乃皆歸子良。正如我家,但有小小得罪於鄉里,便皆歸咎於我也,此等寃屈亦何處分訴。此意可密與子良説知之,務須父子兄弟和好如常,庶可以息眼前謗者之言,而免日後忌者之口。石山於我有深愛,而子良又在道誼中。今渠家紛紛若此,我亦安忍坐視不一言之?吾弟須悉此意,亦勿多去人説也。八弟在家處世,凡百亦可時時規戒,俗語所謂『好語不出門,惡言傳千里』也。六月十三日,陽明山人書寄伯敬三弟收看。」(王陽明先生遺墨,手札真迹今藏中國國家博物館)

按:伯敬三弟即王守禮,陽明叔父易直公王袞長子,王正思爲石谷王準之子(見前考),八弟爲王袞幼子王守恭。今人或以此書言及穴湖與竹山祖墳，陽明秋間回餘姚，以爲作於嘉靖二年，乃非。按此書言安放穴湖及竹山諸墳事，而嘉靖二年乃是陽明將母墳自穴湖遷於石泉山，後改葬龍山公於天柱峰、鄭太夫人於徐山，全是兩回事。且天柱峰、徐山皆在會稽，如何去餘姚安放？今考是書言及「俟楚知縣回日，當去説知」，按光緒餘姚縣志卷十八職官表：「知縣楚書，寧夏人。嘉靖四年任。」又卷二十二名宦：「楚書，字國寶，寧夏人，進士。知餘姚，廉能有執持。蒞縣一年，即以憂去，百姓久而思之。」謝遷歸田稿卷七有楚母太孺人挽詩序云：「吾邑宰西夏楚君國寶，自寶坻推調來，其母太孺人以道遠留京師久之。今年春始就迎養……居數月，太孺人疾作，遂不起……君今扶柩歸，行李蕭然。」可見楚書母嘉靖四年春來餘姚，夏間即卒，楚書在夏秋間已扶柩回寧夏。由此可以確知陽明此書作於嘉靖四年六月十三日。是年九月陽明歸餘姚省墓，即此書所云「俟秋間我自親回安放也」。竹山在餘姚，萬曆紹興府志卷五山川志：「（餘姚縣）竹山，在縣東南五里。形如龜，其北趾踐於江，是爲縣水口。」陽明是年歸餘姚即省穴湖、竹山祖墳，並處理竹山安放事。以其事專與易直公王衮之子、孫商量看，當指易直公夫婦合葬事。陽明易直先生墓誌云：「以十月甲子葬叔父於邑東穴湖山之陽，南去竹軒府君之墓十武而近，去葉孺人之墓十武而遥。未合葬，蓋有所俟也。」至是年始即合葬於竹山也。石山翁、子全、子良，無考，當是鄉里友好。倪小野先生集卷三有賀石山翁，歸田稿卷七有和吴石山四首夏日偶成，知石山翁姓吴，多與謝遷、倪宗正唱酬，蓋亦餘姚一文士，而吴子全、吴子良或亦皆陽明弟子也。